중국저작권법(상)

김정헌 · 한매화 공저

법영사

머 리 말

중국은 우리의 제1교역국이자 투자 대상국이다. 한국과 중국의 교역량은 이미 1,000억 달러를 넘어섰고, 2007년에는 처음으로 중국이 일본을 제치고 한국의 최대 수입대상국으로 부상하였다. 이렇듯 중국은 이제 한국에게 제1교역 대상국이자 없어서는 안 될 중요한 파트너로 급부상하였다.

보통 중국을 논할 때 꽌시(关系)를 자주 거론한다. 이는 법보다는 누구와 줄이 닿고 누구를 더 잘 아느냐가 사업의 성패를 가름 짓는 중요한 열쇠라는 뜻이다. 그러나 중국도 對內外的으로 법치주의를 표방하면서 끊임없이 개혁을 추진하고 있는 현실에 비추어 위와 같은 말은 이제 過去之事인 듯하다. 물론 아직까지는 중국의 법치주의 수준이 선진국의 그것에는 미치지 못한다고 할지라도 법을 도외시한 꽌시(关系)가 통용되는 수준까지는 아니다. 앞으로 중국을 제대로 알기 위해서는 중국 법령에 대한 올바른 이해가 선행되어야 하는 이유도 바로 여기에 있다.

본서는 중국의 법령 중 「중국저작권법」에 주목하고 그에 대한 해설서로 출간되었다. 중국저작권법은 1990년에 최초로 제정된 이래 2001년까지 10년이 넘는 기간 동안 저작권 보호에 관한 국제적인 수준에 훨씬 미치지 못한 채로 존재하다가 2001년 10월 27일에서야 비로소 국제적인 수준의 저작권법으로 새롭게 개정·공표되었다. 그 이후에도 중국은 2006년에 정보네트워크전송권보호조례(信息网络传播权保护条例)를 제정·공포하는 등 저작권보호를 국제적인 수준으로 끌어올리기 위한 노력을 계속적으로 진행해 오고 있는 중이다. 그러나 이러한 중국의 입법적인 노력에도 불구하고 현재까지 국내에 출간된 중국저작권법에 관한 서적들은 그 내용이 매우 부실하여 중국저작권법을 체계적으로 이해하는 데에 큰 도움이 되지 못하였고 그마저도 대부분이 1990년도 구(舊) 저작권법에 관한 법령 번역물에 불과한 것이 현실이었다.

저자는 중국저작권법을 체계적이고 논리적으로 해설해 놓은 서적이 부재한 것에 안타까움을 느끼고 조심스러운 마음으로 2년 전부터 중국저작권법을 저술하기 위한 준비에 착수하였다. 먼저 중국 내에서 출판된 중국저작권법 관련 서적 중 저명한 것들을 직접 중국으로부터 주문하여 이를 읽고 분석하는 작업을 하였다. 다음으로 한국저작권법에서 활발하게 논의되고 있는 주제임에도 중국교과서에서 전혀 언급이 없는 부분에 대해서는 중국 논문을 직접 찾아 이를 연구하였다. 지금 와서 돌이켜 보면 중국저작권법을 출간하는 과정에서 중국저작권법에 관한 자료 수집과 그 체계적 정리가 가장 지루하고 힘든 작업이었다. 중국저작권법에 대한 자료 수집과 그 체계적 정리가 어느 정도 정립된 후에는 마지막 작업으로 중국저작권법과 한국저작권법의 차이를 분석하는 작업을 진행하였다. 중국저작권법에 관한 작업을 해가면서 저자 스스로 독자들에게 중국저작권법만을 편면적으로 해설하는 것보다는 한국저작권법과의 차이를 아울러 설명해 주는 것이 중국저작권법에 대한 이해를 훨씬 더 깊이 있게 해 줄 것이라는 믿음을 가졌기 때문이었다.

저자는 위와 같은 일련의 준비과정을 거쳐 1년 전부터 본격적으로 중국저작권법을 저술하여 나갔으나, 로펌에 소속되어 있으면서 과중한 업무를 처리하느라 저술에 필요한 개인적인 시간을 내기가 무척 어려웠다. 부득이 이른 아침 시간과 주말을 이용하여 틈틈이 저술 작업을 진행하여 나갔으나 저술은 생각보다 속도를 내지 못하였고, 올해 4월부터는 업무 부담 탓인지 게으름 탓인지 저술이 사실상 중단되기에 이르렀다. 심지어 이러다가는 애써 저술한 原稿가 이대로 死藏될 지도 모른다는 불안감마저도 들었다. 고민 끝에 저자는 이미 저술한 부분은 상권으로 출간하고 아직 마치지 못한 부분은 완성 후 하권으로 출간하기로 결정하였고, 법영사 고준영 사장님께서 저자의 제안을 흔쾌히 수락해 주셨다. 이 지면을 빌어 다시 한 번 감사의 마음을 전하고 싶다.

본서는 중국저작권법 중 저작권 침해 및 구제 그리고 컴퓨터소프트웨어 저작권 부분을 제외한 거의 대부분을 망라하고 있으므로 독자들이 본서만으로도 중국저작권법을 전반적으로 이해하는 데에 큰 어려움은 없을 것으로 생각한다. 다만, 저자가 본서를 출간하면서 여전히 아쉬운 것은 본서에서 중국판례를 제대로 반영하지 못했다는 점이다. 그 이유는 본서를 준비하는 과정에서 중국판례에 관한 연구와 자료수집이 충분히 이루어지긴 하였으나, 이 모두를 상권에 반영하는 경우 상권의 분량이 지나치게 늘어나고 이는 곧 출판비용의 증가로 이어져 비용면에서 바람직하지 않다는 지적이 있었기 때문이다. 그래서 상권에서는 중국판례 중 일부만 취사선택하여 반영하기로 하고, 나머지는 부득이 하권을 출간할 때 반영하기로 하였다. 이 점 독자들에게 양해를 바란다.

본서가 출간되기까지는 여러 사람들의 노고가 있었다. 특히 공저자인 한매화 중국변호사님께 깊이 감사드린다. 한매화 변호사님이 계시지 않았다면 본서는 이 세상에 존재하지 않았을 것이다. 한매화 변호사님은 중국저작권법에 대한 방대한 자료 수집에 큰 도움을 주셨고, 본서 저술에 있어서도 중요한 조언과 가르침을 주셨다. 그리고 본서의 출간을 허락하여 주신 법영사 고준영 사장님과 편집 과정에 수고하신 마정일 부장님, 정정희 씨께도 감사드린다.

마지막으로 끝까지 성원을 아끼지 않고 보내주신 법무법인 충정의 황주명, 김진환 대표변호사님 그리고 어머님, 아내 박선아, 어린 자식들(동석, 동주 그리고 다음 달에 태어날 예영)에게 깊이 감사드린다.

2008. 5.

대표저자 김 정 헌

추 천 사

요즘 한류로 대표되는 우리나라 문화산업이 중국, 동남아 등 주요 지역에서 큰 성과를 거두고 있다. 2007년 문화관광부가 발표한 문화산업통계에 따르면 우리나라 문화산업의 대외수출은 이미 미화 12억 달러를 넘어섰다고 한다. 올해 개최되는 북경올림픽과 중국의 경제 성장, 문화산업 활성화에 대한 중국 정부의 확고한 의지 등을 고려할 때 앞으로 중국 내에서의 한류는 지속적으로 이어질 것이며 한·중 양국 간의 문화교류도 더욱 활발하게 진행될 것으로 보인다.

하지만, 중국에서 유통되는 우리나라 문화콘텐츠의 절대다수가 불법물인 것으로 추정되고 있다. 지난 몇 년 동안 중국에서 발생한 여러 한국문화콘텐츠의 저작권침해사건, 예컨대 MBC 방송국에서 제작한 드라마 '대장금'이 불법 CD로 대량 유통된 사건이나 한국 온라인게임 '리니지'를 모방한 복제 게임의 유통 등으로 한국의 문화콘텐츠 수출 산업이 입은 손실은 실로 막대하다고 한다. 그 뿐만 아니라 중국 저작권제도에 대한 지식이 부족한 관계로 중국지역에서 발생하는 저작권침해에 대해 아무런 대책 없이 자포자기해 버리는 한국 업체도 적지 않다고 한다.

이번 저서는 한·중 양국의 저작권법을 비교 분석하면서 보다 현실감 있게 중국 저작권법을 소개하고 있다. 본서는 중국에서 저작권 침해로 고통 받고 있는 많은 한국 기업에게 큰 도움이 될 수 있을 것으로 보이며, 한·중 간의 서로 다른 저작권 제도에 대한 이해를 심화시켜 향후 양국의 저작권 교류 및 발전에도 큰 도움이 될 수 있을 것으로 기대한다. 특히, 이번 저서는 전문성과 국제 업무 능력을 갖춘 법무법인 충정의 젊고 유능한 변호사들이 열정과 정성을 다하여 저술한 것인 만큼 그 구성이나 내용면에서도 매우 돋보인다.

여하튼 이번 저서가 우리나라 기업들이 중국과의 문화교류에 있어서 좋은 지침서가 되고 중국 저작권제도에 대한 법률연구에도 도움이 될 수 있기를 바란다.

2008. 5.

법무법인 충정 대표변호사
김 진 환 (전 서울중앙지검장)

차 례

제 1 장 중국 저작권법의 연혁

제 2 장 저 작 물

제 3 장 저작권의 주체

제 4 장 저작권의 내용

제 5 장 저작재산권의 변동과 저작물의 이용

제 6 장 저작재산권의 제한

제 7 장 저작재산권의 보호기간

제 8 장 저작인접권(著作隣接權)

제9장 출 판 권

부 록

제1장 중국 저작권법의 연혁

저작권(著作权) 혹은 판권(版权)[1]은 인쇄기술의 발달 및 보급과 밀접한 연관성을 갖고 있다. 그런데 중국은 4대 고대문명 중의 하나로서 최초로 제지술 및 인쇄술을 발명하였음에도 근대까지 '저작권' 또는 '판권'이라는 개념을 사용하지 못하였다. '판권(版权)'은 일본의 교육가인 福澤諭吉이 영문 'copy-right'로부터 만든 신조어라는 것이 일본학계의 통설이다. '저작권(著作权)'이라는 용어도 고유의 일본어가 아니라 메이지시대에 법률수정업무를 책임졌던 법학박사 水野煉太郎가 영미법상의 'authors right'를 번역하면서 새롭게 만든 용어라고 전해지고 있다. 중국은 일본으로부터 '판권'과 '저작권'이라는 용어를 도입하여 현재까지 이를 혼용하여 사용하고 있다.[2]

중국 역사상 최초의 저작권법은 청조시대 말기인 1910년에 반포된 「대청저작권율(大清著作权律)」이다. 「大清著作权律」은 제1장 통칙, 제2장 권리기간, 제3장 보고의무, 제4장 권리제한, 제5장 부칙(총 5장 55조)으로 구성되었다. 「大清著作权律」의 입법체계와 주요 내용을 보면 「大清著作权律」은 기본적으로 1899년의 일본저작권법, 대륙법계 및 영미법계의 저작권입법을 참조하였음을 알 수 있다. 「大清著作权律」은 영미법계와 대륙법계의 저작권법에서 통용되는 기본원칙을 참고하여 저작재산권뿐만 아니라 저작인격권도 보호하였고, 보호되는 저작물의 범위를 문예, 그림, 탁본(帖本), 사진, 조각, 모형에까지 확대하였다. 다만 「大清著作权律」은 저작권자에게 복제권만을 인정하고 있었다는 점에서 일정한 한계를 드러내고 있었다. 「大清著作权律」은 그 반포된 해의 이듬해인 1911년에 청조의 멸망과 함께 그 운명을 다 하였으나 매우 성공적인 입법례로 평가받아 그 후에도 중국 저작권법 역사에 지대한 영향을 미쳤다. 예컨대 1915년 북양정부(北洋政府)가 반포한 저작권법, 1928년 남경국민당정부가 반포한 저작권법 및 1963년 국민당정부가 대만에서 반포한 저작권법 모두 「大清著作权律」을 토대로 제정된 것이라고 한다.

1949년 중화인민공화국이 설립된 이후 중국정부는 저작권자의 권리보호에 관심을 갖기 시작하면서 문화부(文化部), 국가신문출판총서(国家新闻出版总署) 등 국가기관을 통하여 저작권 보호를 위한 행정규정들을 제정·공표하였는데, 1950년 문화부의 「출판사업의 개혁발전에 관한 결의(关于改进和发展出版工作的决议)」, 1953년

---

1) 저작권법 제56조는 '이 법에서 말하는 저작권은 판권(版权)을 가리킨다'고 규정하고 있다. 즉, 저작권과 판권은 동일한 개념이다.

2) 雅虎知识堂, '我国著作权制度的历史' 참조. 위 자료의 출처는 http://ks.cn.yahoo.com/question/1307012009441.html. 다만 최근에는 판권이라는 용어보다는 저작권이라는 용어가 더 상용되고 있는 실정이다.

중앙인민정부출판총서의 「도서의 무단복제에 관한 시정(关于纠正任意翻印图书现象的规定)」, 1957년 문화부의 「출판저작권을 보장하는 잠정규정(초안)[保障出版物著作权暂行规定(草案)]」, 1958년 문화부의 「문학 및 사회과학 서적의 원고료에 관한 잠정규정(초안)[关于文学和社会科学书籍稿酬的暂行规定(草案)]」, 1980년 5월 국가출판국의 「서적보수에 관한 잠정규정(关于书籍稿酬的暂行规定)[1]」, 1982년 방송부의 「녹음녹화제품관리에 관한 잠정규정(录音录像制品管理暂行规定)」, 1984년 문화부의 「도서 및 정기간행물 판권보호시행조례(图书期刊版权保护试行条例)」, 1985년 문화부의 「도서 및 정기간행물 판권보호시행조례실시세칙(图书期刊版权保护试行条例实施细则)」, 1986년 지적재산권보호에 관한 일부 조문을 규정한 「민법통칙(民法通则)」 등이 바로 그것이다. 그러나 중국정부는 중화인민공화국이 설립된 1949년부터 1990년까지 거의 40년간 오늘날과 같은 체계적이고 통일된 저작권법을 제정·반포하지 못하였다.

그 후 중국정부는 1990년 9월 7일 제7기 전국인민대표대회 상무위원회 제15차 회의를 통하여 중화인민공화국 건국 이래 최초의 저작권법을 제정·반포하였고, 동법은 1991년 6월 1일부터 시행되었다. 또한, 국가판권국은 1991년 5월 30일 국무원의 비준을 거쳐 저작권법의 시행세칙이라고 할 수 있는 「저작권법실시조례(著作权法实施条例)」를 제정·반포하였고 그 뒤 또 다시 국무원의 비준을 거쳐 저작권법의 특별법에 해당하는 「컴퓨터소프트웨어보호조례(计算机软件保护条例)」를 제정·공표하였다.

중국저작권법은 1991년에 시행된 이래로 대내적으로는 중국의 경제문화발전에 기여하였고, 대외적으로는 중국이 과학기술, 문화, 교육 등 여러 분야에서 세계 각국과 적극적인 교류를 할 수 있도록 하는데 크게 이바지하였다. 중국이 계획경제체제에 종지부를 찍고 점진적으로 시장경제체제를 수립해 나가는 과정에서 그와 더불어 저작물의 국제교류도 점차 확대됨에 따라 중국은 이러한 새로운 변화에 편승하기 위해 1992년에 <베른협약>과 <세계저작권협약>에 동시 가입하였고, 2001년 12월 11일에는 WTO의 정식 회원국이 되었다. 베른협약 및 세계저작권협약에의 가입 및 WTO의 회원국 가입은 중국의 입장에서 볼 때 진일보한 행보였다는 점에는 의문의 여지가 없으나, 1991년에 시행된 저작권법은 이미 out-of-date한 것이어서 그것만으로는 TRIPs 협정 등 저작권관련 국제협약 및 저작권 보호에 관한 국제적 요구에 적극적으로 대처할 수 없다는 현실적 한계 또한 동시에 존재하고 있었다. 이에 중국은 구(舊) 저작권법이 시행된 지 10년만인 지난 2001년 10

1) 이는 1984년에 「서적 보수시행규정(书籍稿酬试行规定)」으로 변경되었음.

월 27일에 제9기 전국인민대표대회 상무위원회 제24차 회의를 통해 현행 개정저작권법을 반포하여 국제적인 수준의 저작권법을 시행하기에 이르렀다.

개정 저작권법에 새로 추가된 내용은 다음과 같다.

첫째, 개정 저작권법은 저작권법의 보호대상을 확대하여 곡예(杂技)·마술(魔术) 등 곡예예술저작물(杂技艺术作品), 건축저작물, 데이터베이스, 도서와 정기간행물의 판식설계를 저작권법의 보호 범주에 포함시켰다.

둘째, 개정 저작권법은 저작인격권과 저작재산권의 종류를 더욱 세분하였다. 개정 저작권법은 저작인격권으로는 공표권(发表权), 성명표시권(署名权), 수정권(修改权), 저작물의 완전성보호권(保护作品完整权)을, 저작재산권으로는 복제권(复制权), 배포권(发行权), 대여권(出租权), 전시권(展览权), 실연권(表演权), 상영권(放映权), 방송권(广播权), 정보네트워크 전송권(信息网络传播权), 영상물제작권(摄制权), 개편권(改编权), 번역권(翻译权), 편집저작권(汇编权), 그 외 저작권자가 당연히 가지는 기타 권리를 각 열거하였다.

셋째, 개정 저작권법은 저작물의 자유이용 및 법정허락의 유형을 더욱 구체화하였다. 개정 저작권법은 제22조에서 저작권자의 허락 없이 무상으로 저작물을 이용할 수 있는 12가지 사유를 제한적으로 열거하였고, 제23조 제1항, 제32조 제2항, 제29조 제3항, 제42조 제2항, 제42조에서 법정허락의 종류를 구체적으로 명시하였다.

넷째, 개정 저작권법은 디지털 환경에 적극적으로 대처하기 위한 규정을 신설하였다. 즉, 개정 저작권법은 제10조 제1항 제12호에서 '저작물을 무선 또는 유선통신의 방법에 의하여 공중에게 제공하고 공중이 개별적으로 선택한 시간과 장소에서 저작물을 취득할 수 있도록 하는 권리'인 정보네트워크전송권(信息网络传播权)을 신설하였고, 제47조에서 불법 복제 등을 방지하기 위한 기술적 보호조치(技术措施) 및 저작권 관리를 위한 전자적 형태의 권리관리정보(权利管理电子信息)에 대한 보호규정을 두어 저작권자의 허락 없이 기술적 보호조치를 회피하거나 권리관리정보를 삭제 또는 변경하는 행위는 권리침해행위에 속한다고 규정하였다.

다섯째, 개정 저작권법은 손해액의 추정 및 손해액의 인정 그리고 보전조치 등에 관한 규정을 신설하여 저작권자의 권익을 강화하였다. 개정 저작권법은 제48조 제1항에서 저작권자는 권리침해자에 대하여 그 침해행위에 의하여 자기가 받은 손해의 배상을 청구하는 경우에 그 권리를 침해한 자가 그 침해행위에 의하여 이익을 받은 때에는 그 이익의 액을 저작권자가 받은 손해의 액으로 추정한다는 취지를 규정하였고, 제48조 제2항에서 저작권자가 실제로 입은 손해액을 산정하기 어려운 때에는 법원은 침해행위의 정도에 따라 중국인민폐 50만 위엔 이하의 범위 내에서 상당한 손해액을 인정할 수 있도록 규정하였다. 또한 개정 저작권법은 제49조 및 제50조에서 보전처분의 일환으로서 재산보전조치(财产保全的措施)와 증거보전(保全证据) 제도를 추가하였다.

제 2 장 저 작 물

Ⅰ. 저작물의 의의

Ⅱ. 저작물의 성립요건

Ⅲ. 저작물의 보호범위

Ⅳ. 저작물의 종류

Ⅴ. 특수한 저작물

Ⅵ. 보호받지 못하는 저작물

Ⅰ. 저작물의 의의

저작물은 저작권법에서 가장 중요한 개념 중의 하나이다. 저작물은 저작권 발생의 기초가 되며 저작권의 보호 대상이다. 따라서 저작물의 개념을 정의하는 것은 결국 저작권법의 보호범위를 정하는 것과 일맥상통한다고 할 수 있다.

저작물의 개념은 각국의 법률문화와 전통 그리고 사고방식의 차이로 인하여 입법례마다 약간의 차이가 있다. 한국저작권법 제2조 제1호는 「저작물은 인간의 사상 또는 감정을 표현한 창작물을 말한다」고 규정하고 있으며, 일본저작권법 제2조 제1항 제1호는 「저작물이란 사상 또는 감정을 창작적으로 표현한 것으로 문예, 학술, 미술, 또는 음악의 범위에 속하는 것을 말한다」고 규정하고 있다. 한편 독일저작권법은 저작물의 정의 규정을 직접적으로 두고 있지는 않지만, 제1조에서 「문학, 학술 및 예술저작물의 저작자는 자신의 저작물에 관하여 본법이 정하는 바에 따른 보호를 받는다」라고 하면서 제2조 제2항에서 「본법상의 저작물이란 인간의 정신적 창작물에 한한다」라고 규정하여 저작물의 개념을 간접적으로 정의하고 있다.

중국저작권법[1]도 한국이나 일본과 마찬가지로 저작물에 대한 정의 규정을 명시하고 있다. 중국저작권법 제3조는 「이 법에서 말하는 저작물[2]은 문자저작물 등의 형식으로 창작된 문학, 예술, 자연과학, 사회과학, 공정(工程)기술 등의 저작물을 포함한다」라고 규정하고 있으며, 그 하위 법령에 해당하는 저작권법실시조례[3] 제2조는 「저작권법에서 저작물(作品)이라 함은 어떠한 유형적인 형태로 복제할 수 있는 독창성을 가진 문학, 예술 및 과학의 범위에 속하는 지적 성과(智力成果)를 말한다」라고 규정하고 있다. 즉, 문학, 예술 및 과학의 범위에 속하는 지적 성과물 중에서 인간의 사상 또는 감정을 독창적으로 표현한 창작물이 바로 저작물인 것이다.

---

1) 中华人民共和国著作权法

2) 중국저작권법 및 그 실시조례는 저작물을 "작품(作品)"으로 표현하고 있으나, 이해의 편의상 "작품(作品)"을 저작물로 번역하였다.

3) 中华人民共和国著作权法实施条例. 2002년 8월 2일 중화인민공화국 국무원령 제359호로 공포되어 2002년 9월 15일 시행된 것.

Ⅱ. 저작물의 성립요건

저작권법의 보호를 받는 저작물이 되기 위해서는 다음과 같은 요건들이 충족되어야 한다. 즉, ① 문학, 예술 및 과학의 범위에 속하여야 하고, ② 사상이나 감정을 외부에 표현한 것이어야 하며, ③ 독창성이 있어야 하고, ④ 유형적인 형태로 복제가 가능한 것이어야 한다. 그 외 유형물에의 고정도 저작물의 요건으로 보아야 하는지 여부가 문제된다. 이하에서 이들 요건들을 구체적으로 살펴보도록 하겠다.

1. 문학, 예술 및 과학의 범위에 속할 것

저작권법실시조례 제2조는 문학·예술 및 과학의 범위에 속하는 저작물만을 보호한다는 취지를 명시하고 있다. 세계저작권협약[1] 및 베른협약[2]도 이와 비슷한 취지로 규정하고 있다.

그렇다면 문학, 예술 또는 과학[3]의 범주 중 그 어느 것에도 속하지 않는 저작물은 보호받지 못한다고 보아야 하는가. 그렇지 않다. 여기서 "문학, 예술 및 과학" 등의 표현은 저작물이 대체로 그러한 범주에 있다는 사실을 강조하는 것일 뿐 그 자체가 중요한 의미를 가진다고 보기는 어렵기 때문이다. 따라서 저작물이 위 세 가지 범주 중 어느 하나에 속하느냐가 중요한 것이 아니라 인간의 사상 또는 감정을 표현한 것인지 여부가 더 중요한 것이다. 이와 같은 맥락에서 중국저작권법에서 과학저작물이 저작권법의 보호를 받는 이유는 그 내용이 과학성을 지니고 있기 때문이 아니라 과학 이론에 담긴 인간의 사상을 표현하고 있기 때문인 것으로 해석할 수 있다.

---

1) 1971년 7월 24일 파리에서 개정된 세계 저작권 협약(Universal Copyright Convention as Revised at Paris on 24 July 1971). 이는 일반적으로 중국저작권법에서는 "世界版权公约"로 번역된다. 세계저작권협약 제1조는 「각 체약국은 어문저작물, 음악·연극·영화저작물, 회화, 판화와 조각 등을 포함하여 문학적, 과학적 및 예술적 저작물에 있어서 저작자 및 여타의 모든 저작재산권자의 권리에 대하여 충분하고 효과적인 보호를 부여한다」라고 규정하고 있다.

2) 문학·예술 저작물의 보호를 위한 베른협약(Berne Convention for the Protection of Literary and Artistic Works). 이는 일반적으로 중국저작권법에서는 "伯尔尼保护文学和艺术作品公约"로 번역된다. 베른협약 제2조 제1항은 「"문학 · 예술저작물"이란 표현은 그 표현의 형태나 방식이 어떠하든 간에 ······ 문학, 예술 및 과학의 범위에 속하는 모든 제작물을 포함한다」라고 규정하고 있다.

3) 여기서 과학이라 함은 주로 자연과학, 사회과학, 공정(工程)기술 등을 말한다(저작권법 제3조 참조).

한국저작권법[1] 제2조 제1호는 저작물의 정의를 개정 전의 「문학·학술 또는 예술의 범위에 속하는 창작물」에서 「인간의 사상 또는 감정을 표현한 창작물」로 변경하여 최근 데이터베이스, 컴퓨터프로그램 등 문학·학술 범주에 해당되지 않은 것도 저작물로 인정하는 등 저작물의 범주가 확대되고 있는 추세를 반영하였다.[2]

2. 사상이나 감정을 외부에 표현한 것일 것

가. 사상 혹은 감정의 표현

저작물은 인간의 사상이나 감정을 다른 사람이 느끼고 깨달을 수 있도록 외부에 표현한 것이다. 사상이나 감정은 인간의 정신 내면에 속한 추상적인 것이어서 그것이 외부로 표현되지 않는 한 다른 사람이 이를 감지할 수 없는 것이다. 따라서 저작자의 머리 속에 남아 있는 사상이나 감정, 즉 아이디어는 어떠한 형식으로든지 외부에 표출되어야만 비로소 저작물로서 보호를 받을 수 있다.

인간은 많건 적건 간에 어떠한 형태로든지 선인들이 일구어 놓은 문화적 유산이나 사회적 유산들로부터 영향을 받게 되므로, 어떠한 저작자가 아무리 뛰어난 저작물을 창작하였다고 하더라도 그 저작물은 저작자 자신만의 독창적인 업적이라기보다는 선인들이 쌓아 놓은 문화유산 위에 기초하여 형성된 것이다. 이러한 점에서 사상이나 감정, 즉 아이디어에 독점권을 부여하게 되면 "사회주의의 정신적, 물질적 문명건설에 유익한 저작물의 창작과 보급을 장려하며 사회주의 문화와 과학사업의 번영과 발전을 촉진"하려는 중국저작권법의 궁극적인 목적(제1조)을 실현할 수 없게 되는 것은 너무나도 당연하다.

따라서, 저작권법의 보호를 받는 저작물은 인간의 사상이나 감정 그 자체가 아니라 그것을 외부에 '표현'한 것이다. 비록 중국저작권법은 저작물의 성립요건으로서 '사상이나 감정을 외부에 표현할 것'을 명시하고 있지 않지만, 판례나 학설[3]은 일치하여 이를 저작물의 성립요건으로 해석하고 있다.[4] 컴퓨터소프트웨어

---

1) 2006.12.28. 법률 제8101호로 전면 개정된 것.

2) 문화관광부, 『개정 저작권법 해설(2007)』, 제18쪽.

3) 张革新, 『现代著作权法』, 中国法制出版社(2006), 제19쪽. 李雨峰 等, 『著作权法』, 厦门大学出版社(2006), 제35쪽.

4) 외국의 입법례도 저작권법의 보호는 사상이나 감정에 미치지 아니하고 그것의 표현에 한정된다는 점을 분명히 하고 있다. 일본저작권법 제2조 제1항 제1호는 「저작물이란 사상 또는 감정을 창작적으로 표현한 것으로 문예, 학술, 미술, 또는 음악의 범위에 속하는 것을 말한다」라고 규정하고 있고, 무역 관련 지적재산권에 관한 협정(Agreement on Trade-Related Aspects

보호조례[1] 제6조도 「컴퓨터소프트웨어 저작권에 대한 이 조례의 보호는 소프트웨어 개발 사상(开发软件所用的思想), 처리과정(处理过程), 조작방법(操作方法) 또는 수학적 개념(数学概念) 등에는 미치지 아니한다」고 규정하여 위와 같은 해석론을 뒷받침하고 있다.

사상이나 감정의 표현은 저작자가 창작활동을 통해 사물에 투영된 자기의 사상이나 감정을 외부로 드러내는 것을 말하며, 단순히 사실을 나열한 것에 지나지 않는 것(예를 들면 비행기나 열차의 시간표 또는 식당 메뉴판이나 가격표 따위)은 이에 해당하지 않는다. 이때의 사상이나 감정은 철학적이거나 숭고할 것을 요구하지 않고 지적창조물로서의 저작물에 정신적인 내용이 표현되면 족하다.[2] 또한, 사상이나 감정의 표현방식에는 제한이 없으므로 문자, 그림, 영화 등 일반적으로 인간이 감지할 수 있는 표현방식이면 어떤 것이든 무방하다.[3]

결국, 저작권법의 보호는 사상 혹은 감정, 즉 아이디어가 아니라 그 표현에 있다. 그런데 문제는 저작물에 내재되어 있는 아이디어와 이에 대한 표현을 구별하는 것이 현실적으로 매우 어렵고 복잡하다는 것이다. 이는 저작권법의 보호범위 논의와도 직결되는 것이다. 이 문제를 해결하기 위해서 대륙법계에서는 내용·형식 이분법이, 영미법계인 미국에서는 아이디어·표현 이분법이 등장하였다. 특히, 그 중에서 아이디어·표현 이분법은 세계 여러 나라에서 광범위하게 채택되고 있고, 중국에서도 폭 넓은 지지를 받고 있다. 아이디어·표현 이분법에 대해서는 저작권법의 보호범위를 논하는 부분에서 자세하게 살펴보도록 하겠다.

---

of Intellectual Property Rights. 일명 TRIPs 협정. 중문으로는 与贸易有关的知识产权协议) 제9조 제2항도 「저작권 보호는 표현에는 적용되나 사상, 절차, 운용방법 또는 수학적인 개념 그 자체에는 적용되지 아니한다」라고 규정하고 있다.

1) 计算机软件保护条例. 2001년 12월 20일 국무원령 제339호로 공포되어 2002년 1월 1일부터 시행된 것.

2) 송영식 등, 『지적소유권법(하)』, 육법사(2005), 제527쪽.

3) 이와 관련하여 인간이 감지할 수 없는 표현방식의 경우에도 저작물성이 인정될 수 있는지 여부가 문제된다. 예컨대, 원시코드가 컴퓨터 언어 번역프로그램인 컴파일러에 의해 기계어로 번역된 형태인 목적코드와 같이 인간에 의해 쉽게 감지될 수 없는 경우 등이 이에 해당한다. 이에 대해 컴퓨터소프트웨어보호조례 제3조 제1호는 목적코드도 컴퓨터프로그램의 하나로써 그 저작물성을 인정하고 있다. 따라서 인간이 감지할 수 있는지 여부가 저작물성 인정에 절대적인 기준이라고 보기는 어렵다.

나. 중국 판례

(1) "万家乐(萬家樂)—MACRO" 사건[1)]

[사실관계]

甲은 1990년 6월경 万家乐 회사에 근무하면서 중문과 영문이 함께 조합된 "万家乐—MACRO"이라는 신생 단어를 만들었다. 甲은 이를 万家乐 회사가 생산한 상품의 식별표지로 사용하려고 하였으나 회사는 甲의 제안을 받아들이지 않았고 이 일로 말미암아 甲은 회사를 그만 두었다. 그 후 万家乐 회사는 甲이 만든 "万家乐—MACRO"이라는 신생 단어를 甲의 동의 없이 自社(자사)가 생산한 상품에 사용하기 시작하였다. 이에 甲은 위 회사가 자신의 저작권을 침해하였다는 이유로 위 회사가 위 신생 단어를 더 이상 사용하지 못하도록 법원에 사용정지 가처분신청을 제기하였다.

甲은 가처분 신청서에서 "MACRO"는 「Marco Applause from Customers Resound On」 및 「Massive Ace Chinese Realm Oriental」 등의 문장으로부터 각 단어의 첫 알파벳을 따와 이를 조합하여 만든 독창적인 창작물로서 여기에는 "고객의 갈채가 끊임없이 울려 퍼지는", "동방의 기술왕국인 중국의 우수한 상품 및 기업"이라는 상징적인 의미가 함축되어 있다고 하면서 "万家乐—MACRO"는 자신의 사상과 감정이 표현된 저작물이라고 주장하였다.

[법원의 판단 및 평석]

이 사안에서는 중문과 영문을 조합하여 만든 "万家乐—MACRO"이라는 신생단어가 과연 저작물, 특히 문자저작물(文字作品)인지 여부가 쟁점이다. 저작물은 문학, 예술 및 과학의 범위에 속하는 창작물로서 인간의 사상이나 감정을 표현한 것이어야 한다. 문자저작물(저작권법 제3조 제1호)이란 소설·시·산문·논문 등 문자형식으로 표현된 저작물을 말하는데, 일정한 문자와 부호를 사용하여 인간의 사상이나 감정을 표현한 것만이 문자저작물이 될 수 있다.

이 사안에서 "MACRO"는 단순히 알파벳 M, A, C, R, O 를 조합하여 만든 것일 뿐, 이를 문학, 예술 및 과학의 범위에 속하는 창작물로 보기 어렵다. 또한 비록 甲은 그 단어 속에 상징적인 의미가 함축되어 있다고 주장하나, "MACRO" 그

---

1) 위 판례의 출처는 欧修平, "字母组合, 可否受著作权保护", 著作权 第1期(2001), 제45쪽.

자체로부터 甲이 주장하는 것과 같은 상징적인 의미를 추론한다는 것은 사실상 거의 불가능하다는 점에서 "MACRO"를 인간의 사상이나 감정이 표현된 것으로도 보기 어렵다.

이 사건의 심리를 맡은 1심 법원 역시 위와 같은 이유로 "万家乐—MACRO"는 저작권법의 보호를 받는 저작물에 해당하지 않는다고 판시하고, 甲의 가처분신청을 기각하는 결정을 내렸다.

[비교법적 평가]

위 "万家乐—MACRO" 사건은 '저작물의 제호도 별도의 저작물로서 보호될 수 있는가'라는 문제와 관련이 있다.

특히, 한국에서는 위 문제가 상당히 논란이 되어 왔는데, 한국대법원은 저작물의 제호 자체는 저작물의 표지에 불과하고 독립된 사상, 감정의 창작적 표현이라 보기 어려우므로 저작물로서 보호될 수 없다는 입장을 일관되게 취하고 있다.1)

독일에서도 저작물의 제호 자체는 저작물의 내용을 나타낼 수 있는 표지에 불과하고 독창적인 사상 혹은 감정의 표현이라 보기 어려우므로 저작물로서의 요건을 충족시킬 수 없다고 보는 것이 일반적인 견해이다. 그러나 독일에서는 제호의 보호 필요성을 인식하고 이에 대해서 철저한 법적 보호를 위하여 저작물제호를 포함한 표지일반에 대해서 광범위하게 규율하는 상표법을 제정하였다고 한다.2)

현재 중국에서는 위 문제에 관한 통설적인 견해는 존재하지 않는 것으로 보인다. 다만, 아래 "산동 신세기 호텔 광고" 사건에서 보는 바와 같이 중국의 한자가 가지는 다의성, 상징성 및 함축성 등을 고려할 때 구체적인 사안에 따라서는 저작물의 제호도 별도의 저작물로서 보호될 수 있다는 사실에 유의할 필요가 있다.

(2) "산동 신세기 호텔 광고" 사건3)

[사실관계]

피고 산동 신세기호텔(山东新世纪酒店. 이하 "피고"라 함)은 일간 신문에 "호텔의 이미지와 경영이념 등을 가장 적절하면서도 간결하게 표현할 수 있는 광고 문구

1) 한국대법원 1977. 7. 12. 선고 77다90 판결에서는 만화의 제명인 "또복이"는 사상 또는 감정의 표명이라고 볼 수 없어 저작물로서 보호받을 수 없다고 판시하였으며, 서울지법 1990. 9. 20. 선고 89가합62247 판결도 제호 "행복은 성적순이 아니잖아요"에 대해서 제호의 보호를 부정하였다.

2) 김병일, "독일법상 저작물 제호의 보호", 창작과 권리 제9호(1997), 제85쪽.

3) 이 판결의 출처는, 王俊河, "相约新世纪, 聚散两依依", 著作权 第3期, 제49쪽.

를 모집하며, 1등 1명에게는 10,000 위엔을 지급한다"는 내용으로 광고를 게재하였다. 원고는 위 광고를 보고 "山东新世纪, 聚散两相依[1]"이라는 광고 문구를 만들어 이를 피고에게 우편으로 보냈으나, 피고는 위 광고 문구를 수령하고도 원고에게 당첨 여부를 통지하지 않았다. 그 후 피고는 원고의 허락 없이 위 광고 문구 중 일부를 수정하여 "相约新世纪, 聚散两依依[2]"라는 광고 문구를 새로 만들어 일간 신문의 호텔 광고란에 실었다. 이에 원고는 피고의 광고 문구는 원고의 허락 없이 원고의 문자저작물인 "山东新世纪, 聚散两相依"를 임의로 수정함으로써 원고의 수정권을 침해한 것이라고 주장하면서 법원에 피고의 손해배상을 요구하는 소를 제기하였다.

[법원의 판단 및 평석]

본 사안에 대한 원심과 항소심의 판단은 서로 상이하다. 원심은 「원고가 만든 이 사건 광고 문구는 비록 표현방식에 있어 독창적이기는 하나 광고로서의 기능적인 측면이 더 부각되어 있는 것이라는 점에서 문학, 예술 및 과학의 범위에 속하는 창작물에 속한다고 보기는 어려우므로 저작권법의 보호를 받는 저작물에 해당하지 않는다」고 판단하였던 반면에, 항소심은 원심의 판단과는 달리 원고의 이 사건 광고 문구는 저작권법의 보호를 받는 문자저작물에 해당한다고 판단하여 원고의 손을 들어 주었다.[3] 이 외에도 중국판례 중에는 "横跨秋夏, 直抵秋冬" 및 "世界风采, 东方情韵"과 같은 광고 문구에 대해서 독창성을 지닌 문자저작물성을 인정한 예가 다수 존재한다.

한편, 본 사안에 대해서 「원고의 이 사건 광고 문구인 "山东新世纪, 聚散两相依"는 비록 10개의 글자로만 구성되어 있는 짧은 단문에 불과하나, 고객에 대한 서비스 향상을 중시하고 고객을 최우선으로 생각하는 호텔의 경영 이념을 매우 압축적이면서도 독창적인 방식으로 표현한 것으로서 사상 혹은 감정을 표현한 문자저작물에 해당한다」는 평석도 있다.[4]

위와 같이 매우 짧은 단문이 독창성을 지닌 문자저작물로 인정받는 것은 비교

---

1) 이를 직역하면 "산동 신세기, 만나고 헤어짐은 서로 이어진다"라는 의미인데, 이는 결국 고객과 호텔 간의 인연 혹은 유대감을 강조하는 뜻으로 고객에 대한 서비스를 최상의 수준으로 높여 고객에 최선을 다 하겠다는 호텔의 경영 이념을 담고 있는 것이다.

2) 이를 직역하면, "신세기에서 만납시다. 만나고 헤어짐에 서로 의지하다"라는 의미로, 이는 원고의 "山东新世纪, 聚散两相依"와 동일한 의미라 할 것이다.

3) 본 사안이 상고되었는지 여부는 불분명하다.

4) 张革新, 『现代著作权法』, 中国法制出版社(2006), 제31쪽.

법적 관점에서 볼 때 매우 특이한 점이다. 아마도 이는 중국의 漢字가 가지는 다의성, 상징성, 함축성과도 무관하지 않다고 생각된다. 즉, 이와 같은 漢字의 특징으로 인하여 어떤 漢字를 선택하느냐에 따라 문장 전체의 상징적 또는 함축적 의미가 달라질 수 있기 때문에 漢字의 선택은 저작자의 사상을 함축적이고 상징적으로 표현한 것과 동일하다고 볼 수 있는 것이다. 또한, 서예처럼 漢字 자체의 예술미를 중시하는 중국인의 관념에 의할 때 글자를 5자씩 좌우 대칭형으로 조합한 것은 일종의 시각적 예술미를 표현한 것이라는 점도 위 항소심 판결에서 고려되었을 것으로 추측된다.

3. 독창적일 것

가. 개 설

저작권법실시조례 제2조는「저작권법에서 저작물(作品)이라 함은 어떠한 유형적인 형태로 복제할 수 있는 독창성을 가진 문학, 예술 및 과학의 범위에 속하는 지적 성과(智力成果)를 말한다」라고 규정하고 있다. 따라서 저작권법에 의하여 보호되는 저작물이기 위해서는 반드시 독창성을 가지고 있어야 한다.

그렇다면 저작권법에 있어 독창성은 무엇을 의미하는가. 저작권법은 바로 "독창성" 있는 저작물에 한하여 저작권자에게 배타적인 권리를 부여하므로 저작권법에 있어 독창성의 개념은 매우 중요하다. 그러나 정작 저작권법 및 그 실시조례는 독창성의 의미가 과연 무엇인지에 대해서는 침묵을 지키고 있다.

독창성의 의미를 정확하게 이해하기 위해서는 독창성과 신규성 및 진보성의 차이를 이해할 필요가 있다.

우선, 저작권법의 보호를 받기 위해서 요구되는 독창성은 특허법의 보호요건인 신규성(新颖性)과는 다른 개념이다. 저작권법의 독창성 이론에 따르면, 어느 저작물이 기존의 저작물과 그 내용이 유사하거나 심지어 완전하게 일치하더라도 저작자가 기존의 저작물을 보고 베끼지 않고 스스로 저작한 것이 인정되면, 그의 저작물은 저작권법의 보호를 받는다. 그러나 특허법의 신규성 이론에 따르면, 위 예에서 저작자는 비록 자신이 스스로 저작하였고 기존의 저작물을 베끼지 않았다는 점이 인정되더라도 자신의 저작물은 신규성을 인정받지 못하게 된다. 이러한 측면에서 저작권법에서의 독창성은 그 범위에 있어 신규성의 그것보다 넓다고 볼 수 있다. 즉 독창성은 저작자가 독립적으로 창작한 것이면 되지만, 신규성은 발명자가 타인의 것을 모방하지 아니하고, 당해 발명이 등록 이전에 그와 동일한 발명이 객관적으로 이 세상에 존재하지 아니할 것을 의미하는 것이다.

다음으로, 독창성은 진보성과도 구별된다. 진보성은 당해 발명이 선행기술보다 기술적으로 더욱 진보한 것이어야 함을 의미하나, 저작권법에서는 저작물의 학문적 가치나 예술적 가치의 높고 낮음은 전혀 문제가 되지 않는다.

따라서 일반적으로 저작권법에서 말하는 독창성이란 남의 것을 표절하거나 모방하지 않고 저작자 스스로 저작한 것을 의미한다고 해석된다.[1)]

나. 독창성의 기준 및 내용

(1) 독창성의 기준

저작물의 성립요건과 관련하여 대부분의 저작권법은 저작물의 독창성[2)]을 요구하고 있고, 이를 명문으로 요구하고 있지 아니한 입법례에서도 저작물의 독창성은 그 법리상 당연히 요구되는 것으로 해석되고 있다. 문제는 독창성의 구체적인 기준이 무엇인가라는 점인데, 이에 대해서는 크게 영미법계와 대륙법계에서 서로 다른 입장 차이를 보이고 있다.

영미법계에서는 대체로 저작권의 이론적 존재근거에 관한 노동이론[3)]의 영향을 받아 저작물의 표현이 타인의 저작물로부터 복제한 것이 아니라 독자적인 노동이

---

1) 张革新, 『现代著作权法』, 中国法制出版社(2006), 제33쪽.

2) 중국저작권법상의 독창성과 한국저작권법상의 창작성은 어떻게 다른가.
중국저작권법실시조례 제2조는 「저작권법에서 저작물(作品)이라 함은 어떠한 유형적인 형태로 복제할 수 있는 독창성을 가진 문학, 예술 및 과학의 범위에 속하는 지적 성과(智力成果)를 말한다」라고 규정하여 '독창성'이라는 용어를 명시하고 있다. 이에 반해 한국저작권법 제2조 제1호는 「저작물은 인간의 사상 또는 감정을 표현한 창작물을 말한다」라고 규정하여 '창작성'이라는 용어를 사용하고 있고, 한국대법원은 「저작권법에서 말하는 창작성이란 완전한 의미의 독창성을 말하는 것은 아니다」라고 판시하여 창작성과 독창성은 서로 다른 개념이라고 밝히고 있다. 일반적으로 한국에서는 창작성은 originality, 독창성은 creativity에 가까운 의미로 이해되고 있는 듯하다.
결론적으로 중국저작권법에서 사용되는 독창성이라는 용어는 그 의미에 있어서 한국저작권법에서의 창작성과 큰 차이가 없다. 비록 중국저작권법은 저작물의 성립요건으로서 창작성 대신 독창성(独创性)이라는 용어를 명시적으로 사용하고 있으나, 여러 교과서에서는 독창성을 originality에 해당하는 原创性 또는 初创性으로도 표현하고 있기 때문이다. 따라서 한국 저작권법상의 창작성과 중국저작권법상의 독창성은 같은 의미로 이해해도 무방하다.

3) 노동이론(劳动理论)에 의하면, 저작물은 저작자 자신의 노동의 결실이므로 저작자 자신의 노동에 대한 대가, 즉 정당한 보상을 받을 수 있도록 하기 위해서 당해 저작물에 대하여 배타적 권리가 부여되어야 한다고 본다. 이 이론에 따르면 저작물에 저작자의 노동이 투입된 이상 매우 낮은 수준의 독창성이 인정되더라도 저작물은 저작권법의 보호를 받게 된다.

나 자본이 투입된 결과이면 족하다고 해석한다. 그 결과 사실적 저작물[1](事实作品, factual work)이나 기능적 저작물[2](功能作品, functional work)에 대해서도 비교적 넓게 저작권 보호를 인정하고 있다. 이에 반해 유인이론[3]의 영향을 받은 대륙법계에서는 영미법계보다 훨씬 높은 수준의 독창성을 요구하고 있어 사실적 혹은 기능적 저작물에 대한 보호에 있어 엄격한 태도를 보이고 있다.[4] 이하에서는 미국, 한국 그리고 중국의 판례를 살펴보도록 하겠다.

(가) 미국 판례

초기 미국 판례는 노동이론에 충실하여 저작자가 자신의 노동이나 자본을 투입하여 저작물을 저작하기만 하면 당해 저작물은 법에 의해 보호된다는 입장을 취해 왔으며, 그 결과 사실적 혹은 기능적 저작물에 대해서도 비교적 넓은 범위의 저작권 보호를 인정하여 왔다. 예컨대, 원고의 전화번호부를 참조해서 새로운 전화번호를 첨가하고 변경된 전화번호는 바꾸어 넣어서 경쟁적인 전화번호부를 만든 경우, 900여개의 쇼핑센터들을 열거하고 있는 피고의 쇼핑센터 목록에서 300개의 쇼핑센터들은 원고의 목록에서 찾아서 그 진위를 확인한 후에 이용한 경우, 이름별로 정리된 전화번호부를 주소별로 재정리해서 새로운 전화번호부를 만든 경우, 개업변호사의 목록이 열거되어 있는 원고의 법조수첩을 피고가 그 목록을 참조해서 변호사 주소 등의 진위를 확인한 후에 상이한 디자인으로 법조수첩을 제작한 경우 이들 모두에 대하여 저작물성을 인정하였다.[5]

이와 같은 미국 판례의 태도는 저작물 제작에 투입된 노력과 자본의 회수를 보호한다는 정책적 목표를 고려한 것으로서 수긍이 가는 면이 없지 않다. 그러나 이러한 미국 판례에 대해서는 저작권자에게 저작물의 기초가 되는 사실과 정보에 대

---

1) 지도, 전화번호, 시사뉴스, 역사, 전기물 등 사실을 있는 그대로 반영한 저작물을 말한다. 사실적 저작물은 대부분 편집저작물(汇编作品, 저작권법 제10조 제16호)에 해당된다는 점도 하나의 특징이라고 할 수 있다.

2) 예술성이나 사실의 전달보다는 특별한 기능을 주된 목적으로 하는 저작물로서 건축설계도, 소송서류 등 각종 서식, 경기규칙서, 컴퓨터 프로그램 등이 이에 해당한다.

3) 유인이론(诱引理论)에 의하면, 저작권자에게 배타적인 권리인 저작권이라는 인센티브를 부여함으로써 잠재적인 저작권자로 하여금 보다 많은 노력과 자본 등을 투입하도록 유인하여 보다 수준 높은 문학, 예술 및 과학의 발전을 도모하게 된다. 따라서 이 이론에 따르면 문화발전을 유인할 만한 수준의 독창성이 있어야만 저작권법의 보호를 받을 수 있는 저작물로 인정되므로 독창성에 대한 요구 기준이 높아진다.

4) 李雨峰 等, 『著作权法』, 厦门大学出版社(2006), 제40쪽.

5) 이들 판례의 출처 및 내용은 정상조, "저작물의 창작성과 저작권법의 역할", 한국저작권논문선집 저작권관계자료집 제11권(1992), 저작권심의조정위원회, 제234-235쪽.

한 독점권을 부여하는 결과를 초래하여 저작물의 공정한 이용을 도모하려는 저작권법의 취지에 반할 뿐 아니라, 저작권법의 보호는 아이디어가 아닌 그 표현에 있다고 하는 아이디어·표현 이분법에도 위반된다는 비판이 끊임없이 제기되어 왔다.

그 후 위와 같은 반성적 고려 탓인지 최근의 미국 판례는 Feist 사건에서 노력과 자본의 투입여부가 더 이상 독창성 판단의 절대적인 기준이 될 수 없고, 저작물성을 인정하기 위해서는 최소한도의 creativity가 있어야 한다는 판결을 내린 바 있다.

Feist 사건[1]에서는 전화번호부의 저작물성이 문제되었는데, 이에 대해서는 지방법원·항소법원과 미국연방대법원의 판단이 서로 달랐다. 지방법원과 항소법원은 문제의 전화번호부는 상당한 노력과 자본이 투입되어 만들어진 것이라는 점을 근거로 그 저작물성을 인정하였다. 그러나 미국연방대법원은 하급심의 판단과는 달리 전화번호의 수집에 노력과 자본을 투입한 것만으로는 독창성이라는 요건이 바로 충족된다고 볼 수 없다는 점, 수집한 전화번호의 선택에 독창적인 기준이 있었던 것도 아닌 점, 문제의 전화번호는 알파벳 순이라고 하는 지극히 평범한 방법으로 전화번호를 배열하였을 뿐이라는 점 등을 근거로 전화번호부의 저작물성을 부인하였다. 이러한 미국연방대법원의 판결은 사실적 저작물의 독창성에 관한 기준으로서 "노력과 자본의 투입 여부"라고 하는 기존의 단순한 기준을 버리고 "사실 및 정보의 선택, 정리 또는 배열"이 독창적인가의 여부를 채택하였다는 점에서 중요한 의미를 가진다.

또한, 미국 법원은 매일 사채(社債)에 관한 정보를 알려주는 사채목록카드의 저작물성이 문제되었던 Financial Information, Inc. v. Moody's Investers Service Inc.사건에서 사채에 관한 정보의 수집이 단순 작업에 해당되고 문제된 사채정보의 수집 및 편집에 사채카드 제작자의 독자적인 판단력이 개입되지 아니하였기 때문에 문제된 사채목록카드는 저작권법에 의한 보호를 받을 수 없다고 판시하였다. 여기에서 미국법원은 노력과 자본의 투입이라고 하는 기준만 가지고 저작물의 성립을 인정하면 많은 범위의 사실과 정보들이 소수의 저작권자에게 독점되고 결과적으로 후발업자들과 일반 소비자 공중의 정보에의 접근이 커다란 제한을 받게 된다는 점을 그 근거로 제시하였다.[2]

---

1) 이 판례의 출처 및 내용은 정상조, "저작물의 창작성과 저작권법의 역할", 한국저작권논문선집 저작권관계자료집 제11권호(1992), 저작권심의조정위원회, 제237-238쪽 참조.

2) 이 판례의 출처 및 내용은 정상조, "저작물의 창작성과 저작권법의 역할", 한국저작권논문선집 저작권관계자료집 제11권호(1992), 저작권심의조정위원회, 제237쪽 참조.

(나) 한국 판례

한국대법원은 창작성[1]의 판단 기준에 관하여「저작권법에 의하여 보호되는 저작물이기 위하여는 문학·학술 또는 예술의 범위에 속하는 창작물이어야 하므로 그 요건으로서 창작성이 요구되나 여기서 말하는 창작성이란 완전한 의미의 독창성을 말하는 것은 아니며 단지 어떠한 작품이 남의 것을 단순히 모방한 것이 아니고 작자 자신의 독자적인 사상 또는 감정의 표현을 담고 있음을 의미할 뿐이어서 이러한 요건을 충족하기 위하여는 단지 저작물에 그 저작자 나름대로의 정신적 노력의 소산으로서의 특성이 부여되어 있고 다른 저작자의 기존의 작품과 구별할 수 있을 정도이면 충분하다」고 판시하고 있다.[2] 이러한 대법원의 태도에 대하여 단순히 남의 것을 베끼지 않았다는 것만으로는 부족하고 최소한의 creativity를 요구한다는 점에서 전통적인 노동이론을 탈피하여 유인이론과의 조화를 꾀한 것으로 평가하는 견해가 있다.[3]

또한, 한국 대법원은 일명 "법조 수첩" 사건에서 편집물이 저작물로서 보호받기 위한 요건[4]에 관하여「편집물이 저작물로서 보호를 받으려면 일정한 방침 혹은 목적을 가지고 소재를 수집·분류·선택하고 배열하여 편집물을 작성하는 행위에 창작성이 있어야 하는바, 그 창작성은 작품이 저자 자신의 작품으로서 남의 것을 복제한 것이 아니라는 것과 최소한도의 창작성이 있는 것을 의미하므로 반드시 작품의 수준이 높아야 하는 것은 아니지만 저작권법에 의한 보호를 받을 가치가 있는 정도의 최소한의 창작성은 있어야 하고, 누가 하더라도 같거나 비슷할 수밖에 없는 성질의 것이라면 거기에 창작성이 있다고 할 수 없다」라고 판시하였으며, 일지형태의 법조 수첩에 대하여 편집저작물로서의 창작성을 인정할 수 있는지에 관하여「일지형태의 법조수첩은 그 수첩을 이용하는 자가 법조 유관기관

1) 한국저작권법에서 말하는 창작성과 중국저작권법에서 말하는 독창성은 개념적으로 유사하거나 사실상 동일하다는 점은 앞에서 이미 언급한 바 있다.

2) 대법원 1995. 11. 14. 선고 94도2238 판결.

3) 오승종, 이해완 공저, 『저작권법』, 박영사(2006), 제42쪽.

4) 한국저작권법은 제2조 제17호에서「"편집물"은 저작물이나 부호·문자·음·영상 그 밖의 형태의 자료(이하 "소재"라 한다)의 집합물을 말하며, 데이터베이스를 포함한다」고 규정하고, 제2조 제18호에서「"편집저작물"은 편집물로서 그 소재의 선택·배열 또는 구성에 창작성이 있는 것을 말한다」라고 규정하고 있다. 한편, 중국저작권법은 제14조에서「저작물 또는 저작물의 일부, 저작물을 구성하지 않는 데이터(数据)나 기타 자료를 편집(汇编)하여 그 내용의 선택 또는 배열(编排)에 독창성이 있는 저작물은 편집저작물(汇编作品)로서 편집자가 그 저작권을 가진다」라고 규정하고 있다. 따라서 양국의 편집저작물은 그 내용상 유사하다.

및 단체에 관한 사항과 소송 등 업무처리에 필요한 사항 등을 손쉽게 찾아볼 수 있다고 보이기는 하지만, 유용한 기능 그 자체는 창작적인 표현형식이 아니므로, 위 수첩에 이러한 기능이 있다고 하여 곧바로 편집저작물에 요구되는 최소한의 창작성이 있다고 할 수는 없는 것이고, 위 수첩에 수록된 자료들은 법조 유관기관이나 단체가 배포하는 자료 또는 종래 법전 등이나 일지 형식의 수첩형 책자에 수록되어 있는 것이어서 누구나 손쉽게 그 자료를 구할 수 있을 뿐 아니라, 법률사무에 종사하는 자를 대상으로 한 일지 형태의 수첩을 제작하는 자라면 누구나 위 수첩에 실린 자료와 동일 또는 유사한 자료를 선택하여 수첩을 편집할 것으로 보이고, 위 수첩에 나타난 조직과 기능별 자료배치 및 법률사무에 필요한 참고자료의 나열 정도는 그와 같은 종류의 자료의 편집에서 통상적으로 행하여지는 편집방법이며, 그러한 자료의 배열에 편집자의 개성이 나타나 있지도 아니하므로 위 일지형태의 법조수첩은 그 소재의 선택 또는 배열에 창작성이 있는 편집물이라고 할 수 없다」고 판시한 바 있다.[1)]

(다) 중국 판례

① “제품설명서 저작권침해 소송사건”

[사실관계]

원고는 특수 밸브를 제조하는 공장이고, 원고가 제작한 ‘J744X 계통 유압식 직각차단밸브’는 1990년 10월에 공인기관의 검정을 거친 제품이다. 원고는 제품 홍보를 위해 위 제품에 대한 제품설명서를 제작하여 배포하였다. 한편, 피고는 전용밸브 공장으로서 원고의 허락 없이 원고가 제작한 제품설명서의 표지 및 도면 등을 무단으로 복제하고, 설명서 중 제품설계도면과 제품설명 문구를 표절하여 피고 제품인 ‘YDJ 계통 유압식 직각 급속배설 밸브’를 위한 제품설명서를 제작하였다. 이에 원고는 피고의 행위가 원고의 저작권을 침해한 것이라고 주장하면서 법원에 즉각 권리침해행위를 중지하고 10만 위엔을 배상하라는 소송을 제기하였다.

[법원의 판단 및 평석]

이 사건의 심리를 맡은 중국법원은 원고가 제작한 제품설명서는 원고가 주관하여 원고의 의사를 대표하여 창작한 것이므로 원고는 구(舊) 저작권법 제11조[2)]에

---

1) 대법원 2003. 11. 28. 선고 2001다9359 판결.

2) 이는 1991년 6월 1일부터 시행된 구 저작권법을 가리킨다.

따라 문제된 제품설명서에 대하여 저작권을 가진다고 하면서 원고의 제품설명서를 무단으로 복제한 피고에게 저작권침해를 인정하였다.

이 사안에서는 크게 두 가지가 문제된다. 첫째는 자연인이 아닌 법인 또는 기타 단체도 저작자가 될 수 있는지 여부이고, 둘째는 제품설명서가 저작권법의 보호를 받는 저작물에 해당하는지 여부다.

현행 저작권법은 원칙적으로 저작물을 실제로 창작한 사람만을 저작자로 보면서도(저작권법 제11조 제2항 참조), 예외적으로 자연인이 아닌 법인 또는 단체도 저작자가 될 수 있음을 인정하고 있다. 즉, 법인 또는 기타 단체가 주관하고, 법인 또는 기타 단체의 의사를 대표하여 창작했으며, 법인 또는 기타 단체가 책임을 지는 저작물의 경우에는 법인 또는 기타 단체가 저작자로 되는 것이다(저작권법 제11조 제3항). 따라서 본건에 있어서 자연인이 아닌 법인인 원고를 저작자로 인정한 법원의 판단에는 아무런 문제가 없다.

한편, 이 사건 제품설명서가 저작권법의 보호를 받는 저작물에 해당하는지 여부에 관하여 위 중국법원은 독창성의 유무에 관하여 어떠한 판단도 하지 않은 채 막연히 제품설명서에 대한 저작물성을 인정함으로써 저작물 판단에 있어 가장 핵심적인 내용인 독창성 유무에 관한 판단을 누락시킨 잘못을 범하였다. 그러나 이 사건 제품설명서는 원고가 제작한 제품의 기능을 설명하는 문서라는 점에서 타인의 문서를 보고 베껴 작성한 것이라고는 보기 어려우므로 그 독창성을 인정함에 있어 큰 문제는 없을 것으로 보인다. 이 사건 제품설명서는 저작권법 제3조 제7호[1]의 도형저작물에 해당한다고 볼 수 있다.

② “TV프로그램 편성표 사건”

[사실관계]

원고 신문사는 중국 CCTV의 TV 프로그램 편성표를 자체적으로 제작하여 이를 자사가 발행하는 신문에 게재하여 왔는데, 언제부터인가 피고 신문사가 원고의 동의 없이 위 TV 프로그램 편성표를 원고 신문에서 무단으로 발췌하여 이를 피고 신문에 게재하고 있다는 사실을 확인하게 되었다. 이에 원고 신문사는 1990년에 광서판권국(广西版权局)에 신고하여 피고로 하여금 권리침해행위를 중지하도록

---

1) 저작권법 제3조 제7호는 「공사 설계도, 상품 설계도, 지도, 설명안내도 등 도형 및 모형저작물」을 저작물의 한 유형으로 규정하고 있으며, 저작권법실시조례 제4조 제12호는 「도형저작물이란 시공 및 생산을 위하여 제작한 공사설계도, 제품설계도 및 지리현상을 반영하거나 사물의 원리 또는 구조를 설명하는 지도, 설명안내도 등의 저작물을 말한다」라고 규정하고 있다.

요구하였고 그 다음 해인 1991년에는 合山市 법원에 권리침해의 중지, 공개 사과 및 손해배상을 구하는 소송을 제기하였다.

[법원의 판단 및 평석]

이 사안에 대하여 광서판권국은 1987년에 "TV프로그램 편성표의 전재문제에 대한 의견(关于广播电视节目预告转载问题的意见)"을 공표하여 TV프로그램편성표는 뉴스정보(新闻消息)로 간주되어 저작권법의 보호를 받는 저작물의 범주에 속하지 않는다는 의견을 표하였고, 이 사건 원심법원도 TV 프로그램 편성표는 독창성이 없어 저작권법의 보호를 받을 수 없다고 판시하였다.

위와 같은 원심의 판단에 대하여 일부 학자들은 TV 프로그램 편성표를 저작권법 제5조 제2호의 시사 뉴스(时事新闻)로 해석하여서는 아니 되며 엄연히 독창성을 가지는 저작물에 해당한다고 보아 위 원심의 견해를 비판하기도 한다.

그러나 저작권법의 보호를 받는 저작물이 되기 위해서는 단순히 남의 것을 베끼지 않았다는 것만으로는 부족하고 어느 정도의 creativity가 있어야 한다는 점에서 TV 프로그램 편성표를 독창성을 가진 저작물로 보기는 어렵다. 왜냐하면 TV 프로그램 편성표는 이미 정해진 방송국의 프로그램 방영계획에 맞추어 TV 프로그램의 제목과 시간을 거의 기계적으로 하나씩 대응시켜 나가는 방식으로 만들어지는 것이므로 문자 식별능력이 있는 사람이라면 누구나 TV 프로그램 편성표를 만들 수 있으며 100명이 TV 프로그램 편성표를 만든다고 가정할 때 실수만 하지 않는다면 모두 동일한 결과를 얻을 수 있기 때문이다.

(2) 독창성의 내용

중국의 여러 교과서에서는 독창성의 의미를 서술할 때 "독창성은 개성의 표현이다"라고 설명하는 등 개성이라는 단어를 즐겨 사용하는 경향이 있다. 따라서 중국저작권법에 있어서 독창성의 의미를 정확하게 이해하기 위해서는 중국학자들이 사용하는 '개성'의 함축적인 의미가 무엇인지를 이해할 필요가 있다.

개성의 사전적인 의미는 "보편적인 개념이나 상태가 아닌 다른 사람 또는 다른 개체와 구별되는 고유의 특성 내지는 타인과의 관계에 있어 자신을 차별화하는 특징"을 말한다. 이와 같은 사전적인 의미를 액면 그대로 받아들이게 되면 중국 저작권법에 있어서 독창성이란 고도의 creativity를 의미하는 것이 아닌가라는 의문이 생긴다. 그러나 독창성을 인정하는 데에 있어 고도의 creativity를 요구하는 것은 결과적으로 저작자의 창작의욕을 꺾고 저작권 보호에 소홀하게 되는 결과를 초래하므로 개성의 의미를 사전적인 의미 그대로 이해하여 고도의 creativity가 존재하는 경우에만 독창성이 있다고 해석하여서는 아니 될 것이다. 이러한 맥락에서 위에서 언급한 '개성의 표현'이라는 것도 다른 저작자의 저작물과 구별될 수 있는 일정한 creativity가 존재한다는 의미 정도로만 이해하면 족할 것이다.

결국, 중국저작권법에 있어서 독창성이란 타인의 저작물을 베끼지 아니하고 자신의 개성적인 사상이나 감정을 표현하는 것을 의미한다고 볼 수 있다. 이는 구체적으로 다음과 같은 의미를 내포한다. 즉, ① 저작물은 저작자의 노력의 대가로 창작된 것이어야 하고, ② 저작물에는 저작자의 사상이나 감정의 표현이 담겨져 있어야 하며, ③ 저작물은 저작자의 개성의 표현인 만큼 다른 저작자의 저작물과는 구별될 수 있는 일정한 creativity가 존재하여야 한다는 것이다.

한편, 독창성은 저작자의 창작행위로 실현되는 것인데 저작권법에서 창작(创作)이라 함은 직접 문학, 예술 및 과학저작물을 만들어 내는 지적 활동을 말한다.[1] 따라서 타인의 창작을 위하여 조직을 구성(进行组织工作)하거나 자문(咨询)이나 물질적 조건을 제공하거나 기타 보조적인 작업을 수행하는 것은 창작으로 보지 아니한다.[2] 또한, 창작행위는 일종의 사실행위이므로 미성년자의 저작물이라도 독창성을 구비하면 저작권법의 보호를 받을 수 있다.

4. 유형적인 형태로 복제가 가능할 것

가. 의 의

저작권법실시조례 제2조는「저작권법에서 저작물(作品)이라 함은 어떠한 유형적인 형태로 복제할 수 있는 독창성을 가진 문학, 예술 및 과학의 범위에 속하는 지적 성과(智力成果)를 말한다」라고 하여, 복제가능성을 저작물의 성립요건으로 명시하고 있다.

이처럼 저작권법이 복제가능성을 저작물의 성립요건으로 명시한 취지는 문화의 향상 발전이라는 저작권법의 궁극적인 목적을 고려해서이다. 즉, 문화의 향상 발전이라는 저작권법의 궁극적인 목적을 달성하기 위해서는 사상이나 감정을 외부에 표현하여야 할 뿐만 아니라 더 나아가 더 많은 사람들이 저작물을 인식하고

1) 저작권법실시조례 제3조 제1항.
2) 저작권법실시조례 제3조 제2항.

이용할 수 있도록 그 저작물이 복제될 수 있어야 하기 때문이다. 만약 복제될 수 없는 저작물이라고 한다면 문화의 향상발전에 이바지하는 기여도도 극히 미미할 것이고 그 만큼 저작권법으로 보호할 필요성도 없게 되는 것이다.

그런데 실제로는 이 세상에서 복제가 불가능한 표현을 상상하기는 매우 어렵다는 점에서 복제가능성이 저작물의 성립요건으로서 과연 어떠한 실제적인 기능을 수행하는지에 대해서는 의문이 적지 않다.

생각건대 유형적 형태로의 복제가능성은 저작물의 적극적인 성립요건이라기 보다는 소극적인 성립요건으로서의 의미밖에 없거나 저작권법의 목적을 다시 한 번 강조한 것에 지나지 않는다고 보인다.

나. "표현의 고정화"와의 관계

한편, 저작물의 복제가능성 문제는 "표현의 고정화" 문제와 구별된다. 표현의 고정화 문제는 저작권법이 보호하는 저작물로 성립하기 위해서는 표현이 '유형물'에 고정되어야 한다는 것인 반면, 저작물의 복제가능성 문제는 아이디어의 표현이 복제될 수 있느냐의 문제인 것이다.

"표현의 고정화" 문제에 대해서는 각국 마다 입법례가 다르다. 대륙법계에 속한 국가에서는 대체로 저작자가 저작물을 창작하기만 하면 곧바로 저작권을 취득하고 별도로 표현이 유형물에 고정될 것을 요구하지 않는다. 이에 반해 영미법계에 속한 국가에서는 표현이 유형물에 고정되어 있지 않은 저작물은 저작권법의 보호를 받지 못한다. 미국 저작권법 제102조 (a)는 「현재 알려져 있거나 장래에 개발될 유형적인 표현매체로서 직접 또는 기계나 장치에 의하여 저작물을 지각, 복제 또는 기타 전달할 수 있는 것에 고정된 독창적인 저작물은 본 편 법전의 규정에 따라 저작권 보호를 받는다」라고 하여 명시적으로 "표현의 고정화"를 저작물의 성립요건으로 규정하고 있다. 따라서 미국 저작권법에 의하면 즉흥적인 노래나 연설, 연주 등은 저작권법의 보호를 받지 못하게 된다.

중국저작권법은 저작물의 성립요건으로서 표현의 복제가능성만을 요구하고 있을 뿐, 미국 저작권법과 같이 표현의 고정화를 요구하고 있지 않다. 따라서 즉흥적인 노래나 연설, 연주 등도 저작권법의 보호를 받게 된다.

다. 모사(临摹) 행위

현행 저작권법에서는 복제란 인쇄, 복사, 탁본(拓印), 녹음, 녹화, 음반영상물로의 복제(翻录), 사진으로의 복제(翻拍) 등의 방법으로 저작물을 1부 또는 여러 부로 제작하는 행위를 의미한다.[1] 이에 반해 개정 전 구 저작권법은 「복제라 함은 인쇄, 복사, 모사(临摹), 녹음, 녹화, 음반영상물로의 복제(翻录)[2], 사진으로의 복제(翻拍)[3] 등의 방법으로 저작물을 1부 또는 여러 부로 제작하는 행위를 말한다」[4]라고 규정하여 현행 저작권법과는 달리 복제의 유형에 모사[5](临摹)행위를 추가하고 있었다.

구 저작권법 하에서는 모사행위의 독창성 여부에 대하여 견해[6] 대립이 있었다. 고분벽화를 있는 그대로 재현하여 그린 모사도(圖)는 새로운 독창성을 가미한 저작물에 해당하느냐 아니면 기존의 고분 벽화를 복제한 복제물에 불과한 것이냐라는 논쟁이 바로 그것이다. 모사도를 새로운 독창성을 가미한 저작물로 보는 견해는 그 근거로 예술저작물을 모사하는 행위는 기계적으로 복제하는 것과는 구별되며 예술저작물의 구도나 비례 등을 판단하여 행하는 일종의 창작행위로 이해될 수 있다는 점, 전문적인 지식이나 고도의 예술적인 감각 없이는 예술저작물을 있는 그대로 재현하기는 불가능하다는 점을 들었다. 이에 반해 모사행위는 복제행위에 불과하다고 보는 견해는 모사행위에 일정한 전문성과 지식이 요구되는 것은 사실이나 그러한 전문성이나 지식은 경험과 훈련에 의해 형성되는 것인 반면, 저작자의 개성은 경험이나 훈련에 의해 형성될 수 있는 것이 아니라는 점을 들어 모사도는 복제품에 불과하다고 주장하였다.

예술저작물을 모사할 때에 전문적인 지식이나 예술적 감각 등이 필요한 것은 사실이다. 그러나 이러한 지식이나 감각 등은 기술적인 측면이 강하여 오랜 훈련을 통해 체득될 수 있는 것에 불과하고 독창성과는 본질적으로 다른 것이다. 독창성이란 저작물에 저작자의 개성이 투영될 때 비로소 발현되는 것이다. 고분 벽화를 제 아무리 진품처럼 모사한 들 거기에 원작과 구별되는 독창성이 발현되어

---

1) 저작권법 제10조 제5호 참조.
2) 테이프나 CD 그 자체를 다시 복제하는 것을 의미한다.
3) 사진 자체를 다시 복제하는 것을 의미한다.
4) 구 저작권법 제52조 참조.
5) 여기서 모사란 사물을 형체 그대로 그리는 것을 의미한다.
6) 이하 각 견해에 대한 소개는 刘春田, "著作权法实践中的独创性判断", 著作权(1994年 第4期), 제10쪽.

있다고 보기는 어렵다. 단지 탁월한 기술만이 있을 뿐이다. 따라서 모사행위는 복제행위에 불과하다고 본다.

Ⅲ. 저작물의 보호범위

1. 개 설

저작물은 사상이나 감정의 표현이다. 사상 혹은 감정은 주관적인 범주에 속하는 추상적인 것이어서 그것이 타인에게 인식되도록 하기 위해서는 반드시 외부에 표현되어야 한다.

하나의 저작물이 세상의 빛을 보기 위해서는 사상단계, 구상단계, 표현단계를 거쳐야 한다. 사상단계는 매우 추상적이고 모호한 것이다. 사상이 추상적이고 모호한 단계를 벗어나 표현을 필요로 하는 때에는 이미 구상단계에 접어들었다고 할 수 있다. 구상은 사상에 대한 구체적인 표현형식을 찾는 과정으로서 추상적이고 모호한 사상을 상대적이나마 보다 구체적이고 명확한 상태로 변화시키는 지적 활동이다. 하지만, 구상은 여전히 저작자의 어두운 주관 세계에 머물러 있을 뿐, 세상의 밝은 빛을 보지는 못하고 있다. 표현행위는 주관과 객관의 중간단계로 주관의 세계를 객관의 세계로 향하게 하는 교량과 같은 역할을 하는 것이며, 구상이 일단 표현되면 드디어 구체적인 표현형식을 지닌 저작물로 탄생하게 되는 것이다.

위와 같은 저작물의 형성 과정을 볼 때 사상과 표현을 일도양단식으로 명확하게 구별하는 것은 쉬운 일이 아니며 양자는 불가분의 관계에 있음을 쉽게 확인할 수 있다. 그러나 사상 그 자체는 주관적인 것으로 저작자의 자아에 해당하여 타인이 인식할 수 없다. 타인은 오직 표현의 형식을 빌어 저자의 사상을 이해할 수 있을 뿐이다. 여기서 저작물의 보호범위를 어디까지로 인정하여야 하는지가 문제된다.

이 문제를 해결하기 위해 대륙법계에서는 내용·형식 이분법[1])이, 영미법계인

---

1) 피히테는 저작물을 내용과 형식으로 분류한 후, 저작물의 내용은 저작물의 공표와 동시에 저작자의 손을 떠나 공유로 되며, 저작권법상 보호되는 것은 저작물을 구성하는 제요소 중 언어의 배열순서 등과 같은 외면적 형식뿐이라고 주장하였다. 피히테가 저작물 중에 만인이 자유로이 이용할 수 있는 공유 부분이 존재한다는 점을 인식시킨 공로는 크다. 확실히 저작물이 창작물이라고는 하나 어떠한 저작권자라도 무에서 유를 창조하는 것은 아니며, 많건 적건 어떠한 형태로든 소재(예컨대, 선인의 문화적 유산, 자연, 사회적 사건 등)를 이용하지 않을

미국에서는 아이디어·표현 이분법이 등장하였다. 특히, 아이디어·표현 이분법은 세계 여러 나라에서 광범위하게 채택되고 있고, 중국에서도 폭 넓은 지지를 받고 있다.

결론적으로 말하면, 문화의 향상 발전이라는 저작권 제도의 목적을 고려할 때 저작권법이 보호하고자 하는 것은 사상이나 감정, 즉 아이디어가 아닌 아이디어의 "표현"이라고 할 수 있다.

2. 저작물의 보호범위

가. 저작물 보호범위에 대한 법률 규정

현대저작권법은 저작권법이 보호하고자 하는 것은 아이디어가 아닌 아이디어의 '표현'임을 명백히 하고 있다.

TRIPs 협정 제9조 제2항은 『저작권 보호는 표현에는 적용되나 사상, 절차, 운용방법 또는 수학적인 개념 그 자체에는 적용되지 아니한다』고 규정하고, 세계지적재산권기구 저작권 조약(WIPO Copyright Treaty[1]), 일명 WCT) 제2조도 『저작권 보호는 표현에는 미치지만 사상, 절차, 운용 방법 또는 수학적 개념에는 미치지 아니한다』고 규정하고 있다. 또한 미국 저작권법 제102조 (b)는 『어떠한 경우에도, 독창적인 저작물에 대한 저작권 보호는 그것이 당해 저작물에 기술, 설명, 예시, 또는 수록되는 방법에 관계없이 관념, 절차, 공정, 체제, 조작 방법, 개념, 원칙, 또는 발견에는 미치지 아니한다』고 하고 있다. 한국저작권법은 저작물의 보호범위에 대하여 명문 규정을 두고 있지 않으나[2]), 학설이나 판례[3])는 일치하여 아이디어는 저작물의 보호대상이 아니라고 한다.

수 없으며, 이 부분에 대해서는 만인 공유라고 인정하지 않을 수 없을 것이다. 그러나 저작자에게 고유한 부분과 공유의 부분을 단순히 형식과 내용으로 분류하는 것은 적절하지 못한 면이 있다. 송영식 등, 『지적소유권법(하)』, 육법사(2005), 528-529쪽.

1) 중문으로는 世界知识产权组织版权条约.

2) 다만, 한국의 컴퓨터프로그램보호법 제3조 제1항은 「컴퓨터프로그램보호법은 프로그램을 작성하기 위하여 사용하고 있는 프로그램언어, 규약, 해법에는 적용하지 아니한다」고 함으로써 저작물의 보호범위를 결정함에 있어 중요한 단서를 제공하고 있다.

3) 대법원 1999. 10. 22. 선고 98도112 판결은 『저작권법상 저작물은 문학·학술 또는 예술과 같은 문화의 영역에서 사람의 정신적 노력에 의하여 얻어진 아이디어나 사상 또는 감정의 창작적 표현물을 가리키므로 그에 대한 저작권은 아이디어 등을 말·문자·음(音)·색(色) 등에 의하여 구체적으로 외부에 표현한 창작적인 표현 형식만을 보호대상으로 하는 것이어서 표현의 내용이 된 아이디어나 그 기초 이론 등은 설사 독창성·신규성이 있는 것이라 하더라도 저작권의 보호대상이 될 수 없다』고 판시하였다.

중국저작권법은 한국저작권법과 마찬가지로 저작물의 보호범위에 대하여 명문 규정을 두고 있지 않으나, 컴퓨터소프트웨어 보호조례는 제6조에서 『소프트웨어 저작권에 대한 이 조례의 보호는 소프트웨어 개발 사상, 처리과정, 조작방법 또는 수학적 개념 등에는 미치지 아니한다』라고 규정함으로써 아이디어에 해당하는 소프트웨어 개발사상, 처리과정, 조작방법 등은 저작물의 보호범위에 속하지 않음을 명시적으로 밝히고 있다.

나. 구체적인 내용

저작권으로 보호되는 것은 사상이나 감정, 즉 아이디어 자체가 아니라 그 아이디어의 "표현"이라는 것은 세계적으로 공통된 결론이고, 이는 중국저작권법 해석에서도 마찬가지다. 아이디어 그 자체는 외부적으로 인식될 수 있을 정도로 표현되지 않는 한 저작권법의 보호를 받을 수가 없다. 아이디어 그 자체는 특허법이나 부정경쟁방지법 또는 민법상 부당이득 법리에 의하여 보호받을 수는 있을지라도 저작권법에서는 보호대상이 아니다.

아이디어 그 자체가 저작권법의 보호를 받을 수 없는 이유는 크게 두 가지 측면에서 생각해 볼 수 있다. 첫째, 저작권법으로 아이디어를 보호하여 저작자에게 아이디어에 대한 독점권을 부여하게 되면 인류문명의 발전을 저해하게 되고 이는 궁극적으로 저작권법의 목적에 반하는 것이다. 둘째, 아이디어는 개인 두뇌 속의 사유활동으로 저작권법으로 아이디어를 보호하게 되면 저작권의 보호기간의 기산점을 확정하기가 어렵다.[1]

아이디어와 표현을 언어학상의 의미로 해석하게 되면 아이디어(idea)는 사람의 의식 속에 존재하는 것으로 인간의 사유활동을 통해 생성된 지적 결과물이며, 표현(Expression)은 지적 결과물인 아이디어를 외부로 드러내 보이는 행위라 할 것이다. 그러나 실제로 무엇이 아이디어이며 무엇이 표현에 해당하는가를 판별하는 것은 매우 어려운 작업이며, 저작권 침해가 문제되는 실제 사안에서 단순하게 언어학상의 의미 차이만으로 아이디어와 표현을 쉽게 구별할 수 있는 것은 아니다.

Idea와 Expression은 언어학상의 의미로 이해되어서는 아니 되며, 저작물에서 보호받지 못하는 부분과 보호받는 부분으로 은유적으로 이해되어야 한다.[2] 저작권법의 보호를 받지 못하는 idea를 명확하게 정의하는 것은 매우 어려우나 통상적 의미

---

1) 姚红, 『中华人民共和国著作权法解释』, 群众出版社(2001), 제49쪽.

2) 李雨峰 等, 『著作权法』, 厦门大学出版社(2006), 제36쪽.

로서의 사상이나 관념보다는 훨씬 광범위한 의미를 가진다. 이에는 개념(concept)이나 원칙뿐만 아니라 문제의 해결방법, 작동원리나 조작방법, 창작의 도구[1] 등도 포함된다. 저작권의 보호를 받는 expression은 말·문자·음(音)·색(色) 등에 의하여 구체적으로 외부에 표현된 외부적 표현(literal expression) 뿐만 아니라 저작물의 표면에 드러나지 않고 그 속에 내재되어 있는 표현(즉, 내재적 표현, non-literal expression)[2]까지도 포함한다. 결국, 아이디어는 외부적 표현이든 내부적 표현이든 어떠한 형태로든지 외부에 표현되어야 비로소 저작권법의 보호를 받게 되는 것이다.

다. 아이디어/표현 이분법

아이디어와 표현이 개념적으로는 구별된다고 하나, 실제 문제되는 사안에서 무엇이 아이디어이며 표현인지를 구별하는 것은 매우 어렵다. 특히, 아이디어와 내부적 표현을 구별하는 것은 더욱 그렇다. 따라서 저작물의 보호범위를 보다 정확하게 이해하기 위해서는 현대저작권법에 지대한 영향을 미친 미국 판례법상의 아이디어/표현 이분법의 내용을 구체적으로 살펴볼 필요가 있다.

(1) 중국저작권법에의 적용가능성

보호받는 표현과 보호받지 못하는 아이디어 사이의 고전적인 구별은 Nichols v. Universal Pictures Corp. 사건에서 Learned Hand 판사에 의해 시도되었는데, 오늘날 아이디어/표현 이분법은 중국에서도 저작물의 보호범위를 결정하는 일반론으로 널리 자리매김을 하고 있다.

미국 판례법상의 아이디어/표현 이분법은 중국의 법학자들[3]에 사이에서 광범위하게 지지를 받고 있을 뿐만 아니라, 실정법인 컴퓨터소프트웨어보호조례에도 명시적으로 채택·수용되었다.[4]

---

1) 무엇이 창작을 위한 도구에 해당하는지는 저작물의 종류에 따라서 각기 다르다. 문학저작물과 같은 경우에 있어서는 작품의 주제, 플롯(plot), 주인공의 표준적인 캐릭터(character), 배경 등은 물론, 그다지 길지 않은 몇 개의 단어로 이루어진 제목과 같은 것들이 이에 해당할 것이다. 한편, 미술저작물의 경우에는 개개의 색상이나 형상이, 음악저작물에 있어서는 개개의 리듬과 음조, 화성 등이 이에 해당할 것이다. 오승종, 이해완 공저, 『저작권법』, 박영사(2006), 제52쪽.

2) 내재적 표현이란 그 저작물의 외부에 나타나 있는 그대로의 표현(literal expression)과 그 저변에 존재하고 있는 아이디어 사이의 중간층을 형성하고 있는 요소들이라고 볼 수 있다. 오승종, 이해완 공저, 『저작권법』, 박영사(2006), 제53쪽.

3) 예컨대, 姚红, 「中华人民共和国著作权法解释」, 群众出版社 2001年版. 郑成思, 「版权法」, 中国人民大学出版社 1997年版. 冯晓青, 著作权法中思想与表达 "二分法"的法律与经济学分析, http://www.fengxiaoqingip.com 등

4) 컴퓨터소프트웨어보호조례 제6조.

(2) 아이디어/표현 이분법의 특징

미국의 법학자들은 아이디어/표현 이분법이 다음과 같은 네 가지 점에서 특색이 있다고 한다.[1)]

첫째, 모든 저작물은 많건 적건 아이디어와 표현을 내포하고 있으며, 그 두 가지를 구분하는 것은 정도의 문제이지 절대적인 기준이 있는 것은 아니라는 것이다. 둘째, 아이디어/표현 이분법은 이론적으로보다는 주로 저작권침해소송과 관련하여 실무적으로 발달되어 왔다. 그 결과 법원은 구체적인 사건에 있어서 보호받는 표현과 보호받지 못하는 아이디어 사이에 절대적인 선을 그을 필요가 없었고, 다만 침해소송의 결론을 도출하기 위하여 피고가 copy한 부분이 표현에 해당하는가 아니면 아이디어에 해당하는가를 판단하기만 하면 되었다. 따라서 미국판례를 해석함에 있어서는 특히 주의하여야 할 것은 판례의 사안과 반대되는 사안에서 반드시 판례의 결론과 반대되는 결론이 나오리라고 예측할 수 없다는 것이다. 셋째, 표현의 요건을 판단하는 것과 독창성의 요건을 판단하는 것은 서로 겹치는 경향이 있다. 즉, 저작물의 독창성은 아이디어와 표현 어느 곳에도 있을 수 있으나[2)], 그 중 저작권의 보호를 받는 것은 독창성이 있는 표현만이라는 것이다. 넷째, 아이디어/표현 이분법은 저작물의 종류에 따라서 무엇을 보호받지 못하는 아이디어로 보고 무엇을 보호받는 표현으로 볼 것인지에 관한 정책적인 판단을 내포하게 되므로 그 결과 저작물의 종류에 따라 아이디어와 표현의 구별도 달라지게 된다는 것이다.[3)]

(3) 아이디어/표현 이분법에 관한 미국 판례

① "Nichols v. Universal Pictures Corp." 사건

Nichols v. Universal Pictures Corp. 사건[4)]은 'Abie's Irish Rose'라는 인기 있는

---

1) 이하 오승종, 이해완 공저, 『저작권법』, 박영사(2006), 제49~50쪽에서 인용.

2) 물론, 아이디어에 독창성이 있다면 대부분 표현에 있어서도 독창성을 가지게 될 것이다.

3) 예를 들면, 문학저작물에 있어서의 아이디어(기본적인 플롯, 주제, 등장인물의 캐릭터 등)와 미술저작물에 있어서의 아이디어(선·색·원근법 등)는 서로 다른 종류이다. 그러므로 詩가 적혀져 있는 벽보를 그림으로 그렸다고 하면 그 그림의 아이디어는 詩의 내용이라기보다는 그 그림이 채택하고 있는 선이나 색, 원근법 등에 있는 것이므로, 만약 제3자가 詩의 내용은 동일하나 선이나 색, 원근법(idea)을 달리 표현한 그림을 그렸다면 그것은 독창성을 가진 그림이라고 할 것이다.

4) Nichols v. Universal Pictures Corp. 45 F. 2d 119(2d Cir 193).

희곡의 작가가 영화 'The Cohens and the Kelly'를 제작한 자를 상대로 제소한 사건이다. 두 작품의 줄거리는 아일랜드계와 유태계 자녀가 그들 부모의 편견 때문에 비밀리에 결혼을 하나, 각 작품의 말미에는 손자의 출현으로 서로 화해한다는 내용이다. 두 작품은 이러한 내용과 몇 개의 유태인의 상투적 어구를 제외하면 거의 공통점이 없다.

소설, 극본, 시나리오 등과 같은 문예 저작물은 등장인물과 작품의 전개과정(이른바 sequence)의 결합에 의하여 이루어지는 것이므로 저작권으로 보호되는 것은 등장인물인가 혹은 작품의 전개과정인가 아니면 이들의 결합인가를 명백히 밝힐 필요가 있다. Nichols 사건에서 Learned Hand 판사의 판시에 의하면, 이 문제는 어떤 명백하고 분명한 기준이 있다기보다는 사건이나 등장인물의 개개 작품의 문맥 속에서의 복합이나 개발에 달려 있다. 인물의 개발정도가 적으면 적을수록 저작권 보호도 적게 된다.

작품의 전개과정에 관하여 본다면, 보호받을 수 없는 사상(idea)으로부터 비교적 보호받기 힘든 주제(theme), 보호받을 수 있는지의 여부가 다투어질 수 있는 구성(plot), 비교적 보호받기 쉬운 사건(incident), 보호받을 것이 거의 확실시되는 대화나 어투(dialogue and language)로 구성되어 있다. 등장인물(characters)에 관하여 보면, 그들이 보호받을 수 있는지의 여부는 작품 속에서의 개발의 정도(stage of development)와 작품에 대한 중요성에 달려 있다. 평범한 인물, 전형적이고 판에 박은 듯한 인물 등은 보호받을 수 없으며, 기본적으로 사상(idea) 이상(以上)을 구성하는 것은 아니다. 등장인물이 세밀히 묘사되면 될 수록 등장인물은 보다 더 보호를 받을 수 있다.[1)]

또한, 이 사건에서 Learned Hand 판사는 아이디어와 표현을 구별하는 데 있어 추상화(abstraction)라는 기준을 제시하였다. "어떤 작품, 특히 희곡의 경우에는 많은 작은 사건들을 하나하나 제거해 가다 보면 점차 일반화되어 가며, 이러한 일반성이 증가된 많은 유형(pattern)들은 어느 작품에서나 아주 잘 들어맞게 된다. 그 마지막은 아마도 그 작품이 말하고자 하는 주제가 될 것이고, 때로는 제목만 남게 될 것이다. 이러한 일련의 추상화 과정에서 더 이상 보호받을 수 없는 그러한 단계에 도달하게 되며, 그 부분을 보호하면 표현이 아닌 아이디어를 보호하는 결과를 허용하게 되는 경계선이 있다."

아이디어와 표현의 경계선을 추상성이 높은 단계에서 그으면 보호범위가 넓게

---

1) 송영식 등, 『지적소유권법(하)』, 육법사(2005), 제530~531쪽.

된다. 이렇게 되면 최초로 창작한 자에 대한 인센티브는 많게 되나, 제3자의 창작의 자유는 제한된다. 반대로, 경계선을 추상성이 낮은 단계에서 그으면 보호범위는 좁게 되나, 제3자의 창작의 자유는 거의 무제한으로 된다. 추상화란 어디까지나 가정적인 논리조작이다. 어디에 아이디어와 표현의 경계선을 긋는가는 일률적으로 정하여지는 것이 아니다. 그것은 창작자의 보호와 제3자의 창작의 자유가 조화되는 곳에서 정하여진다고 하는 원론적 기준만이 있을 뿐이다.[1)]

② "Baker v. Seldon" 사건

Baker v. Seldon 사건[2)]에서는 원고인 Seldon은 새롭게 간결화된 그의 회계시스템을 설명한 "Seldons Condensed Ledger, or Bookkeeping Simplified"라는 책의 저작권을 갖고 있다. 그 책에는 Seldon의 회계시스템에서 사용되는 '양식(blankforms)[3)]'이 일정한 선과 항목으로써 만들어져 있었다. Seldon은 Baker가 Seldon의 책과 실질적으로 같은 회계시스템을 사용하고 Seldon의 책에서 복제한 양식들을 수록한 책을 만들어 판매함으로써 Seldon의 저작권을 침해하였다고 주장하였다.

이 사건의 쟁점은 Seldon의 양식이 저작권의 보호대상인지 여부, 즉 아이디어와 표현 중 어디에 해당하느냐이다. 이에 대해 당해 재판부는 "책에서 가르치고 있는 기술(예컨대, 회계의 방법)이 그 책에서 예시한 방법 및 도형(methods and diagrams)을 사용하지 아니하고는 이용할 수 없는 것이라면 그러한 방법 및 도형은 그 기술에 필수적인 것이어서 일반 공중이 이를 자유로이 이용할 수 있는 것이라 할 것이다" 라고 하면서 "Seldon의 양식은 그의 회계방법에 필수적인 것이고 따라서 저작권에 의하여 보호되지 않는 idea에 해당한다"라고 판시하였다.

Baker v. Seldon 판결이 Seldon의 책에 의하여 성취하고자 하는 목적에 촛점을 맞추었듯이 아이디어와 표현의 구별기준은 문제의 저작물에 의하여 달성하고자 하는 목적에 의하여 정립될 수 있을 것이다. 즉, 기능적 저작물의 목적이나 기능은 그 저작물의 아이디어이고 그에 필수적이지 아니한 것은 모두 그 아이디어의 표현이라고 할 수 있다. 소기의 목적을 달성할 수 있는 수단이 여러 가지 있는 경우에는 선택된 특정의 수단은 그 목적에 필수적인 것이라 할 수 없고 따라서

---

1) 이상 이상정, "저작물의 보호범위", 저작권 45호 (1999년), 저작권심의조정위원회, 제15쪽에서 인용.

2) 이 판결의 출처 및 평석에 대해서는 정해남, 미국 저작권법에 있어서의 컴퓨터프로그램의 보호범위, 재판자료권호 제58집, 1992년, 제487-488쪽에서 인용.

3) Blankforms의 예로서 시간표, 그래프용지, 회계관리장부, 일기장, 수표용지, 점수기록지, 주소록, 보고서양식 등이 들어지고 있다.

아이디어가 아니고 표현이라고 할 것이다.

(4) 아이디어/표현 이분법에 대한 참고이론

아이디어/표현 이분법에 대한 참고이론으로는 다음과 같은 "합체의 원칙(merger doctrine)", "사실상의 표준(De Facto Standards)과 합체" 및 "필수 장면의 원칙(Scènes à Faire)"이 있다.

(가) 합체의 원칙(merger doctrine)

비록 독창적인 표현이라고 하더라도 당해 저작물에 내재된 아이디어가 오직 그 표현방법 이외에는 달리 효과적으로 표현할 방법이 없는 경우에는 그 표현에 대한 저작권의 보호가 배제되어야 한다. 이 경우 그 표현에 대하여 저작권의 보호를 주게 되면 실질적으로 그 아이디어에 독점권을 주는 결과가 되기 때문이다. 이를 합체의 원칙(merger doctrine)이라고 한다. 합체의 원칙은 방식(forms), 규칙(rules), 컴퓨터프로그램 등과 같은 기능적 저작물에 기본적으로 적용된다. 이 원칙은 "아이디어를 표현함에 있어서 한 가지 방법만이 존재하는 경우에는 아이디어와 그의 표현은 구분할 수 없고 저작권은 그 표현을 복제하는 것을 방해하지 못 한다"는 원리에 근원을 두고 있다.[1)]

아이디어와 표현의 합체는 원칙적으로는 아이디어에 대한 표현방법이 유일한 경우에만 적용되어야 할 것이지만, 실제로 적용되는 양태를 보면 아이디어에 대한 표현방법이 유일한 경우뿐만 아니라, 아이디어와 그 아이디어를 표현하는 방식이 복잡하게 얽혀 있어 아이디어를 표현하는 방식이 극히 제한되는 경우에도 적용되고 있다. 사실 후자의 경우가 더 보편적이라 해도 과언이 아니다. 아이디어와 표현의 합체에 관한 대표적인 미국 판례로는 Morrissey v. Procter & Gamble Co. 사건이 있다.

Morrissey v. Procter & Gamble Co. 사건의 사안[2)]은 다음과 같다. 원고인 Morrissey사가 사회보장번호를 가지고 하는 판촉용 경품게임 한 종류를 창안하여 그 규칙집을 발간하였다. 피고 Procter & Gamble사도 유사한 내용의 경품게임을

---

1) Concrete Machinery Co. v. Classic Lawn Ornaments. Inc., 843 F. 2d 600, 606(1st Cir. 1988). 박영길, "저작권에 있어서의 아이디어 보호－미국 판례를 중심으로－", 계간저작권 2003봄호, 제19쪽에서 재인용.

2) 이 판례의 사실관계 및 판결 내용에 대하여는 오승종, 이해완 공저, 『저작권법』, 박영사(2006), 제56~57쪽.

만들어 규칙집을 발간했는데, 피고의 규칙집 중 제1번 규칙이 원고의 제1번 규칙과 아주 사소한 문구상의 차이를 제외하고는 실질적으로 그 내용과 표현이 동일하였고, 이에 원고는 저작권 침해소송을 제기하였다. 문제가 된 제1번 규칙의 내용은 다음과 같다. "경품 참가자는 상품상자의 특정부위에 자신의 이름, 주소, 사회보장번호를 기입하여 이를 소지하고 입장하여야 한다. 경품게임의 규칙은 매장에서 배부하는 전단에 인쇄되어 있다. 사회보장번호가 없는 사람은 함께 거주하고 있는 가까운 친척의 이름과 그의 사회보장번호를 기입하여도 상관이 없다. 이름을 기입한 사람만이 경품참가자로 인정받아 경품을 받을 자격이 주어진다."

이 사건에서 법원은 어떠한 아이디어를 표현하는 방법이 매우 제한되어 있을 경우에는 그 표현은 저작권에 의한 보호를 받을 수 없다고 하면서, 이와 같은 경우에는 아이디어와 표현이 너무나 밀접하여 거의 합체(merge)에 이르렀고, 그러한 표현에 저작권의 보호를 주게 되면 장래의 창작자는 같은 아이디어를 표현할 수 없게 되어 결국 아이디어 자체에 독점권을 주는 결과가 된다고 하였다.

또한, 미국의 법원은 저작물이 표현하고자 하는 아이디어의 유형이 무엇인지에 따라 합체의 원칙 적용여부를 결정하여 왔다. 즉, 미국의 법원은 저작물이 시장적 개념(marketing concept)을 주된 아이디어로 하는 경우에는, 시장적 개념은 그 특성상 다양한 형태로 표현이 가능하다는 점에서 합체의 원칙을 적용하는데 소극적인 태도를 보여 왔다. 그러나 어떠한 문제를 해결하는 방법(solution)과 같은 것은 시장적 개념과는 달리 아이디어에 대한 표현방법이 극히 제한되어 있다는 점에서 합체의 원칙을 적용하여 왔다.[1)]

아이디어와 표현의 합체 이론은 기능적 저작물의 저작권 침해 여부를 판단함에 있어 중요한 역할을 한다. 미국의 아이디어/표현 이분법은 아이디어와 표현을 명확하게 선을 그어 규정하기보다는 주로 실무적으로 저작권침해소송과 관련하여 피고가 copy한 부분이 아이디어에 해당하는가 아니면 표현에 해당하는가를 주로 판단하여 왔다는 것은 이미 살펴보았다. 따라서 건축설계도, 서식, 경기 규칙집, 컴퓨터프로그램 등과 같은 기능적 저작물에 있어서는 아이디어와 표현의 합체 이론이 적용될 가능성이 문예저작물에 비해 그 만큼 크므로 피고가 원고의 저작물에 나타난 외부적인 표현의 세세한 부분까지를 거의 동일하게 베낀 것으로 입증된 경우에 한하여 피고가 원고의 보호받는 표현을 부당하게 이용한 것으로 인정

---

1) Paul Goldstein, Copyright, vol. I, 2nd ed, sec. 2.3.2, Little Brown Company. 박영길, "저작권에 있어서의 아이디어 보호－미국 판례를 중심으로－", 계간 저작권 2003 봄호, 제19쪽에서 재인용.

할 수 있을 것이다.[1]

(나) 사실상의 표준(De Facto Standards)과 합체

저작자가 창작을 할 당시에는 그 아이디어를 표현하는 방식이 많이 있었는데, 점차 저작자가 택한 표현방식이 일반화되고 대중에 고착되어서 업계의 '사실상 표준'이 되어 버림으로써 다른 후발 저작자가 다른 선택을 할 여지가 없어지는 경우가 있는데, 이는 이른바 후발적으로 일어난 합체(merge)에 해당하는 것으로[2] 특히, 컴퓨터의 사용자 인터페이스의 경우에 많이 발생한다고 한다.[3] 이와 관련된 판례로는 "Lotus Development Corporation v. Borland International, Inc." 사건[4]이 있다.

원고인 Lotus는 IBM호환기종 개인용 컴퓨터에 사용하는 스프레드쉬트(spreadsheet) 프로그램[5]을 판매하는데 있어서 성공을 거둔 최초의 회사이다. 그리고 'Lotus 1-2-3'은 사용자로 하여금 컴퓨터상에서 계산 기능을 자동적으로 수행할 수 있도록 해주는 스프레드쉬트 프로그램이다. 이후 많은 경쟁자들이 다양한 사용자인터페이

---

1) Edwin K.Williams & Co. v. Edwin K.Williams & Co.-East, 542 F.2d 1053(9th Cir., 1976)판결은 피고의 서식집이 원고의 서식집과 거의 동일한 것이라고 하여 저작권침해를 인정하였다. 이성호, "저작권침해 여부의 판단기준과 각종 저작물의 유형별 특성에 따른 실제적 적용/법실천의 제문제", 동천 금인섭 변호사 화갑기념논문집 (96.12), 박영사(1996), 제747쪽.

2) 저작물에 대한 것은 아니나 상품에 대한 사실상 표준이 상품 시장에 미치는 영향이 어떠한지를 보면 실로 놀라움을 금할 수 없을 것이다. 하나의 상품이 인기를 끌어 시장을 점유하게 되고 그 결과 거의 모든 사람이 그 상품을 사용하게 되면, 그 상품은 시장에 있어서 사실상의 표준(de facto standard)이 된다. 사실상의 표준이 된 상품은 그 상품시장의 승자로 되고, 한 번 사실상의 표준이 되면 다른 경합상품을 계속하여 배제하여 버리는 고착효과(lock in effect)를 갖게 된다. 사실상의 표준에 따른 고착효과의 심각성은 「승자는 모든 것을 얻고(winner take all), 패자는 전부 잃는다」라는 표현으로 설명할 수 있다. 손영화, "지적재산권행사의 한계에 관한 연구: 전자상거래에 있어서의 공정거래법적용을 중심으로", 비교사법 8권 2호 (통권15호) (2001.12), 한국비교사법학회, 제811쪽.

3) 사용자인터페이스(user interface)는 넓은 의미로 어떠한 장치, 예를 들어 컴퓨터나 각종 기계장치 등의 사용자가 그 장치를 이용하여 특정한 작업을 수행하기 위하여 그 장치와 상호작용을 하게 되는 부분을 말한다. 예를 들어 아래아 흔글 작업시 스크린에 나타나는 메뉴나 윈도우환경에서 나타나는 각종 아이콘 모양 등의 스크린 디스플레이, 키보드나 마우스, 조이스틱 등의 하드웨어장치, 에러발생시 또는 컴퓨터통신에서 파일받기(download)가 완성되었을 때 울리는 기계음 멜로디, 자동차에 있어서 핸들과 스틱 등 운전자가 사용하는 각종 장치와 계기판의 배열 및 디스플레이 등이 그것인데, 그 중에서도 가장 문제가 되는 것이 컴퓨터에 있어서 스크린 디스플레이의 한 종류인 프로그램의 메뉴구조이다. 오승종, 이해완 공저, 『저작권법』, 박영사(2006), 제58~59쪽.

4) 이하 판례의 사실관계 및 내용은 김정완, "컴퓨터소프트웨어 법적 보호의 현상과 과제", 전남대 법률행정논총 17집 (97.12), 제187-188쪽.

5) 표에 숫자나 문자 자료를 입력하고 이를 조작하여 자료를 처리하는 것으로서 예산 편성 및 실적관리, 성적관리에서 가계부에 이르기까지 표 형식으로 늘어놓은 숫자를 계산하는 소프트웨어이다. 대표적으로 엑셀(Excel) 프로그램이 있다.

스를 가지고 시장에 뛰어들기 시작하였는데 피고인 Borland의 'Quattro'프로그램도 그 중 하나에 속한다. 'Lotus 1-2-3'에 이미 길들여진 엄청난 사용자들의 숫자를 고려한 Borland는 'Lotus 1-2-3 에뮬레이션모드(emulation mode)'라고 하는 인터페이스를 자신의 프로그램 안에 별도로 제공함으로써 Lotus에 이미 익숙해진 사용자들도 Lotus와 기본적으로 동일한 메뉴와 커멘드(command) 계층구조를 갖춘 자신의 프로그램을 사용할 수 있게 하였다. Borland는 Lotus의 프로그램코드를 복제하지 않았으며 단지 Lotus의 메뉴 커멘드 시스템에 속하는 용어와 구조만을 복제하였다. 결국 Lotus는 Borland의 이 에뮬레이션모드가 자신의 1-2-3프로그램저작권을 침해했다는 소송을 제기한 것이다.

이 사건에서 논쟁의 초점이 되는 것은 'Lotus 1-2-3'의 메뉴 커멘드 계층구조(menu command hierarchy)[1)]에 대한 저작물성 인정여부이다. 이 사건의 제1심에서는 이 메뉴 커멘드 계층구조가 저작권법상의 보호가능한 표현에 해당한다고 판단하였다. 그 이유는 'Lotus 1-2-3'과 다른 커멘드 및 커멘드 구조를 이용하여도 얼마든지 만족할 만한 스프레드쉬트 메뉴구조를 작성할 수 있다고 보았기 때문이다. 그러나 항소심에서는 이를 뒤집고서 'Lotus 1-2-3'의 메뉴 커멘드 계층구조는 미국 저작권법 제102조 (b)에 따라 보호하지 않는 조작방법(a method of operation)에 해당한다고 판결하였다. 그 이유는 만약 Lotus의 메뉴에 저작권의 보호를 주어 독점권을 인정한다면, 새로운 프로그램을 사용하고자 하는 자는 그 때마다 새로운 메뉴명령어를 습득하여야 하기 때문에 기존의 원고 제품의 사용자들은 좀 더 우수한 새로운 프로그램이 나오더라도 어쩔 수 없이 원고 제품을 계속 사용하여야 하는 경우가 발생하여 소비자의 선택권을 부당하게 제한할 뿐만 아니라, 다른 경쟁업자가 새로운 제품으로 시장에 진입하는 것을 사실상 봉쇄하여 경쟁을 제한하게 되고, 이는 현실적으로 매우 불합리한 결과라는 것이다. 그 후 모든 컴퓨터업계가 예의주시하는 가운데 이 사건은 연방대법원에 상고되었으며, 그 결과 연방대법원은 항소심판결을 인정하는 전원합의판결을 내렸다. 유감스럽게도 연방대법원은 이러한 결정에 관한 어떠한 판결이유도 제시하지 않았기 때문에 장차 이와 같은 쟁점과 관련해 기준이 될 수 있는 선례를 제시하는 데는 실패하였다. 그렇

---

1) 이 계층구조는 사용자가 원하는 명령의 첫 글자를 나타내는 일련의 키를 타이핑할 수 있도록 사용자에게 글자 그대로 보여주는 일련의 명령들이다. 따라서 사용자는 이 프로그램을 통해 특정기능을 실행하기 위해서는 각 명령의 첫 글자만을 단순히 타이핑하면 된다. 사용자는 이를 통해 새로운 커멘드를 배워야 한다거나 로터스매크로(macro: 단 한 번의 키를 두드림으로써 실행할 수 있는 일련의 조작을 의미함)를 다시 작성하지 않아도 된다.

지만 당분간은 항소법원의 판결이 그 주된 선례역할을 할 것으로 보인다.

(다) "필수 장면의 원칙(Scènes à Faire Doctrine)"

Scènes à Faire란 "필수 장면"이라는 의미의 불어로서 말 그대로 "반드시 삽입되어야 할 장면"이라는 뜻으로 저작물에서 기본적인 아이디어에 대하여 필연적으로 따르는 표현 부분을 말한다. 합체의 원칙이 주로 기능적인 저작물에 적용된다면, 이 원칙은 주로 소설이나 희곡 등과 같은 가공적 저작물(fictional works)에 적용된다. 즉, 기본적인 플롯 또는 등장인물 등과 같이 저작물의 보호를 받지 못하는 아이디어가 전형적으로 예정하고 있는 사건이라든가 등장인물의 성격 타입 등과 같은 요소들에 대하여는 설사 그러한 요소들이 표현에 해당한다 하더라도 저작권으로 보호해서는 안 된다는 원칙이다.

Hoehling v. Universal city Studios, Inc. 사건[1]은 Hindenberg의 참상과 관련하여 저작물에 발생한 저작권 침해소송이었다. 동 사건의 제2항소법원은 독일식 맥주홀의 장면을 묘사하는데 있어서 "하이 히틀러(Heil Hitler)"와 같은 독일식 구령 장면이나 독일식 군가를 부르는 장면 등은 나치 시대 독일의 생활상을 다루는 데 필수불가결한 요소가 된다는 이유로 저작권의 보호 대상이 될 수 없다고 선고하였다.

미국 판례에서는[2] 필수장면의 원칙을 합체의 원칙과 함께 컴퓨터프로그램에도 적용하고 있다.

(5) 아이디어/표현 이분법에 관한 한국 판례

대법원 1993.6.8. 선고 93다3073,93다3080 판결은 『저작권법에 의하여 보호되는 저작물은 학문과 예술에 관하여 사람의 정신적 노력에 의하여 얻어진 사상 또는 감정의 창작적 표현물이어야 하므로 저작권법이 보호하고 있는 것은 사상, 감정을 말, 문자, 음, 색 등에 의하여 구체적으로 외부에 표현한 창작적인 표현형식이고, 표현되어 있는 내용 즉 아이디어나 이론 등의 사상 및 감정 그 자체는 설사 그것이 독창성, 신규성이 있다 하더라도 소설의 스토리 등의 경우를 제외하고는

---

1) Hoehling v. Universal city Studios, Inc. 618 F. 2d 972,.979(2d Cir.) cert. denied, 449 U.S. 841, 66 L. Ed. 2d 49. 101 S. Ct. 212(1980). 박영길, "저작권에 있어서의 아이디어 보호－미국 판례를 중심으로－", 계간저작권 2003봄호, 제20쪽에서 재인용.

2) 예를 들면 Computer Associates, International. Inc. v. Altai, Inc., 982 F. 2d 693(2d Cir. 1992); Apple Computer, Inc. v. Microsoft Corp., 35 F. 3d 1435(9th Cir. 1994). 박영길, "저작권에 있어서의 아이디어 보호－미국 판례를 중심으로－", 계간저작권 2003봄호, 제20쪽.

원칙적으로 저작물이 될 수 없으며 저작권법에서 정하고 있는 저작인격권, 저작재산권의 보호대상이 되지 아니하고, 특히 학술의 범위에 속하는 저작물의 경우 학술적인 내용은 만인에게 공통되는 것이고 누구에 대하여도 자유로운 이용이 허용되어야 하는 것이므로 그 저작권의 보호는 창작적인 표현형식에 있지 학술적인 내용에 있는 것은 아니라 할 것이다. 저작권의 보호대상은 아이디어가 아닌 표현에 해당하고 저작자의 독창성이 나타난 개인적인 부분에 한하므로 저작권의 침해여부를 가리기 위하여 두 저작물 사이에 실질적인 유사성이 있는가의 여부를 판단함에 있어서도 표현에 해당하고 독창적인 부분만을 가지고 대비하여야 한다』고 판시하였다.

또한, 대법원 1997. 11. 25. 선고 97도2227 판결도 『단편적인 어구나 계약서의 양식 등과 같이 누가 하더라도 같거나 비슷할 수밖에 없는 성질의 것은 최소한도의 창작성을 인정받기가 쉽지 않다 할 것이다』라고 설시하여 미국 판례법상의 아이디어와 표현의 합체 이론과 비슷한 취지의 판결을 한 바 있다.

Ⅳ. 저작물의 종류

1. 저작물의 종류에 관한 비교법적 검토

저작물의 표현 방식은 매우 다양하므로 저작물의 종류도 다양하게 분류될 수 있다. 저작물의 종류는 각국의 법률문화와 저작권에 대한 보호 인식의 차이로 말미암아 나라마다 서로 상이하며 통일되어 있지 않다. 그러나 그 차이는 그리 크지 않으며 오히려 공통점이 더 많다고 볼 수 있다.

가. 미국 저작권법

미국 저작권법 제102조는 다음과 같이 저작물을 8종류로 분류하고 있다.

1. 어문저작물
2. 음악저작물, 이에는 음악에 수반되는 가사가 포함된다.
3. 연극저작물, 이에는 연극에 수반되는 음악이 포함된다.
4. 무언극 또는 무용저작물
5. 회화, 도면 및 조각저작물

6. 영화 및 기타 시청각저작물
7. 녹음저작물
8. 건축저작물

나. 한국저작권법

한국저작권법은 제4조에서 다음과 같이 저작물을 9종류로 분류하고 있다.

1. 소설·시·논문·강연·연술·각본 그 밖의 어문저작물
2. 음악저작물
3. 연극 및 무용·무언극 등을 포함하는 연극저작물
4. 회화·서예·조각·공예·응용미술저작물 그 밖의 미술저작물
5. 건축물·건축을 위한 모형 및 설계도서를 포함하는 건축저작물
6. 사진 및 이와 유사한 제작방법으로 작성된 것을 포함하는 사진저작물
7. 영상저작물
8. 지도·도표·설계도·약도·모형 그 밖의 도형저작물
9. 컴퓨터프로그램저작물

다. 독일 저작권법

독일 저작권법은 제2조에서 다음과 같이 저작물을 7종류로 분류하고 있다.

1. 문자저작물, 연설 및 컴퓨터프로그램과 같은 어문저작물
2. 음악저작물
3. 무용저작물을 포함한 무언저작물
4. 미술저작물 : 이에는 건축 및 응용미술저작물과 이들의 초안이 포함된다.
5. 사진저작물 : 이에는 사진저작물과 유사하게 만들어지는 저작물이 포함된다.
6. 영상저작물 : 이에는 영상저작물과 유사하게 만들어지는 저작물이 포함된다.
7. 도면, 지도, 표, 약도, 도표 및 입체적 저작물과 같은 학술적이거나 기술적인 종류의 표현물

라. 국제조약

문학·예술 저작물의 보호를 위한 베른협약은 제2조에서 저작물의 종류에 대하여 "문학·예술 저작물이란 표현은 그 표현의 형태나 방식이 어떠하든 간에 서적,

소책자 및 기타 문서, 강의·강연·설교 및 기타 같은 성격의 저작물, 연극 또는 악극 저작물, 무용저작물과 무언극, 가사가 있거나 또는 없는 작곡, 영화와 유사한 과정에 의하여 표현된 저작물을 포함하는 영상저작물, 소묘·회화·건축·조각·판화 및 석판화, 사진과 유사한 과정에 의하여 표현된 저작물을 포함하는 사진저작물, 응용미술저작물, 도해·지도·설계도·스케치 및 지리학·지형학·건축학 또는 과학에 관한 3차원 저작물과 같은 문학·학술 및 예술의 범위에 속하는 모든 제작물을 포함한다"라고 규정하고 있다.

또한, 무역 관련 지적재산권에 관한 협정(TRIPs 협정)은 제9조에서 "회원국은 베른협약(1971년)의 제1조에서 제21조까지 및 그 부속서를 준수한다"라고 규정함으로써 저작물의 종류에 대하여 베른협약의 규정내용을 그대로 따르고 있다.

2. 중국저작권법상의 저작물 종류

가. 서 설

저작물이란 어떠한 유형적인 형태로 복제할 수 있는 독창성을 가진 문학, 예술 및 과학의 범위에 속하는 지적 성과(智力成果)를 말한다(저작권법실시조례 제2조). 저작권법은 저작물을 9 종류로 분류하고 있으며, 각 저작물의 정의에 대해서는 저작권법실시조례 제4조에서 규정하고 있다. 저작권법에서 정하고 있는 저작물의 종류는 제한적으로 열거한 것이 아니라 포괄적으로 예시한 것에 불과하다.

저작물의 종류에 관한 저작권법 및 저작권법실시조례의 각 규정은 다음과 같다.

○ 저작권법 제3조 이 법에서 말하는 저작물은 아래의 형식으로 창작된 문학, 예술, 자연과학, 사회과학, 공정(工程)기술 등의 저작물을 포함한다.

1. 문자저작물(文字作品)
2. 구술저작물(口述作品)
3. 음악저작물, 연극저작물(戏剧作品), 구연저작물(曲艺作品), 무용저작물(舞蹈作品), 곡예예술저작물(杂技艺术作品)
4. 미술저작물, 건축저작물
5. 사진저작물(摄影作品)
6. 영화저작물(电影作品) 및 영화제작과 유사한 방법으로 창작된 저작물

7. 공사 설계도, 상품 설계도, 지도, 설명안내도(示意图) 등 도형 및 모형저작물
8. 컴퓨터 소프트웨어(计算机软件)
9. 그 외 법률, 행정법규가 규정하는 기타 저작물

○ 저작권법실시조례 제4조 저작권법과 이 조례에서 사용하는 저작물의 정의는 다음 각호와 같다.

1. 문자저작물(文字作品)이란 소설·시·산문·논문 등 문자형식으로 표현된 저작물을 말한다.
2. 구술저작물(口述作品)이란 즉흥 연설(即兴的演说)·강의(授课)·법정변론 등 구두로 표현된 저작물을 말한다.
3. 음악저작물(音乐作品)이란 가곡(歌曲)·교향악 등 가사의 수반 여부를 불문하고 가창(演唱) 또는 연주할 수 있는 저작물을 말한다.
4. 연극저작물(戏剧作品)이란 연극(话剧)·오페라(歌剧)·지방극(地方剧) 등 무대공연에 제공하는 저작물을 말한다.
5. 구연저작물(曲艺作品)이란 쌍성(相声), 콰이슈(快書), 따구(大鼓), 핑슈(评书) 등 설창(说唱)을 주요 형식으로 표현하는 저작물을 말한다.
6. 무용저작물(舞蹈作品)이란 연속적인 동작·자세·표정 등을 통하여 사상, 감정을 표현하는 저작물을 말한다.
7. 곡예예술저작물(杂技艺术作品)이란 곡예(杂技)·마술(魔术)·곡마(马戏) 등 형체동작과 기교를 통하여 표현하는 저작물을 말한다.
8. 미술저작물이란 회화(绘画)·서예(书法)·조각(雕塑) 등 선, 색채 또는 기타 방식으로 구성된 평면 또는 입체적 조형예술물(造型艺术作品)로서 심미적 의미(审美意义)를 가지는 저작물을 말한다.
9. 건축저작물이란 건축물 또는 구조물 형식으로 표현된 것으로서 심미적 의미를 가지는 저작물을 말한다.
10. 사진저작물(摄影作品)이란 기계기구를 이용하여 감광재료 또는 기타매개물에 객관물체의 형상(客观物体形象)을 기록한 예술저작물을 말한다.
11. 영화저작물 및 영화제작과 유사한 방법으로 창작한 저작물이란 음의 수반 여부를 불문하고 일정한 매개물에 연속적인 영상을 수록하여 그 영상을 적당한 장치에 의해 상영(放映)하거나 기타 방식으로 전송(传播)하는 저작물을 말한다.
12. 도형저작물(图形作品)이란 시공 및 생산을 위하여 제작한 공사설계도, 제품

설계도 및 지리현상을 반영하거나 사물의 원리 또는 구조를 설명하는 지도, 설명안내도(示意图) 등의 저작물을 말한다.

13. 모형저작물(模型作品)이란 전시(展示), 시험(试验) 또는 관측 등의 용도를 위하여 물체의 형상과 구조(结构)에 따라 일정한 비율로 제작한 입체저작물을 말한다.

나. 저작물의 분류

저작권법 및 저작권법실시조례는 기본적으로 저작물의 내용을 기준으로 저작물을 분류하고 있다. 그 외에도 공표의 유무, 저작자의 수, 저작물의 결합 방법 등 다양한 기준에 의하여 저작물을 분류할 수 있으며, 분류기준마다 구별의 실익이 다르다.

(1) 공표의 유무에 따른 분류

공표의 유무를 기준으로 저작물을 분류하면 공표저작물과 미공표저작물로 구별할 수 있다. 저작물을 공표하거나 공표하지 아니할 것을 결정할 수 있는 권리를 공표권(发表权)이라 하는데, 이러한 공표권은 미공표저작물에서만 문제된다.

공표는 저작물의 보호기간을 정함에 있어 기산점이 되기도 한다. 일반적으로 저작재산권의 보호기간은 저작자의 생존하는 동안과 사망 후 50년이다(저작권법 제21조 제1항). 그런데 업무상 저작물, 영상저작물 및 사진저작물의 경우에는 예외적으로 공표시기를 기준으로 보호기간을 산정한다. 이들 각 저작물의 보호기간은 저작물이 맨 처음 공표된 때부터 50년이 되는 해의 12월 31일까지이다(저작권법 제21조 제2항 및 제3항).

또한, 저작권법은 일정한 경우 타인의 저작물을 무상으로 자유롭게 이용할 수 있는 경우(저작권법 제22조)와 타인의 저작물을 저작권자의 허락 없이 이용할 수는 있으나 반드시 보상을 하여야 하는 법정허락의 경우(저작권법 제23조, 제32조 제2항, 제39조 제3항, 제42조 제2항, 제43조)를 규정하고 있는데, 이들 규정은 공표된 저작물에 대해서만 적용된다.

(2) 저작자의 수에 따른 분류

저작자의 수를 기준으로 저작물을 분류하면 단독저작물과 합작저작물로 구별할 수 있다. 단독저작물은 저작자가 1인 반면, 합작저작물은 저작자가 2인 이상인 저작물을 말한다. 단독저작물의 보호기간은 저작자의 생존하는 동안과 사망 후 50년으로 하며 저작자가 사망한 후 50년이 되는 해의 12월 31일까지인 반면, 합작저작물의 보호기간은 맨 마지막으로 사망한 저작자의 사망 후 50년이 되는 해의 12월 31일까지이다(저작권법 제21조 제1항).

(3) 저작자의 명의에 따른 분류

저작자의 명의를 기준으로 저작물을 분류하면 실명(實名)저작물, 이명(異名)저작물, 무명(無名)저작물로 나눌 수 있다. 실명저작물은 저작자의 실명을 표시한 저작물을, 이명저작물은 저작자의 실명 외에 가명, 예명, 약칭 등을 표시한 저작물을, 무명저작물은 저작자의 표시가 없는 저작물을 말한다.

저작자는 저작물에 저작자의 신분을 표시하고 서명할 수 있는 권리인 성명표시권(署名权)을 가진다. 저작자의 서명에는 저작자의 실명 이외에 가명, 아호, 필명, 예명, 약칭 등이 포함된다. 저작자 추정주의에 의하여 다른 증거가 없는 한, 저작물에 서명한 개인, 법인 또는 기타 단체가 저작자가 된다(저작권법 제11조 제4항).

저작자의 신분이 분명하지 않는 저작물의 경우에는 저작권 보호기간은 저작물을 맨 처음 공표한 후 50년이 되는 해의 12월 31일까지이나, 저작자의 신분이 확인된 후에는 저작권법 제21조의 규정에 따라 저작자의 생존하는 동안과 사망 후 50년으로 된다(저작권법보호조례 제18조).

(4) 성립순서에 따른 분류

성립순서를 기준으로 저작물을 분류하면 원저작물과 연역저작물(演绎作品)로 나눌 수 있다. 원저작물은 연역저작물의 기초가 되는 최초의 저작물을 말하고, 연역저작물은 원저작물을 기초로 여기에 새로운 독창성을 가하여 만들어진 저작물이다. 연역의 방법에는 개편, 번역, 주석(注释), 정리(整理), 편집(编辑), 영상제작 등이 있다. 연역저작물은 한국저작권법의 2차적 저작물과 편집저작물을 포괄하는 개념이라고 말할 수 있다.

연역저작물은 원저작물을 기초로 해서 작성되었으나 새로운 독창성을 가하여 만들어진 저작물이라는 점에서 엄연히 독자적인 저작물이며 원저작물과는 별도로 저작권법의 보호를 받는다(저작권법 제12조 본문). 다만 연역자는 연역저작물에 대한 저작권을 행사할 때 원저작자의 권리를 침해해서는 아니 된다(저작권법 제12조 단서). 예를 들어 원작 소설을 영화로 제작한 경우 원작자의 성명 및 원작의 명칭을 전혀 표시하지 않고 영화를 상영하는 것은 원작자의 성명표시권을 침해한 것으로 된다.

(5) 저작물의 결합방법에 따른 분류

저작물의 결합방법을 기준으로 저작물을 분류하면 일반적으로 공동저작물과 결합저작물로 분류할 수 있다. 공동저작물이란 공동저작자의 각 저작 부분을 분리하여 이용할 수 없는 저작물을, 결합저작물이란 공동으로 저작한 각 부분을 분리하여 이용할 수 있는 저작물을 말한다. 이와 같은 개념 정의는 공동저작물과 결합저작물의 구별기준에 관한 학설[1] 중 개별적 이용가능성설에 근거한 것이다. 한국저작권법은 공동저작물을 2인 이상이 공동으로 창작한 저작물로서 각자의 이바지한 부분을 분리하여 이용할 수 없는 것으로 정의함으로써[2] 입법적으로 개별적 이용가능성설을 취하였다.

중국저작권법은 한국저작권법과 같이 개별적 이용가능성설에 따라 입법화하고 있으나 공동저작물이나 결합저작물이라는 용어를 사용하지 않고 이들을 통합한 합작저작물(合作作品)이라는 용어를 사용하고 있다. 중국저작권법 제13조는 제1항에서 「2인 이상이 합작으로 창작한 저작물(合作作品)의 저작권은 합작저작자가 공동으로 가진다. 창작에 참가하지 아니한 자는 합작저작자가 될 수 없다」고 규정하고, 제2항에서 「합작저작물 중 분리하여 이용할 수 있는 것은 저작자가 각자 창작한 부분에 대하여 단독으로 저작권을 가진다. 다만, 저작권을 행사할 때에는 합작저작물 전체의 저작권을 침해할 수 없다」고 규정하고 있다. 결국 합작저작물이란 2명 이상이 합작해서 창작한 저작물로서 한국저작권법의 결합저작물과 공동저작물을 포괄하는 개념이라고 할 수 있다.

합작저작물 중 공동저작물은 그 저작권은 합작저작자가 공동으로 가지며 합작저작자는 상호 협의 하에 권리를 행사하여야 한다(저작권법 제13조 제1항, 저작권법 실시조례 제9조). 이에 반해 합작저작물 중 결합저작물은 저작자가 각자 창작한 부분에 대하여 단독으로 저작권을 갖지만 저작권 행사시 합작저작물의 전체 저작권을 침해하여서는 아니 된다(저작권법 제13조 제2항).

---

1) 공동저작물과 결합저작물의 구별기준에 대해서는 분리가능성설과 개별적 이용가능성설이 있다. 분리가능성설은 하나의 저작물의 각 구성부분이 물리적으로 분리가능한가 여부를 기준으로 하는데 반해, 개별적 이용가능성설은 분리된 것이 단독으로 이용가능한가 여부를 기준으로 한다. 따라서 일반적으로 전자보다 후자가 공동저작물로 되는 범위가 넓게 된다.

2) 한국저작권법 제2조 제21호.

또한 공동저작물의 경우에는 다른 합작저작자의 동의가 없으면 그 지분을 양도하거나 질권의 목적으로 할 수 없으나, 결합저작물은 자기가 창작한 부분에 한하여 단독으로 저작권을 양도하거나 질권을 설정할 수 있다.

그러나 보호기간과 관련하여서는 양자의 차이는 없다. 즉, 공동저작물, 결합저작물 모두 동일하게 맨 마지막으로 사망한 저작자의 사망 후 50년이 되는 해의 12월 31일까지로 한다(저작권법 제21조). 이는 한국저작권법과는 서로 다른 부분이다. 한국저작권법 제39조 제2항은 「공동저작물의 저작재산권은 맨 마지막으로 사망한 저작자의 사망 후 50년간 존속한다」라고 규정하고 있으며 결합저작물의 경우에는 해석상 각 저작부분은 각 저작자의 사후 50년이 경과하면 보호기간이 종료한다고 보고 있다.

(6) 계속성 유무에 따른 분류

계속성 유무를 기준으로 저작물을 분류하면 1회적 저작물과 계속적 저작물로 나눌 수 있다. 1회적 저작물은 단행본 또는 그림, 조각 등과 같이 1회의 출판이나 공표에 의하여 종료되는 저작물이며, 계속적 저작물은 신문이나 잡지 등과 같이 계속적으로 출판 또는 공표되는 저작물이다.

계속적 저작물에는 책(冊), 호(號) 또는 회(回) 등으로 공표하는 축차(逐次)간행물과 일부분씩 순차적으로 공표하여 전부를 완성하는 순차(順次)저작물이 있는데, 각각의 경우에 저작권의 보호기간을 어떻게 기산하여야 하는지가 문제된다. 이에 대하여 중국저작권법에는 명문 규정이 존재하지 않지만, 중국 법학자들은 축차간행물의 경우는 매책, 매호 또는 매회 등의 공표시를 기산점으로 하고, 순차저작물의 경우는 최종 부분의 공표시를 기산점으로 하되, 순차저작물의 계속되어야 할 부분이 최근의 공표시기로부터 3년이 경과되어도 공표되지 아니하는 경우에는 이미 공표된 맨 뒤의 부분을 최종부분으로 본다고 해석하고 있다.[1)]

---

1) 李雨峰 等, 『著作权法』, 厦门大学出版社(2006), 제107쪽. 이러한 해석론은 일본저작권법 제56조에 기초한 것이다. 일본저작권법 제56조는 「① 제52조 제1항, 제53조 제1항 및 제54조 제1항 공표시점은 책, 호, 또는 회에 따라 공표하는 저작물에 대해서는 매책, 매호, 또는 매회의 공표시에 따르는 것으로 하고, 일부분씩을 차례로 공표하여 완성하는 저작물에 대해서는 최종 부분을 공표한 때에 따르는 것으로 한다. ② 일부분씩을 차례로 공표하여 완성하는 저작물에 대해서는 계속되어야 할 부분이 가장 가까운 공표의 시점으로부터 3년을 경과하여도 공표되지 아니할 때에는 이미 공표된 것 중의 최종 부분을 전항의 최종 부분으로 본다」고 규정하고 있다.

(7) 저작물의 목적에 따른 분류

(가) 문예저작물, 사실적 저작물 및 기능적 저작물의 의의

저작물의 목적에 따라 저작물을 분류하면 문예저작물, 사실적 저작물 및 기능적 저작물로 구분할 수 있다.

문예저작물이란 미술, 시, 소설, 음악 등과 같이 문학예술적 표현을 주된 목적으로 하는 저작물로서 인간의 감성이나 지성에 호소하는 측면이 강하다. 사실적 저작물이란 지도, 전화번호, 역사, 전기물 등과 같이 사실을 있는 그대로 반영하는 것을 목적으로 하는 저작물이다. 기능적 저작물이란 문학예술성이나 사실의 전달보다는 사용자로 하여금 그 저작물을 통하여 특정한 과제를 달성하도록 한다는 실용적인 기능을 주된 목적으로 하는 저작물을 말하며 건축설계도, 소송서류 등 각종 서식, 경기규칙서, 컴퓨터 프로그램 등이 포함된다. 사실적 저작물도 전체적으로 보면 기능성을 가졌다고 볼 수 있으나 사실적 저작물은 그 자체로 일정한 정보와 사실을 전달한다는 특징에 중점을 두고 있는 반면, 기능적 저작물은 특정한 과제를 달성하기 위해서 창작된 저작물이라는 점에서 서로 차이가 있다. 그러나 사실적 저작물과 기능적 저작물 모두 문예저작물과는 달리 인간의 감성이나 지성에 호소하는 측면은 부수적인 것에 불과하다는 점에서 공통된다.

(나) 구별 실익

이들을 구별하는 실익은 저작물의 보호범위가 서로 다르다는 데에 있다. 즉, 사실적·기능적 저작물에 관한 저작권의 보호범위는 극본, 회화, 음악 등과 같은 문예저작물에서보다 좁게 해석된다.

사실적 저작물이란 그 자체로 일정한 사실이나 정보를 전달하는 저작물인데, 만약 사실이나 정보 자체를 저작권법으로 보호하게 되면 이를 특정인에게 독점시키게 되어 일반 공중은 더 이상 이를 이용할 수 없다는 불합리한 결과가 발생한다. 따라서 사실적 저작물에 대한 저작권보호는 그 표현에만 국한되고, 그 내용이 되는 사실과 정보 그 자체는 저작권법의 보호를 받지 못하며 일반 공중이 널리 공유할 수 있다. 또한 사실적 저작물은 그 특성상 표현방법에 상당한 제한이 따르므로 정보나 사실의 묘사에 필수적으로 수반되는 표현방법은 저작권법의 보호를 받을 수 없게 된다.

또한, 기능적 저작물은 실용적인 기능을 주된 목적으로 하는 탓에 표준적인 기호나 용어 등을 사용하는 경우가 많으므로 표현방법에 선택의 여지가 적다는 특징이 있다. 이와 같이 아이디어를 표현하는 방법이 매우 제한되어 있거나 아이디어와 표현이 너무나 밀접하여 거의 합체에 이르렀다고 보여지는 경우에는 그러한 표현에 저작권의 보호를 주게 되면 장래의 창작자는 같은 아이디어를 표현할 수 없게 되어 결국 아이디어 자체에 독점권을 주는 결과가 된다. 따라서 저작물의 보호범위와 관련하여 기능적 저작물에 있어서는 아이디어와 표현의 합체 이론(merger doctrine)의 적용가능성이 문예저작물보다 높아 표현에 독창성이 있더라도 당해 표현이 아이디어와 밀접하게 합체되어 있는 경우에는 저작권의 보호를 받지 못하며, 저작권 침해를 판단함에 있어서도 타인이 저작자의 저작물에 나타난 외부적인 표현의 세세한 부분까지를 거의 동일하게 베낀 것으로 입증된 경우에 한하여 저작권의 침해를 인정할 수 있을 것이다.

[Hoehling v. Universal city Studios, Inc. 사건][1)]

사실적 저작물에 관한 저작권보호범위가 문예저작물의 그것보다 좁다고 본 사례들이 미국에서 다수 있는데, 그 중 대표적인 미국판례를 하나 소개한다.

원고인 Hoehling은 1937년 호화비행선인 Hindenburg의 폭발로 인하여 36명의 승객이 사망한 사건을 책으로 출판하기로 마음먹고 방대한 분량의 자료를 수집하고 폭발사고 생존자들을 직접 만나 인터뷰하는 등 수많은 노력을 기울였다. 그 결과 역사적인 Hindenburg 폭발사건에 관한 자세한 설명과 작가 나름대로의 분석을 곁들인 책을 출판하게 되었다. 그 후 Mooney는 원고의 책을 토대로 역사적인 기술보다는 소설적 가공을 주된 내용으로 하는 책을 출판하게 되었는데, Mooney의 책을 출판한 출판사는 피고인 Universal city Studios에게 Mooney의 책을 각색하여 영화화할 수 있는 권리를 양도하였다. 이에 피고는 Mooney의 책을 각색하여 영화로 제작하자, 원고가 피고를 상대로 자신의 저작권을 침해하였다는 소송을 제기하였다.

이 사건에 대하여 연방법원은 피고의 저작권 침해를 인정하지 않으면서 원고의 작품은 비행선 폭발이라고 하는 역사적 사실을 분석하고 기술하는 사실저작물에 해당하는 만큼 저작권보호범위가 좁게 인정될 수밖에 없으므로 원·피고의 작품 사이에는 실질적 유사성이 없다고 판시하였다. 또한 연방법원은 비행선 폭발에 관련된 사실 또는 해석론은 저작권의 보호대상이 될 수 없으며 동일한 역사적 사

---

1) 판례출처 및 내용에 대해서는 정상조, "창작과 표절의 구별기준", 법학44권 1호(126호)(2003. 03), 서울대학교법학연구소, 제134조-135쪽.

실을 기술하기 위해 필수불가결한 표현도[1] 저작권의 보호대상이 될 수 없다고 판시하였다.

[Landsberg v. Scrabble 사건][2]

Landsberg v. Scrabble 사건의 사실관계는 다음과 같다.

원고 Landsberg는 Scrabble이라는 단어게임의 우승자로서 체계적인 게임방법을 原稿로 작성하여 "Championship Scrabble Strategy"라는 제목의 책을 출판하고자 하였다. 원고는 동 출판을 위하여 "Scrabble"을 제작·판매하고 있는 "Scrabble"이라는 상표에 대한 상표권을 가지고 있는 피고 "Scrabble" 회사에 대하여 "Scrabble"이라는 명칭의 이용허락을 요청하였다. 그러나 피고는 이용허락여부를 검토하기 위하여 필요하다고 하면서 원고로부터 넘겨받은 원고사본을 토대로 하여 약간의 표현을 바꾸어서 "Scrabble" 게임설명서를 제작·판매하였다. 이에 원고는 법원에 저작권침해 소송을 제기하였다.

위 사안에 대한 연방지방법원과 연방항소법원이 판단은 서로 달랐다. 연방지방법원은 저작권침해가 인정된다고 판단하였으나, 연방항소법원은 원고 저작물이 기능적 저작물로서 표현방법이 제한된 것이어서 보호범위가 좁게 해석되어야 한다는 전제 하에 피고의 설명서가 상이한 표현으로 구성되어 있는 한 원·피고 작품사이에 실질적 유사성이 있다고 보기 어렵고 따라서 저작권침해에 해당되지 않는다고 판단하였다.

[Baker v. Seldon 사건]

Baker v. Seldon 사건은 이미 아이디어/표현 이분법에 관한 미국 판례 부분에서 살펴본 적이 있다. 원고인 Seldon은 회계시스템을 설명한 "Seldons Condensed Ledger, or Bookkeeping Simplified"라는 책의 저작권을 갖고 있는데, 그 책에는 일정한 선과 항목으로 만들어진 양식(blankforms)이 포함되어 있었다.

이 사건의 쟁점은 Seldon의 양식이 저작권의 보호대상으로 되는지 여부인데, 이에 대해 당해 재판부는 "책에서 가르치고 있는 기술(예컨대, 회계의 방법)이 그 책에서 예시한 방법 및 도형(methods and diagrams)을 사용하지 아니하고는 이용할 수

1) 독일식 맥주홀의 장면을 묘사하는데 있어서 "하이 히틀러(Heil Hitler)"와 같은 독일식 구령 장면, 독일식 군가를 부르는 장면 등은 나치 시대 독일의 생활상을 다루는 데 필수불가결한 표현요소다.

2) Landsberg v. Scrabble 736 F.2d 485(9th Cir., 1984). 판례 출처 및 내용에 대하여는 정상조, 창작과 표절의 구별기준, 법학 44권 1호(126호)(2003.03), 제137쪽.

없는 것이라면 그러한 방법 및 도형은 그 기술에 필수적인 것이어서 일반 공중이 이를 자유로이 이용할 수 있는 것이라 할 것이다"라고 하면서 "Seldon의 양식은 그의 회계방법에 필수적인 것이고 따라서 저작권에 의하여 보호되지 않는 idea에 해당한다"라고 판시하였다.

다. 중국저작권법의 저작물 내용

중국저작권법은 저작물의 내용을 기준으로 저작물을 9종류로 예시하고 있다. 이하에서는 저작권법에서 예시하고 있는 순서대로 각 저작물의 내용을 살펴보도록 하겠다.

(1) 문자저작물(文字作品)

문자저작물(文字作品)이란 소설·시·산문·논문 등 문자 형식으로 표현된 저작물을 말한다(저작권법실시조례 제4조 제1호). 여기에서 문자 형식이란 광의의 의미로서 글자뿐만 아니라 숫자, 부호 등도 포함한다. 글자는 중국어, 외국어, 소수민족언어뿐만 아니라 시각장애인용 점자도 포함한다. 부호는 전신기호, 속기기호, 암호 등을 포함한다. 결국, 소설, 시 등과 같이 문자를 매개로 하여 작성된 저작물뿐만 아니라 숫자나 부호를 사용하여 인간의 사상이나 감정을 표현한 것도 문자저작물에 해당하는 것이다.

문자저작물은 저작물이 외부에 인식할 수 있는 상태로 표현되기만 하면 족하고 원고용지나 인쇄물 등에 고정되어 있을 필요는 없다. 문자저작물은 일반적으로 종이를 매개로 하여 표현되나 사진, CD 또는 컴퓨터 저장 매체를 빌어 표현되어도 무방하다.

문자저작물은 시, 소설처럼 반드시 문학적 가치를 가지고 있어야 하는 것은 아니므로 전화번호, 경기규칙서, 소송서류 등과 같은 각종 서식도 문자저작물이 될 수 있다. 단순한 표어, 슬로건(slogan), 캐치프레이즈(catchphrase), 제호 등은 일반적으로 독창성을 인정받기가 어려워 저작물성이 부정되기 쉽다. 그러나 중국 한자는 다른 나라 언어와는 달리 다의성, 상징성, 함축성을 가지고 있어 짧은 단문이라 하더라도 그 속에 함축적 의미를 담고 있는 경우가 있다. "산동 신세기 호텔 광고" 사건에서 중국판례는 이 사건 광고 문구인 "山东新世纪, 聚散两相依"는 비록 10개의 글자로만 구성되어 있는 짧은 단문에 해당하나, 고객에 대한 서비스 향상을 중시하고 고객을 최우선으로 생각하는 호텔의 경영 이념을 매우 압축적이면서도 독창적인 방식으로 표현한 것으로서 사상 혹은 감정을 표현한 문자저작물에 해당한다고 판시하였다.

마지막으로 문자저작물에 대하여 주의하여야 할 점은 문자 형식으로 표현된 저작물이라고 해서 모두 문자저작물에만 해당하는 것은 아니라는 것이다. 대표적인 예로 서예(书法)가 있다. 서예는 하나 또는 여러 개의 글자로 인간의 사상과 감정을 표현하는 저작물이라는 점에서 문자저작물의 특징을 가지고 있다. 그러나 서예는 문자가 가지는 의사표현의 기능에 중점을 두기보다는 문자 자체를 심미적인 대상으로 파악하여 문자를 소재로 하는 일종의 조형 예술이다. 서예는 먹물을 매개물질로 하여 유연한 붓으로 흰색의 평면공간에 표현하는 예술이므로 재료면에서는 대단히 간단하나 그 표현에는 무궁성이 있는 예술이다. 따라서 서예 작품은 문자저작물뿐만 아니라 미술저작물에도 해당한다고 보아야 한다.

(2) 구술저작물(口述作品)

구술저작물(口述作品)이란 즉흥 연설(即兴的演说), 강의(授课), 법정변론 등 구두로 표현되는 저작물을 말하며(저작권법실시조례 제4조 제2항), 아직 문자나 녹음 등의 형식으로 고정되지 않은 저작물이다.

주의할 점은 구술저작물은 아직 문자나 녹음 등의 형식으로 고정되지 않은 즉흥적인 것이므로 만약 사전에 원고를 작성하고 이를 낭독·낭송하는 것이라면 그 낭독·낭송은 구술저작물에 해당하지 않고 문자저작물의 실연이라는 것이다. 또한 역으로 즉흥적인 연설이나 강연을 한 뒤 이를 문자의 형식으로 고정하게 되면 구술저작물은 더 이상 존재하지 않고 문자저작물만 남게 된다. 사실 구술저작물이 가지는 비고정성, 즉흥성이라는 성질 때문에 일반인들은 본인이 행한 연설이나 강연이 법의 보호를 받는 구술저작물에 해당한다는 것을 거의 인식하지 못한다.

구술저작물이 되기 위해서는 4가지 요건[1])을 충족하여야 한다. ① 구술의 내용은 일정한 주제를 가지고 있어야 한다. 구술자는 특정 문제를 설명하거나 이야기를 서술하거나 특정 사례를 평론하는 등 일정한 주제와 목적을 가지고 구술하여야 하며, 아무런 목적 없이 행하는 구술은 구술저작물이 될 수 없다. ② 구술은 일정한 논리 체계를 가지고 있어야 한다. 구술자는 일정한 논리에 입각하여 연설이나 강연 등을 하여야 하며, 일정한 순서와 체계가 없이 무질서하게 이루어지는

1) 자세한 내용은 杨永涛, “试论口述作品的若干问题”, 著作权 2001年 第3期, 제39쪽.

구술은 구술저작물이 아니다. ③ 독창성을 가지고 있어야 한다.[1] 구술은 독창적인 시각이나 관념을 포함하고 있어야 한다. ④ 구술은 적당한 장소에서 이루어져야 한다. 구술은 일반적으로 회의장, 법정, 교실 등과 같이 청중이 모여 있는 장소에서 행해진다. 청중이 없는 장소에서 행해지는 구술은 구술저작물이 아니다.

구술저작물은 비교적 특수한 형태의 저작물에 해당한다. 구술저작물을 저작권법으로 보호할지 여부에 대해서는 각국의 입법례가 서로 상이하다. 미국 등 영미법계 국가에서는 저작물의 요건으로 표현의 고정화를 요구하고 있으므로 구술저작물은 저작권법의 보호 대상에서 제외된다. 반면에 독일이나 프랑스와 같이 대륙법계에 속하는 국가에서는 일반적으로 표현의 고정화를 저작물의 성립요건으로 보지 않고 있으므로 구술저작물도 법의 보호를 받는다. 베른협약은 제2조 제2항에 「일반적인 저작물이나 특정한 범주의 저작물이 유형적인 형태로 고정되어 있지 아니하는 한 보호되지 아니한다고 규정하는 것은 동맹국의 입법에 맡긴다」라고 규정함으로써 표현의 고정화 여부는 각국의 입법에 맡기고 있다.

(3) 음악저작물

음악저작물(音乐作品)이란 가곡(歌曲)·교향악 등 가사의 수반 여부를 불문하고 가창(演唱) 또는 연주할 수 있는 저작물을 말한다(저작권법실시조례 제4조 제3호). 음악저작물은 음에 의해 표현되는 저작물이며, 기본적인 표현수단은 선율(melody)과 박자(rhythm)이다. 중국저작권법은 표현의 고정화를 저작물의 성립요건으로 요구하지 않으므로 음악저작물이 반드시 악보나 음반 등에 고정되어야 할 필요는 없다. 따라서 악보를 수반하지 않은 즉흥 연주도 음악저작물에 해당한다.

음악을 구성하는 악곡은 소리의 형태로 구현되는 것이 일반적이지만 5선지와 음표 등과 같은 기호를 이용하여 시각적으로 표현하기도 한다. 음악저작물의 저작자는 바로 이러한 악곡을 창작한 작곡가이다. 음악을 구성하는 또 다른 요소는 가사이다. 또한 음악저작물은 가사의 수반여부를 불문한다.

음악저작물에서 주의할 점은 악곡에 가사가 수반되어 가사와 악곡이 함께 사용되는 경우에는 가사도 음악저작물에 포함된다는 것이다. 그러나 유명한 시인이 창작한 시(詩) 작품이 악곡의 가사로 이용된 경우, 그 시(詩)가 악곡과는 별도로 시집에 이용되는 경우에는 그 시(詩)는 문자저작물이 된다.[2] 따라서 이 경우에는 하나

1) 이는 구술저작물만의 특수한 성립요건이라기보다는 저작물의 일반적인 성립요건이다.

2) 李雨峰 等,『著作权法』, 厦门大学出版社(2006), 제45쪽.

의 저작물이 음악저작물과 문자저작물의 두 가지 성격을 동시에 가지게 된다.

또한 가사와 악곡이 함께 사용되는 가곡에 있어서 가사와 악곡의 창작자가 서로 다른 경우 가곡을 합작저작물 중 공동저작물로 볼 것인지 아니면 결합저작물로 볼 것인지가 문제된다. 공동저작물이란 2인 이상이 창작한 저작물로서 상호 분리하여 이용할 수 없는 저작물을 말한다. 가사와 악곡을 공동저작물로 인정하면 악곡만을 이용하더라도 가사부분까지 이용한 것이 될 소지가 있다. 그러나 가곡에 있어 가사와 악곡을 분리하여 이용하는 것이 불가능하다고 보기는 어려우므로 가곡은 합작저작물 중 결합저작물로 보는 것이 옳다. 따라서 가사와 악곡의 각 창작자는 각자 창작한 부분에 대하여 단독으로 저작권을 가진다. 다만, 저작권을 행사할 때에는 합작저작물 전체의 저작권을 침해할 수 없다(저작권법실시조례 제13조).

악보는 음악의 악곡을 표현하는 하나의 형식으로서 5선지와 음표 등과 같은 기호로 구성되어 있다. 한국에서는 이러한 악보는 음악저작물의 고정수단에 불과하고 악곡을 떠나서 그 자체가 독립한 저작물로 성립될 수 없다는 것이 통설적 견해다. 이 견해에 따르면 유형물인 원고지나 책이 그 안에 내재되어 있는 문자저작물의 고정수단에 불과하고 그 내재된 문자저작물을 떠나 독립한 저작물로 성립되는 것이 아닌 것처럼 악보도 악곡과는 별도로 독립한 저작물이 될 수 없다는 것이다. 따라서 악보를 복제한다는 것은 곧 그에 내재된 음악저작물을 복제하는 것이 되어 저작권의 침해를 형성하는 것이고, 만약 그 음악저작물이 보호기간의 경과 등으로 저작권이 소멸하였다면 그 악보를 복제하였다고 하더라도 저작권의 침해는 성립하지 않는다고 한다.[1)]

그런데, 중국에서는 악보 자체가 곧 음악저작물이라고 보는 견해가 있다.[2)] 이 견해는 음악저작물에 대한 정의 규정을 근거로 든다. 즉, 저작권법실시조례 제4조 제3호는 "가창 또는 연주할 수 있는" 작품을 음악저작물로 보고 있고 악보야말로 가창 또는 연주할 수 있는 대상이라는 점에서 문언해석상 악보가 곧 음악저작물이라는 것이다. 그러나 이러한 견해는 음악 자체의 본질과는 상당히 동떨어진 것으로서 받아들이기 힘들다. 음악저작물은 일정한 선율과 박자로 이루어진 음을 본질로 하며 청중에게 음을 통해 그 속에 내재되어 있는 감성을 전달하는 것을 특징으로 한다. 따라서 기호와 부호로만 이루어진 악보를 음악저작물과 동일시할 수는 없다. 악보는 음악저작물을 구성하는 구성요소 중의 하나에 불과하며 그 자

1) 오승종, 이해완 공저, 『저작권법』, 박영사(2006), 제66쪽.

2) 이 견해에 대한 자세한 소개는 http://www.eduboss.com/content/2005-10-23/74651.html "论著作权法中的作品" 참조.

체가 음악저작물이라거나 아니면 악곡을 떠나 그 자체로 독립한 저작물이 되는 것은 아니다.

(4) 연극저작물(戏剧作品)

(가) 의의

연극저작물(戏剧作品)이란 연극(话剧)·가극(歌剧)·지방극(地方剧) 등 무대공연에 제공하는 저작물을 말한다(저작권법실시조례 제4조 제4호). 연극저작물(戏剧作品)은 순수한 연극저작물(话剧)뿐만 아니라 오페라, 오페레타(operetta), 뮤지컬 등 연극적 음악저작물(歌剧), 지방극 등 중국의 전통적인 희곡(戏曲)까지도 포함한다. 무용저작물은 연극저작물에 포함되지 않고 별도의 저작물로 인정된다(저작권법실시조례 제4조 제6호). 한국저작권법은 연극저작물에 무용을 포함시키고 있다[1]는 점에서 중국저작권법과 차이가 난다.

여기서 중국의 전통적인 희곡(戏曲)은 노래와 춤과 연극이 혼합되어 있는 중국의 전통극으로서 경극(京剧)과 지방극을 말하는 것인데, 저작권법실시조례는 연극저작물로 희곡의 한 일종인 지방극만을 규정하고 있으므로 경극은 연극저작물에 해당되지 않느냐는 의문이 있을 수 있다. 그러나 지방극은 경극에 대응하는 희곡으로서 경극은 중국의 수도인 베이징에서 유행했던 희곡임에 반해 지방극은 지방에서 생성되어 방언을 구사하는 희곡의 일종이므로 양자는 지역적 차이만이 있을 뿐 희곡의 본질적 요소를 모두 구비하고 있다는 점에는 의문이 없다. 따라서 경극(京剧)도 중국의 전통적인 희곡의 한 종류로서 연극저작물에 포함된다.[2]

중국현대 극작가로 아주 유명한 웅불서(熊佛西) 선생은 배우, 무대, 관중을 연극의 3대 요소로 보고, 그 중에서도 배우의 연출이 연극의 가장 본질적인 요소라고 보았다. 이렇듯 연극이란 배우가 관객에게 보이기 위해 무대에서 각본에 의해 연출하는 종합예술이며 배우의 연출이 없는 연극이란 생각하기 힘들다.

(나) 각본의 연극저작물성 인정 여부

연극저작물과 관련하여 가장 문제가 되는 것은 연극저작물은 각본을 의미하느냐 아니면 이미 구성되어 있는 연기의 형(型)을 의미하느냐이다. 이러한 논쟁의

---

1) 한국저작권법 제4조 제1항 제3호는 연극저작물을 "연극 및 무용·무언극 그 밖의 연극저작물"이라고 예시하고 있다.

2) 金海军 외 1인, "从戏剧作品论表演者权", 中国人民大学学报, 1999. 02. 이 논문의 출처는 http://www.okfw.com/lwzx/fxlw/msfx/2005/10/22/17592.html.

시발점은 저작권법실시조례가 연극저작물을 무대공연에 "제공"하는 저작물로 정의하고 있고, 문언해석상 각본이야말로 무대공연에 "제공"하는 작품으로 해석될 수 있다는 데에 있다.[1)]

각본을 연극저작물로 보는 견해는 3가지 근거를 제시한다.[2)] 첫째, 저작권법실시조례와 베른협약의 규정을 근거로 제시한다. 저작권법실시조례 제4조 제4호는 연극저작물은 무대공연에 "제공"하는 저작물로 정의하고 있고, 각본이야말로 무대공연에 "제공"하는 저작물이라는 것이다. 또한, 베른협약 제11조 제2항[3)]은 "연극이나 연극적 음악저작물의 저작자는 원저작물에 대한 그의 권리의 전(全)기간 동안 번역에 관하여 같은 권리를 향유한다"고 규정하고 있다. 연극에서 번역이 가능한 것은 각본 밖에 없으므로 베른협약 제11조 제2항은 연극저작물이 각본을 의미한다는 것을 간접적으로 시사하고 있다는 것이다. 둘째, 연극이란 일정한 정형성, 규칙성을 가지고 있다는 것이다. 즉, 배우는 각본에서 정한 대로 연기할 뿐이므로 각본이야말로 연극저작물의 실체라는 것이다. 셋째, 만약 이미 구성되어 있는 연기의 형(型)을 연극저작물로 보면 실연이 곧 저작물이 되는 결론에 이르게 되는데, 이는 실연을 저작물로 보지 않고 별도로 보호하고 있는 저작권법의 취지와 배치된다는 것이다.

이에 대하여 연극저작물은 각본이 아니라 실연의 토대가 되는 연기의 형(型)이라는 반론[4)]이 있다. 이 견해는 두 가지를 근거로 제시한다. 첫째, 연극저작물은 문자저작물과는 다른 독특한 개성을 가지고 있으며 배우의 동작을 표현방식으로 한다는 데에 그 개성이 있다는 것이다. 각본, 음악, 무대조명 등이 없는 연극은 있을 수 있으나, 배우의 연출이 없는 연극저작물은 존재할 수 없다는 것이다. 둘째, 각본은 문자저작물에 포함되는데 각본이 연극저작물이라고 이해하면 굳이 저작권법이 문자저작물과는 별도로 연극저작물을 저작물의 한 유형으로 규정할 필요가 없다는 것이다. 현행 저작권법이 제정되기 이전에 문화부(文化部)가 1984년에 제정·공포한 도서·정기간행물보호시행조례(图书、期刊版权保护试行条例)가 있었

1) 张革新,『现代著作权法』, 中国法制出版社(2006), 제43쪽.

2) 郑成思, 版权法, 中国人民大学出版社(1990), 제25쪽.

3) Article 11 (1) Authors of dramatic, dramatico-musical and musical works shall enjoy the exclusive right of authorizing : (i) the public performance of their works, including such public performance by any means or process (ii) any communication to the public of the performance of their works. (2) Authors of dramatic or dramatico-musical works shall enjoy, during the full term of their rights in the original works, the same rights with respect to translations thereof.

4) 金海军 외 1인, "从戏剧作品论表演者权", 中国人民大学学报, 1999. 02.

는데, 당해 조례는 제3조에서 "본 조례에서 지칭하는 문학, 예술 및 과학 저작물이라 함은 다음 각 호의 서면 저작물을 가리킨다. 1. 저작물, 번역물 2. 각본, 악보, 무보(舞譜) (이하 생략)"[1] 라고 규정하고 있었으므로 현행 저작권법이 시행되기 전에는 각본을 연극저작물이라고 볼 여지도 있었다. 그러나 이 조례는 현행 저작권법의 시행과 더불어 폐지되었으므로, 더 이상 각본을 연극저작물로 보아야 할 근거가 없다. 따라서 연극저작물은 실연의 토대가 되는 연기의 형(型)이라고 보아야 하며, 마치 각본이 연극저작물인 것처럼 오해할 수 있는 여지를 남겨놓고 있는 저작권법실시조례 제4조 제4호의 규정 내용은 개정되어야 한다는 것이다.

생각건대, 후자의 견해가 타당하다. 상기 문제는 연극저작물의 특성에서 그 해답을 찾아야 할 것이다. 연극저작물은 배우의 동작을 표현수단으로 하는 저작물로서 문자를 표현수단으로 하는 문자저작물과는 그 성격이 다르다. 따라서 각본은 문자저작물로 보고, 저작권법실시조례 제4조 제4호에서 말하는 연극저작물이란 실연의 토대가 되는 연기의 형(型)이라고 보아야 옳다. 배우의 연기 자체는 실연으로서 저작인접권의 보호를 받는다.

(5) 구연저작물(曲艺[2]作品)

구연저작물(曲艺作品)이란 샹성(相声)·콰이슈(快書)·따구(大鼓)·핑슈(评书)등 설창(说唱)을 주요 형식으로 표현하는 저작물을 말한다(저작권법실시조례 제4조 제5호).

구연저작물이란 설창(说唱), 즉 말과 노래를 주요 형식으로 사람의 사상과 감정을 표현하는 예술 저작물로서 연극적 요소를 수반한다. 구연저작물은 배우의 연출과 같은 연극적 요소를 수반하기도 하나 그 주된 표현 수단은 설창(说唱)이며 인간의 청각에 호소한다. 시각적 요소는 부수적인 것에 불과하다. 구연저작물은 중국의 특유한 예술 형식에 해당한다.

중국에는 약 400 종류에 이르는 구연저작물이 있는 것으로 추정되며, 그 중 주된 것으로 샹성(相声), 콰이슈(快書), 따구(大鼓), 핑슈(评书) 등이 있다. 저작권법실시조례는 위 4 가지를 대표적인 구연저작물로 예시하고 있다. 위 조항은 제한적 열거조항이 아니므로 위 4가지에 해당하지 않는 기타의 구연작품도 구연저작물에

---

1) 《图书、期刊版权保护试行条例》第三条 "本条例所称的文学、艺术和科学作品, 专指以下书面作品 : (一) 著作、译作; (二) 剧本、乐谱、舞谱 …"

2) 이는 곡예라고 발음된다. 한국에서는 곡예는 줄타기, 곡마, 요술, 재주넘기, 공타기 따위의 연예를 통틀어 이르는 말로서 일종의 서커스와 유사한 의미로 이해되고 있다. 그러나 중국저작권법에서 말하는 曲艺作品은 그와 같은 의미가 아니므로 이해의 혼동을 피하기 위해 曲艺作品을 구연저작물이라고 의역하였다.

해당할 수 있음은 물론이다.

샹성(相声)은 익살과 재치를 부리며 재미있게 이야기하는 것으로 재담 또는 만담이라고도 한다. 혼자서 하는 경우, 둘 또는 여러 사람이 하는 만담이 있다. 콰이슈(快書)는 죽판(竹板, 2개의 대쪽으로 된 리듬악기)과 절자판[節子板, 5개의 작은 대쪽 사이에 2개의 동판(銅板)을 끼운 리듬악기]을 치며 간혹 대사를 섞어 노래하는 중국 민간 예능의 한 가지이다. 대표적인 예로 山东快书, 竹板快书 등이 있다. 따구(大鼓)는 고사(鼓詞)에 속하는 중국 민간 노래 이야기의 하나이다. 7자구·10자구·13자구 혹은 더 긴 구를 섞은 이야기를 보통 2인 1조로 연창한다. 한 사람은 삼현금(三弦)으로 반주를 맡고, 또 한 사람은 왼손에 박자판(拍板)을, 오른손에 북채를 들고 평평하게 받쳐 놓은 작은 북을 치며 박자판(拍板)으로 박자를 맞추며 노래한다. 핑슈(评书)는 민간 문예의 한 가지로 쥘부채, 손수건, 딱딱이 등의 도구를 사용해 가며 장편의 이야기를 풀어나가는 것이다. 때로는 그 지방의 사투리로 옛이야기를 풀어내는데 창(唱)은 하지 않는 것이 특징이다.

구연저작물에는 각본이 있는 경우와 각본 없이 오래 전부터 구전으로 전해 내려오는 것이 있다. 각본이 있는 구연작품은 문자저작물과 구연저작물의 두 가지 성격을 동시에 가진다.

(6) 무용저작물(舞蹈作品)

무용저작물(舞蹈作品)이란 연속적인 동작·자세·표정 등을 통하여 사상이나 감정을 표현하는 저작물을 말한다(저작권법실시조례 제4조 제6항). 한국저작권법[1]은 무용을 연극저작물에 포함시키고 있으나 중국저작권법은 무용저작물을 연극저작물과는 구별되는 별개의 저작물로 규정하고 있다.

무용저작물이 무엇을 의미하는지에 대해서는 견해 대립이 있다. 무용저작물은 무용동작의 설계가 표현되어 있는 무보(舞譜)라고 보는 견해[2]가 있다. 그러나 무용저작물이란 연속적인 동작·자세·표정을 표현수단으로 하는 예술저작물이라는 점에서 무보(舞譜)를 무용저작물과 동일시하는 것은 어색하다. 따라서 무용저작물이란 실연의 토대가 되는 동작의 형(型)이라고 보아야 한다.[3] 무보(舞譜)는 문자저작물에 해당하며 무용 자체는 실연으로서 저작인접권의 보호를 받는다.

또한, 무용저작물에서 실연의 토대가 되는 동작의 형(型)을 반드시 무보(舞譜)나

1) 한국저작권법 제4조 제1항 제3호
2) 李雨峰 等, 『著作权法』, 厦门大学出版社(2006), 제46쪽.
3) 同旨 张革新, 『现代著作权法』, 中国法制出版社(2006), 제45쪽.

영상형식에 고정시켜야 하는지 여부도 문제된다. 중국저작권법은 표현의 고정화를 저작물의 성립요건으로 요구하지 않으므로 무보(舞譜) 없이 즉흥적으로 이루어지는 무용도 무용저작물로서 보호를 받는다고 보아야 한다. 원래 무용은 그 형(型)이 정하여져 있다고 하더라도 실제 무대에서 이를 실연하게 되면 원래의 型과 약간씩 다른 것이 되기 쉽고, 또 型의 창작자가 스스로 실연자가 되어 무용을 하는 경우에는 무용저작물과 실연이 확실히 구분되기 어려운 경우가 생길 수 있다. 따라서 무용저작물에 관하여서는 무보(舞譜) 등의 형식으로 고정되어 있을 경우에만 저작물로 인정하여야 하지 않겠는가 하는 것이 오래 전부터 논의되어 왔고, 실제로 베른협약도 스톡홀름개정조약 이전에는 실연의 토대가 되는 동작의 형(型)이 무보(舞譜) 등의 방법으로 고정되어 있어야만 한다고 규정하고 있었다. 그러나 스톡홀름개정조약에 의하여 이 문제는 가맹국의 국내법 규정에 일임하도록 되었다고 한다.[1)]

(7) 곡예예술저작물(杂技艺术作品)

곡예예술저작물(杂技艺术作品)이란 곡예(杂技)·마술(魔术)·곡마(马戏) 등 형체 동작과 기교를 통하여 표현하는 저작물을 말한다(저작권법실시조례 제4조 제7항). 곡예예술저작물은 세계적으로 높은 명성을 얻고 있는 중국의 곡예예술을 저작권법으로 특별히 보호할 필요가 있다는 지적에 따라 2001년 개정 저작권법에서 새롭게 신설된 저작물이다. 이는 중국저작권법이 인정하고 있는 독특한 저작물의 하나이다.

곡예예술저작물이란 고도의 훈련으로 육체의 유연성이나 기민성 등을 응용하여 일반 사람은 불가능한 동작을 취한다든지, 소도구를 교묘하게 조작한다든지 새나 짐승 따위를 뜻대로 다루어 관객에게 즐거움을 주는 예능행위에 속하는 것으로서 일종의 실연예술(表演艺术)이다. 실연예술에는 예술적인 내용(예컨대, 러시아 볼쇼이 아이스 서커스쇼에서 아이스 발레단이 빙판 위에서 백조의 호수를 공연하는 것)과 기교적인 내용(예컨대, 사람이나 동물이 굴렁쇠 사이를 빠져 나가는 묘기를 하거나 사발을 이마에 쌓아 놓고 균형을 잡는 곡예를 부리는 것)이 포함되어 있으며 이들은 서로 밀접하게 결합되어 전체적으로 하나의 공연을 구성하게 된다.

저작권법은 형체 동작과 기교를 통하여 표현하는 작품 중 독창성과 예술성을 갖춘 작품만을 곡예예술저작물로 보호하고 있다. 따라서 독창성이 전혀 없거나 독창성은 있어도 기교에만 치우친 나머지 예술성이 전혀 없는 작품은 곡예예술저작물이 될 수 없다. 체조경기 역시 형체 동작과 기교를 통하여 표현되는 것이나 그

---

1) 오승종, 이해완 공저, 『저작권법』, 박영사(2006), 제70쪽.

자체가 예술성을 가지고 있지 않다는 점에서 곡예예술저작물로 인정받지 못한다.

형체 동작과 기교를 통하여 표현되는 작품 중 독창성과 예술성을 갖춘 작품만이 곡예예술저작물로 인정되어 저작권법의 보호를 받을 수 있다는 것에는 법 규정상 의문의 여지가 없다. 그렇다면 곡예예술저작물에 있어서 독창성과 예술성은 과연 무엇을 의미하는가. 이는 간단하게 답변할 수 있는 문제가 아니다. 이해의 편의를 위해 실제로 문제되었던 중국 판례 사례[1]를 소개한다.

甲 동물원은 돌고래 공연관을 개설하였다. 乙 신문사는 甲의 돌고래쇼에 대해 신문보도를 하였고 甲의 돌고래쇼 장면을 사진촬영하였다. 해양동물 전시업을 하는 丙 회사는 정부로부터 AAAA급 관광명소로 지정된 회사다. 乙 신문사는 丙 회사를 인터뷰할 때 丙 회사가 돌고래 공연프로그램을 개설할 계획이 있음을 알고 乙의 신문에 이를 보도함과 동시에 기사내용 옆에 甲 동물원의 돌고래 공연사진을 함께 게재하였다. 甲 동물원은 乙 신문사, 丙 회사가 돌고래쇼에 대하여 甲이 가지는 저작권을 침해하였다는 이유로 법원에 소송을 제기하였다. 이 사건에서 원고인 甲 동물원은, 원고의 돌고래쇼는 원고만이 가지는 특유한 개성을 표현한 독창성을 가진 저작물이라고 주장하면서 그 근거로 원고의 돌고래쇼는 원고의 독특한 훈련방법과 기교를 표현하였고, 이는 원고의 사상과 감정을 외부적으로 표현한 것으로서 원고의 정신노동의 결과물이라는 점, 원고가 진행하는 돌고래쇼는 그 표현방식에서도 자신만의 독특한 특징(예컨대, 원고가 사용하는 훌라후프가 다른 돌고래 공연관에서 사용하는 그것보다 크기가 더 작아 돌고래가 훌라후프를 통과하는데 고난이도의 기술이 요구된다는 점 등)을 갖고 있다는 점 등을 들었다. 이에 대해 피고인 乙과 丙은 원고가 진행하는 돌고래쇼의 돌고래 실연은 다른 돌고래 공연관의 그것과 비교하여 볼 때 프로그램의 편집, 연출 면에서 특징이 없으므로 甲은 돌고래 쇼에 대하여 저작권을 갖지 못한다고 주장하였다.

곡예예술저작물에 있어서 실연방식이나 사용되는 도구 그리고 통상 사용되는 기교 등은 보호대상이 될 수 없다는 것을 주의하여야 한다. 이런 것들은 곡예행위에 있어서 필수불가결한 요소들이므로 이들을 저작권법으로 보호하여 저작권자에게 독점권을 부여하게 되면 다른 사람들은 더 이상 곡예예술저작물을 창작할 수 없게 되는 결과를 초래하기 때문이다. 실연방식, 예컨대 가창, 공중회전, 사람이나 동물이 굴렁쇠 사이를 빠져 나가는 묘기를 하거나 사발을 이마에 쌓아 놓고 균형을 잡는 곡예를 부리는 것 따위는 서커스 공연 등에 있어 가장 기본적인 실

---

1) 판례 출처는 刘颖辉 외 1인, 杂技艺术作品著作权的保护, http://www.fengxiaoqingip.com/ipluntan/luntan3/lt3faguan/201034989.html

연방식에 해당하므로 이러한 기본적인 실연방식은 누구든지 자유롭게 이용할 수 있다고 보아야 한다. 곡예저작물에 사용되는 도구, 예컨대 공, 훌라후프, 특수 기자재 등도 저작권의 보호를 받지 못한다. 또한 곡예예술저작물은 형체 동작이나 기교로 표현되는 저작물이기는 하나, 이러한 형체 동작이나 기교 그 자체는 배우 혹은 실연자들이 고도의 훈련 과정을 거쳐 몸으로 익히게 되는 것으로서 저작권법이 보호하는 "창작"과는 본질적으로 다르다. 따라서 기교나 기교의 난이도는 저작권법의 보호를 받지 못한다. 결국 이들 실연방식, 도구, 기교 등은 아이디어/표현 이분법에서 말하는 아이디어에 해당하거나 또는 표현에 해당하더라도 곡예예술저작물의 특성상 아이디어를 표현하는 방법이 매우 제한되는 경우에 해당(합체의 원칙, merger doctrine)하여 저작권법의 보호를 받을 수 없는 것이다.

그렇다면 곡예예술저작물에서 보호받을 수 있는 요소는 과연 무엇인가. 이는 곧 프로그램의 편집과 배열(节目编排), 실연의 순서나 규칙(表演节奏), 예술조형(艺术造型) 등이다. 따라서 곡예예술저작물로 성립되기 위해서는 프로그램의 편집과 배열, 실연의 순서나 규칙, 예술조형에 독창성과 예술성이 있어야 한다.

독창성이란 타인의 저작물을 베끼지 아니하고 자신의 개성적인 사상이나 감정을 표현하는 것을 의미한다. 즉 저작물은 저작자의 노력의 대가로 창작된 것이어야 하며, 다른 저작자의 저작물과 구별될 수 있는 일정한 creativity가 존재하여야 한다. 예술성이란 한마디로 정의하기는 어려우나 기교나 기능에 대비되는 의미로서 심미적 요소를 내포하고 있는 것으로 이해하면 족하다. 이때의 예술성은 고차원적이거나 고도의 것일 필요는 없다.

다시 위에서 언급한 판례 사례로 돌아와 보면, 원고는 저작권의 인정근거로 독특한 훈련방법과 기교 및 원고가 사용한 도구(일반적으로 이용되는 훌라후프보다 크기가 작은 훌라후프를 사용하여 돌고래가 훌라후프를 통과하는데 고난이도의 기술이 요구된다는 점을 강조)를 들고 있다. 그러나 이러한 것들은 돌고래쇼를 연출하는데 필수불가결한 요소들이므로 저작권법의 보호를 받을 수 없는 것이다. 더욱이 원고는 돌고래 실연의 독창성 여부만을 주장하였을 뿐 예술성 여부에 대하여는 주장조차 하지 않았다는 점에서 원고 주장 자체만 보더라도 돌고래 실연이 곡예예술저작물로 인정되기는 어렵다고 보여진다.

⑻ 미술저작물

(가) 의의

미술저작물은 회화, 서예, 조각 등 형상 또는 색채에 의하여 미적으로 표현되어 있는 저작물을 말한다. 저작권법실시조례 제4조 제8호는 미술저작물이란 회화(绘画)·서예(书法)·조각(雕塑) 등 선, 색채 또는 기타 방식으로 구성된 평면 또는 입체적 조형예술물(造型艺术作品)로서 심미적 의미(审美意义)를 가지는 저작물을 말한다고 규정하고 있다.

미술저작물에는 통상적으로 회화, 서예, 조각, 건축예술, 사진 등이 포함된다. 회화는 여러 가지 선이나 색채로 평면상에 형상을 그려내는 조형미술이다. 서예는 먹물을 매개물질로 하여 유연한 붓으로 흰색의 평면공간에 표현하는 예술을 가리킨다. 조각은 재료를 새기거나 깎아서 입체 형상을 만드는 것으로 주로 나무, 돌, 금속 따위로 만든다. 미술분야 중 건축저작물[1)]과 사진저작물[2)]은 제9호와 제10호에서 따로 규정하고 있다. 그 외에도 도안, 만화, 삽화 등도 미술저작물에 포함된다.

(나) 예술성의 의미

미술저작물은 독창성 이외에 예술성도 구비하여야 하는가. 이에 대하여 저작권법실시조례는 예술성까지도 요구하고 있다. 이때의 예술성은 심미적 의미(审美意义), 즉 미적 가치를 추구하는 것을 말한다.

일반적으로 저작물은 독창성만 있으면 저작권법의 보호를 받을 수 있다. 그런데 미술저작물의 경우에는 독창성 이외에 예술성까지도 구비하여야만 한다. 이와 관련하여 예술성은 다분히 주관적인 요소인데다가 그 판단기준도 개인마다 서로 다르다는 점에서 예술성의 유무를 기준으로 미술저작물의 저작물성을 판단하는 것이 과연 적절한가라는 이론적 의문이 있을 수 있다.

한국저작권법 제4조 제1항 제4호는 "회화·서예·조각·판화·공예·응용미술저작물 그 밖의 미술저작물"이라고 규정하여 미술저작물의 성립요건으로 예술성을 요구하지 않고 있으며, 일본저작권법 제10조 제1항 제4호도 "회화, 판화, 조각, 기타

---

1) 건축저작물이란 건축물 또는 구조물 형식으로 표현된 것으로서 심미적 의미를 가지는 저작물을 말한다.

2) 사진저작물(摄影作品)이란 기계기구를 이용하여 감광재료 또는 기타 매개물에 객관물체의 형상(客观物体形象)을 기록한 예술저작물을 말한다.

미술저작물"이라고 규정하여 한국저작권법 태도와 동일하다.

그러나 한국이나 일본에서도 올림픽 오륜마크와 같은 간단한 상징성 도안이 저작물로 인정될 수 있는가에 관하여 다툼이 있다. 이에 대하여 동경지방법원은 올림픽 오륜마크는 비교적 간단한 도안모양에 지나지 않는다고 보여지므로 이를 저작물이라고 인정하기에는 곤란하다고 판시하였다.[1]

결국 한국이나 일본에서도 미술저작물이라고 해서 반드시 예술성을 가지고 있어야 하는 것은 아니나 간단한 상징성 도안은 미술저작물로 보호될 수 없다는 것인데, 이러한 해석론은 미술저작물의 경우 매우 제한적이나마 최소한의 예술성을 가지고 있어야 한다는 것을 전제로 하고 있다고 보여진다. 따라서 중국저작권법이 예술성을 미술저작물의 성립요건으로 요구하고 있는 것은 이론적으로 큰 문제는 없다고 보여진다.

다만, 예술성의 정도가 문제된다. 만약 고도의 예술성을 요구하면 저작권자의 보호에 지나치게 인색하여 저작권법의 본래 취지에 어긋날 수 있기 때문이다. 따라서 미적 가치만을 담고 있으면 미술저작물로 인정되고 예술성의 많고 적음은 전혀 문제되지 않는다고 보아야 한다. 그런 의미에서 미적 가치가 전혀 없는 것은 순수한 상업적 조형물 등에 지나지 아니하여 미술저작물로서는 보호받을 수 없다고 보아야 한다.

(9) 건축저작물

(가) 의의

건축저작물이란 건축물 또는 구조물 형식으로 표현된 것으로서 심미적 의미를 가지는 저작물을 말한다(저작권법실시조례 제4조 제9호). 건축저작물은 구 저작권법(1990년법)에는 명문 규정이 없다가 현행 저작권법에 이르러 새로운 저작물의 유형으로 추가된 것이다.

건축저작물로 보호받는 것은 건축물 또는 구조물의 외적 표현형식, 즉 전체적인 디자인이고, 건축물을 구성하는 개개의 구성요소들, 예를 들면 문, 창문, 창틀 그 밖의 건물 구성요소들은 건축저작물로 보호받는 부분이 아니다.[2] 또한 건축방법도 저작권법의 보호에서 제외된다.[3] 결국 건물을 구성하는 개개의 구성요소들과 공간

---

1) 오승종, 이해완 공저, 『저작권법』, 박영사(2006), 제70쪽.

2) 张革新, 『现代著作权法』, 中国法制出版社(2006), 제52쪽.

3) 孙平, 浅析建筑作品的著作权保护, 《辽宁律师》 2003年 第3期 发表.

을 미적으로 선택, 배치, 조합한 전체적인 미감이 건축저작물로 보호받게 된다.

(나) 건축저작물의 보호범위

건축저작물과 관련하여 건축저작물의 보호범위, 즉 건축저작물에 건축물 자체 이외에 건축설계도면 등도 포함되는지 여부가 문제된다. 이에 대해서는 각국의 입법례가 상이하다.

일본저작권법은 건축물만이 건축저작물에 해당하고 건축설계도면 등은 별도의 저작물로 보고 있다.[1] 한국저작권법[2]은 건축설계도면은 건축저작물과 도형저작물의 양면성을 가지고 있는 것으로 규정하고 있다.

중국저작권법의 경우에는 법 규정상 건축저작물에는 건축물만이 해당되고, 건축설계도나 건축을 위한 모형 등은 별도의 도형저작물, 모형저작물에 해당한다. 즉, 저작권법실시조례 제4조는 제9호에서 「건축저작물이란 건축물 또는 구조물 형식으로 표현된 것으로서 심미적 의미를 가지는 저작물을 말한다」고 하여 건축저작물은 건축물 또는 구조물만을 의미한다고 명시하고 있고, 제12호 및 제13호에서 「도형저작물(图形作品)이란 시공 및 생산을 위하여 제작한 공사설계도, 제품설계도 및 지리현상을 반영하거나 사물의 원리 또는 구조를 설명하는 지도, 설명안내도(示意图) 등의 저작물을 말한다」, 「모형저작물(模型作品)이란 전시(展示), 시험(试验) 또는 관측 등의 용도를 위하여 물체의 형상과 구조(结构)에 따라 일정한 비율로 제작한 입체저작물을 말한다」라고 규정하여 건축설계도나 건축을 위한 모형 등은 별도의 도형저작물, 모형저작물에 해당한다고 명시하고 있다.

(다) 건축저작물의 성립요건

법 규정상 건축저작물이 저작권법의 보호를 받는다는 것에는 의문이 없으나, 모든 건축저작물이 저작권법의 보호를 받는 것은 아니며 독창성, 복제성, 예술성을 가진 건축저작물만이 저작권법의 보호를 받게 된다. 따라서 아무 곳에서나 흔히 볼 수 있는 일반 주택과 같은 것은 건축저작물이 아니다.

건축저작물로 인정되기 위해서는 다음과 같은 2가지 요건을 충족해야 한다.

---

1) 일본저작권법 제10조 제1항 「제5호 : 건축저작물, 제6호 : 지도 또는 학술적인 성질을 가지는 도면, 도표, 모형 그 밖의 도형저작물」

2) 한국저작권법 제4조 제1항 「제5호 : 건축물·건축을 위한 모형 및 설계도서 그 밖의 건축저작물, 제8호 : 지도·도표·설계도·약도·모형 그 밖의 도형저작물」

① 독창성을 가져야 한다.

독창성이란 타인의 저작물을 베끼지 아니하고 자신의 개성적인 사상이나 감정을 표현한 것을 의미한다. 건축저작물은 남의 것을 베낀 것이어서는 아니 되며 저작자의 노력의 대가로 창작된 것이어야 한다. 또한 건축저작물은 저작자의 개성의 표현이므로 다른 저작자의 건축저작물과 구별될 수 있는 일정한 creativity가 존재하여야 한다.

건축저작물은 소설, 시, 회화 등 문학예술창작과는 달리 반드시 인간의 실수요, 즉 거주가능성, 실용성 등을 만족하여야 하고 주위환경, 지질구조 등 조건의 제약을 받을 수밖에 없으므로 건축방법이나 기능적 요소 등에 대하여는 독창성이 있어도 저작권의 보호를 받을 수 없다. 따라서 건축저작물의 경우에는 건축방법이나 기능적 요소가 아닌 전체적인 외관, 즉 건물을 구성하는 개개의 구성요소들과 공간을 미적으로 선택, 배치, 조합한 전체적인 미감에 독창성이 있어야 한다.

② 예술성, 즉 심미적 의미를 가져야 한다.

건축저작물이란 건축물 또는 구조물 형식으로 표현된 것으로서 심미적 의미를 가지는 저작물을 의미하므로 건축저작물이 되기 위해서는 예술적 미감을 가져야 한다. 이때의 예술적 미감은 주로 시각적 미감을 의미한다. 따라서 단지 사람들의 생활수요만 만족하고 아무런 예술적 미감도 없는 건물은 건축저작물이라 할 수 없으며 저작권법의 보호를 받을 수 없다.

건축저작물에 관한 예술적 미감에 대해서는 통일된 기준을 찾기 어렵고 법률상 강제적인 기준을 설정하는 것도 불가능하다. 예술적 미감을 판단할 때에는 건축물의 설계, 색체, 구조, 선과 면 등 각각의 요소를 종합적으로 고려하여야 하고 전문가의 평가뿐만 아니라 일반인들의 직관적인 감각도 중요한 평가요소로 참작하여야 할 것이다.[1)]

예술성의 정도는 매우 높을 필요는 없다. 예술성의 정도를 높게 요구하면 건축저작자의 보호에 지나치게 인색하게 되어 저작자와 공중의 이용을 합리적으로 조정하려는 저작권법의 취지에도 어긋나게 된다. 따라서 저작권법의 보호를 받는 건축저작물은 예술성이 아주 높은 궁전, 사원, 박물관 등에만 한정되는 것은 아니며, 일반적인 건축이라고 하더라도 일반인들의 직관적인 감각으로 볼 때 예술적

1) 吴湘阆, 如何保护建筑设计作品的著作权, 中国建设报 2005.

미감을 느낄 수 있는 것이라면 저작권법의 보호를 받을 수 있다.

참고로, 일본의 경우에는 건축저작물의 창작성[1]에 관하여 단순한 흔히 있는 건축물이 아니라 역사적 건축물과 같은 적어도 건축예술 또는 미술로 평가될 수 있을 정도의 예술성을 가져야 하며, 건축가의 문화적 정신성이 감득될 수 있는 것이어야 창작성이 있다고 볼 수 있다는 것이 통설이다. 즉, 그 건축물이 인간의 지적활동에 의하여 창작된 건축예술 또는 건축미술이라고 평가될 수 있는 정도의 것이어야 한다는 것이다.[2]

(라) 건축저작물의 저작자

하나의 건축물을 공사할 때 보통 소유자[3]가 설계자에게 건축 설계를 의뢰하고, 그 다음 건축업자(시공자)가 그 설계도에 기초하여 건축공사를 하게 된다. 통상적으로 설계자와 시공자는 소유자로부터 위탁을 받아 설계와 공사를 하게 되므로 소유자와 설계자, 시공자 사이의 법률관계는 위탁관계라고 볼 수 있다.

저작권법 제17조는 "위탁을 받아 창작한 저작물의 저작권 귀속은 위탁자와 수탁자 사이의 계약에 의한다. 계약서에 명시되어 있지 않거나 계약서를 체결하지 않은 경우에는 저작권은 수탁자에게 귀속된다"라고 규정하고 있다. 따라서 건축저작물의 저작권 귀속 문제는 기본적으로 위탁계약서에서 정하게 되나, 계약을 하지 않았거나 계약 내용이 불투명한 때에는 저작권은 수탁자가 가진다.

그런데 여기서 저작권법은 건축물 자체는 건축저작물에 해당하고, 건축설계도는 도형저작물에 해당하는 것으로 규정하고 있다는 점에서 건축저작물의 저작권 귀속에 관한 명문 약정이 없는 경우 과연 건축저작물의 저작권자가 누구인지 여부가 해석상 문제된다.[4]

건축업자가 건축저작물의 저작권자라는 견해가 있다. 이 견해의 논거는 다음과 같다. 저작권법은 건축설계도와 건축물 자체를 두 종류의 서로 다른 저작물, 즉 도형저작물과 건축저작물로 나누어 보호하고 있으므로, 설계자는 건축물 자체가 아닌 건축설계도의 저작자가 된다. 또한 평면적인 건축설계도면을 미적 감각이 있는 입체 건축물로 변화시키는 과정에서 건축업자의 건축공예와 기술이 없으면

---

1) 일본저작권법은 건축저작물의 성립요건으로 창작성만 요구할 뿐, 따로 예술성을 요구하지 않고 있다.

2) 오승종, 이해완 공저, 『저작권법』, 박영사(2006), 제74쪽.

3) 정확히 말하면, 소유자가 되려는 사람을 말한다.

4) 이하 견해 소개는 孙平, "浅析建筑作品的著作权保护", 辽宁律师(2003年 第3期).

예술적 미감을 실현하기 어렵다는 점을 고려하더라도 건축업자가 건축저작물의 저작자로 되어야 한다는 것이다.

이에 반해 건축저작물의 저작권자는 건축물의 설계자라는 견해가 있다. 이 견해에 따르면 건축물의 설계자는 소유자로부터 위임을 받아 건축설계도를 제작하기 때문에 그 설계도에 대한 저작권을 가지는 것은 당연하다. 따라서 설계자는 당연히 저작권법이 부여하는 각종 권리, 예컨대 공표권과 복제권 등을 가지게 된다. 설계자가 설계도면을 소유자나 건축업자에게 교부한 경우 저작권자인 설계자는 타인, 즉 소유자 또는 건축업자가 자신의 도형저작물을 건축의 방식으로 공표하는 것에 동의한 것이며, 동시에 건물의 건축공사는 건축저작물의 공표를 의미하는 것이다. 건축공사 후의 입체 건물은 건축설계도와 비교할 때 단지 표현방식의 차이에 불과하고, 건축업자는 단지 설계도면에 따라 시공(평면에서 입체로의 복제라고도 할 수 있음)하였을 뿐이므로 건축업자의 시공행위를 독창성을 가진 창작행위로 보기 어렵다. 따라서 건축업자는 실제로 시공을 하였으나 건축저작물의 저작권자는 될 수 없다는 것이다.

생각건대 후자의 견해가 타당하다. 저작물은 창작을 통해 완성된다. 저작권법에서 말하는 창작이란 직접 문화, 예술 및 과학저작물을 만들어 내는 지적 활동을 말한다. 건축저작물이 형성되는 과정에서 건축업자가 행하는 시공행위는 건축기술을 실현하는 기능적 행위에 불과할 뿐 독창성을 가진 창작행위가 아니다. 따라서 건축업자를 건축저작물의 저작권자로 볼 수 없다.

(마) 건축설계도면의 복제

건축설계도에 따라 건축물을 시공하는 것과 같이 평면에서 입체로의 복제행위도 복제 개념에 포함되는가.

이에 대해 한국저작권법 제2조 제22호는 「복제란 인쇄·사진촬영·복사·녹음·녹화 그 밖의 방법에 의하여 유형물에 고정하거나 유형물로 다시 제작하는 것을 말하며, 건축물의 경우에는 그 건축을 위한 모형 또는 설계도서에 따라 이를 시공하는 것을 포함한다」라고 규정하여 건축도면에 따라 건축물을 완성하는 것도 복제의 개념에 포함되는 것으로 보고 있다. 일본저작권법도 동일한 규정을 두고 있다(제2조 제1항 제15호).

그에 반해 중국저작권법은 복제권(复制权)을 인쇄, 복사, 탁본(拓印), 녹음, 녹화, 음반영상물로의 복제(翻录), 사진으로의 복제(翻拍) 등의 방법으로 저작물을 1부 또는 여러 부로 제작할 수 있는 권리로 규정하고 있을 뿐(저작권법 제10조 제5호), 한국이나 일본과 같이 평면에서 입체로의 복제행위에 대한 명문 규정을 두고 있지 않다. 여기서 중국저작권법에서 건축도면에 따른 건축물 시공행위를 복제로 볼 수 있는지가 해석상 문제된다.

그 해답은 다음의 4 가지 측면에서 찾을 수 있다. 첫째, 저작권법 제10조 제5호는 복제권의 개념을 정의하면서 열거의 방식을 취하면서도 "등의 방법으로"라고 하고 있으므로 이러한 저작권법의 표현에 비추어 볼 때 복제의 방식은 반드시 법에서 열거된 방식에만 제한되어야 하는 것은 아니다. 둘째, 구 저작권법(1990년법) 제52조 제2항은 「공사설계, 상품설계도면, 기타 설명서에 따라 공업품을 시공, 생산하는 것은 본법에서 말하는 복제에 속하지 않는다」라고 규정하고 있었으나, 개정 저작권법은 위 규정을 삭제하였다. 이는 개정법이 구법과는 달리 건축설계도면에 따라 건축물을 시공하는 것도 복제로 본다는 의미이다. 셋째, 베른협약도 평면에서 입체로의 복제를 복제의 개념에 포함시키고 있다. 베른협약 제9조 제1항은 「이 협약이 보호하는 문학·예술 저작물의 저작자는 어떠한 방법이나 방식으로든 이 저작물의 복제를 허락할 배타적 권리를 가진다」라고 규정하여 복제의 방법에 제한이 없음을 밝히고 있다. 이에 의할 때 평면에서 입체로의 복제도 복제 개념에 포함되는 것에는 의문의 여지가 없다. 중국은 베른협약의 회원국이므로 조약을 준수할 의무가 있는 만큼 복제의 개념을 해석함에 있어서도 베른협약을 참작하여야 한다. 넷째, 설계도면에서 입체 건축물로의 시공이야말로 건축설계도의 가치를 가장 잘 실현할 수 있는 표현방식이라는 점에서 평면에서 입체로의 복제도 복제 개념에 포함시켜야 한다. 따라서 위 4가지 측면에서 볼 때 건축설계도에 따라 건축물을 시공하는 것과 같은 평면에서 입체로의 복제행위도 중국저작권법의 복제 개념에 포함된다고 보아야 한다.[1)]

(바) 건축저작물의 수리 및 증·개축

건축저작물의 경우 통상적으로 건축저작권자와 소유자가 다른 경우가 많다. 만약 건축저작물의 저작권자가 설계자인 경우, 건축물소유자가 건물을 수리하거나 증·개축하는 것이 가능한지가 문제된다.

저작권자는 저작물을 수정하거나 타인에게 이를 하도록 허락할 수 있는 수정권(修改权)을 가지며, 저작물을 타인의 왜곡(歪曲)이나 훼손(篡改)으로부터 보호할 수

---

1) 孙平, 浅析建筑作品的著作权保护,《辽宁律师》2003年 第3期 发表.

있는 권리인 작품의 완전성보호권(保护作品完整权)을 가진다(저작권법 제10조 제3, 4호). 타인은 저작권자의 저작물을 임의로 수정하거나 왜곡 또는 훼손을 하여서는 아니 되므로 만약 건축물 소유자가 저작권자인 설계자의 승낙 없이 임의로 건축물을 수리하거나 증·개축하였다면 저작권자가 가지는 수정권이나 작품의 완전성보호권을 침해할 여지가 있다.

한국저작권법은 저작자의 동일성유지권을 인정하면서도 저작자는 건축물의 증축·개축 그 밖의 변형 및 그 밖에 저작물의 성질이나 그 이용의 목적, 형태 등에 비추어 부득이하다고 인정되는 범위 안에서의 변경에 대하여는 이의할 수 없고, 다만 본질적인 변경에 대해서만 이의를 제기할 수 있다고 규정하고 있다.[1)]

중국저작권법은 한국저작권법과 같은 제한 규정을 따로 두고 있지 않다. 그러나 공평의 원칙에서 보면 건축저작물은 문예저작물과는 달리 그의 가장 중요한 가치가 주거 등 실용적인 측면에 있으므로 건물소유자가 건물을 사용하는 과정에서 불가피하게 건물을 수리하거나 증·개축하는 것은 저작권 침해를 구성하지 않는다고 보아야 한다. 다만, 수리나 증·개축행위는 건물에 대한 근본적인 설계 변경에 해당하지 않는 범위 내에서만 허용된다.[2)]

(10) 사진저작물(摄影作品)

(가) 의의

저작권법실시조례 제4조 제10호는 「사진저작물(摄影作品)이란 기계기구를 이용하여 감광재료 또는 기타 매개물에 객관물체의 형상(客观物体形象)을 기록한 예술저작물을 말한다」라고 규정하고 있다.

사진저작물은 사람의 사상이나 감정을 일정한 영상에 의하여 표현한 저작물을 말한다. 이러한 사진저작물은 일정한 영상을 표현매체로 한다는 점에서 연속적인 영상을 표현매체로 하는 영상저작물(제11호)[3)]과는 구별되며, 사진기와 같은 기계

---

1) 한국저작권법 제13조 (동일성유지권) ① 저작자는 그의 저작물의 내용·형식 및 제호의 동일성을 유지할 권리를 가진다. ② 저작자는 다음 각 호의 어느 하나에 해당하는 변경에 대하여는 이의(異議)할 수 없다. 다만, 본질적인 내용의 변경은 그러하지 아니하다. 1. 제25조의 규정에 따라 저작물을 이용하는 경우에 학교교육 목적상 부득이하다고 인정되는 범위 안에서의 표현의 변경 2. 건축물의 증축·개축 그 밖의 변형 3. 그 밖에 저작물의 성질이나 그 이용의 목적 및 형태 등에 비추어 부득이하다고 인정되는 범위 안에서의 변경.

2) 吴湘闽, 如何保护建筑设计作品的著作权, 中国建设报 2005.

3) 영화저작물 및 영화제작과 유사한 방법으로 창작한 저작물이란 음의 수반 여부를 불문하고 일정한 매개물에 연속적인 영상을 수록하여 그 영상을 적당한 장치에 의해 상영(放映)하거나

에 의존한다는 점에서 미술저작물(제8호)과도 구별된다.

사진은 빛의 물리적·화학적 작용에 의하여 피사체를 필름 등에 재현하는 방법으로 제작하는 것이다. 또한 사진저작물에는 전통적인 필름 사진뿐만 아니라 기타 매개물에 객관물체의 형상을 기록한 작품도 포함되므로, 영화 혹은 TV 에서의 단독 장면, 컴퓨터에 저장된 것으로서 모니터를 통해 볼 수 있는 사진작품, 적외선촬영·레이저촬영·디지털촬영 등 선진적인 신기술로 촬영한 사진작품 등도 사진저작물에 해당된다.1)

(나) 사진저작물의 성립요건

① 독창성

저작물이란 독창성을 가진 문학, 예술 및 과학의 범위에 속하는 지적성과를 말한다(저작권법실시조례 제2조). 결국 사진이 저작물이냐 아니냐의 여부는 그 독창성을 인정할 수 있는지 여부에 달려 있다.

어느 경우에 독창성이 있다고 볼 것인가는 그리 간단하지 않다. 사진은 기본적으로 기계적 작용 및 기술적 조작에 의존하는 바가 크다는 점에서 다른 저작물과 차이가 난다. 사진을 평면적 저작물을 복제하는 수단으로 이용한 것에 불과한 경우(예를 들면 다른 사진이나 기타 인쇄물을 단순하게 재촬영하는 경우)나 예컨대 패스포트용 사진, 신분 증명이나 운전면허증 사진 등과 같이 실용적인 목적으로 작성된 사진 등은 저작권법의 보호를 받지 못한다. 이러한 사진들은 사진사가 기계적 작용 및 기술적 조작만으로 제작한 것에 불과하기 때문이다.

저작권법에 의하여 보호되는 사진저작물에 해당되기 위해서는 주제의 결정, 피사체, 구도, 카메라 앵글, 빛의 방향과 양의 조절, 셔터찬스의 포착, 기타 촬영방법, 현상 및 인화 등의 과정에서 촬영자의 개성과 독창성이 표현되어야 한다.

② 예술성

저작권법실시조례 제4조 제10호는 사진저작물은 예술저작물이라고 규정하고 있다. 따라서 사진저작물은 저작물의 일반적인 성립요건인 독창성 이외에 예술성까지도 구비하여야 한다.

예술성은 실제로 상당히 모호한 개념이다. 사진저작물은 주제의 결정, 피사체,

기타 방식으로 전송(传播)하는 저작물을 말한다.

1) 李雨峰 等, 『著作权法』, 厦门大学出版社(2006), 제48쪽.

구도, 카메라 앵글, 빛의 방향과 양의 조절, 셔터찬스의 포착, 기타 촬영방법, 현상 및 인화 등의 과정에서 촬영자의 독특한 미적 감각이 표현되게 되므로 독창성이 인정되면 대체로 예술성도 함께 인정된다. 한편, 사진저작물은 기본적으로 기계적 작용 및 기술적 조작에 의존하는 바가 크다는 점에서 다른 저작물에 비해 독창성의 요구 정도가 높은데다 거기에 추가적으로 예술성까지 강조하게 되면 정작 독창성을 지닌 많은 사진작품들이 저작권의 보호를 받지 못하게 되는 경우도 발생할 수 있다. 이러한 점을 고려하여 사진저작물에 있어서 예술성을 독창성과는 별도의 저작물성 성립요건으로 보지 않으려는 견해도 있다. 이 견해에 따르면 사진저작물에 있어서 예술성의 목적은 촬영자의 개성을 표현하기 위한 것이므로 예술성이 곧 독창성이라는 것이다.[1)]

③ 사진의 독창성에 관한 각국의 판례 태도

[미 국]

미국에서 사진의 독창성에 관한 고전적 논의는 'Burrow Gilles Lithoraphic v. Sarony' 사건에서 비롯된다. 이 사건에서 미국연방최고재판소는 사진작가가 의상, 걸친 옷(draperies), 액세서리 등을 선택·배치하고, 원하는 표정을 짓도록 제안하고, 연출함으로써 저작권 보호에 충분한 창작성을 보였다고 판시하였다. 또한 케네디 대통령의 암살 장면을 우연히 촬영한 Zapruder의 사진을 둘러싸고 논의된 'Time Inc. v. Bernard Geis Associations' 사건(1968년)에서 미국 법원은 "어떠한 사진이 아무리 단순한 것일지라도 사진작가의 개인적인 영향력에 관계되는 것이어서 사진작가에 의하여 주관적으로 행하여지는 피사체의 선택, 사진 찍는 위치, 조도 및 촬영 속도를 선택함으로써 저작권이 인정되기 위한 독창성이라는 요건을 충족한다"고 판시하였다.[2)]

[한 국]

사진의 독창성과 관련하여 한국의 하급심 판례는 「프리랜서 사진작가가 홍보목적으로 인터넷 사이트상에 게시해 놓은 사진들은, 피사체의 선정, 구도의 설정 등의 과정에서 촬영자인 사진작가의 개성과 창조성이 뚜렷이 반영되어 있어 예술적 창작성이 인정되므로 저작권법에 의하여 보호되는 저작물에 해당된다」고 하면서,

---

1) 张革新, 『现代著作权法』, 中国法制出版社(2006), 제53쪽.

2) 이상 판례의 출처 및 판결 내용은 이상정, "사진저작물", 저작권관계자료집 18집(95.12), 저작권심의조정위원회, 제325-326쪽.

「홍보목적으로 인터넷 사이트에 게시된 프리랜서 사진작가의 풍경사진 중 13장을 복제하여 이를 '내저장함'이라는 디렉토리 내에 저장해 둔 경우, 저작권 침해행위에 해당한다」고 판시하였다(서울중앙지법 2005. 7. 22. 선고 2005나3518 판결). 또한 대법원 2001. 5. 8. 선고 98다43366 판결은 광고용 카탈로그의 제작을 위하여 제품 자체만을 충실하게 표현한 사진의 창작성을 부인하는 판시를 한 바 있다.

[일 본]

유명한 TV 탤런트의 프로마이드 사진의 저작물성이 문제된 사건에서 일본의 하급심판결은 "프로마이드 사진은 젊은 팬들을 대상으로 하고 있다는 성격상 촬영에 있어서 피사체의 특징을 나타내기 위해 그에 맞는 포즈와 표정을 취하게 하고, 배경과 조명의 배합을 보아가면서 셔터찬스를 기다리다가 최종적으로 팬들의 기호에 맞는 표현을 포착하여 촬영을 하는 것이므로, 이와 같은 조작을 거쳐 제작되는 사진에는 촬영자의 개성과 창조성이 나타나는 것이고, 단순한 기계적 작용에 의하여 표현되는 증명사진과 달리 사진저작물로 성립할 수 있다"고 판시하였다.

또한, 동경지방재판소 平成 11년 3월 26일자 판결은 "본건 사진은 원고가 자연 속에 서식하고 있는 야생 돌고래를 피사체로 촬영한 사진인 사실, 원고는 본건 사진을 촬영함에 있어서 스스로의 촬영 의도에 따라 구도를 정하고, 셔팅 기회를 잡아 촬영을 행한 사실 등이 인정되고, 이러한 사실과 증거에 의하여 인정된 본건 사진의 영상을 종합하면 본건 사진은 원고의 사상 또는 감정을 창작적으로 표현한 것으로서 저작물성을 갖는 것이라고 인정된다"라고 판시하였다.[1]

[중 국]

<사건 개요>

피고 경제일보출판사는 1998년에 출판한 <百年老照片>책에 원고의 허락 없이 원고의 사진저작물 110폭을 수록하였고, 동 사진에 원고의 성명을 표시하지 않았다. 이에 원고는 피고를 상대로 권리침해행위를 즉시 중지할 것과 원고의 성명표시권을 회복해 주고 전국적인 신문에 사과 기사를 낼 것을 요구하였으며 아울러 손해배상도 청구하였다.

원고의 청구에 대하여 피고는, 피고가 출간한 <百年老照片>책에서 사용된 것은 모두 뉴스용 사진이고, 저작권법은 뉴스용 사진이 저작권법의 보호대상이 된다는 명문의 규정을 두고 있지 않으므로 출판사는 언제든지 뉴스용 사진을 사용할 수

---

1) 이상 판례의 출처 및 판결 내용은 오승종, 이해완 공저, 『저작권법』, 박영사(2006), 제82쪽.

있다고 주장하였다.

<판결요지 및 평석>

이 사건의 재판을 맡은 북경시 제2중급인민법원은, 원고가 그의 110폭의 사진에 대하여 저작권을 갖는다는 것을 전제로 하여 피고에게 원고의 사진저작물이 포함된 <百年老照片>책을 재판·중판하여서는 아니 되고 신문에 공개 사과할 것을 명하였으며, 피고는 원고에게 손해를 배상하라고 판결하였다.[1)]

이 사건은 중국저작권법이 반포된 이래 중국의 사진업계에서 가장 크게 주목을 받은 사건 중의 하나이다. 이 사건에 있어 가장 중요한 쟁점은 바로 뉴스사진에 대한 저작권 보호 여부다. 저작권법 제5조 제2호는 시사뉴스는 저작권법의 보호를 받지 않는다고 규정하고 있다. 통상적으로 신문기사가 나가는 경우 시사뉴스와 사진이 함께 나가는 경우가 많다. 이러한 경우 기사화된 사진도 시사뉴스의 일부가 되어 저작권법의 보호를 받지 못하는 것 아니냐라는 의문이 있을 수 있다. 그러나 이와 같은 뉴스 사진도 경우에 따라서는 저작권법상 시사뉴스와 독립하여 별개의 사진저작물로 보호받을 수 있다고 보아야 한다.

뉴스사진은 비록 현장의 정보를 표현하는 것이지만 단순히 객관적 사실만을 기록하는 것은 아니다. 다른 사진저작물과 마찬가지로 뉴스사진도 촬영자의 경험과 지식을 토대로 주제의 결정, 피사체, 구도의 선택, 빛의 방향과 양의 조절, 셔터찬스의 포착 등에 있어 촬영자의 개성과 독창성이 반영되었다면 사진저작물로서 저작권법의 보호를 받게 된다. 그러나 촬영자의 개성이 전혀 반영되지 않고 일상적 사건을 단순하게 촬영한 것에 불과한 뉴스사진은 직업적인 것으로서 예술적 창작으로는 인정되지 않을 가능성이 높다. 위 판결에는 원고의 뉴스사진이 예술적 창작성을 가지고 있다고 본 구체적인 근거가 언급되어 있지 않아 아쉬움이 남는다.

(다) 사진저작물과 관련된 기타 문제점

① 조각이나 건축물 등 입체작품을 사진 촬영한 경우

조각 등 입체적 미술작품이나 건축물 또는 구조물 등과 같은 건축작품을 사진 촬영하여 입체작품을 평면적인 영상으로 전환한 경우에 당해 사진이 저작권의 보호를 받는지가 문제된다.

---

1) 이상 판례의 출처 및 판결 내용은 王立 외 1인, 「知识产权案例分析与判案技巧」, 人民法院出版社(2006), 제28쪽 이하.

만약 주제의 결정, 피사체, 구도, 특수한 사진재단 또는 특이한 원근법, 음영의 배정, 음영대조 등에 있어서 촬영자의 개성이 표현되어 당해 사진이 입체작품과는 다른 예술적 미감을 표현하였다면, 당해 사진은 예술적 창작성을 지닌 사진저작물로서 저작권법의 보호를 받을 수 있을 것이다. 한편 입체작품이 저작물로서 저작권법의 보호를 받는 것이라면 당해 사진은 연역저작물(특히, 2차적 저작물)이 되며 이 경우에는 원저작물인 미술작품이나 건축작품의 저작권자로부터 동의를 얻어 촬영하여야 한다. 사진작가가 원저작자의 동의를 얻지 않고 원저작물을 촬영한 경우에는 원저작자의 저작권을 침해한 것으로 인정되나 연역저작물의 성립에는 아무런 지장이 없다. 다만, 사진작가가 개인학습, 연구 또는 감상을 위하여 이미 공표된 원저작물을 촬영하거나 실외 공공장소에 설치 또는 진열된 예술저작물을 촬영하는 경우에는 원저작자의 동의를 구할 필요도 없고, 원저작자에게 보상할 필요도 없다(저작권법 제22조 제1호 및 10호).

② 그림을 사진촬영한 경우 및 학술적 사진의 경우

그림 등 평면적인 미술저작물을 사진으로 촬영한 경우 당해 사진은 사진저작물로 저작권법의 보호를 받을 수 있는지가 문제된다. 이는 평면적 저작물을 촬영대상으로 한다는 점에서 앞서 살펴본 입체저작물을 평면적 영상으로 전환하는 것과는 성질이 다르다. 그림을 사진으로 촬영한 것에 대해서는 개성적 형성의 여지를 거의 인정하기 어렵다.[1] 그림 저작자인 미술가는 복제권을 가지는데, 복제의 수단 중 "사진으로의 복제(翻拍)" 방식을 이용하여 자신의 그림을 복제할 수 있다(저적권법 제10조 제5호). 따라서 만약 사진작가가 미술가의 동의를 얻지 않고 무단으로 그림을 사진촬영하였다면 미술가의 복제권을 침해한 것이 된다.

또한, '학술적 사진'의 경우 독창성을 인정받을 수 있는지가 문제된다. 학술적 사진이란 의학, 물리학, 미생물학, 천문학 등 주로 자연과학분야에서 복잡한 물리

1) 이에 대해 일본에서는 기존의 회화를 사진으로 복제하는 것 모두가 독창성이 없다고 일률적으로 말할 수는 없고, 칼라인쇄기술이 발전하면서 재생효과도 갈수록 치밀한 박진감을 달성할 수 있게 되었으며, 이와 같이 기술이 발전할수록 원작의 재생을 위한 사진제작에는 제작자의 미묘한 개성과 기술이 나타나고 있으므로, 회화의 복제사진촬영을 복사기계에 의한 복사와 동일하게 보는 것은 잘못된 것이라는 반론이 있다고 한다. 특히 실제로 서양미술책과 같은 책자를 발간한 경우, 사진의 원판제작자로 누구를 선정하는가는 책의 質을 좌우하는 가장 중요한 문제이고, 이러한 원판제작자들은 자신들이 제작한 원판에 대하여 저작권사용에 유사한 사용료를 받고 있는 현실에 비추어 보더라도 기존의 회화를 사진으로 복제하는 것 모두가 독창성이 없다고 일률적으로 결론짓는 것은 의문의 여지가 있다고 한다. 오승종, 이해완 공저, 『저작권법』, 박영사(2006), 제83쪽.

현상이나 화학적 반응, 동식물의 생리적 반응을 순간적으로 포착하여 촬영한 사진을 말한다. 이러한 학술적 사진도 촬영자의 개성과 독창성이 표현된 것이면 저작권의 보호를 받을 수 있음은 당연하다[1]. 그러나 학술적 사진은 학술적 또는 기술적 실상을 가능한 정확히 재현할 것을 목적으로 제작되기 때문에 거의 촬영자의 개성이 개입할 여지가 없다는 점에서 예술적 창작물로 인정될 가능성은 그리 많지 않다.

③ 위탁에 의한 사진 및 초상화

유명 배우 A가 B 사진관에서 사진촬영을 하였다. 그 이후 B 사진관은 자신의 사진관을 홍보하기 위한 상업적 목적에서 A의 동의 없이 A의 사진을 B사진관의 홈페이지에 바탕화면으로 실었다. 이 경우 A는 B 사진관에 대하여 자신의 초상권 침해를 근거로 권리침해행위를 중지할 것을 청구할 수 있는지가 문제된다.

위 사례에서 A의 사진이 저작권법의 보호를 받는 사진저작물에 해당한다고 가정할 때, 사진저작물의 저작권이 누구에게 귀속되는지가 우선 문제된다. A는 B 사진관에게 자신의 사진촬영을 위탁하였으므로 A와 B는 위탁관계에 있다. 저작권법은 "위탁을 받아 창작한 저작물의 저작권 귀속은 위탁자와 수탁자 사이의 계약에 의한다. 계약서에 명시되어 있지 않거나 계약서를 체결하지 않은 경우에는 저작권은 수탁자에게 귀속된다"라고 규정하고 있다(제17조). 따라서 사진의 저작권 귀속 문제는 일차적으로 A와 B 사이에서 정한 계약 내용에 따라 결정되고, 만약 계약을 체결하지 않았거나 그 내용이 불분명한 경우에는 원칙적으로 B가 A 사진의 저작권자가 된다. 위와 같은 사례에서 통상적으로 계약을 체결하지 않는 경우가 대부분이므로 이하에서는 B가 저작권자임을 전제로 문제를 해결한다.

한국저작권법은 이러한 경우를 대비하여 특별한 규정을 두고 있다. 즉, 한국저작권법 제35조 제4항은 「위탁에 의한 초상화 또는 이와 유사한 사진저작물의 경우에는 위탁자의 동의가 없는 때에는 이를 이용할 수 없다」고 규정하고 있다. 그러나 중국저작권법에는 위와 같은 특별 규정이 존재하지 않으므로 해석상 문제가 된다.

초상권이란 개인의 얼굴 등을 함부로 사진 촬영당하지 않을 권리를 말한다. 초상권은 순전히 인격적 이익을 보호하는 측면과 광고 등으로 이용되는 경우와 같이 경제적 이익을 보호하는 측면으로 나뉠 수 있다. 후자는 통상 '퍼블리시티

1) 张革新,『现代著作权法』, 中国法制出版社(2006), 제53면.

권'(publicity right)이라고 부른다.[1] 이는 영미 국가들에서 유명 스포츠 스타나 연예 스타들의 초상이 갖는 경제적 부가가치가 크기 때문에 별도로 구분한 개념이다. 초상권도 엄연히 권리로 인정되고 있다는 점에서 B 사진관이 사진저작자라는 이유만으로 A의 얼굴이 담겨진 사진을 마음대로 상업적으로 이용하는 것은 매우 부당하다.

비록 중국저작권법은 이에 대한 특별규정을 두고 있지 않지만, 중국판권국은《사진관의 촬영사진과 저작권에 관한 답변》[2]을 제정·공표하여 위 문제를 해결하고 있다. 위 답변 제3항은 "사진이 고객의 초상권과 관련이 있는 경우 사진관이 사진을 상업적으로 이용하는 때에는 반드시 고객의 동의를 얻어야 한다"고 규정하고 있다.[3] 다만, 사진관이 고객의 동의를 얻어 사진을 상업적으로 이용하는 경우 고객에게 보상을 하여야 하는지에 대하여는 위 답변은 침묵을 지키고 있다. 그러나 공평의 원칙을 고려할 때 사진관은 응당 고객에게 보상을 하여야 할 것이다.[4]

한편, 위《사진관 촬영사진과 저작권에 관한 답변》제4항은 역으로 초상권자가 자신의 사진을 상업적으로 이용하는 경우에 발생하는 초상권자와 저작권자 사이의 이해관계 충돌 문제에 대해서도 규정하고 있는데, 이 문제는 일차적으로 초상권자와 저작권자의 계약 내용에 따라 해결되나, 특약이 없거나 그 내용이 불분명한 경우에는 초상권자는 저작권자의 동의를 얻어야 자신의 사진을 상업적으로 이용할 수 있으며 이 경우 저작권자에게 보상을 하여야 한다.

(11) 영화저작물(电影作品) 및 영화제작과 유사한 방법으로 창작된 저작물

(가) 의의

영화저작물 및 영화제작과 유사한 방법으로 창작한 저작물이란 음의 수반 여부를 불문하고 일정한 매개물에 연속적인 영상을 수록하여 그 영상을 적당한 장치에 의해 상영(放映)하거나 기타 방식으로 전송(传播)하는 저작물을 말한다(저작권법 실시조례 제4조 제11호). 영화저작물 및 영화제작과 유사한 방법으로 창작한 저작물

---

1) 위 사안은 퍼블리시티권(publicity right)으로도 해결할 수 있으나, 여기에서는 인격적 이익 측면에서 초상권에 초점을 맞추어 사안을 분석해본다.

2)《关于对影楼拍摄的照片有无著作权的答复》

3) 三、由于照片还可能涉及顾客的肖像权, 因此影楼在行使著作权时应遵守民法通则第一百条的规定, 即营利性使用照片, 须事先取得肖像权人的许可。

4) 李扬 외 1인, 著作权与肖像权的冲突及其对策, 논문의 출처는 http://www.duozhao.com/lunwen/dai6/lunwen_9279_2.html.

이란 결국 영상저작물을 의미한다.

음의 수반을 불문하므로 유성영화뿐만 아니라 무성영화도 영상저작물에 포함된다. 한편 연속적인 영상을 수록하는 "매개물"은 종래에는 광학필름이 주를 이루었으나 과학기술의 발전으로 그 종류도 매우 다양해졌다. 따라서 종래의 광학필름에 의한 극영화 등은 물론이고, 영상 또는 영상과 음이 디스크에 고정된 비디오디스크(video disc), 테이프에 고정된 비디오 테이프(video tape), 그리고 영상이 나오는 레이저 디스크, 컴팩트디스크, DVD 등도 영상저작물에 해당된다. 또한 영상저작물에는 영화저작물뿐만 아니라 영화제작과 유사한 방법으로 창작한 저작물도 포함되므로, 전통적인 극영화뿐만 아니라 음악영화, 만화영화, 뉴스영화, 기록영화, TV용 영화, TV 드라마, TV 광고, 영화용 광고, TV 뉴스, 뮤직비디오(MTV) 등도 영상저작물에 해당된다.

영상저작물과 관련하여 컴퓨터에서 작동되는 비디오 게임 등과 같은 게임저작물도 영상저작물로 보호될 수 있는지가 문제된다. 일반적인 동영상의 경우 그 재생화면이 고정된 순서에 따라 순차적으로 나타나는 반면에, 비디오 게임의 화면 자체는 그 재생 순서가 사용자의 조작에 따라 얼마든지 중단, 변경될 수 있다는 점에서 과연 비디오 게임의 영상화면도 영상저작물로 볼 수 있는지 여부가 문제되는 것이다. 한편, 비디오 게임의 프로그램은 컴퓨터소프트웨어 저작물(저작권법 제3조 제8호)에 해당한다.

생각건대, 비디오 게임의 화면 자체는 비록 사용자의 조작에 의해 변경될 수 있으나 연속적인 영상임에는 의문이 없고, 연속적인 영상이 반드시 고정된 순서에 따라 나와야 한다고 해석할 필요도 없다. 따라서 비디오 게임의 영상화면이 독창성을 가진다면 영상저작물로 인정되어 저작권법의 보호를 받을 수 있다고 보아야 한다.[1)] 미국법원도 일찍이 우주비행선을 소재로 한 Scramble 게임에 대하여 영상과 소리가 상당부분 반복되는 게임의 구조는 영상저작물로 보호받을 수 있다고 판시하였고, 일본의 동경지방법원도 1984. 9. 28 판결에서 원고 Namco(주)의 PACMAN이라는 비디오게임은 "영화촬영술에 유사한 시청각효과 또는 시각효과를 낳는 방법으로 표현된 작품"이므로 영화저작물에 해당한다고 판시하였다.

---

1) 게임은 문자, 정지화상, 동화상, 음악(효과음, 음성, 각종음향 등), 프로그램 등이 결합된 종합적인 영상물이다. 따라서 게임의 컴퓨터프로그램 부분은 컴퓨터소프트웨어 저작물에 해당하여 컴퓨터소프트웨어보호조례의 적용을 받고, 게임의 시각적 영상요소와 청각적 음악요소는 각각 영상저작물, 음악저작물에 해당하여 저작권법 및 저작권법실시조례의 적용을 받게 된다.

(나) 영상저작물의 특성

① 연역저작물성

영상저작물은 연역저작물의 성격을 띠는 경우가 많다. 연역저작물은 원저작물을 개편, 번역, 주석(注释), 정리(整理), 편집(编辑), 영화화하여 새로운 독창성이 가미된 파생저작물이며 한국저작권법의 2차적 저작물과 편집저작물을 포괄하는 개념이라고 말할 수 있다.

영화나 TV 연속극 등 영상저작물은 소설이나 시나리오, 드라마 각본 등을 소재로 제작되는 것이 보통이다. 이 때 소설이나 시나리오 등은 원저작물이고, 이를 토대로 제작된 영화는 연역저작물에 해당한다. 연역저작물은 원저작물을 이용하는 관계에 있기 때문에 원저작물의 저작권을 침해하여서는 아니 된다(저작권법 제12조 단서). 따라서 저작자의 허락 없이 영화 또는 영화제작과 유사한 방식으로 촬영, 제작하거나 개편, 번역, 주석 등의 방식으로 저작물을 이용하는 행위는 원저작자의 권리를 침해하는 행위가 된다(저작권법 제46조 제6호). 연역저작물을 이용하는 때에는 연역저작권자 이외에도 원저작자의 허락을 얻어야 한다(저작권법 제34조, 제36조, 제39조).

② 합작저작물성

영상저작물은 합작저작물이기도 하다. 합작저작물이란 2인 이상이 합작으로 창작한 저작물(合作作品)을 의미한다. 소설 등 개인적 창작물과는 달리 영화, TV 드라마와 같은 영상저작물은 그 성질상 다수의 참여자가 존재한다. 즉 소설가, 시나리오작가와 영화감독을 비롯하여 촬영감독, 조명감독, 기타 스탭들이 있는 것은 물론, 제작자와 프로듀서 심지어 투자자들까지 영화 제작에 일정부분 관여하게 된다.

③ 영상저작물에 대한 특칙

이처럼 영상저작물의 제작에는 여러 사람들이 관여하므로 다양한 이해관계가 존재하고 이해관계의 대립도 심하다. 이러한 복잡한 이해관계를 일정한 기준에 따라 해결하지 않고 그대로 방치해 둔다면 영상저작물 제작에 참여한 자들 간의 법적 분쟁으로 인하여 영상저작물의 이용이 원활하게 이루어지기 어렵고, 그로 인하여 막대한 자본을 들인 영상제작자가 흥행에 실패하여 금전적 손실을 입을 수도 있다.

저작권법은 위와 같은 문제점을 고려하여 영상저작물에 대한 특칙을 두었다. 저작권법 제15조는 「영화저작물이나 영화 제작과 유사한 방법으로 창작한 저작물의 저작권은 제작자가 갖는다. 다만, 각본, 감독, 촬영, 작사, 작곡 등은 그에 해당하는 각 저작자가 성명표시권을 가지며 제작자와 체결한 계약에 따라 보수를 받을 수 있는 권리를 가진다. 영화저작물이나 영화 제작과 유사한 방법으로 창작된 저작물의 제작에 사용되는 각본, 음악 등 단독으로 사용할 수 있는 저작물의 저작자는 그 저작권을 단독으로 행사할 권리를 갖는다」라고 규정함으로써 영상저작물 제작에 참여한 자들 간의 이해관계를 조절하고 있다.

(다) 영상저작물의 독창성 판단 기준

영상저작물도 저작권법에서 말하는 독창성을 가져야 함은 물론이나 과연 영상저작물에 있어서 독창성을 판단할 수 있는 기준은 무엇인가가 문제된다.

영상저작물은 다른 저작물과는 달리 '연속적인 영상'을 특징으로 하므로 독창성 판단에 있어서도 이러한 점을 고려하여야 할 것이다. 따라서 연속적인 영상이 전달하고자 하는 줄거리 등 의사표현과 더불어 영상을 구성하는 소재의 선택, 배열이나 편집 기술 등 화면구성에 독창성이 나타나 있어야 한다. 따라서 이러한 독창성이 없는 단순한 상(像)의 녹화물은 영상저작물이 아니다. 예를 들면 연극 상연이나 가요 무대 공연 등을 기계적으로 녹화하는 것과 같이 카메라를 고정시켜 두고 시간의 흐름에 따른 모습을 자동적으로 필름에 수록하는 것은 독창성을 인정받지 못한다.

(12) 도형저작물(图形作品) 및 모형저작물(模型作品)

(가) 의의

도형저작물(图形作品)이란 시공 및 생산을 위하여 제작한 공사설계도, 제품설계도 및 지리현상을 반영하거나 사물의 원리 또는 구조를 설명하는 지도, 설명안내도(示意图) 등의 저작물을 말하고(저작권법실시조례 제4조 제12호), 모형저작물(模型作品)이란 전시(展示), 시험(试验) 또는 관측 등의 용도를 위하여 물체의 형상과 구조(结构)에 따라 일정한 비율로 제작한 입체저작물을 말한다(저작권법실시조례 제4조 제13호).

한국저작권법은 도형저작물을 지도·도표·설계도·약도·모형 그 밖의 도형저작물이라고 규정함으로써 평면적인 설계도·분석표·그래프·도해 등은 물론 입체적인 지구본·인체모형·동물모형까지도 포함하고 있다. 그러나 중국저작권법에서 말하는 도형저작물은 평면적인 설계도만을 의미하고 입체적인 지구본·인체모형 등은 도형저작물이 아닌 모형저작물(模型作品)로 된다. 건축저작물과 관련하여 건축설계도나 건축모형은 도형저작물, 모형저작물에 해당하고, 건축저작물에는 건축물 자체만이 해당된다는 것은 앞서 건축저작물 부분에서 설명한 바 있다.

공사설계도는 공사의 기초가 되는 평면 도안으로서 공장, 광산, 철도, 도로, 교량 등의 설계도가 포함된다. 제품설계도는 제품의 조형과 구조를 설명하는 평면 도안을 가리키며, 의류설계도, 가구설계도 등이 포함된다. 지도는 지구 표면의 일부나 전부의 상태를 기호나 문자를 사용하여 실제보다 축소해서 평면상에 나타낸 것으로서 육지·산맥·하천 등 자연현상과 국명·도시·철도·도로 등 인문적 현상을 표시한다.

(나) 도형저작물 및 모형저작물의 보호정도

도형저작물 및 모형저작물은 인간의 감성이나 지성에 호소한다는 측면보다는 실용적인 기능을 주된 목적으로 하여 제작된다는 특징을 가지고 있으므로 기능적 저작물에 해당한다.

도형저작물, 예컨대 건축설계도는 그 성질상 주로 점 또는 선을 사용하고, 거기에 건축설계사들 간에 공통적으로 사용되는 기호, 수치 등을 부가하여 2차원적으로 표현하는 것이므로, 극히 기술적·기능적 성격의 저작물이고 그 표현방법에 선택의 여지가 적고, 동종의 건물에 동종의 기술공법을 채용하는 경우에는 그 결과로서 자연히 유사한 표현이 사용될 가능성이 높다.

이러한 도형저작물의 특성으로 말미암아 도형저작물의 경우에는 합체의 원칙(Merger doctrine)이 적용되어 보호받는 표현의 범위가 제한되게 된다. 따라서 건축설계도와 같은 도형저작물에 있어서는 타인이 저작자의 저작물에 나타난 외부적인 표현의 세세한 부분까지를 거의 동일하게 베낀 것으로 입증된 경우에 한하여 타인이 저작자의 보호받는 표현을 부당하게 이용한 것으로 인정할 수 있을 것이다. 이러한 결론은 모형저작물에도 동일하게 적용된다.

(다) 도형저작물 및 모형저작물의 독창성

도형저작물 중 특히 지도의 독창성이 문제된다. 지도는 그 표형방식에 있어서 미리 약속된 특정의 기호를 사용하여야 한다는 제한이 있기 때문에 그 독창성 판단 기준을 일반적인 문자저작물이나 미술저작물의 그것과 동일시할 수는 없다.

지도가 저작권법상 보호되는 저작물로서 독창성이 있는지 여부의 판단 기준에 관하여 한국 대법원은 「일반적으로 지도는 지표상의 산맥·하천 등의 자연적 현상과 도로·도시·건물 등의 인문적 현상을 일정한 축적으로 미리 약속한 특정한 기호를 사용하여 객관적으로 표현한 것으로서 지도상에 표현되는 자연적 현상과 인문적 현상은 사실 그 자체로서 저작권의 보호대상이 아니라고 할 것이어서 지도의 창작성 유무의 판단에 있어서는 지도의 내용이 되는 자연적 현상과 인문적 현상을 종래와 다른 새로운 방식으로 표현하였는지 여부와 그 표현된 내용의 취사선택에 창작성이 있는지 여부가 기준이 된다고 할 것이고, 한편 지도의 표현방식에 있어서도 미리 약속된 특정의 기호를 사용하여야 하는 등 상당한 제한이 있어 동일한 지역을 대상으로 하는 것인 한 그 내용 자체는 어느 정도 유사성을 가질 수밖에 없는 것이다」라고 전제한 다음 「저작자의 지도책들에 있는 표현방식과 그 표현된 내용의 취사선택이 이전에 국내 및 일본에서 출판되었던 지도책들이 채택하였던 표현방식과 그 표현된 내용의 취사선택에 있어 동일·유사하거나 국내외에서 보편적으로 통용되는 기호의 형태를 약간 변형시킨 것에 불과하여 창작성을 인정할 수 없다」고 판단하였다.[1] 한국 대법원의 이와 같은 판단은 중국저작권법 해석에 있어서도 일응 기준이 되리라고 생각한다.

한편, 모형저작물과 관련하여 모든 모형이 저작권법의 보호를 받는 모형저작물로 인정되는 것은 아니며 예술성을 가진 것만이 모형저작물로 된다는 견해가 있다. 이 견해에 따르면 건축저작물의 모형이나 응용미술품의 모형 등과 같이 독창성 이외에 예술성까지도 구비한 모형만이 저작권법에서 말하는 모형저작물로 인정되며 단순한 제품이나 평범한 건축물의 모형은 모형저작물에 해당되지 아니한다.[2]

(라) 설계도면

건축설계도에 따라 건축물을 시공하는 것과 같은 평면에서 입체로의 복제행위

---

1) 한국 대법원 2003. 10. 9. 선고 2001다50586 판결 참조.

2) 张革新, 『现代著作权法』, 中国法制出版社(2006), 제57쪽.

도 중국저작권법의 복제 개념에 포함된다는 것은 이미 건축저작물 부분에서 살펴보았다. 그런데 건축설계도가 아닌 일반적인 기계설계도 등의 경우에도 이와 같이 해석할 수 있는지 여부가 문제된다.

한국 및 일본에서는 건축설계도가 아닌 일반적인 기계설계도의 경우 평면에서 입체로의 복제행위는 저작권법상 복제가 되지 않는다고 보는 견해가 있다. 이 견해는 "건축물의 경우 그 건축을 위한 모형 또는 설계도서에 따라 이를 시공하는 것도 복제에 해당한다"고 규정한 한국저작권법 제2조 제22호는 건축물에 대한 특례규정이라고 해석한다. 즉 일반적으로 저작권의 보호는 기존에 존재하는 저작물에 대하여 발생하는 것이 원칙이나, 이에 대한 특수한 예외로서 설계도면에 표현된 관념적인 건축저작물의 복제를 현실의 건축저작물의 복제와 동일하게 보는 것이라는 것이다. 따라서 위 규정은 건축설계도면에만 적용되며 다른 설계도면에는 적용이 없다고 한다. 이 견해에 따르면 甲이 저작권을 가지고 있는 자동차설계도 또는 모형에 따라 乙이 자동차를 제작한다고 하여도 甲은 저작권침해를 주장할 수 없고, 乙이 甲의 설계도나 모형을 그대로 복제하였을 경우에만 저작권 침해를 주장할 수 있게 된다.[1]

중국에서는 한국이나 일본에서와는 달리 평면에서 입체로의 복제 문제를 건축설계도와 기계설계도로 구별하여 논하기보다는 양자를 포괄하여 하나의 주제로 논하고 있다.

평면에서 입체로의 복제를 복제의 개념에 포함시키는 긍정설은[2] 그 근거로 저작권법 제10조 제5호는 복제권의 개념을 정의하면서 복제 방식을 제한적으로 열거하지 않고 포괄적으로 예시하고 있다는 점, 개정저작권법은 구 저작권법(1990년법) 제52조 제2항을[3] 삭제하였다는 점, 설계도면에서 입체물로의 시공이야말로 설계도면의 가치를 가장 잘 실현할 수 있는 사용방식이라는 점, 베른협약의 복제 개념에 따르면 복제는 임의의 방식으로 진행될 수 있다는[4] 점을 들고 있다.

부정설은 평면에서 입체로의 복제는 복제의 개념에 포함되지 않는다고 본다. 하지만 부정설도 건축설계도나 기계설계도의 저작자 보호를 완전히 외면하지는

1) 오승종, 이해완 공저, 『저작권법』, 박영사(2006), 제89쪽.
2) 孙平, "浅析建筑作品的著作权保护", 辽宁律师(2003年 第3期).
3) 「공사설계, 상품설계도면, 기타 설명서에 따라 공업품을 시공, 생산하는 것은 본법에서 말하는 복제에 속하지 않는다」
4) 베른협약 제9조 제1항 「이 협약이 보호하는 문학·예술 저작물의 저작자는 어떠한 방법이나 방식으로든 이 저작물의 복제를 허락할 배타적 권리를 가진다.」

않는다. 부정설은 건축설계도나 기계설계도에 따라 유형물을 시공하는 행위가 복제권 침해는 아니나 저작권법 제10조 제1항 제17호의 「그 외 저작권자가 당연히 가지는 기타 권리」의 침해에는 해당된다고 보고 있다.[1)]

생각건대, 개정저작권법이 구 저작권법 제52조 제2항을 삭제하였다는 것에 비추어 보면 중국저작권법의 입법자는 평면에서 입체로의 복제도 복제로 보겠다는 결단을 내렸다고 평가할 수 있다. 따라서 중국에서는 한국이나 일본과 달리 건축설계도가 아닌 일반적인 설계도면에 따라 제품을 시공하는 행위도 저작권법에서 말하는 복제에 해당한다고 해석할 수 있을 것이다.

[MOTOROLA 사건][2)]

<사실관계>

원고는 핸드폰을 생산하는 기업으로 1998년부터 OEM 방식으로 피고(Motorola)를 위해 "MOTOROLA" 핸드폰을 생산하기 시작하였다. 원고가 생산판매하고 있는 피고의 "Shark"형 휴대폰이 부피가 크다는 이유로 시장에서 외면당하자 원고는 피고에게 휴대폰선로를 재배치하여 휴대폰의 크기를 줄이는 설계방안을 제안하였다. 이에 피고는 원고의 제안을 받아들였으며 원고와 피고는 상기 설계방안을 "태산항목(泰山项目)"으로 명명하였다. 그 후 원고는 대량의 인력과 자금을 투자하여 독자적으로 T189 휴대폰의 내부설계, 인쇄선로판배치도설계(印刷线路板布图设计) 및 기계설계를 완성하였다. 피고는 2001년 4월 원고가 설계, 생산한 "MOTOROLA" T189 휴대폰을 시장에 판매하였는데, 그 결과 판매량이 급증하는 등 시장의 반응이 매우 좋았다. 그런데 피고는 그 후에 원고의 동의 없이 원고가 설계한 T189휴대폰의 인쇄선로판배치도설계에 따라 인쇄선로판을 제작하여 이를 피고가 제작한 "MOTOROLA" C289휴대폰에 부착한 다음, 다른 판매회사를 통해 C289휴대폰을 시장에 판매하였다. 이에 원고는 피고가 무단으로 T189핸드폰 인쇄선로판배치도설계에 따라 인쇄선로판을 제작한 행위는 원고의 인쇄선로판배치도설계에 대한 무단복제라고 하면서 법원에 저작권침해소송을 제기하였다.

<판결요지>

이 사건의 심리를 맡은 상해시 제2중급인민법원은 피고가 원고의 인쇄선로판배

---

1) 李雨峰 等,『著作权法』, 厦门大学出版社(2006), 제68쪽.

2) 원고 : 上海迪比特实业有限公司, 피고 : 摩托罗拉(中国)电子有限公司, 사건번호 : 上海市第二中级人民法院 民事判决书(2002) 沪二中民五(知) 初字第132号.

치도설계에 따라 인쇄선로판을 제작하는 행위는 저작권법의 복제행위에 해당하지 않는다고 보아 원고의 청구를 기각하는 판결을 내렸다.

피고의 행위가 복제에 해당하지 않는다는 판단에 관해서 위 법원은 저작권법 제10조 제5호는 복제의 방식을 제한적으로 열거하고 있다고 전제한 후 평면에서 입체로의 복제 방식은 위 조항에 포함되어 있지 않다는 점을 근거로 제시하였다.

그러나 위 판결은 법리적인 관점에서 매우 납득하기 어려운 판결이다. 위 판결은 저작권법 제10조 제5호는 복제의 방식을 제한적으로 열거하고 있다는 점을 전제로 한 것이나, 복제의 방식에 관한 한 당해 조항이 제한적 열거규정이 아닌 포괄적 예시 규정이라는 점에 거의 이견이 없다는 점에서 위 판결은 문제가 많다고 생각한다.

[万润家园 사건][1]

원고가 제작한 "万润家园"、"光华欣居"、"东方太阳城"、"亮马水晶"、"新华经典丽园" 등 5개의 부동산프로젝트 건축모형은 "2002년 중국북경추계부동산 전시교역회"에 전시되었다. 피고도 원고와 함께 위 전시회에 참여하였는데, 피고는 원고의 동의를 구하지 않고 동 전시회에 출품된 원고의 건축모형에 피고의 기업 로고, 명칭 및 전화번호가 표시되어 있는 라벨을 붙인 후 이를 전시함으로써 자신이 직접 건축모형을 제작한 것처럼 행세하였다. 이에 원고는 피고가 원고의 건축모형을 마치 피고가 제작한 것처럼 전시하였고 이러한 피고의 행위로 말미암아 전시회 참가자들이 혼란을 일으켜 원고의 신용도가 훼손되었을 뿐만 아니라 원고의 고객이 현저히 감소되었다고 주장하면서 피고를 상대로 권리침해의 중지 및 손해배상 등을 청구하였다.

이에 대해 원심은 원고가 제작한 5개의 부동산프로젝트 건축모형은 저작권법의 보호를 받는 모형저작물에 해당하므로 원고가 본건 건축모형에 대한 저작권을 가진다고 판단하였다. 또한 원심은 피고는 저작권자가 아님에도 자사의 기업 로고, 명칭 및 전화번호가 표시되어 있는 라벨을 원고의 건축모형에 붙인 것은 원고의 성명표시권을 침해한 것으로 보았다. 위 원심판결은 항소심에서도 그대로 유지되었다.

---

1) 원고 : 北京赛野模型有限公司, 피고 : 北京市京一天成模型制作中心. 사건번호 : 北京市第二中级人民法院 民事判决书(2003)二中民终字第2565号

(13) 컴퓨터 소프트웨어(计算机软件)

무역 관련 지적재산권에 관한 협정(Agreement on Trade-Related Aspects of Intellectual Property Rights) 제10조 제1항은 컴퓨터프로그램을 문자저작물로 보호할 것을 요구하고 있다.[1] 중국은 컴퓨터소프트웨어를 저작권법의 보호대상으로 하고, 동시에 '컴퓨터소프트웨어보호조례(计算机软件保护条例)'를 반포하여 컴퓨터소프트웨어 보호에 관한 구체적인 규정을 두고 있다.

컴퓨터소프트웨어와 컴퓨터프로그램은 엄격한 의미에서는 서로 다른 개념이다. 컴퓨터소프트웨어가 컴퓨터프로그램을 포함하는 보다 넓은 개념이나, 일반적으로는 양자를 엄격히 구별하지 않고 혼용하는 경우가 많다.

중국저작권법 및 그 하위 법령인 컴퓨터소프트웨어보호조례는 컴퓨터소프트웨어를 컴퓨터프로그램(计算机程序)과 관련 파일(其有关文档)을 포함한 개념으로 규정함으로써(위 조례 제2조), 컴퓨터소프트웨어와 컴퓨터프로그램을 개념적으로 명확히 구분하고 있다. WIPO(세계지적소유권기구) 모델조항 제1조(1978년)에서도 '소프트웨어'를 컴퓨터 프로그램 외에 프로그램 기술서, 프로그램 명세서 및 기타 보조자료를 포함하는 개념으로 정의하고 있다. 이에 반해 한국의 컴퓨터프로그램보호법은 오직 프로그램만을 보호대상으로 하고 있다.[2]

중국저작권법상 컴퓨터 프로그램이란 특정한 결과를 얻기 위하여 컴퓨터 등 정보처리능력을 가진 장치로 집행하는 코드화된 지시·명령의 배열(代码化指令序列) 또는 코드화된 지시명령의 배열로 자동 전환될 수 있는 기호화된 지시명령의 배열(符号化指令序列) 또는 기호화된 언어의 배열(符号化语句序列)을 말하고, 동일한 컴퓨터 프로그램의 원시코드(源程序)와 목적코드(目标程序)는 동일 저작물에 해당된다(위 조례 제3조 제1호).

파일(文档)이란 프로그램의 내용, 구성, 설계, 기능규격, 개발상황, 테스트결과 및 사용방법을 설명하는 문자자료 및 도면 등을 말하는데, 예컨대 프로그램 설계

---

1) Computer programs, whether in source or object code, shall be protected as literary works under the Berne Convention (1971).

2) 컴퓨터프로그램보호법 제1조는 「이 법은 컴퓨터프로그램저작물의 저작자의 권리 그 밖에 컴퓨터프로그램저작물과 관련된 권리를 보호하고 그 공정한 이용을 도모하여 당해 관련산업과 기술을 진흥함으로써 국민경제의 건전한 발전에 이바지함을 목적으로 한다」고 규정하고 있고, 제2조 제1호는 「"컴퓨터프로그램저작물"이라 함은 특정한 결과를 얻기 위하여 컴퓨터 등 정보처리능력을 가진 장치(이하 "컴퓨터"라 한다)안에서 직접 또는 간접으로 사용되는 일련의 지시·명령으로 표현된 창작물을 말한다」고 규정하고 있다.

설명서(程序设计说明书), 흐름도(流程图), 사용자 메뉴얼(用户手册) 등이 포함된다(위 조례 제3조 제2호).

비록 중국저작권법상 컴퓨터소프트웨어는 컴퓨터프로그램과 개념상 명확히 구별되는 것이나, 중국저작권법상의 컴퓨터소프트웨어는 주로 컴퓨터프로그램 부분을 가리킨다. 파일은 문자저작물로도 보호받을 수 있기 때문이다.[1)]

(14) 민간문학예술 저작물(民间文学艺术作品)

민간문학예술이란 어떤 민족이나 지역 사회에서 예부터 전해내려 오는 전통예술로서 민간전설, 민간 음악, 민속춤, 민속의상, 민속공예 등과 같은 전통적 문화유산 등이 이에 포함된다. 이러한 민간문학예술을 저작권법상 독립한 저작물로 인정하여 보호할 수 있는지가 문제된다.

민간문학예술에 대한 보호 논의는 1967년 베른협약의 개정을 위한 스톡홀롬 외교회의에서부터 시작되었다. 그 결과 베른협약은 제15조 제4항에서 「저작자의 동일성은 밝혀지지 않았으나 그 저작자가 동맹국의 국민이라고 추정가능한 근거가 있는 미공표 저작물의 경우 '저작자를 대표하고 동맹국들 내에서 그의 권리를 보호하고 행사할 자격을 부여할 수 있는' 권한 있는 기관을 지정하는 문제는 그 국가의 법령이 정하는 바에 의한다」, 「이 규정의 조건에 따라 그러한 지정을 한 동맹국은 그와 같이 지정된 기관에 관한 모든 정보를 기재한 선언서를 사무국장에게 통고하여야 한다. 사무국장은 이 선언서를 다른 모든 동맹국에 즉시 전달한다」라고 규정하여,[2)] 각 회원국은 베른협약 사무국장에게 서면 통고를 하였다는 전제하에 저작자의 신원이 밝혀지지는 않았으나 그가 동맹국의 국민임을 추정할 근거가 있는 미공표 저작물을 저작권법으로 보호할 수 있음을 천명하였다.

베른협약 이후 현재 튀니지, 칠레, 이란, 모로코, 인도네시아, 중국, 베트남 등 50여 개국에서 민간문학예술에 관하여 법적보호를 하고 있다.[3)] 민간문학예술에

---

1) 李雨峰 等, 『著作权法』, 厦门大学出版社(2006), 제49쪽.

2) (a) In the case of unpublished works where the identity of the author is unknown, but where there is every ground to presume that he is a national of a country of the Union, it shall be a matter for legislation in that country to designate the competent authority which shall represent the author and shall be entitled to protect and enforce his rights in the countries of the Union. (b) Countries of the Union which make such designation under the terms of this provision shall notify the Director General by means of a written declaration giving full information concerning the authority thus designated. The Director General shall at once communicate this declaration to all other countries of the Union.

3) 李雨峰 等, 『著作权法』, 厦门大学出版社(2006), 제50쪽.

대한 법적 보호는 상대적으로 문화유산이 풍부하며 상업화가 덜 진전된 후진·개도국 국가에서 주로 이루어지고 있다. 이미 자국의 전통지식에 대한 상업화가 진전되어 그에 대한 개발자원이 고갈된 선진국의 입장에서는 자연히 아프리카나 중남미, 아시아의 전통지식이나 민간문학예술의 발견과 개발에 박차를 가하게 되었고, 그 과정에서 후진개도국과 선진국간의 이익대립이 점차 심화되어가자 후진개도국은 자국의 이익을 보호하기 위한 목적으로 민간문학예술을 저작권법으로 보호하는 입법을 추진하게 된 것이다.

민간문학예술은 다음과 같은 특징이 있다. 첫째, 창작주체를 확정하기 어렵다. 둘째, 내용적으로 특정 민족이나 특정 지역이 갖고 있는 특유한 전통문화유산을 반영하고 있으며, 세대를 거쳐 전승되고 변화를 거듭한 탓에 고정된 형식이 없다. 셋째, 창작완성시점을 확정하기 어렵다.[1] 민간문학예술이 저작물로 인정되어 법적 보호를 제대로 받기 위해서는 이와 같은 난점들이 우선적으로 해결되어야 할 것이나, 이론상 그 해결이 매우 어려워 실제로 대부분의 국가에서는 민간문학예술을 독립된 저작물로 규정하지 않고 있는 형편이다.

중국은 유구한 역사와 문화를 가지고 있으며 한족 이외에도 수많은 소수민족이 각기 다른 독특한 문화유산을 가지고 있다. 중국은 일찍부터 이러한 점을 인식하여 저작권법에서 민간문학예술을 독립된 저작물로 보호하고 있다. 그러나 저작권법 제6조에서 「민간문학예술 저작물의 저작권 보호에 관하여는 국무원(国务院)이 별도로 규정한다」고 규정하고 있을 뿐 아직까지 그 시행을 위한 국무원령이 제정되지 않아 민간문학예술의 저작권자, 보호범위, 행사방법 등에 대한 많은 논란의 씨앗을 남겨두고 있다.

주의할 점은 저작권법 제6조에서 말하는 민간문학예술저작물이란 민간문학예술을 채집·가공·정리한 것과는 다르다는 것이다. 전자의 저작권자는 민간문학예술을 창작한 특정 민족이나 특정 지역의 사회집단임에 반해, 후자의 저작권자는 채집·가공·정리한 자가 되며, 채집·가공·정리된 민간문학예술은 원작과는 달리 별도의 저작물로 인정받을 수 있다.[2]

1) 李雨峰 等, 『著作权法』, 厦门大学出版社(2006), 제50쪽.
2) 李雨峰 等, 『著作权法』, 厦门大学出版社(2006), 제50쪽.

(15) 그 외 법률, 행정법규가 규정하는 기타 저작물

저작권법 제3조 제9호는 "그 외 법률, 행정법규가 규정하는 기타 저작물"을 저작물의 한 유형으로 규정하고 있다. 이는 저작권법이 저작물의 종류를 제한적으로 열거한 것이 아니라 포괄적으로 예시하였다라고 보는 해석론의 근거규정이기도 하다.

시대와 사회적 관념이 바뀌고 과학기술이 발전함에 따라 애당초 예상하지 못했던 전혀 새로운 형태의 저작물이 나타나기도 한다. 특히 최근의 인터넷 발달은 디지털 환경에서의 새로운 형태의 저작물을 만들어 내어 저작권법에 규정된 전형적인 저작물 유형만으로는 디지털 환경에 적절하게 대응하는 데에 상당한 어려움이 있다. 시대의 변화에 따라 어떠한 대상이 저작권법의 보호를 받아야 하는 것인지를 모두 예측하기는 힘들겠지만, 저작권법 제3조 제9호와 같은 포괄적 규정을 통해 조금이나마 그 문제를 해결할 수 있을 것이다.

《인터넷사법해석》 제2조는 「저작권법의 보호를 받는 저작물에는 저작권법 제3조에서 규정된 각 저작물의 디지털 형식도 포함된다. 인터넷 환경에서 저작권법 제3조의 각 저작물에 포함되지 않더라도 문학, 예술 및 과학의 범위에 속한 것으로서 독창성을 가지고 복제가능한 지적성과물은 인민법원이 보호하여야 한다」라고 규정하고 있다.[1]

---

1) 《最高人民法院关于审理涉及计算机网络著作权纠纷案件适用法律若干问题的解释》第二条 「受著作权法保护的作品，包括著作权法第三条规定的各类作品的数字化形式。在网络环境下无法归于著作权法第三条列举的作品范围，但在文学、艺术和科学领域内具有独创性并能以某种有形形式复制的其他智力创作成果，人民法院应当予以保护」

Ⅴ. 특수한 저작물

1. 연역저작물

가. 개 념

연역저작물(演绎作品)이란 원저작물을 기초로 여기에 새로운 독창성을 가하여 만들어진 파생저작물을 말한다. 이는 원저작물을 전파하는 중요한 수단이기도 하다. 연역저작물은 비록 원저작물의 파생저작물이지만 단순하게 원저작물을 복제한 것이 아니라 원저작물과는 다른 새로운 독창성을 표현하는 것이다. 연역저작물은 엄연히 독자적인 저작물로서 원저작물과는 별도의 보호를 받는다. 따라서 연역저작물의 저작권은 원저작자가 아닌 연역자가 갖는다. 베른협약도 제2조 제3항에서 「문학·예술 저작물의 번역물·각색물·편곡물·기타 개작물은 원저작물의 저작권에 영향을 미치지 아니하며 원저작물로서 보호된다」고 규정함으로써 연역저작물은 독자적인 보호를 받는다는 것을 밝히고 있다.

연역저작물이란 저작권법상 인정되는 개념이라기보다는 강학상 인정되는 개념이다. 이는 한국저작권법에서는 매우 생소한 개념이다. 연역저작물은 한국저작권법의 2차적 저작물과 편집저작물을 포괄하는 개념이라고 말할 수 있다.[1] 중국저작권법에는 2차적 저작물에 해당하는 법률용어는 존재하지 않고 편집저작물(제14조)이라는 용어만 존재한다. 중국학자들은 2차적 저작물과 편집저작물을 포괄하는 개념으로서 연역저작물이라고 하는 강학상 개념을 사용하고 있다. 연역저작물은 연역(演绎)을[2] 거쳐 창작되는 것으로서 연역방법에는 주로 개편, 번역, 주석, 정리, 편집, 영상제작 등이 있다. 이들 연역방법은 원저작자가 가지는 연역권의 내용이기

---

1) 한국저작권법에서 2차적 저작물이란 원저작물을 번역·편곡·변형·각색·영상제작 그 밖의 방법으로 작성한 창작물을 말하며(한국저작권법 제5조 제2항), 편집저작물이란 편집물로서 그 소재의 선택·배열 또는 구성에 창작성이 있는 것을 말한다. 이때의 편집물은 저작물이나 부호·문자·음·영상 그 밖의 형태의 자료(이하 "소재"라 한다)의 집합물을 말하며, 데이터베이스를 포함한다(한국저작권법 제2조 제17호, 제18호).

2) 연역(演绎, deduction)이란 원래 논리용어로서 일반적 사실이나 원리를 전제로 하여 개별적인 특수한 사실이나 원리를 결론으로 이끌어내는 것(추리)을 말한다. 그러나 현대 중국어에서 "연역"은 논리범주에 국한되어 사용되지 않고 보다 넓은 의미로서 기존의 것으로부터 새로운 것을 표현, 실연, 발휘하는 것을 의미하는 단어로 사용되고 있다. 따라서 연역저작물이란 한마디로 말하면 기존의 저작물에 대한 파생저작물이라고 할 수 있다.

도 하다. 통상적으로 개편권(改编权), 번역권(翻译权), 주석권(注释权), 정리권(整理权), 편집저작권(汇编权), 영상물 제작권(摄制权)을 가리켜 연역권이라고 한다.1)

저작권법은 제12조에서 「기존의 저작물을 개편, 번역, 주석, 정리하여 만든 저작물의 저작권은 개편, 번역, 주석, 정리한 자가 가진다」고 규정하고 있고, 제14조에서 「저작물 또는 저작물의 일부, 저작물을 구성하지 않는 데이터(数据)나 기타 자료를 편집(汇编)하여 그 내용의 선택 또는 배열(编排)에 독창성이 있는 저작물은 편집저작물(汇编作品)로서 편집자가 그 저작권을 가진다」고 규정하고 있다. 이에 따르면 연역저작물에는 개편저작물, 번역저작물, 주석저작물, 정리저작물 이외 편집저작물도 포함된다. 편집저작물을 제외한 나머지 연역저작물은 한국저작권법의 2차적 저작물에 해당한다고 볼 수 있다.

나. 연역저작물의 종류

(1) 개편저작물

개편은 기존의 저작물을 변경하여 독창성을 갖는 새로운 저작물을 창작하는 행위를 말한다(저작권법 제10조 제14호). 저작물을 변경한다는 것은 일반적으로 원저작물의 기본적인 내용을 변경하지 않는 전제 하에 원저작물의 표현방식이나 용도 또는 내용을 변경하여 새로운 저작물을 창작하는 것을 말하며 반드시 표현방식의 변경을 수반하여야 하는 것은 아니다.2)

문학저작물의 개편으로는 예를 들어 원작소설의 기본적인 내용(주제, 주요 장면과 내용, 주요 인물들의 역할 및 개성 등)을 유지하면서 소설을 영화, 드라마 등의 대본으로 변경하거나 영화로 제작하는 것 등이 있다. 음악저작물의 개편은 원작품

---

1) "权利解读——演绎权", 法商网(http://www.law-china.com/zhuanti/newsd.asp?id=448).

2) 대중가요를 컴퓨터용 음악으로 편곡한 것이 2차적 저작물에 해당하느냐에 관하여 한국 대법원은 이를 긍정하고 있다. 한국 대법원 2002. 1. 25. 선고 99도863 판결은 「대중가요 184곡을 컴퓨터를 이용하여 연주할 수 있도록 컴퓨터용 음악으로 편곡{여기서 편곡이라 함은 컴퓨터를 이용하여 음악을 연주할 수 있도록 해 주는 컴퓨터 프로그램이 작동될 때 그 프로그램에 입력 인자로 사용될 자료(data)를 미리 약속된 규칙 내에서 작성자의 취향에 따라 다양하게 배열하여 만드는 일련의 과정을 말하는 의미로 사용하였다}한 경우 그러한 편곡을 위하여는 컴퓨터음악과 관련 컴퓨터 프로그램에 대한 높은 수준의 이해는 물론 시간적으로도 상당한 노력이 요구되고, 편곡자의 독특한 방법과 취향이 그 편곡된 컴퓨터음악에 반영되어 편곡의 차별성과 독창성이 인정되므로 편곡된 컴퓨터용 음악은 원곡을 단순히 컴퓨터음악용 곡으로 기술적으로 변환한 정도를 넘어 고도의 창작적 노력이 개입되어 작성된 것으로 저작권법에 의하여 보호될 가치가 있는 2차적 저작물에 해당한다」고 판시하였다. 이러한 한국 대법원의 판단은 중국저작권법 해석에 있어서도 참고가 될 수 있다.

의 기본 선율을 유지하면서 원작품의 선율에 독창적인 변경을 가하는 것으로 예를 들면 민요를 교향곡으로 개편하는 것이 이에 포함된다. 그러나 오선악보에 기록된 것을 하모니카용으로 1·2·3·4와 같이 단순하게 數譜化하거나 혹은 민요를 채보하는 것과 같은 행위는 개편에 해당하지 않는다고 보아야 한다. 왜냐하면 이러한 경우에는 음악저작물 자체는 변함이 없고 다만 그 고정매체(악보)에의 기술방법이 바뀌었을 뿐이기 때문이다.[1] 미술저작물의 개편은 원미술작품의 내용이나 소재에는 변경이 없고 개편자의 새로운 예술적 표현수법이 가미된 것을 말하며 예를 들어 수채화를 유화로 표현하는 것이 이에 해당된다.

(2) 번역저작물

번역이란 문자저작물을 한 언어에서 다른 언어로 전환하여 표현하는 것을 말한다. 예를 들어 중국어로 된 소설을 한국어로 번역하거나 중국 소수민족 언어로 번역하는 것 등이 있다. 번역저작물은 원저작물의 내용, 장면, 구조 등에 대하여는 어떠한 변경도 가하지 않은 채 단지 원저작물을 언어체계가 다른 외국어나 소수민족 언어로 표현한 것에 불과하다는 측면이 없지 않다. 그러나 원저작물과 번역물은 서로 전혀 다른 언어체계를 가지고 있으므로 번역과정에서 필연적으로 번역자의 창작성 노동이[2] 내포된다는 점에서 번역저작물은 원저작물과는 다른 별도의 저작물로 보호받게 되는 것이다. 베른협약이나 한국저작권법 모두 원저작물을 번역한 번역저작물은 독자적인 저작물로 보호된다고 규정하고 있다.[3]

---

1) 오승종, 이해완 공저, 『저작권법』, 박영사(2006), 제111쪽.

2) 번역저작물의 독창성과 관련하여 한국 대법원 2007. 3. 29. 선고 2005다44138 판결은 「번역저작물의 창작성은 원저작물을 언어체계가 다른 나라의 언어로 표현하기 위한 적절한 어휘와 구문의 선택 및 배열, 문장의 장단 및 서술의 순서, 원저작물에 대한 충실도, 문체, 어조 및 어감의 조절 등 번역자의 창의와 정신적 노력이 깃들은 부분에 있는 것이고, 그 번역저작물에 나타난 사건의 전개, 구체적인 줄거리, 등장인물의 성격과 상호관계, 배경설정 등이 원저작물의 창작적 표현에 해당할 수 있음은 별론으로 하고 번역저작물의 창작적 표현이라 할 수 없으므로, 번역저작권에 대한 침해 여부를 가리기 위하여 번역저작물과 대상 저작물 사이에 실질적 유사성이 있는가의 여부를 판단함에 있어서는 번역저작물의 창작적인 표현에 해당하는 것만을 가지고 대비하여야 한다」고 판시하였는바, 위 판결 내용은 중국저작권법 해석에도 일응 기준이 될 수 있다고 보인다.

3) 베른협약 제2조 제3항은 「문학·예술 저작물의 번역물·각색물·편곡물·기타 개작물은 원저작물의 저작권에 영향을 미치지 아니하고, 원저작물로서 보호된다」고 규정하고, 한국저작권법 제5조 제1항은 「원저작물을 번역·편곡·변형·각색·영상제작 그 밖의 방법으로 작성한 창작물은 독자적인 저작물로서 보호된다」고 규정하고 있다.

(3) 주석저작물

주석이란 문자저작물의 단어나 문장의 의미를 쉽게 풀이하거나 단어나 문장의 불명확한 의미를 규명 또는 해석하는 것을 말한다. 주석의 대상은 일반적으로 사람들이 이해하기 어려운 고대문서나 과학, 의학, 법률 등 학술 서적이다. 주석저작물은 원저작물의 내용을 기초로 하는 것이지만 그 의미를 쉽게 풀이하고 그에 자세한 설명을 덧붙여 나가는 과정에서 주석자의 창작성 노동이 개입된다는 점에서 원저작물과는 구별되는 독립적인 저작물로 보호받게 되는 것이다.

(4) 정리저작물

저작권법이나 저작권법실시조례는 정리(整理)에 관한 개념 규정을 두고 있지 않고 있다. 따라서 정리의 개념을 우선적으로 정의할 필요가 있다.

일반적으로 "정리(整理)"란 내용이 혼란스럽고 순서가 명확하지 않는 원작을 조합이나 삭제 또는 배열 등의 과정을 거쳐 체계적이고 조리 있게 하여 원작의 사상이나 감정을 완전하게 표현하는 것으로 설명된다. 마르크스(Karl Marx)가 자본론을 쓴 이후 1883년에 사망하자 엥겔스(Friedrich Engels)가 마르크스의 미발표·미완성 유고(遺稿)를 정리하여 책으로 출간한 자본론 제2권 및 제3권이 대표적인 정리저작물에 해당한다.

정리와 개편은 그 개념상 혼란이 있을 수 있으나 양자는 서로 구별된다. 개편은 이미 완성된 저작물을 기초로 진행되며 일반적으로 원저작물의 표현방식(예 : 소설을 영화 각본으로 변형)에 대한 변경이 수반된다. 이에 반해 정리는 내용이나 체계가 투박하여 완전한 저작물 단계에 이르지 못한 원작을 대상으로 하며 원작의 표현방식을 변경하지는 않는다. 또한 개편자는 원작에 기초하되 자신만의 독특한 사상이나 논리에 근거하여 원작을 변경할 수 있으나, 정리자는 철저하게 원작의 사상이나 논리에 따라야 한다.

(5) 편집저작물

편집저작물(汇编作品)이란 저작물 또는 저작물의 일부, 저작물을 구성하지 않는 데이터(数据)나 기타 자료를 편집(汇编)하여 그 내용의 선택 또는 배열(编排)에 독창성이 있는 저작물을 말한다. 저작물을 구성하지 않는 데이터(数据)나 기타 자료에 대한 편집저작물은 구 저작권법(1990년)에는 없던 것으로 개정 저작권법에서 신설된 것이다.1) 따라서 저작물로 인정되지 않는 자료를 편집한 것도 그 자료의 선택이나 배열에 독창성이 있기만 하면 편집저작물로서 저작권법의 보호를 받게 된다. 데이터베이스(database)도 편집저작물에 해당한다. 판례집, 신문, 업종별 전화번호, 백과사전, 회화집, 문학전집, 사전 등이 편집저작물의 대표적인 것들이다.

편집저작물도 원작을 기초로 한다는 점에서 연역저작물에 포함되나, 편집저작물은 다른 연역저작물과는 구별된다. 편집저작물을 제외한 나머지 연역저작물은 한국저작권법의 2차적 저작물에 해당한다. 2차적 저작물이나 편집저작물 모두 원작 또는 소재를 기초로 작성된 것이라는 점에 공통점이 있다. 그러나 2차적 저작물은 원작에 변형을 가하는 것이지만, 편집저작물은 그 소재가 되는 자료가 저작물이라 하더라도 그 저작물에는 변형을 가하지 않고 그대로 수록한다는 점에서 양자는 구별된다. 즉, 편집저작물은 소재의 선택이나 배열에 독창성이 있는 것이지 소재에 내적인 변화를 가하는 것은 아니다.2)

다. 연역저작물의 성립요건

(1) 2차적 저작물에 해당하는 연역저작물의 성립요건

2차적 저작물에 해당하는 연역저작물(이하 "2차적 저작물"이라 함)로 보호받기 위해서는 원저작물을 기초로 하되 원저작물과 실질적 유사성(substantial similarity)을 유지하고 이것에 사회통념상 새로운 저작물이 될 수 있을 정도의 수정·증감을 가하여 새로운 독창성을 부가하여야 한다.

---

1) 중국 법원은 구 저작권법 하에서도 해석을 통해 저작물이 아닌 것을 개별 소재로 한 편집저작물을 저작권법으로 보호하여 왔다. 예컨대, 1996년 胡公石诉李传周等侵犯著作权사건에서 중국 법원은 원고의 '표준초서자전'(标准草书字汇)에 대해 비록 원고의 작품이 채택한 부호체계는 선인의 작품을 기초로 한 것으로 저작권법의 보호를 받는 객체에는 해당하지 않으나 원고가 그 부호를 수집하여 독창적인 방식으로 선택, 배열하였으므로 저작권법이 보호하는 저작물에 속한다고 판시하였다. 任自力、曹文泽 编著, "著作权法－原理、规则、案例", 清华大学出版社, 제13~23쪽.

2) 정리저작물은 조합이나 삭제 또는 배열 등의 과정을 거쳐 원작을 정리한 것이라는 점에서 편집저작물과 유사한 점이 있다. 그러나 양자는 전혀 다른 성질을 가진다. 즉 편집저작물은 원저작물이나 그 일부를 변경 없이 그대로 사용하며 그 독창성은 소재의 선택이나 배열에 있다. 반면 정리저작물은 원저작물의 사상이나 감정을 완전하게 표현하기 위한 범위 내에서 원작의 내용에 수정을 가하며 그 독창성은 원작의 사상이나 감정을 체계적이고 조리 있게 표현한 것에 있다.

(가) 원저작물과 실질적 유사성이 있을 것

2차적 저작물은 원저작물을 기초로 하여 이것에 새로운 독창성을 부가하여 창작된 저작물을 말한다. 따라서 2차적 저작물은 원저작물을 기초로 하여야 하며 원저작물과 실질적 유사성이 있어야 한다. 만약 원저작물을 기초로 한 저작물이 원저작물과 실질적 유사성이 없다면 그 저작물은 2차적 저작물이 아니라 전혀 다른 독자적인 저작물이 된다.

실질적 유사성은 주로 개편저작물에서 문제된다. 번역저작물은 원작을 다른 언어로 번역한 것에 불과하고, 주석저작물이나 정리저작물은 원작의 의미나 내용을 쉽게 풀이하거나 완전하게 표현한 것이므로 이러한 저작물들은 외형적으로 보아 원작의 본질적인 부분을 쉽게 감지할 수 있으나 이들에 비해 개편저작물은 원작에 대한 변형의 정도가 더욱 심하기 때문이다.

2차적 저작물이 되기 위해서는 원작을 토대로 작성된 저작물이 단순히 사상, 주제, 소재 등이 같거나 유사한 것만으로는 부족하고 두 저작물 사이에 사건의 전개과정, 구성, 등장인물의 교차 등에 공통점이 있어서 새로운 저작물로부터 원작의 본질적인 특징 자체를 직접 감지할 수 있어야 한다. 주의하여야 할 점은 실질적 유사성 여부는 아이디어가 아닌 표현을 기준으로 판단하여야 한다는 것이다. 사상, 주제, 소재는 저작물의 아이디어에 해당하여 저작권의 보호를 받지 못하므로 이들은 누구라도 마음대로 차용할 수 있는 것이다. 그러므로 원작으로부터 아이디어에 해당하는 사상, 주제 등을 차용하였으나 사건의 전개과정, 구성 등과 같은 표현을 차용하지 않은 저작물은 원작과 유사하다고 볼 수 없고 독립된 저작물이 되는 것이다. 이러한 결론은 아이디어/표현 이분법에 비추어 당연한 것이다.

(나) 원저작물과 구별되는 새로운 독창성이 있을 것

2차적 저작물은 원저작물을 기초로 하나 여기에 새로운 저작물이 될 수 있을 정도의 수정·증감을 가하여 창작된 저작물이다. 따라서 2차적 저작물이 되기 위해서는 원저작물과 구별되는 새로운 독창성이 있어야 한다. 원저작물에 다소의 수정, 증감이나 변경이 가하여졌으나 새로운 독창성이 없다면 그 저작물은 원저작물의 복제물에 불과하다.

보통의 저작물에서 요구되는 독창성은 타인의 저작물을 베끼지 않았다는 것을 의미하고 그 정도도 매우 낮아 작가의 개성적인 사상이나 감정이 표현되는 것으로 족하다. 그러나 2차적 저작물에서 요구하는 독창성의 정도는 보통의 저작물보다 다소 높다고 할 수 있다. 즉, 원작과는 구별되는 새로운 저작물이라고 볼 수 있을 정도의 실질적인 변경(substantial variation)이 있어야 한다. 이와 같은 실질적인 변경 여부를 판단하는 것은 쉬운 일이 아니며 개개의 사건에 따라 구체적이고 실질적으로 판단하지 않으면 안 된다. 다만, 원작에 가해진 변경의 정도가 지나쳐 원작과의 유사성을 인정하기 어려운 경우에는 2차적 저작물이 아닌 완전히 독립된 저작물이 생겨나게 되는 것이다.[1)]

중국 법원은 원작인 <上海人在东京> 소설을 기초로 하여 만든 드라마 각본 및 드라마가 원작과는 구별되는 새로운 독창성을 가졌다고 판단하면서 원작의 인물, 장면 및 내용을 일부 삭제하고 원작에는 없던 인물과 장면을 대량으로 추가하여 새로운 내용과 주제를 표현한 것은 실질적인 변경에 해당한다고 보았다.[2)] 한편 실질적 변경에 관한 미국의 판례경향을 보면, 미국 법원은 보호기간이 이미 끝나 공중의 영역에 있는 그림을 동판기법으로 복제하였으나 동판인쇄에 독자적인 착상과 판단, 세심한 수공작업 등 독창적인 재능이 필요로 하는 경우,[3)] 공중의 영역에 있는 민요에 독창적인 반주를 붙인 경우,[4)] 공중의 영역에 있는 자수 무늬를 채용하여 직물디자인으로 변형시킨 경우,[5)] 로댕의 조각품 '神의 손'(Hand of God)을 정교하게 크기만 축소하고 형상은 그대로 제작한 경우에는 2차적 저작물로 인정하기에 충분한 실질적인 변경이 있다고 보았으나, 기존 악곡에서 리듬만을 변형하거나 반주의 베이스에 약간의 변형만을 가한 경우, 특정한 사실을 설명하는 표를 수직형태에서 수평형태로만 변형한 경우, 3차원 형상의 물품(예컨대 저금통)의 재질을 금속에서 플라스틱으로 변경하면서 아울러 약간의 모양상의 변화를 준 경우[6)]에는 실질적 변경이 없다고 보았다.[7)]

실질적 변경과 관련하여 최근에 문제가 되고 있는 것이 샘플링(Sampling) 기법이다. 이는 기존의 음악저작물의 일부를 디지털 정보로 추출, 저장하여 이에 적절

---

1) 이는 엄밀한 의미에서 독창성의 문제는 아니며 "실질적 유사성"의 문제이다.

2) "樊祥达诉张弘等著作权纠纷案", 上海市第二中级人民法院民事判决书, (1996)沪二中民初(知)字第28号

3) Kuddle Toy, Inc. v. Pussycat-Toy, Inc., 183 U.S.P.Q. 642(E.D.N.Y. 1974).

4) Italian Book Co. v. Rossi, 27 F. 2d 1014(S.D.N.Y. 1928).

5) Millworth Converting Corp. v. Slifka, 276 F.2d 443(2d Cir. 1960).

6) L. Batlin & Son, Inc. v. Snyder, 536 F.2d 486(2nd. Cir) (en banc), cert. denied, 429 U.S. 857(1976).

7) 이상 미국 판례의 출처 및 내용은 오승종, 이해완 공저, 『저작권법』, 박영사(2006), 제101~103쪽.

한 변경을 가한 것을 새로운 작곡, 편곡에 이용하는 기법이다. 예를 들어 비틀즈의 명곡인 “yesterday”를 디지털화하여 연주의 속도나 리듬에 일정한 변경을 가하는 것이다. 아날로그 방식으로 녹음된 음반을 디지털 샘플링의 기법으로 디지털화한 것이 2차적 저작물로 인정되기 위해서는 단지 아날로그 방식의 음반을 부호화하면서 잡음을 제거하는 등으로 실제 연주에 가깝게 하였다는 정도로는 부족하고 이를 재구성하거나 새로운 내용을 첨삭하는 등의 방법으로 독자적인 표현을 부가하여야만 한다. 따라서 아날로그 음원을 가지고 디지털 샘플링 작업을 하면서 기존의 잡음을 제거하고 일부 손상된 부분을 회복시켰을 뿐 기존 음반의 연주 속도, 리듬, 가락 등에는 아무런 변화를 가하지 않은 것은 2차적 저작물로 인정되기 어렵다.[1)]

(2) 편집저작물의 성립요건

편집저작물(汇编作品)이란 저작물 또는 저작물의 일부, 저작물을 구성하지 않는 데이터(数据)나 기타 자료를 편집(汇编)하여 그 내용의 선택 또는 배열(编排)에 독창성이 있는 저작물을 말한다. 편집저작물을 구성하는 개별 소재는 저작물이거나 아니거나(데이터 또는 기타 자료) 무방하며[2)] 개별 소재가 저작물일 경우 그것이 저작권으로 보호받는 저작물인지 아니면 보호기간의 만료로 공중의 영역에 속하는 것인지의 여부도 상관없다.

편집저작물은 소재의 선택 또는 배열에 독창성이 있어야 하므로 단지 소재를 잡다하게 끌어 모은 것이거나 A·B·C 순과 같이 기계적으로 배열한데 그친 것은 편집저작물로 보호될 수 없다. 어떠한 저작물이 소재의 선택 또는 배열에 독창성이 있다고 할 것인지 여부를 판단하는 것은 실제로 매우 어려우며 구체적인 사건에서 개별적으로 판단하여야 한다.

알파벳 順과 같이 극히 평범한 방법으로 전화번호를 배열한 전화번호부,[3)] 사채정보의 수집 및 편집에 사채카드 제작자의 독자적인 판단력이 전혀 개입되지 않고 단순히 기계적으로 매일의 사채 정보를 수집하여 제작한 사채목록카드,[4)] 기존

---

1) 한국 대법원 2006. 2. 10. 선고 2003다41555 판결 참고.

2) 개별 소재가 저작물인 편집저작물의 예로는 문학전집, 신문, 잡지, 백과사전 등이 있고, 비저작물을 개별 소재로 하는 경우로는 영업별 전화번호부, 영어단어장 등이 있다. 미국 저작권법은 개별 소재가 저작물인 편집저작물과 그렇지 않은 경우를 개념적으로 구별하고 있는데, 전자와 후자를 모두 합쳐 “compilation”이라고 하고, 그 중 전자를 특히 “collective work”라고 표현한다.

3) Feist Publications, Inc. v. Rural Telephone Service Co., Inc. 808 f.2d 204, 206-8(2d Cir.1986)

4) Financial Information, Inc. v. Moody's Investers Service Inc. 사건

의 옥편들을 참조하여 약간씩의 질적 향상을 꾀한 것에 지나지 않으며 그 주석에 있어서도 전시대에 이루어진 것을 시범으로 하여 이에 약간의 첨가, 삭제를 하는 정도에 불과한 옥편 편저,[1] 소설의 영상화에 관한 사항에 대하여 제목명·개봉연도·제작회사명·감독명·각본작성자명·주연출자명을 각각 항목으로 하여 선택하고 그 순서에 따라 배열하여 해당사실을 정리·편집한 리스트[2] 등은 소재의 선택이나 배열에 독창성이 있다고 보기 어렵다.

그 반면에 전화번호부를 업종별로 분류하면서 이용자가 빠르고 편리하게 원하는 업종의 전화번호를 검색할 수 있도록 나름대로 표제어나 추가어를 달아 놓은 경우,[3] 상투적인 인사문구를 인쇄해 놓고 아울러 몇 가지 그림을 곁들인 인사용 카드를 제작한 후 이들을 각각 다른 종류끼리 한 다발로 묶어 놓은 경우,[4] 법원 게시판이나 일간신문에 게재된 입찰경매정보를 토대로 경매사건번호, 소재지, 면적, 최저경매가로 구분하여 수록하고 이에 덧붙여 경매정보지 제작자가 직접 확인한 목적물의 주요현황, 임대차관계, 감정평가액 등을 발췌수록하여 제작한 입찰경매정보지,[5] 기존의 한자 사전을 기초로 하되 현대 중국어의 발음·어휘·문법 등 표준화 작업을 거쳐 단어의 의미를 현대적으로 재해석하고 모범적인 구어 문장을 예문으로 들어 제작한 현대한어사전,[6] 변호사의 업무 중에 휴대하여 사용하기 편하도록 소송기일, 당사자명, 법원명 등을 표시할 수 있는 공란을 설정한 외에 인지대, 수수료, 訴價의 산정방법 등이 기재되어 있는 소송일지[7] 등은 소재의 선택이나 배열에 독창성이 있다고 할 수 있다.

(3) 원저작자의 동의 여부

연역저작물은 원저작물이나 소재저작물을 기초로 그로부터 파생된 저작물이며 원저작자가 가지고 있는 저작재산권에는 연역권도[8] 포함되어 있으므로 연역자는 연역저작물을 작성할 때 반드시 원저작자의 동의를 얻어야 한다. 그런데 원저작

1) 한국 대법원 1968.7.16. 선고 68다938 판결.
2) 東京地判 平成 11. 2. 25(判例タイムズ 998호 252면).
3) Bellsouth Advertising & Publishing Co. v. Donnelley Information Publishing 사건.
4) Roth Greeting Cards v. United Card Co. 429 F. 2d 1106(9th. Cir. 1970).
5) 한국 대법원 1996. 12. 6. 선고 96도2440 판결.
6) 任自力、曹文泽 编著, 「著作权法－原理、规则、案例」, 清华大学出版社, 제13~23쪽.
7) 大審院 昭和 12.11.20. 판결, 判例百選, 有斐閣(1987), 제46쪽.
8) 개편권(改编权), 번역권(翻译权), 주석권(注释权), 정리권(整理权), 편집저작권(汇编权), 영상물 제작권(摄制权) 등

자의 동의를 얻지 않고 연역저작물을 작성한 때에 과연 이러한 연역저작물에 대해서도 연역자가 저작권을 취득한다고 볼 것인가의 문제가 있다. 이는 원저작자가 원작의 이용을 허락하면서도 이용형식(예컨대 소설을 tv 드라마로 개편하는 것만 허락한 경우) 등에 제한을 두거나 이용기간에 제한을 둔 경우 연역자가 그러한 제한을 위반한 때에도 마찬가지로 문제된다.

이에 대하여는 각국의 태도가 상이하다. 미국 저작권법은 제103조 제(a)항에서 「제102조에 열거된 저작권의 보호대상에는 편집물과 2차적 저작물이 포함된다. 그러나 저작권이 존재하는 기존 자료를 사용하는 저작물에 대한 보호는 당해 저작물 중 그 자료를 불법적으로 사용한 부분에 대해서 미치지 않는다」고 규정하고 있다. 이러한 입법례에 따르면 저작권자의 허락을 받지 않고 작성된 연역저작물은 권리침해의 결과물로서 권리침해주체는 저작권법상의 저작권을 가질 자격이 없게 되는 것이다.[1)] 이에 반해 1992년 이전의 스위스 저작권법은 이와 같은 경우에도 권리침해주체는 여전히 연역저작물에 대하여 저작권을 가진다고 규정하고 있다. 이러한 입법례에 따르면 권리침해와 창작은 구분되어 권리침해자라 하더라도 창작을 한 이상 창작물에 대하여 저작권을 가지며 다만 권리침해자는 원저작자에 대하여 저작권 침해에 따른 손해배상책임 등을 부담하게 된다. 한편 한국저작권법은 위 문제에 대하여 명문 규정을 두고 있지 않으나 다수설은 2차적 저작물 등의 작성에 있어서 원저작자의 허락이나 동의는 요건이 아니며 2차적 저작물의 작성자가 침해에 따른 책임을 져야 할 뿐이라고 해석하고 있다.

원저작자의 동의가 연역저작물의 성립요건인지에 관하여 중국저작권법은 한국저작권법과 마찬가지로 명문 규정을 두지 않아 학자들 간에 견해 대립이 있다.

---

1) 이와 관련하여 영화 캐릭터의 저작권 침해가 문제된 Anderson v. Stallone 사건에서 미국 법원은 원고의 저작물은 불법하게 성립된 2차적 저작물이기 때문에 저작권으로서 보호될 수 없다고 판시한 바 있다. 사안은 록키 시리즈 I, II, III의 각 대본(script)을 작성하고 록키 역을 해 온 실베스타 스탤론이 1982년 5월 신문사 기자들에게 록키 IV를 만들 계획이며 줄거리는 이러저러할 것이라고 알렸고 이런 내용들이 여러 신문에 보도되었는데, 원고가 같은 해 6월 '록키 IV'란 제목의 31쪽짜리 시나리오(treatment)를 작성해서 MGM 영화사와 교섭을 하고 있던 중 스탤론은 1984년 10월 록키 IV의 대본을 완성하였고 다음 해 11월경 영화가 배급되자, 원고는 록키 IV가 자신의 시나리오와 유사하다면서 소를 제기한 것이다. 법원은 이 사건에서 스탤론은 록키 I, II, III 시리즈의 각 대본을 집필하고 그 주인공 역할을 해 왔는바, 록키 시리즈 영화에서 시각적으로 묘사된 캐릭터들(visually depicted characters)은 저작권 보호를 받을 수 있으며, 스탤론의 허락 없이 작성된 원고의 시나리오는 스탤론의 이러한 저작권과 록키 시리즈를 토대로 2차적 저작물을 작성할 배타적 권리를 침해한 것이기 때문에 저작권으로 보호될 수 없다고 하였다. Anderson v. Stallone 11 U.S.P.Q 2d 1161 (C.D. Cal. 1989).

긍정설은[1] 연역저작물의 성립에 원저작자의 동의가 필요하다고 보며 그 근거로 중국이 가입한 국제협약의 규정을 들고 있다. 긍정설에 따르면 1992년 중국이 가입한 베른협약은 제14조의 2 제1항에서 원저작자의 허락을 받지 않고 제작된 영상저작물은 저작권의 보호를 받지 못한다는 것을 명시적으로 밝히고 있으며[2] TRIPs 협정에서도[3] 회원국들은 베른협약의 규정을 준수해야 한다고 규정하고 있는 이상 베른협약과 세계지적재산권기구의 회원국인 중국은 본국 법률에 명확한 규정이 없는 상황에서 당연히 베른협약에서 정한 의무를 이행하여야 하므로 중국저작권법 해석상 원저작자의 허락을 받지 않고 작성된 연역저작물은 권리침해물로서 저작권의 보호를 받을 수 없다고 한다.

부정설은 연역저작물의 성립에 원저작자의 동의가 필요 없다고 한다. 부정설에 따르면 독창성은 저작물의 실질적인 성립요건인바 연역저작물은 원작과는 구별되는 새로운 독창성을 가지는 창작물로서 단순한 표절과는 구별된다는 것이다. 따라서 원저작자의 동의를 받지 않고 창작된 연역저작물이라 하더라도 연역저작물로서 성립함에는 아무런 지장이 없으며 다만 연역자는 원저작자에 대한 관계에서 손해배상책임만을 부담할 뿐이라고 한다.

마지막으로 절충설은[4] 부정설과 같이 연역저작물 성립에 있어 원저작자의 동의는 필요 없으나 연역자는 불완전한 저작권을 가진다고 본다. 즉 연역자는 원저작자의 동의가 있기 전에는 제3자에게 연역저작물의 이용을 허락할 수 있는 권리나 그에 따른 보수청구권을 가질 수 없고 오직 제3자가 당해 연역저작물을 무단으로 이용하는 것을 금지할 수 있을 뿐이라는 것이다. 또한 절충설은 연역자가

---

1) 상기 견해에 대한 자세한 내용은 "未经原作者许可的演绎作品是否享有版权" 논문 참조. 위 논문의 출처는 知识产权律师, http://www.148bridge.com/Content.asp?ID=4603.

2) Berne Convention for the Protection of Literary and Artistic Works Article 14bis (1) Without prejudice to the copyright in any work which may have been adapted or reproduced, a cinematographic work shall be protected as an original work. The owner of copyright in a cinematographic work shall enjoy the same rights as the author of an original work, including the rights referred to in the preceding Article.

3) Agreement on Trade-Related Aspects of Intellectual Property Rights Article 9. Relation to Berne Convention 1. Members shall comply with Articles 1 through 21 of the Berne Convention (1971) and the Appendix thereto. However, Members shall not have rights or obligations under this Agreement in respect of the rights conferred under Article 6bis of that Convention or of the rights derived therefrom.

4) 절충설에 대한 자세한 내용은 姜丽媛, "论非法演绎作品的保护" 논문(논문 출처 : http://www.cnlaw.cc/article.action?id=RHBsRnNDQzdEQ2ZFaDk0V01hQzh0Zz09&parentId=497&highlightText=) 및 王中, "从馒头血案谈网络演绎作品的几个法律问题" 논문(논문 출처 : http://www.cyberlawcn.com/Get/llyj/zscq/20060822540.htm) 각 참조.

원저작자로부터 사후 동의를 받게 되면 그 때로부터 완전한 저작권을 취득한다고 한다.

생각건대 부정설이 타당하다. 연역저작물은 원작을 기초로 하나 원작과는 구별되는 새로운 독창성을 가지는 창작물이며 연역저작물에 대한 저작권 보호는 새로운 독창성이 인정되는 부분에 국한되므로 연역저작물 창작 과정에서 원저작자의 허락을 받지 않았다 하더라도 이러한 권리침해적 요소만으로 연역자의 창작성 모두를 부인하는 것은 지나친 면이 있다. 따라서 연역자는 본인의 독창성이 가미된 범위 내에서 연역저작물에 관하여 저작권을 가지되, 다만 원저작자에 대한 관계에서 손해배상과 같은 권리침해에 대한 책임을 부담할 뿐이라고 해석하여야 할 것이다.[1)]

라. 연역저작물의 보호범위

연역저작물은 원저작물(2차적 저작물의 경우) 또는 소재저작물(편집저작물의 경우)과는 서로 구별된다. 원저작물을 개편하거나 소재저작물을 이용하여 소재의 선택이나 배열에 독창성을 부여하여 창작한 연역저작물은 원저작물 등과는 구별되는 독자적인 저작물로서 연역자가 저작권을 향유하게 된다(저작권법 제12조 및 제14조 참조). 연역자도 다른 저작자와 마찬가지로 저작권법이 인정하는 각종 저작인격권과 저작재산권을 가지게 된다.

또한 연역저작물의 보호는 원저작물의 저작자의 권리에 영향을 미치지 않는다(베른협약 제2조 제3항 참조). 연역저작물이 창작되었다고 해서 원저작물에 대한 보호의 정도가 약화되는 것은 아니며 원저작물과 연역저작물은 서로 독립적으로 인정되는 저작물이므로 원저작물은 연역저작물의 창작 이후에도 여전히 저작권법의 보호를 온전히 받게 되는 것이다. 그러한 의미에서 기존의 저작물을 개편하거나 편집하여 제작한 연역저작물을 이용할 때에는 연역자뿐만 아니라 원저작자의 동의도 함께 받아야 한다(저작권법 제34조, 제36조 제2항, 제39조 제2항 각 참조).[2)]

---

1) 북경고급인민법원이 1996. 12. 9. 발표한 "저작권 분쟁에 관한 사법해석"도 기본적으로 부정설의 입장을 취하고 있다. "北京市高级人民法院关于审理著作权纠纷案件若干问题的解答" 5. 未经原作品作者许可改编、翻译、注释、整理、编辑其作品产生的作品是否有著作权? 答 : 改编`翻译、注释、整理、编辑已有作品产生的作品称演绎作品。未经许可演绎他人作品产生的演绎作品尽管对原作作者来说是侵权作品, 但它不是对已有作品的抄袭或复制, 它本身是创作活动的产物, 它的作者也付出了创造性劳动, 它本身是有著作权的, 演绎作品作者有权禁止他人使用演绎作品。但由于这类作品毕竟未经授权演绎产生的, 故使用时应经原作者的许可, 未经许可进行使用是侵权的。

2) 이는 연역저작물이 원저작자의 동의를 받지 않고 무단으로 제작된 경우에도 마찬가지다.

주의하여야 할 점은 연역저작물이 독립적인 저작물로 보호받는다고 하더라도 보호되는 범위는 연역저작물 전체에 미치는 것이 아니라 새로운 독창성이 인정되는 범위, 즉 2차적 저작물인 경우에는 수정이나 증감이 가해진 부분에만 미치고, 편집저작물의 경우에는 소재의 선택이나 배열에 있어서 편집자의 개성이 가미된 부분에만 미친다는 것이다. 그러므로 제3자가 연역저작물의 내용을 일부 복제하였다고 하더라도 그 복제된 부분이 연역저작물의 독창적인 표현과 무관한 경우라면 연역저작물에 대한 권리침해는 성립하지 않는다.

연역저작물로서 보호한다는 것은 아이디어를 보호하는 것이 아니라 연역자의 개성이 표현된 부분, 즉 아이디어의 표현을 보호한다는 의미이다. 특히, 편집저작물의 경우 편집방법 그 자체는 순수한 아이디어에 해당하므로 보호받을 수 없고 편집저작물에 구체적으로 표현된 편집방법만이 보호대상이 된다. 따라서 동일한 편집방법을 도용하여 편집하더라도 그 소재가 다르면 별개의 편집저작물이 되는 것이다. 가령 "민사판례 100선"이라는 법률서적의 편집방법을 도용하여 "형사판례 100선"이라는 책을 제작하여도 저작권 침해가 되지 않는다.

2. 데이터베이스(database, 数据库)

가. 의 의

저작권법 제14조는「저작물 또는 저작물의 일부, 저작물을 구성하지 않는 데이터(数据)나 기타 자료를 편집(汇编)하여 그 내용의 선택 또는 배열(编排)에 독창성이 있는 저작물은 편집저작물(汇编作品)로서 편집자가 그 저작권을 가진다」고 규정하고 있다. 이 규정은 그 내용상 편집저작물의 저작권 귀속에 관한 것이나, 중국학자들은 이 규정을 데이터베이스에 대한 저작권 보호의 법적 근거로도 해석하고 있다.[1)]

저작권법은 데이터베이스의 정의 규정을 두고 있지 않다. 그러나 학자들은 대체적으로 데이터베이스를 정보의 편집물로서 정보를 수집하고 체계적으로 조직하여 전자적 또는 기타의 수단에 의하여 정보의 접근·검색·추출·복제를 용이하게 만든 것으로 정의하고 있다.[2)] 이러한 정의에 의하면 데이터베이스는 컴퓨터시스

---

1) 许春明, "新著作权法对数据库的法律保护" 논문 참조.
이 논문의 출처는 北大法律信息网, http://www.5izy.cn/articles/h000/h02/1168959503d2307.html.

2) 斯伟江, "足球联赛的赛程表是否受著作权法的保护" 논문 참조. 이 논문의 출처는 http://www.sh-lawyer.com/papers/papa3.htm.17. 한국저작권법은 "데이터베이스"란 소재를 체계적으로 배열 또는 구성한 편집물로서 개별적으로 그 소재에 접근하거나 그 소재를 검색할 수 있도록 한 것을 말한다고 규정하고 있다(한국저작권법 제2조 제19호).

템에 의해 저장, 검색되는 전자적 데이터베이스뿐만 아니라 인쇄형 정보 편찬물과 같은 비전자적 데이터베이스까지도 포함하게 된다.

데이터베이스 보호와 관련하여 특히 문제되는 것은 전자적 데이터베이스다. 오늘날 컴퓨터 이용의 증대, 인터넷 등의 개방형 정보통신망의 이용확대로 인하여 전자적 데이터베이스의 경제적 가치는 날로 증가하고 있다. 전자적 데이터베이스의 사용은 데이터베이스 이용자로 하여금 종이 위의 데이터베이스보다 더 빨리 정보에 접근할 수 있고, 정보를 검색·이용할 수 있도록 하였다. 그러나 정보에의 접근이 용이해진 만큼 데이터베이스의 무단복제나 무임편승도 더 쉬워졌다고 할 수 있다. 이러한 상황에서 국제적으로는 전자적 데이터베이스의 효과적인 보호를 위해 다양한 입법적 노력이 진행되고 있다.

나. 데이터베이스 보호의 필요성

데이터베이스의 제작에는 상당한 규모의 자본과 인적·기술적 요소의 투입이 필요한 반면, 이러한 데이터베이스를 복제하거나 변형하여 독자적인 데이터베이스를 만드는 데는 아주 적은 비용만이 소요된다. 따라서 데이터베이스를 법적으로 보호하지 않을 경우 단기적으로는 데이터베이스의 이용이 활성화될 수도 있겠지만 장기적으로는 사회가 필요로 하는 데이터베이스의 개발이 기피되고 그러한 데이터베이스를 이용한 다른 많은 분야의 발전 또한 저해되어 종국적으로는 정보화 사회의 이상은 실현될 수 없다. 이러한 측면을 고려하여 미국이나 유럽연합 등 선진국은 한결같이 데이터베이스를 편집저작물의 하나로 보아 저작권법으로 보호하고 있다.

중국저작권법도 데이터베이스를 편집저작물의 하나로 보아 이를 저작권법으로 보호하고 있다. 데이터베이스의 소재가 되는 데이터는 반드시 저작물일 필요는 없고 저작물이 아닌 단순 자료라도 무방하다. 그러나 어떠한 경우라도 소재의 선택 또는 배열에 독창성이 있어야만 편집저작물로서 보호받을 수 있다. 즉 독창성이 없는 데이터베이스는 저작권의 보호를 받지 못한다.

그런데 정책적인 측면에서 볼 때 단순히 독창성이 없다는 이유로 데이터베이스에 대한 법적보호를 전적으로 부인하는 것이 과연 옳은가라는 의문이 있을 수 있다. 독창성이 없다고 할지라도 데이터베이스를 구축하기 위해서는 많은 자본이 투자되어야 하며 데이터베이스 제작자는 어떠한 형태로든 제3자가 그 투자의 산물을 무단으로 이용하는 것에 대하여 보호받아야 할 필요성이 있기 때문이다. 따라서 이러한 문제점을 인식하여 EU를 중심으로 한 여러 선진국들은 데이터베이스의 보호문제를 독창성의 유무와 관계없이 투자보호의 관점에서 검토하기 시작하였다. 중국저작권법은 독창성 없는 데이터베이스에 대한 보호를 인정하지 않고 있으므로 다소 선진적인 입법동향에서 벗어나 있는 편이다. 그러나 뒤에서 보는 바와 같이 중국학자들 역시 독창성 없는 데이터베이스에 대한 보호를 저작권법이 아닌 민법이나 부정경쟁방지법 등으로 해결하려는 다양한 시도를 하고 있다.

다. 데이터베이스 보호에 관한 외국의 입법동향

(1) 국제조약

TRIPS 협정 제 10조 제2항은[1)] 데이터베이스는 소재의 선택이나 배열에 독창성이 있는 경우에 한하여 편집저작물로 보호된다는 취지를 밝히고 있고, 1996년 12월에 체결된 세계지적재산권기구 저작권조약(WCT) 제5조도 동일한 취지를 밝히고 있다. 따라서 이들 국제조약에 의하면 독창성이 없는 데이터베이스는 저작권법의 보호를 받지 못하게 되는 것이다.

(2) 유럽연합(EU)

데이터베이스의 법적 보호에 관한 유럽연합(EU) 지침은[2)] 1996년 3월 11일에 제정되었으며 세계최초로 저작권법에 의하여 보호받지 못하는 데이터베이스의 보호에 관한 입법적 조치를 행하였다. 이는 지침의 형태로서 회원국은 이 지침에 따라 1998년 1월 1일까지 국내법을 정비하여야 할 의무를 부담하게 된다.

유럽연합 지침 제1조 제2항은「데이터베이스라 함은 체계적 또는 조직적인 방법으로 배열되고 전자적이거나 그 밖의 다른 수단에 의하여 개별적으로 접근이 가능한 독자적인 저작물, 데이터 또는 기타 소재의 수집물을 말한다」고 정의함으로써 전자적 데이터베이스뿐만 아니라 비전자적 데이터베이스까지 보호하고 있다.

또한 유럽연합 지침은 데이터베이스 내용의 독창적인 선택 또는 배열에 대한

---

1) Agreement on Trade-Related Aspects of Intellectual Property Rights Article 10(Computer Programs and Compilations of Data) 2. "Compilations of data or other material, whether in machine readable or other form, which by reason of the selection or arrangement of their contents constitute intellectual creations shall be protected as such. Such protection, which shall not extend to the data or material itself, shall be without prejudice to any copyright subsisting in the data or material itself".

2) Directive 96/9/EC of the European Parliament and of the Council of 11 March 1996 on the legal protection of databases.

저작권을 보호하려는 목적에 덧붙여 데이터베이스의 소재의 전부나 상당 부분이 상업적 목적으로 무단 추출되거나 재이용되는 것도 방지하여 데이터베이스 제작자의 지위를 한층 더 보호하고 있다. 즉, 위 지침은 제3조 제1항에서 「내용의 선택이나 배열이 저작자의 고유한 지적 창작물을 구성하는 데이터베이스는 그 자체로서 저작권으로 보호된다」고 규정하면서, 제7조 제1항에서 「회원국은 데이터베이스 내용의 취득, 검증 또는 표현에 대하여 양적 또는 질적으로 상당한 투자를 한 데이터베이스 제작자에게 데이터베이스 내용의 전부 또는 상당 부분의 추출 및 재이용을 금지할 권리를 부여하여야 한다」고 규정하였다.[1)]

따라서 유럽연합 지침에 의하면 소재의 선택 또는 배열에 독창성이 있는 데이터베이스는 편집저작물로서 저작권법에 의한 보호를 받게 되며, 독창성이 없는 데이터베이스는 데이터베이스 제작자가 그 소재에 관한 추출권 및 재이용권을 가지는 방법으로 법의 보호를 받게 된다. 데이터베이스 제작자가 가지는 추출권 및 재이용권은 저작권과는 다른 새로운 형태의 특별법적 권리라 할 수 있다.

(3) 미 국

미국법원은 현재까지는 데이터베이스의 보호기준을 독창성에만 근거하여 독창성이 없는 데이터베이스에 대한 보호를 인정하지 않고 있다. 1996년 유럽연합의 지침에 근거하여 '데이터베이스 및 지적재산권 침해금지법안'에 대한 입법이 추진되었으나, 법적 책임에 대한 부담을 우려한 인터넷 서비스업자들의 반대로 통과되지 못했다. 이 법안은 데이터베이스의 보호기간을 25년으로 규정하였고, 유럽연합의 데이터베이스 지침이 상호주의를 채택하고 있음에 반하여 내국민대우의 원칙에 입각해 있다. 이후 다시 독창성이 없는 데이터베이스의 보호를 내용으로 하는 '정보수집물에 대한 부정이용을 방지하기 위한 법안'이 제출되었으나 의회를 통과하지 못했다. 이 법안은 부정경쟁방지법의 부정사용 부분을 근거로 정보수집물 제작자에게 손해를 끼치는 방법으로 정보수집물의 전부 또는 양질에 관계없이 실질적인 부분을 상업적 목적으로 추출하거나 이용하는 행위를 금지할 수 있도록 하는 것을 주요 골자로 하고 있었다. 미국에서는 1991년 연방대법원에 의하여 선고된 Feist 사건에서 저작권은 단순히 노력이 투자되었다는 이유만으로 보호되는

---

1) 여기서 '추출'이란 데이터베이스 내용의 전부 또는 상당한 부분을 어떠한 수단이나 형식으로든지 영구적이거나 일시적으로 다른 매체에로 옮기는 것을 말하며, '재이용'이란 복제물의 배포, 대여, 온라인 또는 기타 형식의 송신에 의하여 데이터베이스 내용의 전부 또는 상당한 부분을 공중의 이용에 제공하는 모든 형식을 말한다(위 지침 제7조 제2항 참조).

것이 아니라 독창성이 있어야 보호되는 것이므로 독창성이 없는 정보의 단순한 집합은 저작권으로 보호될 수 없다는 취지의 판결이 선고된 이후 독창성이 없는 데이터베이스의 제작자를 보호하기 위한 입법적인 노력이 계속되고 있다.[1)]

(4) 일 본

일본저작권법은 제12조의 2 제1항에서 「데이터베이스로서 그 정보의 선택 또는 체계적인 구성으로 인하여 독창성을 가지는 것은 저작물로 보호한다」고 규정하여 독창성이 있는 데이터베이스만을 저작권법으로 보호하고 있다. 이는 중국저작권법과도 동일하나, 굳이 일본저작권법의 특색을 말한다면 일본저작권법은 중국저작권법과는 달리 데이터베이스를 편집저작물과 구별하여 별도의 저작물로 규정하고 있다는 것이다.

일본저작권법은 「데이터베이스란 논문, 수치, 도형, 기타 정보의 집합물로서 그 정보를 전자계산기를 사용하여 검색할 수 있도록 체계적으로 구성한 것을 말한다」고 정의하고(제2조 제10호의 3), 제12조 제1항에서 「편집물(데이터베이스에 해당하는 것은 제외한다. 이하 같다)로서 그 소재의 선택 또는 배열로 인하여 독창성을 가지는 것은 저작물로 보호한다」고 규정하여 명시적으로 데이터베이스를 일반 편집저작물과는 구별하고 있다.

(5) 한 국

한국저작권법은 데이터베이스를 편집저작물의 하나로 규정하면서 소재의 선택이나 배열에 독창성이 있는 데이터베이스는 편집저작물로서 저작권법의 보호를 받도록 하였으며 독창성이 없는 데이터베이스라고 하더라도 데이터베이스의 제작 또는 그 소재의 갱신, 검증, 보충에 인적 또는 물적으로 상당한 투자를 한 데이터베이스 제작자는 특별 규정에 따라 보호받을 수 있도록 하고 있다. 한국저작권법의 내용은 데이터베이스의 법적 보호에 관한 유럽연합(EU) 지침과 상당히 유사하다.

데이터베이스에 관한 한국저작권법의 내용 중 중요한 것을 요약하면 다음과 같다.

① 편집저작물은 편집물로서 그 소재의 선택·배열 또는 구성에 독창성이 있는 것을 말하며 독자적인 저작물로서 보호된다. 여기서 편집물이란 저작물이나 부호·문자·음·영상 그 밖의 형태의 자료의 집합물을 말하며, 데이터베이스를 포함한다.

---

1) 미국 입법의 동향은 장태종, "국제조약기준에 의한 비독창성 데이터베이스 보호에 관한 고찰", 발명특허 28권 11호 (329호), 한국발명진흥회(2003), 제25-26쪽.

데이터베이스는 소재를 체계적으로 배열 또는 구성한 편집물로서 개별적으로 그 소재에 접근하거나 그 소재를 검색할 수 있도록 한 것을 말한다(한국저작권법 제2조 및 제6조 참조). ② 데이터베이스 제작자는 데이터베이스의 제작 또는 그 소재의 갱신·검증 또는 보충에 인적 또는 물적으로 상당한 투자를 한 자를 말한다. 이러한 데이터베이스 제작자는 그의 데이터베이스의 전부 또는 상당한 부분을 복제·배포·방송 또는 전송할 권리를 가진다(한국저작권법 제2조 및 제93조 제1항 참조). ③ 데이터베이스의 개별 소재는 당해 데이터베이스의 상당한 부분으로 간주되지 아니한다. 다만, 데이터베이스의 개별 소재 또는 그 상당한 부분에 이르지 못하는 부분의 복제 등이라 하더라도 반복적이거나 특정한 목적을 위하여 체계적으로 함으로써 당해 데이터베이스의 통상적인 이용과 충돌하거나 데이터베이스 제작자의 이익을 부당하게 해치는 경우에는 당해 데이터베이스의 상당한 부분의 복제 등으로 본다(한국저작권법 제93조 제2항 참조). ④ 데이터베이스제작자의 권리는 데이터베이스의 제작을 완료한 때부터 발생하며, 그 다음 해부터 기산하여 5년간 존속한다. 데이터베이스의 갱신 등을 위하여 인적 또는 물적으로 상당한 투자가 이루어진 경우에 당해 부분에 대한 데이터베이스제작자의 권리는 그 갱신 등을 한 때부터 발생하며, 그 다음 해부터 기산하여 5년간 존속한다(한국저작권법 제95조 참조).

라. 데이터베이스의 보호

(1) 저작권법에 의한 보호

(가) 소재의 선택 혹은 배열의 독창성

중국저작권법은 데이터베이스를 편집저작물의 일종으로 보고 있으므로 소재의 선택이나 배열에 독창성이 있는 데이터베이스만이 저작권법의 보호를 받을 수 있다. 소재의 선택 혹은 배열의 독창성이란 기존의 저작물 혹은 저작물이 아닌 기타 자료를 일정한 방침을 가지고 선택, 배열하는데 있어서 작성자의 개성이 드러나는 것을 말한다. 따라서 단지 소재를 잡다하게 끌어 모은 것이거나 가나다순과 같이 기계적으로 배열한데 그친 데이터베이스는 저작권법의 보호를 받을 수 없다. 어떠한 데이터베이스가 소재의 선택 또는 배열에 독창성이 있다고 할 것인지 여부를 판단하는 것은 실제로 매우 어려우며 구체적인 사건에서 개별적으로 판단하여야 할 것이다.

(나) 데이터베이스의 보호범위 및 그 한계

데이터베이스는 편집저작물의 일종이므로 그 저작권의 효력은 소재의 독창적인 선택과 배열에만 미치며 소재의 내용에 대해서까지 미치는 것은 아니다. 따라서 제3자가 데이터베이스의 선택과 배열 방식을 베끼지 않고 데이터베이스에 포함되어 있는 소재의 내용만을 추출하여 무단 복제하여도 이를 편집저작권의 침해로 보기는 어렵다.

제3자가 데이터베이스에 포함되어 있는 내용을 무단 추출하는 경우, 유럽연합 지침이나 한국저작권법은 제3자가 데이터베이스 제작자의 특별법적 권리를 침해한 것으로 보아 데이터베이스보호의 한계문제를 입법적으로 해결하고 있다는 것은 앞서 살펴보았다. 그러나 이러한 입법례에 있어서도 데이터베이스의 전부 또는 상당한 부분을 무단 복제하는 것을 금하고 있지 소량을 복제하는 것까지 금하고 있는 것은 아니다.

중국저작권법은 유럽연합 지침이나 한국저작권법처럼 데이터베이스 제작자의 보호 규정을 두고 있지 않아 제3자가 데이터베이스의 소재를 무단 추출해 가는 경우 아무런 대비책이 없다는 문제점이 있다. 그런데 이에 대하여 데이터베이스의 편집저작권 침해 문제로 해결하려는 견해가 있어 주목된다.

이 견해에 따르면 데이터베이스의 독창성은 소재 자체가 아니라 소재의 선택 혹은 배열에 있긴 하나 독창성 여부를 판단함에 있어서 소재의 내용을 고려하지 않을 수 없으므로 데이터베이스에 포함되어 있는 소재의 구체적인 내용을 떠나서 데이터베이스의 독창성을 판단하는 것은 법률적으로 아무런 의미가 없다고 한다. 따라서 데이터베이스의 전부 혹은 실질적 내용을 무단 복제하는 것은 당해 데이터베이스의 선택이나 배열 방식을 복제한 것과 마찬가지로 보아 데이터베이스의 편집저작권을 침해한 것으로 된다는 것이다. 또한 데이터베이스의 소재를 소량 복제한 때에는 저작권 침해가 되지 않는다고 한다.[1)]

위 견해는 편집저작권 및 독창성 판단에 관한 일반적인 이론에 비추어 납득하기 어려운 측면이 없지 않으나 중국저작권법이 가지는 한계를 해석론으로 해결하려 하였다는 점에서 큰 의미가 있다.

---

1) 许春明, "新著作权法对数据库的法律保护" 논문 참조. 이 논문의 출처는 北大法律信息网, http://www.5izy.cn/articles/h000/h02/1168959503d2307.html.

(다) 데이터베이스의 보호기간

데이터베이스가 소재의 선택이나 배열에 독창성을 갖추어 편집저작물로 보호되는 경우에 그 보호기간은 일반 저작물의 경우와 같다. 저작자의 성명표시권(署名权), 수정권(修改权), 작품의 완전성보호권(保护作品完整权)은 보호기간의 제한을 받지 않는다(제20조). 개인이 저작자인 경우에는 공표권(发表权) 및 저작재산권의 보호기간은 저작자의 생존하는 동안과 사망 후 50년으로 하며 저작자가 사망 후 50년이 되는 해의 12월 31일에 종료한다. 법인 또는 기타 단체의 저작물과 법인 또는 기타 단체가 저작권(성명표시권은 제외)을 갖고 있는 업무상 저작물의 경우에는 공표권(发表权) 및 저작재산권의 보호기간은 50년으로 하며 저작물이 맨 처음 공표된 때부터 50년이 되는 해의 12월 31일에 종료한다. 다만, 저작물이 완성된 후 50년 이내에 공표되지 않은 경우에는 저작권법의 보호를 받지 못한다(제21조).

한국저작권법은 제39조 제1항에서 편집저작권의 보호기간을 저작자의 생존하는 동안과 사망 후 50년간으로 정하고 있고, 제95조 제1항에서 데이터베이스 제작자의 특별법적 권리는 데이터베이스의 제작을 완료한 때부터 발생하며 그 다음 해부터 기산하여 5년간 존속한다고 규정하고 있다. 따라서 편집저작권과 데이터베이스 제작자의 특별법적 권리는 보호기간의 면에서 큰 차이가 있다. 중국저작권법은 데이터베이스 제작자의 권리 보호기간에 대하여는 아무런 규정을 두고 있지 않다.

한편, 데이터베이스는 처음 공표된 이후에도 업데이트되는 경우가 많다. 이러한 경우에 보호기간의 기산점이 데이터베이스의 업데이트가 있은 때로부터 새로 기산한다고 보아야 할지, 새로 기산된다고 보더라도 구체적으로 어느 정도의 변화가 있어야 하는지에 대하여 의문이 있을 수 있다. 데이터베이스의 법적 보호에 관한 유럽연합(EU) 지침이나 한국저작권법은 이에 관한 명문 규정을 두고 있다. 한국저작권법 제95조 제2항은 「데이터베이스의 갱신 등을 위하여 인적 또는 물적으로 상당한 투자가 이루어진 경우에 당해 부분에 대한 데이터베이스제작자의 권리는 그 갱신 등을 한 때부터 발생하며 그 다음 해부터 기산하여 5년간 존속한다」고 규정하고 있고, 유럽연합(EU) 지침 제10조 제3항도 그와 유사한 내용을 규정하고 있다. 다만, 주의하여야 할 점은 한국저작권법이나 유럽연합 지침의 위 규정은 편집저작권의 보호기간에 관한 것이 아니라 데이터베이스 제작자의 특별법적 권리에 관한 것이라는 것이다.

현재 중국저작권법은 데이터베이스의 업데이트에 관한 아무런 규정도 두고 있지 않다. 따라서 중국저작권법의 해석상 데이터베이스의 업데이트가 있어도 보호기간은 새로 기산되지 않는다고 보아야 한다.

(2) 반부정경쟁법에 의한 보호

반부정경쟁법(反不正当竞争法)은 한국의 "부정경쟁방지 및 영업비밀보호에 관한 법률"에 해당하는 것으로서 사회주의 시장경제의 건전한 발전을 보장하기 위하여 공정한 거래를 장려하고 부정경쟁행위를 제지하며 경영자와 소비자 간의 합법적인 권익을 보호하는 데에 그 목적이 있다.[1] 반부정경쟁법 제2조 제1항은 「경영자는 시장 교역에서 자율, 평등, 공평, 신의성실의 원칙을 준수하여야 하고 널리 인정되는 상도덕을 준수하여야 한다」고 규정하고 있고, 제2조 제2항은 「본법에서 말하는 부정경쟁행위란 경영자가 본 법 규정을 위반하여 다른 경영자의 합법적인 권익을 침해하고 사회경제 질서를 교란하는 행위를 말한다」고 규정하여 부정경쟁행위에 관한 원칙적인 규정을 두고 있다.[2] 이때의 경영자란 상품 경영이나 영리적 서비스에 종사하는 법인이나 기타 단체 또는 개인을 말한다.

독창성이 없는 데이터베이스의 경우 저작권법의 보호를 받을 수 없다는 맹점을 해결하기 위해 일부 학자들은 제3자가 독창성이 없는 데이터베이스의 소재를 무단으로 추출해 가는 행위를 반부정경쟁법상의 부정경쟁행위로 보아 데이터베이스 제작자를 보호하자는 견해를 제시하고 있다. 구 저작권법 하에서 문제되었던 "北京阳光数据公司 v. 上海霸才数据信息有限公司"사건에서 북경고급인민법원은 반부정경쟁법 제2조 제1항에 근거하여 피고인 상해패재데이터정보유한공사(上海霸才数据信息有限公司)가 원고인 북경양광데이터공사(北京阳光数据公司)와의 계약을 위반하여 원고의 데이터베이스에 포함되어 있는 상품선물거래 가격 등의 정보를 외부로 전송한 행위는 부정경쟁행위에 해당한다고 판시한 예도 있다.[3]

그러나 위와 같은 견해 및 북경고급인민법원의 판결에 대하여는 많은 비판이 제기되고 있다. 반부정경쟁법은 제5조와 제10조에서 상품표지 및 상업 주체 혼동행위와 상업비밀침해의 경우만을 규제대상으로 하고 있다.[4] 따라서 데이터베이스

---

1) 反不正当竞争法 第一条「为保障社会主义市场经济健康发展, 鼓励和保护公平竞争, 制止不正当竞争行为, 保护经营者和消费者的合法权益, 制定本法」

2) 第二条「经营者在市场交易中, 应当遵循自愿、平等、公平、诚实信用的原则, 遵守公认的商业道德。本法所称的不正当竞争, 是指经营者违反本法规定, 损害其他经营者的合法权益, 扰乱社会经济秩序的行为。」

3) 이 판례의 상세한 내용은 张耕, "汇编作品的版权保护" 논문 참조, 위 논문의 출처는 博士教育, http://www.eduboss.com/content/2005-10-23/74795.html.

4) 第五条「经营者不得采用下列不正当手段从事市场交易, 损害竞争对手 : (一) 假冒他人的注册商标

의 내용을 추출하여 이용한다 하더라도 상품표지 및 상업 주체 혼동행위 또는 상업비밀침해행위에 해당되지 않는다면 반부정경쟁법을 위반한 것은 아니다. 데이터베이스의 소재를 무단으로 추출하는 것은 비록 상품표지 및 상업주체 혼동행위와는 거리가 멀지만 상업비밀침해행위에 해당한다고 볼 수 있는 여지는 있다. 그러나 반부정경쟁법에 의해 보호되는 상업비밀은 공연히 알려져 있지 않고 권리자에게 경제적 이익을 가져다 줄 수 있는 것으로서 실용성을 구비함과 동시에 권리인이 비밀조치를 취한 기술정보와 경영정보를 포함하고 있어야 한다(제10조 제3항). 상업비밀은 무엇보다도 비밀성이 있어야 하는데 과연 데이터베이스의 소재가 이러한 비밀성을 충족하는지 여부에 대해서는 의문이 있다. 또한 구축과정에 있는 데이터베이스와 같이 일정한 경우에 소재의 비밀성이 예외적으로 인정되는 경우라 하더라도 반부정경쟁법은 오직 경영자만을 수범 대상으로 한다는 점에서 무단 추출자가 제2조 제3항의 경영자에 해당하지 않는다면 반부정경쟁법의 적용 여지는 애당초 없게 된다는 문제가 있다. 따라서 제3자가 독창성이 없는 데이터베이스의 소재를 무단으로 추출해 가는 행위를 반부정경쟁법상의 부정경쟁행위로 보아 데이터베이스 제작자를 보호하자는 견해는 일반론적으로 받아들이기는 어려우며 현행 반부정경쟁법 해석에 부합하지 않는 측면이 많다고 하겠다.[1)]

(3) 민법에 의한 보호

독창성이 없는 데이터베이스의 경우 비록 저작권법의 보호를 기대하기는 어려우나 민법에 의한 보호를 받을 수 있는지가 문제된다. 데이터베이스가 유상의 이용계약에 의하여 이용되고 기술적 보호조치가 취해져 무단접속이 제한되는 경우에는 당해 기술적 보호조치를 제거하여 데이터에 접속하는 것은 데이터베이스 제작자의 정당한 재산적 이익을 침해하는 행위에 해당하여 불법행위가 되며 유상 데이터를 무단으로 취득하는 행위는 이용료 상당의 부당이득이 될 수 있는 여지

(二) 擅自使用知名商品特有的名称、包装、装潢, 或者使用与知名商品近似的名称、包装、装潢, 造成和他人的知名商品相混淆, 使购买者误认为是该知名商品 (三) 擅自使用他人的企业名称或者姓名, 引人误认为是他人的商品 (四) 在商品上伪造或者冒用认证标志、名优标志等质量标志, 伪造产地, 对商品质量作引人误解的虚假表示」. 第十条 「经营者不得采用下列手段侵犯商业秘密 : (一) 以盗窃、利诱、胁迫或者其他不正当手段获取权利人的商业秘密 (二) 披露、使用或者允许他人使用以前项手段获取的权利人的商业秘密 (三) 违反约定或者违反权利人有关保守商业秘密的要求, 披露、使用或者允许他人使用其所掌握的商业秘密。第三人明知或者应知前款所列违法行为, 获取、使用或者披露他人的商业秘密, 视为侵犯商业秘密。本条所称的商业秘密, 是指不为公众所知悉、能为权利人带来经济利益、具有实用性并经权利人采取保密措施的技术信息和经营信息。」

1) 같은 취지로는 陈媛媛 외 1인, "图书馆数据库建立中的著作权问题探讨" 논문 참조. 이 논문의 출처는 http://www.fjinfo.gov.cn/publicat/qbts/033/6.htm.

가 있다. 뿐만 아니라 사용계약에 의하여 접속권한을 가지고 있는 이용자가 사용계약의 조건을 위반하여 데이터를 무단으로 외부에 배포하는 행위는 채무불이행으로서 손해배상책임을 부담하게 되고 데이터베이스 제작자는 계약조항에 따라 위반행위의 금지를 청구할 수도 있을 것이다.

그러나 통상적으로 데이터베이스 제작자는 데이터 자체에 대하여 저작권을 가지지 않는 경우가 대부분이므로 무단접속 자체에 대하여 불법행위책임을 추궁하는 것은 가능할 지는 모르나 당해 데이터 자체의 말소를 구하거나 당해 데이터의 재배포를 금지할 수 있는 청구권을 가질 수는 없다. 또한 이용계약을 위반하여 데이터를 무단 반출한 경우에도 무단반출자가 데이터를 제3자에게 이전해버리면 데이터베이스 제작자와 제3자 사이에는 이용계약관계가 없어 제3자에 대한 계약위반 책임을 묻는 것은 불가능해진다. 따라서 여러모로 보나 독창성이 없는 데이터베이스를 민법으로 보호하려는 시도는 그 현실적인 필요성과는 무관하게 법리적으로 상당히 많은 문제점을 내포하고 그 실효성도 미약하다고 할 수 있다.

그런데 중국 법원은 데이터베이스 제작자에게 민법상 특수한 권리를 인정하여 독창성 없는 데이터베이스를 보호하려는 취지의 판결을 한 바 있다. "出版发行名录"사건과 "广西广播电视报"사건에서 북경시 제1중급인민법원과 최고인민법원은 데이터베이스의 일종인 출판발행명록[1]과 TV프로그램편성표는 데이터의 선택이나 배열에 있어 독창성이 없다는 이유로 저작권법의 보호를 받을 수 없다고 판시하면서도 원고들은 당해 데이터베이스를 제작하기 위해 상당한 노동을 제공하였으므로 민법상 인정되는 특수한 권리인 노동성과권(劳动成果权)을 가진다고 보아 독창성 없는 데이터베이스도 이러한 노동성과권에 기초하여 민법의 보호를 받을 수 있다고 판시하였다. 그러나 중국 법원은 원고는 피고에게 노동성과권 침해를 이유로 보상금을 청구할 수 있다고만 판시하였을 뿐 노동성과권의 내용이 구체적으로 무엇인지에 대하여는 명확한 언급을 하지 않았다.

중국의 다수 학자들은 법원이 민법 규정에도 없는 정체 불명의 노동성과권을 인정한 것은 법리적으로 허용될 수 없고 그 내용도 불명확하다는 이유로 위 판결을 강하게 비판하고 있다. 노동성과권을 인정할 만한 법적 근거가 명확하지 않은 데다 노동성과권에 대한 학계의 비판이 거세기 때문에 위 판결이 중국 법원에 의해 계속적으로 유지될 수 있을지는 의문이다.[2]

1) 출판사의 명칭, 전화번호, 주소 등을 편집한 책임.

2) 위 판결의 출처 및 내용 등에 관한 자세한 내용은 斯伟江, "足球联赛的赛程表是否受著作权法的保护" 논문 참조. 위 논문의 출처는 http://www.sh-lawyer.com/papers/papa3.htm.

Ⅵ. 보호받지 못하는 저작물

저작권법은 제4조에서 「법에 따라 출판·전송(传播)이 금지된 저작물은 이 법의 보호를 받지 못한다」고 규정하고 있고, 제5조에서 「다음 각 항의 어느 하나에 해당하는 것은 이 법에 의한 보호를 받지 못한다. 1. 법률, 법규 및 국가기관의 결의(决议), 결정, 명령, 기타 입법·행정·사법의 성질을 가진 문서 그리고 정부당국의 공식 번역물(官方正式译文) 2. 시사 뉴스(时事新闻) 3. 역법, 통용되는 수학적 도표(通用数表)[1], 통용되는 서식(通用表格)과 공식」이라고 규정함으로써 저작권법의 보호를 받지 못하는 저작물을 정하고 있다.

1. 출판·전송이 금지된 저작물

법에 따라 출판·전송이 금지된 저작물은 저작권법의 보호를 받지 못한다. 출판관리조례(出版管理条例) 제26조에 따르면[2] 출판 등이 금지된 저작물은 다음과 같다. ① 헌법의 기본원칙에 반하는 것, ② 국가통일, 주권 및 영토의 완전성에 위협을 주는 것, ③ 국가기밀을 누설하고 국가 안보를 위협하거나 국가의 명예나 이익에 손해를 가하는 것, ④ 민족간 원한을 선동하고 민족차별을 행하거나 민족단결을 파괴하고 민족의 풍습을 침해하는 것, ⑤ 사이비 종교나 미신을 찬양하는 것, ⑥ 사회질서를 교란하고 사회안정을 파괴하는 것, ⑦ 음란, 도박, 폭력을 조장하거나 범죄를 교사하는 것, ⑧ 타인을 모욕·비방하거나 타인의 합법적인 권익을 침해하는 것, ⑨ 사회의 공중도덕을 침해하거나 민족의 우수한 문화전통을 해하는 것, ⑩ 법률, 행정법규 및 국가가 금지한 기타 내용.

저작권법 제4조는 출판·전송이 금지된 저작물은 저작권법의 보호를 받지 못한다고 규정하고 있는데, 여기에서 "저작권법의 보호를 받지 못한다"는 것이 과연 무엇을 의미하는지에 관하여 견해 대립이 있다. 제1설은 출판·전송이 금지된 저작물은 저작권 자체를 가지지 못한다고 해석한다. 이에 반해 제2설은 출판·전송이 금지된 저작물이라도 저작권을 가지나 당해 저작물은 국가와 사회 질서에 반하는

---

1) 사물의 양이나 성질 따위를 나타낸 수치를 목적에 따라 이용하기 쉽도록 만든 표. 삼각 함수표, 로그표, 그래프 따위.

2) 중화인민공화국 국무원령 제343호. 2001년 12월 12일 국무원 제50차 상무회의를 통과하여 2002년 2월 1일부터 시행된 것.

것이므로 단지 법률에 의한 강제력 있는 보호를 받지 못할 뿐이라고 해석한다.

저작권법은 민사특례법의 하나이다. 따라서 민법의 일반원칙은 여전히 저작권법에도 유효하다. 강행법규나 국가·사회의 공공이익 등을 위반한 법률행위는 무효이므로 출판·전송이 금지된 작품은 애당초 저작권을 가질 수 없다고 보는 제1설이 타당하다.[1)]

2. 입법·행정·사법적 성격의 관공문서 및 그 공식 번역물

법률, 법규 및 국가기관의 결의(决议), 결정, 명령, 기타 입법·행정·사법의 성질을 가진 문서 그리고 정부당국의 공식 번역물(官方正式译文)은 저작권법의 보호를 받지 못한다(저작권법 제5조 제1호). 법률, 법규, 명령 등과 같은 관공문서는 국민에게 널리 알려져야 할 것으로서 누구라도 자유로이 이용할 수 없으면 그 목적을 달성할 수 없다. 따라서 위와 같은 관공문서에 대하여는 사회공공의 이익이라는 공익적 견지에서 정책적으로 저작권법의 보호를 제한하는 것이다. 정부당국의 공식 번역물도 원칙적으로 번역저작물로 보호를 받아야 할 것이지만 위와 같은 공익적 견지에서 관공문서와 마찬가지로 저작권법의 보호가 제한된다.

주의하여야 할 점은 비록 관공문서와 그 번역물이 저작권법의 보호를 받지 못한다고 하더라도 누구나 임의로 그것을 편집하여 출판할 수 있는 것은 아니라는 것이다. 관공문서와 그 번역물을 편집하여 출판하려고 하는 자는 반드시 법규편집출판관리규정(法规汇编编辑出版管理规定[2)])에서 정한 절차와 내용을 준수하여야 한다.

3. 시사뉴스(时事新闻)

시사뉴스(时事新闻)란 신문·정기간행물·라디오·TV 방송국 등 매체를 통하여 보도된 단순한 사실적 뉴스를 말한다(저작권법실시조례 제5조 제1호). 사건사고, 인사발령, 음악회 개최 사실 등 단순한 사실의 전달에 불과한 시사뉴스는 작자의 사상이나 감정의 표현이 아니므로 저작권의 보호를 받을 수 없다. 베른협약 제2조 제8호는 「이 협약의 보호는 시사 보도나 단순히 언론 보도의 성격을 가지는 사실에 대하여 적용되지 아니한다」고 규정하고 있으며 각국의 저작권법도 단순한 사실의 전달에 불과한 시사뉴스에 대하여는 저작권법의 보호를 인정하지 않고 있다.

---

1) 위 견해들에 대한 자세한 내용은 张革新,『现代著作权法』, 中国法制出版社(2006), 제58-59쪽.
2) 국무원이 공표하여 1990년 7월 29일부터 시행된 것.

주의하여야 할 점은 뉴스(보도)사진은 시사뉴스에 포함되지 않는다는 것이다. 북경시 제2중급인민법원도 <百年老照片>사건에서 뉴스사진은 시사뉴스에 포함되지 않는다는 취지의 판결을 한 바 있다. 뉴스사진의 경우 촬영자의 경험과 지식을 토대로 주제의 결정, 피사체, 구도의 선택, 빛의 방향과 양의 조절, 셔터찬스의 포착 등에 있어 촬영자의 개성과 독창성이 반영되었다면 사진저작물로 보호받게 된다.

기자의 사상이나 감정이 표현된 보도기사는 시사뉴스와는 달리 표현에 독창성이 있으면 저작물로서 보호를 받을 수 있다.[1)] 그러나 보도기사는 일반적으로 사건의 발생 시간, 장소, 경위 순서에 따라 뉴스의 핵심적인 내용만을 간추려 보도하는 경우가 대부분이므로 표현형식이 매우 단일하다. 따라서 이러한 특성상 보도기사는 아이디어와 표현이 합체되는 경우가 많아 저작물로서 보호받게 되는 범위가 상당히 제한적일 수밖에 없다.[2)]

또한, 보도기사, 평론, 사설, 각종 광고 등으로 구성되어 있는 신문 자체는 편집저작물로서 보호될 수 있다. 물론 편집담당자가 기사를 선택배열함에 있어 독창성이 있어야 한다.

4. 역법, 통용되는 수학적 도표(通用数表), 통용되는 서식(通用表格)과 공식

역법은 년, 월, 일로 시간 혹은 절기를 계산하는 방법으로 양력과 음력으로 나뉜다. 이러한 역법은 일상생활에 없어서는 안 될 필수적인 것으로서 누구든지 자유로이 이용할 수 있어야 하므로 저작권법은 명시적으로 역법을 보호하지 않는다고 밝히고 있다. 여기서 주의하여야 할 점은 역법에 인물사진이나 산수화 등 예술적 사진 및 그림을 결합시킨 달력은 독창성의 유무에 따라 저작권법의 보호를 받을 수 있다는 것이다.[3)] 수학적 도표는 사물의 양(量)이나 성질 따위를 나타낸 수치를 목적에 따라 이용하기 쉽도록 만든 표로서 삼각함수표, 로그표, 그래프 등이 이에 해당한다. 서식이란 일정한 항목에 따라 문자와 숫자로 구성된 서류양식을 말하며 회계장부나 은행전표 따위가 있다. 공식이란 수학공식, 물리학 공식,

---

1) 周详浅 외 1인, "析新闻作品的版权保护", 中国版权(2004年 第4期), 제42쪽.
2) 李雨峰 等,『著作权法』, 厦门大学出版社(2006), 제44쪽.
3) 李雨峰 等,『著作权法』, 厦门大学出版社(2006), 제44쪽. 이 경우 저작권법의 보호를 받는 범위는 예술적 사진이나 그림에 국한되며 역법 자체는 보호받지 못한다.

회계 공식 등을 가리킨다.

역법, 수학적 도표, 서식 및 공식은 그 특성상 하나의 표현방식만을 가지거나 표현방식이 매우 제한되어 있으므로 아이디어와 표현이 합체된 경우에 해당하고 인류의 문명이 발전하기 위해서는 누구든지 이들을 자유로이 이용할 수 있어야 한다는 점에서 저작권법은 이들에 대하여 저작권법의 보호를 인정해 주지 않고 있는 것이다.

그런데 주의하여야 할 점은 모든 수학적 도표와 서식이 저작권법의 보호를 받지 못하는 것이 아니라 일반적으로 널리 통용되는 수학적 도표와 서식만이 그렇다는 것이다. 따라서 일부 전문영역에서 사용되는 수학적 도표와 서식은 독창성이 인정되는 범위 내에서 저작권법의 보호를 받게 되므로 제3자는 이들을 임의로 사용해서는 안된다.

제 3 장 저작권의 주체

Ⅰ. 의 의

Ⅱ. 일반저작물의 저작권 주체

Ⅲ. 특수저작물의 저작권 주체

Ⅰ. 의 의

저작권의 주체는 저작권자, 즉 문학·예술·과학 저작물에 대하여 저작권을 향유하는 자를 가리킨다. 저작권법 제9조에 따르면 저작권자는 저작자 및 저작권법에 따라 저작권을 가지는 개인·법인 또는 기타 단체를 의미한다. 저작자와 저작권자는 서로 구별되는 개념이다. 저작자란 저작물을 실제로 창작한 자를 말한다(저작권법 제11조). 저작물을 실제로 창작한 저작자가 저작권을 가진다는 것은 저작권 귀속의 일반원칙이라 할 수 있다. 그런데 저작권자란 저작자 이외에 저작권법에 의하여 저작권을 향유하는 개인·법인·기타 단체까지도 포함하는 개념이다. 저작권자라고 해서 반드시 저작물을 실제로 창작한 자인 것은 아니다. 다만, 저작자 이외의 자가 저작권자로 되기 위해서는 법률에 특별 규정이 있어야 한다(저작권법 제11조).[1)]

저작자 이외의 자를 저작권자로 인정하는 예외규정은 다음과 같다. 저작권법 제15조(영화저작물이나 영화 제작과 유사한 방법으로 창작한 저작물의 저작권은 제작자가 갖고, 다만 각본, 감독, 촬영, 작사, 작곡 등은 그에 해당하는 각 저작자가 성명표시권을 가진다), 제16조(개인이 법인 또는 기타 단체의 업무상 임무를 완수하기 위하여 창작한 업무상 저작물의 경우에는 저작자는 성명표시권만을 가지며 그 이외의 저작권은 법인 또는 기타 단체에 귀속한다), 제17조(위탁을 받아 창작한 저작물의 저작권 귀속은 원칙적으로 위탁자와 수탁자 사이의 계약에 의한다), 제19조(저작권이 개인에게 속하는 경우 개인이 사망한 뒤에는 저작권법 제10조 제5호 내지 제17호에서 정한 권리는 저작권법에서 정한 보호기간 내에 상속법의 규정에 따라 이전한다). 그 외에도 저작재산권은 양도가 가능하므로 저작재산권의 양수인도 저작권자로 될 수 있다.[2)] 또한 일정한 조건하에서 국가도 예외적으로 저작권자가 될 수 있다(저작권법 제19조 참조).

저작권의 주체는 저작물의 속성에 따라 일반저작물의 저작권주체와 특수저작물의 저작권 주체로 분류될 수 있다. 특수저작물은 합작저작물, 업무상 저작물, 위탁저작물, 편집저작물 및 영상저작물 등을 말한다. 일반저작물은 앞에서 언급한

---

1) 저작권법은 제11조 제1조 및 제2조에서 「이 법에 별도로 규정한 경우를 제외하고는 저작권은 저작자에 귀속된다. 저작물을 창작한 사람을 저작자라 한다」고 규정하고 있다.

2) 저작재산권은 양도가 가능하나 저작인격권은 일신전속적 성격을 가지고 있어 양도가 불가능하다. 따라서 저작재산권을 양도하는 경우 저작재산권자와 저작인격권자의 분리현상이 발생한다.

특수저작물을 제외한 나머지 저작물을 가리킨다.

Ⅱ. 일반저작물의 저작권 주체

1. 저작자

저작권법 제11조는 저작자란 저작물을 창작한 사람을 말한다고 규정하고 있다. 여기서 창작이란 직접 문학, 예술 및 과학저작물을 만들어 내는 지적 활동을 말한다.

창작은 인간의 지적활동이므로 원칙적으로 사유능력을 가진 자연인만이 저작자로 될 수 있다. 또한 창작은 직접적으로 저작물을 만들어 내는 활동이므로 타인의 창작을 위하여 조직을 구성(进行组织工作)하는 것 또는 자문(咨询)이나 물질적 조건을 제공하거나 기타 보조적인 작업을 수행하는 것은 창작으로 보지 않는다(저작권법실시조례 제3조). 마지막으로 창작은 저작물을 만들어 내는 활동이므로 제작 중인 작품이 저작물로 인정될 수 있을 정도의 독자적인 형태를 갖출 때 비로소 당해 창작자는 저작자가 될 수 있다. 따라서 창작의 구상 단계에 머물러 있거나 창작에 착수하여도 저작물로 인정될 수 있을 정도의 독자적인 형태에 이르지 못한 경우의 창작자는 저작자라고 할 수 없다. 한편 저작권은 창작이라는 사실적 행위로부터 발생하는 권리이므로 미성년자도 저작자가 될 수 있다. 다만 미성년자가 저작권을 행사할 때에는 반드시 법정대리인이나 후견인이 대리하여야 한다.[1]

저작물을 직접 창작한 사람이 저작자라는 것에는 의문의 여지가 없으나 실제로 구체적인 사안에 있어서 창작에 참여한 사람이 여럿이 있는 경우 과연 저작자가 누구인지를 결정하는 것은 그리 쉬운 일이 아니다. 저작자의 결정에 있어서 문제가 되는 경우를 분설하면 다음과 같다.

가. 창작에 動因을 준 자나 저작자의 助手

창작에 동인을 준 데 불과한 자는 저작자가 아니다. 영화제작자나 드라마작가에게 아이디어나 힌트를 제공한 사람은 창작에 관여한 부분이 있을지라도 직접 창작활동을 하지 않았으므로 저작자가 될 수 없다. 또한 저작자의 조수도 저작자

---

1) 张革新,『现代著作权法』, 中国法制出版社(2006), 제68쪽.

가 아니다. 저작자의 지휘감독을 받으면서 저작자의 손발이 되어 저작자를 도운 자도 직접 창작활동을 한 것이 아니므로 저작자는 아니다.

나. 창작의 의뢰자

창작을 의뢰한 자는 원칙적으로 저작자가 아니다. 그림이나 사진의 주문자 등 창작을 의뢰한 자는 직접 창작활동을 한 자가 아니기 때문이다. 그러나 창작의 의뢰자라도 저작권자는 될 수 있다. 위탁저작물의 저작권 귀속은 위탁자와 수탁자 사이의 계약에 의하여 정해지므로 실제로 창작을 하지 않은 위탁자라도 수탁자와의 계약에 따라 당해 저작물에 대하여 저작권을 가질 수 있다(저작권법 제17조).

다. 監修者

통상적으로 전문서적을 출판하는 경우 책의 저술이나 편찬 따위를 지도하고 조언하는 감수자로서 저명인사의 이름을 표시하는 경우가 많다. 이러한 감수자도 저작자로 될 수 있느냐의 문제는 결국 감수자가 감수의 역할을 어느 정도로 수행하였느냐에 따라 결정된다. 만약 감수자가 자신의 이름만 빌려 주었을 뿐이거나 책의 저술에 직접 관여하지는 않고 책 내용에 관한 조언을 해 주었을 뿐이라면 당해 감수자를 저작자로 보기는 어렵다. 반면에 감수자가 조언에 덧붙여 직접적으로 책의 내용을 수정하고 자신의 견해를 추가하는 경우라면 당해 감수자를 저작자로 볼 수 있을 것이다.

라. 저작자의 귀속에 관한 합의

저작자 여부는 원칙적으로 저작물을 직접적으로 창작하였는지에 따라 결정된다. 그런데 당사자 간의 합의에 의해서도 저작자를 결정할 수 있는지가 문제된다. 이와 관련하여 저작권법 제17조는 위탁저작물의 저작권 귀속은 위탁자와 수탁자 사이의 계약에 의하여 정할 수 있음을 명시하고 있다. 위 규정에 따르면 창작을 하지 않은 위탁자라도 수탁자와의 계약에 따라 저작권을 원시적으로 취득할 수 있다. 그렇다면 저작권법 제17조 규정을 일반화시켜 위탁저작물 이외의 저작물에 대해서도 당사자간 합의에 따라 저작권의 귀속을 결정할 수 있다고 볼 수 있는가?

생각건대, 저작권법 제17조는 "저작권법에 별도로 규정한 경우를 제외하고는 저작권은 저작자에 귀속된다. 저작물을 창작한 사람을 저작자라 한다"라고 규정한 저작권법 제11조에 대한 중대한 예외를 인정한 것이므로 이를 제한적으로 해석하여야지 확대해석하는 것은 곤란하다. 따라서 위탁저작물 이외의 저작물에 대해서는 저작물을 직접적으로 창작하였는지 여부에 따라 저작자를 결정하여야 한다. 예를 들어 만약 甲과 乙이 공동으로 저작물을 창작하였는데 두 사람 사이에 저작자를 甲으로 한다는 합의가 체결되었다면 甲은 당해 저작물에 대한 저작권을 원시적으로 취득하는 것이 아니라 위 합의의 효력에 따라 후발적으로 乙의 저작권 부분을 양도받았다고 보아야 할 것이다.

저작자의 귀속에 관한 합의와 구별하여야 할 문제로는 저작자 명의의 표시에 관한 합의가 있다. 전자는 누가 저작자인가의 문제인 반면, 후자는 저작물을 공표할 때 누구를 저작자로 표시할 것인가의 문제라는 점에서 양자는 서로 구별된다. 예를 들어 위 예에서 甲과 乙이 저작물을 공표할 때 甲을 저작자로 표시하기로 합의하였다면 당해 저작물의 저작자는 일반원칙에 따라 甲과 乙이 되나 외부적으로 볼 때 甲만이 단독 저작자로 표시되는 것에 불과하다. 한편, 저작권법 제11조 제4항에 의할 때 별다른 증거가 없는 한 저작물에 서명한 개인, 법인 또는 기타 단체가 저작자로 추정되므로 앞의 예에서 甲은 당해 저작물의 단독 저작자로 추정 받게 된다. 따라서 만약 甲과 乙 사이에 저작권 분쟁이 발생하는 경우에는 乙은 소송에서 자신도 당해 저작물의 창작에 직접 관여하였음을 입증하여야 할 부담을 안게 된다.

2. 擬制 저작자

창작은 인간의 지적활동이므로 원칙적으로 저작자는 사유능력을 가진 자연인만이 될 수 있다. 그런데 저작권법에는 일정한 요건 하에서 법인 또는 기타 단체가 저작자로 의제되는 경우가 있다. 저작권법 제11조 제3항은 「법인 또는 기타 단체가 주관하고 법인 또는 기타 단체의 의사를 대표하여 창작했으며 법인 또는 기타 단체가 책임을 지는 저작물은 법인 또는 기타 단체를 저작자로 본다」고 규정하고 있다. 위 제11조 제3항에 따라 법인 또는 기타 단체가 저작자로 의제되는 경우를 擬制 저작자라고 한다. 또한 법인 또는 기타 단체가 저작자로 의제되는 저작물을 법인(法人)저작물이라고 한다.

저작권법이 법인 및 기타 단체를 저작자로 의제하는 특별 규정을 둔 취지는 비록 창작 그 자체는 자연인에 의해서 이루어지나 법인 내의 여러 사람이 창작활동에 함께 참여하는 경우 다수인의 창작은 개인의 의지와는 독립하여 법인이 추구하고자 하는 목적을 달성하기 위한 것인데다가 법인의 인적·물적 자원에 기초하여 이루어진다는 점에서 창작 활동에 참여하는 개인이 아닌 그 개인이 소속되어 있는 법인 및 기타 단체에 원시적으로 저작권을 부여하고자 하는 것이다.

법인이나 기타 단체가 저작자로 간주되기 위해서는 다음과 같은 요건이 충족되어야 한다.[1] ① 법인 또는 기타 단체가 주관하여야 한다. 여기서 "주관한다"는 것은 법인 또는 기타 단체가 인적, 물적 재원을 조직하여 구성한다는 의미인데, 구체적으로는 창작 인원을 소집하거나 창작 자금이나 도구를 투자하거나 관리행위를 하는 것을 말한다. ② 당해 저작물은 법인 또는 기타 단체의 의사를 대표하여 창작된 것이어야 한다. 당해 저작물이 표현하고자 하는 것은 법인 또는 기타 단체의 의지여야 하며 개인의 의지나 의사를 표현한 것이어서는 아니 된다. ③ 법인 또는 기타 단체가 당해 저작물에 대하여 책임을 져야 한다. 여기서 책임을 진다는 것은 대체적으로 창작에 대한 투자 위험을 부담한다는 것을 의미한다. 그러므로 법인에 소속된 구성원이 투자위험을 부담하는 것은 법인저작물이 아니다. ④ 당해 저작물은 법인 또는 기타 단체의 명의로 공표되어야 한다.

상기 요건을 갖춘 법인저작물에 대하여는 법인 또는 기타 단체가 원시적으로 저작권을 취득하게 된다. 법인저작물의 대표적인 예로는 정부업무보고서(政府工作报告), 단체업무총결(单位工作总结), 대형 백과 전서(大型百科全书), 회사 내규 등이 있다.[2]

한편, 저작권법 제11조 제3항은 법인저작물의 저작권 귀속에 관한 내용 및 요건을 명확히 정하고 있지만, 법률 적용의 실제적인 면에서 볼 때 법인저작물은 뒤에서 살펴 볼 업무상 저작물(제16조)과 중복되는 측면이 많아 양자를 구별하는 것이 여간 어려운 일이 아니다. 이러한 점을 고려하여 법인저작물 규정 및 업무상 저작물 규정을 통합하거나 각 저작물의 내용 및 요건을 보다 명백하게 재정립하여야 한다는 입법론적 비판도 없지 않다.[3]

[법인 등 단체도 저작자가 될 수 있는지에 관한 입법 논의]

법인 등 단체도 저작자가 될 수 있는가의 문제는 1991년 저작권법 제정 당시 가장 격렬하게 논의되었던 쟁점 중의 하나였다. 이 문제에 관하여는 서로 다른 세 가지의 주장이 팽팽하게 맞섰다.

---

1) 요건에 대한 자세한 내용은 邱国侠 외 1인, "试析法人作品与职务作品的区分标准" 논문 참조. 논문의 출처는 中国法律信息网, http://www.law-star.com/pshowtxt?dbn=lwk&fn=lwk019s229.txt&upd=1.

2) 李雨峰 等,『著作权法』, 厦门大学出版社(2006), 제91쪽.

3) 입법론적 비판에 대해서는 张智远, "试论法人作品的属性及其法律规范" 논문 참조. 이 논문의 출처는 法律博客, http://zzylawyer.fyfz.cn/blog/zzylawyer/index.aspx?blogid=35820.

첫째, 법인 등 단체는 근본적으로 저작자가 될 수 없다는 부정설이 있다. 부정설은 ① 정신적 창작행위는 오직 자연인만이 할 수 있고 법인 등 단체는 근본적으로 사유능력이 없다는 점, ② 저작권의 역사적 발전 상황을 볼 때 저작권은 천부인권(天赋人权) 이론에서 유래되었고 여기에서의 인권은 오직 자연인의 권리만을 가리킨다는 점, ③ 자연인이 저작자인 경우 당해 저작물의 보호기간은 저작자의 생존하는 동안과 사망 후 50년으로서 유한(有限)한 반면, 법인이 저작자일 경우에는 만약 법인의 경영상태가 양호하여 법인이 몇 백년간 존재한다면 저작물의 보호기간이 지나치게 길어져 저작물 이용에 대한 사회 공공의 이익이 크게 침해된다는 점 등을 근거로 든다.

둘째, 법인 등 단체도 저작자가 될 수 있다는 긍정설이 있다. 긍정설은 ① 법인실재설(法人實在說)에 입각하여 법인도 자연인과 마찬가지로 실제로 존재하는 것으로 의제되는 만큼, 법인도 구성원과는 구별되는 독립적인 의사능력을 가지고 법인의 기관 등의 저작행위는 곧 법인의 저작행위로 인정될 수 있다는 점, ② 현실적으로 지도, 신문잡지, 백과전서 등과 같은 저작물은 집단적인 노동과 대량의 물적 자원이 투입되어 창작된 것으로서 이러한 저작물들은 그 창작과정에서 자연인의 의사보다는 법인 등 단체의 의사를 표현한 것이라는 점 등을 근거로 든다.

셋째, 원칙적으로는 자연인만이 저작자로 될 수 있으나 일부 예외적인 특수 상황에서는 법인 등 단체도 저작자가 될 수 있다는 절충설이 있다. 현행 중국저작권법은 절충설을 택하였다고 할 수 있다.[1)]

3. 저작자의 추정

구체적인 사안에 있어 저작자가 누구인지에 관하여 분쟁이 생긴 경우에 진정한 저작자를 입증한다는 것은 상당히 어려운 문제 중의 하나다. 여기서 저작권법은 입증을 용이하게 하기 위해 저작자를 추정하는 규정을 두고 있다. 즉, 저작권법 제11조 제4항은 「다른 증거가 없는 한 저작물에 서명한 개인, 법인 또는 기타 단체가 저작자로 된다」고 규정하고 있다. 이 규정은 간주규정이 아니라 추정규정일 뿐이므로 상대방은 저작자로 추정되는 자가 진정한 저작자가 아님을 입증함으로써 추정의 효과를 번복할 수 있음은 물론이다.

저작자의 서명에는 실명 이외에 예명, 아호, 가명, 약칭 등 異名도 포함된다. 저

---

1) 李雨峰 等, 『著作权法』, 厦门大学出版社(2006), 제89-90쪽.

작자의 서명은 일반적인 방법으로 표시되면 족하다. 일반적인 방법이란 저작물의 종류나 이용형태에 따라 통상적으로 사용되는 방법을 의미한다. 예컨대 소설의 표지에 소설가의 서명을 표시하거나 그림의 한 쪽 귀퉁이에 화가의 서명을 표시하는 방법이 대표적이다.

그런데 디지털 시대에 있어서 저작자의 서명을 어떤 방식으로 표시하여야 하는지가 문제된다. 컴퓨터프로그램에 있어서 프로그램 구동시 컴퓨터의 모니터 화면에 표시되거나 프로그램 매뉴얼에 문자로 표시되는 저작자의 서명이 일반적인 방법에 따라 표시된 것임에는 의문이 없다. 다만, 논리적으로 결합된 전자적 형태의 서명으로서 인간이 직접적으로 식별할 수는 없고 컴퓨터 등 정보처리장치에 의하여 전자적으로 식별할 수 있는 서명의 경우가 문제된다. 이러한 전자적 서명도 디지털 기술에 따른 일반적인 서명 방식으로 이해하여야 할 것이다.[1]

Ⅲ. 특수저작물의 저작권 주체

1. 합작저작물

가. 의 의

중국저작권법 제13조는 제1항에서 「2인 이상이 합작으로 창작한 저작물(合作作品)의 저작권은 합작저작자가 공동으로 가진다. 창작에 참가하지 아니한 자는 합작저작자가 될 수 없다」고 규정하고, 제2항에서 「합작저작물 중 분리하여 이용할 수 있는 것은 저작자가 각자 창작한 부분에 대하여 단독으로 저작권을 가진다. 다만, 저작권을 행사할 때에는 합작저작물 전체의 저작권을 침해할 수 없다」고 규정하고 있다.

결국, 중국저작권법에 따를 때 합작저작물은 분리하여 이용할 수 있느냐를 기준으로 두 종류로 나뉠 수 있다.

첫째, 분리하여 이용할 수 없는 합작저작물이다. 이는 복수의 저작자가 공동으로 창작행위를 하여 하나의 저작물을 창작하고, 이 때 각자의 기여분이 유기적으로 결합되어 있어 그 부분만을 따로 분리하여 이용할 수 없는 경우이다. 예를 들어 A와 B가 공동으로 국화 그림을 그린 경우를 생각해 보자. A와 B가 공동으로

1) 같은 취지로는 李雨峰 等, 『著作权法』, 厦门大学出版社(2006), 제91쪽 참조.

국화 그림을 개략적으로 구상한 후, A는 전체적인 구상을 완성하고 B는 색칠하고 먹칠하여 그림을 완성한 경우 당해 국화 그림은 A와 B가 창작한 부분을 따로 분리하여 단독으로 사용할 수 없는 저작물이 된다.

둘째, 분리하여 이용할 수 있는 합작저작물이다. 이는 수인의 저작자에 의해 외관상 하나의 저작물이 창작되기는 하였으나 각자의 기여분 사이에 유기적인 결합관계가 존재하지 않고 각자의 기여분이 분리되어 이용될 수 있는 것을 말한다. 결과적으로는 단독저작물의 집합이라고 말할 수 있다. 예를 들면 A와 B는 공동으로 가사와 악곡으로 구성되어 있는 노래를 창작하였으나, A는 가사만을, B는 악곡만을 독립적으로 창작한 경우에 가사는 A의, 악곡은 B의 단독저작물이 되고 이들 각 저작물은 서로 분리되어 이용될 수 있는 것이다.

이처럼 중국저작권법은 2인 이상이 합작으로 창작한 저작물을 합작저작물로 보고, 합작저작물에는 분리가능성 여부를 기준으로 다시 두 가지 형태의 저작물이 포함되는 것으로 규정하고 있다. 이에 반해 한국저작권법은 2인 이상이 공동으로 창작한 저작물의 개념을 중국저작권법과는 달리 규정하고 있어 양국 간에 차이가 존재한다. 한국저작권법은 2인 이상이 공동으로 창작한 저작물 중 분리하여 이용할 수 없는 저작물만을 공동저작물이라고 개념정의하고(제2조 제21호 「공동저작물은 2인 이상이 공동으로 창작한 저작물로서 각자의 이바지한 부분을 분리하여 이용할 수 없는 것을 말한다」), 분리하여 이용할 수 있는 저작물에 대해서는 별도의 규정을 두고 있지 않다. 그러나 한국의 법학자들은 후자의 저작물을 결합저작물이라고 하는 강학상 개념을 사용하여 설명하고 있다.[1]

그렇다면 비록 용어 정의상의 차이는 있으나, 중국저작권법의 합작저작물은 결국 한국저작권법상의 공동저작물과 결합저작물을 합한 것과 유사하다고 할 수 있다. 따라서 분리하여 이용할 수 없는 합작저작물을 공동저작물로, 분리하여 이용할 수 있는 합작저작물을 결합저작물로 이해하여도 무방하다.

나. 성립요건

(1) 분리하여 이용할 수 없는 합작저작물

(가) 공동 창작의사가 있어야 한다. 분리하여 이용할 수 없는 합작저작물의 경

1) 결합저작물이란 옴니버스 형식의 소설처럼 얼핏 보면 공동저작물과 같으나 창작 자체에 관해서 공동행위가 없으며, 분리해서 개별적으로 이용할 수 있는 저작물을 말한다. 최병규, "대학관련 저작권법의 논점", 지적소유권법연구 4집(2000.06), 제285쪽.

우 공동으로 저작물을 창작한다는 의사의 연락, 즉 공동 창작의사가 당사자 사이에 존재하여야 한다.[1)] 만약 공동 창작의사가 없다면 설사 다수인의 창작행위로 인하여 하나의 저작물이 발생하였다는 외부적인 관계가 존재하더라도 당해 저작물은 공동저작물이 아니다. 120회로 이루어진 홍루몽(紅樓夢)이라는 중국 소설이 있는데, 전(前) 80회는 조설근(曹雪芹)의 작품이고 후(後) 40회는 고악(高鶚)의 속작(續作)이라고 전해지고 있다. 조설근과 고악은 동시대의 사람이 아니므로 두 사람 사이에 공동 창작의사가 있을 수 없기 때문에 엄격한 의미에서 홍루몽을 공동저작물로 보기는 어렵다.

(나) 공동 창작행위가 있어야 한다. 공동저작물이 성립하기 위해서는 공동 창작의사 이외에도 2인 이상이 창작활동에 참여하여야 한다. 공동으로 창작한다는 의사만 있고 공동 창작행위가 없이 1인에 의해서 창작되었다면 공동저작물이라고 할 수 없다.

공동창작행위가 성립하기 위해서는 수인이 실제로 창작에 참여하여야 한다. 따라서 저작물의 제작을 기획하거나 창작활동의 동기를 부여한 데 불과한 자 또는 저작물의 독창성 있는 표현 자체에 기여한 바 없이 창작행위를 보조한 데 그친 자는 실제로 창작에 참여한 자가 아니므로 공동저작물의 저작자가 될 수 없다.

(다) 각자의 맡은 부분을 분리하여 이용하는 것이 불가능하여야 한다. 예를 들면 A·B·C 3인의 공저로 된 유럽의 정당에 관한 책에서 영국 부분은 A가, 독일 부분은 B가, 프랑스 부분은 C가 저술하고, 각자의 저술부분을 분리하여 이용할

---

1) 이와 관련하여 한국에서는 공동저작물에 있어 객관적인 공동관계, 즉 다수인의 창작행위가 있을 것이라는 요건 이외에도 주관적인 공동관계, 즉 창작행위가 공동의사에 기초하여 이루어질 것을 요하느냐에 관하여 견해가 대립한다. 첫째, 공동저작물의 경우 공동으로 저작물을 작성한다는 의사가 있어야 하는 것이 보통일 것이나, 공동의사의 존재를 외부에서 식별하는 것은 곤란하므로 이러한 주관적 요건을 지나치게 엄격하게 요구할 것은 아니라고 보는 견해가 있다. 이 견해는 객관적으로 보아 당사자 사이에 상호 상대방의 의사에 반하지 않는다는 정도의 관계가 인정될 수 있을 정도라면 공동관계가 있다고 보아야 할 것이고 당사자들 사이의 의사의 연락까지 요구하는 것은 아니라고 본다. 예컨대 A의 학술적 저작물을 그의 死後에 B가 수정·보충을 함으로써 그 저작물의 가치가 한층 높아진 경우에는 그 개작물에 관하여 A와 B가 함께 공동저작자로 된다. 이에 대하여 반대설은 공동으로 저작물을 작성한다고 하는 의사가 필요하다는 입장이다. 그러나 반대설에 있어서도 하나의 저작물 중에 각 저작자의 기여분이 혼연일체가 되어 존재하고 있는 경우에는 그러한 저작물의 존재형태 자체로부터 공동의사의 존재가 추인될 수 있다고 하고 있으므로, 결론에 있어서는 앞의 학설과 큰 차이가 없다고 할 것이다. 오승종, 이해완 공저, 『저작권법』, 박영사(2006), 제209쪽. 한편 중국학자들은 위 문제에 대해서 구체적인 논쟁을 하고 있지는 않는 것으로 보인다.

수 있는 경우 이는 공동저작물이 아니라 결합저작물이다. 그러나 A·B·C 3인이 집필 전에 그 내용에 관하여 충분한 토의를 하고, 각자가 집필한 부분을 공동으로 검토하여 공동으로 수정·가필함으로써 각자의 기여분이 완전하게 합체된 경우에는 공동저작물이 된다.[1]

(2) 분리하여 이용할 수 있는 합작저작물

분리하여 이용할 수 있는 합작저작물이란 수인의 저작자에 의해 외관상 하나의 저작물이 창작되기는 하였으나 각자의 기여분 사이에 유기적인 결합관계가 존재하지 않고 각자의 기여분이 분리되어 이용될 수 있는 저작물을 말한다. 이는 결과적으로 단독저작물의 집합이라고 말할 수 있다. 따라서 분리하여 이용할 수 없는 합작저작물과는 달리 공동창작의사나 공동창작행위는 성립요건이 아니다.

그러나 전체 합작저작물을 이루는 개별적인 구성부분은 독창성을 가지고 있어야 한다. 이는 분리하여 이용할 수 있는 합작저작물의 특유한 성립요건이라기보다는 저작물의 일반적인 성립요건이다. 따라서 개별 구성부분은 남의 것을 표절하거나 모방하지 않고 독창적으로 창작된 지적성과물이어야 한다. 기존 저작물에 대한 단순한 기술적 가공행위나 오류 수정행위는 창작행위라고 보기는 어렵다.

다. 합작저작물의 저작권 귀속 및 행사

(1) 분리하여 이용할 수 없는 합작저작물의 저작권은 합작저작자가 공동으로 가진다. 각 합작저작자는 상호 협의 하에 권리를 행사하여야 하고, 협의가 이루어지지 아니한 때에는 정당한 이유 없이 다른 합작저작자가 양도권을 제외한 기타의 권리를 행사하는 것을 방해하여서는 아니 된다. 또한 합작저작물의 이용에 따른 수익은 모든 합작저작권자에게 합리적으로 배분하여야 한다(저작권실시조례 제9조).

분리하여 이용할 수 없는 합작저작물의 저작권 행사는 원칙적으로 합작저작자 상호간의 협의에 따라 이루어져야 하므로 만약 합작저작자 중의 한명인 A가 상호간 협의 없이 임의로 합작저작물의 저작권을 행사하였다면 다른 일방인 B는 A의 권리행사를 제지할 수 있다. 다만, 이 때 B가 A의 권리 행사를 제지하기 위해서는 정당한 이유, 즉 A의 권리행사가 신의칙에 반한다거나 B의 저작권을 침해하였다는 사정을 입증하여야만 한다. 정당한 이유에 대한 입증 없이 단순히 협의

1) 위 예는 오승종, 이해완 공저, 『저작권법』, 박영사(2006), 제208쪽에서 인용.

과정이 없었다는 이유만으로는 A의 권리행사를 제지할 수 없다.1)2)

또한 합작저작물의 이용에 따른 수익은 모든 합작저작권자에게 합리적으로 배분하여야 하는데, 여기서 합리적인 배분이라 함은 합작저작물의 창작에 이바지한 정도에 따라 각자에게 배분되는 것을 말한다. 이 경우 각자의 이바지한 정도가 명확하지 아니한 때에는 균등한 것으로 추정할 수 있을 것이다. 합리적인 배분에 대하여 저작자 상호간에 특약이 존재한다면 그 특약에 따라 분배할 수 있음은 물론이다.

(2) 합작저작물 중 분리하여 이용할 수 있는 것은 저작자가 각자 창작한 부분에 대하여 단독으로 저작권을 가진다. 다만, 저작권을 행사할 때에는 합작저작물 전체의 저작권을 침해하여서는 아니 된다(저작권법 제13조 제2항). 예를 들어 A와 B가 가사와 악곡으로 이루어진 외형상 1개의 음악저작물을 창작하였다고 가정하자. 이때 A와 B는 각자 창작한 부분에 대하여 단독저작권을 가지므로 A는 자신이 창작한 가사를 B의 동의 없이도 자유롭게 제3자에게 양도하거나 이용허락을 할 수 있다. B도 마찬가지다. 그런데 만약 A가 B가 아닌 다른 작곡자에게 자신이 창작한 가사를 이용하여 전혀 다른 음악을 작곡하게 하거나 그 반대로 B가 A가 아닌 다른 작사자에게 자신이 창작한 악곡을 이용하여 새로운 가사를 창작하게 하였다면 이러한 A와 B의 행위는 사실상 기존의 합작저작물을 해체하는 것에 해당하여 전체 합작저작물의 저작권을 침해하는 것이므로 허용되지 않는다.3)

2. 업무상 저작물(职务作品)

가. 의 의

업무상 저작물이란 "개인이 법인 또는 기타 단체의 업무상 임무를 완수하기 위하여 창작한 저작물"을 말한다(저작권법 제16조). 업무상 저작물의 저작권은 원칙적으로 자연인인 저작자가 가지되, 법인 또는 기타 단체는 그 업무 범위 내에서

---

1) 姜庶伟, "合作作品著作权的产生及行使", 著作权 2001年 2期, 제19쪽.

2) 참고로 공동저작물의 저작재산권 행사에 대하여 한국저작권법 제48조 제1항은 「공동저작물의 저작재산권은 그 저작재산권자 전원의 합의에 의하지 아니하고는 이를 행사할 수 없으며, 다른 저작재산권자의 동의가 없으면 그 지분을 양도하거나 질권의 목적으로 할 수 없다. 이 경우 각 저작재산권자는 신의에 반하여 합의의 성립을 방해하거나 동의를 거부할 수 없다」라고 규정하고 있다.

3) 姜庶伟, "合作作品著作权的产生及行使", 著作权 2001年 2期, 제17쪽.

우선적으로 사용할 수 있는 권리를 가진다(제16조 제1항). 다만, 업무상 저작물 중에서 "주로 법인 또는 기타 단체의 물질적·기술적 조건을 이용하여 창작하고 법인 또는 기타 단체가 책임을 지는 공사설계도·제품설계도·지도·컴퓨터 소프트웨어 등의 업무상 저작물"이나 "법률·행정법규 또는 계약서의 약정에 따라 법인 또는 기타 단체가 저작권을 가지는 업무상 저작물"의 경우에는 자연인인 저작자는 성명표시권만 가지고 성명표시권을 제외한 나머지 저작권은 법인 또는 기타 단체가 가진다(제16조 제2항).1)

업무상 저작물의 저작권은 원칙적으로 자연인인 저작자가 가지나 예외적으로 법인 또는 기타 단체가 가지는 경우도 있다는 점에서, 업무상 저작물에 관한 제16조 제2항은 '법인저작물'에 관한 제11조 제4항과 더불어 저작권 귀속에 관한 특례 규정이라고 할 수 있다.2)

업무상 저작물도 다른 저작물과 마찬가지로 개인의 지적 노동의 산물이기는 하나, 이는 법인과 고용관계에 있는 개인이 업무상 임무를 수행하는 과정에서 창작한 것이고 개인보다는 법인 등 단체의 의사나 의지를 더 많이 반영하고 있다는 점에서 업무상 저작물은 자연인이 개인적으로 창작한 저작물과는 차이가 있다. 또한, 업무상 저작물은 법인 등 단체의 업무와 관련하여 창작된 것이므로 개인적 이익뿐만 아니라 단체적 이익과도 크게 연관되어 있다. 따라서 저작권법은 저작자의 이익과 저작자가 속한 단체의 이익을 균형있게 조절하기 위해 업무상 저작물에 관한 규정을 둔 것이다.

나. 업무상 저작물의 성립요건

업무상 저작물의 성립요건은 다음과 같다.

첫째, 저작물은 법인 등 단체의 업무상 임무에 종사하는 자에 의하여 작성되어야 한다. 업무상 저작물은 개인이 법인 또는 기타 단체의 업무상 임무를 완수하

---

1) 한국저작권법은 업무상 저작물을 "법인·단체 그 밖의 사용자의 기획 하에 법인 등의 업무에 종사하는 자가 업무상 작성하는 저작물"로 정의하고(제2조 제11호) "업무상 저작물의 저작자는 계약 또는 근무 규칙 등에 다른 정함이 없는 때에는 그 법인 등이 된다"고 규정하고 있다(제9조).

2) 컴퓨터소프트웨어보호조례는 저작권법과는 다르게 법인 또는 기타 단체가 저작권을 가지는 것을 원칙으로 규정하고 있다. 즉, 위 보호조례 제12조는 「국가기관의 명령에 따라 개발한 소프트웨어의 저작권 귀속 및 그 행사는 업무위임서(项目任务书) 또는 계약에서 정한다. 업무위임서 또는 계약의 내용이 분명하지 아니한 때에는 소프트웨어 저작권은 임무를 수행한 법인 또는 기타 단체가 가진다」고 규정하고 있다.

기 위하여 창작한 저작물을 말한다. 여기서 "업무상 임무"라 함은 개인이 소속 법인 또는 소속 단체에서 마땅히 수행하여야 하는 직무를 말한다(저작권법실시조례 제11조). 업무상 임무란 결국 저작자와 그가 속한 법인 간의 사용관계에 기초한다고 할 수 있다. 이러한 사용관계는 넓은 의미의 개념으로서 노동법상의 고용계약에 의해 발생할 뿐만 아니라 법인과 저작자 사이의 실질적인 지휘감독 관계에 의해서도 발생한다고 본다.[1)]

둘째, 저작자는 법인 등 단체의 업무상 임무를 완수하기 위한 목적에서 창작행위를 하여야 한다. 저작자의 창작행위는 일종의 직무수행행위라고 볼 수 있다. '업무상 임무를 완수하기 위한 목적'이란 결국 업무상 저작물의 주관적 성립요건에 해당한다. 이러한 주관적 요건은 실제 소송에서 입증이 용이하지 않을 것이나 저작자와 법인 간에 사용관계가 인정되면 주관적 요건도 사실상 추정된다고 보아야 할 것이다.

셋째, 저작자의 창작활동은 법인 등 단체의 창작 의사나 의지를 반영한 것이어야 한다. 저작물을 창작함에 있어 법인 등 단체가 주도권을 가지고 저작물 제작에 관한 기획을 주관하여야 한다. 저작자가 임의로 작성한 저작물이라도 법인 등 단체의 사후 승인이 있거나 법인의 정관에 표방되어 있는 업무 범위에서 크게 벗어나지 않는 한, 당해 저작물은 업무상 저작물로 성립한다고 할 것이다.

다. 업무상 저작물의 저작권 귀속

(1) 일반적인 경우

개인이 법인 또는 기타 단체의 업무상 임무를 완수하기 위하여 창작한 업무상 저작물의 저작권은 원칙적으로 자연인인 저작자가 가진다. 다만, 법인 또는 기타 단체는 그 업무 범위 내에서 우선 사용할 수 있는 권리가 있다. 법인 등은 그 업무 범위 내에서 저작물을 직접 이용하든지 아니면 제3자에게 저작물을 이용하도록 허락할 수 있다.

업무상 저작물에 대하여 법인 또는 기타 단체가 가지는 우선 사용권은 저작물

---

1) 사용관계와 관련해서 도급계약이 문제된다. 중국 계약법(中华人民共和国合同法)상 도급계약이란 "수급인이 도급인의 요구에 따라 일을 완성한 후 완성된 성과물을 도급인에게 인도하고 도급인으로부터 보수를 지급받는 계약"을 말하는데(제251조), 수급인은 도급인에 대하여 독립된 지위를 가지고 자신의 재량에 따라 일을 완성하므로 도급인의 피고용자라고 보기는 어렵다. 따라서 도급관계는 사용관계에 포함되지 아니하므로 도급관계에 의하여 수급인이 저작물을 창작한 때에는 당해 저작물의 저작권은 원시적으로 수급인에게 귀속된다.

을 완성한 후 2년 동안만 보장되며 무상 사용권이다. 여기서 "저작물을 완성한 후 2년"이란 저작자가 그 저작물을 소속 법인 등에 교부한 날로부터 기산한다(저작권법실시조례 제12조 제2항). 저작자는 저작물을 완성한 때로부터 2년 동안 본인이 소속된 법인 또는 단체의 동의 없이는 제3자에게 법인 또는 기타 단체가 사용하는 동일한 방식으로 그 저작물을 사용할 수 있도록 허락할 수 없다(저작권법 제16조 제1항). 또한 저작자 자신도 위 기간 동안에는 법인 또는 기타 단체가 사용하는 동일한 방식으로 업무상 저작물을 사용할 수 없다.[1] 업무상 저작물을 완성한 후 2년 이내라도 저작자는 소속 법인 또는 단체의 동의를 얻어 제3자에게 저작물을 이용하도록 허락하는 것은 무방하다. 다만, 이 경우 저작자가 제3자로부터 이용허락에 대한 보상을 받은 때에는 저작자와 소속 법인 사이에 체결된 약정 비율에 따라 당해 보상금을 배분하여야 한다(저작권법실시조례 제12조 제1항).

저작물을 완성한 후 2년이 경과하면 저작자는 법인 등의 동의가 없어도 자유롭게 제3자에게 당해 저작물을 이용 허락할 수 있다. 이 때 저작자가 제3자로부터 이용허락에 대한 보상을 취득한 경우 저작자는 저작자와 소속 법인 사이에 체결된 약정 비율에 따라 당해 보상금을 배분하여야 한다. 또한 저작물을 완성한 후 2년이 경과하더라도 법인 또는 기타 단체는 여전히 업무 범위 내에서 계속적으로 당해 저작물을 무상으로 사용할 수 있다.

문제는 저작물이 완성된 지 2년이 경과한 후에도 법인 등은 그 업무 범위 내에서 여전히 제3자에게 저작물을 사용하도록 허락할 수 있는가이다. 생각건대, 저작물이 완성된 지 2년이 경과한 후에는 법인의 우선사용권은 소멸하므로 법인 등은 그 업무 범위 내에서 더 이상 제3자에게 저작물을 이용하도록 허락할 수 없다고 본다. 뿐만 아니라 법인 등은 그 업무 범위를 벗어나 제3자에게 법인 등과 상이한 방식으로 저작물을 사용하도록 허락하는 것도 허용되지 않는다.[2]

(2) 특수한 경우

업무상 저작물의 특수한 경우로서 "주로 법인 또는 기타 단체의 물질적·기술적 조건을 이용하여 창작하고 법인 또는 기타 단체가 책임을 지는 공사설계도·제품설계도·지도·컴퓨터 소프트웨어 등의 업무상 저작물"이나 "법률·행정법규 또는 계약서의 약정에 따라 법인 또는 기타 단체가 저작권을 가지는 업무상 저작

1) 李雨峰 等, 『著作权法』, 厦门大学出版社(2006), 제96쪽.
2) 李雨峰 等, 『著作权法』, 厦门大学出版社(2006), 제96쪽.

물"의 경우에는 자연인인 저작자는 성명표시권만을 가지고 성명표시권을 제외한 나머지 저작권은 법인 또는 기타 단체가 가진다(제16조 제2항). 여기서 "물질적·기술적 조건"이라 함은 소속 법인 또는 소속 단체가 개인에게 오로지 저작물의 창작·완성을 위해 제공한 자금, 설비 또는 재료를 말한다(저작권실시조례 제11조 제2항). 법인 또는 기타 단체는 성명표시권을 제외한 나머지 저작권을 가지는 대가로 저작자에게 보상금을 지급할 수 있다(저작권법 제16조 제2항).

3. 위탁저작물

가. 의 의

위탁저작물이란 수탁자가 위탁자로부터 위탁을 받거나 위임이나 도급계약 등과 같은 계약 내용 따라 창작한 저작물을 말한다. 이러한 위탁저작물은 실제 생활에서 흔하게 찾아볼 수 있는데, 타인에게 저작물의 번역을 위탁하거나 자서전의 저술을 위탁하는 경우, 사내 직원 교육을 위한 CD를 교육전문 용역업체에 의뢰하여 제작하게 하는 경우, 전문 사진사에게 사진 촬영을 의뢰하는 경우 등이 그 예라 하겠다.

이러한 위탁저작물의 특징은 수탁인(수임인이나 수급인 등)이 위탁자(위임인이나 도급인 등)에 대해 독립적인 지위를 가지고 있어 본인의 재량에 따라 창작활동을 하고, 비록 수탁인이 위탁자로부터 창작 재료를 제공받고 위탁자의 의견이나 지시사항을 작품에 일부 반영하였다고 하더라도 작품 창작에 있어 결정적인 요소는 창작자인 수탁인의 창의적인 기법과 예술적 감각이라는 데에 있다.[1] 이러한 의미에서 위탁저작물은 '창작자가 법인 또는 단체와의 사용관계(특히, 고용관계)에 기초하여 법인 등의 지휘감독을 받아야 하고, 창작자 개인의 의사보다는 단체의 창작의사나 의지를 더 반영하여야 하며, 업무상 임무의 완수를 위해 창작'하여야 하는 업무상 저작물과는 본질적으로 다르다. 일반적으로 위탁저작물은 위임이나 도급계약에 기초하고 있는 반면, 업무상 저작물은 고용계약에 기초하고 있다.[2]

---

1) 刘春天, 『知识产权法』, 北京大学出版社(2000年版), 제74쪽. 张革新, 『现代著作权法』, 中国法制出版社(2006), 제78쪽 각 참고.

2) 위탁관계냐 아니면 고용관계냐를 판단하기 위해 미국의 판례와 실무는 몇 가지 판단기준을 제시하고 있다고 한다(이하 내용은 오승종, 이해완 공저, 『저작권법』, 박영사(2006), 제226쪽에서 인용한 것임). 당해 기준은 중국저작권법 해석에 있어서도 큰 도움이 될 수 있을 것으로 보인다.
① 먼저 저작물의 제작에 요구되는 기술의 숙련도가 높으냐 낮으냐 하는 점이다. 높은 숙련도가 요구되는 제작의 의뢰는 위탁일 경우가 많고, 낮은 숙련도가 요구되는 제작은 고용관계일 경우가 많다는 것이다.

나. 위탁저작물의 저작권 귀속

저작권 귀속의 기본적인 원칙은 저작물의 저작권은 그것을 창작한 사람, 즉 저작자에게 원시적으로 귀속된다는 것이다. 그런데 위탁저작물에 대한 저작권의 귀속문제를 둘러싸고 각 나라의 입법례는 서로 차이를 보이고 있다.

첫째, 위탁인의 이익 보호에 더 중점을 둔 입법례로는 구(舊) 한국저작권법[1]이 있다. 구(舊) 한국저작권법 제13조는 "타인의 위탁에 의하여 저작된 사진, 초상의 저작권은 그 위탁자에 속한다"라고 규정하였다. 이는 위탁저작물 일반에 대해서가 아닌 사진과 초상의 경우에 한하는 것이다. 둘째, 수탁인의 이익 보호에 더 중점을 둔 입법례[2]로는 프랑스저작권법이 있다. 프랑스저작권법에 따르면 저작자인 수탁인은 그가 창작한 저작물에 대해 배타적인 권리를 가지며 당해 권리는 어떠한 고용관계나 노무관계에 의해서도 영향을 받지 않는다. 다만, 수탁인은 위탁인과의 계약에 따라 배타적 권리를 위탁인에게 양도할 수 있다.[3] 셋째, 양자의 이익을 절충하는 입법례로는 필리핀저작권법이 있다. 필리핀저작권법은 위탁저작물의 저작권은 위탁인과 수탁인에게 공동으로 귀속된다고 규정하고 있다.[4]

---

② 도구 및 재료를 공급하는 자가 제작의 의뢰자인 경우에는 고용관계일 가능성이 많고, 제작자 스스로 도구 및 재료를 구입하는 경우에는 위탁일 가능성이 크다.
③ 작업장소가 의뢰자의 영업장 내이거나 의뢰자가 지시한 장소라면 고용관계로, 작업장소가 제작자가 관리하는 영업장이나 자택 또는 그가 선택한 곳이라면 위탁으로 판단할 여지가 크다.
④ 제작이 완료된 후 의뢰자가 추가작업 또는 변경·수정작업을 요구할 수 있는 권리가 당연히 유보되어 있다면 고용관계로, 그렇지 않다면 위탁관계로 판단한다.
⑤ 제작에 있어 작업자의 재량이 발휘될 여지가 적으면 고용관계로, 그렇지 않다면 위탁관계로 판단한다.
⑥ 작업시간, 예컨대 출·퇴근시간을 의뢰자가 통제하면 고용관계로, 그렇지 않으면 위탁관계로 판단한다.
⑦ 보수의 지급방식이 월급 등 정기급여형식을 취하고 있으면 고용관계로, 작업의 완성 후 일괄지급방식이라면 위탁관계로 판단한다.
⑧ 작업보조자의 고용주가 의뢰자이면 고용관계로, 제작자이면 위탁관계로 판단한다.
⑨ 의뢰된 작업이 의뢰자의 일상적인 업무 또는 영업의 범위에 속하는 것이라면 고용관계로, 그렇지 않으면 위탁관계로 판단한다.

1) 1957. 1. 28. 법률 제432호로 제정된 것.

2) 현행 한국저작권법상 위탁저작물에 대하여는 저작권 귀속에 관한 명문 규정이 없다. 따라서 위탁저작물의 저작자는 실제로 저작을 한 자이므로 위탁을 하는 때에 저작권은 저작자에게 원시적으로 귀속된다고 해석된다. 박성호, "업무상 작성한 저작물의 저작권 귀속", 저작권심의조정위원회 저작권관계자료집 11집 1992년 12월, 제132쪽.

3) 李雨峰 等,『著作权法』, 厦门大学出版社(2006), 제78쪽.

4) 李雨峰 等,『著作权法』, 厦门大学出版社(2006), 제78쪽.

중국저작권법 제17조는 “위탁을 받아 창작한 저작물의 저작권 귀속은 위탁자와 수탁자 사이의 계약에 의한다. 계약서에 명시되어 있지 않거나 계약을 체결하지 않은 경우에는 저작권은 수탁자에게 귀속된다”라고 규정하고 있다. 상기 규정을 보면 중국저작권법은 당사자의 의사를 존중하는 전제 하에 실제 저작자인 수탁자의 권익 보호에 더 중점을 두고 있음을 알 수 있다. 즉, 위탁저작물의 저작권 귀속에 관하여 강행규정을 두지 않고 당사자의 자유의사를 존중하여 계약에 의해 얼마든지 저작권의 귀속을 정할 수 있도록 한 것이다. 위 규정의 취지는 저작권 귀속에 관한 강행규정으로 인하여 수탁자가 위탁자에게 저작권 이용상의 불편을 주는 것을 방지하고, 위탁자가 위탁계약에 따라 위탁자의 지시나 주문사항을 작품 중에 충분히 반영할 수 있도록 하기 위함이다.

그렇다면 계약을 통해 저작재산권뿐만 아니라 저작인격권까지도 위탁인이 가질 수 있다고 정할 수 있는가. 저작인격권은 일신전속적인 성격을 가지고 있으므로 실제 저작자가 아닌 위탁인이 계약에 의해서 이를 취득할 수 있다고 보는 것은 법리적으로 어색하다는 데서 위와 같은 문제가 제기되는 것이다. 한국저작권법에서는 위탁저작물의 저작자는 실제로 저작을 한 수탁자이고 저작권은 수탁자에게 원시적으로 귀속된다고 해석되므로 위와 같은 문제는 애당초 발생하지 않는다. 그러나 중국저작권법은 위탁저작물의 저작권 귀속 문제를 일차적으로 당사자 사이의 계약에 맡겨두고 있고 저작인격권의 귀속문제도 계약으로 정할 수 있는지 여부에 대해서 아무런 규정을 두지 않아 해석상 논란이 있는 것이다.

저작권법 제16조는 업무상 저작물의 저작권은 법인 또는 기타 단체에 있다고 하면서도 저작인격권에 해당하는 성명표시권만은 실제로 저작물을 창작한 개인에게 있다고 규정함으로써 저작인격권의 귀속에 대한 일정한 제한을 가하고 있으나, 저작권법 제17조는 위와 같은 제한 규정을 두고 있지 않다. 따라서 문언 해석상 위탁저작물의 저작인격권도 계약에 따라 아무런 제한 없이 위탁자에게 귀속될 수 있다고 해석하여야 할 것이다.

이에 대해 저작인격권(특히, 성명표시권)의 귀속에 대한 일정한 제한을 두어야 한다는 비판적 견해가 있다. 이 견해에 따르면 저작자의 서명은 작품과 작가를 연결하는 교량이고 그에 따라 일반적으로는 서명인이 곧 작품의 작가라고 여겨지는 만큼, 만약 성명표시권 마저도 계약으로 위탁인에게 귀속되는 것을 법이 허용한다면 법이 대작행위를 용인하거나 심지어는 장려하는 결과까지도 초래된다는 것이다. 따라서 이 견해는 법을 개정하여 위탁저작물에 있어 저작인격권의 귀속

에 대한 일정한 제한 규정을 두어야 한다고 주장한다.[1]

다. 위탁저작물의 이용관계

중국저작권법은 위탁저작물의 저작권 귀속에 대해서만 규정을 두고 있을 뿐, 위탁저작물의 이용관계에 대해서는 침묵하고 있다. 저작권법 제17조의 입법취지는 위탁저작물의 이용관계에 대한 구체적인 내용은 당사자 간의 약정에 따라 정하도록 한 것이었으나 실무적으로 볼 때 적지 않은 저작권 분쟁이 바로 당사자 사이에서 위탁저작물의 이용관계에 대한 명확한 약정이 정해져 있지 않아 발생되고 있는 실정이다.

위와 같은 문제인식에 따라 중국 최고인민법원은 2002년에 "저작권분쟁사건에 적용할 법률문제에 관한 최고인민법원 해석"을 공표하였다.[2] 위 해석 제12조는 "위탁인과 수탁인이 저작물의 사용범위에 대해 약정을 정하지 않은 경우 위탁인은 창작을 위탁한 목적의 범위 내에서 무상으로 저작물을 사용할 수 있다"고 규정하고 있다. 동 해석은 현재 위탁저작물의 이용관계에 관한 유일한 규정으로서 위탁저작물의 이용관계에 관한 입법 불비(不備)를 사법해석으로서 보완한 것이다.

위 사법해석의 취지에 따르면 위탁저작물의 구체적인 이용관계는 기본적으로 위탁인과 수탁인 사이의 계약으로 정하되, 구체적인 약정이 없더라도 위탁인은 위탁계약의 목적 범위 내에서 당해 저작물을 무상으로 사용할 수 있는 권리를 가진다고 할 것이다. 그러나 위탁인은 저작물을 이용함에 있어 수탁인의 합리적인 이익을 침해하여서는 아니 된다.[3]

4. 편집저작물

편집저작물(汇编作品)이란 저작물의 전부나 일부 또는 저작물을 구성하지 않는 데이터(数据)나 기타 자료를 편집(汇编)하여 그 내용의 선택이나 배열(编排)에 독창성이 있는 저작물을 말한다.

여기서 편집행위란 소재에 내적인 변화를 가하지는 않지만 소재의 선택이나 배열에 독창성을 가미하는 지적인 창작행위를 말한다. 이는 소재 자체를 제작하는

---

1) 张革新,『现代著作权法』, 中国法制出版社(2006), 제97쪽.

2) 最高人民法院关于审理著作权民事纠纷案件适用法律若干问题的解释(2002), 2002年10月12日 最高人民法院审判委员会 第1246次 会议通过.

3) 周详 외 1인, "论委托作品的合同", 中国版权 2003年 第4期, 제46쪽.

행위와는 구별되며 그 자체로 독자적인 보호의 필요성을 가진다. 저작권법은 편집자가 편집저작물의 저작권을 가진다고 규정함으로써(저작권법 제14조), 소재 제작행위와는 별도로 편집행위를 독자적으로 보호하고 있다.

편집저작물은 소재를 기초로 그로부터 파생된 저작물이란 점에서, 특히 소재가 저작물인 경우 소재저작물과 편집저작물의 관계가 문제된다. 소재저작물의 저작자가 가지는 저작재산권에는 편집저작권도 포함되어 있으므로 편집저작자가 소재저작물을 이용하여 편집저작물을 제작할 때에는 반드시 소재저작자의 동의를 구하여야 한다. 저작권법도 편집저작권을 행사할 때에는 원저작물의 저작권을 침해하여서는 아니 된다고 규정하고 있다(저작권법 제14조 단서).[1] 이 때 주의하여야 할 점은 편집저작자가 소재저작자의 동의를 얻어 편집저작물을 창작한 경우라도 편집저작자는 소재저작자에게 보상을 하여야 한다는 것이다[2]. 즉 소재저작자의 동의가 곧 보상의 면제까지 의미하는 것은 아니라는 것이다.

5. 영화저작물 또는 영화 제작과 유사한 방법으로 창작한 저작물

가. 영화저작물 또는 영화 제작과 유사한 방법으로 창작한 저작물의 특성

영화저작물 및 영화제작과 유사한 방법으로 창작한 저작물이란 음의 수반 여부를 불문하고 일정한 매개물에 연속적인 영상을 수록하여 그 영상을 적당한 장치에 의해 상영(放映)하거나 기타 방식으로 전송(传播)하는 저작물을 말한다(저작권법 실시조례 제4조 제11호). 영화저작물 및 영화제작과 유사한 방법으로 창작한 저작물이란 결국 영상저작물을 의미한다.

이러한 영상저작물은 연역저작물 및 합작저작물의 성격을 동시에 가지는 특성이 있다. 즉, 영화나 TV 연속극 등 영상저작물은 소설이나 시나리오, 드라마 각본 등을 소재로 제작되는 것이 보통이다. 또한 영상저작물은 그 성질상 다수의 참여자가 존재한다. 소설가, 시나리오작가와 영화감독을 비롯하여 촬영감독, 조명감독, 기타 스탭들이 있는 것은 물론, 제작자와 프로듀서 심지어 투자자들까지 영화 제작에 일정부분 관여를 한다.

---

1) 그 외에도 저작권법은 비록 도서출판자에 관한 내용이기는 하나, 제34조에서 "기존의 저작물을 개편(改编)·번역·주석(注释)·정리·편집(汇编)하여 제작한 저작물을 출판하는 때에는 저작물을 개편·번역·주석·정리·편집한 저작권자와 원저작물의 저작권자의 허락을 얻어야 한다"라고 규정함으로써 위와 같은 취지를 분명히 밝히고 있다.

2) 张革新, 『现代著作权法』, 中国法制出版社(2006), 제97쪽.

이처럼 영상저작물의 제작에는 여러 사람들이 관여하고 그 결과 이해관계도 복잡하다. 이러한 영상저작물의 저작권 귀속의 문제를 저작권 귀속에 관한 일반론, 즉 창작자가 저작물을 가진다는 원칙에만 입각하여 해결하다가는 복잡 다양한 이해관계를 합리적으로 조절하지 못하여 영상저작물 제작에 참여한 자들 간의 법적 분쟁으로 인하여 영상저작물의 이용이 원활하게 이루어지기 어렵고, 그로 인하여 막대한 자본을 들인 영상제작자가 흥행에 실패하여 금전적 손실을 입을 수도 있다.

저작권법은 위와 같은 문제점을 고려하여 영상저작물에 대한 특칙을 두었다. 저작권법 제15조는 「영화저작물이나 영화 제작과 유사한 방법으로 창작한 저작물의 저작권은 제작자가 갖는다. 다만, 각본, 감독, 촬영, 작사, 작곡 등은 그에 해당하는 각 저작자가 성명표시권을 가지며 제작자와 체결한 계약에 따라 보수를 받을 수 있는 권리를 가진다. 영화저작물이나 영화 제작과 유사한 방법으로 창작된 저작물의 제작에 사용된 각본, 음악 등 단독으로 사용할 수 있는 저작물의 저작자는 그 저작권을 단독으로 행사할 권리를 갖는다」라고 규정함으로써 영상저작물 제작에 참여한 자들 간의 이해관계를 조절하고 있다.

나. 영상저작물의 저작권 등의 귀속관계

(1) 제작자(制片者)의 권리

(가) 저작권법은 영상저작물의 저작권은 제작자에게 귀속된다고 규정하고 있다.

여기서 먼저 제작자는 누구인지가 문제된다. 저작권법에는 제작자에 대한 정의 규정이 없다. 제작자는 영상저작물을 실질적으로 창작한 저작자가 아닌 영상저작물의 제작을 함에 있어 전체적인 기획을 하고 영상저작물의 흥행 여부에 따른 경제적인 책임을 지는 자를 말한다. 제작자는 개인일 수도 있고 방송사, 영화사 등 법인이 될 수도 있다.

여기서 주의하여야 할 점은 영상저작물의 저작자인 제작자(制片者)와 영상제품을 만든 영상제작자(录像制作者)는 서로 구별되는 개념이라는 것이다. 영상제품(录像制品)이란 영화저작물 및 영화제작과 유사한 방법으로 창작한 저작물 이외의 음의 수반 여부를 불문하고 연속적인 형상(形象) 및 도상(图像)을 녹화한 제품을 말한다. 영상제작자(录像制作者)란 이러한 영상제품을 맨 처음 제작한 자를[1] 가리키는 것이다(저작권법실시조례 제5조 제5호). 또한 제작자는 영화제작을 위탁한 자와도

---

1) 보다 정확한 의미는 연속적인 영상을 맨 처음 영상제품에 고정한 자이다.

구별된다. 영화제작을 위탁한 자는 영화제작비를 부담하기는 하지만 영화제작을 기획하지는 않기 때문에 제작자는 될 수 없다.

(나) 저작권법은 제작자가 영상저작물의 저작권 자체를 가진다고 규정하고 있다. 이와는 달리 한국저작권법은 영상저작물의 저작권이 누구에게 귀속되는가를 직접적으로 규정하기보다는 저작권의 귀속여부를 묻지 않고 영상저작물의 이용을 위하여 필요한 권리는 제작자에게 양도된 것으로 추정함으로써 영상저작물의 원활한 이용을 도모하고 있다.[1] 그 결과 한국저작권법의 해석에 따르면 제작자에게 양도되는 권리는 저작재산권뿐이고 저작인격권은 여전히 영상저작물의 저작자에게 존속하며,[2] 제작자에게 양도되는 저작재산권의 범위도 영상저작물의 이용을 위하여 필요한 권리에 한정된다고 할 수 있다. 그러나 이와는 달리 중국저작권법상 제작자는 영상저작물의 저작권 자체를 가지므로 제작자는 저작재산권과 저작인격권 모두를 취득하게 된다. 따라서 중국저작권법 해석상 제작자가 영상저작물에 대해 행사할 수 있는 권리의 범위는 한국저작권법에 비해 훨씬 포괄적이라 할 수 있다.

(다) 한편 저작권법은 영상저작물의 저작권 귀속에 관한 특칙 이외에도 영상저작물의 제작에 관한 특칙도 아울러 규정하고 있다. 저작권자는 타인에게 그 저작물을 영상저작물로 제작하도록 허락한 때에는 그 저작물에 대한 필요적 변경을 이미 동의한 것으로 본다(저작권법실시조례 제10조 본문). 저작재산권에는 영상물제작권뿐만 아니라 개편권 등도 포함되어 있으므로 제작자가 원저작자로부터 영상화 허락을 받았더라도 원저작물에 변경을 가하기 위해서는 원저작자로부터 별도의 허락을 얻어야 하는 것이나, 영상제작물의 제작단계에서 제작자의 편의를 도모하기 위하여 위와 같은 특칙을 둔 것이다. 따라서 제작자는 소설저작자로부터 영상화 허락을 받은 이상 별도의 동의 없이도 당해 소설에 변형을 가할 수 있다. 다만 그 변형은 영상저작물의 제작에 필요한 범위 내로 제한되어야 하고(저작권법실시조례 제10조 본문 취지), 원저작물을 왜곡하거나 훼손(篡改)하는 정도에 이르러서는 아니 된다(저작권법실시조례 제10조 단서). 예컨대 영화제작자가 한족과 소수민족 간의 갈등을 중국인이라는 단결된 정신세계로 극복하는 과정을 그려낸 소설을

1) 한국저작권법 제100조 제1항 : "영상제작자와 영상저작물의 제작에 협력할 것을 약정한 자가 그 영상저작물에 대하여 저작권을 취득한 경우 특약이 없는 한 그 영상저작물의 이용을 위하여 필요한 권리는 영상제작자가 이를 양도 받은 것으로 추정한다."

2) 허희성, 신저작권법축조해설, 범우사(1998), 제331면.

토대로 영화를 제작하였으나, 그 영화는 원작소설과는 달리 소수민족을 희화화하거나 열등한 민족으로 묘사하여 한족의 우수성을 표현하는 주제를 담고 있는 경우 이러한 변형은 원작의 가치를 떨어뜨려 원저작물을 왜곡 또는 훼손한 것으로 허용될 수 없다.

위 저작권법실시조례 제10조 본문과 관련하여 다음과 같은 해석상 문제가 있다. 저작재산권에는 위에서 언급한 영상물제작권, 개편권 이외에도 복제권, 상영권, 방송권, 정보네트워크 전송권, 번역권 등이 포함되어 있다. 그런데 위 저작권법실시조례 제10조는 원저작물에 대한 필요적 변경에 대해서만 언급하고 있을 뿐, 복제나 방송 등에 대해서는 침묵을 지키고 있으므로, 제작자는 원저작물을 영화화함에 있어 원저작물에 대한 내용상 변경 이외에 다른 행위에 대해서는 원저작자로부터 개별적으로 동의를 구하여야 하는지가 문제된다.[1)]

이에 대해 한국저작권법은 포괄적인 추정 규정을 두어 문제를 해결하고 있다. 즉 한국저작권법에 의하면 저작재산권자가 저작물의 영상화를 다른 사람에게 허락한 경우에 특약이 없는 한 영상저작물을 제작하기 위해 저작물을 개편하는 것, 공개상영을 목적으로 한 영상저작물을 공개상영하는 것, 방송을 목적으로 한 영상저작물을 방송하는 것, 전송을 목적으로 한 영상저작물을 전송하는 것, 영상저작물을 그 본래의 목적으로 복제·배포하는 것, 영상저작물의 번역물[2)]을 그 영상저작물과 같은 방법으로 이용하는 것을 모두 포함하여 허락한 것으로 추정된다.[3)]

중국저작권법은 한국저작권법과 같은 포괄적인 추정 규정을 두고 있지 않으므로 법률해석상 원저작자의 영상화 동의에 원저작물에 대한 필요적 변경 뿐만 아니라 방송이나 네트워크 전송, 복제 등에 대한 동의까지도 포괄적으로 포함되어 있다고 보기는 어렵다. 따라서 영상저작물과 관련한 계약을 함에 있어서 이 부분에 대한 세심한 주의가 필요하다.

(2) 제작자 이외의 자가 가지는 권리

영상저작물의 제작에는 제작자 이외에도 소설가, 시나리오 작가와 영화감독, 촬

---

1) 예컨대, A라는 소설을 각색하여 영화로 제작한 제작자가 당해 영화를 TV 방송으로 방송하려는 경우 소설가의 방송동의가 없는 한 제작자는 소설가의 방송권을 침해한 것으로 볼 수 있는 여지가 있다.

2) 영상저작물의 번역물이란 영상저작물에 사용된 언어를 더빙 또는 자막을 통하여 다른 언어로 바꾸는 것을 말한다.

3) 한국저작권법 제99조 제1항.

영감독 등 다양한 사람들이 참여한다. 비록 영상저작물의 저작권은 제작자에게 귀속되나, 각본자, 감독자, 촬영자, 작사자, 작곡자 등도 각자가 창작한 부분에 대해 성명표시권을 가질 수 있고 제작자에게 정당한 보수를 청구할 수 있는 권리를 가진다(저작권법 제15조 참조).

또한 영상저작물의 제작에 사용된 각본, 음악 등 단독으로 사용할 수 있는 저작물의 저작자는 그 저작권을 단독으로 행사할 권리를 갖는다(저작권법 제15조 참조). 영상저작물의 저작권이 제작자에게 있는 이상 영상제작물의 제작에 사용된 원저작물의 저작자는 영상저작물의 영화적 이용과 관련해서 더 이상 제작자에게 원저작물에 대한 저작권을 행사할 수는 없으나, 원저작물을 비영화적 방법으로 이용하는 것은 무방하다. 예컨대, 소설가는 자신의 소설을 영화화하는 데 동의한 이후에도 소설을 출판할 수 있고, 작곡자는 자신의 곡을 영화주제곡으로 사용하는 데 동의한 후에도 곡에 가사를 붙여 새로운 음반을 출판할 수 있다.

제 4 장 저작권의 내용

Ⅰ. 저작인격권

Ⅱ. 저작재산권

Ⅰ. 저작인격권

1. 서 설

가. 저작인격권의 의의

저작인격권은 저작자가 자신의 저작물에 대해 가지는 인격권 이익을 보호하는 권리로서 저작재산권과 더불어 저작권의 내용을 구성한다. 저작인격권은 저작재산권과 더불어 저작자의 이익을 보호하기 위한 것이나 전자는 저작자의 관념적·인격적 이익을, 후자는 저작자의 경제적·물질적 이익의 보호를 목적으로 하는 점에서 양자는 다르다. 저작권법실시조례 제6조는「저작권은 저작물이 창작된 날로부터 발생한다」고 규정하여 저작권의 발생에 있어 무방식주의를 취하고 있다. 즉 저작권은 창작행위로부터 바로 발생하며 어떠한 절차나 형식의 이행은 불필요하다는 것이다. 따라서 저작인격권은 저작물이 창작된 날로부터 발생한다. 저작재산권도 마찬가지다.

저작인격권에 어떤 권리가 포함되는가에 대해서는 나라마다 차이가 있어 일률적으로 말하기는 어렵다. 중국저작권법은 ① 저작물을 공표하거나 공표하지 아니할 것을 결정할 수 있는 권리인 공표권(发表权), ② 저작자의 신분을 표시하고 저작물에 서명할 수 있는 권리인 성명표시권(署名权), ③ 저작물을 수정하거나 타인에게 이를 하도록 허락할 수 있는 권리인 수정권(修改权), ④ 저작물을 타인의 왜곡(歪曲)이나 훼손(篡改)으로부터 보호할 수 있는 권리인 저작물의 완전성보호권(保护作品完整权)을 규정하고 있다. 이에 반해 한국저작권법은 ① 저작물을 공표하거나 공표하지 아니할 것을 결정할 수 있는 권리, ② 저작물의 원본이나 그 복제물에 또는 저작물의 공표 매체에 저작자의 실명 또는 이명을 표시할 수 있는 권리, ③ 저작물의 내용·형식 및 제호의 동일성을 유지할 수 있는 권리를 인정하고 있다.

나. 저작인격권과 저작재산권과의 관계

저작권은 저작인격권과 저작재산권으로 구성되어 있는데 이들 두 권리의 상호관계에 대해 저작권 일원론과 저작권 이원론이 서로 대립하고 있다.

(1) 저작권 일원론

이 학설은 저작권을 일원적으로 구성하려는 입장이다. 즉 저작권은 순수한 재산권도 일신전속적인 인격권도 아니며 재산권적 요소와 인격권적 요소가 유기적으로 결합된 단일한 권리로서 저작재산권과 저작인격권을 발생시키는 모권이라는 것이다. 이 이론을 최초로 주장한 학자는 독일의 「알펠트」(Allfeld)라고 한다.

이 학설은 저작자의 저작물에 대한 재산적 이익과 관념적 이익의 불가분성 때문에 저작재산권과 저작인격권의 엄밀한 구분은 불가능하다고 보는 점에 그 핵심이 있다. 이러한 기본적 사고에 기초하여 저작권일원론자들은 저작권의 소멸, 상속 및 양도 등 권리변동상의 제문제에 관하여 저작권의 일원적 구성을 일관되게 관철하고 있다. 첫째, 저작권의 소멸에 관하여 저작권은 보호기간의 경과에 의하여 저작재산권뿐만 아니라 저작인격권도 함께 소멸한다고 한다. 둘째, 저작권상속의 경우 저작재산권과 저작인격권은 분리되지 않고 모두 상속인에게 이전한다고 한다. 셋째, 저작권의 양도에 관하여 저작인격권이 양도될 수 없다는 것은 저작권이원론과 같으나 저작권일원론은 저작재산권과 저작인격권의 상호불가분성에 따라 저작재산권의 양도성도 함께 부정한다. 그러나 이러한 해석은 저작권 이용의 실정에도 맞지 않으므로 저작권 일원론은 저작재산권의 양도를 사법상 통상적 의미인 「승계적 이전」이 아니라 「설정적 이전」의 의미로 해석하여 저작재산권의 불가양도성과 저작물의 경제적 이용성과의 조화를 꾀하고 있다.

(2) 저작권 이원론

이 학설은 저작권을 이원적으로 구성하려는 입장이다. 이는 저작권이 저작재산권과 저작인격권으로 이루어진 것이라 하여 저작권의 내용으로서 재산권과 인격권을 병행적으로 인정하고자 하는 견해이다. 권리변동상의 제문제에 관한 이원론의 구성은 다음과 같다. 첫째, 저작권의 소멸에 관하여 보호기간의 경과로 소멸되는 것은 저작재산권뿐이고 저작인격권은 저작자의 사망으로 소멸한다고 한다. 둘째, 저작권상속의 경우 상속 대상이 되는 것은 저작재산권에 한정되고 저작인격권은 상속의 대상이 아니라고 한다. 셋째, 저작권의 양도의 경우 저작인격권은 일신전속성으로 양도가 불가능한 반면 저작재산권은 자유롭게 양도될 수 있다고 한다. 이때의 양도는 「승계적 이전」에 해당한다고 한다.

(3) 중국저작권법의 입장

중국저작권법은 기본적으로 저작권 이원론 입장에 서 있다. 저작인격권(공표권 제외)은 저작재산권과는 달리 저작권 보호기간의 제한을 받지 않는다고 규정한 것이나(제20조) 저작인격권을 양도나 상속의 대상이 아니라고 규정한 것(제10조 및 제19조) 등은 저작권 이원론의 기본적인 입장과 상통하는 것이다.

다. 저작인격권의 성질

저작인격권은 배타적 지배권성, 공공성, 가분성, 유한성 그리고 일신전속성의 성질을 가지고 있다. 그 중 일신전속성을 제외한 나머지는 저작인격권뿐만 아니라 저작권 일반에 공통되는 성질이라고 할 수 있다.

(1) 배타적 지배권성

저작권은 저작권자가 자기의 저작물을 사용하거나 타인에게 그 이용을 허락함으로써 경제적인 이익을 얻을 수 있는 물권에 유사한 배타적인 권리이다. 독일, 미국, 프랑스의 저작권법은 배타성을 명문으로 규정하고 있으나,[1] 중국저작권법은 배타적 권리라는 용어를 명시적으로 사용하고 있지는 않다.

저작권의 배타적 지배권성과 관련하여 주의하여야 할 점은 저작자는 저작물의 아이디어에 대해서는 배타적인 지배를 할 수 없다는 것이다. 저작자는 저작물의 독창성 있는 표현에 한하여 배타적인 지배를 주장할 수 있을 뿐이다.

또한 배타적 지배권성은 독점권과는 구별된다. 저작권은 특허권이나 상표권과는 달리 독점적인 권리는 아니기 때문에 우연히 동일한 내용의 저작물이 여러 작성된 경우에도 서로 보고 베끼지만 않았다면 그 작성의 선후에 관계없이 모두 저작권을 가지게 되고 먼저 생긴 저작권에 대한 침해로 되지 아니한다.

(2) 공공성

원래 저작권법이 저작권을 법으로 보호하는 목적은 저작자의 권익뿐만 아니라 저작물의 공정한 이용으로 인하여 저작물의 창작과 보급을 장려하는 데에 있다.

---

1) 예컨대 독일저작권법 제15조 제1항은 「저작자는 자신의 저작물을 유형적인 형태로 이용할 배타적인 권리를 가진다. 위 권리는 특히 다음 각 호를 포함한다. 1. 복제권(제16조) 2. 배포권(제17조) 3. 전시권(제18조)」라고 규정하고 있다.

저작권의 배타적 권리성이 지나치게 강조되면 일반인이 저작물을 이용할 수 있는 기회와 가능성을 감퇴시켜 오히려 문화발전에 지장이 생기고 공공의 이익에도 반하는 결과를 초래하게 된다. 따라서 저작권에는 필연적으로 사회공공의 이익을 위해서 법률상 일정한 범위의 제한이 가해진다(저작권법 제2장 제4절, 저작권법 제33조 제2항, 저작권법실시조례 제10조 등). 다만 저작인격권은 그 성질상 저작재산권에 비해 제한의 범위가 좁다.

(3) 가분성

저작권은 하나의 권리 내용만으로 구성되어 있는 것이 아니라 공표권, 성명표시권, 복제권 등 다양한 권리내용으로 구성되어 있는 권리의 다발이라고 할 수 있다. 중국저작권법에 의하면 총 17개의 권리 다발이 하나의 저작권을 구성하고 있다. 그 중 저작인격권은 4개의 권리내용(공표권, 성명표시권, 수정권 및 저작물의 완전성보호권)으로 구성되어 있다. 저작자는 저작권을 가분하여 이용할 수 있다. 즉 저작인격권 중 수정권만을 따로 떼어 내어 제3자에게 저작물의 내용을 수정할 수 있도록 허락하거나 미술저작물의 복제권은 A에게 양도하면서 B에게는 미술저작물을 전시할 수 있는 권리를 허락하는 등 저작자는 각 권리마다 따로 처분하거나 이용허락을 할 수 있는 것이다. 그러나 권리의 다발을 구성하는 각각의 지분권은 모권인 저작권을 기초로 하여 존재하므로 만약 모권인 저작권 자체가 소멸하면 지분권도 덩달아 소멸하게 된다.

(4) 유한성

저작권은 유한성을 그 특징으로 한다. 저작재산권은 소유권 등 다른 재산권과는 달리 그 존속기간이 법정되어 있다(저작권법 제21조). 그러나 그 존속기간은 나라마다 다르다. 존속기간이 경과하게 되면 저작재산권은 이른바 공중의 영역(Public domain)으로 들어가 누구라고 자유롭게 이용할 수 있게 된다.

저작인격권도 유한성을 가진다. 저작인격권은 저작자의 일신에 전속하므로 저작자의 사망(법인 기타 단체의 경우에는 그 단체가 해산)과 더불어 소멸하기 때문이다. 그런데 저작자가 사망하더라도 일정한 경우에는 그 인격적 이익을 보호할 필요가 있을 수 있다. 저작자가 사망한 이후의 저작인격권(공표권 제외)은 저작자의 상속인 또는 유증을 받은 자에 의하여 보호되고, 만약 상속인이나 유증을 받은 자가 없는 경우에는 저작권행정관리부에 의하여 보호된다(저작권법실시조례 제15

조). 저작권법 제20조는 “저작자의 성명표시권(署名权)·수정권(修改权)·저작물의 완전성보호권(保护作品完整权)의 보호기간은 제한을 받지 않는다”라고 규정하고 있다. 저작재산권의 보호기간이 저작자의 생존하는 동안과 사망 후 50년임에 반해 공표권을 제외한 나머지 저작인격권은 그러한 제한을 받지 않는다는 것이다. 한편 저작권법은 저작인격권 중 공표권에 대해서는 예외적으로 그 보호기간을 저작자의 생존하는 동안과 사망 후 50년으로 제한하고 있다(저작권법 제21조).

(5) 일신전속성

저작인격권은 저작자의 일신에 전속한다.[1)] 따라서 저작인격권은 양도할 수 없으며 상속할 수도 없다. 저작인격권의 일신전속성에 관한 규정은 강행규정에 해당하므로 저작자가 저작인격권을 상대방에게 양도하기로 약정하더라도 그 약정은 무효가 되어 아무런 구속력이 없게 된다.

문제는 저작인격권의 권한 행사에 있어서 이를 대리하거나 위임하는 것이 가능한지 여부이다. 일신전속성을 지나치게 강조하여 저작인격권 행사의 대리나 위임을 원천적으로 허용하지 않는 것은 바람직하지 않다. 저작인격권의 본질을 해하지 아니하는 한도 내에서 대리나 위임은 허용된다고 본다.

라. 공동저작물의 저작인격권 행사

합작저작물 중 공동저작물의 저작인격권은 합작저작자 전원의 협의에 의하지 않고서는 이를 행사할 수 없다. 다만, 협의가 이루어지지 아니한 때에는 합작저작자는 정당한 이유 없이 일방의 합작저작자가 양도권을 제외한 기타의 권리를 행사하는 것을 방해하여서는 아니 된다(중국저작권법실시조례 제9조 참조). 또한 각 저작자는 신의에 반하여 합의의 성립을 방해해서도 안 되며, 공동저작물의 저작자는 그들 중에서 저작인격권을 대표하여 행사할 수 있는 자를 정할 수 있다.

---

1) 저작인격권의 일신전속성은 저작권법 제19조, 제20조 및 제25조에서 확인할 수 있다.

2. 저작인격권의 종류

가. 공표권

(1) 공표권의 의의

저작자는 자신의 저작물을 공표하거나 공표하지 아니할 것을 결정할 수 있는 권리인 공표권(发表权)을 가진다(저작권법 제10조 제1호). 따라서 저작자는 자신의 미공표 저작물을 공표할 것인가 아니할 것인가, 언제 그리고 어떤 방법으로 공표할 것인가를 결정할 수 있다. 저작자의 의사에 반하여 저작물을 공표하는 것은 저작자의 공표권을 침해하는 행위이다. 저작물은 저작자의 사상과 감정을 표현한 것으로 저작자는 저작물로부터 사회적인 명예와 평가를 받게 된다. 저작물 중에는 저작자 스스로가 공표를 원하지 않는 경우가 있고, 그러한 저작물이 공표되게 되면 저작자는 당해 공표행위로부터 인격적 이익을 침해받을 수 있다. 따라서 저작권법은 이러한 점을 고려하여 공표권을 저작인격권의 한 종류로 인정하고 있는 것이다.

여기서 공표란 과연 무엇인가. 저작권법에는 공표에 대한 정의 규정이 없다. 다만 저작권법실시조례 제20조는 "저작권법에서 말하는 공표된 저작물이라 함은 저작권자가 스스로 또는 타인에게 허락하여 공중에 공표한 저작물을 말한다"라고 규정하고 있을 뿐인데, 이로써 공표의 대상자는 불특정 다수인 공중임을 추론할 수 있다.[1] 즉, 공표란 저작물을 배포, 상연, 전시 그 밖의 방법으로 공중에게 공개하는 행위이다. 따라서 저작물을 친구나 친인척 몇 명에게 감상용으로 제공하거나 일부 전문가에게 가르침을 받기 위해 제공하는 것은 공중에게 공개한 것으로 볼 수 없다.[2]

(2) 공표권의 행사

공표권은 미공표 저작물에 대해서만 인정되는 1회성 권리다. 따라서 저작물이

---

1) 중국최고인민법원의 2002년도 사법해석 제9조도 "공표행위란 저작자 스스로 또는 타인에게 허락하여 저작물을 불특정 다수인에게 공개하는 것을 말한다. 다만 불특정 다수인 모두가 공개 사실을 알 필요는 없다"라고 정하고 있다. 最高人民法院关于审理著作权民事纠纷案件适用法律若干问题的解释(2002) 第九条 : 著作权法第十条第(一)项规定的"公之于众", 是指著作权人自行或者经著作权人许可将作品向不特定的人公开, 但不以公众知晓为构成条件.

2) 张革新, 『现代著作权法』, 中国法制出版社(2006), 제90쪽.

저작자에 의해서 공표되든 제3자에 의해 무단으로 공표되든 일단 공표가 된 이상, 저작자는 당해 저작물에 대해서는 더 이상 공표권을 행사할 수 없다. 이처럼 공표권은 1회 공표에 의해 소진되는 권리이다.

통상적으로 공표권은 단독으로 행사되지 않고 다른 저작재산권과 병행하여 행사된다.[1] 예컨대, 미술저작물의 경우 공표권은 전시권과 함께 행사되고, 영화저작물의 경우 공표권은 상영권과 함께 행사되며, 문자저작물의 경우에는 공표권은 복제권 및 배포권과 함께 행사된다.

공표권의 행사는 저작자 자신에 의해 이루어져야 함이 원칙이나, 저작인격권의 본질을 해하지 아니하는 한도에서 대리나 위임도 가능하다. 그 외 공표권이 저작자가 아닌 다른 사람에 의해 행사되는 경우로는 저작자 신분이 분명하지 않은 저작물에 있어 저작물의 원본을 소유한 자가 당해 저작물을 공표하는 경우(저작권법실시조례 제13조), 저작자가 생전에 공표하지 않은 저작물에 있어 저작자의 상속인 또는 저작자로부터 유증을 받은 자가(상속인이나 수증자가 없는 때에는 저작물의 원본을 소유한 자가) 공표권을 행사하는 경우(저작권법실시조례 제17조)[2] 등이 있다.

여기서 주의하여야 할 점은 저작물의 아이디어를 공중에 공개하는 것은 공표권을 행사한 것으로 볼 수 없다는 것이다. 저작권의 보호대상은 아이디어가 아닌 표현이므로 공표권의 대상도 저작물의 표현에 국한되어야 한다. 따라서 저작자가 저작물을 통해 나타내려고 하는 아이디어나 내용이 이미 세상에 알려졌다 하더라도 공표권에는 영향이 없다.

(3) 공표권의 제한

공표권은 저작자만이 행사할 수 있고 제3자는 저작자의 허락이 있는 경우에만 이를 행사할 수 있다. 그런데 ① 저작자가 미공표 저작물의 저작재산권을 양도하거나 저작물의 이용허락을 한 경우, ② 저작자가 공표되지 아니한 미술저작물이나 사진저작물 또는 건축저작물의 원본을 양도한 경우, ③ 원저작자의 동의를 얻어 연역저작물을 작성한 경우에 있어 만약 원저작자가 원저작물의 공표를 금지하고 있다면 미공표 저작물의 저작재산권 또는 원본을 양수받은 양수인이나 연역저작자는 당해 저작물 또는 연역저작물을 이용할 수 없게 되는 불합리한 결과가 발생한다.

---

1) 刘春田, 『知识产权法』, 高等教育出版社(2003), 제62쪽.

2) 이 경우 저작자가 생전에 저작물을 공표하지 않을 뜻을 밝힌 경우에는 상속인이나 수증자가 공표권을 행사할 수 없다(저작권법실시조례 제17조 단서).

이에 대해 한국저작권법은 위와 같은 경우 저작자가 저작물의 공표에 동의한 것으로 추정하거나 간주하는 규정을 두고 있다.1) 그러나 중국저작권법에는 이러한 추정 내지 간주규정이 존재하지 않는다.

여기서 비록 중국저작권법에 그러한 명문 규정이 없더라도 위와 같은 각 경우에 저작자가 저작물의 공표에 동의한 것으로 추정할 수 있는지 여부가 해석상 문제된다. 생각건대 저작물의 이용은 저작물의 공표가 전제되어야 하나 법리적으로 볼 때 저작인격권인 공표권은 일신전속권으로서 양도의 대상이 아닌데다 저작재산권과도 구별되며, 저작물의 원본이 양도된다고 해서 저작권까지 함께 양도되는 것은 아니므로2) 중국저작권법 해석상 위 세 가지 경우에 저작자가 원저작물의 공표에 동의한 것으로 추정하는 해석론은 받아들이기 어렵다. 이는 당사자 간의 의사표시 해석론으로 해결하여야 할 문제다.

[사 례]

북경시법원에서 실제로 심리되었던 사례를 살펴보자. 미국국적을 가진 중국인 생물학자 A가 평소 알고 지내던 중국인 사업가 B를 위해 세로로 된 서예를 한 장 써 주었는데, 그 후 B가 A의 허락 없이 그 서예의 문양을 복사한 후 이를 자신의 상품 포장에 인쇄하고 상품을 판매한 사건이 발생하였다. 뒤늦게 그 사실을 알게 된 A는 서예의 저작권은 여전히 본인에게 있다고 하면서 B의 공표권 침해를 이유로 B에게 손해배상청구소송을 제기하였다. 이 사건에 대해 북경시법원이 어떤 판결을 내렸는지는 확인되지 않으나 학자들 사이에서 그 논쟁이 뜨겁다.3)

B가 A의 공표권을 침해하였다고 보는 견해의 논거는 다음과 같다. 공표권은 저작인격권이므로 양도대상이 아니다. 비록 B가 저작권법 제18조 단서에 의해 서예 저작물의 원본을 전시할 수 있으나 저작인격권인 공표권을 행사하기 위해서는 A의 동의가 있어야 한다. 따라서 B가 A의 동의 없이 서예저작물을 공표한 것은 위법하다는 것이다. 이에 반해 B가 A의 공표권을 침해한 것이 아니라고 보는 견해는

1) 한국저작권법 제11조 : ① 저작자는 그의 저작물을 공표하거나 공표하지 아니할 것을 결정할 권리를 가진다. ② 저작자가 공표되지 아니한 저작물의 저작재산권을 제45조의 규정에 따른 양도 또는 제46조의 규정에 따른 이용허락을 한 경우에는 그 상대방에게 저작물의 공표를 동의한 것으로 추정한다. ③ 저작자가 공표되지 아니한 미술저작물·건축저작물 또는 사진저작물의 원본을 양도한 경우에는 그 상대방에게 저작물의 원본의 전시방식에 의한 공표를 동의한 것으로 추정한다. ④ 원저작자의 동의를 얻어 작성된 2차적저작물 또는 편집저작물이 공표된 경우에는 그 원저작물도 공표된 것으로 본다.

2) 저작권법 제18조 참조.

3) 이하 각 견해의 소개는 张革新,『现代著作权法』, 中国法制出版社(2006), 제91쪽.

서예 원본의 소유자로서 그 전시권을 행사할 수 있는 B가 서예저작물을 효율적으로 이용할 수 있도록 하여야 할 필요가 있다는 전제 하에 A는 B에게 서예저작물의 원본을 넘겨줄 때 이미 서예저작물에 대한 공표권을 행사한 것으로 보아 위 사안에서 공표권 침해는 문제되지 않는다고 설명한다.

생각건대 전설이 타당하다. 후설은 저작권법 제18조 단서에 따라 원본의 소유자가 미술저작물의 원본을 충실하게 이용할 수 있도록 배려하고자 하는 견해라는 점에서 그 취지에는 공감이 가나, 이론구성에 문제가 있다. 첫째, A는 B에게 서예저작물의 원본을 넘겨줄 때 이미 서예저작물에 대한 공표권을 행사한 것으로 본다는 해석은 쉽게 납득되지 않는다. 공표란 저작물을 불특정 다수인 공중에게 공개하는 것을 말한다는 점에서 그러한 해석은 논리비약으로 보이기 때문이다. 둘째, 위 사안은 B의 전시권 행사와는 무관하다. 전시는 미술저작물이나 사진저작물을 공개적으로 진열하는 행위이다.[1] 그런데 B는 서예저작물을 전시한 것이 아니라 서예의 문양을 복사한 후 이를 상품의 포장에 인쇄하고 상품을 판매한 것이다. 즉 B는 복제 및 배포[2]의 형식을 통해 서예저작물을 공표한 것이다.

나. 성명표시권(署名权)

(1) 성명표시권의 의의

성명표시권(署名权)은 저작물에 저작자의 신분을 표시하고 서명할 수 있는 권리를 말한다. 성명표시권은 저작물의 원본뿐만 아니라 복제물에 대해서도 행사할 수 있다. 성명은 반드시 실명일 필요는 없고 이명(異名)도 무관하다. 또한 성명표시권에는 성명을 표시하지 않을 권리, 즉 무명(無名)으로 할 권리도 포함된다. 따라서 저작물에 저작자의 성명을 표시하지 않았다고 해서 성명표시권을 포기하였다거나 이를 제3자에게 양도한 것은 아니다.[3]

저작물에 저작자의 성명을 표시하는 것은 저작자가 당해 저작물의 내용에 대해 책임을 진다는 뜻과 그에 대한 사회적인 평가를 감수하겠다는 의지를 표현한 것이므로 저작자의 인격적 이익과 관련하여 중요한 의미를 가진다. 이것이 바로 저

---

1) 저작권법 제10조 제1항 제8호 참조.

2) 배포란 판매 또는 증여의 방법으로 공중에게 저작물의 원본 또는 복제물을 제공하는 행위를 의미한다. 저작권법 제10조 제6호 참조.

3) 李雨峰 等, 『著作权法』, 厦门大学出版社(2006), 제59쪽. 그 외에도 성명표시권은 일신전속권이므로 양도나 포기의 대상이 될 수 없다.

작권법이 저작인격권의 하나로 성명표시권을 둔 취지이다.

일반적으로 대중은 저작물에 표시된 성명을 보고 저작자의 신분을 추측하게 된다. 이러한 의미에서 저작권법은 저작물에 서명한 개인, 법인 기타 단체가 저작자로 추정된다고 규정하고 있다(저작권법 제11조 제4항). 물론 저작물에 서명한 자가 실제 저작자가 아니라는 증거가 있는 경우에는 위 추정력은 번복된다.

[사 례]

성명표시권과 관련하여 재미있는 사례[1)]가 있어 소개한다.

A는 오랜 기간 동안 심혈을 기울여 각종 건축도구 및 용구에 관한 서적을 집필했다. A는 위 서적의 출판을 위해 B 출판사에 위 서적의 원본을 넘겼는데, B 출판사에 개인적인 사정을 들어 서적을 출판할 때 A의 성명을 표시하지 말 것을 당부하였다. 이에 B 출판사는 A의 부탁대로 A의 성명이 표시되지 않은 서적을 인쇄한 후 그 샘플을 A에게 보여주었다. 그러나 A는 애초의 입장을 바꾸어 B 출판사에게 A의 성명을 표시하여 달라고 요구하였다. B 출판사는 이미 서적 인쇄를 위한 인쇄판을 다 만든 상태이고 A의 부탁을 들어줄 때 출판사가 큰 손실을 입게 된다는 이유를 들어 A의 요구를 거절하였다.

위 사안에서 처음에 A가 B 출판사에 대해 자신의 성명을 표시하지 않겠다는 의사를 표시하였다고 해서 A가 자신의 성명표시권을 포기하였다고는 볼 수 없다. 성명표시권에는 실명이나 이명을 표시할 권리뿐만 아니라 성명을 표시하지 않을 권리도 포함되기 때문이다.

문제는 A가 다시 B 출판사에 성명표시를 요구하는 것이 신의칙상 허용되는가에 있다. 이에 대하여 B 출판사는 A의 요구에 응하여야 하나, 그에 따른 추가비용은 A가 부담하여야 한다는 견해[2)]가 있다. 즉 A의 요구는 자신의 성명표시권에 근거한 정당한 것이므로 B 출판사는 A의 요구를 거부하여서는 아니 되나, A의 저작권 행사로 말미암아 타인의 이익이 침해되어서도 아니 되므로 A가 추가비용을 부담하여야 한다는 것이다.

(2) 성명표시권의 행사

성명표시권은 일신전속성을 가지는 저작인격권이므로 타인에게 양도할 수 없고

1) 사례 출처는 扬金琪, "最新知识产权案例精粹与处理指南", 法律出版社(1996), 제601쪽.

2) 张革新, 『现代著作权法』, 中国法制出版社(2006), 제93쪽.

포기할 수도 없다. 다만, 저작인격권의 본질을 해하지 아니하는 한도 내에서 대리나 위임은 허용된다.

성명표시권은 공표권과는 달리 1회성 권리가 아니다. 성명표시권은 이미 공표된 저작물에 대해서도 계속적으로 적용되는 권리이다. 따라서 저작자가 실명으로 공표한 저작물을 제3자가 저작자의 이명으로 재공표한다거나, 저작자에 의해 표시된 실명을 임의로 삭제하는 등의 행위는 성명표시권을 침해한 것이다.

저작자가 1인인 경우 성명표시권은 저작자의 자유의사에 따라 행사되므로 큰 문제는 없다. 그러나 저작자가 복수인 경우에는 서명순서로 인한 분쟁이 발생할 수 있다. 일반적으로 저작자의 서명순서는 창작에의 공헌도, 지위, 역할 등을 고려하여 당사자 간의 합의에 따라 정해진다. 창작에의 공헌도 등을 고려하지 않고 무색투명하게 알파벳 순서로 서명순서를 정하기도 한다. 서명순서와 관련하여 중국인민법원의 사법해석은 일차적으로 당사자 간의 합의에 따라 서명순서를 정하여야 하고, 만약 그러한 합의가 없는 경우에는 창작에의 공헌도, 작품배열, 성씨 필획 등을 고려하여 서명순서를 정한다고 규정하고 있다.[1]

[사 례]

성명표시권과 관련하여 매우 유명한 사례로 "오관중(吴冠中) 사건"이 있다. 오관중은 유명한 중국 화가인데, A 경매회사가 오관중의 성명을 도용한 모택동초상이라는 그림을 경매한 사실이 발생했다. 이에 오관중은 자신은 모택동초상을 그린 사실이 없으므로 A 회사의 명의도용행위는 자신의 저작권을 침해하였다고 주장하면서 A 회사를 상대로 손해배상청구소송을 제기하였다.

이는 구 저작권법이 시행되던 때에 발생한 사건인데, 당시 법원은 구 저작권법 제46조 제7호를 근거로 A 회사가 오관중의 서명을 사칭한 그림을 판매하는 행위는 오관중의 성명표시권을 침해한 것으로 보았다. 구 저작권법 제46조 제7호는[2] "타인의 서명을 사칭한 미술작품을 제작판매하는 행위를 한 때에는 정황에 따라 침해의 중지, 미친 영향의 제거, 공개사과, 손해배상 등 민사책임을 부담하여야 한다"라고 규정하고 있었다. 당시 위 판결에 대해 학계에서는 활발한 논쟁이 진

---

1) 最高人民法院关于审理著作权民事纠纷案件适用法律若干问题的解释(2002) 제11조 : 因作品署名顺序发生的纠纷, 人民法院按照下列原则处理；有约定的按约定确定署名顺序；没有约定的, 可以按照创作作品付出的劳动、作品排列、作者姓氏笔划等确定署名顺序.

2) 第四十六条 有下列侵权行为的, 应当根据情况, 承担停止侵害、消除影响、公开赔礼道歉、赔偿损失等民事责任, 并可以由著作权行政管理部门给予没收非法所得、罚款等行政处罚 : (七) 制作、出售假冒他人署名的美术作品的。

행되었다.[1] 구 저작권법 제46조가 타인의 성명을 모용하여 미술작품을 제작·판매하는 행위를 금지하고 있는 이상 그와 같은 행위는 저작권을 침해하는 행위로 보아야 한다는 견해가 있었던 반면, 오관중은 모택동 초상을 창작한 적이 없으므로 애당초 모택동 초상에 대한 저작권을 보유하지 않는다는 이유로 A 회사의 행위를 오관중의 저작권 침해행위로 보는 것은 부당하다는 견해도 있었다.

생각건대, 권리의 발생은 객체를 근거로 하고, 저작권은 저작물의 창작으로 발생하는 것이므로 저작물이 없으면 저작권도 존재하지 않는다고 보아야 한다. 이러한 의미에서 오관중은 애당초 모택동 초상에 대해 어떠한 저작권도 보유하고 있지 않은 것이다. 따라서 A 회사가 오관중의 서명을 모용한 미술작품을 판매하는 행위는 엄격한 의미에서 저작권 침해와는 무관하다. 이는 오히려 오관중의 일반적인 인격권 침해 문제에 불과하다.

(3) 성명표시권의 제한

저작물을 이용하는 자는 저작자의 성명, 저작물의 명칭을 반드시 표기하여야 한다. 그러나 저작자와 이용자 간에 특별한 약정이 있거나 저작물이용방식의 특성으로 인하여 표기하기 힘든 경우에는 저작자의 성명이나 저작물의 명칭을 표기하기 않아도 무방하다(저작권법실시조례 제19조).

여기서 저작물이용방식의 특성으로 인하여 표기하기 힘든 경우란 무엇을 의미하는가. 이는 저작물의 성질이나 그 이용의 목적 및 형태 등에 비추어 저작자의 성명이나 저작물의 명칭을 부득이하게 생략할 수밖에 없는 경우를 말한다. 예컨대, 영화나 TV 드라마의 배경음악으로 삽입된 대중가요가 영화 상영 중에 장면에 따라 수 회 흘러나오는 경우 그 때마다 저작자의 성명이나 저작물의 명칭을 표기하는 것은 왠지 자연스럽지 못하다. 이때에는 작곡가의 성명이나 대중가요의 제목을 생략할 수 있다.

그러나 저작자의 성명이나 저작물의 명칭을 생략하는 것도 공정한 관행에 따라야 한다. 저작자의 성명 등을 부득이 생략하는 경우에도 적당한 방법과 방식으로 성명 표시가 가능하다면 그에 따라야 할 것이다. 위의 예에서 비록 대중가요의 저작자의 성명이나 제목을 대중가요가 흘러나올 때 마다 표기하는 것은 어렵겠지만, 영화나 드라마가 시작하기 전 또는 끝난 후 자막을 통해 저작자의 성명 등을 표기하는 것은 가능하다.

---

1) 이 사안에 대한 자세한 평석은 李雨峰 等, 『著作权法』, 厦门大学出版社(2006), 제60-61쪽 참조.

다. 수정권(修改权)

(1) 수정권의 의의

수정권(修改权)이란 저작물을 수정하거나 타인에게 이를 하도록 허락할 수 있는 권리를 말한다(저작권법 제10조 제3호). 여기에서 "수정(修改)"이란 저작물의 단어나 용어 또는 내용을 변경·삭제하거나 저작물의 형식을 변경하는 행위를 말한다. 수정이란 원저작물의 본질적인 특징을 지득할 수 있는 범위 내에서 이루어져야 한다. 만약 수정의 정도가 일정한 한도를 넘어 원저작물의 본질적인 특징을 지득할 수 없을 정도에 이르렀다면 이는 새로운 저작행위이지 수정행위라고 할 수 없다.

저작물은 저작자의 사상·감정을 표현할 뿐만 아니라 저작자의 인격과 명예도 표현한다. 저작물에 대한 수정은 어떠한 형태로든지 저작자의 인격과 명예에 영향을 미칠 수 있다. 여기에 저작권법이 수정권을 저작인격권의 하나로 보호하고 있는 이유가 있다.

(2) 수정권의 행사

수정권이란 저작물을 수정하거나 타인에게 이를 하도록 허락할 수 있는 권리를 의미하는데, 그 이면에는 제3자가 무단으로 저작물을 수정하는 것을 금지하는 내용도 포함되어 있다.[1] 여기에서 저작물을 타인의 왜곡(歪曲)이나 훼손(篡改)으로부터 보호할 수 있는 권리인 저작물의 완전성보호권(保护作品完整权)과의 차이가 문제된다. 수정권과 저작물의 완전성보호권은 동전의 앞뒷면과 같다. 즉, 수정권이 저작자가 저작물을 수정하거나 타인에게 그에 대한 권한을 부여하는 적극적인 측면을 강조하는 것이라면, 저작물의 완전성보호권은 타인이 무단으로 저작물을 수정하는 것을 금지하는 소극적인 측면을 보다 더 강조하는 것이다.[2]

수정권의 침해 역시 공표권이나 성명표시권의 경우와 마찬가지로 저작물의 무단이용에 수반하여 문제되는 경우가 대부분이다. 이 경우 수정권뿐만 아니라 저작물의 완전성보호권도 아울러 문제될 것이다.

수정권은 저작인격권으로서 일신전속성을 가진다. 따라서 수정권은 타인에게 양도 또는 상속할 수 없고 저작자가 사망(법인 기타 단체의 경우에는 그 단체가 해

---

1) 李雨峰 等,『著作权法』, 厦门大学出版社(2006), 제61쪽.

2) 郑成思,「版权法」, 中国人民大学出版社(1997, 第2版), 제147쪽.

산)하면 그와 동시에 소멸하게 된다. 다만, 저작권법은 저작자가 사망한 후에도 저작자의 인격적 이익을 보호할 필요성을 인정하여 저작자 사후의 수정권도 보호하고 있고, 이 때 수정권은 저작자의 상속인 또는 유증을 받은 자에 의해 보호된다고 규정하고 있다.[1] 여기서 주의하여야 할 점은 수정권에 대한 상속인 등의 보호는 소극적인 의미이어야 한다는 것이다. 즉, 상속인은 제3자가 무단으로 저작물의 내용을 수정하는 것을 금지할 수 있을 뿐이지, 적극적으로 본인이 저작물을 수정한다거나 제3자에게 수정권을 부여할 수는 없다는 것이다.

(3) 수정권의 제한

수정권의 제한 내용은 저작물의 완전성보호권의 그것과 중복되므로 그 자세한 내용은 저작물의 완전성보호권 부분에서 다룬다.

라. 저작물의 완전성보호권(保护作品完整权)

(1) 저작물의 완전성보호권 의의

저작자는 타인의 왜곡(歪曲)이나 훼손(篡改)으로부터 자신의 저작물을 보호할 수 있는 권리를 가진다(저작권법 제10조 제4호). 이 권리를 저작물의 완전성보호권(保护作品完整权)이라고 한다.

저작자가 심혈을 기울여 저작한 저작물의 내용이나 형식 등에 대한 변경을 자유롭게 방임한다면 저작자의 감정은 깊은 상처를 받을 것이며 또 그 후의 창작의욕에도 영향을 미치게 되고 더 나아가 문화 자체의 쇠퇴를 초래할 우려가 있는 것이므로 저작자의 의사에 반하여 저작물을 변경하는 것을 금지하는 것이다. 따라서 저작물의 내용과 형식 등에 대한 변경이 설사 원저작물의 가치를 더 높이는 것이라 하더라도 저작자의 동의를 받지 않고 한 것은 저작물의 완전성보호권의 침해로 된다.[2]

저작물의 완전성보호권은 수정권과 비교할 때 소극적인 권리로서의 성격이 더 강하다는 것은 앞서 살펴본 바와 같다. 수정권은 저작물의 내용·형식의 변경이 저작자의 전유에 속하는 권리를 의미한다면 저작물의 완전성보호권은 저작자의 의사에 반하여 저작물의 내용·형식이 변경된 경우 그 제거 내지 원상회복을 청구하는 권리를 의미하는 것이다.

---

1) 저작권법 제20조 및 저작권법실시조례 제15조 참조.

2) 李雨峰 等, 『著作权法』 厦门大学出版社(2006), 제62쪽.

(2) 저작물의 완전성보호권의 내용 및 행사

저작물의 완전성보호권(保护作品完整权)은 저작자가 타인의 왜곡(歪曲)이나 훼손(篡改)으로부터 자신의 저작물을 보호할 수 있는 권리를 말한다. 여기서 추상적인 단어인 "왜곡(歪曲)이나 훼손(篡改)"이 과연 구체적으로 무엇을 의미하는지가 문제된다. 이에 대해 중국학자들은 왜곡과 훼손에는 두 가지의 의미가 포함되어 있다고 본다. 즉 첫째는 저작물의 내용이나 형식 등을 변경하는 것이고 둘째는 저작물 자체는 변경되지 않지만 저작물에 대한 기타 이용으로 인하여 저작자의 명예와 성망을 해하는 행위라는 것이다.

(가) 저작물 자체에 대한 변경행위

① 내용과 형식의 변경

저작물의 내용은 저작물에 표현된 사상과 감정을 말하고, 저작물의 형식은 저작물의 구성, 문장형식 등을 의미한다. 따라서 출판업자가 저작물의 오자·탈자를 수정하여 출판한 정도라면 무방할 것이나 저작물의 내용이나 장, 절과 같은 형식을 무단으로 변경하는 것은 원칙적으로 허용되지 않는다. 저작물의 내용과 형식에 대한 변경 결과 원저작물의 가치가 더 높아졌다고 해도 원저작자의 동의가 없는 한 그러한 변경은 저작자의 권리를 침해한 것이 된다.

여기서 주의하여야 할 점은 저작물의 내용과 형식에 대한 변경이 있다고 해서 모두 저작물의 완전성보호권의 침해로 되는 것은 아니라는 것이다. 첫째, 변경의 정도가 너무나 경미하여 저작물의 오자·탈자를 수정하는 정도와 같이 원저작물의 동일성에 어떠한 변형도 가하지 못하는 경우에는 저작물의 완전성보호권의 침해는 문제되지 않는다. 즉, 원저작물에 일정한 변경을 가하더라도 원저작물의 동일성을 그대로 유지하고 있다면 그와 같은 행위는 복제가 되어 복제권의 침해로 될 뿐이지 저작물의 완전성보호권의 침해로는 되지 않는다. 이 때 원저작물의 동일성 침해 여부는 원저작물과 변형된 저작물의 각 구체적인 표현을 상호 대비하는 방법으로 판별된다. 이는 저작물 중에서 보호를 받는 것은 사상이나 감정이 아니라 그에 대한 구체적인 표현이라는 저작권법 일반원리에 비추어 당연한 것이다. 둘째, 이번에는 변경의 정도가 지나치게 커지게 되어 원저작물의 본질적인 특징을 지득할 수 없는 수준에 이르렀다면 이는 새로운 저작행위이지 저작물의 완전성보호권의 침해라고 볼 수 없다. 이 때 새롭게 탄생된 신(新)저작물은 연역저작물과 같이 원저작물에 어떤 변경을 가하여 탄생된 결과물이 아닌 전혀 새로운 독립된 저작물이다.

결국 저작물의 내용과 형식에 대한 변경이 저작물의 완전성보호권의 침해로 되기 위해서는 당해 변경행위가 원저작물의 본질적인 특징을 지득할 수 있는 범위 내에서 이루어지되 원저작물의 동일성에 어떠한 변형을 가하는 정도에는 이르러야 하는 것이다. 이처럼 저작물의 완전성보호권 침해 문제는 변경의 정도가 핵심인데, 어느 정도의 변경이 있을 때 저작물의 완전성보호권의 침해를 인정할 것인가는 저작물의 성질이나 그 이용의 목적 및 형태 등에 비추어 구체적으로 판단하여야 할 문제이다.[1)]

저작물의 완전성보호권과 관련하여 특히 문제되었던 것들을 한국 및 일본의 판례를 중심으로 살펴본다.[2)]

㉠ 미술저작물의 경우

원고가 제작한 레저시설 홍보용 일러스트레이션을 그 의뢰자인 피고가 컬러잉크로 채색된 바다색깔을 포스터칼라로 다시 채색하여 색조에 변화를 주고 아울러 일부건물의 모양과 색채를 변경하거나 새로운 그림을 추가하는 등 임의로 수정작업을 한 경우[3)], 態野 지방에 있는 돌담을 찍은 사진을 게재하면서 邪馬台城의 사진이라고 잘못된 설명을 붙인 경우[4)] 일본법원은 모두 저작물의 완전성보호권의

---

1) 중국 법원은 상해TV방송국이 甲의 소설 "上海人在东京"을 TV 드라마로 제작하기 위해 甲으로부터 위 소설에 대한 개편권을 양수받은 후 위 소설을 개편하는 과정에서 원작과는 달리 중국인을 추한 민족으로 묘사하고 상대적으로 일본인을 미화시킨 사건에서 상해TV방송국은 甲의 소설을 왜곡하였다고 판시한 바 있다. 위 판례의 출처는 张革新, 『现代著作权法』, 中国法制出版社(2006), 제97쪽.

2) 한국 및 일본의 각 저작권법은 저작물의 완전성보호권과 유사한 것으로 동일성유지권을 규정하고 있다. 한국저작권법 제13조 제1항은 "저작자는 그의 저작물의 내용·형식 및 제호의 동일성을 유지할 권리를 가진다"라고 규정하고, 일본저작권법 제20조 제1항은 "저작자는 그의 저작물 및 그의 제호와 동일성을 유지할 권리를 가지며, 그 의사에 반하여 이들의 변경, 절제(切除), 기타 개변(改變)을 받지 아니하는 것으로 한다"라고 규정하고 있다는 점에서 이들 동일성유지권은 저작물의 완전성보호권과는 그 내용상 약간의 차이가 있다. 그러나 표현방식이나 일부 내용상 차이에도 불구하고 저작물의 완전성보호권은 한국 및 일본의 동일성유지권과 동일하다고 할 수 있다(李雨峰 等, 『著作权法』, 厦门大学出版社(2006), 제62쪽 참조). 따라서 한국판례 및 일본판례에 대한 검토는 저작물의 완전성보호권에 대한 해석에 하나의 기준을 마련해 줄 수 있을 것으로 보인다. 이하에서는 한국이나 일본의 동일성유지권을 저작물의 완전성보호권이라는 용어로 통일한다.

3) 일본 동경지방재판소 1973. 7. 27. 선고 昭和47(ワ) 제7736호 판결. 당해 판결의 내용 및 사실관계는 오승종, 「저작권법」, 박영사(2007), 제376쪽에서 재인용.

4) 일본 센다이 고등법원 1997. 1. 30. 판결. 당해 판결의 내용 및 사실관계는 오승종, 「저작권법」, 박영사(2007), 제376쪽에서 재인용.

침해로 보았다.

한국의 1심법원은 저작자의 동의나 승낙을 받지 아니하고 미술작품들을 원화로 사용하여 지하철역 장식벽의 벽화를 만들면서, 그 각 벽화의 작가란에 '작가미상'이라고 표시하거나 아예 작가표시란을 두지 않았고, 또한 저작자의 연작 작품 중 일부만을 벽화로 만들거나 원작자가 의도하지 않은 방식으로 제작하고 작품의 위·아래를 거꾸로 설계·시공하는 등 저작자의 작품의도를 훼손하여 설치하거나 전시하고 있는 사안에서 "그 작품들을 지하철역사 설계도면에 베껴 그려 넣은 설계업체와 지하철역사 건설공사의 사업주체인 서울특별시로부터 해당 역사를 현물출자받아 관리·운영하고 있는 서울특별시 도시철도공사에게, 저작자의 저작재산권 및 저작인격권으로서의 성명표시권, 저작물의 완전성보호권을 침해하였음을 원인으로 한 손해배상책임이 있다"고 판시한 바 있다.[1)]

㉡ 사진저작물의 경우－일명「몽타주 사진」사건

이 사건은 오스트리아 티롤 산맥에서 스키를 타는 장면을 촬영하여 자연의 아름다움을 표현한 사진이나 이것의 일부를 절제한 후 절제된 부분에 타이어사진을 합성한 후 이를 몽타주로 작성하여 흑백화한 경우로서 일종의 자연파괴를 나타내는 메시지로 변경한 경우이다.

일본 대법원은「본건 사진의 본질적 특징은, 본건 사진부분이 본건 몽타주 사진 중에 일체적으로 혼입되어 이용되고 있는 상태에 있어서도 그 자체를 직접 감득할 수 있는 것이 명백하기 때문에, 피상고인이 한 전기와 같은 본건 사진이용은 (중략) 저작물의 완전성보호권을 침해한 개변이다」라고 판시하였다.[2)] 즉, 단순한 물리적 결합으로서 원저작물의 특징이 그대로 나타나 있다면 저작재산권의 침해가 됨과 아울러 저작물의 완전성보호권의 침해가 된다고 보았다.

반면 고등법원에서는 이 사진은 피상고인(Y)이 패러디로 이용하기 위하여 작성한 것이라는 주장을 받아 들였다. 고등법원은 패러디로서 X의 작품과는 별개의 Y의 저작물이라고 할 수 있으므로, 설사「X(원고, 피항소인, 상고인)의 사진 일부를 개변하였다고 하더라도 저작물의 완전성보호권을 침해한 것이 아니다」라고 판시하였다.

---

1) 서울중앙지방법원 2006. 5. 10. 선고 2004가합67627 판결.

2) 일본 최고재판소 1980. 3. 28. 선고 昭和51(オ) 제923호 판결. 당해 판결의 내용 및 사실관계 그리고 평석은 이상정, 동일성유지권에 관한 일고, 저스티스 34권 2호(2001. 4.), 한국법학원, 제90-91쪽에서 재인용.

㉢ 문자저작물의 경우

[“문익환 일가” 사건]

한국에서 문제되었던 이른바 「문익환일가」사건의 사실관계는 다음과 같다.

원고는 문익환 및 그 가족과의 면담을 통하여 수집한 자료를 토대로 ‘가정조선’이라는 잡지에 ‘문익환가의 사람들’이라는 제목의 글을 기고하였는데, 그 글은 문익환의 가문, 문익환가와 기독교의 관계, 문익환 가의 교육열, 혼인관계, 경력, 예술분야 활동내용과 문익환의 민주화투쟁 및 수감생활을 대체로 사실적으로 서술하는 내용으로 되어 있었다. 한편 피고는 위 ‘가정조선’에 게재된 ‘문익환가의 사람들’이란 글을 참조하여 “인권목사 문익환케넥션”이란 제목의 글을 작성하였는데 그것 역시 문익환의 가족과 수학경력 등을 다룬 것으로서 그 중 문익환의 가문과 가족관계, 민주화투쟁에의 참여과정, 수감생활 등을 다룬 부분은 원고가 작성한 위 글에서 관계 구절을 그대로 인용하거나 문장을 일부 수정하여 작성함으로써 전체적으로 보아 그 60 내지 70% 정도는 원고의 글을 표절하여 작성한 것이다. 이에 원고가 복제권 침해, 성명표시권 침해 및 저작물의 완전성보호권 침해로 제소하였다.

이에 대해 한국 대법원은 「원저작물을 원형 그대로 복제하지 아니하고 다소의 변경을 가한 것이라 하여도 원저작물의 동일성이 감지되는 정도이면 복제가 되는 것이고 이 같은 복제물이 타인의 저작물로 공표되게 되면 원저작자의 성명 표시권의 침해가 있었다고 보아야 할 것이고, 원저작물을 복제함에 있어 함부로 그 저작물의 내용, 형식, 제호에 변경을 가한 경우에는 원저작자의 동일성 유지권을 침해한 경우에 해당한다」라고 판단하였다.[1)]

[“당락예상표” 사건]

다음으로 일본에서 문제되었던 이른바 「당락예상표」 사건을 살펴보자.

피고는 1982년 말경 그가 발행하는 주간지의 신년합병호에 1983년 봄의 총선에서 누가 당선될지를 예상하는 당락예상기사를 게재하기로 하고 정치평론가인 원고에게 후보 예상자 명부를 넘겨준 후 당락 예상을 요청하였다. 그 후 원고는 당락을 예상해서 ○은 당선권내, △은 당락선 보다 위, ▲은 당락선 보다 아래라는 의미로 ○△▲의 부호를 사용해서 그 예상표를 피고에게 넘겨주었다. 그 후 피고는 재차 당락예상에 대한 취재를 하고 원고의 예상표를 참조하여, 당락예상표를

1) 한국 대법원 1989.10.24. 선고 89다카12824 판결.

작성, 이를 공표하였다. 피고가 공표한 예상표는 원고의 이름도 게재하지 않았고, 또 작성 내용도 원고가 작성한 것과 다소 달랐으나 ○△▲의 부호는 그대로 이용하였다. 또 기사 중에는「이하는 본지가 행한 당락 예상」이라는 기재가 있었다(다만 편집후기에서 이 기사가 원고의 협력을 얻었음을 밝혔다). 이에 원고는 피고가 성명기재를 하지 않은 점을 들어 성명표시권 침해로, 또 그 내용이 달라진 점을 들어 저작물의 완전성보호권 침해로 제소하였다.

이에 대해 일본의 1심 법원은「피고의 기자들이 원고의 원고도 하나의 취재원으로서 당락의 예상을 하여 피고가 본건 당락예상표를 작성한 것이며, 원고의 원고는 본건 당락예상표 중에 환골탈태되어 하나의 소재로서 이용된데 불과하다」고 하면서 원고의 청구를 기각하였다. 즉 원고의 원고는 원·피고간의 취재협력계약에 의해 넘겨준 것이므로 이를 이용하여 위와 같은 기사를 작성한 것은 저작인격권침해가 아니라고 보았다. 이에 반해 항소심은 이를 출판허락계약이라고 보고 "출판허락계약에 있어서는 출판자는 저작물을 원고 그대로 복제해야 할 의무가 있고, 위 내용에 개변을 가할 수는 없으며, 만약 저작자의 승낙 없이 개변을 가해 복제한 경우에는 채무불이행책임을 생기게 함과 아울러 저작자 인격권인 저작물의 완전성보호권의 침해에 대한 책임"을 부담한다고 판시하였다.[1]

㉣ 번역저작물의 경우

번역은 문자저작물을 한 언어에서 다른 언어로 전환하여 표현하는 것이므로 그 과정에서 필연적으로 다소간의 개변이 수반되게 된다. 때로는 오역이 있을 수도 있고 때로는 번역의 내용이 원저작자의 마음에 들지 않을 수도 있다. 이와 같은 경우 저작물의 완전성보호권의 침해로 볼 수 있는지가 문제된다. 이에 대해 한국대법원은「번역내용이 원저작자의 뜻에 맞지 아니한다고 하여 바로 원저작자의 권리를 해하는 것으로 볼 수 없다」라고 판시하였다.[2]

번역과정에서 번역자가 원저작물에 내포되어 있는 특수한 의식세계에 관하여 이해가 부족하거나 특수한 어휘에도 익숙하지 못하면 필연적으로 오역이 생길 수 밖에 없고 번역 결과가 원저작자의 마음에 들지 않을 수도 있다. 그러므로 의도적인 왜곡이 아닌 통상적으로 번역과정에서 발생할 수 있는 사소한 오역 등에 대해서는 저작물의 완전성보호권 침해가 문제되지 않는다고 본다.

---

1) 일본 동경고등재판소 1962. 2. 19. 선고 昭和61(ネ) 제833호 판결. 당해 판결의 내용 및 사실관계는 이상정, 동일성유지권에 관한 일고, 저스티스 34권 2호(2001. 4.), 한국법학원, 제91쪽에서 재인용.
2) 한국 대법원 1990. 2. 27. 선고 89다카4342 판결.

② 제호의 변경

일반적으로 제호는 독창성을 인정받기가 어려워 그 저작물성이 부정되기 쉽다. 한국 대법원은 만화제명인 '또복이'는 독창적인 사상감정의 표현이라고 보기 어려워 저작물로서의 보호는 인정되기 어렵다는 판결을 한 바 있다.[1] 일본이나 독일도 마찬가지로 제호의 저작물성을 부정하고 있다. 다만, 제호는 저작물과 결합함으로써 저작물의 동일성을 나타내는 것이기 때문에 저작물과 밀접한 관계가 있다고 할 수 있다. 따라서 원저작물을 이용하는 자는 원저작물의 제호의 동일성을 침해하지 않는 범위 내에서 원저작물을 이용하여야 하고 만약 마음대로 그 제호를 변경하여 이용하게 되면 원저작물의 완전성보호권을 침해하는 것으로 된다. 예컨대 미국 헐리우드 영화인 "백 투 더 퓨쳐 (Back To The Future)"를 국내에 상영하면서 그 제목을 원제목과는 달리 "타임머신"이라고 붙인 경우 전체적으로 영상저작물의 동일성을 침해한 것으로 된다. 결국 제호는 저작물과 결합된 상태에서만 보호되고 저작물과 분리된 제호 그 자체만은 저작권법의 보호를 받지 못한다.[2] 그러므로 저작물의 내용이 다르다면 제호가 같더라도 저작물의 완전성보호권 침해가 아니다.

여기서 주의하여야 할 점은 저작물의 완전성보호권에 의해 보호를 받을 수 있는 제호는 저작자 자신에 의하여 또는 최소한 저작자의 양해에 의하여 붙여진 것이어야 한다는 것이다. 따라서 베토벤의 교향곡 5번을 "운명"이라고 호칭하고 있지만 이 호칭은 베토벤이 붙인 것이 아니고 사후에 제3자에 의하여 저작자의 의사와 무관하게 붙여진 것이므로 저작물의 완전성보호권에 의하여 보호되지 아니한다.[3]

---

1) 한국 대법원 1977. 7. 12. 선고 77다90 판결.

2) 일반적으로 볼 때 이와 같은 결론은 타당하다. 그러나 한자(漢字)로 작성된 제호 중 일부는 예외적으로 그 독창성을 인정받아 독자적인 저작물로 보호될 수 있음을 유의할 필요가 있다. 중국 한자는 다른 나라 언어와는 달리 다의성, 상징성, 함축성을 가지고 있어 짧은 단문이라 하더라도 그 속에 독창적이고 함축적인 의미를 담고 있는 경우가 있을 수 있기 때문이다. "산동 신세기 호텔 광고" 사건에서 중국판례는 이 사건 광고 문구인 "山东新世纪, 聚散两相依"는 비록 10개의 글자로만 구성되어 있는 짧은 단문에 해당하나, 고객에 대한 서비스 향상을 중시하고 고객을 최우선으로 생각하는 호텔의 경영 이념을 매우 압축적이면서도 독창적인 방식으로 표현한 것으로서 사상 혹은 감정을 표현한 문자저작물에 해당한다고 판시한 바 있다. 이러한 중국판례의 태도에 비추어 볼 때 저작물의 제호라고 하더라도 제호를 구성하고 있는 각 한자(漢字)의 뜻이 상징성과 함축성을 구비하고 있어 제호 전체가 여타의 제호와는 구별되는 독창성을 가진 경우에는 독자적인 문자저작물로 보호될 수 있을 것이다.

3) 김정술, "저작권과 저작인접권의 내용", 재판자료 57집 (92.12) : 지적소유권에 관한 제문제 (하), 법원도서관, 제290쪽.

③ 저작물의 원작품을 파기하는 행위

저작물의 원작품 자체를 소각 등의 방법에 의하여 파기하는 것은 재물 손괴행위에 해당할 뿐[1] 저작물을 왜곡(歪曲)하거나 훼손(簒改)하는 것은 아니다. 따라서 그와 같은 행위는 저작물의 완전성보호와는 무관한 것이다.

(나) 저작물에 대한 기타 이용으로 저작자의 명예와 성망을 해하는 행위

[사 례]

미술작가인 甲은 서로 다른 피부색을 가진 세계 각국의 사람들이 홍수 피해에 대한 구조금을 헌금하는 모습을 담은 공익광고 그림을 그렸다. 甲은 위 그림을 乙 신문사에 게재하기로 하고 乙과의 사이에 위 그림을 비상업용 목적으로 사용하여야 하며 그림 하단에 '공익광고, 작가 甲'이라는 문구를 표기하기로 합의하였다. 그러나 乙 신문사는 甲과의 합의를 무시한 채 위 그림을 상업용으로 이용하여 상당한 금전적 이득을 취하였다. 이에 甲은 자신의 그림이 상업용으로 이용됨으로써 자신의 명예에 심각한 타격을 입은 만큼 乙 신문사는 甲이 가지는 저작물의 완전성보호권을 침해하였다고 주장하면서 법원에 제소하였다.[2]

위 사안에서 눈여겨봐야 할 부분은 비록 乙 신문사는 甲과의 합의에 반하여 공익광고 그림을 상업용으로 이용하기는 했으나 그 과정에서 그림의 내용이나 형식에 변경을 가하지는 않았다는 점이다. 이처럼 저작물 자체는 변경되지 않았으나 저작자의 명예나 성망을 해하는 방법으로 저작물을 이용하는 것도 과연 저작물의 완전성보호권의 침해로 볼 수 있는지가 해석상 문제된다.

이에 대해 각국의 입법례는 상이하다. 먼저, 저작물 자체에 대한 변경행위와 저작물에 대한 기타 이용으로 저작자의 명예와 성망을 해하는 행위를 구별하여 서로 다른 조항에 규정하는 입법례로는 한국과 일본 등이 있다. 한국저작권법은 제13조 제1항에서 「저작자는 그의 저작물의 내용·형식 및 제호의 동일성을 유지할 권리를 가진다」라고 규정하고, 제124조 제4항에서 「작자의 명예를 훼손하는 방법으로 그 저작물을 이용하는 행위는 저작인격권의 침해로 본다」라고 규정하고 있

---

1) 따라서 이 경우 손괴자가 저작물의 원작품에 대한 소유권을 가지고 있지 않다면 원작품의 소유자에 대하여 불법행위에 기한 손해배상책임만을 부담할 뿐이지 저작권 침해문제는 발생하지 않는다.

2) 위 판례의 사실관계의 출처는 李雨峰 等, 『著作权法』, 厦门大学出版社(2006), 제63쪽.

다. 일본저작권법도 마찬가지다.[1] 다음으로 양자를 통합하여 같은 조항에 규정하는 입법례가 있다. 독일저작권법 제14조는 「저작자는 타인이 자신의 저작물을 개변하거나 기타 침해행위를 하여 저작물에 대한 정신적 혹은 인격적 이익을 해하는 것을 금지할 수 있다」라고 규정하고 있는데, 여기서 '기타 침해행위'에는 그 해석상 저작자의 명예나 성망을 해하는 방법으로 저작물을 이용하는 행위도 포함된다고 한다.[2]

이와는 달리 중국저작권법은 한국이나 일본처럼 의제조항이 있는 것도 아니고 독일처럼 '기타 침해행위'와 같이 보충적 해석을 가능케 하는 포괄적인 용어가 저작물의 완전성보호권을 침해하는 행위 양태에 포함되어 있는 것도 아니다. 여기에 저작자의 명예나 성망을 해하는 방법으로 저작물을 이용하는 행위가 과연 완전성보호권의 침해로 볼 수 있느냐는 해석상의 문제가 다른 입법례와는 달리 유독 중국저작권법에서만 크게 부각되는 이유가 숨어있다.

중국학자들은 위 문제의 해결 열쇠를 완전성보호권의 연원(淵源)에서 찾는다. 즉 베른협약[3]은 저작자의 인격적 이익을 보호하기 위해 저작자는 자신이 그 저작물의 창작자라는 사실을 주장할 수 있는 권리인 성명표시권과 저작물과 관련하여 그의 명예나 성망을 해치는 왜곡, 변경 또는 기타 경멸적인 행위에 대하여 이의를 제기할 수 있는 권리인 완전성보호권을 가지는 것으로 규정하고 있는데, 중국저작권법의 저작물의 완전성보호권은 위 베른협약의 저작인격권의 내용 중 후자로부터 유래된 권리라는 것이다. 또한 베른협약의 완전성보호권은 저작물 자체에 대한 변경뿐만 아니라 기타 경멸적인 행위, 즉 저작물에 대한 이용으로 저작자의 명예와 성망을 해하는 행위까지도 규율하고 있는 이상 그와 같은 권리 내용은 베른협약에 뿌리를 두고 있는 중국저작권법의 완전성보호권에도 이미 내제되어 있다는 것이다. 따라서 중국저작권법 제10조 제4호의 "왜곡"이나 "훼손"에는

---

1) 일본저작권법 제20조 제1항 : 저작자는 그의 저작물 및 그의 제호와 동일성을 유지할 권리를 가지며, 그 의사에 반하여 이들의 변경, 切除, 기타 改變을 받지 아니하는 것으로 한다.
일본저작권법 제113조 제3항 : 저작자의 명예 또는 성망을 해치는 방법으로 그 저작물을 이용하는 행위는 그 저작인격권을 침해하는 행위로 본다.

2) 李雨峰 等, 『著作权法』, 厦门大学出版社(2006), 제63쪽.

3) 베른협약 제6조의 2 제1항 : 「저작자의 재산권과 독립하여, 그리고 이 권리의 양도 후에도, 저작자는 저작물의 저작자라고 주장할 권리 및 이 저작물과 관련하여 그의 명예나 성망을 해치는 왜곡·절단·기타 변경 또는 기타 경멸적인 행위에 대하여 이의를 제기할 권리를 가진다.」
Article 6bis (1) : 「Independently of the author's economic rights, and even after the transfer of the said rights, the author shall have the right to claim authorship of the work and object to any distortion, mutilation or other modification of, or other derogatory action in relation to, the said work, which would be prejudicial to his honor or reputation.」

저작물 자체에 변경을 가하지 않지만 저작자의 명예를 해하는 행위도 포함되어 있다는 것이다. 중국법원도 위 사례에서 비록 그 근거를 명확하게 밝히지는 않았지만 완전성보호권의 침해를 인정하였다.

저작자의 명예를 훼손하는 방법으로 저작물을 이용하는 예로는 예술적인 가치가 매우 높은 미술작품을 사창가에 게시한다든가 싸구려 물품의 포장지에 복제하여 사용하는 행위, 엄숙한 종교음악을 희극용 악곡과 합체하여 연주하여 저작자가 표현하고자 하였던 종교적 엄숙함을 느낄 수 없도록 하는 이용행위 등이 있다.[1)]

(3) 저작물의 완전성보호권의 제한

저작물의 완전성보호권은 저작자가 갖는 권리이기는 하나 저작물의 이용자가 저작물을 이용함에 있어 불가피하게 저작물에 일정한 변경을 가하여야 하는 경우가 발생할 수 있다. 이처럼 부득이한 경우를 대비하여 저작권법 규정이나 그에 대한 법률해석은 저작자의 완전성보호권을 일부 제한하고 있다. 다만, 부득이하게 저작물을 변경하더라도 저작물의 본질적인 내용에 대한 변경은 허용되지 않는다.

첫째, 신문사(报社)·정기간행물사(期刊社)는 저작자의 동의 없이도 저작물의 문자를 수정하거나 첨삭할 수 있다(저작권법 제33조 제2항). 단순한 오자나 탈자를 수정한다거나 문법적으로 오류가 있는 부분을 문법에 맞도록 고치는 작업 정도는 저작자의 동의가 필요 없다는 것이다.[2)] 그러나 신문사(报社)·정기간행물사(期刊社)가 본사에 임의로 제출된 원고(原稿)를 축약하거나 내용의 일부를 삭제하는 등 수정을 가하는 때에는 반드시 저작자의 동의를 구하여야 한다(저작권법 제34조 제3항 참조).

둘째, 저작권자가 타인에게 그 저작물을 영상저작물로 촬영·제작하도록 허락한 때에는 그 저작물에 대한 필요적 변경을 이미 동의한 것으로 본다(저작권법실시조례 제10조 본문). 예컨대 소설가가 자신의 소설을 영화로 제작하는 데에 이미 동의하였다면 영화제작자는 소설가의 동의 없이도 소설의 내용을 영화에 맞게 변경할 수 있다. 다만 이 경우 영화제작자는 원작 소설의 가치를 떨어뜨려(예컨대, 원작의 희극적 특징을 비극으로 바꾼다거나 원작의 사회참여적인 주제를 희화화하는 것 등) 원작을 왜곡하거나 훼손해서는 안 된다(저작권법실시조례 제10조 단서).

---

1) 이상의 예는 오승종, 「저작권법」, 박영사(2007), 제1359쪽에서 인용.

2) 원래 이론적으로 보더라도 저작물의 오자·탈자를 수정하는 정도와 같이 원저작물의 동일성에 어떠한 변형도 가하지 못하는 경우 저작물의 완전성보호권의 침해는 문제되지 않는다는 점에서 위 저작권법 규정은 당연한 내용을 규정한 주의적 규정에 불과하다. 따라서 저작자의 동의 없이도 저작물의 문자를 수정하거나 첨삭할 수 있는 주체는 신문사나 정기간행물사에만 국한되는 것이 아니라 할 것이다.

셋째, 건축저작물의 소유자나 관리인이 거주나 사용상의 편의를 위해 당해 건축물을 증축, 개축 그 밖의 변형을 가하는 것에 대해서는 저작자가 이의를 제기할 수 없다.[1] 건축물은 순수예술의 목적에 의하여 건축되기보다는 오히려 경제적 실용적인 효용을 위한 경우가 보통이므로 실용적인 이유로 건축물을 변경하는 것은 본질적인 변경이 아닌 한 허용된다. 주의하여야 할 점은 건축물 전체를 파괴하는 것은 완전성보호권과는 무관하다는 것이다. 1960년대 초반에 일본 동경에 있는 제국호텔 전면개축에 대해 구 건물 설계도에 대한 저작권 문제가 제기되었지만, 건물을 완전히 파괴하는 것에 대해서는 여기서 말하는 완전성보호권 침해의 문제로 다루어질 것이 아니라는 결론이 내려졌다고 한다.[2]

한편, 독일의 해석론은 건축물의 변경이 허용되는 경우와 관련하여 "저작물의 예술적인 특성 내지 개별성이 적으면 적을수록, 저작물 변경 시 저작물의 특징적인 성격이 적게 관계되면 될수록, 그리고 변경의 필요성이 많으면 많을수록 변경의 적법성은 더욱 보장된다. 그리고 이러한 변경은 기본적으로 사용목적을 규정한 사용이익, 즉 건물의 유지·보안·보수 등에 기여하여야 한다. 이 때 사용이익의 경제성도 중요한 역할을 한다. 예를 들면 주거용 건물의 경우에는 안락성을 더욱 강조하기 위해서, 공장건물의 경우에는 생산증가 또는 합리화를 위해서, 학교 건물의 경우에는 교육 내지 보호의무를 양적 또는 질적으로 충족하기 위해서 변형하는 경우이다"라고 하고 있는데,[3] 이러한 해석론은 중국저작권법에서도 원용될 수 있을 것으로 보인다.

넷째, 학교교육의 목적상 부득이하다고 인정되는 범위 안에서의 표현변경은 허용된다.[4] 어려운 표현을 쉽게 하거나 외국어를 국어로 바꾸거나 학생들에게 적합하지 아니한 반사회적·반도덕적 표현을 다른 것으로 바꾸는 것은 교육목적에 의한 표현변경에 해당한다. 이와 관련하여 일본에서는 다른 작품을 사용하여 교육목적을 달성할 수 있을 경우에는 부득이한 범위의 변경을 할 수 있는 경우에 해당한다고 보기 어렵다는 견해도 있다.[5] 여기서 주의하여야 할 점은 교육목적상

---

1) 李雨峰 等, 『著作权法』, 厦门大学出版社(2006), 제63쪽.

2) 허희성, 『신저작권법축조해설』, 범우사(1988), 제84쪽. 오승종, 『저작권법』, 박영사(2007), 제389쪽에서 재인용.

3) 계승균, "저작권과 소유권", 계간저작권(2004년 봄호), 저작권심의조정위원회, 제10면. 오승종, 『저작권법』, 박영사(2007), 제389쪽에서 재인용.

4) 李雨峰 等, 『著作权法』, 厦门大学出版社(2006), 제63쪽.

5) 加戸守行, 『저작권법축조강의』, 사단법인 저작권자료협회(1990), 제135쪽. 김정술, 저작권과 저작인접권의 내용, 재판자료 57집 (92.12) : 지적소유권에 관한 제문제(하), 법원도서관, 제291쪽에서 재인용.

부득이하게 표현변경을 하여야 하는 경우라 하더라도 원작의 본질적인 내용에 변경을 가하여서는 안 된다는 것이다.

다섯째, 그 밖에 저작물의 성질이나 그 이용의 목적 및 형태 등에 비추어 부득이하다고 인정되는 범위 안에서의 변경에 대해서는 완전성보호권이 제한된다.[1] 이에 해당하는 경우를 일률적으로 말할 수는 없으나, 저작물을 실연하는 실연자의 능력부족이나 연주법 또는 창법의 개성으로 인하여 원저작물과 다소 다르게 실연되는 경우, 복제기술의 한계로 원저작물과 다소 다르게 복제되는 경우, 방송의 기술적·시간적 제약에 의하여 TV 드라마의 일부가 단축되거나 절단되어 방송되는 경우 등을 생각할 수 있다. 또한 컴퓨터소프트웨어보호조례(计算机软件保护条例) 제16조 제3호는 「소프트웨어의 합법적인 복제물을 소유한 자는 당해 소프트웨어를 실제의 컴퓨터에 사용하기 위하여 응용환경 또는 기능이나 성능을 개선하거나 필요한 변경을 할 수 있다」라고 규정하고 있다.[2]

(4) 저작재산권의 양도와 저작물의 완전성보호권

저작인격권의 일신전속성으로 인하여 저작재산권이 양도된 경우 저작인격권자와 저작재산권자가 분리되는 현상이 발생할 수 있다. 이 경우 양자의 이익을 합리적으로 조정할 필요가 발생한다. 예컨대, 소설의 저작자인 A가 B에게 개편권을 양도하여 B로 하여금 원작을 개편할 수 있도록 하였음에도 불구하고 정작 A와 B 사이에 체결된 계약서에는 원작 변경에 대한 A의 승낙이 명시적으로 표기되지 않은 경우나 그와는 반대로 A가 원작 변경에 대하여 승낙을 하긴 하였으나 포괄적인 승낙만 하였을 뿐 변경을 허락한 부분을 구체적으로 명시하지 않은 경우 과연 B는 변경행위가 있을 때마다 A의 허락을 얻어야 하며 A의 포괄적인 승낙은 유효하다고 볼 수 있는지가 해석상 문제된다. 특히, 이러한 문제는 2차적저작물 작성권에 있어 두드러지게 발생한다. 왜냐하면 2차적저작물 작성권은 원저작물을 개편, 번역, 주석, 정리, 영상제작 그 밖의 방법으로 작성하는 것이라는 점에서 그 과정에서 원형 변질이 필연적으로 수반될 수밖에 없기 때문이다.

---

1) 李雨峰 等,『著作权法』, 厦门大学出版社(2006), 제63쪽.

2) 단, 이 경우 별도의 약정이 없는 한 당해 소프트웨어를 업그레이드한 자는 원저작자의 허락 없이는 어떠한 제3자에게도 변경된 소프트웨어를 제공하여서는 아니 된다. 위 조례 제16조 제3호 단서 참조.

(가) 포괄적인 변경 허락의 문제

저작재산권 양도시 포괄적으로 변경허락을 한 경우 또는 완전성보호권을 행사하지 않는다는 특약을 한 경우에 위 특약의 효력이 문제된다. 이에 대해 불행사 특약을 할 수 없다는 견해도 있으나 독일 학설은 동의의 구체성과 명확성을 가지고 이 문제를 해결하고자 한다. 즉 저작물의 개변 내용이 구체적으로 표시되어 있고, 그것이 사전에 인식되고 있는 경우 그 동의는 허용되나 역으로 그 개변의 범위를 예상할 수 없는 포괄적 동의는 허용될 수 없다고 한다. 일본에서는 대가(代價)의 내용이나 역관계에 비추어 저작자에게 현저히 가혹한 내용의 특약은 공서양속 위반이며 무효이나 그렇지 않는 한 원칙적으로 유효하다고 한다.[1] 이러한 해석론들은 중국저작권법에도 원용될 수 있을 것으로 보인다.

(나) 변경 허락이 없는 경우

위 예에서 B가 개편권을 양도받았으나 A로부터 완전성보호권에 대한 별도의 승낙을 얻지 못한 이상 B의 개편행위는 A의 완전성보호권을 침해한 것이라고 해석한다면 사실상 B가 가지는 개편권은 유명무실해 질 수밖에 없다.

이에 대한 해결책으로 다음의 두 가지 경우를 생각해 볼 수 있다. 하나는 A가 개편권을 양도할 때에 개편 과정에서 필연적으로 수반하는 변경의 한도에서 완전성보호권을 행사하지 않는다는 묵시적 동의를 하였다고 이론 구성하는 것이다. 그러나 이러한 해석론은 개편권의 양도가 강제집행처럼 A의 의사에 기하지 않고 양도된 경우에는 그대로 적용되기 어렵다는 문제가 있다. 또 다른 하나는 권리남용이론을 원용하는 것이다. 즉 개편과정에서 수반되는 변경행위는 특단의 사유가 없는 한 「저작물의 이용에 있어 부득이하다고 인정되는 범위」라고 보아야 할 것이며, 또 저작재산권인 개편권을 양도함에 있어 A가 B의 양수목적을 알 수 있었다면 그 후의 양수목적 범위 내에의 B의 변경에 대해 합리적 이유 없이 변경 불가를 주장하는 것은 일종의 권리남용으로서 허용되지 않는다는 것이다. 독일 저작권법 제39조는 제1항에서 "용익권자는 달리 특약이 없는 한 저작물, 그 제목 및 저작자 표시를 변경할 수 없다"고 규정하나 제2항에서 "저작물 및 그 제목의 변경은 저작자가 신의성실에 의하여 동의를 거절할 수 없는 경우 허용된다"고 규

---

1) 이상 독일 및 일본의 해석론은 이상정, "동일성유지권에 관한 일고", 저스티스 34권 2호(2001. 4.), 한국법학원, 제96쪽에서 인용.

정하고 있다.[1)]

3. 기타 저작자의 인격적 이익을 보호하는 권리

가. 저작자가 사망한 후의 인격적 이익의 보호

(1) 의 의

저작인격권은 저작자의 일신에 전속하므로 저작자의 사망(법인 기타 단체의 경우에는 그 단체가 해산)과 더불어 소멸하는 것이 원칙이다(저작권법 제19조 반대해석). 그런데 저작자가 사망한 이후의 저작인격권은 저작자의 상속인 또는 유증을 받은 자에 의하여 보호되고, 만약 상속인이나 유증을 받은 자가 없는 경우에는 저작권행정관리부에 의하여 보호된다(저작권법실시조례 제15조). 즉 저작자의 인격적 이익은 저작자가 사망한 이후에도 계속 보호를 받게 되는 것이다.

저작자가 사망한 후 저작자의 인격적 이익을 어떻게 보호할 것인가에 대해서는 3가지의 학설대립이 있다.[2)] 첫째는 소멸설이다. 이 학설은 저작인격권의 일신전속성을 강조하여 저작자가 사망하면 그의 인격도 동시에 소멸되므로 저작자가 생전에 가진 인격적 이익은 더 이상 보호받지 못한다는 것이다. 이 이론에 따르면 제3자는 저작자의 사망 후 저작자의 성명뿐만 아니라 저작물의 내용까지도 임의로 변경할 수 있게 된다. 소멸설은 저작물 자체의 완전성이 상실되는 부분에 대해 어떠한 대책도 없다는 점에서 부당한 이론이 아닐 수 없다. 둘째는 상속설이다. 이 학설은 저작인격권의 일신전속성을 강조하지 않고 저작자의 사망 후 저작인격권은 그 상속인에게 상속된다고 본다. 독일과 프랑스가 상속설에 입각한 입법례를 취하고 있다고 한다. 셋째는 공공이익설이다. 이 학설은 저작인격권은 일신전속성을 가지므로 저작자의 사망과 동시에 소멸하지만 저작자의 인격적 이익을 보호하기 위해 일정한 범위에 있는 친족 등이 저작자의 인격적 이익을 보호할 수 있다고 한다. 이에 따르면 저작자가 사망한 후 저작자의 인격적 이익을 보호하는 것은 일종의 공공이익에 해당하는 것이다. 한국, 일본 및 대만 등이 이 학설에 근거한 입법례를 보이고 있고, 중국저작권법도 이에 해당한다.

---

1) 이상의 각 해석론은 이상정, “동일성유지권에 관한 일고”, 저스티스 34권 2호(2001. 4.), 한국법학원, 제96-97쪽을 참조한 것임.

2) 이하 각 학설의 내용은 萧雄淋,『新著作权法逐条释义』, 五南图书出版公司(1999年版), 제231쪽.

(2) 저작자 사망 후의 저작인격권 보호 및 그 한계

(가) 저작자 사망 후의 저작인격권 보호

이는 저작인격권의 주체 및 종류에 따라 나누어 살펴보아야 한다.

① 저작자가 자연인인 경우

저작자가 사망한 후 저작인격권 중 성명표시권, 수정권 및 저작물의 완전성보호권은 저작자의 상속인 또는 유증을 받은 자에 의하여 보호된다. 만약 저작자의 상속인 또는 유증을 받은 자가 없는 경우에는 저작권행정관리부에 의하여 보호된다(저작권법실시조례 제15조 참조). 저작자의 성명표시권, 수정권 및 저작물의 완전성보호권은 공표권이나 다른 저작재산권과는 달리 보호기간의 제한을 받지 않는다(저작권법 제20조).

그런데 저작자 사망 후의 공표권은 저작인격권에 해당하면서도 보호방식이나 보호기간 등의 면에서 다른 저작인격권과는 차이가 있다. 저작자가 생전에 공표하지 아니한 저작물의 경우 저작자의 상속인이나 유증을 받은 자는 저작자가 사망한 후 50년 이내에 한하여 그 공표권을 행사할 수 있다.[1] 다만 저작자가 생전에 공표하지 아니할 의사를 표시한 경우에는 저작자의 상속인이나 유증을 받은 자라 하더라도 그 공표권을 행사할 수 없다. 또한 저작자의 상속인이나 유증을 받은 자가 없는 경우에는 당해 공표권은 저작권행정관리부에 의하여 행사되는 것이 아니라 저작물의 원본을 소유한 자에 의해 행사되는 것이다.[2] 저작물의 원본을 소유한 자도 저작자가 생전에 공표하지 아니할 의사를 밝힌 경우라면 공표권을 행사할 수 없음은 물론이다.

그렇다면 저작자 사망 후 저작인격권을 보호하는 저작자의 상속인은 누구를 말하는가. 중국상속법에 따를 때 저작자의 법정상속인은 제1순위가 배우자, 자녀 및 부모이고, 제2순위가 형제자매, 조부모 및 외조부모이다. 여기서 자녀라 함은 혼인중의 자녀, 혼인외의 자녀, 양자녀 및 부양관계에 있는 계(繼)자녀를 포함하며, 부모는 친부모, 양부모 및 부양관계에 있는 계부모를 포함한다. 형제자매는 동부

---

1) 공표권은 1회성의 권리이기 때문에 만약 저작자가 생전에 공표권을 행사하였다면 저작자의 상속인이나 유증을 받은 자가 더 이상 공표권을 행사할 여지는 없게 된다.

2) 저작권법실시조례 제17조 : 저작자가 생전에 공표하지 아니한 저작물의 경우에는 저작자가 사망한 후 50년 이내에 상속인 또는 유증을 받은 자가 그 공표권을 행사할 수 있다. 단, 저작자가 생전에 공표하지 아니할 의사를 표시한 경우에는 제외로 한다. 상속인이나 유증을 받은 자가 없는 경우에는 저작물의 원본을 소유한 자가 그 공표권을 행사한다.

모(同父母)의 형제자매, 동부이모(同父異母) 또는 동모이부(同母異父)의 형제자매, 양형제자매 및 부양관계에 있는 계형제자매를 포함한다(이상 상속법 제10조 참조).[1] 따라서 저작자 사후에 저작인격권을 행사할 수 있는 저작자의 상속인이란 배우자, 자녀(혼인중의 자녀, 혼인외의 자녀, 양자녀 및 부양관계에 있는 계자녀), 부모(친부모, 양부모 및 부양관계에 있는 계부모), 형제자매[동부모(同父母)의 형제자매, 동부이모(同父異母) 또는 동모이부(同母異父)의 형제자매, 양형제자매 및 부양관계에 있는 계형제자매], 조부모 및 외조부모를 말한다.[2]

또한 저작권법은 저작자 사후에 저작인격권을 행사할 수 있는 자로 유증을 받은 자(수증자)를 추가하고 있는데, 이때의 수증자가 과연 누구를 의미하는지도 문제된

---

1) 상속법 제10조 : 상속재산은 다음과 같은 순서에 따라 상속된다. 제1순서 : 배우자, 자녀, 부모, 제2순서 : 형제자매, 조부모, 외조부모.
상속개시 후 제1순위 상속인이 상속한 때에는 제2순위 상속인은 상속하지 않는다. 제1순위 상속인이 상속하지 않은 때에는 제2순위 상속인이 상속한다. 본법의 자녀라 함은 혼인중의 자녀, 혼인외의 자녀, 양자녀 및 부양관계에 있는 계(繼)자녀를 말한다. 본법의 부모라 함은 친부모, 양보모 및 부양관계에 있는 계(繼)부모를 말한다. 본법의 형제자매라 함은 동부모(同父母)의 형제자매, 동부이모(同父異母) 혹은 동모이부(同母異父)의 형제자매, 양형제자매 그리고 부양관계에 있는 계형제자매를 말한다.
中华人民共和国继承法 第十条「遗产按照下列顺序继承 : 第一顺序 : 配偶、子女、父母。第二顺序 : 兄弟姐妹、祖父母、外祖父母。继承开始后, 由第一顺序继承人继承, 第二顺序继承人不继承. 没有第一顺序继承人继承的, 由第二顺序继承人继承。本法所说的子女, 包括婚生子女、非婚生子女、养子女和有扶养关系的继子女. 本法所说的父母, 包括生父母、养父母和有扶养关系的继父母。本法所说的兄弟姐妹, 包括同父母的兄弟姐妹、同父异母或者同母异父的兄弟姐妹、养兄弟姐妹、有扶养关系的继兄弟姐妹.」

2) 이와 관련하여 다음과 같은 해석상의 문제가 있다. 상속법상 상속개시 후 제1순위 상속인이 상속한 때에는 제2순위 상속인은 상속하지 않고 제1순위 상속인이 상속하지 않은 때에 비로소 제2순위 상속인이 상속하게 된다. 그렇다면 저작자 사후에 저작인격권을 행사할 수 있는 자도 배우자, 자녀 및 부모가 제1순위이고 형제자매, 조부모 및 외조부모는 제2순위가 되는 것이 아닌가라는 의문이 있을 수 있다.
이에 대한 한국저작권법의 규정내용은 다음과 같다. 한국에서도 상속의 순위는 피상속인의 직계비속, 직계존속, 형제자매, 4촌 이내의 방계혈족의 순서로 법정화되어 있다(한국민법 제1000조 제1항. 피상속인의 배우자는 피상속인의 직계비속, 직계존속과 동순위). 그러나 한국저작권법은 저작자 사후에 저작인격권을 행사할 수 있는 자의 범위를 사망한 저작자의 유족(배우자·자·부모·손·조부모 또는 형제자매를 말한다)으로 정하여 저작자의 유족에 해당하는 자이면 상속순위와 무관하게 인격권을 행사할 수 있도록 하였다(한국저작권법 제128조).
생각건대 중국저작권법의 해석도 한국저작권법과 다르지 않다. 왜냐하면 상속순위는 재산권의 귀속과 관련되는 것으로서 저작재산권이 아닌 저작인격권에는 적용될 여지가 없기 때문이다. 그 뿐만 아니라 저작자 사후에 저작인격권을 행사하는 저작자의 상속인은 자신에게 귀속된 저작인격권을 행사하는 것이 아니라 저작자 사후에 제3자의 침해행위로부터 저작자의 인격적 이익을 보호하는 역할을 수행하는 것이므로 저작인격권 보호를 반드시 제1순위 상속인에게만 맡겨야 할 이유는 없기 때문이다. 따라서 중국저작권법상 저작자 사후에 저작인격권을 행사할 수 있는 자는 상속순위와 무관하게 배우자, 자녀, 부모, 형제자매, 조부모 및 외조부모로 보아야 한다.

다. 원래 유증이란 유언으로써 자기 재산의 일부를 무상으로 타인에게 주는 법률행위이다. 이는 재산권의 양도행위라 할 수 있다. 그런데 저작인격권은 일신전속성을 가지므로 원칙적으로 양도의 대상이 아니다. 따라서 위 수증자는 저작인격권을 유증 받은 자가 아님은 명백하다. 그렇다면 위 수증자는 저작재산권을 유증 받은 자를 말하는 것인가. 그러나 수증자를 저작재산권을 유증 받은 자로 보기도 어렵다. 왜냐하면 저작재산권은 그 내용이 다양하므로 그에 따라 수증자도 여러 명이 있을 수 있고 저작자의 인격적 이익에 대한 생각이나 입장이 수증자가 가지는 경제적 이해관계에 따라 수증자 별로 달라질 수 있으므로 저작자의 인격적 이익에 대한 보호를 저작재산권을 유증 받은 자에게 맡긴다는 것은 불합리하기 때문이다. 또한 저작재산권을 유증 받은 자가 저작자의 인격적 이익과 어떤 연관이 있다고 보기 어렵다는 점도 하나의 이유가 될 수 있다. 따라서 위 수증자는 법문의 표현에도 불구하고 유언집행자로 보아야 한다. 저작권법실시조례 제15조에 해당하는 한국저작권법 제128조와 일본저작권법 제116조도 모두 일정한 범위의 유족 이외에 유언집행자가 저작자 사후의 저작인격권을 보호하도록 하고 있다.[1]

유족이나 유언집행자 및 저작권행정관리부는 당해 저작물에 대하여 저작자의 인격적 이익을 침해할 우려가 있는 자에 대하여는 침해의 정지를 청구할 수 있고 저작자의 인격적 이익을 침해한 자에 대하여는 명예회복을 위한 조치로서 침해의 행위를 조성한 물건이나 침해의 행위로 작성된 물건 등에 대한 폐기 등과 같은 미친 영향의 제거(消除影响)나 사과(赔礼道歉)[2] 등을 청구할 수 있다.

한편 유족 등에게는 저작자의 인격적 이익의 침해를 이유로 한 손해배상청구권은 인정되지 않는다고 본다. 왜냐하면 저작자의 인격적 이익은 저작자의 일신에 전속하는 것이므로 제3자에 의해 저작자의 인격적 이익이 침해되거나 침해될 우려가 있다고 하더라도 유족 등이 정신적 고통을 받는 것은 아니기 때문이다. 한국이나 일본저작권법도 위와 같은 취지에서 유족 등에게 침해 등의 정지나 명예

---

1) 한국저작권법 제128조 : 「저작자가 사망한 후에 그 유족(사망한 저작자의 배우자·자·부모·손·조부모 또는 형제자매를 말한다)이나 유언집행자는 당해 저작물에 대하여 제14조제2항의 규정을 위반하거나 위반할 우려가 있는 자에 대하여는 제123조의 규정에 따른 청구를 할 수 있으며, 고의 또는 과실로 저작인격권을 침해하거나 제14조제2항의 규정을 위반한 자에 대하여는 제127조의 규정에 따른 명예회복 등의 청구를 할 수 있다.」
일본저작권법 제116조 제3항 본문 : 「저작자는 유언에 의하여 유족을 대리하여 제1항의 청구를 할 수 있는 자를 지정할 수 있다.」

2) 명예회복을 위한 조치 가운데 사과광고 등은 한국에서는 이미 1991년도 헌법재판소의 위헌결정이 내려짐으로써 더 이상 사용될 수 없는 청구이나, 중국저작권법은 이를 명문으로 인정하고 있다.

회복을 위한 청구권만 인정하고 있을 뿐 손해배상을 구할 권리는 허용하지 않고 있다. 그러나 저작자의 사후에 저작자의 인격적 이익이 침해됨으로써 유족이 정신적 피해를 입게 된 경우 유족이 자신의 정신적 피해를 이유로 위자료를 청구하는 것은 별개의 문제이다.

그리고 저작인격권은 저작자의 사망과 더불어 소멸하는 것이 원칙인데다가 저작권법실시조례 제15조의 법문을 보더라도 저작인격권은 엄격한 의미에서 유족 등에 의해 "행사"되는 것이 아니고 "보호"되는 것이므로 유족 등은 저작자 사후의 저작인격권을 적극적으로 행사할 수는 없다고 본다. 즉 유족 등은 저작자의 인격적 이익이 침해되는 경우 침해 정지나 명예회복 등의 조치를 취할 수 있을 뿐이지 저작인격권을 적극적으로 행사하여 제3자에게 수정권이나 성명표시권을 양도하거나 그 이용을 허락하는 행위 따위는 할 수 없다.

저작자 사후에 저작인격권을 침해하는 경우 형사적 처벌은 어떠한가. 이에 대해 한국저작권법은 벌칙규정을 두어 1년 이하의 징역 또는 1천만 원 이하의 벌금에 처하도록 규정하고 있고,[1] 일본저작권법은 300만 엔 이하의 벌금에 처하도록 규정하고 있다.[2] 그러나 중국저작권법 및 중국형법은 저작자 사후의 저작인격권 침해에 대해 어떠한 벌칙규정도 두고 있지 않다.

② 저작자가 법인 또는 기타 단체인 경우

다음으로 저작자가 법인 또는 기타 단체인 경우를 보자. 저작재산권의 경우에는 저작자인 법인 또는 기타 단체가 해산하게 되면 당해 저작재산권은 권리의무를 승계한 법인 또는 기타 단체에 귀속되며 권리의무를 승계하는 법인 또는 기타 단체가 없는 때에는 국가에 귀속된다(저작권법 제19조). 그런데 저작인격권의 경우에는 위와 같은 승계 규정이 없는데다 저작권법실시조례 제15조도 저작자가 '사망'하는 것을 전제로 하는 규정이어서 그 법문언상 마치 자연인이 사망한 경우에만 저작인격권이 보호되는 것인가라는 의문이 든다. 여기서 저작자가 법인인 경우 법인이 소멸한 때 과연 저작인격권이 보호되지 않는지 여부가 해석상 문제된다.

생각건대, 저작인격권의 주체가 자연인인가 또는 법인 기타 단체인가에 따라 저작인격권의 보호를 달리 정하는 것은 불합리하다는 점에서 저작자가 법인 기타 단체인 경우를 달리 취급할 것은 아니다. 다만 그 보호의 주체가 문제인데, 당해 저작인격권은 저작권행정관리부에 의해 보호될 수 있을 것이다. 이 때 저작권행

1) 한국저작권법 제137조 제3호.
2) 일본저작권법 제120조.

정관리부가 저작인격권을 보호하는 방식 및 기간 등은 위에서 살펴본 저작자가 자연인인 경우의 그것과 동일하다.

(나) 저작자 사망 후 저작인격권 보호의 한계

① 시간적 한계

저작인격권 중 성명표시권, 수정권 및 저작물의 완전성보호권은 저작자가 사망한 후 저작자의 상속인 또는 유언집행자에 의하여 보호되고 이들이 없으면 저작권행정관리부에 의하여 보호된다. 또한 보호기간의 제한도 받지 않는다. 여기서 이들 권리는 영속적으로 보호되는가, 즉 저작자의 상속인(제1세대 상속인)이 사망하면 제2세대 상속인이, 그 뒤에는 제3세대, 제4세대 상속인 등의 순서로 저작자의 인격권을 영속적으로 보호하게 되는가라는 의문이 생긴다.

결론부터 말하면 저작자 사후에 인격권을 행사할 수 있는 자는 일정한 범위의 유족(배우자, 자녀, 부모, 형제자매, 조부모 및 외조부모)이나 유언집행자로 한정되고 이들이 모두 사망하여 존재하지 않게 되면 더 이상 성명표시권, 수정권 및 저작물의 완전성보호권은 행사할 수 없게 된다. 왜냐하면 저작인격권은 상속의 대상이 아닌데다 저작권법은 저작재산권에 대해서 「개인이 사망한 뒤 이 법에서 정한 보호기간 내에 상속법의 규정에 따라 이전한다」라고 규정한 것과는 달리 저작인격권에 대해서는 「저작자의 상속인 또는 유증을 받은 자에 의하여 보호된다」라고 규정함으로써 저작자 사후에 인격권을 행사할 수 있는 자의 범위를 제한하고 있기 때문이다.[1)]

그런데 여기서 저작인격권 보호의 시간적 한계와 관련하여 해석상 문제가 존재한다. 즉 저작자가 법인 또는 기타 단체인 경우이거나 저작자가 자연인인 경우라도 유족이나 유언집행자가 없는 경우에는 당해 저작인격권(공표권은 제외)은 저작권행정관리부에 의해 보호되는데, 저작권행정관리부는 국가기관이므로 자연인처럼 일정한 수명이 없다는 것이다. 그렇다면 이 경우에 사실상 보호기간이 영속적으로 되는데 이는 다른 경우와 비교하여 사후 인격권의 무한한 확장이라는 결과를 초래하는 문제점이 있다.

이 문제는 입법으로 해결하여야 할 부분이라고 보인다. 한국이나 일본에서는 저작인격권 보호를 유족이나 유언집행자에게 맡기고 있을 뿐 중국처럼 국가기관에 맡기는 경우는 없으므로 위와 같은 해석상의 문제는 원천적으로 발생하지 않

1) 저작권법 제19조 및 저작권법실시조례 제15조 참조.

는다. 저작인격권의 보호를 국가기관에 맡기는 입법례는 아마도 사회주의 영향 탓인 것으로 보인다. 저작권행정관리부가 저작인격권을 보호할 때 보호기간을 제한하는 내용으로 법률을 수정할 필요가 있다.

② 내용적 한계

저작자 사후의 저작인격권 보호와 관련하여 한국이나 일본 그리고 대만은 내용적 한계를 정하고 있다.

즉 한국저작권법은 제14조 제2항에서 「저작자의 사망 후에 그의 저작물을 이용하는 자는 저작자가 생존하였더라면 그 저작인격권의 침해가 될 행위를 하여서는 아니 된다. 다만, 그 행위의 성질 및 정도에 비추어 사회통념상 그 저작자의 명예를 훼손하는 것이 아니라고 인정되는 경우에는 그러하지 아니하다」라고 정하고 있고, 일본저작권법도 제60조 단서에서 「다만, 그 행위의 성질 및 정도, 사회적 사정의 변동, 기타에 의하여 그 행위가 당해 저작자의 뜻을 해치지 아니하는 것으로 인정되는 경우에는 그러하지 아니하다」라고 규정하고 있다. 대만저작권법도 제18조에서 동일한 규정을 두고 있다. 이에 반해 중국저작권법에는 위와 같은 규정이 없다. 그러나 중국학자들은 위에서 언급한 비교입법은 중국저작권법 해석에 있어 하나의 기준이 될 수 있다는 점을 인정하고 있다.[1] 이하에서는 한국저작권법의 해석론을 소개하기로 한다.

저작자 사망 후 예외적으로 변경이 허용되는 예로는 저작자의 사후에 명백한 사실의 오기를 정정하거나 색인 또는 저작자의 약력 따위를 첨가하는 것, 적절한 참고도나 사진 등을 삽입하는 것은 저작자의 명예를 훼손하지 않는 것으로 허용된다고 한다. 또한 저작물에 새로운 주석이나 해설을 부가하는 것도 원저작물의 부분과 확실히 구분될 수 있는 형태를 취한다면 허용된다고 한다. 예컨대 법률서적에 있어서 저작자의 사후 새로 나온 판례나 법령이 개정된 부분을 수정·보필하는 경우 등을 들 수 있다. 그러나 저작물의 문장을 임의로 수정하는 것은 원칙적으로 저작자의 명예를 해치는 것이므로 허용될 수 없다고 한다. 특히 미술저작물의 경우에는 저작자의 명예를 해치지 않는 변경이란 거의 없다고 보고 있다.[2]

---

1) 李雨峰 等, 『著作权法』, 厦门大学出版社(2006), 제66쪽.

2) 오승종, 『저작권법』, 박영사(2007), 제401-402쪽.

나. 저작물의 수정증감권

한국과 일본은 저작인격권의 한 종류로서 저작물의 수정증감권을 인정하고 있다.[1)] 이는 출판권자가 출판권의 목적인 저작물을 다시 출판하는 경우에 저작자가 정당한 범위 안에서 그 저작물의 내용을 수정하거나 증감할 수 있도록 한 권리이다. 저작물의 수정증감권은 저작인격권에 해당하므로 권리의 행사주체는 저작자에 한한다고 한다. 따라서 저작자는 저작재산권을 양도한 후에도 이 권리를 행사할 수 있고 저작자가 사망한 경우 그 유족은 이 권리를 행사할 수 없다고 한다. 수정증감은 출판물에 관하여 자주 발생하고 출판자의 이해관계와 연결되므로 저작자는 정당한 범위 안에서 수정증감권을 행사할 수 있다고 한다.

중국저작권법에는 저작물의 수정증감권에 관한 명문규정이 없다. 다만 이와 비슷한 권리로서 저작자 스스로 또는 타인으로 하여금 저작물을 수정하도록 하는 수정권이 인정되고 있을 뿐이다. 여기서 수정권의 내용에 위 수정증감권의 내용이 포함되는 것으로 볼 수 있는지가 문제다.

현재 이 문제에 대해 중국학자들 사이에서 통설적인 견해는 없는 것으로 보인다. 사견으로는 저작물의 수정증감권은 수정권에 포함되어 보호될 수 있다고 생각한다. 다만 저작물의 수정증감권을 행사할 수 있는 시기는 출판자가 저작물을 다시 출판하는 경우로 제한되며 수정증감은 정당한 범위 내에서만 허용된다고 보아야 한다. 이때 정당한 범위 내인지 여부는 결국 출판 기술과 관행, 그리고 신의칙에 의하여 결정될 문제이다. 예컨대 출판자에게 과도한 출판경비를 추가로 부담시키거나 예정된 출판시기를 과도하게 지연시키는 경우와 같이 출판자의 이익을 부당하게 침해하는 정도의 수정증감은 허용되지 않을 것이다. 한편 수정증감권도 저작인격권의 일종이므로 저작자만이 행사할 수 있다고 보아야 한다.

다. 철회권

철회권이란 저작자가 그 저작물의 이용을 소멸시킬 수 있는 권리를 말한다. 이는 국제적으로 널리 인정되고 있는 권리는 아니지만 독일 및 일본 등에서는 명문

---

1) 한국저작권법 제59조 : 「① 출판권자가 출판권의 목적인 저작물을 다시 출판하는 경우에 저작자는 정당한 범위 안에서 그 저작물의 내용을 수정하거나 증감할 수 있다. ② 출판권자는 출판권의 목적인 저작물을 다시 출판하고자 하는 경우에 특약이 없는 때에는 그때마다 미리 저작자에게 그 사실을 알려야 한다.」 일본저작권법 제82조도 이와 유사한 규정을 두고 있다.

으로 인정되고 있다. 일본저작권법 제84조 제3항은 「복제권자인 저작자는 그 저작물의 내용이 자기의 확신에 적합하지 아니하게 된 때에 그 저작물의 출판을 폐절하기 위하여 출판권자에게 통지하여 그 출판권을 소멸시킬 수 있다. 다만, 당해 폐절로 인하여 출판권자에게 통상 생길 수 있는 손해를 미리 배상하지 아니하는 경우에는 그러하지 아니하다」라고 규정하고 있고, 독일저작권법 제42조는 "확신의 변경을 이유로 하는 철회권"이란 제목 하에 일본저작권법의 규정과 비슷한 취지의 내용을 규정하고 있다.

철회권을 인정하는 취지는 저작물을 공표한 후에 저작자의 확신이 변경되었음에도 계약의 구속력 때문에 저작물이용자가 계속적으로 저작물을 이용하게 되고 그로 인하여 저작자의 인격적 이익이 크게 손상되는 것을 방지하기 위함이다. 그러나 이러한 철회권의 인정은 사적자치의 원칙(특히 계약의 구속력)과 배치되는 결과를 초래하므로 그 인정여부에 신중을 기할 필요가 있다.

중국저작권법에는 철회권이 명문으로 규정되어 있지 않지만 해석론상 이를 인정하는 견해도 있다.[1] 현재까지 중국 내에서 이 문제에 대한 통설적 견해는 정립되어 있지 않은 것으로 보인다. 해석론상 철회권을 인정하는 견해의 요지는 다음과 같다. 저작자는 작품의 수정을 위해서 부득이 작품을 회수하여야 하는 경우가 있을 수 있는 만큼 수정권을 인정하는 취지를 더 발전시켜 철회권을 인정할 수 있다는 것이다. 결국 이는 수정권의 한 내용으로서 철회권을 인정하자는 것이다. 이 견해는 사실상 저작물의 완전성보호권과 중복되는 권리로서 사법실무에서 그 존재 의의가 갈수록 희박해 지고 있는 수정권의 취지를 확대하여 권리행사의 활성화를 도모하자는 시각에 바탕을 두고 있다. 이 견해는 철회권을 인정하는 경우 수정권 행사가 남용될 가능성이 큰 만큼 독일이나 일본의 규정에 비추어 저작자가 철회권을 행사하여 작품을 회수하는 경우에 반드시 출판자나 기타 용익권자에게 통상 생길 수 있는 손해를 미리 배상하여야 한다고 설명하고 있다.

라. 접근권

접근권이란 저작자가 원작품 또는 복제물의 점유자에 대하여 점유자의 정당한 이익에 반하지 않는 한 원저작물 또는 그 복제물에의 접근을 요구할 수 있는 권리

1) 李琛, "被误读的修改权", 中国专利与商标(2004年 第3期). 당해 논문의 출처는 中国民商法律网 http://www.civillaw.com.cn/article/default.asp?id=18804. 중국에서는 철회권을 회수권(收回权)이라고 한다.

를 말한다. 이 권리는 독일저작권법에서 인정되는 권리이다. 독일저작권법에 의하면 저작자는 저작물의 원저작물 또는 복제물에 접근할 수 있도록 요구할 수 있으나(같은 법 제25조 제1항), 점유자가 저작자에게 저작물을 인도할 의무는 없다(같은 조 제2항).[1] 중국저작권법에는 접근권을 인정한 명문 규정이 없다. 현재 학계에서도 해석상 이를 인정할 수 있는지 여부와 관련하여 통설적 견해는 없는 것 같다.

Ⅱ. 저작재산권

1. 서 설

가. 저작재산권의 의의

저작재산권은 저작인격권과 더불어 저작권의 내용을 구성하는 중요한 권리 중의 하나이다. 저작인격권이 저작자의 관념적·인격적 이익을 보호하는 것이라면 저작재산권은 저작자의 물질적·경제적 이익을 보호하는 권리라 할 수 있다.

저작권법실시조례 제6조는 「저작권은 저작물이 창작된 날로부터 발생한다」고 규정하여 저작권의 발생에 있어 무방식주의를 취하고 있다. 즉 저작권은 창작행위로부터 바로 발생하며 어떠한 절차나 형식의 이행은 불필요하다는 것이다. 따라서 저작재산권은 저작물이 창작된 날로부터 곧 발생한다.

나. 저작재산권의 성질

저작재산권은 배타적 지배권성, 공공성, 가분성, 유한성 그리고 양도가능성의 성질을 가지고 있다. 그 중 양도가능성을 제외한 나머지는 저작권 일반에 공통되는 성질로서 이미 앞서 저작인격권 부분에서 살펴보았다. 저작재산권은 양도가능성이라는 점에서 저작인격권과 두드러지게 구별된다. 저작인격권은 저작자의 일신에 전속하므로 양도가능성이 없다. 그러나 저작재산권은 비일신전속성을 가지므로 양도의 대상이 된다.

저작재산권은 그 전부 또는 이를 구성하는 개개의 지분권을 분리하여 양도하거

---

1) 독일저작권법 제25조 「① 저작자는 자신의 저작물의 원본 혹은 복제물의 점유자로부터 동인의 정당한 이익이 침해되지 아니하는 범위에서 복제물의 제작이나 저작물의 개작에 필요한 경우, 위 원본 혹은 복제물을 자신에게 접근시킬 것을 요구할 수 있다. ② 위 점유자는 원본 혹은 복제본을 저작자에게 교부할 의무는 없다.」

나 이용허락을 하거나 질권을 설정할 수 있다.[1] 그리고 저작자가 사망하는 경우에는 저작재산권은 그 상속인에게 상속된다(저작권법 제19조). 오늘날 저작재산권은 저작자가 스스로 행사하는 것보다 전문이용업자에게 이용을 허락하는 권리로서 더 큰 작용을 하고 있다고 할 수 있다. 저작권 양도는 반드시 서면계약에 의하여야 하고 계약서상에 양도하는 권리의 종류 및 범위를 명기하여야 한다(저작권법 제25조 참조). 저작권의 이용허락은 구두계약으로도 무방하나 독점적 이용허락의 경우에는 반드시 서면계약에 의하여야 한다(저작권법실시조례 제23조 참조). 저작자가 저작권양도계약이나 그 이용허락계약에 양도하는 권리나 이용을 허락한 권리를 명시하지 않은 때에는 계약 상대방은 저작자의 동의 없이는 그 (계약서에 명시되지 아니한) 권리를 행사할 수 없다(저작권법 제26조 참조). 또한 저작권자로부터 저작권 이용을 허락받은 자는 저작권자의 동의 없이는 그 이용권을 무단으로 제3자에게 양도할 수 없다.

다. 저작재산권의 종류

저작재산권에 어떤 권리가 포함되는가에 대해서는 각 나라마다 입법방식과 권리 종류에 차이가 있다.

먼저 입법방식을 보자. 저작물의 이용방법에 대하여 권리를 부여하는 입법형태는 한정적 열거주의와 포괄적 예시주의로 구분할 수 있다. 한정적 열거주의는 저작권의 종류를 한정적으로 열거하는 입법주의인데 법에 열거된 권리 이외의 다른 저작권을 인정하기 위해서는 법 개정을 통하여 새로운 권리를 창설하여야 한다. 이러한 입법주의는 저작권의 새로운 이용방법이 개발될 때마다 입법을 통하여 권리를 부여하여야 하는 번거로움과 자칫 법이 저작권의 다양하고 새로운 이용흐름에 뒤처질 수 있다는 문제점이 있다. 한정적 열거주의를 취하고 있는 입법례로는 한국이나 일본, 독일 등이 있다. 포괄적 예시주의는 저작권의 종류를 포괄적으로 예시하고 있는 입법주의인데 장래 개발될 새로운 형태에도 당연히 권리가 부여되도록 하는 데에 그 특징이 있다. 따라서 이에 의하면 저작물에 대한 새로운 이용방법이 나왔을 때 그에 대한 법규정이 없어도 권리가 부여된다. 포괄적 예시주의는 시대흐름에 발 빠르게 대응할 수 있다는 장점은 있으나 권리의 종류나 내용이 자칫 불명확해 질 수 있다는 단점이 있다. 이 입법례를 취하는 국가로는 스페인

---

1) 저작권법 제10조. 한편 저작권법에는 저작권에 대한 질권설정의 근거 규정이 없다. 그러나 저작권질권계약등기법(著作权质押合同登记办法)에서 당해 근거조항을 마련해 두고 있다.

이나 이탈리아 등이 있다. 중국저작권법은 포괄적 예시주의에 의한 입법례에 해당한다고 할 수 있다. 중국저작권법 제10조 제1항 제17호는「그 외 저작권자가 당연히 가지는 기타 권리」라고 규정하여 저작자는 제5호부터 제16호까지의 12개 저작재산권 이외에도 다른 저작재산권을 향유할 수 있음을 천명하고 있다.

저작재산권에 어떤 권리가 포함되는가에 대해서는 나라마다 차이가 있어 일률적으로 말하기는 어렵다. 중국저작권법은 복제권(复制权), 배포권(发行权), 대여권(出租权), 전시권(展览权), 실연권(表演权), 상영권(放映权), 방송권(广播权), 정보네트워크 전송권(信息网络传播权), 영상물제작권(摄制权), 개편권(改编权), 번역권(翻译权), 편집저작권(汇编权), 그 외 저작권자가 당연히 가지는 기타 권리 이렇게 총 12개의 저작재산권을 규정하고 있다. 한국저작권법은 복제권(제16조), 공연권(제17조), 공중송신권(제18조), 전시권(제19조), 배포권(제20조), 대여권(제21조), 2차적저작물작성권(제22조)을, 일본저작권법은 복제권(제21조), 상연권 및 연주권제(제22조), 공중송신권(제23조), 구술권(제24조), 전시권(제25조), 상영권 및 반포권(제26조), 대여권(제27조), 2차적저작물작성권(제28조)을 각 정하고 있다. 한편 베른협약은 저작재산권으로 번역권(제8조), 복제권(제9조), 실연권 및 실연내용을 공중에게 전달하는 권리(제11조 제1항), 방송권(제11조의 2), 공개낭독권(제11조의 3), 각색권(제12조), 영화화권(제14조), 추급권(제14조의 3)을 규정하고 있다.

2. 저작재산권의 내용

가. 복제권(复制权)

(1) 복제권의 의의

(가) 복제권의 개념

복제권은「인쇄, 복사, 탁본(拓印), 녹음, 녹화, 음반영상물로의 복제(翻录), 사진으로의 복제(翻拍) 등의 방법으로 저작물을 1부 또는 여러 부로 제작할 수 있는 권리」를 말한다(저작권법 제10조 제1항 제5호). 이는 저작물을 저작자 스스로 복제하거나 타인에게 복제를 할 수 있도록 허락을 하거나 이를 금지시킬 수 있는 배타적인 권리이다. 따라서 저작자의 승낙 없이 임의로 저작물을 복제하는 것은 복제권의 침해로 된다. 이러한 복제권은 저작권자가 갖는 가장 전형적이고 기본적인 권리로서 모든 종류의 저작물에 미친다. 미공표저작물에 관해서도 복제권이 미치는 것은 물론이다.

(나) 복제의 개념

한국저작권법은 「복제란 인쇄·사진촬영·복사·녹음·녹화 그 밖의 방법에 의하여 유형물에 고정하거나 유형물로 다시 제작하는 것을 말하며, 건축물의 경우에는 그 건축을 위한 모형 또는 설계도서에 따라 이를 시공하는 것을 포함한다」고 규정하여 복제의 개념을 명시적으로 밝히고 있다(제2조 제22호). 그러나 중국저작권법은 복제 개념을 명시적으로 밝히는 대신 복제의 행위 양태를 나열하고 있을 뿐이다.

먼저 복제가 되기 위해서는 반드시 유형물에의 고정이 있어야 한다. 이러한 개념요소는 한국저작권법과는 달리 중국저작권법에는 명문화되어 있지 않지만 해석상 당연한 것으로 받아들여지고 있다. 따라서 복제권은 저작물의 유형적 복제에만 미치고 저작물을 실연하거나 방송, 상영하는 것과 같은 무형적인 복제에는 미치지 아니한다. 무형적인 복제에 관해서는 실연권, 상영권, 방송권 등을 따로 규정하고 있다. 그러나 저작물의 실연, 상영, 방송 등과 같은 무형적인 이용을 유형물로 고정하는 행위는 복제의 개념에 포함된다.

다음으로 복제의 방법과 관련하여 저작권법은 인쇄, 복사, 탁본(拓印), 녹음, 녹화, 음반영상물로의 복제(翻录)[1], 사진으로의 복제(翻拍)[2]와 같이 7가지 유형만 열거하고 있으나 그 외에도 다양한 방법이 있을 수 있다. 손으로 베껴 쓰는 것은 물론 복사기, 카메라, 캠코더 등에 의한 사진 복제(photocopy)나 프로그램이나 데이터를 컴퓨터 하드디스크나 CD-ROM 등 전자적 기록매체에 저장하는 디지털 복제도 복제에 해당한다. 원본을 복제하는 직접복제뿐만 아니라 복제물을 복제하는 간접복제도 복제에 해당한다.

복제의 개념과 관련하여 문제가 되는 것으로는 다음 세 가지가 있다.

① 평면에서 입체로의 복제

복제의 방법은 크게 평면에서 평면으로의 복제[3], 평면에서 입체로의 복제, 입체에서 평면으로의 복제[4], 입체에서 입체로의 복제[5]로 구분될 수 있는데, 그 중

---

1) 영상테이프나 영상 CD 자체를 다시 복제하는 것을 의미한다.

2) 사진 자체를 다시 복제하는 것을 의미한다.

3) 인쇄, 복사 등

4) 조각품을 사진촬영하는 것 등. 만약 주제의 결정, 피사체, 구도, 특수한 사진재단 또는 특이한 원근법, 음영의 배정, 음영대조 등에 있어서 사진 촬영자의 개성이 표현되어 당해 사진이 입체 조각작품과는 다른 예술적 미감을 표현한다면 당해 사진촬영행위는 복제에 해당되지 않는다.

5) 건축저작물을 모방하여 원형 그대로의 건축물을 신축하는 것 등.

평면에서 입체로의 복제도 복제의 개념에 포함될 수 있는지가 해석상 문제된다.

평면에서 입체로의 복제에 해당하는 것으로는 건축설계도에 따라 건축물을 시공하거나 기계설계도에 따라 기계를 제작하는 것 등이 있다. 여기서 유의하여야 할 점은 가령 건축설계도와 건축저작물이 동시에 존재하는 상황에서 A가 건축설계도는 전혀 보지 않고 건축저작물만 보고서 건축물을 모방한 경우 이는 입체에서 입체로의 복제에 해당하는 것이지 평면에서 입체로의 복제에는 해당하지 않는다는 것이다. 평면에서 입체로의 복제가 문제가 되는 가장 큰 이유는 법리적 관점에서 저작권의 보호는 기존에 존재하는 저작물에 대해 발생하는 것이 원칙인데 건축도면이나 설계도면에 표현된 형상은 관념적인 것에 불과하고 실제로 존재하지 않기 때문이다. 따라서 설계도에 표현된 관념적인 형상물의 복제를 현실의 건축물이나 기계의 복제와 동일하게 보기는 어려운 것이 아니냐는 의문이 드는 것이다. 구 저작권법(1990년법) 제52조 제2항은 「공사설계, 상품설계도면, 기타 설명서에 따라 공업품을 시공, 생산하는 것은 본법에서 말하는 복제에 속하지 않는다」라고 규정하기도 하였다.

이에 대해 긍정설과 부정설의 대립이 있다. 긍정설은 그 근거로 저작권법 제10조 제5호는 복제권의 개념을 정의하면서 복제 방식을 제한적으로 열거하지 않고 포괄적으로 예시하고 있다는 점, 개정저작권법은 구 저작권법(1990년법) 제52조 제2항을 삭제하였다는 점, 설계도면에서 입체물로의 시공이야말로 설계도면의 가치를 가장 잘 실현할 수 있는 사용방식이라는 점 등을 들고 있다.[1] 부정설은 평면에서 입체로의 복제는 복제의 개념에 포함되지 않는다고 본다. 하지만 부정설도 건축설계도나 기계설계도의 저작자 보호를 완전히 외면하지는 않는다. 부정설은 건축설계도에 따라 건축물을 시공하는 행위가 복제권 침해는 아니나 저작권법 제10조 제1항 제17호의 「그 외 저작권자가 당연히 가지는 기타 권리」의 침해에는 해당된다고 보고 있다.[2] 생각건대 개정저작권법이 구 저작권법 제52조 제2항을 삭제하였다는 것에 비추어 입법자는 평면에서 입체로의 복제도 복제로 보겠다는 결단을 내렸다고 평가할 수 있다. 따라서 설계도면에 따라 제품을 시공하는 것과 같은 평면에서 입체로의 복제도 복제의 개념에 해당한다고 본다.

1) 孙平, "浅析建筑作品的著作权保护", 辽宁律师(2003年 第3期).

2) 李雨峰 等, 『著作权法』, 厦门大学出版社(2006), 제68쪽.

② 모사(临摹)행위도 복제인가

모사(临摹)란 사물을 형제 그대로 그리는 행위를 말한다. 원래 모사행위는 구 저작권법(1990년도)에 복제 방법의 하나로 규정되어 있었다가 현행 저작권법에 와서 복제 방식에서 삭제되었다. 그러나 모사행위는 현행 저작권법에서 완전히 삭제된 것은 아니며 공정이용(fair use)의 한 형태로 남은 채 그 명맥을 유지하고 있다.[1)]

모사행위가 독창성 있는 표현행위인가 아니면 복제행위에 불과한가의 문제에 대해서는 앞의 저작물의 독창성 부분에서 상세히 설명한 바 있으므로 여기서는 자세한 설명은 생략하고 결론만 언급하기로 한다.

예술저작물을 모사할 때에 전문적인 지식이나 예술적 감각 등이 필요한 것은 사실이다. 그러나 이러한 지식이나 감각 등은 기술적인 측면이 강하여 오랜 훈련을 거쳐 체득될 수 있는 것에 불과하고 독창성과는 본질적으로 다른 것이다. 독창성이란 저작물에 저작자의 개성이 투영될 때 비로소 발현되는 것이다. 고분 벽화를 제 아무리 진품처럼 모사한 들 거기에 원작과 구별되는 독창성이 발현되어 있다고 보기는 어렵다. 단지 탁월한 기술만이 있을 뿐이다. 따라서 모사행위는 복제행위에 불과하다고 본다.

③ 표절(剽窃)은 복제와 어떻게 다른가

일반적으로 표절이라는 용어는 복제와 혼용하여 사용되고 있는 형편이다. 방송에서 특정 드라마나 프로그램이 A국가의 그것을 표절하였다거나 가수 B가 C 가수의 음악을 표절하였다는 식으로 말이다. 그런데 중국저작권법은 복제와 구별하여 "표절"이라는 용어를 별도로 사용하고 있다. 즉 저작권법은 제47조 제1호에서 무단복제를 저작권 침해의 하나로 규정하고 있으면서도 이와는 별도로 제46조 제5호에서 저작권의 침해행위의 한 유형으로 표절을 추가하고 있다.[2)] 여기서 저작권법상 표절과 복제는 서로 다른 개념인지 여부가 문제된다.

표절과 복제의 관계를 논하기 위해서는 먼저 표절의 개념부터 정립하여야 한다. 저작권법은 표절의 개념에 대해 침묵하고 있다. 사실 표절은 엄격한 의미에서 법적인 용어라고는 할 수 없다. 이는 비법률적 용어인 것이다. 일상생활에서 표절

---

1) 저작권법 제22조「다음 각 호 중 어느 하나에 해당하는 경우 저작물을 이용함에 있어 저작권자의 허락을 받지 않아도 되며 보수를 지불하지 않아도 된다. (중략) 10. 실외 공공장소에 설치 또는 진열된 예술저작물(艺术作品)을 모사(临摹), 회화, 촬영(摄影), 녹화(录像)하는 경우.」

2) 비교법적으로 볼 때 표절을 복제와 구별하여 따로 법률에 규정한 입법례는 거의 없다. 한국에서도 표절은 비법률적인 용어로 사용되고 있을 뿐이다.

은 남의 저작물을 마치 자신의 것인 양 행세하는 이른바 정신적 창작물에 대한 절도행위로 사용된다. 이러한 표절의 개념에는 통상적으로 윤리적인 비난이 내재되어 있다는 데에 그 특징이 있다. 표절의 형태는 다양하다. 타인 저작물의 전부 또는 일부를 그대로 베끼는 것, 그대로 베끼지는 않고 일부 변형을 가하지만 원작의 특징을 거의 그대로 답습하는 것(즉, 원작과의 실질적 유사성만 있을 뿐, 원작과 구별되는 새로운 독창성을 갖지 못하는 것) 등은 모두 표절에 해당한다. 다만 여기서 주의하여야 할 점은 표절이란 남의 것을 자기 것인 것처럼 행세하는 것이므로 타인의 저작물을 무단으로 복제하여 이용하는 행위와는 구별된다는 것이다. 예컨대 음악 CD를 공시디로 다시 구워 사용하는 행위는 무단복제에 해당할지언정 표절은 아닌 것이다. 또한 우연히 동일한 내용의 저작물을 창작한 것도 표절은 아니다. 표절은 남의 것을 이용하는 행위인데 앞서 본 행위는 이러한 이용행위가 없으므로 표절은 아닌 것이다. 이는 오히려 저작권법으로 보호되는 독자적인 창작행위에 해당한다.

표절행위에 대한 법적 효과는 어떠한가. 표절은 기본적으로 타인의 작품을 베껴 자신의 것인 양 행세하는 것이므로 표절작품을 발표하는 행위는 기본적으로 저작자의 성명표시권을 침해하게 된다. 물론 원작이 미공표작품인 경우에는 공표권 침해도 수반된다. 또한 표절과정에서 원작의 내용에 변경을 가한 때에는 수정권이나 완전성보호권을 침해하게 된다. 표절작품을 복제하여 이를 대중에게 판매하는 행위는 복제권과 배포권의 침해로도 된다.

비법률적인 개념인 표절을 법률적인 개념인 복제와 구별한다는 것은 그리 쉬운 작업은 아니다. 표절의 개념 자체가 명확하게 정립되어 있지 않은 탓도 그 원인일 수 있다. 그러나 앞서 살펴본 바와 같이 표절은 전체적으로 복제의 개념에 포함된다고 할 수 있다. 즉 표절은 특수형태의 복제인 것이다.[1] 다만 표절은 다양한 형태의 복제행위에 윤리적인 요소, 즉 남의 것을 자신의 것인 양 행세하는 비(非)도덕성이 추가되었다는 데에 그 특징이 있는 것이다.

(2) 복제권의 내용

(가) 복제권의 인정범위

다른 사람의 저작물을 원저작자의 허락 없이 무단으로 복제하면 복제권의 침해가 된다. 복제는 제작부수의 다소라든지 저작물의 전체에 대한 복제인지 혹은 일

1) 郑成思,『版权法』, 中国人民大学出版社(1997年版), 제160쪽.

부만 복제한 것인지 여부를 묻지 아니한다. 다만 원저작물의 일부만 복제한 경우 복제권이 저작물 전체에 미치기 위해서는 일부 인용부분이 원저작물의 본질적인 부분이고 그것만으로도 독창성을 가진다고 볼 수 있어야 한다. 부분 복제에는 소설의 문자적 표현형식의 일부를 복제하는 것뿐만 아니라 소설의 줄거리, 구성, 인물의 성격 등 내적 형식을 원형 그대로 인용하는 것도 포함된다. 또한 복제권은 원형 그대로 복제하지 아니하고 다소의 수정증감을 가하는 경우에도 미친다. 이 경우 복제권이 미치기 위해서는 당해 수정증감이 새로운 독창성의 정도에는 이르지 못한 사소한 개변에 불과한 것으로서 아직 원저작물과는 실질적으로 동일하다고 볼 수 있어야 한다.

기존의 저작물을 이용하여 다른 작품을 제작한 경우 그것이 원작품의 복제물이냐, 이차적저작물이냐 또는 전혀 독창적인 새로운 저작물이냐를 구별해야 하는 문제가 제기된다. 두 작품의 소재, 그 내용에 나타나는 사건의 전개과정, 등장인물의 수, 성격, 대화내용, 관계, 뒤에 작성된 작품의 제작경위, 두 작품의 형식 등을 종합적으로 비교 검토하여 원작품에 다소의 수정증감이 가해졌더라도 그것이 새로운 독창성의 정도에는 이르지 못한 사소한 개변에 불과하다고 한다면 이는 원작품과는 실질적인 동일한 것으로 복제물에 해당하고, 당해 수정증감이 사회통념상 새로운 저작물이 될 수 있을 정도의 독창성을 가미하고 있으나 원작품과는 실질적 유사성을 가지고 있으면 2차적 저작물로 되며 수정증감의 정도가 지나쳐 원작품과는 실질적 유사성이 없는 작품이 탄생한 때에는 전혀 새로운 저작물이 되는 것이다.

(나) 주관적인 요소

복제는 원작의 존재를 알고서 이를 베끼는 행위이다. 따라서 우연히 기존의 저작물과 그 내용이 동일하거나 유사한 것을 제작하였더라도 기존 저작물의 존재나 내용을 알지 못한 자는 그것을 알지 못한 데에 대한 과실의 유무를 묻지 않고 기존 저작물에 관한 복제권을 침범한 것으로 되지 아니한다. 이 경우는 오히려 저작권법으로 보호되는 독자적인 창작행위에 해당하는 것이다.

(다) 출판권과의 관계

저작권자는 도서출판자에게 독점적 출판권(专有出版权)을 설정할 수 있다(저작권법 제30조). 이 때 출판이라고 함은 저작물의 복제 및 배포를 가리킨다(저작권법 제

57조). 즉 저작물을 인쇄 등의 방법에 따라 복제한 후 이를 판매 또는 증여의 방법으로 공중에게 제공하는 것이 바로 출판인 것이다. 따라서 출판에는 본질적으로 복제가 수반된다. 도서출판자가 가지는 독점적 출판권은 독점적·배타적 권리이다. 도서출판권이 설정되면 도서출판권자를 제외한 그 누구도 저작물을 출판할 수 없다. 심지어 저작권자조차도 독점적 출판권의 설정기간 동안에는 출판권을 행사할 수 없게 된다.[1] 결국 저작권자의 복제권은 독점적 출판권의 설정기간 동안 저작물을 출판의 방법으로 이용하는 한도 내에서 제한된다.

(3) 일시적 저장의 문제

(가) 일시적 저장의 의의

일시적 저장(temporary copy)이라는 개념은 미국의 MAI System Corp. v Peak Computer, Inc. 사건에서 최초로 인정되었다. 이 사건에서 미국 법원은 "RAM에 만들어진 복제물은 지각, 복제 또는 전달될 수 있기 때문에 RAM에 소프트웨어를 저장하는 것은 미국 저작권법 제101조에서 규정하고 있는 복제[2]에 해당한다"고 판시하였다.[3] 위 사건은 그 이후 전세계적으로 일시적 저장에 관한 논쟁을 촉발시켰다. 현재 일시적 저장도 복제로 보아야 할 것인가에 관하여 다양한 입법례와 견해가 존재한다.

컴퓨터 모니터를 통하여 인터넷 홈페이지에 게시된 타인의 디지털 콘텐츠를 보고 있는 동안 이용자의 컴퓨터의 램(RAM. Random Access Memory)과 같은 기억장치에는 그 디지털콘텐츠가 일시적으로 저장되는데 이와 같은 현상을 일시적 저장(temporary copy)이라고 부른다. 램은 전원이 끊어지면 정보가 상실되는 휘발성 메모리(volatile memory)이므로 램에 저장된 정보는 일시적일 수밖에 없다. 바로 여기서 영속적 저장과 구별하여 '일시적' 저장이라는 개념이 나오게 되는 것이다.[4]

---

1) 李雨峰 等, 『著作权法』, 厦门大学出版社(2006), 제78쪽.

2) 미국저작권법 제101조(정의) 「복제물이란 현재 알려졌거나 또는 장래에 개발될 방법으로 저작물이 고정된 음반 이외의 유체물로서, 그로부터 저작물이 직접 또는 기계나 장치를 통하여 지각, 복제, 또는 달리 전달될 수 있는 것을 말한다. '복제물'이란 용어는 음반 이외에 저작물이 최초로 고정된 유체물을 포함한다」

3) 991 F.2d 511 (9th Cir. 1993).

4) 오늘날에는 기술의 발달로 램과는 달리 컴퓨터 전원이 끊어져도 정보가 소멸되지 않는 주기억장치가 개발되었다. 그 예로는 bubble memory 등이 있는데 이러한 주기억장치에는 일시적 저장 문제가 발생할 여지가 없으므로 여기서는 일반적인 램만을 전제로 논의를 전개한다.

(나) 일시적 저장의 형태

일시적 저장의 형태로는 램(RAM)에 저장되는 것 이외에도 캐싱(caching)[1] 기능에 의하여 컴퓨터 하드디스크에 저장되는 경우도 있다. 캐싱기능에 의한 저장은 램이 아닌 컴퓨터 하드디스크에 이루어진다는 점에 그 특징이 있다. 그러나 정보가 하드디스크에 저장되는 경우에도 임시폴더에 저장되며 웹브라우저의 관련 프로그램에 의해 일정한 시간이 지나면 자동적으로 삭제된다는 점에서 일시적 저장의 한 형태로 볼 수 있다.

(다) 일시적 저장에 대한 입법례와 견해

일시적 저장이 영속적 저장과 비교하여 논란이 되고 있는 핵심 쟁점은 정보가 램에 일시적으로 저장되는 것을 과연 유형물에 "고정"되었다고 볼 수 있는가이다. 중국저작권법상 복제가 되기 위해서는 반드시 유형물에의 고정이 있어야 하기 때문이다. 이와 같은 복제의 요건은 중국 이외에 대다수의 국가에서도 요구되는 것이다.

① WIPO 저작권조약

일시적 저장의 문제는 1996년 WIPO 저작권조약(WCT) 및 저작권실연음반조약(WPPT)의 체결과정에서 논의된 바 있다. WIPO 외교회의는 베른협약의 복제권의 이용범위를 확대하기 위해 조약 초안(草案)에 일시적 저장도 복제에 포함시키는 조항을 두었으나, 당해 조항은 국가 간의 의견차이로 채택되지 못하고 삭제되었다.

② 미국

미국에서는 1993년 MAI System Corp. v Peak Computer, Inc. 사건이후 미국의 IITF(Information Infrastructure Task Force, 정보기반구조작업반)가 1995년 9월에 "지적재산권과 국가정보기반 보고서"[2]를 공표하여 "정보이용자의 컴퓨터에 내장된 RAM에 저작물이 일시적으로 저장되는 것은 고정의 요건을 충족하기 때문에 복제에 해당한다"는 입장을 밝힌 바 있고, 미국 법원도 일부 연방항소법원 및 지방법원

---

1) 캐싱이란 사용자의 요청이 많은 콘텐츠를 별도 서버에 저장해 데이터를 전송하는 방식으로 네티즌에게 빠른 데이터 전송을 가능케 하는 기술이다.

2) Intellectual Property and the National Information Infrastructure: The Report of the Working Group on Intellectual Property Rights. 일명 미국백서(美国白皮书)라고도 함.

의 판결을[1] 통해 램에의 일시적 저장도 복제에 해당한다는 입장을 보인바 있다.

그러나 1998년 제정된「Digital Millennium Copyright Act」제3편(Title 3 : Computer Maintenance or Repair Copyright Exemption)은 일시적 저장도 복제가 된다는 MAI 판결에 대한 비판을 의식해서 일정한 목적을 위한 일시적 저장을 침해로부터 제외시키고 있다.[2] 또한 연방저작권법은 제117조 (a) (1)에서 컴퓨터프로그램을 기계와 함께 사용함에 있어서 필수적인 과정으로 행하여지는 복제 및 개작에 대해서는 면책을 하고 있고, 제117조 (c)에서는 컴퓨터를 유지하고 수리하는 과정에서 컴퓨터프로그램의 복제물을 합법적으로 장착하고 있는 기계를 작동시키기 위한 프로그램의 복제에 대해서도 면책을 인정하고 있다.[3]

③ EU

EU의 경우『컴퓨터 프로그램의 법적 보호에 관한 1991년 5월 14일의 유럽공동체 지침』[4] 제4조 (a)에서「컴퓨터 프로그램의 전체 또는 부분에 대한 영구적인 혹은 일시적인 복제 및 컴퓨터 프로그램의 로딩, 현시, 실행, 전송 또는 저장과정에서 복제가 요구되는 경우에는 저작권자의 허락을 얻어야 한다」고 규정하여 일시적 저장을 복제로 명시적으로 인정하고 있다.

또한『정보 사회에서의 저작권 및 관련 권리의 조정(調整)에 관한 EC 지침』도[5] 제2조에서「회원국들은 저작물 등의 전체나 일부를 어떤 수단이나 방법에 의하여 직접적이거나 간접적인 일시적 또는 영구적인 복제를 허락하거나 금지할 배타적인 권리를 부여한다」고 규정하여 위 유럽공동체 지침과 동일한 입장을 표명하고 있다. 그러나 EC 지침은 제5조 제1항에서 네트워크 송신이나 합법적인 이용 과정에서 불가피하게 이루어지는 일시적 복제는 복제권 침해로부터 면제될 수 있다는 취지의 면책 조항을 두고 있다.

---

1) Advanced Computer Serv. v. MAI Systems Corp.,845 F.Supp. 356(E.D.Va. 1994); Triad Sys. Corp. v. Southeastern Express Co.,31 U.S.P.Q.2d 1239 (BNA) (N.D.Cal. 1994). 등

2) 이상정, “인터넷과 지적재산권”, 전자법학연구 창간호 (2001. 2), 인제대학교전자법학연구소 (2001) 제24쪽.

3) 오승종,『저작권법』, 박영사(2007), 제416쪽

4) Council Directive 91/250/EEC of 14 May 1991 on the legal protection of computer programs

5) DIRECTIVE 2001/29/EC OF THE EUROPEAN PARLIAMENT AND OF THE COUNCIL of 22 May 2001 on the harmonisation of certain aspects of copyright and related rights in the information society.

④ 한국 및 일본

한국이나 일본의 저작권법은 일시적 저장에 대하여 침묵하고 있다. 다만 학설상으로 일시적 저장을 복제로 볼 수 있는지에 대해 논의가 진행되고 있다.

한국에서 논의되고 있는 학설을 간략히 살펴보면 크게 긍정설, 부정설, 절충설이 존재한다. 먼저 일시적 저장을 복제권의 범위에 포함시키자는 견해는 일시적 저장과 영속적 저장 사이에는 기술적으로 사실상 큰 차이가 없으며 일시적 저장 중에서도 경제적 가치와 관계가 있는 것이 많으므로 일시적 저장이라고 하여 법적으로 방치할 수는 없다는 점을 근거로 내세운다. 이에 반해 일시적 저장을 복제권의 범위에 포함시켜서는 안 된다는 부정설은 저작물의 일시적 저장은 기술상으로 어쩔 수 없는 현상이거나 통신 속도를 빠르게 하기 위해 발생하는 현상이므로 이러한 경우까지 복제로 보기는 어렵다는 점을 근거로 제시한다. 마지막으로 절충설은 기본적으로 긍정설과 입장을 같이하나 현실적인 필요성을 감안하여 통신망 이용자들이 서버에 저장된 저작물에 자유롭게 접근할 수 있도록 특정한 예외나 제한을 두어 저작자의 허락이나 법에서 허용하는 복제, 기술적 과정의 일부로서 비의도적이거나 우연하게 또는 순간적으로 발생하는 복제 등은 허용하자는 입장이다.

한편 일본의 하급심 판례 중에는 「RAM에의 데이터 등의 저장은 일시적·과도적 성질을 가지는 것이므로 RAM상의 저장물이 장래 반복하여 사용될 가능성이 있는 형태의 제재물이라고 할 수 없는 점은 사회통념에 비추어 분명하다고 하여야 하고, 따라서 RAM에의 데이터 등의 저장은 저작권법상의 '복제'에는 해당하지 않는 것이라고 할 수 있다」고 판시한 것이 있다.[1)]

⑤ 중국

중국저작권법도 한국이나 일본과 마찬가지로 일시적 저장에 대해서 침묵하고 있다. 일시적 저장 문제와 관련하여 중국내에서도 긍정설, 부정설 그리고 절충설이 존재하는데[2)], 각 견해의 내용 및 근거는 한국에서의 논의 내용과 대동소이하다.

중국은 2006. 5. 18. 국무원 제135차 상무회의를 통과한 정보네트워크전송권보

1) 동경지방재판소 2000. 5. 16(1998(ワ)17018). 위 판례의 출처 및 내용은 이상정, "인터넷과 지적재산권", 전자법학연구 창간호 (2001. 2), 인제대학교전자법학연구소(2001), 제25쪽에서 인용.

2) 각 학설의 자세한 내용은 陶丽娜, "网络信息服务著作权相关案例研究", 北京大学校长基金论文集(2003), 제6-10쪽 참조.

호조례(信息网络传播权保护条例)를 공포한 바 있다. 당시 위 조례를 제정하는 과정에서 일시적 저장을 복제로 인정하는 조항을 삽입하자는 의견이 강력하게 대두되었으나 결국에는 중국의 이익을 위해 당해 의견은 배제되었다고 한다. 당시 국무원법제협회는 일시적 저장을 복제로 인정할 경우 이용자가 웹상에서 저작물을 이용하는 데에 많은 지장이 있다는 점, 일시적 저장의 문제는 전세계적으로 명확하게 정리된 논의가 아니라는 점, 저작권 산업이 발달한 선진국은 일시적 저장을 복제로 보는 것에 대체로 찬성하나 대다수의 개발도상국은 반대하고 있다는 점 등을 고려하여 일시적 저장을 복제로 인정하는 조항을 조례에 포함시키지 않기로 합의하였다고 한다.[1)]

(라) 결 론

일시적 저장을 복제로 보느냐 마느냐의 문제는 외형적으로는 램에의 저장이 고정에 해당하는가에 관한 법학 해석론으로 귀결되는 것처럼 보이나 실상은 그 이면에 권리자와 이용자 간의 이해관계를 합리적으로 조절하려는 정책적인 고려나 저작권 산업이 발달한 선진국과 저작권 산업이 상대적으로 낙후된 개발도상국 또는 후진국 간의 이해관계와 같은 국가적인 고려가 자리 잡고 있다고 할 수 있다.

저작권 산업이 발달한 선진국은 자국의 저작물을 보다 더 보호하기 위해 일시적 저장을 복제의 개념에 포함시켜 저작권자에게 부여된 권리를 더 확대시키려는 경향이 강한 반면, 저작권 산업이 상대적으로 낙후된 개발도상국이나 후진국 진영에서는 일시적 저장을 복제의 개념에 포함시키지 않음으로써 저작권자의 이익보다는 이용자의 이익을 더 보호하려고 하는 경향이 강하다. 일시적 저장에 대한 비교법적 검토에서 보았듯이 일시적 저장을 복제로 보는 나라들은 거의 예외 없이 선진국임을 쉽게 알 수 있다.

이론적으로 보면 일시적 저장도 복제에 해당한다고 본다. 일시적이란 개념은 상대적이고 불확정적인 것이다. 사실 어느 정도의 시간이어야 일시적인 것이냐에 대해서는 그 누구도 정답을 제시할 수 없을 뿐만 아니라 일시적이라는 관념 또한 과학 기술의 발달과 더불어 수시로 변화될 수 있는 것이다. 이런 의미에서 램에의 일시적 저장과 컴퓨터 하드디스크에의 영속적 저장은 상대적인 차이에 불과한 것이고 양자를 구별할 수 있는 명확한 기준도 없다.

---

1) 2006. 5. 29.자 "解读信息网络传播权保护条例 不禁止临时复制"란 제목의 기사(新华社) 내용에서 간추림. 당해 기사의 출처는 http://law.anhuinews.com/system/2006/05/30/001485951.shtml.

그러나 앞에서 언급한 바와 같이 일시적 저장의 문제는 자국의 저작권 산업의 발달 정도, 저작권자와 이용자 간의 이해관계를 어떻게 조절할 것이냐라는 정책적 고려에 의해 결정되어야 할 문제인 만큼, 중국저작권법에서 일시적 저장을 복제의 개념에 포함시킬 것인가의 문제는 그리 간단치 않다. 현재 일시적 저장에 대해서는 중국 학계에서 의견이 분분하지만 중국이 개발도상국이라는 점을 고려하여 자국 이익의 보호라는 관점에서 일시적 저장을 복제의 개념에 포함시키는 것은 어렵다는 의견이 강세인 것으로 보인다.

나. 배포권(发行权)

(1) 배포권의 의의

저작자는 저작물의 원본이나 복제물을 판매 또는 증여의 방법으로 직접 제공하거나 타인에게 제공을 허락하거나 이를 금지시킬 배타적인 권리를 가지는데 이를 배포권이라고 한다. 저작권법 제10조 제1항 제6호는 배포권이란 판매 또는 증여의 방법으로 공중에게 저작물의 원본 또는 복제물을 제공할 권리를 말한다고 규정하고 있다. 구 저작권법(1990년)에는 배포권이 존재하지 않았다.

저작권법은 배포의 방법으로 판매와 증여만을 인정하고 있다. 이에 반해 구 저작권법실시조례(1991년)는 「배포란 공중의 수요를 만족시키기 위해 공중에게 저작물의 원본이나 복제물을 판매하거나 대여하는 등의 행위를 말한다」라고 규정함으로써 대여도 배포 방식의 하나임을 명시적으로 인정하였다.[1] 한국저작권법도 배포의 방법으로 대여를 인정하고 있다.[2] 배포권의 본질은 공중의 수요를 만족시키기 위해 저작물을 공중에 제공하는 데에 있으므로 배포의 방법을 반드시 판매와 증여로 제한할 필요는 없다. 따라서 명문 규정에도 불구하고 대여도 배포의 방식에 포함된다고 본다.[3]

공중의 개념은 공표권에서 본 것과 동일하다. 그러므로 특정인 사이의 사사로운 양도는 허락을 받지 않고 하더라도 배포권의 침해로 되지 않는다. 그러나 공중을 상대로 한 거래라면 단 한차례의 양도라도 배포가 되고, 동일 장소나 동일

1) 著作权法实施条例(1991) 第五条(五)发行, 指为满足公众的合理需求, 通过出售、出租等方式向公众提供一定数量的作品复制件.

2) 제2조 제23호 「"배포"는 저작물 등의 원본 또는 그 복제물을 공중에게 대가를 받거나 받지 아니하고 양도 또는 대여하는 것을 말한다.」

3) 같은 취지로는 张革新, 『现代著作权法』, 中国法制出版社(2006), 제102쪽.

시간이 아니라 분산된 개별접촉도 다수로 집적되면 공중접촉이 된다. 예컨대 서적의 판매는 구매자가 개별적으로 각각 다른 시간에 구매를 하여도 공중에의 배포가 된다고 할 것이다.

(2) 배포권의 내용

구 저작권법(1990년) 시대에 인터넷으로 파일을 전송하는 것도 배포에 해당하는지 여부에 관하여 논의가 있었다.

구 저작권법은 현행 저작권법과는 달리 저작물사용권(저작자가 자신의 저작물을 복제, 방송, 전시, 배포 등의 방식으로 이용할 수 있는 권리)만을 인정하고 있을 뿐 정보네트워크 전송권(信息网络传播权)을 인정하지 않아 인터넷 사용에 따른 저작권 침해 문제를 해결하는 데에 한계가 있었다. 이에 구 저작권법 당시에는 인터넷으로 파일을 전송하는 행위를 저작물사용권의 내용 중 배포에 포함시킬 수 있는지 여부가 해석상 문제되었던 것이다. 당시 학설로는 긍정설과 부정설이 있었는데, 배포가 유체물의 이전에만 국한되느냐 무체물의 이전도 포함하느냐가 가장 큰 쟁점이었다.

그러나 현행 저작권법 하에서는 이 문제는 일단 정리된 것으로 보인다. 즉 현행 저작권법은 배포권을 신설하면서 동시에 정보네트워크 전송권까지도 신설하여 배포권은 유형물만을 대상으로 하는 권리임을 분명히 하였다. 정보네트워크 전송권이란 유선 또는 무선방식으로 공중에게 저작물을 제공하고 공중이 스스로 선택한 시간과 장소에서 저작물을 취득하도록 할 수 있는 권리를 말하는데, 이로써 인터넷 전송행위는 완전하게 이 권리에 의해 규제받게 된 것이다. 중국의 북경시 조양구(朝阳区) 법원도 영화 "터미네이터 3"를 인터넷에 업로드하고 이를 제3자에게 전송한 사건에서 "인터넷으로 파일을 전송하는 행위는 배포권의 범위에 포함되지 않는다"는 판결을 내린 바 있다.[1)]

(3) 권리소진의 원칙

배포권은 '권리소진의 원칙'[2)]에 의해 제한된다. 권리소진의 원칙은 '최초판매의 원칙'(first sale doctrine)이라고도 한다. 이는 저작권자의 배포권이 1회의 판매로써

---

1) 위 판례의 출처는 王迁, 『论著作权法中"发行"行为的界定－兼评"全球首宗bt刑事犯罪案"』, 华东政法学院学报(2006年 第3期). http://blog.sina.com.cn/s/blog_46a2d1f5010006m0.html.

2) 중국에서는 이를 发行权穷竭原则라 부른다.

소진된다는 원칙을 말하는데, 미국이나 한국 등 각국의 입법에서 명문으로 인정되고 있다. 중국저작권법에는 이에 대한 명문규정이 없으나 저작권에 대한 중요한 원리의 하나로 받아들여지고 있다.[1)]

저작물의 원작품이나 그 복제물이 저작재산권자나 배포권자의 동의를 얻어 판매의 방법으로 일단 거래에 제공된 경우에는 그 후 그와 같이 배포된 저작물을 다시 배포하려는 자는 권리소진의 원칙에 의해 저작재산권자나 배포권자의 동의가 없어도 이미 배포된 저작물을 다시 배포할 수 있게 되는 것이다. 만약 권리소진의 원칙이 인정되지 않는다면 일단 판매된 저작물을 재판매할 경우에도 저작재산권자 또는 배포권자로부터 다시 배포 허락을 받아야 하는 불편함이 있게 되는데, 이러한 불편함을 제거하기 위해 권리소진의 원칙이 인정되는 것이다. 여기서 주의하여야 할 점은 권리소진의 원칙에 의해 소진되는 권리는 저작재산권 중 배포권에 한정된다는 것이다. 따라서 원작품이나 그 복제물을 저작재산권자나 배포권자의 동의에 따른 판매의 방법으로 취득하였다고 하여도 그 취득자는 이를 재배포할 권리와 사적이용을 할 권리만 취득하고 이것을 복제, 방송, 전시 또는 개편할 권리는 가지지 못한다.

한편, 저작권법은 저작인접권자인 실연자·음반제작자 및 영상제작자에게도 배포권을 인정하고 있는데(제37조 제5호, 제41조), 권리소진의 원칙은 이들이 가지는 배포권에도 적용된다.

다. 대여권(出租权)

(1) 대여권의 의의

대여권이란 영상저작물 또는 컴퓨터 소프트웨어를 유상으로 타인이 임시로 사용할 수 있도록 허락할 수 있는 권리를 말한다(저작권법 제10조 제1항 제7호). 음반제작자 및 영상제작자도 그가 제작한 음반제품 및 영상제품에 대하여 대여권을 가진다(저작권법 제41조).

대여권은 구 저작권법에는 인정되지 않다가 중국의 WTO 가입과 더불어 현행 저작권법에 추가된 권리이다. WTO의 TRIPs 협정 제11조는 "적어도 컴퓨터 프로그램과 영상저작물에 관하여 회원국은 저작자나 권리승계인에게 그들이 저작권보호저작물의 원본 또는 복제물의 공중에 대한 상업적 대여를 허락 또는 금지할 수

---

1) 李雨峰 等,『著作权法』, 厦门大学出版社(2006), 제69쪽.

있는 권리를 부여한다. 회원국은 영상저작물에 관하여는 그러한 대여가 자기 나라 저작자와 권리승계인에게 부여된 배타적인 복제권을 실질적으로 침해하는 저작물의 광범위한 복제를 초래하지 아니하는 경우, 이러한 의무에서 면제된다. 컴퓨터 프로그램과 관련하여 이러한 의무는 프로그램 자체가 대여의 본질적인 대상이 아닌 경우에는 적용되지 아니한다"는 규정을 두었다.

원래 대여권은 배포권에 대한 제한 원리인 권리소진의 원칙을 다시 제한하여 이미 배포된 저작물을 대여의 방법으로 배포하는 것을 금지시킬 수 있는 권리로서의 의미를 가지는 것이다. 판매나 증여 등의 방법으로 이미 배포한 저작물에 대하여는 권리소진의 원칙에 의해 저작권자의 대여권을 포함한 일절의 배포권이 없어지므로 이를 매수한 사람이 영업적으로 대여를 하더라도 저작권자는 아무런 대항을 할 수 없게 된다. 그런데 영상저작물이나 컴퓨터 프로그램 등과 같이 소비자들이 저작물을 구매하는 것보다는 싼 비용으로 대여하여 이용하려는 경향이 강한 저작물의 경우에는 저작권자 이외의 제3자에 의한 상업적 대여를 권리소진의 원칙에 의거하여 무제한적으로 허용하면 자칫 저작물 산업의 공멸을 초래할 수도 있는 위험이 있다. 따라서 이러한 위험을 해소하고 저작권자의 이익을 보호하기 위하여 권리소진의 원칙에 대한 예외로서 인정된 것이 바로 대여권이라 할 수 있다.

(2) 대여권의 내용

대여권의 대상이 되는 저작물은 영상저작물(영화저작물 및 영화제작과 유사한 방법으로 창작한 저작물), 컴퓨터 소프트웨어, 음반제품 그리고 영상제품에 한한다(제10조 제1항 제7호, 제41조). 한국저작권법이 대여권의 대상이 되는 저작물을 음반 및 컴퓨터 프로그램에 한정시킨 것과는 대조적이다. 여기서 컴퓨터 소프트웨어는 컴퓨터 프로그램보다 넓은 개념이다. 즉 컴퓨터 소프트웨어는 컴퓨터 프로그램 및 그 관련 파일을 말하며, "그 관련 파일"이란 프로그램의 내용, 구성, 설계, 기능규격, 개발상황, 테스트결과 및 사용방법을 설명하는 문자자료 또는 도면 등을 말한다. 프로그램 설계설명서나 흐름도, 사용자 매뉴얼이 "그 관련 파일"에 해당한다(컴퓨터소프트웨어보호조례 제2조 및 제3조 참조). 음반제품은 실연된 음성과 기타 음성을 녹음한 제품을 말하는데, 가요 CD나 가요 테이프 등과 같은 음반이 이에 해당한다. 영상제품은 영상저작물 이외의 음의 수반 여부를 불문하고 연속적인 형상 및 도상을 녹화한 제품을 말하는데, 이는 영상저작물과는 구별되는 것이다.

여기서 주의하여야 할 점은 영상저작물, 컴퓨터 소프트웨어, 음반제품 및 영상제품이라고 해서 대여권의 효력이 무조건 미치는 것은 아니라는 것이다. 대여권의 효력이 미치는 것은 이들에 대한 상업적 대여에 한정된다. 따라서 영리적인 목적이 아닌 개인적인 대여에는 대여권이 미치지 않는다.

또한 컴퓨터 소프트웨어가 대여의 본질적인 대상이 아닌 경우에는 컴퓨터 소프트웨어 저작권자는 대여권을 행사할 수 없다(저작권법 제10조 제1항 제7호 단서, 컴퓨터소프트웨어보호조례 제8조 제1항 제6호 단서). 예컨대 프로그램이 설치되어 있는 컴퓨터를 대여한 경우 대여의 본질적인 대상은 당해 컴퓨터이지 컴퓨터 프로그램이 아니다. 따라서 이 경우 저작권자는 대여권을 행사하여 프로그램에 대한 사용료를 청구할 수 없다.

대여권과 유사하지만 구별하여야 할 개념으로 공공대출권(Public lending rights)이 있다. 공공대출권이란 도서관에서 소장하고 있는 도서나 음반을 공중에게 대출하는 경우에는 그 도서나 음반이 이용되는 만큼 저작자로서는 판매의 기회를 잃어 재산적 손실을 보게 되므로 보상금을 지급하여야 한다는 것이다. 공공대출권 제도는 1946년에 덴마크에서 세계 최초로 시작된 이래 영국·독일·네덜란드·오스트레일리아 등에서 성공적으로 시행되고 있다고 한다.[1] 현재 중국에는 공공대출권 제도가 도입되지 않았다.

라. 전시권(展览权)

(1) 전시권의 의의

저작자는 미술저작물이나 사진저작물의 원본 또는 복제물을 전시할 수 있는 권리를 가진다(저작권법 제10조 제1항 제8호). 즉, 저작자는 미술저작물이나 사진저작물의 원본 또는 복제물을 스스로 전시하거나 타인으로 하여금 전시하도록 허락하거나 이를 금지시킬 배타적인 권리를 가진다.

전시는 미술저작물과 사진저작물의 기본적인 이용형태로서 저작물이 화체되어 있는 유형물을 일반인들이 자유로이 관람할 수 있도록 진열하거나 게시하는 것을 말한다. 미술관에 진열되어 있는 미술저작물을 TV로 방영하는 것은 전시에 해당하지 않는다. 이는 후술하는 방송권의 대상이다. 전시의 장소는 미술저작물 등을 공개적으로 전시할 수 있는 임의의 장소로 미술관, 박물관, 전시관 등 전시를 위

---

1) 오승종, 『저작권법』, 박영사(2007), 제470쪽.

해 특별히 마련된 장소뿐만 아니라 서점, 길거리, 공원 등 공중에 개방된 장소도 포함된다. 전시의 목적은 불특정 다수인들로 하여금 미술저작물 등을 관람하게 하는 것이므로 가정 내에 전시하는 것이나 단체 내의 소수만이 관람하도록 하는 것은 전시에 해당하지 않는다.1)

전시권의 대상은 미술저작물이나 사진저작물에 한하며 공표/미공표의 구별 없이 모두 전시권이 미친다. 전시권은 미술저작물이나 사진저작물의 원본뿐만 아니라 그 복제물에도 미친다. 여기서 원본이란 저작자의 사상이나 감정의 표현을 최초로 유체물에 고정시킨 것을 말한다. 미공표된 미술저작물이나 사진저작물를 전시하는 경우에는 전시행위가 공표의 수단이 된다.

전시권의 대상에 관하여는 각국의 입법례가 서로 다르다. 한국저작권법의 경우 전시권이 사진·미술 및 건축저작물의 원작품 또는 그 복제물에 미치도록 규정하고 있고(제19조), 일본저작권법은 전시권이 미술저작물이나 미공표 사진저작물의 원본에 한하여 미친다고 규정하고 있다(제25조). 독일저작권법은 전시권을 미공표 미술저작물이나 미공표 사진저작물의 원본 또는 복제물을 전시하는 권리로 규정하고 있다(제18조). 미국 저작권법은 어문, 음악, 연극, 무용, 무언극, 회화, 도면, 조각저작물, 심지어 시청각 저작물의 개개 영상(individual image)은 물론, 그 복제물에 대한 전시권도 인정하여 중국저작권법보다 그 대상을 한층 더 넓게 인정하고 있다(제101조, 제106조 제5호).

(2) 전시권의 제한

(가) 초상권 침해 금지

사진저작물이나 미술저작물을 전시하는 경우 타인의 초상권 침해가 발생할 수 있다. 가령 화가나 사진작가가 A의 위탁을 받고 인물사진이나 초상화를 제작한 경우 특별한 약정이 없는 한 당해 저작물의 저작권자는 화가나 사진작가가 된다.2) 이 경우 사진작가 등은 당해 사진저작물을 스스로 전시하거나 타인으로 하여금 전시하도록 허락할 수 있는 배타적인 전시권을 가지므로 자신의 사진관에 A의 사진을 전시할 수 있다. 그런데 만약 A가 자신의 초상이 사진작가의 사진관

---

1) 李雨峰 等,『著作权法』, 厦门大学出版社(2006), 제70쪽.

2) 중국저작권법 제17조는「위탁을 받아 창작한 저작물의 저작권 귀속은 위탁자와 수탁자 사이의 계약에 의한다. 계약서에 명시되어 있지 않거나 계약을 체결하지 않은 경우에는 저작권은 수탁자에게 귀속된다」고 규정하고 있다.

에 전시되는 것을 원치 않는 경우에는 사진작가가 가지는 전시권과 A의 초상권이 서로 충돌하게 된다.

이 문제에 대해 한국저작권법은 제35조 제4항에서 「위탁에 의한 초상화 또는 이와 유사한 사진저작물의 경우에는 위탁자의 동의가 없는 때에는 이를 이용할 수 없다」고 규정하여 초상권과의 충돌문제를 입법적으로 해결하였다.

현재 중국저작권법에는 위와 같은 명문 규정이 없다. 그러나 학자들은 일치하여 위와 같은 사례에 있어 사진작가는 사진저작물을 전시하기 위해서는 반드시 초상의 주인공인 A의 동의를 얻어야 한다고 본다. 만약 사진작가가 A의 동의 없이 사진저작물을 전시하게 되면 A의 초상권 내지 프라이버시권을 침해하여 민사상 손해배상책임을 부담하여야 한다고 본다.[1] 이러한 의미에서 초상권은 전시권에 대한 제한으로 볼 수 있다.

(나) 미술저작물의 원본 소유자에 의한 전시

1) 의의

저작권법 제18조는 「미술 등 저작물 원본의 소유권 이전은 저작물의 저작권 이전으로 보지 않는다. 다만 미술저작물의 원본에 대한 전시권은 원본 소유자가 가진다」고 규정하고 있다.

저작자의 사상이나 감정의 독창적인 표현에 대한 저작권과 그 표현이 화체되어 있는 유체물 자체에 대한 소유권은 엄연히 구별된다. 따라서 유체물인 저작물 자체의 소유권을 양도하였다고 해서 저작권까지 양도되는 것은 아니다. 이런 의미에서 저작권법 제18조 본문은 당연한 내용을 규정한 주의적 규정에 불과하다.

다만 저작권법 제18조 단서는 미술저작물의 원본이 양도되는 경우 미술저작물의 원본에 대한 전시권은 원본 소유자가 가진다고 규정하고 있는데, 이는 저작권자와 원본 소유자의 이해관계를 적절하게 조절하기 위한 취지의 규정이다. 그림이나 조각 등 미술저작물은 다른 저작물에 비해 미적 가치가 뛰어난 만큼, 진열되어 많은 사람들에게 감상의 기회를 주면 줄수록 그 가치는 더욱 빛이 나는 것이다. 그런데 미술저작물의 원본을 구입한 자가 정작 저작권자의 전시 동의가 없다는 이유만으로 미술저작물을 집 한구석에 쳐 박아 둘 수밖에 없다면 이 세상에 누가 미술저작물을 구입하려고 하겠는가. 이러한 결과는 원본 소유자뿐만 아니라

---

1) 李雨峰 等, 『著作权法』, 厦门大学出版社(2006), 제71쪽; 张革新, 『现代著作权法』, 中国法制出版社(2006), 제120쪽.

저작자 입장에서도 득이 될 것이 없다. 따라서 저작권법은 저작자의 전시권을 제한하는 규정을 두어 원본소유자가 저작자의 동의를 받지 않고도 미술저작물의 원본을 전시할 수 있도록 한 것이다.

저작권법 제18조 단서는 미술저작물의 원본 소유자가 그에 대한 전시권을 "가진다"고 규정하고 있으므로 미술저작물의 원본 소유권이 이전되면 그에 따라 원본에 대한 전시권도 함께 이전되거나 원본 양수인에게 전시권이 새로 창설되는 것이 아니냐라는 의문이 있을 수 있다. 그러나 앞서 본 바와 같이 저작권법 제18조 단서는 저작자의 전시권을 제한하는 취지이므로 전시권이 원본 소유자에게 이전되거나 새로 창설된다고 볼 수 없다. 즉 저작권법 제18조 단서는 원본 소유자에게 전시의 방법으로 미술저작물의 원본을 이용할 수 있도록 허락한 규정이라 할 수 있다.1)

2) 요건

① 미술저작물의 원본에 대한 소유권을 가지고 있는 사람이어야 한다.

원본의 소유자이면 족하므로 반드시 저작자로부터 직접 저작물을 양수한 자일 필요는 없다. 그렇다면 원본의 소유자로부터 전시 동의를 받은 자는 어떠한가. 예를 들면 화랑 같이 원본의 소유자는 아니나 그로부터 동의를 받은 자도 미술저작물의 원본을 전시할 수 있는가. 이에 대해 중국저작권법에는 명문 규정이 없으나 한국저작권법은 「미술저작물 등의 원본의 소유자나 그의 동의를 얻은 자는 그 저작물을 원본에 의하여 전시할 수 있다」고 규정하고 있다(같은 법 제35조 제1항). 생각건대 미술저작물의 전시는 화랑 등 전문 미술관을 통해서 이루어지는 경우가 오히려 일반적이라는 점에서 원본의 소유자만이 전시할 수 있다고 보는 것은 거래 관념에 반하다고 할 수 있다. 따라서 원본의 소유자로부터 동의를 구한 자도 미술저작물의 원본을 전시할 수 있다고 본다.

② 미술저작물의 원본을 전시하여야 한다. 미술저작물의 복제물을 소유한 자는 당해 복제물을 전시할 수 없다. 복제물은 원본과는 달리 반드시 저작자의 동의하에 전시될 수 있는 것이다.

③ 전시의 장소적 제한 문제

미술저작물의 원본 소유자에 의한 전시와 관련하여 전시의 장소적 범위가 문제될 수 있다. 이와 관련하여 한국저작권법 제35조 제1항은 그 본문에서 「미술저작

1) 李雨峰 等, 『著作权法』, 厦门大学出版社(2006), 제71쪽도 저작권법 제18조 단서는 작품 이용에 편리를 주기 위한 규정이라고 보고 있다.

물 등의 원본의 소유자나 그의 동의를 얻은 자는 그 저작물을 원본에 의하여 전시할 수 있다」고 하면서도 「가로·공원·건축물의 외벽 그 밖에 공중에게 개방된 장소에 항시 전시하는 경우에는 그러하지 아니하다」는 단서를 달고 있다. 이와 같은 단서는 미술저작물의 원본 소유자가 공중에게 개방된 장소에 미술저작물을 항시 전시함으로써 미술저작물의 시장적 가치가 저하되는 것을 막고 미술저작자의 이익을 보호하기 위한 취지이다.

그렇다면 중국저작권법의 경우는 어떠한가. 현재 중국저작권법에는 한국저작권법 제35조 제1항 단서와 같은 제한 규정이 없다. 따라서 중국저작권법의 해석상 미술저작물의 원본 소유자는 가로·공원·건축물의 외벽 그 밖의 공중에게 개방된 장소에서 그 저작물을 원본에 의하여 항시 전시하는 것도 가능하다고 보아야 한다.

3) 공표권과의 관계

전시권은 공표권과 밀접하게 관련되어 있다. 미공표된 미술저작물을 전시하는 경우 전시행위는 공표의 수단이 된다. 문제는 미공표된 미술저작물의 원본의 소유권이 제3자에게 양도된 경우 원본의 소유자는 저작권법 제18조 단서에 의해 미술저작물의 원본을 전시할 수 있는데, 만약 이 경우 저작자의 공표 동의가 없다고 한다면 당해 전시행위는 저작자의 공표권 침해로 되는가이다. 이는 전시권은 저작인격권인 공표권과는 달리 저작재산권에 속하고, 저작재산권에 대한 제한 규정은 저작인격권의 행사에 영향을 미치지 않기 때문에 발생하는 문제다.

이에 대해 한국저작권법은 입법적으로 해결하였다. 즉 저작자가 공표되지 아니한 미술저작물의 원본을 양도한 경우 그 상대방에게 저작물의 원본의 전시방식에 의한 공표를 동의한 것으로 추정하고 있는 것이다(같은 법 제11조 제3항).[1] 그러나 중국저작권법에는 이러한 추정규정이 존재하지 않는다. 여기서 비록 중국저작권법에 그러한 명문 규정이 없더라도 위와 같은 경우에 저작자가 저작물의 공표에 동의한 것으로 추정할 수 있는지 여부가 해석상 문제된다.

이에 대해 견해 대립이 있다. 먼저 원본의 소유자라도 저작자의 공표 동의가 없이 한 전시행위는 공표권의 침해가 된다는 견해가 있다. 이 견해는 전시는 반드시 공표 후에 이루어져야 하며 공표권과 전시권은 그 법적 성질을 달리한다는 점을 근거로 제시한다. 이와는 달리 공표권의 침해가 되지 않는다는 견해도 있다. 이 견

---

1) 이 때 동의의 추정은 반증을 통해 번복될 수 있다. 따라서 한국저작권법에 의하더라도 저작자가 저작물의 원본의 전시방식에 의한 공표를 동의하지 않았음이 반증을 통해 입증되는 경우 원본의 소유자가 미술저작물의 원본을 전시하는 것은 공표권의 침해로 된다.

해는 원본의 소유자가 미술저작물을 보다 효율적으로 이용할 수 있도록 할 필요가 있다는 전제 하에 저작자는 아직 공표되지 않은 미술저작물의 원본을 양도할 때 이미 미술저작물에 대한 공표권을 행사한 것으로 보아야 한다고 주장한다.[1)]

생각건대 전설이 타당하다. 후설은 저작권법 제18조 단서에 따라 원본의 소유자가 미술저작물의 원본을 충실하게 이용할 수 있도록 배려하고자 하는 견해라는 점에서는 그 취지에 공감이 가나, 이론구성에 문제가 있다. 후설의 내용은 저작자가 공표되지 아니한 미술저작물의 원본을 양도한 경우 그 상대방에게 저작물의 원본의 전시방식에 의한 공표를 동의한 것으로 추정한다는 것이 아니라 저작자가 미술저작물의 원본을 양도할 당시 이미 공표권을 행사한 것으로 본다는 것이다. 그러나 이러한 해석론에는 상당한 논리비약이 숨어 있다. 원래 공표는 불특정 다수인에게 공개하는 것이다. 따라서 특정 소수에 대한 양도 행위를 곧바로 불특정 다수에 대한 공개로 보는 것은 논리비약이 아닐 수 없다. 그렇다면 저작자가 저작물의 원본의 전시방식에 의한 공표를 동의한 것으로 추정하는 것은 어떤가. 저작재산권과 저작인격권의 법적 성질이 다르다는 점과 저작재산권의 제한 규정이 저작인격권의 행사에 영향을 미치지 않는다는 점을 고려할 때 한국저작권법과 같은 명문 규정이 없는 상태에서 저작자의 의사를 추정한다고 보기는 어렵다. 결국 이는 당사자 간의 의사표시 해석으로 해결하여야 할 문제다.

마. 실연권(表演权)

(1) 실연권의 의의

저작자는 그 저작물을 스스로 실연하거나 타인에게 이를 하도록 허락하거나 하지 못하도록 금지할 배타적인 권리를 가진다. 저작권법은 이러한 실연권을 「저작물을 공개적으로 실연(公开表演)하고 각종 수단을 이용하여 저작물의 실연을 공개적으로 전달(公开播送)할 수 있는 권리」로 정의하고 있다(같은 법 제10조 제1항 제9호).

여기서 「실연」이란 무엇을 말하는가. 저작권법은 실연의 정의에 대해 침묵하고 있으므로 실연권의 내용을 보다 정확히 이해하기 위해서는 실연의 개념을 확정하는 것이 우선적으로 필요하다. 실연권에서의 「실연」이 의미하는 바는 다음과 같이 실연권에 관한 관련 규정, 구 저작권법실시조례와 베른협약의 내용 등을 통해 추론할 수 있다.

---

1) 张革新, 『现代著作权法』, 中国法制出版社(2006), 제120-121쪽.

구 저작권법실시조례(1991년)는 실연을 「악곡연주, 연극공연, 시가(詩歌)낭송 등 직접 혹은 기술설비를 이용하여 소리, 표정, 동작으로 저작물을 공개적으로 재현하는 것」이라 정의하였다.[1] 실연에는 가창, 연주, 연기 등의 방법으로 저작물을 무대 위에서 직접 실현하는 「현장실연」과 현장실연이 고정되어 있는 녹음·녹화물을 기계적 또는 전자적으로 재생하는 「기계실연」이 있는데, 구 저작권법실시조례는 현장실연만을 실연이라고 정의한 것이다. 이에 대해 구법시대에는 실연의 개념을 기계실연으로까지 넓혀야 한다는 비판의 목소리가 많았다. 녹음 및 비디오테이프의 이용이 일상화되면서 현장실연보다는 오히려 녹음물이나 녹화물의 재생을 통한 저작물의 이용이 일반화되었기 때문이다. 베른협약 제11조 제1항도 「연극·악극 및 음악 저작물의 저작자는 다음을 허락할 배타적 권리를 향유한다. (i) 어떠한 방법이나 절차에 의한 경우를 포함하는 그의 저작물의 공개 실연, (ii) 그의 저작물의 실연의 공중에의 전달」이라고 규정하여 기계실연을 실연의 개념에 포함시키고 있다.

현행 저작권법은 위 베른협약 제11조 제1항을 모델로 하여 실연권을 개정하였고 실연의 개념에 기계실연도 포함시켰다. 현행법의 실연권의 내용은 베른협약의 그것과 사실상 동일하다. 따라서 실연권에서의 실연이란 「저작물을 상연·연주·가창·낭독·구연 등의 방식으로 재현하여 공중에게 공개하거나 그 재현이 고정된 녹음·녹화물의 원본 또는 복제물을 기계적 또는 전자적으로 재생하여 공중에게 공개적으로 전달하는 것」으로 정의할 수 있다.

(2) 실연의 방식

실연의 방식에는 현장실연과 기계실연이 있다.

(가) 현장실연

현장실연이란 저작물을 무대 위에서 직접 재현하는 행위를 말한다. 현장실연의 방식에는 상연, 연주, 가창, 구연, 낭독 등이 있다. 상연이란 각본, 무보 기타 연극적 저작물을 무대 위에서 실현시키는 것이다. 연주는 음악저작물을 악기로 실연한 것이고, 가창은 음악저작물을 음성으로써 실연하는 것이다. 구연은 동화, 만담 등을 흥미롭게 말로 표현하는 것이고, 낭독은 시, 수필 등을 소리 내어 읽는 것이다. 현장실연은 반드시 인간이 기계의 도움 없이 직접적으로 표현해야만 하는 것은 아니

1) 第五条(二) 表演, 指演奏乐曲、上演剧本、朗诵诗词等直接或者借助技术设备以声音、表情、动作公开再现作品.

다. 기계설비를 이용하여 소리, 표정, 동작으로 저작물을 재현하는 것도 현장실연에 포함된다. 예를 들어 시가를 낭독하거나 음악을 연주할 때 마이크나 엠프 등 음향기기를 사용하는 경우에도 현장실연에 해당한다. 현장실연은 저작물을 직접 재현하는 행위이므로 저작물이 아닌 스포츠의 공개는 실연에 해당하지 아니한다.

(나) 기계실연

기계실연이란 저작물에 대한 현장실연이 고정된 녹음·녹화물의 원본 또는 복제물을 기계적 또는 전자적으로 재생하여 공중에게 공개적으로 전달하는 것을 말한다. 노래방이나 여관, 백화점 등에서 판매용 음반이나 비디오 테이프, DVD 등과 같은 녹음물이나 녹화물 따위를 기계적으로 재생하는 방법으로 공중에게 영상이나 음악을 틀어주거나 들려주는 것, 호텔의 영상실에서 비디오테이프를 재생하고 이를 유선을 이용하여 투숙객에게 송신하는 것 등이 기계실연에 해당한다.

기계실연은 시간과 공간의 제약 없이 저작물의 실연을 재현할 수 있다는 데에 그 특징이 있다. 오늘날에는 전송기술의 발전으로 말미암아 공중이 동시에 수신할 수 있는 유선 또는 무선 방식의 전송뿐만 아니라 공중이 개별적으로 선택한 시간과 장소에서 수신하거나 이용할 수 있는 유선 또는 무선 방식의 전송 등 다양한 전송 방식이 있다. 저작권법은 기계실연의 방식에 대한 구체적인 규정을 두지 않은 채 각종 수단을 이용하여 저작물의 실연을 공개적으로 전달할 수 있는 것이면 모두 실연에 해당한다고 규정하고 있으므로 사실상 기계실연의 범위는 매우 넓다 하겠다. 그렇다면 판매용 음반을 재생하여 이를 공중파 TV, 라디오 또는 케이블 TV를 통해 방송하거나 인터넷을 통해 전송하는 것도 개념적으로는 모두 실연에 해당한다고 볼 수 있다.[1)]

(다) 상영(放映)이 실연에 해당하는지 여부

영화와 같은 영상저작물을 영사기 등을 이용하여 영사막 기타의 물건에 영사하는 "상영"도 실연권의 실연에 해당하는가. 상영은 반드시 영상저작물에만 국한되는 것은 아니다. 사진이나 회화 같은 정지화면으로 이루어진 저작물도 상영에 의

---

1) 张革新, 『现代著作权法』, 中国法制出版社(2006), 제122쪽; 刘平, "当前网络侵权案件的特点及其反思" 논문 출처는 http://blog.sina.com.cn/s/blog_48b82c5b01000a8s.htmL.
이에 대해 저작물의 실연을 TV나 라디오를 통해 무선방송하거나 인터넷을 통해 전송하는 행위는 실연에 포함되지 않고 방송권이나 정보네트워크전송권의 대상이 될 뿐이라는 견해도 있다(韩松 主编, 『知识产权法』, 中国人民大学出版社(2006), 제66쪽). 그러나 이러한 견해는 이하 [실연권 및 방송권·정보네트워크전송권과의 차이]에서 보는 바와 같이 타당하지 않다.

하여 공중에게 재현될 수 있다. 한국저작권법은 상영도 공연권[1]에 포함된다고 규정하고 있다(같은 법 제2조 제3호).

이에 대해 상영행위는 상영권(放映权)의 규율대상일 뿐 실연권의 실연에는 해당하지 않는다고 보는 견해가 지배적이다.[2] 즉 영사기로 영상저작물 등을 재현하는 것은 사람의 표현행위에 의한 재현이 아니라 단순한 기계적 작동행위에 따른 결과에 불과하다는 점에서 현장실연에 해당하지 않고, 영상저작물의 재현을 공중에게 전달하는 것도 저작물 자체의 전달에 해당할 뿐 저작물의 '실연'을 전달하는 행위는 아니므로 기계실연에 해당하지 않는다는 것이다.[3]

(라) 공중에의 공개

실연의 중요한 특징은 바로 반드시 공중에게 공개되는 방식으로 진행되어야 한다는 점이다. 여기서 말하는 공중이라 함은 불특정다수를 말한다. 따라서 가족이나 친지간의 모임에서 노래를 부르고 시를 낭송하는 행위는 실연권의 실연에 해당하지 않는다.[4]

공중의 개념에 대해 중국저작권법은 명시적인 정의 규정을 두고 있지 않다. 이에 반해 한국저작권법은 공중이란 불특정다수인을 말하며 특정다수인을 포함한다고 규정하고 있다(같은 법 제2조 제32호). 한국저작권법 해석상 불특정다수인이란 그 개성 또는 특성이나 상호간의 관계 등을 묻지 않은 2인 이상의 사람을 말하고, 정당의 집회, 단체의 회원대회와 같은 경우는 특정다수의 모임이지만 공중에 포함된다고 한다. 그러나 가족·친지 등으로 참석범위가 한정되는 통상의 결혼식이나 피로연에서의 연주, 오케스트라단원들의 연습을 위한 연주, 가정에서의 수인의 동호인을 위한 연주 등에는 중국저작권법의 실연권과 유사한 공연권이 미치지 아니한다고 한다.[5] 이와 같은 해석은 중국저작권법의 공중에 대한 해석론에도 원용할 수 있을 것으로 보인다.

---

1) 한국저작권법의 공연권은 중국의 실연권과 유사한 권리이다. 한국저작권법은 저작자는 그의 저작물을 공연할 권리를 가진다고 규정하고(제17조), 공연을 「저작물 또는 실연·음반·방송을 상연·연주·가창·구연·낭독·상영·재생 그 밖의 방법으로 공중에게 공개하는 것을 말하며, 동일인의 점유에 속하는 연결된 장소 안에서 이루어지는 송신(전송을 제외한다)을 포함한다」고 규정하고 있다(제2조 제3호).

2) 李雨峰 等, 『著作权法』, 厦门大学出版社(2006), 제72쪽; 张革新, 『现代著作权法』, 中国法制出版社(2006), 제122쪽; 韩松 主编, 『知识产权法(第二版)』, 中国人民大学出版社(2006), 제67쪽.

3) 韩松 主编, 『知识产权法』, 中国人民大学出版社(2006), 제67쪽.

4) 吴汉东 主编, 『知识产权法学』, 北京大学出版社(第三版), 제76쪽.

5) 이해완, 『저작권법』, 박영사(2007. 8.), 제309쪽.

[실연권 및 방송권·정보네트워크전송권과의 차이]

예를 들어 세익스피어의 유명한 작품인 '로미오와 줄리엣'을 연극으로 상연하고 이를 녹화한 녹화물이 있다고 가정하자. 만약 TV 방송국에서 위 녹화물을 재생하여 이를 방송하거나 호텔에서 VOD[1] 서비스를 이용하여 투숙객에게 위 녹화물을 시청할 수 있도록 하였다면 이러한 각 행위는 실연권의 규제를 받게 되는가 아니면 방송권이나 정보네트워크전송권의 규제를 받는지가 문제된다.

먼저 위 문제를 한국저작권법의 관점에서 풀어보자. 일단 공연권, 방송권 등에 대한 한국저작권법의 체계부터 살펴보자. 한국저작권법은 중국의 실연권과 비슷한 권리로 공연권을 인정하고 있다. 이때의 공연은 「저작물 또는 실연·음반·방송을 상연·연주·가창·구연·낭독·상영·재생 그 밖의 방법으로 공중에게 공개하는 것」을 말하며 「동일인의 점유에 속하는 연결된 장소 안에서 이루어지는 송신(전송을 제외한다)」을 포함한다(같은 법 제2조 제3호). 또한 한국저작권법은 저작자가 자신의 저작물을 공중송신할 수 있는 공중송신권을 두고 있다(같은 법 제18조). 이때의 공중송신이란 「저작물, 실연·음반·방송 또는 데이터베이스를 공중이 수신하거나 접근하게 할 목적으로 무선 또는 유선 통신의 방법에 의하여 송신하거나 이용에 제공하는 것」을 말한다(같은 법 제2조 제7호). 공중송신에는 크게 방송, 전송 및 디지털음성송신이 포함된다. 방송은 「공중송신 중 공중이 동시에 수신하게 할 목적으로 음·영상 또는 음과 영상 등을 송신하는 것」을 말하고(제8호), 전송은 「공중송신 중 공중의 구성원이 개별적으로 선택한 시간과 장소에서 접근할 수 있도록 저작물 등을 이용에 제공하는 것(그에 따라 이루어지는 송신을 포함)」을 말한다(제10호). 마지막으로 디지털음성송신이란 「공중송신 중 공중으로 하여금 동시에 수신하게 할 목적으로 공중의 구성원의 요청에 의하여 개시되는 디지털 방식의 음의 송신(전송을 제외)」을 말한다(제11호).

한국저작권법에 따르면 공연은 공중송신권의 방송 및 전송의 인접개념이라 할 수 있다. 한국저작권법은 공연을 방송과 구별하기 위해 공연에 "동일인의 점유에 속하는 연결된 장소 안에서 이루어지는 송신"이라는 제한요소를 달았다. 이에 따라 공연의 상대방인 공중이 반드시 동일한 장소에 있어야 하는 것은 아니지만, "동일인의 점유에 속하는 연결된 장소 안"에 있어야만 공연이 성립하는 것이다.

---

1) VOD(Video On Demand)란 통신망으로 연결된 컴퓨터 또는 TV를 통해 사용자가 원하는 프로그램을 원하는 시간에 받아볼 수 있는 영상 서비스를 말한다. 시청하는 도중에 일시정지하거나 반복 재생을 할 수 있는 기능을 갖추고 있다.

그 밖의 장소에 대해서는 공중송신권의 지분권인 방송권으로 규율하게 된다.[1] 또한 한국저작권법은 공연과 전송을 개념적으로 분명하게 구별하고 있다. 즉 전송은 송신의 異時性(비동시성)을 요건으로 하고 공연에는 전송이 포함되지 않는다. 따라서 유선 또는 무선의 통신을 이용하여 동일인의 점유에 속하는 연결된 장소 안에서 송신한 경우 만약 그것이 異時性(비동시성)을 갖춘 경우에는 전송에 해당하게 된다. 반면 그 송신이 동시성을 갖춘 경우에는 공연에 해당하게 된다.

따라서 한국저작권법에서 볼 때 위 예에서 TV 방송국에서 연극 "로미오와 줄리엣"의 녹화물을 재생하여 이를 방송하는 것은 방송권의 규율을, 호텔에서 위 녹화물을 VOD 서비스를 이용하여 위 녹화물을 투숙객에게 시청하게 하는 행위는 전송권의 규율을 받게 된다는 결론을 내릴 수 있다.

그렇다면 이제 위 문제를 중국저작권법의 관점에서 풀어보자. 중국저작권법은 방송권 및 정보네트워크 전송권을 규정하고 있다. 각 권리는 한국의 방송권 및 전송권과 유사하다. 먼저 TV 방송국이 연극 로미오와 줄리엣 녹화물을 방송하는 경우를 살펴보자. 실연은 현장실연뿐만 아니라 저작물의 실연을 각종 수단을 이용하여 공개적으로 전달하는 경우까지도 포함한다. 중국저작권법이 실연에 대한 특별한 제한 규정(예컨대 한국저작권법과 같은 장소적 제한 규정)을 두고 있지 않다는 점을 고려해 볼 때 저작물의 실연에 해당하는 연극 로미오와 줄리엣 또는 그 녹화물을 TV로 방송하는 것은 분명 실연에 해당한다. 한편 TV 방송은 행위 면에서 볼 때 분명 방송권의 규율 대상이다. 그렇다면 위 예에서 연극 로미오와 줄리엣 녹화물을 TV 방송하는 것은 과연 어떤 권리에 의해 규율된다고 보아야 하는가. 다음으로 호텔에서 VOD 서비스로 위 연극 녹화물을 전달하는 경우를 보자. VOD 서비스는 투숙객이 개별적으로 선택한 시간과 장소에서 연극 녹화물을 시청할 수 있는 서비스이므로 송신의 異時性(비동시성)을 특징으로 한다. 이는 그 행위 면에서 볼 때 정보네트워크 전송권의 대상인 점은 분명하다. 또한 VOD 서비스로 연극 녹화물을 제공하는 행위가 실연권의 대상으로도 된다는 점에 대해서 의문이 없다. 그렇다면 이 경우 실연권과 정보네트워크 전송권 중 어떤 권리의 규율을 받아야 하는가.

---

1) 따라서 예를 들어 백화점의 방송실에서 판매용 음반을 재생하여 각층의 매장에 음악을 들려줄 경우 백화점 건물의 점유자는 그 백화점의 사업주체로서 각층마다 다르지 않으므로 동일인의 점유에 속하는 연결된 장소에서의 송신으로 공연이라고 할 수 있는 반면, 동일인의 점유에 속하지 않는 복합상가 건물은 각층 또는 각 구역마다 사업주체인 점유자가 다를 수 있으므로 음악을 각층 매장 또는 복도 등에서 들려주는 경우 공연이 아니고 방송에 해당하는 것으로 해석하게 된다고 한다. 오승종, 저작권법, 박영사(2007), 제429쪽.

결론부터 말하면 위 각 사안의 경우 실연권만이 적용된다. 왜냐하면 중국저작권법의 해석상 각 사안의 경우에서는 실연권과 다른 권리 간의 중첩 문제는 전혀 발생하지 않기 때문이다. 즉, 위 사안에서 실연권의 객체는 저작물의 '실연'인[1] 반면 방송권이나 정보네트워크 전송권의 객체는 '저작물'이므로 연극 로미오와 줄리엣이나 그것의 녹화물은 애당초 방송권이나 정보네트워크 전송권의 대상으로 될 수 없는 것이다. 연극저작물은 실연의 토대가 되는 연기의 형(型)이다. 로미오와 줄리엣이란 연극 자체는 연극저작물이 아니라 연극저작물의 실연에 해당하며 연극 로미오와 줄리엣의 녹화물은 실연의 복제물에 불과한 것이다.

이와 같이 위와 같은 사안에서는 중국저작권법상 실연권은 방송권이나 정보네트워크 전송권과는 그 객체를 달리하고 있으므로 이들 권리 간의 중복이나 구별 문제는 애당초 발생할 여지가 없다. 이에 반해 한국저작권법에 따르면 공연권이나 방송권, 전송권 모두 권리 객체가 동일하다. 이들은 모두 저작물 또는 실연·음반·방송을 권리 객체로 하고 있다. 따라서 한국저작권법에 따르면 이들 권리 간의 중복 문제와 그에 따른 구별 문제가 매우 중요하게 대두되는 것이다.

[실연권(表演权) 및 실연자의 권리(表演者权)의 비교]

실연권과 비교하여야 할 대상으로 실연자의 권리가 있다. 실연권은 저작물을 공개적으로 실연하고 각종 수단을 이용하여 저작물의 실연을 공개적으로 전달할 수 있는 권리이다. 반면 실연자의 권리는 실연자가 자신의 실연에 대해 가지는 권리를 말한다. 양자의 차이점을 분설하면 다음과 같다.

첫째, 권리의 주체가 서로 다르다. 실연권은 저작권자가 향유하는 권리이나 실연자의 권리는 실연자가 향유하는 권리이다. 둘째, 법적성질에 있어 차이가 있다. 즉 실연권은 저작권 중 저작재산권에 해당한다. 이에 반해 실연자의 권리는 저작권이 아닌 저작인접권이며 실연자의 권리에는 인격권뿐만 아니라 재산권도 포함되어 있다(저작권법 제37조 참조). 셋째, 실연권에서의 「실연」의 개념은 실연자 권리의 대상인 「실연」의 개념과 구별된다. 실연자 권리의 대상인 실연이란 「저작물(보호기간이 도과된 것을 포함)을 상연 연주·가창·낭독·구연 등의 방식으로 표현하는 것」을 말한다. 이러한 정의에 비추어 실연권의 실연과 저작인접권의 대상인 실연은 다음과 같이 3가지 측면에서 서로 차이를 보인다. 첫째, 전자의 실연은 공중에의 공개를 요건으로 하나, 후자의 실연은 그렇지 않다. 둘째, 전자의 실연이

---

1) 엄격하게 말하면 기계실연의 객체가 저작물의 '실연'이다. 현장실연의 객체는 저작물 자체다.

저작권법의 보호를 받는 저작물만을 대상으로 하는 데 반해, 후자의 실연은 보호기간을 도과하여 이미 공중의 영역에 속한 저작물까지도 대상으로 한다.[1] 마지막으로 전자의 실연은 녹음·녹화물의 재생에 의한 기계실연도 포함하나 후자의 실연에는 기계실연이 포함되지 않는다는 점에서 차이가 있다.

(3) 실연권의 대상

실연권의 대상은 저작물 및 저작물의 실연이다. 현장실연의 대상은 저작물이며, 기계실연의 대상은 저작물의 실연이다. 저작권법은 실연권의 대상이 되는 저작물의 종류를 구체적으로 규정하지 않았지만 사람의 표정·동작·소리 등으로 재현할 수 있는 저작물이라면 형식을 불문하고 모두 실연권의 대상으로 될 수 있다. 일반적으로 구술저작물, 음악저작물, 연극저작물, 구연저작물(曲艺作品), 무용저작물, 곡예예술저작물 등이 실연권의 대상이 된다.[2] 영사기 등 기계장치를 이용하여 영상저작물이나 사진저작물 또는 미술저작물을 재현하는 것은 실연권의 대상이 아니다. 이는 상영권의 대상이다.

(4) 실연권의 제한

실연권의 '실연'이 반드시 관람료나 시청료와 같은 대가를 받을 것을 요건으로 하는 것은 아니다. 그러나 영리를 목적으로 하지 아니하며 청중, 관중 또는 제3자로부터의 반대급부를 받지 아니하고 이미 공표된 저작물을 실연하는 경우에는 실연권의 침해가 아니다.

저작권법은 이미 공표된 저작물을 무상으로 실연하는 경우 저작권자의 허락을 받지 않아도 되며 저작권자에게 보상하지 않아도 된다고 규정하고 있다(제22조 제1항 제9호). 다만 여기서 주의하여야 할 점은 실연의 무상성은 공중에 대한 관계에서는 물론 실연자에 대한 관계에서도 인정되어야 한다는 것이다. 즉 공중으로부터는 반대급부를 받지 않았다 하더라도 실연자에게 실연의 대가로 금품 등을 지급한 때에는 실연의 무상성은 인정되지 않는다(제22조 제1항 제9호 단서 참조).

---

1) 张革新, 『现代著作权法』, 中国法制出版社(2006), 제140쪽.
2) 张革新, 『现代著作权法』, 中国法制出版社(2006), 제122쪽.

바. 상영권(放映权)

저작자는 자신이 직접 영사기 등의 기계장치를 이용하여 미술저작물·사진저작물·영상저작물을 재현하여 공중에게 공개하거나 타인에게 이를 하도록 허락하거나 금지할 수 있는 배타적인 권리를 가진다(제10조 제1항 제10호 참조). 이러한 상영권은 구 저작권법에는 인정되지 않다가 현행 저작권법에 와서 새로 신설된 것이다.

상영이란 영화와 같은 영상저작물을 영사기 등을 이용하여 영사막 기타의 물건에 영사하는 행위를 말한다. 상영은 반드시 영상저작물에만 국한되는 것은 아니며 사진이나 회화 같은 정지화면으로 이루어진 저작물도 상영에 의하여 공중에게 재현될 수 있다. 이런 의미에서 저작권법은 영상저작물뿐만 아니라 사진저작물이나 미술저작물도 상영권의 대상에 포함시킨 것이다. 한국저작권법은 상영권을 별도로 인정하고 있지 않지만 상영을 중국저작권의 실연권과 유사한 공연권에 포함시켜 영상저작물 등에 대한 상영행위에 대해서는 공연권이 미치는 것으로 규정하고 있다(같은 법 제2조 제3호).

한편 상영은 공중에게 공개할 것을 요건으로 한다. 여기서 공중은 불특정다수를 말하며 특정다수인도 포함된다. 따라서 극장이나 야외에서 불특정다수인에게 영화를 상영하는 것뿐만 아니라 단체의 회원대회와 같은 특정다수의 모임에서 영화를 상영하는 것도 상영에 해당한다. 그러나 가족·친지 등으로 참석범위가 한정되는 모임에서 영화를 상영하는 것은 상영에 해당하지 않는다.

상영은 영상저작물 등이 재현되어 공중에게 공개되는 것으로 족하고 반드시 영리를 목적으로 한 것일 필요는 없다. 비영리를 목적으로 영화를 상영하여도 공중에게 공개된 경우에는 상영권이 미친다. 상영권에는 실연권의 제한 규정(제22조 제1항 제9호)과 같은 규정이 존재하지 않으므로 비록 영화를 무상으로 상영하였다고 하더라도 저작자의 동의가 없는 이상 상영권의 침해가 된다. 북경시제2중급인민법원은 술과 음료를 판매하는 업자가 손님 유치를 위한 목적에서 가게 내에 노래방기기를 두고 영업하면서 손님들로부터 주류비와 룸(room) 대여료만 받고 노래방기기 사용료는 별도로 받지 않은 사안에서 뮤직비디오인 MTV를 영상저작물로 보고 이를 무단으로 노래방에 상영하여 주류 판매 영업을 하여 온 업자에게 저작권 침해를 인정한 바 있다.[1)]

---

1) 위 판례의 출처는 林洁华, "对侵害音像作品放映权纠纷案例的评析". 논문출처는 东方知识产权律师网(http://www.lawyer-sh.com.cn/cqread.asp?NewsID=753).

사. 방송권(广播权)

(1) 방송권의 의의

저작자는 스스로 저작물을 방송하거나 타인에게 이를 허락하거나 금지할 수 있는 배타적인 권리인 방송권을 가진다. 저작권법은 「방송권이란 다음과 같은 행위를 할 수 있는 권리를 말한다. ① 저작물을 무선방식에 의하여 공중에게 방송(广播)하거나 전달하는 것, ② 방송한 저작물을 유선방식에 의하여 공중에게 전달하거나 중계(转播)하는 것, ③ 방송한 저작물을 확성기 또는 기타 신호, 소리, 영상 등을 전하는 도구를 이용하여 공중에게 전달하는 것」이라고 규정하고 있다(제10조 제1항 제11호).

구 저작권법은 방송권에 관한 명문 규정을 두지 않았으나 현행 저작권법은 방송이 저작물의 무형적 이용의 대표적인 경우임을 고려하여 방송권을 명문화하였다. 저작권법 제10조 제1항 제11호는 베른조약 제11조의 2 제1항의 방송권 규정을 토대로 한 것으로 그 내용은 베른협약의 규정과 기본적으로 유사하다.[1)]

(2) 방송의 의의

저작권법은 방송의 개념에 대해 정의 규정을 두지 않고 있다. 그러나 일반적으로 방송이라 함은 일반 공중으로 하여금 수신케 할 목적으로 무선통신 또는 유선통신의 방법에 의하여 신호, 소리 또는 영상을 송신하는 것을 말한다고 할 수 있다.

한편 방송의 개념에 대해 한국저작권법은 「방송이란 공중송신 중 공중이 동시에 수신하게 할 목적으로 음·영상 또는 음과 영상 등을 송신하는 것을 말한다」고 규정하고 있다(같은 법 제2조 제8호). 한국저작권법은 방송의 개념에 '동시성'(同時性)을 포함하고 있는데, 그 취지는 전송의 개념과 방송의 개념을 명확하게 구분하기 위해서이다. 한국저작권법에 따를 때 전송이란 「공중송신 중 공중의 구성원이 개별적으로 선택한 시간과 장소에서 접근할 수 있도록 저작물을 이용에 제공하는 것(그에 따라 이루어지는 송신을 포함)」을 말한다(같은 법 제2조 제10호). 따라서

---

1) 베른협약 제11조의 2 제1항 「문학·예술 저작물의 저작자는 다음을 허락할 배타적인 권리를 향유한다. (1) 그의 저작물을 방송하거나 또는 기타 무선 송신의 방법으로 기호, 소리 또는 영상을 공중에 전달하는 것. (2) 원사업자 이외의 사업자가 유선이나 재방송에 의하여 저작물의 방송물을 공중에 전달하는 것. (3) 확성기나 기타 유사한 송신 장치에 의하여 저작물의 방송물을 기호·소리 또는 영상으로 저작물의 방송물을 공중에 전달하는 것」

인터넷을 통한 이른바 '인터넷 방송' 중 VOD(video on demand) 또는 AOD(audio on demand) 방식에 의한 서비스는 동시성을 결한 것이므로 저작권법상의 방송이 아니라 전송 또는 디지털음성송신(예컨대 웹캐스팅) 등 다른 개념에 해당하게 된다고 한다. 이처럼 한국저작권법에서 방송이냐 전송이냐를 구분하는 것은 '동시성'과 '이시성'에 달려 있는 것이지 콘텐츠를 송출하는 수단이 전파냐 인터넷이냐에 달려 있는 것이 아니라고 한다.[1)]

그렇다면 중국저작권법의 해석에 있어서도 방송의 개념에 '동시성'을 포함시킬 수 있는가. 이는 방송권과 정보네트워크전송권과의 구별문제이기도 하다. 법문은 방송에 의한 저작물의 이용형태 중 방송권으로 보호될 수 있는 경우만을 제한적으로 열거하고 있을 뿐 방송의 개념에 대해서는 침묵하고 있다. 이 문제에 대해서 명문 규정이 없음에도 불구하고 방송의 개념에 동시성을 포함시켜 정보네트워크전송권과 구별해야 한다는 견해가 지배적이다.[2)] 즉 정보네트워크전송권의 전송은 공중으로 하여금 스스로 정한 시간과 장소에서 저작물을 취득하도록 하는 행위를 말하고 방송권의 방송은 공중이 저작물을 동시에 수신하는 것을 전제로 한다는 것이다.

생각건대 방송은 동시성을 요건으로 한다고 봄이 상당하다. 저작권법은 비록 명문으로 방송의 개념에 동시성을 포함시켜야 한다고 규정하고 있지는 않지만 정보네트워크전송권에 관한 규정을 통해 그와 같은 점을 묵시적으로 드러내고 있기 때문이다. 방송이란 일반 공중으로 하여금 수신하게 할 목적으로 유선 또는 무선에 의하여 신호, 소리 또는 영상을 송신하는 것이다. 이와 같은 방송 개념에 따른다면 방송의 개념은 매우 포괄적이므로 인터넷 전송도 방송에 포함될 수밖에 없다.[3)] 그러나 저작권법은 방송과는 별도로 정보네트워크 전송권이라는 개념을 인정하고 이를 유선 또는 무선으로 공중에게 저작물을 제공하고 공중이 스스로 선택한 시간과 장소에서 저작물을 취득하도록 할 수 있는 권리로 정의하고 있다. 만약 방송의 개념에 동시성을 포함시키지 않는다면 저작권법이 정보네트워크전송권이라는 무용지물을 애써 신설한 결과 밖에 되지 않는다. 따라서 방송권의 방송

---

1) 오승종, 『저작권법』, 박영사(2007), 제441쪽.

2) 李雨峰 等, 『著作权法』, 厦门大学出版社(2006), 제72쪽; 薛虹, 『数字技术的知识产权保护』, 知识产权出版社(2002年版), 제94쪽; 王洪友, "信息网络传播权与相关权利之比较研究"(논문출처는 http://www.studa.net/minfa/061110/10352053-2.html).

3) 王洪友, "信息网络传播权与相关权利之比较研究"(논문출처는 http://www.studa.net/minfa/061110/10352053-2.html).

이란 일반 공중으로 하여금 동시에 수신하게 할 목적으로 유선 또는 무선에 의하여 신호, 소리 또는 영상을 송신하는 행위로 정의하여야 할 것이다.

(3) 방송권이 미치는 범위

앞서 살펴본 방송의 정의에 따르면 방송은 유선방송과 무선방송으로 구분할 수 있다. 그런데 저작권법은 방송에 의한 저작물의 이용형태 중 방송권으로 보호될 수 있는 경우를 크게 3가지로 제한하고 있다. 그 이외의 것에는 방송권이 미치지 않는다. 방송권이 미치는 경우는 다음과 같다.

첫째, 저작물을 무선방식에 의하여 공중에게 방송하거나 전달하는 행위이다. 이는 저작자가 지상파 TV방송, 라디오방송 또는 위성방송 등과 같은 무선방식에 의하여 자신의 저작물을 공중에 방송(생방송, 녹음·녹화물에 의한 방송 그리고 재방송을 포함한다)하거나 전달하는 것을 말한다. 유선방식에 의한 방송이나 전달은 여기에 포함되지 않는다. 이와 관련하여 주의하여야 할 점은 원방송을 원방송자 이외의 자가 수신하여 무선으로 재송신하는 것은 여기에 포함되지 않는다는 것이다.[1] 법문은 무선방식에 방송 이외에 '전달'도 포함시키고 있는데, 여기서 무선전달은 무선방송보다 넓은 개념으로 지상파 TV방송, 라디오방송 또는 위성방송은 물론 기타 방식에 의한 무선송신행위 일체를 포함한다. 한편 법문은 공중을 상대로 방송하거나 전달할 것을 요구하고 있으므로 공중이 아닌 특정소수만을 상대로 한 무선송신행위에는 방송권이 미치지 않는다.

둘째, 방송한 저작물을 유선방식에 의하여 공중에게 전달하거나 중계(转播)하는 행위이다. 이는 유선방식에 의한 송신행위를 말한다. 여기에는 케이블 TV, 유선라디오방송 및 기타 방식에 의한 유선송신행위 등이 포함된다. 여기서 주의하여야 할 점은 이와 같은 유선방식에 의한 송신에는 제3자가 원방송(원방송자가 방송한 방송물)을 수신하여 이를 유선방식에 의하여 공중에게 전달하거나 중계하는 경우만이 포함되고 원방송자가 자신이 제작한 방송물을 직접적으로 유선송신하는 것은 포함되지 않는다는 것이다.[2] 이와 관련하여 해석상 두 가지가 문제된다. 하나는 법문상 "방송한 방송물"이 무엇을 의미하는가이다. 여기서의 "방송한 방송물"

---

1) 베른협약 제11조의 2 제1항 제 (1)호 참조, 동호는 문학·예술 저작물의 저작자는 "그의" 저작물을 방송하거나 또는 기타 무선송신의 방법으로 기호, 소리 또는 영상을 공중에게 전달하는 것을 허락할 배타적인 권리를 가진다고 하고 있다.

2) 베른협약 제11조의 2 제1항 제(2)호 참조.

이란 원방송자가 무선방식에 의하여 송신한 방송물만을 의미한다고 한다.[1] 따라서 원방송자가 유선방식에 의해 송신한 원방송물을 제3자가 수신하여 이를 다시 유선방식에 의해 재송신하는 경우에는 원방송자의 방송권이 미치지 않는다. 또 하나는 유선전달과 유선중계가 어떻게 다른가이다. 유선전달은 일반적으로 시간적 제한을 받지 않고 원방송자가 방송한 무선방송물을 재방송하거나 녹화방송하는 것을 말하지만 유선중계란 일반적으로 원방송과 동시에 이를 재송신하는 것을 말한다.[2] 결국 유선전달은 유선중계를 포함하는 개념인 것이다.

셋째, 방송한 저작물을 확성기 또는 기타 신호, 소리, 영상 등을 전하는 도구를 이용하여 공중에게 전달하는 행위이다. 예컨대 호텔, 백화점, 다방, 음식점에서 대형 TV나 확성기로써 방송프로그램을 고객에게 전달하는 경우가 여기에 해당한다. 앞서와 마찬가지로 여기서의 "방송한 저작물"도 원방송자가 무선방식에 의해 송신한 원방송물을 의미한다. 따라서 원방송자가 제작한 유선방송을 대형 TV나 확성기로써 공중에게 전달하는 경우에는 원방송자의 방송권이 미치지 않는다.

아. 정보네트워크 전송권(信息网络传播权)

(1) 의 의

정보네트워크전송권이란「저작물을 무선 또는 유선 통신의 방법에 의해 공중에게 제공하고 공중이 개별적으로 선택한 시간과 장소에서 저작물을 취득할 수 있도록 할 수 있는 권리」를 말한다(저작권법 제10조 제1항 제12호). 결국 정보네트워크 전송권에서의 "전송"이란 공중이 개별적으로 선택한 시간과 장소에서 취득할 수 있도록 저작물을 무선 또는 유선 통신의 방법에 의해 제공하는 것을 말한다. 여기서 "무선 또는 유선 통신의 방법"이란 공중에게 저작물을 제공하는 일체의 유·무선 통신수단을 말하며 반드시 인터넷에 국한되는 것은 아니다. 이동통신망, 고정통신망, 극초단파통신망, 유선TV망, 위성통신 등 다양한 유·무선 통신이 포함된다.[3] 그러나 비전자적 방식에 의한 송신 수단은 여기에 포함되지 않음에 주의하여야 한다.[4]

정보네트워크전송권은 1996년 WIPO 저작권조약(WCT) 제8조를 모델로 한 것이

1) 韩松 主编,『知识产权法』, 中国人民大学出版社(2006), 제67-68쪽.
2) 韩松 主编,『知识产权法』, 中国人民大学出版社(2006), 제67-68쪽.
3) 任自力, 曹文泽 编著,『著作权法 原理、规则、案例』, 清华大学出版社(2006), 제169쪽.
4) 李雨峰 等,『著作权法』, 厦门大学出版社(2006), 제73쪽.

다. WCT 제8조(공중전달권, right of communication to the public)는 "… 문학·예술 저작물의 저작자는 공중의 구성원이 개별적으로 선택한 장소와 시간에 저작물에 접근할 수 있는 방법으로 공중이 이용할 수 있도록 유선 또는 무선의 수단에 의하여 저작물을 공중에 전달하는 것을 허락할 배타적인 권리를 갖는다"고 규정하고 있다. WCT 제8조의 "공중의 구성원이 개별적으로 선택한 시간과 장소에 저작물에 접근할 수 있는 방법'이라고 하는 것은 쌍방향성, 그 중에서도 주문형 특성을 반영한 것이라고 한다. 주문형이라는 것은 완전한 쌍방향적 요소를 지닌 것이라고 할 수 있고, 제8조는 바로 그러한 점을 분명히 한 것으로 볼 수밖에 없기 때문이라는 것이다. 다시 말해서, 저작자가 WCT 제8조에서 말하는 공중전달권을 향유하기 위해서는 해당 서비스가 완전한 쌍방향성을 갖고 있는 주문형 방식이어야만 한다는 것이다. 이렇게 해석하면 웹캐스팅 서비스 중 실시간 스트리밍 서비스는 WCT 제8조의 범주에 포섭될 수 없다고 한다.[1)]

중국은 정보네트워크전송권을 보다 효과적으로 보호하기 위해 2006년 5월 10일에 정보네트워크보호조례(信息网络传播权保护条例)를 제정하여 2006년 7월 1일부터 동 조례를 시행하고 있다.

(2) 정보네트워크전송권의 특징

정보네트워크전송권은 정보통신기술이 급속도록 발달함에 따라 나타난 새로운 저작재산권에 해당한다. 이는 전통적인 저작재산권과 비교할 때 다음과 같은 특징을 가진다.

(가) 전송의 공개성

정보네트워크전송권은 정보네트워크라는 환경을 기반으로 하는 저작권이다. 정보네트워크는 완전 개방된 환경으로 일반 공중은 여기에서 유·무선 통신을 이용하여 자유롭게 커뮤니케이션(communication)을 할 수 있다. 정보네트워크를 통해 저작물을 전송하는 목적은 다수의 공중으로 하여금 저작물을 취득할 수 있게 하는 데에 있다. 따라서 정보네트워크전송권의 대상은 일반 공중이지 특정 단체를 가리키는 것은 아니다. 법문도 공중을 상대로 전송할 때에만 정보네트워크 전송권의 적용을 받을 수 있음을 명백히 하고 있다.

---

1) 최경수·오기석, 『디지털방송과 저작권법』, 문화관광부(2003), 제35면. 오승종, 저작권법, 박영사(2007), 제447쪽에서 재인용.

전송의 경우 공중의 범위를 구체적으로 어떻게 볼 것인지가 문제된다. 가족이나 친구 사이에서 개인적으로 이메일을 보내는 행위는 공중을 상대로 한 행위라고 보기는 어렵다. 개인적인 관계를 떠나 불특정(또는 특정) 다수를 상대로 한 전송만이 정보네트워크 "전송"에 해당한다. 그런 의미에서 인터넷상에 홈페이지를 개설하여 디지털 저작물을 올려 둔 경우에는 그 접속횟수에 관계없이 일반 공중이 수신하거나 이용할 수 있도록 제공한 것으로서 정보네트워크전송권의 적용을 받는다고 보아야 한다. PC통신이나 인터넷상에 설치된 자료실, 게시판 등에 자료를 업로드하거나 뉴스그룹이나 메일링리스트를 이용하여 정보를 발신한 경우도 그것이 해당 서버에 올려져 일반 공중이 접속할 수 있도록 제공된 때에는 정보네트워크 전송이 이루어진 것으로 보아야 한다. 특정한 직장에서 랜(LAN)을 통하여 그룹웨어 등에 자료를 게시한 경우에도 원칙적으로 정보네트워크 전송에 해당하는 것으로 보아야 한다.1)

(나) 쌍방향성

정보네트워크전송권의 "전송"은 주문형 내지 쌍방형 서비스를 제공하는 것이 특징이다. 전통적인 의미의 전송은 단일 방향의 전송방식으로서 비록 전송의 대상은 일반 공중이지만 공중은 피동적으로 정보를 취득할 뿐, 정보를 취득하는 시간과 장소를 자유롭게 결정할 수는 없다. 그러나 정보네트워크 환경에서의 전송은 정보제공자와 이용자 간의 쌍방향성을 특징으로 하고 있으므로 일반 공중은 자신의 취향에 따라 정보를 취득하는 시간과 장소를 자유롭게 선택할 수 있다.

(3) 정보네트워크전송권의 내용

(가) 권리의 주체

저작권법에 의하면 정보네트워크전송권의 주체는 저작권자, 실연자 그리고 음반·영상제작자로 제한된다(같은 법 제10조 제1항 제12호, 제37조 제1항 제6호, 제41조 제1항). 전통적 의미에서의 저작인접권의 권리주체인 출판업자와 방송사업자는 정보네트워크전송권의 주체로 될 수 없다. 이에 대해 정보네트워크전송권의 주체에 방송사업자를 추가하는 입법개정이 필요하다는 주장도 있다.2)

---

1) 이해완, 『저작권법』, 박영사(2007. 8.), 제314쪽.
2) 任自力, 曹文泽 编著, 『著作权法 原理、规则、案例』, 清华大学出版社(2006), 제169쪽.

(나) 권리의 객체

정보네트워크전송권은 정보네트워크 환경 속에서 구현되는 권리라는 점에서 전자적 정보를 대상으로 한다. 엄밀하게 말하면 아날로그 정보 자체는 정보네트워크전송권의 객체로 될 수 없고 아날로그 정보를 0과 1로 표현되는 디지털신호로 변환한 디지털정보만이 객체로 될 수 있다.

저작권법 제3조는 다양한 형식의 저작물의 종류를 열거하고 있으나, 이는 전통적 의미에서의 아날로그 방식을 전제로 한 것이다. 여기서 디지털정보도 저작권법상의 저작물이 될 수 있느냐의 문제가 제기된다. 이 문제에 대해 최고인민법원은 컴퓨터네트워크 분쟁사건에 대한 사법해석[1]을 통해 저작권법의 보호를 받는 저작물에는 저작권법 제3조에서 정한 각종 저작물의 디지털형식이 포함된다고 판시한 바 있다. 위 최고인민법원의 사법해석은 타당하다고 본다. 디지털정보도 아날로그 방식의 저작물과 마찬가지로 문학·예술·과학 분야에서 독창성을 가지고 특정 유형형식으로 복제가 가능한 만큼 저작권법상의 저작물로 못 볼 이유가 없기 때문이다. 따라서 저작권법 제3조에서 열거된 전통적 방식의 저작물 모두가 정보네트워크전송권의 객체로 될 수 있다.[2]

그 외에도 저작인접권의 객체인 실연자의 실연, 음반·영상제작자의 음반·영상제품도 정보네트워크전송권의 객체에 속한다(저작권법 제37조 제1항 제6호, 제41조 제1항).

한편 홈페이지도 정보네트워크전송권의 객체에 해당하는지 여부가 문제된다. 이는 홈페이지를 구성하는 개별 저작물과는 별도로 홈페이지의 구성 자체를 별개의 저작물로 인정할 수 있는가의 문제이다.

이에 대해 홈페이지는 문자, 동영상, 음악, 컴퓨터프로그램 등이 복합적으로 결합되어 있는 멀티미디어 조합체로 특수한 네트워크 환경에서 존재하므로 전통적 의미에서의 저작권만으로는 홈페이지를 전면적이고 효과적으로 보호하기 힘들다는 점을 들어 홈페이지의 구성 자체를 별개의 저작물로 인정하고 정보네트워크전송권의 객체로 귀속시켜야 한다는 견해가 있다.[3] 그러나 홈페이지의 구성 자체를 별개의 저작물로 인정할 필요는 없다고 본다. 이 문제는 결국 홈페이지의 개별적

---

1) "컴퓨터네트워크 분쟁사건에 대한 사법해석"(关于审理涉及计算机网络著作权纠纷案件适用法律若干问题的解释) 제2조 참조.

2) 李雨峰 等,『著作权法』, 厦门大学出版社(2006), 제73쪽.

3) 任自力, 曹文泽 编著,『著作权法 原理、规则、案例』, 清华大学出版社(2006), 제169쪽.

인 특성에 따라서 결정할 문제이겠지만 통상적으로 홈페이지는 타인이 작성한 것을 수집·참고하여 그것을 인용 또는 전재하면서 독자적인 편성방법을 이용하여 작성하는 것이므로 현행 저작권법상으로는 편집저작물에 가장 유사하다고 할 수 있다. 따라서 홈페이지가 그 소재의 선택 또는 배열에 독창성이 있다면 독자적인 편집저작물로서 보호될 수 있을 것이다. 만약 홈페이지를 구성하는 개별 소재들이 저작권법상의 저작물 구성요건을 충족하고 있다면 그 자체로 독자적인 저작물로 보호될 수 있을 것이다.

(4) 정보네트워크전송권 침해행위

(가) 특징

정보네트워크전송권 침해행위란 제3자가 저작권자의 허락 없이 공중이 개별적으로 선택한 시간과 장소에서 취득할 수 있도록 저작물을 무선 또는 유선 통신의 방법에 의해 제공하는 행위를 말한다. 이러한 침해행위는 다음과 같은 특징이 있다.

첫째, 권리침해행위에 대한 저작권자의 통제가 어렵다는 특징이 있다. 일단 권리침해 저작물이 인터넷 등에 전송되면 저작물은 네트워크를 통해 빠른 속도로 확산된다. 네트워크는 완전 개방된 환경이므로 이용자들은 시간과 장소에 구애받지 않고 권리침해 저작물을 쉽게 검색할 수 있고 자유롭게 다운로드를 할 수 있다. 따라서 권리침해저작물이 네트워크에 한번 전송된 이상 저작권자는 더 이상 권리침해 저작물의 유통을 통제하기 어렵게 된다.

둘째, 권리침해수단이 갈수록 지능화·기술화되어 간다는 특징이 있다. 정보네트워크전송권의 대상은 디지털정보이다. 이러한 디지털정보를 무단 이용으로부터 보호하기 위한 다양한 기술적 보호조치가 개발되고 있으나 이와 더불어 기술적 보호조치를 회피하거나 파괴하는 새로운 기술 또한 빠른 속도로 개발되고 발전되어 가고 있다.

셋째, 침해행위의 은폐성으로 책임 추궁이 어렵다는 특징이 있다. 정보네트워크전송권에 대한 침해행위는 인터넷에서 조직적으로 이루어지기보다는 개인 간에 은밀하게 이루어지는 경우가 많으므로 저작권자가 침해행위와 침해자를 일일이 발견하기란 사실상 불가능하다. 설사 침해행위가 발견되더라도 권리침해에 대한 입증이 어려워 그에 대한 법적 책임을 추궁하기란 쉽지 않다.

(나) 침해의 유형

인터넷환경에서 디지털 정보를 전송하고 이를 이용하는 과정에서 일반적으로 업로드, 다운로드, 링크 등 여러 행위가 개입된다. 각 행위별로 문제될 수 있는 권리침해행위를 살펴보자.

① 업로드 과정에서의 권리침해행위

업로드(upload)란 컴퓨터 통신망을 통하여 다른 컴퓨터 시스템에 파일이나 자료를 전송하는 것을 말한다. PC 통신이나 인터넷상에 설치된 자료실, 게시판 등에 자료를 업로드한 경우 저작자의 동의가 없는 이상 그 접속횟수에 관계없이 저작권침해로 된다. 다만 친구에게 개인적으로 메일을 보내면서 첨부파일로 디지털정보를 업로드한 경우에는 공중에 대한 전송이 아니므로 저작권침해는 아니다.

② 다운로드 과정에서의 권리침해행위

다운로드(download)는 업로드 과정과는 정반대로 컴퓨터 통신망을 통해 파일이나 자료를 받아오는 것을 말한다. 이러한 다운로드는 정보네트워크전송권의 적용을 받지 않는다. 정보네트워크전송권에서의 전송이란 공중이 개별적으로 선택한 시간과 장소에서 취득할 수 있도록 저작물을 무선 또는 유선 통신의 방법에 의해 "제공"하는 것을 말하는데, 다운로드는 제공이 아니기 때문이다. 그러나 다운로드가 저작권법에 의한 규제의 사각지대에 놓여 있는 것은 아니다. 다운로드 과정에서 필연적으로 디지털 정보의 복제가 수반되므로 다운로드 그 자체로 복제권의 침해가 성립할 수 있다.

최근 사회적으로 큰 문제로 되고 있는 것으로 P2P(Peer to Peer)가 있다. P2P란 네티즌들이 직접 파일을 교환·공유할 수 있도록 하는 인터넷 서비스를 말하는데, 실질적으로 저작권자의 권리에 상당한 위협을 가할 수 있는 것이라는 점에서 큰 논란을 빚고 있다. P2P 서비스 제공자의 책임은 별론으로 하고, P2P 서비스를 이용하여 파일을 공유하는 네티즌의 책임은 어떠한가. 통상 P2P를 이용하여 파일을 공유할 때에는 업로드와 다운로드가 동시에 이루어진다. 또한 그러한 쌍방향 작용은 P2P 서비스를 이용하는 수많은 네티즌 사이에서 동시 다발적으로 진행된다. 따라서 P2P 서비스를 통해 파일을 공유하는 행위는 업로드 과정에서는 정보네트워크전송권의 침해가, 다운로드 과정에서는 복제권의 침해가 된다.

③ 링크에서의 권리침해행위

링크란 일반적으로 HTML(Hypertext Markup Language)를 사용하여 서로 연관된 정보를 연결하는 것을 의미한다. HTML 태그를 사용하여 예를 들면, <a href=“http://www.ncac.gov.cn”> 国家版权局 </a>라고 하는 경우 링크를 마우스로 클릭하면 중국 국가판권국의 초기화면으로 바로 연결되는 것이다.

월드와이드웹(www)이 개발된 초기에는 인터넷에서의 링크는 당연히 허용되는 것이고 오히려 이를 금지하는 것은 인터넷 발전을 저해하는 것으로 간주되었다고 한다. 그러나 인터넷의 상업적 이용이 증대되고 다양한 링크기술이 개발되자 링크로 말미암아 링크된 홈페이지를 운영하는 자의 경제적 이익을 침해하는 일이 발생하였고, 이에 따라 홈페이지 운영자의 동의 없이 행한 링크의 저작권 침해 문제가 대두되었다. 링크에 대해서는 아직 그 법적 성질이나 저작권 침해 문제 등이 명확하게 규명되지 않은 상태이다. 오늘날 링크가 저작권을 침해한다는 의혹을 받고 있으나 링크기술 자체가 저작권 침해의 주범이라고 보아서는 안 된다. 문제는 링크제공자가 링크 기술을 이용할 때 어떠한 링크 방식을 채택하느냐에 있는 것이다.[1]

링크는 여러 가지 방법으로 실행할 수 있다. 가장 흔하게 사용하는 방법으로는 단순링크(또는 Surface link)이다. 이는 위 예에서와 같이 링크를 마우스로 클릭하면 링크된 정보가 있는 홈페이지의 초기화면으로 이동하는 가장 단순한 형태의 링크를 의미한다. 이 경우 이용자는 처음부터 링크된 홈페이지에 접속하는 경우와 별반 다를 바 없으므로 별다른 법적 문제는 발생하지 않을 것으로 보인다. 두 번째 방식으로는 내부화면 링크(또는 Deep link)가 있다. 이는 단순링크처럼 링크된 홈페이지의 초기화면을 거치지 않고 내부 페이지로 바로 연결되도록 하는 링크를 말한다. 이 경우 이용자는 링크된 홈페이지의 초기화면에 게시된 배너 광고 등을 건너뛰게 되므로 광고 수입 저하 등과 같은 홈페이지 운영자의 경제적 불이익을 초래할 수 있게 된다. 세 번째 방식으로는 프레임 링크(Frame link)가 있다. 프레임이란 브라우저 화면을 여러 개로 분할하여 다수의 문서를 띄울 수 있도록 하는 기법을 말한다. 대개의 경우 프레임을 좌우 또는 상하로 나누어 한 쪽(좌 또는 상)에는 홈페이지의 메뉴가 나타나게 하고(이를 ‘브라우징 프레임’이라 함) 다른 한 쪽(우 또는 하)에는 선택된 메뉴의 내용이 나타나게 한다(이를 ‘타깃 프레임’이라 함).

---

1) 任自力, 曹文泽 编著, 『著作权法 原理、规则、案例』, 清华大学出版社(2006), 제173쪽.

결국 프레임 링크는 브라우징 프레임에 타인의 홈페이지를 링크시켜 두고 마우스로 링크를 클릭하면 브라우징 소유자의 주소는 그대로 유지되는 상태에서 타깃 프레임의 내용만이 나타나게 하는 것이다. 이러한 링크는 링크된 페이지의 컨텐츠가 타인에 의해 제작된 것임에도 마치 링크하는 홈페이지의 일부인 양 이용자를 오인하게 할 수 있고, 그로 인하여 링크하는 자는 타인이 적지 않은 노력과 비용으로 제작한 컨텐츠를 가로채어 손쉽게 경제적인 이익을 취하게 된다는 문제점이 있다. 마지막으로 인라인 링크(inlining link 또는 embedded link)가 있다. 인라인 링크는 이용자를 다른 사이트로 이동시켜 주는 것이 아니라 웹브라우저를 통하여 인터넷상의 특정 웹페이지 내지는 웹사이트로부터 링크로 연결된 이미지나 텍스트 또는 음성클립 등을 가져오도록 검색프로그램에 지시하는 것이다. 예컨대 링크제공자가 다른 웹페이지의 이미지 파일이나 음악 파일에 인라인 링크를 한 경우 이용자가 링크제공자의 웹페이지를 방문하면 별도로 링크를 클릭하지 않아도 자동적으로 링크된 이미지가 뜨거나 음악이 들리게 되는 것이다. 이러한 인라인 링크에는 프레임 링크와는 달리 이용자가 링크된 자료의 출처는 물론 링크가 되어 있다는 사실조차 모르는 경우가 많다.[1] 이러한 점에서 인라인 링크는 타인이 제공한 컨텐츠가 마치 링크제공자의 것인 양 이용자를 오인하게 하는 정도가 프레임 링크에 비해 더 심하다고 할 수 있다.

링크의 저작권 침해와 관련해서는 먼저 링크가 저작권법상의 복제에 해당하는지가 문제된다. 어떤 저작물에 링크제공자가 링크를 한 경우에 링크제공자의 웹사이트 이용자가 링크를 클릭하면 바로 링크된 저작물이 이용자의 모니터에 보여지기 때문에 마치 링크제공자가 해당 저작물을 복제하여 자신의 웹사이트에 수록하고 있다가 보여주는 것처럼 보일 수도 있기 때문이다. 그러나 링크가 저작권법상의 복제에 해당한다고 보기는 어렵다. 웹사이트를 방문한 이용자가 링크를 클릭하면 링크 부분의 HTML은 이용자에게 단지 링크된 저작물의 위치 정보(URL)만을 제공할 뿐이고, 클릭 결과 이용자의 모니터에 보여지는 링크된 저작물은 이용자 웹브라우저의 전송 요청에 의하여 링크 제공자의 웹사이트를 거치지 않고 링크된 웹사이트에서 이용자의 웹브라우저로 직접 전송된 것이므로 링크 제공자의 웹사이트에는 어떠한 복제물의 저장도 이루어지지 않는다.[2] 이는 단순링크는 물론 다른 링크 방식에도 마찬가지이다.

---

1) 任自力, 曹文泽 编著, 『著作权法 原理、规则、案例』, 清华大学出版社(2006), 제173쪽.
2) 党跃臣, 曹树人 编著, 『网络出版知识产权导论』, 北京理工大学出版社(2006), 제55쪽.

또한 링크가 정보네트워크전송권의 전송에 해당하는지도 문제된다. 여기서 전송이란 공중이 개별적으로 선택한 시간과 장소에서 취득할 수 있도록 저작물을 무선 또는 유선 통신의 방법에 의해 "제공"하는 것을 말한다. 즉 링크가 정보네트워크전송권의 전송이 되기 위해서는 링크 제공자가 링크된 자료를 제공한 것으로 볼 수 있어야 하는 것이다. 그런데 앞서 살펴본 바와 같이 실제로 링크에 의하여 자료가 전송되는 과정을 보면 링크를 한 홈페이지가 링크된 홈페이지의 자료를 저장한 후 이를 이용자의 웹브라우저로 전송하는 것이 아니라, 링크를 한 홈페이지는 단지 링크된 홈페이지 상의 자료의 위치 정보만을 이용자에게 제공하고 이용자 컴퓨터가 이를 기초로 자료의 전송을 요청하면 링크된 홈페이지가 해당 자료를 직접 전송하게 된다는 점에서 링크를 정보네트워크전송권의 전송으로 보기는 어렵다.[1)] 한편 한국이나 일본에서는 인라인 링크와 프레임 링크의 경우 링크는 정보네트워크전송권의 전송에 해당한다는 견해가 있다.[2)] 인라인 링크나 프레임 링크의 경우에는 링크를 한 그림이나 정보가 마치 자신의 홈페이지의 한 구성요소인 것처럼 바로 자신의 홈페이지에 나타나거나 자신의 홈페이지의 프레임 내에 타인의 홈페이지가 나타나게 되는데, 이러한 경우에는 일반적인 링크와 달리 타인의 정보를 마치 자신이 독자적으로 전송하는 것과 같은 형태로 이용하여 직접 자신의 홈페이지 화면에 표시되도록 하는 것이므로 '전송'행위에 해당하는 것으로 볼 수 있다는 것이다. 그러나 이러한 견해는 타인의 그림파일을 허락 없이 이용하는 것을 방지한다는 면에서는 옳지만 그 논리 구성은 유추에 가까운 것으로서, 법에서 정한 '전송' 개념에 대한 합리적인 해석이라고는 생각되지 않는다.[3)]

기타 저작재산권 침해여부와 관련해서는 링크가 배포권의 배포에 해당하는지가 문제된다. 여기서 배포란 판매 또는 증여의 방법으로 공중에게 저작물의 원본 또는 복제물을 제공하는 행위를 말하는 것으로 기본적으로 복제를 전제로 하는 행위라 할 수 있다. 그런데 위에서 언급한 바와 같이 링크제공자가 링크된 홈페이지에 게시된 저작물을 복제하거나 이를 전송하는 것은 아니므로 링크가 배포권의 배포에 해당한다고 보기는 어렵다.[4)] 또한, 배포권의 배포는 유형물만을 대상으로

---

1) 党跃臣, 曹树人 编著,『网络出版知识产权导论』, 北京理工大学出版社(2006), 제55쪽.

2) 물론 이와 같은 취지의 견해가 중국에 없는 것은 아니나, 여기서는 한국과 일본의 견해를 소개한다. 중국의 학설 중 党跃臣, 曹树人 编著,『网络出版知识产权导论』, 北京理工大学出版社(2006), 제55쪽은 인라인 링크에 한하여 정보네트워크전송권의 전송에 해당한다고 보고 있다.

3) 이상 견해 소개 및 그에 대한 비판은 최정열, "인터넷상의 디지털 정보에 관한 권리 보호 : 데이터베이스의 보호를 포함하여", 재판자료 99집 : CYBER LAW의 제문제(상), 법원도서관(2003), 제321쪽.

4) 党跃臣, 曹树人 编著,『网络出版知识产权导论』, 北京理工大学出版社(2006), 제55쪽.

하므로 링크는 애당초 배포권의 대상이 될 수 없다.

링크와 관련해서 개편권 침해도 문제된다. 이는 주로 프레임 링크, 인라인 링크에서 문제된다. 단순링크, 즉 Surface link는 링크 부분을 마우스로 클릭하면 링크된 정보가 있는 홈페이지의 초기화면으로 바로 이동하므로 이는 사실상 이용자가 처음부터 링크된 홈페이지에 접속하는 경우와 다를 바 없다. 따라서 이 경우 별다른 저작권법상의 문제는 발생하지 않는다. 내부화면 링크도 링크 부분을 클릭하면 링크된 홈페이지의 초기화면이 아닌 내부화면으로 이동할 뿐 링크된 홈페이지에 게시된 저작물 자체에 어떤 변형을 가하는 것은 아니라는 점에서 개편권 침해는 문제되지 않는다. 그런데 프레임 링크나 인라인 링크는 사정이 좀 다르다. 왜냐하면 프레임 링크나 인라인 링크의 경우에는 링크 결과 링크된 홈페이지가 이용자의 모니터 화면에 원래의 모습으로 나오지 않아 링크된 홈페이지의 표현이 변경된 것이 아니냐는 의문이 들기 때문이다. 그러나 프레임 링크나 인라인 링크는 링크된 홈페이지 자체에 어떤 변형을 가하는 것은 아니며 링크제공자의 홈페이지 일부가 링크된 홈페이지의 일부와 겹쳐져 이용자의 화면에 제시될 뿐이므로 이를 개편권 침해로 보기는 어렵다.[1]

링크는 그 방식에 따라서는 링크제공자가 타인이 적지 않은 노력과 비용으로 제작한 컨텐츠를 가로채어 손쉽게 경제적인 이익을 취할 수 있고 그로 인해 링크된 홈페이지 운영자의 경제적 불이익이 초래될 수 있다는 점에서 비난받을 점이 있으나 앞서 살펴본 바와 같이 이를 저작권법의 법리로 금지하기는 어렵다고 보인다. 따라서 링크로 인하여 발생된 홈페이지 운영자의 경제적 불이익은 손해배상이나 부당이득 등 일반 민사법리로 해결하는 것이 바람직할 것으로 생각된다.

자. 영상물제작권(摄制权)

저작자는 자신의 저작물을 영화저작물 또는 영화와 유사한 영상물로 직접 제작하거나 타인에게 제작을 허락하거나 이를 금지시킬 수 있는 배타적인 권리를 가지는데 이를 영상물제작권(摄制权)이라고 한다. 저작권법은 영상물제작권을 「저작물을 영화 또는 영화와 유사한 영상물로 제작하여 이를 매개물(载体)에 고정시킬 수 있는 권리」로 규정하고 있다(제10조 제1항 제13호). 영화 또는 영화와 유사한 영상물을 영상저작물이라고 하고, 이 때 영화와 유사한 영상물이란 TV 드라마나 광고 등을 말한다.

---

1) 党跃臣, 曹树人 编著, 『网络出版知识产权导论』, 北京理工大学出版社(2006), 제56-58쪽.

영상물제작권은 개편권, 정리권, 번역권 등과 더불어 연역권의 한 종류이다. 여기서 개편권과 영상물제작권의 관계가 문제된다. 개편권(改编权)이란 저작자가 자신의 저작물을 변경하여 독창성을 갖는 새로운 저작물로 직접 창작하거나 타인에게 그와 같은 창작을 허락하는 권리를 말하는데, 소설을 변경하여 영화로 제작하는 것은 전형적인 개편행위의 하나라 할 수 있다. 즉 영상화는 개편행위의 한 종류라는 점에서 영상물제작권은 개편권의 지분권에 해당한다고 할 수 있다. 비교법적으로 볼 때에도 영상물제작권을 개편권의 지분권으로 규정한다거나 개편권과 영상물제작권을 포괄하여 2차적저작물작성권으로 규정하는 것이 일반적이며[1] 중국과 같이 양자를 구별하여 별개의 저작재산권으로 규정한 입법례는 매우 드물다. 그럼에도 불구하고 중국저작권법이 영상물제작권을 개편권과 구별하여 별도의 저작재산권으로 규정한 이유는 영상저작물의 제작에는 여러 사람들이 관여하고 그 결과 이해관계도 매우 복잡한 점을 고려하여 저작자의 권리를 보다 효율적으로 보호하기 위함에 있다고 한다.[2]

저작권자는 타인에게 그 저작물을 영상저작물로 제작하도록 허락한 때에는 그 저작물에 대한 필요적 변경을 이미 동의한 것으로 본다(저작권법실시조례 제10조 본문). 저작재산권에는 영상물제작권뿐만 아니라 개편권 등도 포함되어 있으므로 제작자가 원저작자로부터 영상화 허락을 받았더라도 원저작물에 변경을 가하기 위해서는 원저작자로부터 별도의 허락을 얻어야 하는 것이나, 영상제작물의 제작단계에서 제작자의 편의를 도모하기 위하여 위와 같은 특칙을 둔 것이다. 따라서 제작자는 소설저작자로부터 영상화 허락을 받은 이상 별도의 동의 없이도 당해 소설에 변형을 가할 수 있다. 다만 그 변형은 영상저작물의 제작에 필요한 범위 내로 제한되어야 하고(저작권법실시조례 제10조 본문 취지), 원저작물을 왜곡하거나 훼손(篡改)하는 정도에 이르러서는 아니 된다(저작권법실시조례 제10조 단서).

위 저작권법실시조례 제10조 본문과 관련하여 다음과 같은 해석상 문제가 있다. 저작재산권에는 위에서 언급한 영상물제작권, 개편권 이외에도 복제권, 상영권, 방송권, 정보네트워크 전송권, 번역권 등이 포함되어 있다. 그런데 위 저작권법실시조례 제10조는 원저작물에 대한 필요적 변경에 대해서만 언급하고 있을 뿐 복제나 방송 등에 대해서는 침묵하고 있으므로, 제작자는 원저작물을 영화화함에 있어 원저작물에 대한 내용상 변경 이외에 다른 행위에 대해서는 원저작자로부터 개별적으로 동의를 구하여야 하는지가 문제된다. 이에 대해 한국저작권법은 포괄

1) 吴汉东 等, 『知识产权基本问题研究』, 中国人民大学出版社(2005年版), 제275쪽.

2) 张革新, 『现代著作权法』, 中国法制出版社(2006), 제104쪽.

적인 추정 규정을 두어 문제를 해결하고 있음은 영상저작물의 관련부분에서 살펴본 바와 같다. 중국저작권법은 한국저작권법과 같은 포괄적인 추정 규정을 두고 있지 않으므로 법률해석상 원저작자의 영상화 동의에 방송이나 네트워크 전송, 복제 등에 대한 포괄적인 동의도 포함되어 있다고 보기는 어렵다. 따라서 영상저작과 관련한 계약을 함에 있어서 이 부분에 대한 세심한 주의가 필요하다.

차. 개편권(改编权)

(1) 개편권의 의의

저작자는 자신의 저작물을 변경하여 독창성을 갖는 새로운 저작물로 직접 창작하거나 타인에게 그와 같은 창작을 허락하거나 이를 금지할 수 있는 배타적인 권리를 가지는데, 이것이 바로 개편권이다(저작권법 제10조 제1항 제14호). 개편권은 원저작물을 기초로 한다는 점에서 연역권에 포함된다. 저작물을 변경한다는 것은 일반적으로 원저작물의 기본적인 내용을 변경하지 않는 전제 하에 원작의 표현방식이나 용도 또는 내용을 변경하여 새로운 저작물을 창작하는 것을 말한다.

원저작물을 개편하여 만들어진 저작물을 개편저작물이라 한다. 개편저작물이 저작권법의 보호를 받기 위해서는 원작과 구별되는 새로운 독창성이 있어야 한다. 이 때 요구되는 독창성의 정도는 보통의 저작물에서 요구되는 그것보다 다소 높다고 할 수 있다. 보통의 저작물에서 요구되는 독창성은 그 정도가 매우 낮아 타인의 저작물을 베끼지 않았다는 정도이면 족하다. 이에 반해 개편저작물에서 있어 요구되는 독창성은 원작과 구별되는 새로운 저작물이라고 볼 수 있을 정도의 실질적인 변경(substantial variation)의 정도에 이르러야 한다. 만약 이와 같은 실질적인 변경(substantial variation)이 없다면 개편저작물이 아닌 단순한 복제물로 되는 것이다. 다만 여기서 주의하여야 할 점은 개편저작물은 원작을 기초로 한다는 점에서 반드시 원작과 실질적 유사성(substantial similarity)을 유지하고 있어야 한다는 것이다.[1] 한편, 실질적인 변경의 정도가 지나쳐 새로운 저작물로부터 원작의 본질적인 특징 자체를 직접 감지할 수 없는 정도라면 당해 저작물은 개편저작물이 아니라 전혀 새로운 독자적인 저작물로 된다.[2] 이 때 개편권의 침해 문제는

1) 실질적 유사성 여부는 아이디어가 아닌 표현을 기준으로 판단하여야 한다. 따라서 문자저작물의 경우 실질적 유사성이 있기 위해서는 원작을 토대로 작성된 저작물이 단순하게 원작과 사상, 주제, 소재 등에서 같거나 유사한 것만으로는 부족하고 두 저작물 사이에 사건의 전개과정, 구성, 등장인물의 교차 등에 공통점이 있어야 한다.

2) 사실 실질적 변경 및 실질적 유사성은 개편저작물의 독자적인 성립요건이라기보다는 연역저

애당초 발생하지 않는다.

개편은 반드시 표현방식의 변경을 수반하여야 하는 것은 아니다.[1] 소설을 영화 제작을 위한 시나리오로 변경하거나 어린이들이 보다 쉽게 읽을 수 있는 아동용 소설로 변경하는 것도 개편에 해당한다. 이에 대해 표현방식의 변경이 없는 것은 개편에 해당하지 않는다는 견해도 있다.[2] 이 견해에 따르면 소설을 영화로 만들거나 영화를 소설로 만드는 것처럼 표현방식이 변경된 경우만 개편에 해당한다는 것이다. 그러나 이러한 견해는 매우 부당하다고 본다. 개편행위를 표현방식의 변경이 수반되는 경우로 한정하여야 할 합리적인 이유가 없으며 구 저작권법실시조례(1991년)도 개편이란 원작을 기초로 하여 원작의 표현형식이나 용도를 변경하여 새로운 독창성을 구비한 작품을 창작하는 것으로 정의하여 표현형식의 변경이 수반되지 않는 경우도 개편에 해당할 수 있음을 명문으로 밝힌 바 있기 때문이다(같은 조례 제5조 제8호).

[리메이크와 속편의 문제]

① 리메이크(Remake)[3]

최근에는 영화계나 음반계에서 예전에 크게 인기를 끌었던 작품들을 리메이크하는 것이 유행이다. 리메이크는 예전에 있었던 영화, 음악, 드라마 따위를 새롭게 다시 만드는 것을 말한다. 영화를 리메이크한 예로는 유덕화와 양조위가 주연한 무간도(无间道)라는 중국 영화를 레오나르도 디카프리오 주연의 디파디드(Departed)라는 헐리우드 영화로 리메이크한 경우를 들 수 있다.

영화를 리메이크할 때 전체적인 줄거리나 제목, 주요 인물의 성격과 인물 간의 갈등 구조 따위는 예전의 것을 그대로 사용하는 경우가 많다. 이런 점에서 리메이크한 영화는 원작에 대한 관계에서 복제물인가 아니면 개편저작물인지가 문제된다. 통상의 경우 리메이크 영화는 원작과 실질적 유사성(substantial similarity)을 유지하고 있음은 쉽게 감지할 수 있을 것이다. 문제는 실질적인 변경(substantial variation)이다. 만약 리메이크 영화가 배우와 배경만 바뀌었을 뿐 나머지는 원작과 똑같다고 한다면 실질적인 변경이 있다고 보기는 어렵다. 이는 단순한 복제에 해

작물(편집저작물은 제외)의 일반적인 성립요건이라고 할 것이다. 이에 대해서는 연역저작물의 관련 부분에서 이미 언급한 바 있다.

1) 李雨峰 等, 『著作权法』, 厦门大学出版社(2006), 제74쪽.

2) 이러한 견해의 출처 및 소개는 张革新, 『现代著作权法』, 中国法制出版社(2006), 제105쪽에서 재인용.

3) 중문으로는 老片新拍 또는 重拍이라고 한다.

당할 뿐이다. 이에 반해 리메이크 작품이 원작과 비교하여 전체적인 줄거리나 기본적인 갈등구조는 유사하나 원작에 비해 새로운 갈등구조를 더 추가한다거나 특정 인물의 역할을 부각시켜 줄거리 흐름을 더 박진감있게 만든다거나 영화화면에 컴퓨터 그래픽적인 요소를 더 추가하여 화면의 질감이나 느낌을 달리하거나 새로운 영화음악을 삽입하여 전반적인 분위기에 변화를 주었다면 실질적인 변경이 있다고 할 수 있을 것이다.

② 속편

현대의 영화 특징은 속편이 자주 만들어진다는 점이다. 인디아나존스 시리즈, 배트맨 시리즈, 스파이더맨 시리즈 등과 같이 원작이 대성공하면 원작의 캐릭터에 기초하여 속편을 만드는 경우가 매우 많다.

속편은 원작에서 형성된 캐릭터, 즉 등장인물의 본질적인 특징이나 전체적인 이미지(예컨대 스파이더맨의 경우 거미줄이 그려져 있는 특이한 복장을 착용하고 건물벽이나 천장에 매달리거나 거미줄을 이용하여 건물과 건물 사이의 허공을 날아다니는 행동적인 특징 그리고 악에 맞서 악의 무리를 소탕하는 등 정의감이 강한 성격적 특징 등)에 의존하고는 있으나 줄거리의 내용이나 구성, 인물구성 면에서는 원작과 전혀 다르다는 점에서 앞서 본 리메이크에 비해 원작에 대한 의존도가 낮다는 특징이 있다. 따라서 속편은 원작과 비교하여 실질적인 변경(substantial variation)을 수반한다고 할 수 있다.

문제는 실질적 유사성 여부이다. 원칙적으로 실질적 유사성 여부는 아이디어가 아닌 표현을 기준으로 판단되어져야 하는 것이므로 속편은 표현의 측면에서 원작과 비교되어져야 한다. 그런데 앞서 살펴본 바와 같이 속편은 줄거리의 내용이나 구성, 인물구성 면에서 원작과는 전혀 다르나 원작의 캐릭터를 기초로 하고 있을 뿐인데, 과연 캐릭터를 공유하고 있다는 이유만으로 원작과 실질적 유사성이 있다고 쉽게 단정할 수 있는지가 이론상 문제된다. 바로 이점에서 속편의 문제는 캐릭터의 문제와도 연결된다고 할 수 있다. 캐릭터는 통상적으로 성격 내지 이미지로 이해되는데, 이는 아이디어·표현 이분법에 따르면 표현이라기보다는 아이디어에 가깝다고 볼 수 있다. 그렇다면 캐릭터를 복제한다는 것만으로 실질적 유사성이 있다고 보기는 어렵다고 보아야 할 것이다.[1] 반면에 캐릭터의 의미를 보다 넓게 이해하여 성격 내지 이미지는 물론 구체적인 표현까지도 포함하는 개념으로

---

1) 이 경우 속편은 개편저작물이 아닌 새로운 저작물에 해당하므로 속편 제작자는 원작자의 동의 없이도 속편을 임의로 제작할 수 있다는 결론에 이르게 된다.

이해하면 캐릭터가 작품에서 차지하는 비중이 절대적인 점을 고려할 때 속편과 원작의 실질적 유사성을 인정할 수도 있을 것이다.[1] 캐릭터의 의미에 대해서는 아직까지 중국은 물론 비교법적 관점에서도 확고하게 정립된 바는 없다.

현재 중국에서는 속편의 문제를 반드시 캐릭터의 문제와 논리적으로 연관시켜 해결하기보다는 원작자의 경제적 이익 보호라는 관점에서 해결하려는 시도가 오히려 더 많은 것으로 보인다. 이러한 견해는 속편은 원작의 인기를 이용하여 원작의 흥행으로 형성된 거대 시장에 무임승차하는 것인 만큼 속편 제작으로 원작자의 경제적 이익은 침해될 수밖에 없다면서 원작자의 동의 없이 원작의 캐릭터를 이용하여 속편을 제작하는 행위는 원작자의 개편권을 침해한 것으로 보아야 한다고 주장한다.[2]

(2) 개편행위의 제한

저작자는 제3자에게 자신의 저작물을 개편하여 개편저작물을 창작하도록 허락할 수 있다. 이 경우 개편행위를 통해 창작된 개편저작물은 독자적인 저작물로 보호를 받게 되고(저작권법 제12조 본문), 개편자는 다른 저작자와 마찬가지로 개편저작물에 대한 각종 저작인격권과 저작재산권을 향유하게 된다.

원작자의 동의를 얻어 원작을 개편하는 것이 적법하다는 것은 두말할 필요가 없다. 그러나 원작자의 동의가 있다 하더라도 개편행위는 원작을 기초로 한다는 점에서 일정한 제한이 있을 수밖에 없다. 만약 이러한 제한을 위반한 경우에는 원작자의 동의가 있더라도 저작권 침해의 문제가 발생하게 된다.

(가) 계약상의 제한

원저작자는 원작의 이용을 허락하면서도 이용형식(예컨대 소설을 tv 드라마로 개편하는 것만 허락한 경우) 등에 제한을 두거나 이용기간에 제한을 둘 수 있다. 이 경우 개편자가 원작 소설을 영화나 컴퓨터 게임으로 개편하거나 이용기간을 도과한 이후에도 계속적으로 개편행위를 하는 것은 허용되지 않는다. 이 때 계약위반의 책임은 물론 저작권 침해의 문제도 발생하게 된다.

---

1) 이 경우 속편은 개편저작물에 해당하므로 원작자의 동의 없이 제작된 속편은 권리침해 저작물이다.

2) 袁雪石, "作品角色的知识产权保护" 논문 참조, 이 논문의 출처는 http://www.rucipr.com/ArticleView.aspx?id=467; 郭健冬, "论续写作品著作权问题" 논문 참조, 이 논문의 출처는 http://www.chinalawedu.com/news/2004_7%5C12%5C0942428941.htm..

(나) 내재적 제한

① 원저작물의 저작권에 대한 침해 금지

개편저작물은 독립적 저작물로 보호받게 되며 개편자는 개편저작물에 대해 완전한 저작권을 취득하게 된다(저작권법 제12조 본문 참조). 그러나 개편저작물이 독립적 저작물로 보호된다고 해서 원저작물에 대한 보호의 정도가 약화되는 것은 아니다. 개편저작물의 보호는 원저작물의 저작자의 권리에 영향을 미치지 않는다(베른협약 제2조 제3항 참조). 이러한 의미에서 저작권법은 제12조 단서에서 개편저작물의 저작권을 행사할 때 원저작물의 저작권을 침해해서는 아니 된다고 규정하고 있다.

이와 관련하여 주로 문제되는 것은 원저작자의 저작인격권에 대한 침해다. 타인의 저작물을 이용하는 경우 이용자는 반드시 원저작자의 성명 및 원저작물의 명칭을 표기하여야 한다(저작권법실시조례 제19조). 따라서 원저작자는 개편자에 대해 개편저작물 상에 원저작자의 성명 및 원저작물의 명칭을 표기할 것을 요구할 수 있다. 만약 개편자가 이러한 원저작자의 요구에 불응하거나 애당초 원저작자의 성명 등을 전혀 표시하지 않고 개편저작물을 발행하면 이는 원저작자의 성명표시권에 대한 권리침해가 된다.

또한 원저작물이 아직 미공표의 저작물일 경우 개편자는 개편저작물의 공표 시기와 방법에 대해서도 원저작자의 의사에 따르지 않으면 안 된다. 만약 개편자가 원저작자의 반대에도 불구하고 개편저작물을 공표하는 경우 원저작자의 공표권에 대한 침해가 된다. 사실 원저작자가 개편자에게 원작의 이용을 허락하였음에도 불구하고 원작의 공표를 원하지 않아 개편자가 개편저작물을 이용할 수 없게 된다는 것은 매우 불합리한 것이다. 이러한 불합리성을 해소하기 위해 한국저작권법은 「원저작자의 동의를 얻어 작성된 2차적저작물이 공표된 경우에는 그 원저작물도 공표된 것으로 본다」라고 규정하고 있다(같은 법 제11조 제4항). 그러나 중국저작권법의 해석상 위와 같은 경우 한국처럼 원저작물도 공표된 것으로 의제하기는 어렵다. 이는 이미 공표권의 관련 부분에서 언급한 바 있다.

마지막으로 개편자가 개편행위를 함에 있어 원작을 왜곡하거나 훼손하는 경우에는 원작자의 수정권 내지 완전성보호권에 대한 침해가 될 수 있다(그 외 이하에서 보는 바와 같이 저작재산권의 침해도 문제될 수 있다). 이는 항을 바꾸어 상술하도록 한다.

② 원저작물에 대한 왜곡 및 훼손금지

개편자는 원작자의 동의를 얻어 원저작물을 변경하더라도 원저작물을 왜곡하거나 훼손하여서는 아니 된다. 저작권법실시조례 제10조는 「저작자가 타인에게 원저작물을 영상저작물로 제작하도록 허락한 때에는 원저작물에 대한 필요적 변경을 이미 동의한 것으로 본다. 다만 이용자는 변경시 원저작물을 왜곡하거나 훼손하여서는 아니 된다」고 규정하고 있다. 저작권법은 영상물 제작에 대하여만 위와 같은 제한 규정을 두고 있을 뿐이다. 그러나 예컨대 소설을 변경하여 영상물로 제작하는 행위는 전형적인 개편행위의 하나에 속한다는 점에서 학자들은 일치하여 영상물 제작 이외의 개편행위에 대해서도 위 실시조례 제10조 단서 규정은 유추 적용된다고 보고 있다.

그렇다면 실시조례 제10조 단서의 「왜곡」 및 「훼손」은 과연 무엇을 의미하는가.

우선 이와 구별하여야 할 단어로는 완전성보호권의 왜곡 및 훼손이 있다. 저작권법은 저작물의 완전성보호권을 타인의 왜곡이나 훼손으로부터 저작물을 보호하는 권리로 정의하여 실시조례 제10조 단서와 마찬가지로 왜곡이나 훼손이라는 단어를 사용하고 있다(제10조 제1항 제4호 참조). 그러나 실시조례 제10조 단서의 「왜곡, 훼손」과 완전성보호권의 그것은 서로 다른 의미를 내포하고 있다. 완전성보호권에서의 왜곡이나 훼손은 저작물의 내용이나 형식 등을 변경하여 원작이 가지는 완전성을 침해하는 행위를 의미한다.[1] 이에 비해 개편행위는 원작의 표현형식이나 용도 또는 내용을 변경하는 것이므로 필연적으로 원작의 완전성에 변화를 줄 수밖에 없다. 따라서 실시조례 제10조 단서는 원작의 완전성을 보호하는 의미가 아니라 개편행위의 제한 내지 한계로서의 의미를 가진다. 만약 양자의 의미를 동일한 것으로 본다면 원저작자가 개편에 동의하였음에도 불구하고 개편자는 전혀 개편을 할 수 없는 웃지 못 할 결과가 발생할 것이다.

이처럼 실시조례 제10조 단서의 「왜곡」 및 「훼손」을 원작의 완전성을 침해하는 행위가 아닌 개편행위의 제한 내지 한계로 이해하는 한, 왜곡이나 훼손은 원작의 가치를 떨어뜨리는 일련의 변경행위를 의미한다고 볼 수 있다. 변경행위가 원작

---

1) 따라서 원작의 오탈자를 수정하는 것과 같이 변경의 정도가 너무나 경미한 경우에는 원작의 완전성을 침해한 것이 아니므로 왜곡이나 훼손으로 되지 않는다. 그와는 반대로 변경의 정도가 지나치게 커 원작의 본질적인 특징을 지득할 수 없을 수준에 이른 경우에도 저작물의 완전성을 침해하였다고 보기 어렵다. 그러한 변경은 새로운 저작행위이며 이 때 새롭게 탄생된 신(新)저작물은 연역저작물과 같이 원저작물에 어떤 변경을 가하여 탄생된 결과물이 아닌 전혀 새로운 독립된 저작물이기 때문이다.

의 가치를 떨어뜨리는 것인지 여부는 원작의 주제사상 및 시대정신, 주요인물의 성격 및 역할, 스토리 구성 등을 종합적으로 고려하여 판단하여야 할 것이다. 예컨대 영화제작자가 한족과 소수민족 간의 갈등을 중국인이라는 단결된 정신세계로 극복하는 과정을 그려낸 소설을 토대로 영화를 제작하였으나, 그 영화는 원작 소설과는 달리 소수민족을 희화화하거나 열등한 민족으로 묘사하여 한족의 우수성을 표현하는 주제를 담고 있는 경우 이러한 변형은 원작의 가치를 떨어뜨려 원저작물을 왜곡 또는 훼손한 것이 된다.

비록 원저작자의 동의를 얻어 원작을 변경하더라도 당해 변경행위가 원작을 왜곡하거나 훼손하는 정도에 이르렀다면 그 변경행위는 개편행위의 한계를 일탈한 것이 되므로 더 이상 허용되지 않는다. 따라서 그러한 변경행위는 원작자의 개편권에 대한 권리침해가 된다. 또한 더 나아가 원저작자의 수정권 내지 완전성보호권에 대한 침해도 된다.

카. 번역권(翻译权)

(1) 번역권의 의의

저작자는 자신의 저작물을 다른 언어로 직접 번역하거나 타인에게 그 번역을 허락하거나 이를 금지할 수 있는 배타적인 권리를 가지는데, 이것이 바로 번역권이다(저작권법 제10조 제1항 제15호).

번역이란 하나의 문자저작물을 원작으로 하여 이를 다른 언어 또는 문자로 바꾸어 표현하는 연역저작물의 작성행위를 뜻한다. 예를 들어 중국어로 된 소설을 한국어로 번역하거나 중국 소수민족 언어로 번역하는 것 등이 있다. 저작권법에는 없으나 컴퓨터소프트웨어보호조례는 특정한 프로그램언어로 작성된 프로그램을 기계적으로 다른 프로그램 언어로 바꾸는 행위도 번역으로 보고 있다(같은 조례 제8조 제1항 제8호 참조). 예를 들어 Basic으로 작성된 프로그램을 Cobol로 변환하는 경우이다.

저작권법에서는 번역저작물도 독자적인 저작물로 보호되기 때문에 번역자는 엄연한 저작권자이며 번역저작물에 대해 독립된 저작권을 가진다(저작권법 제14조 참조). 번역저작물의 창작성은 원작을 언어체계가 다른 나라의 언어로 표현하기 위한 적절한 어휘와 구문의 선택, 문장의 장단 및 서술의 순서, 원작에 대한 충실도, 문체, 어조 및 어감의 조절 등 번역자의 창의와 정신적 노력이 깃든 부분에 있다.

(2) 번역자의 권리와 원작자의 권리

번역 허락을 받고 번역을 한 자는 그 번역저작물에 대한 저작권을 가진다. 이 경우 원저작자의 저작재산권은 번역자의 번역저작권 행사에는 미치지 않지만, 연역저작물인 번역저작물을 이용하여 3차적으로 저작물을 번역하는 경우에는 원저작자의 권리가 미친다. 연역저작물의 보호는 원저작물의 저작자의 권리에 영향을 미치지 않기 때문이다(베른협약 제2조 제3항 참조). 예를 들어 영어로 된 원작을 중국어로 번역하였는데 그 중문번역물을 다시 한국어로 번역하고자 하면 중문번역자의 허락은 물론 영어 원작자의 허락도 받아야 한다.[1)]

번역저작물은 원작과는 별개로 독자적인 저작물로서 보호된다. 따라서 원작자의 동의를 얻지 않은 번역저작물이라도 이를 무단으로 이용하게 되면 번역자에 대한 저작권 침해가 된다.

번역자는 번역저작물에 대해 저작권을 행사할 때 원작자의 권리를 침해해서는 아니 된다. 그 외에 번역자는 원작을 번역할 때 원작자의 권리를 침해해서도 아니 된다. 예컨대 원작을 번역할 때 원작의 내용을 왜곡하거나 훼손하여서는 아니 되는 것이다. 이에 대한 자세한 내용은 개편저작권의 관련 부분에서 이미 언급한 바 있다.

(3) 번역권과 번역출판권

번역권과 번역출판권은 서로 구별되어야 한다. 번역 자체와 그 출판은 별개의 권리에 속하기 때문에 번역의 허락을 곧 그 번역물의 출판 허락으로 혼동해서는 안 된다. 번역권은 저작물을 다른 언어 체계로 번역하는 권리인 반면, 번역출판권은 저작물을 번역하는 것 외에 번역물을 출판할 수 있는 권리까지도 포함하는 것이다. 따라서 번역한 것을 출판하기 위해서는 출판 허락을 포함한 명시적인 계약이 있어야 한다.

원작자와 번역에 대한 이용허락 계약을 함에 있어서 원작자가 단순한 번역만 허락하는 것인지 아니면 번역물에 대한 출판까지도 허용하는 것인지를 주의할 필요가 있다.

타. 편집저작권(汇编权)

저작자는 자신이 저작물의 전부 또는 그 일부분을 선택 또는 배열하여 새로운

---

1) 刘春田,『知识产权法』, 北京大学出版社(2000), 제63쪽.

저작물로 편집하거나 타인에게 그 편집을 허락하거나 이를 금지할 수 있는 배타적인 권리를 가지는데, 이것이 바로 편집저작권이다(저작권법 제10조 제1항 제16호).

편집행위란 소재에 내적인 변화를 가하지는 않지만 소재의 선택이나 배열에 독창성을 가미하는 지적인 창작행위를 말한다. 이는 소재 자체를 제작하는 행위와는 구별되며 그 자체로 독자적인 보호의 필요성을 가진다. 저작권법은 편집자가 편집저작물의 저작권을 가진다고 규정함으로써(저작권법 제14조) 소재 제작행위와는 별도로 편집행위를 독자적으로 보호하고 있다. 편집저작물의 예로는 기념논문집, 직업별 전화번호부, 명곡집, 법령집, 판례집, 사전, 연감, 시가집, 졸업생명부, 기차시각표, 데이터베이스(data base) 등이 있다.

편집저작물을 구성하는 개별 소재는 저작물이 아니어도 무방하며 개별 소재가 저작물일 경우 그것이 저작권으로 보호받는 저작물인지 아니면 보호기간의 만료로 공중의 영역에 속하는 것인지의 여부도 상관이 없다.

소재저작물을 이용하여 편집저작물을 제작하고자 하는 자는 반드시 소재저작자의 동의를 얻어야 한다. 소재저작자의 동의 없이 편집저작물을 제작하는 것은 소재저작자의 편집저작권을 침해하는 행위이다. 그런데 여기서 주의하여야 할 점은 만약 소재저작자의 허락 없이 그의 저작물의 일부를 편집하였지만 소재의 선택이나 배열에 독창성이 없다면 이는 편집저작권의 침해가 아닌 단순한 복제권의 침해로 된다는 것이다.[1)]

파. 그 외 저작권자가 당연히 가지는 권리

(1) 저작권법 제10조 제1항 제17호의 의의 및 제17호 권리의 법적 성질

저작권법 제10조 제1항 제17호는 저작권의 하나로「그 외 저작권자가 당연히 가지는 권리」를 규정하고 있다. 제17호의 저작권은 제1호부터 제16호까지의 저작권과는 달리 저작물의 이용방법(예컨대 복제, 각색, 편집 등)이 특정되어 있지 않고 포괄적이라는 데에 그 특징이 있다. 제17호를 근거로 중국저작권법은 저작물의 이용방법에 관한 입법례 중 포괄주의의 입장에 서 있다고 말할 수 있다. 따라서 저작자는 제10조 제1항 제1호부터 제16호까지의 저작권 이외에도 다른 저작권을 가질 수 있다.

다만 여기서 주의하여야 할 점은 제17호의 권리는 저작인격권이 아닌 저작재산

---

1) 李雨峰 等,『著作权法』, 厦门大学出版社(2006), 제75쪽.

권이라는 것이다. 저작권법은 제17호의 권리는 양도 및 상속의 대상으로 된다고 하고 있기 때문이다(같은 법 제10조 제3항 및 제19조 참조). 그렇다면 저작자는 제5호부터 제16호까지 12개의 저작재산권 이외 다른 저작재산권을 향유할 수 있으나 저작인격권만큼은 제1호부터 제4호까지 4개로 제한된다고 할 수 있다.

(2) 제17호에 포함되는 권리의 종류

제17호가 저작재산권을 포괄적으로 규정한 조항이라 하여 저작물에 대한 모든 이용방법이 제17호에 포함되는 것은 아니다. 저작물에 대한 이용방법에 저작자의 배타적인 권리를 부여하느냐의 여부는 저작물의 종류 및 이용관계, 시대의 변화, 가치관의 변화, 저작물 이용에 대한 국가적 이해관계 등이 복합적으로 고려되어 결정되는 문제이기 때문이다. 이러한 의미에서 제17호는 「그 외 저작자가 "당연히" 가지는 권리」라고 하여 권리 내용을 제한하고 있다. 「그 외 저작자가 당연히 가지는 권리」의 내용과 관련하여 문제되는 것을 나열하면 다음과 같다.

(가) 주석권(注释权)

저작자는 자신이 직접 문자저작물을 주석하거나 타인에게 주석을 허락하거나 이를 금지할 수 있는 배타적인 권리를 가진다. 저작권법에는 주석권에 관한 명확한 규정이 없으나 제12조 본문은 「기존의 저작물을 개편, 번역, 주석, 정리하여 만든 저작물의 저작권은 개편, 번역, 주석, 정리한 자가 가진다」고 규정하여 주석권의 존재를 암시하고 있다.

주석이란 문자저작물의 단어나 문장의 의미를 쉽게 풀이하거나 단어나 문장의 불명확한 의미를 규명 또는 해석하는 것을 말한다. 주석의 대상은 일반적으로 사람들이 이해하기 어려운 고대문서나 과학, 의학, 법률 등 학술 서적이다.

(나) 정리권(整理权)

저작자는 자신이 직접 저작물을 정리하거나 타인에게 정리를 허락하거나 이를 금지할 수 있는 배타적인 권리인 정리권을 가진다. 정리권은 주석권과 마찬가지로 저작권법에는 명시적으로 규정되어 있지 않지만 제12조 본문은 정리권의 존재를 암시하고 있다.

저작권법이나 저작권법실시조례는 정리(整理)에 관한 개념 규정을 두고 있지 않고 있다. 일반적으로 "정리(整理)"란 내용이 혼란스럽고 순서가 명확하지 않는 원작을 조합이나 삭제 또는 배열 등의 과정을 거쳐 체계적이고 조리 있게 하여 원작의 사상이나 감정을 완전하게 표현하는 것으로 설명된다. 마르크스(Karl Marx)가 자본론을 쓴 이후 1883년에 사망하자 엥겔스(Friedrich Engels)가 마르크스의 미발표·미완성 유고(遺稿)를 정리하여 책으로 출간한 자본론 제2권 및 제3권이 대표적인 정리저작물에 해당한다.

정리와 개편은 그 개념상 혼란이 있을 수 있으나 양자는 서로 구별된다. 개편은 이미 완성된 저작물을 대상으로 하며 일반적으로 원저작물의 표현방식(예 : 소설을 영화 각본으로 변형)에 대한 변경이 수반된다. 하지만 정리는 내용이나 체계가 투박하여 완전한 저작물 단계에 이르지 못한 원작을 대상으로 하며 원작의 표현방식을 변경하지는 않는다. 개편자는 원작을 기초로 하되 자신만의 독특한 사상이나 논리에 근거하여 원작을 변경할 수 있지만, 정리자는 원작의 사상이나 논리에 철저하게 따라야 한다.

정리권은 주석권, 번역권, 개편권 등과 더불어 연역권의 범주에 포함된다.

(다) 유선방식으로 저작물을 공중에게 전달할 수 있는 권리

중국저작권법상 방송권의 효력이 미치는 범위는 세 가지 경우로 제한된다는 것은 이미 방송권 부분에서 살펴보았다. 즉 저작물을 무선방식에 의하여 공중에게 전달하는 경우, 원방송자가 무선 방식에 의하여 송신한 방송물을 제3자가 이를 수신하여 이를 다시 유선방식 또는 확성기 등 신호·소리·영상을 전하는 도구에 의하여 공중에게 전달하는 경우에 한하여 방송권의 효력이 미치는 것이다. 결국 이에 의할 때 원방송자가 자신이 제작한 방송물을 직접 유선방식으로 공중에게 전달하는 것은 방송권의 효력범위에서 제외된다.

그러나 오늘날 유선통신은 무선통신 못지않게 중요한 통신 수단이며 케이블 TV 등과 같은 유선방송 사업은 사업규모나 시장가치 면에서 무선방송 사업에 버금가는 규모로 성장해 가고 있다는 점을 고려할 때 유선방송사업자의 이익을 보호해 줄 필요성은 매우 크다 하겠다. 따라서 방송사업자에게 저작물을 유선방식으로 공중에게 전달할 수 있는 권리를 저작권법 제10조 제1항 제17호「그 외 저작권자가 당연히 가지는 권리」로 인정하여 유선방송사업자의 이익을 보호하여야 한다는 견해가 제시되고 있다.[1)]

---

1) 李雨峰 等,『著作权法』, 厦门大学出版社(2006), 제76쪽.

(라) 건축설계도에 따라 건축물을 건축할 수 있는 권리

「그 외 저작권자가 당연히 가지는 권리」에 건축설계도에 따라 건축물을 건축할 수 있는 권리도 포함된다는 견해가 있다.[1] 이 견해는 기본적으로 건축설계도에 따라 건축물을 건축하는 것과 같은 평면에서 입체로의 복제행위는 현행 저작권법상의 복제 개념에는 포함되지 않는다는 입장에 서 있으면서도 설계도면에서 입체건축물로의 시공이야말로 건축설계도의 가치를 가장 잘 실현할 수 있는 이용방식이라는 점에서 건축설계도의 저작자를 적절하게 보호할 필요가 크다는 인식도 함께 하고 있는 것이다.

위 견해의 취지에는 공감이 가나 복제권의 관련부분에서 언급한 바와 같이 평면에서 입체로의 복제행위도 저작권법의 복제 개념에 포함된다고 보는 이상 복제권과 별도로 건축설계도에 따라 건축물을 건축할 수 있는 권리를 인정할 필요는 없다.

(마) 추급권

추급권은 미술저작물의 원작품이 비록 저작자의 수중에 있지 않더라도 그 작품이 전매될 경우 저작자가 그 매매대금에서 일정 비율의 금액을 배분받는 권리를 말한다. 회화나 조각과 같은 미술저작물은 그 원작품 자체에 가치가 있고 그 결과 복제가 이루어지는 일이 드물기 때문에 그 저작자는 문인이나 음악작가에 비하여 그 작품에 의해 저작재산권의 혜택을 받는 기회가 드물다. 작품을 일단 타인에게 양도한 때에는 작품 자체가 그 후 고가로 다시 거래된다고 하더라도 미술저작자는 그 혜택에 참여할 수 없게 되므로 미술저작자의 이러한 불이익을 구제하기 위해서 강구된 제도가 추급권이다.

베른협약은 추급권을 저작재산권의 하나로 규정(협약 제14조의 3 제1항)하고 있다. 그러나 베른협약상의 추급권은 반드시 보호되어야 할 권리라기보다는 회원국의 법령에 따라 보호여부가 결정되는 권리에 불과하다. 즉 베른협약은 추급권의 인정여부를 회원국의 법령으로 정할 수 있도록 한 것이다(같은 조 제2항). 현재 독일, 이탈리아, 프랑스 등에서 추급권을 인정하고 있으나 중국저작권법에는 추급권에 관한 명문 규정이 없다. 중국저작권법 해석으로도 저작자는 추급권을 향유하지 못한다는 견해가 지배적이다.

---

1) 李雨峰 等, 『著作权法』, 厦门大学出版社(2006), 제77쪽.

제 5 장 저작재산권의 변동과 저작물의 이용

Ⅰ. 저작재산권의 양도
Ⅱ. 저작재산권의 상속
Ⅲ. 저작재산권의 이용허락
Ⅳ. 저작재산권에 대한 질권설정
Ⅴ. 저작재산권의 소멸

Ⅰ. 저작재산권의 양도

1. 저작재산권 양도의 의의

타인의 저작물을 이용할 수 있는 방법은 크게 양도와 이용허락 두 가지로 나눌 수 있다. 저작재산권 양도는 권리의 종국적 이전을 의미한다. 즉, 저작재산권의 소유자가 완전히 바뀌는 것이다. 부동산의 매도로 완전히 소유권을 넘겨주는 것과 마찬가지로 저작재산권을 양도한 사람은 더 이상 그 저작물에 대하여 아무런 재산적 권리를 갖지 못한다. 이에 반해 저작물의 이용허락은 저작재산권을 넘겨받는 것이 아니라 저작권자가 이용 허락한 범위와 조건 안에서 저작물을 이용할 수 있는 권리를 부여하는 것이다.[1)]

또한 저작재산권의 양도는 저작물이 담겨져 있는 매개물의 소유권 양도와도 구별된다.[2)] 저작권의 객체가 되는 저작물은 그 저작물이 담겨져 있거나 표현되어 있는 물체와 구별하여야 한다. 즉, 저작물이란 인간의 사상이나 감정을 창작적으로 표현한 의미형상 그 자체를 말하는 것으로, 그림이 담겨져 있는 화폭이나 소설의 원고 또는 조각가의 사상·감정이 표현되어 있는 대리석은 저작물의 표현을 매개한 물체에 불과한 것이다. 그러므로 소설가로부터 소설의 원고를 구입하였다고 하더라도 그것은 문자저작물이 표현된 원고(매개물)의 소유권을 양도받았다는 것을 의미할 뿐 그 문자저작물의 저작재산권까지 당연히 양도받게 되는 것은 아니다. 따라서, 저작물이 담겨져 있는 매개물을 타인에게 양도하였다고 하더라도, 별도의 저작재산권 양도계약이 없는 한 저작물에 대한 복제·배포 등에 관한 저작재산권은 여전히 저작자에게 남아 있는 것이다.

---

1) 저작권양도계약과 저작권이용허락계약은 서로 상이하나 실제 당사자 사이의 계약을 해석함에 있어서는 그 구분이 쉽지 않은 경우가 많다. 이러한 경우에 한국대법원 2006. 7. 30. 선고 95다29130 판결은 「저작권양도 또는 이용허락되었음이 외부적으로 표현되지 아니한 경우에는 저작자에게 권리가 유보된 것으로 유리하게 추정함이 상당하다」고 판시하고 있다. 중국저작권법 해석에 있어서도 참고가 될 수 있다고 생각한다.

2) 张革新, 『现代著作权法』, 中国法制出版社(2006), 제152쪽 참조.

2. 저작재산권의 양도성

저작권은 저작재산권과 저작인격권으로 구성되어 있다. 저작인격권은 저작자의 인격적 이익을 보호하는 권리로서 저작자의 일신에 전속하므로 양도할 수 없지만, 저작재산권은 비일신전속성을 가지므로 양도할 수 있다. 저작권법 제10조 제3항은 저작권재산권은 전부 또는 일부를 양도할 수 있다고 규정하고 있다.

저작재산권의 양도는 이용허락과 더불어 다른 사람이 창작한 저작물을 이용하는 중요한 방식 중의 하나이지만, 그 인정여부에 대해서는 각국의 입법례가 서로 다르다. 첫째, 저작재산권의 양도성을 명문으로 인정한 입법례가 있다. 한국, 일본, 중국 등 거의 대부분의 입법례가 이에 속한다. 둘째, 저작재산권의 양도성을 명문으로 부정한 입법례가 있다. 대표적으로는 대륙법계의 독일저작권법이 있다. 독일저작권법 제29조 제1항은 「사망으로 인한 처분행위의 이행으로 혹은 상속재산분할의 방법으로 공동상속인에게 양도될 수 있는 예외를 제외하고 저작권은 양도될 수 없다」고 규정하고 있다. 셋째, 저작재산권의 양도성 가부에 대해 명문 규정을 두지 않은 입법례가 있다. 구 중국저작권법이 여기에 해당한다. 중국의 경우 구법 시대에는 저작권법에 저작재산권의 양도를 인정하는 명문의 규정이 없어서 저작재산권 양도의 허부에 대하여 논란이 있었으나 현행 중국저작권법은 제10조 제3항에서 저작재산권의 양도성을 명문으로 인정하였다.

3. 저작재산권 양도의 범위 및 그 한계

저작재산권은 전부 또는 일부를 양도할 수 있다. '전부'를 양도한다는 것은 저작권 중 저작인격권을 제외한 나머지 모두를 양도한다는 것을 말한다. 그렇다면 일부의 양도란 무엇을 의미하는가. 여기서의 '일부'는 무엇을 의미하는가.

첫째, 저작재산권을 이루는 지분권을 양도하는 것을 생각해 볼 수 있다. 저작권법은 저작재산권의 지분권으로 복제권, 배포권, 대여권 등 총 13개의 권리를 나열하고 있으며, 이러한 지분권은 각자 별개의 권리로 독자적인 기능을 수행하고 있다. 따라서 저작재산권을 이루는 지분권 중 하나 또는 복수를 따로 양도할 수 있다. 예컨대 배포권은 甲에게, 대여권 및 개편권은 乙에게 따로 양도하는 것이다.

둘째, 특정 지분권을 이용형태에 따라 분할하여 양도하는 것도 생각해 볼 수 있다. 예컨대, 소설가는 자신의 소설을 번역할 수 있는 번역권을 가지고 있는데,

번역권을 이용형태에 따라 분할하여 甲에게는 중국어로 번역할 수 있는 권리를, 乙에게는 영어로 번역할 수 있는 권리를 각각 양도할 수 있다. 그 외에도 소설가가 자신의 소설을 영상물로 제작할 수 있는 영상물제작권을 분할하여 甲에게는 영화로 제작할 수 있는 권리를, 乙에게는 TV 드라마로 제작할 수 있는 권리를 각각 양도하는 것을 생각해 볼 수 있다.

한편, 특정 지분권을 이용형태에 따라 분할하여 양도하는 것이 가능하더라도 지분권을 필요이상으로 세분화하는 것까지 허용하게 되면 오히려 거래의 안전을 해하고 혼란을 가져올 수 있다는 지적이 있다. 저작권은 그 발생 및 이전에 있어서 어떠한 형식도 필요로 하지 않을 뿐만 아니라, 지분권의 양수인은 양수한 범위 내에서 당해 저작물을 배타적으로 이용할 수 있고 타인에게 이용허락을 하는 것도 가능하다. 그런데 지분권을 필요 이상으로 세분하는 것을 허용하면 원래의 저작권자와 세분화된 권리의 양수인이 각자 제3자에게 이용허락을 한 경우 또는 위 권리자들과 침해자 사이에 손해배상청구소송이 제기된 경우에 있어서 상당한 혼란이 발행할 가능성이 있다는 것이다. 따라서 저작재산권을 어느 정도까지 세분하여 양도하는 것이 허용될 것인가는 당해 저작물의 성질, 세분화된 권리의 이용태양, 세분화를 하여야 할 합리적인 이유, 독립하여 취급하여야 할 사회적 필요성의 유무, 실무관행, 같은 목적을 달성하기 위한 다른 수단의 존재, 세분화된 양도를 인정할 경우 권리관계가 불명확하게 되거나 복잡하여짐으로써 발생하는 불이익 등의 제반사정을 종합적으로 고려하여 신중하게 판단하여야 한다고 한다.[1]

또한 저작재산권의 전부 또는 일부는 시간적 또는 장소적 기준에 관한 조건부 양도도 가능하다.[2] 예컨대 2007. 1. 1.부터 2008. 12. 31.까지 2년간 저작재산권의 일체 또는 지분권을 양도하는 것이다. 이는 저작재산권을 기한을 정하여 양도하는 것이다. 이 경우 약정한 기한이 도래하면 그 저작재산권은 다시 양도인으로 넘어가게 된다. 이로 인하여 양수인은 기한이 도래한 뒤부터는 더 이상 아무런 권리를 갖지 못하여 무권리자가 된다. 저작재산권을 장소적으로 제한하여 양도하는 예로는, 실연권을 국가 단위로 제한하여 양도하는 경우나 더 세분하여 한 국가 내에서도 지역단위(중국을 예로 들면 성단위 또는 시단위)로 제한하여 양도하는 경우를 들 수 있다. 그런데 이러한 장소적 제한의 경우 일정한 한계를 둘 필요가 있다. 북경 조양구(朝阳区)에서의 실연권, 북경 서성구(西城区)에서의 실연권 등과

---

1) 오승종, 『저작권법』, 박영사(2007), 제478-479쪽; 이해완, 『저작권법』, 박영사(2007), 제335쪽.
2) 李雨峰 等, 『著作权法』, 厦门大学出版社(2006), 제145쪽 참조.

같은 극단적인 장소적 제한은 허용되지 않는다.

4. 양도계약의 방식 – 요식행위성

저작재산권 양도는 구두계약만으로도 가능한가 아니면 반드시 서면계약에 의하여야 하는가.

먼저 한국저작권법 해석에 따르면 구두계약으로도 가능하다. 즉, 저작재산권의 양도에는 특별한 방식이 필요 없으므로 당사자 사이에 구두계약이 성립하면 바로 양도의 효력이 발생한다. 따라서 한국저작권법상으로는 저작재산권 양도 계약은 불요식(不要式)행위이다.

이와는 달리 중국저작권법은 저작재산권 양도 계약이 요식(要式)행위임을 밝히고 있다. 저작권법 제25조는 「제10조 제5호 내지 제17호에서 정한 권리를 양도하는 경우 반드시 서면 계약을 체결하여야 한다」고 규정하고 있다. 따라서 당사자 사이의 구두계약만으로 바로 양도의 효력이 발생하는 것은 아니다.

저작재산권 양도에 관한 서면계약에는 「1. 저작물의 명칭, 2. 양도하는 권리의 종류 및 장소적 범위, 3. 양도가액, 4. 양도금의 지급일과 지급방법, 5. 위약책임, 6. 계약 당사자가 필요로 하는 기타 내용」 등이 포함되어야 하며(저작권법 제25조), 만약 양도계약서에 당해 양도대상 권리를 명시하지 않은 때에는 양수인은 저작권자의 동의를 받지 않고서는 그 권리를 행사할 수 없다(같은 법 제26조).

그렇다면 구두로 체결한 양도계약의 효력은 어떻게 되는가. 이에 대해 중국최고인민법원은 2002년도 사법해석(제22조)[1]을 통해 「저작권양도 계약시 서면 형식을 취하지 않은 경우 인민법원은 계약법 제36조, 제37조의 규정에 근거하여 계약의 성립여부를 심사하여야 한다」고 선언한 바 있다. 위 사법해석은 서면양식을 양도계약의 성립요건의 하나로 보면서도 경우에 따라서는 구두약정만으로도 양도계약이 성립할 수 있음을 인정하고 있다. 계약법은 제36조에서 「법률 또는 행정법규의 규정이나 당사자 약정에 의하여 서면형식으로 계약을 체결하여야 하는 것으로 정해져 있음에도 당사자가 서면계약을 체결하지 않은 경우에는 당사자 일방이 구두계약상의 주요의무를 이미 이행하였고 상대방이 이를 수령한 경우에 한하여 당해 계약이 성립 된다」고 규정하고 있다. 따라서 구두약정만으로도 양도계약이 성립하기 위해서는 당사자 일방이 계약상의 주요의무를 이행하였고 상대방이 이를 수령

---

1) 最高人民法院关于审理著作权民事纠纷案件适用法律若干问题的解释(2002).

하였다는 사정이 우선 입증되어야 한다.[1] 만약 그러한 입증 없이 구두약정이 체결되었다는 사정만으로는 양도계약의 성립을 주장할 수 없다. 예컨대 저작권자 甲이 영화제작자인 乙과의 사이에서 甲의 소설을 영화화할 수 있는 영상물제작권을 乙에게 양도하기로 하는 저작권양도계약을 구두로 체결한 경우 만약 甲이 乙로부터 이미 계약금을 수령하였다면 비록 양도계약이 서면계약 방식에 의하지 않았더라도 당해 양도계약은 적법하게 성립한 것이 된다. 문제는 계약상의 주요의무가 무엇인가인데, 이는 구체적인 상황을 고려하여 사안별로 판단하여야 할 것이다.

5. 2차적 저작물 작성권의 유보추정

한국저작권법 제45조 제2항은 「저작재산권의 전부를 양도하는 경우에 특약이 없는 때에는 2차적 저작물을 작성하여 이용할 권리는 포함되지 아니한 것으로 추정한다」고 규정하고 있다. 한국학자들은 위 규정의 취지를 다음과 같이 설명하고 있다. 저작자가 자신의 창작물에 대한 저작재산권을 양도하더라도 동일한 작품이 아니라 그 창작물을 변형하여 실질적으로 유사하지만 사실상 별개의 작품을 창작하는 것은 당사자 사이에 특별한 의사표시가 없는 한 저작자의 권리로 남겨두어야 할 필요가 있다는 것이다. 그렇게 하지 않을 경우 저작자의 창작의 자유 및 경제적 권리가 심하게 훼손되게 된다는 것이다. 또한 통상적으로 저작재산권을 양도하는 경우에 양도인의 의사는 자신의 저작물을 원작 그대로의 형태로 이용할 권리를 양도하는 것이고, 그 저작물이 향후 어떠한 형태로 변형 이용되어 어떠한 부가가치를 가질 것인지에 대하여는 쉽게 예상하기 어려운 것이므로 그러한 변형된 부가가치를 가지는 이용행위에 대한 권리까지 양도하는 것으로 보기는 어렵다는 것이다.[2] 요컨대 원작을 변형하여 새로운 작품을 창작할 창작의 자유 및 그로 인한 경제적 이익(특히 향후의 부가가치)은 여전히 저작자에게 남겨두어야 할 필요가 강하다는 것이다.

그렇다면 중국저작권법의 경우에는 어떤가. 현행 중국저작권법에는 위와 같은 규정은 존재하지 않는다. 또한 학자들 사이에서도 저작재산권의 전부를 양도하는 경우 한국의 2차적 저작물 작성권에 해당하는 개편권과 영상물제작권의 양도는 유보하는 것으로 추정할 수 있는지에 대하여 특별한 논의가 없는 것으로 보인다.

---

1) 王立, 阳平 编著, 『知识产权案例分析与判案技巧』, 人民法院出版社(2006), 제174쪽 참조.
2) 오승종, 『저작권법』, 박영사(2007), 제486쪽.

결국 중국저작권법에 따르면 저작재산권의 전부를 양도하는 경우 개편권과 영상물제작권은 여전히 저작자에게 유보되는 것으로 보기는 어렵다. 따라서 저작재산권의 전부를 양도하는 계약을 체결할 때 원작을 변형하여 새로운 작품을 창작할 창작의 자유 및 그로 인한 경제적 이익(특히 향후의 부가가치)을 고려하여 신중을 기할 필요가 있다.

6. 장래 발생할 저작재산권의 양도

장래 발생할 저작재산권도 양도할 수 있는가. 이에 대한 입법례는 서로 다르다. 영국, 호주 등은 장래 발생할 저작재산권의 양도를 명문으로 인정하고 있는 반면, 프랑스, 이집트, 페루, 모로코 등은 이를 명문으로 금지하고 있다. 브라질, 베네수엘라 등은 장래 발생할 저작재산권의 양도를 허용하면서도 이를 제한하는 조항을 아울러 규정해 두고 있다.[1] 한편 한국은 이에 대한 명문 규정을 두고 있지 않으나 해석론으로 장래 발생할 저작재산권의 양도를 허용하고 있다.

중국저작권법에는 장래 발생할 저작재산권의 양도를 인정하는 규정은 없으나 학자들은 계약자유의 원칙에 의하여 이를 허용하는 것으로 해석하고 있다.[2] 다만 장래 발생할 저작재산권 모두를 양도하는 내용의 양도계약은 무효라고 한다.[3] 한국의 경우에도 장래 발생할 저작재산권의 일괄적 양도를 내용으로 하는 계약의 경우에 기한의 정함이 없고 저작자가 평생 그 계약에 구속되도록 하는 내용을 가지고 있는 경우라면, 민법상의 공서양속의 원칙에 반하여 무효하고 보아야 한다고 해석하고 있다.[4]

---

1) 郑成思, 『知识产权法』, 法律出版社(2003), 제381쪽.

2) 黄玉烨, 罗施福., “论我国著作权转让登记公示制度的构建－从著作权的‘一女多嫁’谈起” 논문 참조. 이 논문의 출처는 http://www.privatelaw.com.cn/new2004/shtml/20070127-140205.htm.; 蒋言斌, “知识产权法学” 논문 참조. 이 논문의 출처는 http://www.dgzl.gov.cn/repository/client/detail.jsp?infoID=1113569063700170.

3) 吴汉东, “关于著作权若干问题的探讨” 논문 참조. 이 논문의 출처는 http://www.civillaw.com.cn/article/default.asp?id=8068.

4) 이해완, 『저작권법』, 박영사(2007), 제337쪽.

Ⅱ. 저작재산권의 상속

저작재산권자가 사망한 경우 저작재산권은 상속법의 규정에 따라 상속인에게 상속된다(저작권법 제19조 참조). 저작재산권이 상속되면 저작재산권자는 피상속인에서 상속인으로 변경되므로 저작재산권의 상속도 넓은 의미에서는 저작재산권의 변동 사유에 해당한다.

상속법에 따른 상속순위는 다음과 같다. 제1순위 법정상속인은 배우자, 자녀 및 부모이고 제2순위 법정상속인은 형제자매, 조부모 및 외조부모이다. 여기서 자녀라 함은 혼인중의 자녀, 혼인외의 자녀, 양자녀 및 부양관계에 있는 계(繼)자녀를 포함하며, 부모는 친부모, 양부모 및 부양관계에 있는 계부모를 포함한다. 형제자매는 동부모(同父母)의 형제자매, 동부이모(同父異母) 또는 동모이부(同母異父)의 형제자매, 양형제자매 및 부양관계에 있는 계형제자매를 포함한다(이상 상속법 제10조 참조). 한편, 저작권법 제19조는 저작재산권은 '이 법에서 정한 보호기간 내에' 상속법의 규정에 따라 상속인에게 이전한다고 규정하고 있는데, 이는 상속인은 피상속인의 저작재산권이 보호되는 기간 내에서만 저작재산권을 향유할 수 있다는 의미이다. 따라서 상속인이 저작재산권을 상속받은 경우 저작재산권의 보호기간은 상속받은 때로부터 다시 기산되는 것은 아니며 상속인은 피상속인의 사망 후 50년 동안만 상속받은 저작재산권을 향유할 수 있다(저작권법 제21조 참조).

그렇다면 만약 저작권자가 상속인이나 수증인 없이 사망한 경우 저작권자의 저작재산권은 어떻게 처리되는가. 상속법에는 피상속인이 상속인이나 수증인 없이 사망한 경우 상속재산은 국가로 귀속되는 것으로 규정되어 있으나(같은 법 제32조), 저작권법에는 이러한 명문 규정이 없다. 이에 대해 한국저작권법은 제49조에서 「저작재산권자가 상속인 없이 사망한 경우에는 그 권리가 민법 기타 법률의 규정에 의하여 국가에 귀속되는 경우에 저작재산권이 소멸하는 것」으로 규정하고 있다. 위 문제에 대해서는 두 가지 견해가 대립하고 있다. 첫 번째 견해는 한국저작권법과 마찬가지로 저작권자가 상속인이나 수증인 없이 사망한 경우 그 저작재산권은 소멸한 것으로 보아야 한다고 주장한다.[1] 이에 따르면 저작재산권은 저작권자의 사망으로 공중의 영역에 속하게 되어 누구든지 자유롭게 이용할 수 있게

---

1) 转引自萧雄淋,『著作权法论』, 五南图书出版公司(2001), 제268쪽 참조.

된다. 두 번째 견해는 「저작재산권자인 법인 또는 기타 단체가 저작재산권을 승계할 다른 법인 또는 기타 단체 없이 해산된 경우 그 저작재산권은 국가에 귀속」되는 것으로 규정한 저작권법 제19조 제2항 단서를 유추 적용하여 저작재산권자인 개인이 상속인이나 수증인 없이 사망한 경우 그 저작재산권은 국가에 귀속되는 것으로 보아야 한다고 주장한다.[1] 이에 의하면 저작재산권은 저작자 사망과 동시에 국가로 귀속되므로 제3자가 무단으로 저작물을 이용하는 것은 저작권 침해가 된다. 현재 후설이 다수설인 것으로 보인다.

Ⅲ. 저작재산권의 이용허락

1. 의 의

저작재산권의 이용허락이란 저작재산권자가 다른 사람에게 그 저작물의 이용을 허락하여 다른 사람으로 하여금 계약에서 정한 방식, 기간 및 지역 등 조건의 범위 내에서 그 저작물을 이용할 수 있도록 하는 것을 말한다(저작권법 제24조 참조).

저작재산권은 배타적 권리이므로 저작재산권자의 허락 없이는 누구도 그 저작물을 이용할 수 없는 것이 원칙이다. 그러나 대부분의 경우에 저작물이 저작자에 의해 직접 이용되기보다는 인적·물적 설비를 갖추고 있는 제3자에 의해 이용되는 것이 더 일반적이고 이처럼 제3자에게 저작물 이용을 허락하는 것이 경제적인 측면에서 저작재산권자에게 더 유리하다. 따라서 법은 저작물의 이용을 활성화하고 저작재산권자의 경제적 이익 추구를 지원하기 위해서 저작재산권의 이용허락을 인정하고 있는 것이다.

저작재산권의 이용허락은 반드시 이용허락계약에 의하여 하며(저작권법실시조례 제23조 본문), 이용허락계약에 명시되지 않은 부분에 대해서는 이용자가 저작재산권자의 동의 없이 그 권리를 행사할 수 없다(저작권법 제26조). 이용허락계약은 구두 또는 서면으로도 가능하나, 이용을 허락한 권리가 독점적 이용권인 경우에는 반드시 서면계약에 의하여야 한다(저작권법실시조례 제23조).

---

1) 李雨峰 等, 『著作权法』, 厦门大学出版社(2006), 제147쪽 참조.

2. 이용허락의 종류, 성질 및 효력

이용허락에는 크게 독점적 이용허락(专有许可使用)과 비독점적 이용허락(非专有许可使用)의 두 가지 종류가 있으며, 비독점적 이용허락에는 다시 배타적 이용허락(排它许可使用)과 일반이용허락(普通许可使用)의 두 가지 종류가 있다. 저작권법은 독점적 이용허락과 비독점적 이용허락만을 규정하고 있으나, 학자들은 강학상 비독점적 이용허락을 배타적 이용허락과 일반이용허락으로 다시 재분류하고 있다.

가. 독점적 이용허락(专有许可使用)

독점적 이용허락은 비독점적 이용허락과는 달리 독점성을 그 특징으로 한다. 따라서 독점적 이용허락을 받은 자는 제3자는 물론 저작재산권자와의 관계에서도 계약에서 정한 기한과 범위 내에서 저작재산권을 독점적으로 이용할 수 있게 된다. 이 경우 저작재산권자는 제3자에게 동일한 저작재산권을 중첩적으로 이용허락하거나 저작재산권자 본인이 독점적 이용허락계약과 중첩되는 범위에서 저작재산권을 이용하여서는 아니 된다.[1] 이 경우 독점적 이용허락계약을 위반한 것이 되므로 이용자는 저작재산권자를 상대로 채무불이행책임을 추궁할 수 있다.

저작재산권자가 그 이용자 이외의 제3자로 하여금 저작물을 이중으로 이용하게 하거나 본인 스스로 저작물을 이중으로 이용하는 경우 독점적 이용허락을 받은 이용자는 저작재산권자 또는 다른 이용자를 상대로 금지청구나 손해배상청구를 할 수 있는가. 이에 대해 중국저작권법에는 명문의 규정이 없으나, 학설은 대체로 이를 긍정하고 있다(다수설).[2]

---

1) 저작권법실시조례 제24조는 「저작권법 제24조에서 정한 독점적 이용권(专有使用权)의 내용은 계약 내용에 따르되, 계약에 정함이 없거나 그 내용이 불분명한 경우에는 허락을 받은 자는 저작권자를 포함한 그 누구라도 저작물을 동일한 방식으로 이용하는 것을 배제할 수 있는 권리를 가지는 것으로 본다」고 규정하고 있다. 법문은 「계약에 정함이 없거나」라고 기재하고 있으므로 독점적 이용허락 계약에 저작재산권자도 이용권자와 중첩적으로 저작물을 이용할 수 있다는 내용이 기재되어 있으면 저작재산권자의 중첩 이용도 문제되지 않는다고 해석할 수 있는 여지가 있다. 그러나, 이하에서 살펴 볼 긍정설이나 실무에 따르면 독점적 이용허락 계약은 일종의 용익물권을 설정하는 계약과 유사하여 대세효를 가지게 된다는 점에서 저작재산권자가 독점적 이용허락에도 불구하고 이용권자와 중복하여 저작물을 이용하는 것은 허용되지 않는다. 따라서, 계약서에 그 제목이 독점적 이용허락이라고 되어 있으면서도 저작재산권자 본인이 이용권자와 중첩적으로 저작물을 이용할 수 있다는 내용이 기재되어 있으면 당해 계약의 성질은 독점적 이용허락이 아닌 비독점적 이용허락이다.

2) 刘春田, 『知识产权法教程』, 法律出版社(1995), 제93쪽.

먼저 부정설은 독점적 이용허락은 저작재산권자와 이용자 간에 체결된 계약에 불과하므로 저작재산권자나 제3자에 대한 대세효가 인정되지 않는다고 하면서 이용자가 제3자를 직접 상대로 금지청구나 손해배상청구를 하는 것은 허용되지 않는다고 주장한다. 그러나 이와 같은 해석론에는 저작재산권자에게 상당한 경제적 대가를 지불하고 독점적 이용허락을 받은 이용자의 권리 보호에 미흡하다는 단점이 있다. 부정설은 이러한 단점을 의식한 탓인지 독점적 이용허락 등기제도를 입법적으로 도입하여 문제를 해결하여야 한다고 주장한다. 즉, 독점적 이용허락을 받은 이용자가 대세효를 주장하려면 독점적 이용허락을 저작재산권 관리기관에 등기하여야 하고, 이 경우 이용자는 독점적 이용허락으로 제3자에게 대항할 수 있다는 것이다.1)

이에 반해 긍정설은 독점적 이용허락을 채권적 성질을 가진 것으로 보지 않고 준물권적 계약으로서의 성질을 가진 것으로 이해한다. 즉, 독점적 이용허락을 받은 자가 향유하는 권리는 원래 채권적 성질을 가지는 것이나 「채권의 물권화 이론」을 통해 보호받게 되어 특별 채권으로 바뀌어 물권의 효력을 갖게 되었다는 것이다. 이로써 독점적 이용허락계약은 일종의 용익물권을 설정하는 계약과 비슷하다고 한다.2) 긍정설은 법리구성면에서 다소 미흡한 점이 없지 않으나 독점적 이용을 허락받은 이용자의 권리 보호라는 측면에서 수긍이 가는 학설이다.

독점적 이용허락에 대세효를 인정하여 이용자가 저작재산권자나 제3자에게 금지청구 또는 불법행위에 기한 손해배상청구를 할 수 있느냐의 문제에 대해 저작권법은 침묵을 지키고 있으나, 실무적으로는 그와 같은 소송이 매우 빈번하게 이루어지고 있고 이용자의 손을 들어주는 판결도 자주 확인되고 있다고 한다.3) 이러한 실무 경향 및 긍정설 비추어 보면 독점적 이용허락은 영미법상의 '배타적 이용허락'(exclusive license)과 유사하다고 할 수 있다. 영미법상 '배타적 이용허락'(exclusive license)의 경우에도 이용권자가 다른 제3자의 이용행위에 대하여 금지청구를 할 수 있는 등 배타적 권리를 가지게 되어 사실상 저작재산권자와 유사한 지위를 가지게 된다고 한다.4)

---

1) 郑其斌 외 1인, "著作权专有许可使用人有没有诉权" 논문 참조. 위 논문의 출처는 中国法院网, http://www.chinacourt.org/html/article/200301/22/33068.shtml

2) 吴汉东, 胡开忠, 『无形财产权制度研究』, 法律出版社(2001), 제97쪽.

3) 单体禹, "著作权转让和许可使用相关问题研究" 논문 참조, 위 논문의 출처는 中国法律信息网, http://www.law-star.com/cac/30002122.htm; 각하판결을 내리지 않고 원고 승소판결을 내린 판결례는 陈刚, "作品专有使用权的司法保护 : 评析一起著作财产权侵权纠纷案" 논문 참조, 위 논문의 출처는 新华网, http://sd.xinhuanet.com/court/2005-12/15/content_5827624.htm

4) 오승종, 『저작권법』, 박영사(2007), 제498쪽.

나. 비독점적 이용허락(非专有许可使用)

비독점적 이용허락에는 다시 일반이용허락(普通许可使用)과 배타적 이용허락(排它许可使用)의 두 가지 종류가 있다. 비독점적 이용허락은 독점적 이용허락과는 달리 채권적 성질을 가진다는 데에 의견이 일치하고 있다.

먼저 일반이용허락은 비독점성과 비배타성을 본질로 한다. 즉, 일반이용허락을 받은 자는 단순히 저작물을 이용할 수 있음에 그치므로 저작재산권자 본인이 일반이용허락 계약과 중첩하여 저작물을 이용하거나(비독점성), 이용자 이외의 제3자에게 저작물을 이중으로 이용(비배타성)하게 하여도 무방하다. 이 경우 이용자는 저작재산권자에 대해 채무불이행 책임을 추궁할 수 없다. 또한, 일반이용허락은 채권적 성질을 가지는 것으로 대세효가 인정되지 않으므로 이용자는 제3자를 상대로 금지청구나 손해배상을 청구할 수 없다. 이 부분에 대해서는 견해가 일치한다.

다음으로 배타적 이용허락(排它许可使用)의 경우를 살펴보면 배타적 이용허락은 비독점적이나 배타성을 가지고 있다는 점에서 일반이용허락과 차이가 있다. 즉, 저작재산권자가 이용자와 배타적 이용허락 계약을 체결한 경우 저작재산권자 본인은 이용허락계약과 중첩되는 범위 내에서 저작물을 이용할 수 있으나(비독점성), 이용자 이외의 제3자에게는 저작물을 이중으로 이용할 수 있도록 허락해서는 아니 된다(배타성).[1] 만약 저작재산권자가 제3자에게 저작물을 이중으로 이용할 수 있도록 허락하였다면 배타적 이용허락을 받은 이용자는 저작재산권자를 상대로 채무불이행책임을 추궁할 수 있다.

문제는 배타적 이용허락의 경우 이용자의 제3자에 대한 금지청구 또는 불법행위에 기한 손해배상청구가 허용되는지 여부다. 예컨대 제3자가 저작재산권자의 허락 없이 무단으로 저작물을 이용하는 경우 저작재산권자로부터 배타적 이용허락을 받은 이용자가 제3자를 상대로 무단이용행위의 금지 또는 불법행위에 기한 손해배상을 청구할 수 있는지 여부가 문제된다. 이에 대해 견해 대립이 있으나, 긍정설이 다수설인 것으로 보인다. 다만 긍정설은 배타적 이용허락의 경우 저작재산권자도 이용권자와 중복하여 저작물을 이용할 수 있다는 점을 고려하여 배타적 이용허락을 받은 이용자는 반드시 저작재산권자와 공동으로 소송을 제기하여야 하고, 만약 저작재산권자가 소권을 포기하는 때에는 이용자 단독으로 소송을 제기할 수 있다

1) 李雨峰 等,『著作权法』, 厦门大学出版社(2006), 제138쪽.

고 한다.[1] 법리적인 관점에서 본다면 배타적 이용허락을 받은 자가 가지는 권리는 채권적 성질을 가지고 있으므로 위 예에서 이용자가 제3자를 상대로 손해배상청구나 금지청구를 할 수 없다고 보는 것이 맞다고 보이나, 다수설은 법리적인 문제보다는 이용자의 권리 보호라는 실질적인 측면을 더 중시하였다고 볼 수 있다.[2]

3. 이용허락계약

가. 계약의 주요 내용

타인의 저작물을 이용하려는 자는 저작재산권자와 이용허락계약을 체결하여야 한다. 이 경우 이용허락계약은 구두 또는 서면 모두 가능하다. 그러나 독점적 이용허락의 경우에는 반드시 서면 계약에 의하여 한다. 독점적 이용허락의 경우라도 신문사나 정기간행물사가 저작물을 게재하는 때에는 반드시 서면 계약을 체결할 필요는 없다(저작권법실시조례 제23조 참조).

이용허락계약에 포함되어야 할 주요 내용은 다음과 같다(저작권법 제24조 참조).

(1) 이용을 허락하는 권리의 종류

저작재산권자는 이용허락계약에 이용을 허락하는 권리의 종류를 반드시 명시하여야 한다. 이용허락의 대상이 되는 권리는 저작재산권 전체가 될 수 있고 복제권, 상영권 등과 같은 개별 지분권이 될 수도 있다. 지분권인 경우에도 이용태양을 한정하여 이용허락을 할 수 있다. 예컨대 영상물제작권의 경우 소설을 영화화하는 것만 허락하고 TV 드라마로 제작하는 것은 허락하지 않을 수도 있다. 방송권을 이용허락하는 경우 방송횟수를 제한하는 것도 가능하다. 이처럼 저작재산권자는 이용권자에게 이용을 허락하는 권리를 구체적으로 지정하고 세부적인 이용방법에 대해서도 제한을 둘 수 있다. 이용을 허락하는 권리의 종류는 이용허락계약에 있어 가장 핵심적인 내용이므로 만약 그것이 계약에 누락되었다면 이용허락

---

1) 李雨峰 等,『著作权法』, 厦门大学出版社(2006), 제138-139쪽 참조; 单体禹, "著作权转让和许可使用相关问题研究" 논문 참조, 위 논문의 출처는 中国法律信息网, http://www.law-star.com/cac/30002122.htm.

2) 한국에서는 이용자가 제3자의 무단이용행위에 대해 직접 고유의 금지청구권을 행사할 수 있는 근거는 없다고 하면서도 이용자는 자신의 채권인 이용권을 보전하기 위해 민법 제404조의 규정에 의한 채권자대위권을 행사하여 저작재산권자의 권리에 속하는 금지청구권을 행사할 수 있다는 취지로 판시한 대법원 판결(대법원 2007. 1. 25. 선고 2005다11626 판결)이 있다.

계약은 더 이상 성립되지 않는다고 한다.[1)]

(2) 이용을 허락한 권리가 독점적 이용권(专有使用权)인지, 비독점적 이용권(非专有使用权)인지 여부

법문은 독점적 이용허락인지 비독점적 이용허락인지 여부만 구분하면 족한 것인 양 규정하고 있으나, 비독점적 이용허락 중에서도 배타적 이용허락인지 일반 이용허락인지 여부도 구체적으로 구분하여야 한다. 통상적으로 독점적 이용허락인지 비독점적 이용허락인지 여부를 구별할 때 저작재산권자가 이용허락계약의 내용과 중첩되는 범위에서 저작물을 이용할 수 있는지 여부가 중요한 판단기준이므로[2)] 독점적 이용허락을 체결하려는 이용자는 계약서에 저작재산권자가 이용자와 중복하여 저작물을 이용하여서는 안 된다는 문구를 필히 삽입하여야 한다. 배타적 이용허락과 일반 이용허락은 저작재산권자가 복수의 사람들에 대하여 중첩적으로 이용허락을 해 줄 수 있는지 여부로 구별되므로, 비독점적 이용허락 계약을 체결할 때 그 점을 분명하게 하여야 할 것이다. 이용을 허락한 권리가 독점적 이용권인지 비독점적 이용권인지 여부는 계약의 필수조항이 아니므로 이것이 누락되었더라도 계약 성립에는 아무런 지장이 없다. 다만 당해 내용이 누락된 경우에는 비독점적 이용권을 설정한 것으로 해석된다.[3)]

(3) 이용을 허락한 지역범위 및 기간

저작재산권자는 시간적 또는 장소적 제한을 두는 조건부 이용허락을 할 수 있다. 예컨대 저작물 이용을 2007. 1. 1.부터 2008. 12. 31.까지 2년간 제한하거나 장소적 제한을 두어 중국의 성단위나 시단위(산동성, 북경시 등)로 제한하는 경우이다. 장소적 제한은 통상적으로 성단위나 시단위를 기준으로 하며, 북경 조양구(朝阳区)에서의 실연권, 북경 서성구(西城区)에서의 실연권 등과 같은 극단적인 장소적 제한은 무효로 될 가능성이 있으므로 주의할 필요가 있다. 이용을 허락한 지역범위와 기간은 계약의 필수사항이므로 이것이 누락되면 계약이 불성립한다고 한다.[4)]

---

1) 李雨峰 等,『著作权法』, 厦门大学出版社(2006), 제140쪽.

2) 陈刚, "作品专有使用权的司法保护 : 评析一起著作财产权侵权纠纷案" 논문 참조, 위 논문의 출처는 新华网, http://sd.xinhuanet.com/court/2005-12/15/content_5827624.htm.

3) 张革新,『现代著作权法』, 中国法制出版社(2006), 제157쪽.

4) 李雨峰 等,『著作权法』, 厦门大学出版社(2006), 제140쪽.

(4) 보상 기준 및 방법

저작재산권자는 이용자와의 합의에 따라 저작물 이용에 관한 보상금 지급 기준을 정하거나 국무원저작권행정관리부가 정한 보상금 지급 기준에 따라 보상금지급액수를 정할 수 있다. 당사자 간의 약정이 불명확한 경우에는 국무원저작권행정관리부가 정한 보상금 지급 기준에 따라 보상금을 지급하게 된다(저작권법 제27조 참조).

(5) 위약책임

계약자유의 원칙상 저작재산권자는 이용자와의 합의에 따라 위약에 따른 손해배상금액수를 미리 정할 수 있다. 위약책임에 관한 내용은 계약의 필수요소가 아니므로 이용허락계약에 반드시 포함되어야 하는 것은 아니다. 계약서에 위약책임에 관한 내용이 없는 때에는 계약법 제7장과 민법통칙의 관련 규정에 따라 위약에 관한 책임 여부를 판단하게 된다.

(6) 계약당사자가 필요로 하는 기타 내용

예컨대 분쟁의 해결방법, 관할지 약정 등이 이에 포함된다. 이는 포괄조항으로 내용상 제한은 없고 쌍방이 합의한 것이면 무엇이든 계약서에 기재할 수 있다.

나. 이용허락계약위반의 효과

저작재산권자가 이용허락을 하면서 저작물의 이용방법이나 조건을 정한 경우에는 이용자는 당연히 그 범위 내에서만 저작물을 이용하여야 한다. 그런데 만약 이용자가 그 범위를 벗어나 저작물을 이용하였다면 저작권 침해가 되는가 아니면 단순한 채무불이행 책임만 성립할 뿐인가.

이에 대해 한국에서는 그러한 이용방법이나 조건이 저작권의 본래적인 내용에 관한 것인가 아니면 저작권의 행사와 관련하여 저작재산권자가 부가한 채권·채무관계에 불과한 것인가를 검토하여야 하고, 그리하여 전자의 이용방법이나 조건을 위반한 경우에는 저작권 침해가 되고, 후자의 것을 위반한 경우에는 단순한 채무불이행 책임만이 성립할 뿐, 따로 저작권 침해까지 성립하는 것은 아니라고 보는 견해가 있다.[1] 이는 매우 타당한 견해이고 중국저작권법 해석에 있어서도

1) 오승종, 『저작권법』, 박영사(2007), 제494쪽. 이 견해는 「예를 들어 출판물의 판매 장소를 한정하여 이용허락을 해 주었는데, 그 한정된 장소를 위반하여 판매한 경우에는 특단의 사정이

하나의 기준이 될 수 있다고 본다.

저작권법 제24조는 이용허락계약에 포함하여야 할 주요내용으로 6가지를 열거하고 있는데, 그 중 「이용을 허락하는 권리의 종류」와 「이용을 허락한 지역범위 및 기간」은 이용허락계약의 중요 내용이므로 이용자가 이를 위반한 것은 저작권 침해가 된다. 예컨대, 이용자가 저작재산권자로부터 소설을 영화로 제작하는 것에 대해서만 허락을 받았음에도 게임이나 TV 드라마로 제작한다거나, 저작물 이용허락의 장소적·시간적 제한을 위반하여 저작물을 이용하는 행위는 모두 저작권 침해가 될 수 있다.[1] 이에 반해 이용자가 보상금약정에 따른 보상금 지급을 제때에 해주지 않거나 기타 부수적인 약정 내용을 위반하는 것은 단순한 채무불이행에 불과하다.

4. 이용권의 양도

채권이나 물권 모두 양도성을 가지므로 이용허락의 성질을 채권적으로 보든, 물권적으로 보든 상관없이 그 성질을 불문하고 당해 이용권은 양도가능한 것이다.

그러나 저작물 이용허락계약은 당사자 간의 구체적인 신뢰관계를 바탕으로 이루어지는 것이고 이용허락계약을 체결하는 주된 목적은 이용자가 직접 저작물을 이용하는 것에 있고 이용권을 제3자에게 양도하는 것에 있는 것이 아니므로 이용권의 양도는 일정한 한도에서 제한할 필요가 있다.

저작권법은 이러한 점을 고려하여 이용허락에 따른 이용권의 양도를 원칙적으로 허용하면서도 「계약에 특약이 있는 경우를 제외하고는 허락을 받은 자가 제3자에게 동일한 권리를 행사할 수 있도록 허락하고자 하는 때에는 반드시 저작권자의 허락을 얻어야 한다」고 규정하고 있다(저작권법실시조례 제24조). 따라서 이용허락의 종류를 불문하고 이용허락에 따른 이용권을 양도하기 위해서는 반드시 저작재산권자의 허락이 있어야 한다.

한편, 광동성고급인민법원은 저작재산권자의 동의 없이 이용권을 양도한 경우

없는 한 단순한 채무불이행에 불과하고 저작권 침해의 책임까지 물을 수 있는 것은 아니다. 또한 저작물을 출판할 수 있는 이용허락을 해 주면서 그에 대한 인세를 지급받기로 하였음에도 인세를 지급하지 않는 것 역시 단순한 채무불이행에 불과하다고 볼 것이다. 그러나 한정된 이용기한을 넘어서서 저작물을 이용하는 것은 단순한 채무불이행이 아니라 저작권 침해까지 성립한다고 볼 수 있을 것이다. 또한 허락된 복제부수를 초과하여 발행한 경우 그 초과된 부수에 대하여는 저작권 침해가 성립한다고 해석된다」고 한다.

1) 张革新, 『现代著作权法』, 中国法制出版社(2006), 제157쪽도 이용자가 이용허락계약의 장소적·시간적 제한을 위반하여 저작물을 이용하는 것은 모두 저작권침해가 된다고 적고 있다.

당해 이용권 양도계약의 효력은 무효이므로 계약 당사자들은 계약으로 인해 취득한 재산을 상대방에게 반환하여야 한다고 판결한 바 있다.1)

5. 새로운 매체의 등장과 저작물 이용허락계약의 해석문제

저작권 이용허락계약시 저작권 이용허락을 받은 매체의 범위에 대한 명시적 약정이 없는 경우, 새로운 매체에 관한 이용을 허락한 것으로 볼 수 있는가. 이는 저작물이용허락계약의 해석과 관련하여 매우 중요한 문제이다.

한국에서는 음악저작물을 기존의 LP(Long Playing Record) 음반 등을 통해 복제하여 이용할 권리를 허락받은 음반회사가 계약체결 당시 당사자들이 알지 못하였던 새로운 매체인 CD(Compact Disk)를 통하여 복제이용할 권리도 허락받은 것으로 볼 수 있는지 여부가 소송에서 쟁점으로 된 적이 있는데, 이에 대해 한국대법원은 CD음반이 LP 음반과 소비·사용기능에 있어 유사하여 LP 음반시장을 대체·잠식하는 성격이 강한 점을 다른 구체적인 여러 사정들과 함께 고려하여 위 허락에는 CD 음반에 대한 이용허락까지도 포함되어 있는 것으로 판단하였다고 한다.2)

한국대법원3)의 판시내용을 자세히 소개하면 다음과 같다. 「저작권에 관한 이용허락계약의 해석에 있어서 저작권 이용허락을 받은 매체의 범위를 결정하는 것은 분쟁의 대상이 된 새로운 매체로부터 발생하는 이익을 누구에게 귀속시킬 것인가의 문제라고 할 것이므로, '녹음물 일체'에 관한 이용권을 허락하는 것으로 약정하였을 뿐 새로운 매체에 관한 이용허락에 대한 명시적인 약정이 없는 경우 과연 당사자 사이에 새로운 매체에 관하여도 이용을 허락한 것으로 볼 것인지에 관한 의사해석의 원칙은, ① 계약 당시 새로운 매체가 알려지지 아니한 경우인지 여부, 당사자가 계약의 구체적 의미를 제대로 이해한 경우인지 여부, 포괄적 이용허락에 비하여 현저히 균형을 잃은 대가만을 지급 받았다고 보여지는 경우로서 저작자의 보호와 공평의 견지에서 새로운 매체에 대한 예외조항을 명시하지 아니하였다고 하여 그 책임을 저작자에게 돌리는 것이 바람직하지 않은 경우인지 여부 등 당사자의 새로운 매체에 대한 지식, 경험, 경제적 지위, 진정한 의사, 관행 등을

---

1) 广东省高级人民法院 民事判决书(2001)粤高法知终字第80号, "陕西圣科数字系统工程有限公司与广州海岸线文化传播有限公司著作权合同纠纷一案" 참조. 위 판결문의 출처는 中国知识产权裁判文书网, http://ipr.chinacourt.org/public/detail_sfws.php?id=4024

2) 사안 내용 및 판결 요지는 이해완, 『저작권법』, 박영사(2007), 제343쪽.

3) 대법원 1996. 7. 30. 선고 95다29130 판결.

고려하고, ② 이용허락계약 조건이 저작물 이용에 따른 수익과 비교하여 지나치게 적은 대가만을 지급하는 조건으로 되어 있어 중대한 불균형이 있는 경우인지 여부, 이용을 허락 받은 자는 계약서에서 기술하고 있는 매체의 범위 내에 들어간다고 봄이 합리적이라고 판단되는 어떠한 사용도 가능하다고 해석할 수 있는 경우인지 여부 등 사회일반의 상식과 거래의 통념에 따른 계약의 합리적이고 공평한 해석의 필요성을 참작하며, ③ 새로운 매체를 통한 저작물의 이용이 기존의 매체를 통한 저작물의 이용에 미치는 경제적 영향, 만일 계약 당시 당사자들이 새로운 매체의 등장을 알았더라면 당사자들이 다른 내용의 약정을 하였으리라고 예상되는 경우인지 여부, 새로운 매체가 기존의 매체와 사용, 소비 방법에 있어 유사하여 기존 매체시장을 잠식, 대체하는 측면이 강한 경우이어서 이용자에게 새로운 매체에 대한 이용권이 허락된 것으로 볼 수 있는지 아니면 그와 달리 새로운 매체가 기술혁신을 통해 기존의 매체시장에 별다른 영향을 미치지 않으면서 새로운 시장을 창출하는 측면이 강한 경우이어서 새로운 매체에 대한 이용권이 저작자에게 유보된 것으로 볼 수 있는지 여부 등 새로운 매체로 인한 경제적 이익의 적절한 안배의 필요성 등을 종합적으로 고려하여 사회정의와 형평의 이념에 맞도록 해석하여야 한다.」

위 판례의 결론에 대해서는 한국 내에서 찬성론과 비판론이 있으나, 판례가 적시하고 있는 판단 기준은 매우 경청할만한 내용이므로 중국저작권법 해석에 있어서도 하나의 기준이 될 수 있다고 생각한다.

Ⅳ. 저작재산권에 대한 질권설정

1. 질권설정의 개념

질권이란 채권자가 채무를 변제받을 때까지 그 담보로 채무자 또는 제3자로부터 인도받은 물건이나 재산권을 유치함으로써 채무 변제를 간접적으로 강제하는 동시에, 채무자가 채무 변제를 이행하지 않으면 질물을 매각한 대금으로부터 우선적으로 변제를 받을 수 있는 담보물권을 말한다.

저작권법에는 질권설정에 관한 명문 규정이 존재하지 않지만 물권법과 담보법(中华人民共和国担保法)은 관련 규정을 두고 있다. 즉 물권법 제223조는 「채무자 또는 제3자는 처분권한을 가진 이하의 권리에 대해 질권을 설정할 수 있다. (전략)

5. 법적으로 양도할 수 있는 특허권, 저작권 등 지적재산권」이라고 규정하여 저작재산권이 질권의 목적이 될 수 있음을 밝히고 있다. 그 외 중국 담보법 제75조도 같은 취지의 규정을 두고 있다.[1]

저작재산권에 대한 질권의 성질과 관련하여 한국에서는 그것이 권리질권의 성질을 가지는지 여부에 대해 다툼이 있으나, 중국 물권법과 담보법은 권리질권임을 명시적으로 밝히고 있다. 물권법은 위 제223조 규정을 제17장 제2절 '권리질권' 부분에 규정하였고, 담보법은 위 제75조 규정을 제4장 제2절 '권리질권' 부분에 규정하고 있기 때문이다.

2. 질권의 설정과 등록

저작재산권을 목적으로 하는 질권설정은 반드시 서면계약에 의하여야 한다. 또한 당해 질권은 국가판권국이 지정하는 등록기관에 따로 등록을 하여야만 비로소 성립하게 된다(물권법 제227조 및 담보법 제79조 참조). 질권계약은 '저작권질권등기증'을 교부받은 날로부터 효력을 발생한다(저작권질권계약등기법[2] 제3조). 즉, 저작재산권에 대한 질권계약은 요식행위의 성질을 가지며 등록은 질권의 성립요건에 해당하는 것이다. 이는 질권설정계약을 불요식행위로 보고 등록을 대항요건으로 보는 한국법과 다른 점이다. 즉, 한국법에서는 저작재산권을 목적으로 하는 질권설정계약은 구두계약만으로도 성립한다. 또한 질권은 따로 등록을 하여야만 성립하는 것은 아니며 질권자가 등록을 하지 않으면 제3자에게 대항할 수 없을 뿐이다(한국저작권법 제54조 제2호 참조).

질권설정계약에는 피담보채권의 종류 및 금액, 채무이행기한, 저작재산권의 종류·범위·보호기간 등이 포함되어야 한다(담보법 제65조, 저작권질권계약등기법 제8조 참조). 피담보채권액이나 담보기한 등에 변경이 생긴 경우 질권계약 당사자들은 변경일로부터 10일 이내에 계약변경 등록을 해야 한다. 만약 변경등록을 하지 않으면 변경된 계약 내용은 무효가 된다(저작권질권계약등기법 제12조 참조).

질권의 목적이 되는 저작재산권은 반드시 저작권의 보호기간 내에 속하여야 하며, 저작인격권은 질권의 목적으로 될 수 없다. 질권설정자는 채무자 본인이나 제

---

1) 담보법 제75조「아래 권리에는 질권을 설정할 수 있다. 1. 환어음, 수표, 은행어음, 채권, 예금증서, 창고증권, 선하증권 2. 법적으로 양도할 수 있는 주식·증권 3. 법적으로 양도할 수 있는 상표권, 특허권, 저작권 중의 재산권 4. 기타 법적으로 질권을 설정할 수 있는 권리」

2) 著作权质押合同登记办法(1996).

3자가 될 수도 있으나 어느 경우이든 저작재산권에 대한 처분권한을 가진 자여야 한다. 만약 저작재산권이 2인 이상의 공동저작권자에게 귀속되는 경우에는 질권을 설정 받으려는 자는 공동저작권자 모두로부터 질권 설정에 대한 동의를 구하여야 한다.

3. 질권설정의 법적 효과

저작재산권에 질권이 설정된 이후에는 질권설정자인 저작재산권자가 그 저작재산권을 양도하거나 저작물의 이용허락, 출판권 설정 등의 방법으로 저작재산권을 행사하는 것은 허용되지 않는다. 그러나 질권설정자인 저작재산권자가 질권자의 동의를 얻은 경우 위와 같은 행위는 허용된다. 다만 이 때 저작재산권자가 저작재산권을 양도하거나 이용허락을 하여 얻은 금전은 반드시 질권자에 대한 채무변제 또는 변제공탁에 이용되어야 한다(물권법 제227조 및 담보법 제80조 참조). 또한, 질권설정자는 질권자의 동의 없이 질권의 목적이 되는 저작재산권을 소멸하게 하거나 질권자의 이익을 침해하는 변경을 하여서도 아니 된다.[1]

저작재산권을 목적으로 하는 질권은 그 저작재산권의 양도 또는 그 저작물의 이용에 따라 저작재산권자가 받을 금전 그 밖의 물건에 대하여도 행사할 수 있는가. 한국저작권법 제47조 본문은 질권의 실효성을 보장하기 위해 이를 명문으로 인정하고 있다. 비록 중국저작권법은 그러한 규정을 두고 있지는 않지만 중국저작권법 해석에 의할 때에도 결론은 마찬가지다. 물권법 제229조는 「권리질권에는 이 절의 규정 이외에 본장 제1절 동산질권에 관한 규정도 적용된다」고 규정하고 있고, 동산질권에 관한 규정인 같은 법 제213조는 「질권자는 질물로부터 나오는 수익을 취득할 권리를 가진다. 질권 계약에 별도의 약정이 있는 경우에는 그 약정에 따른다」고 규정하고 있다. 저작재산권의 양도 또는 그 저작물의 이용에 따라 질권설정자인 저작재산권자가 받을 금전 그 밖의 물건은 물권법 제213조에서 말하는 '질물로부터 나오는 수익'에 해당한다고 볼 수 있다. 아울러 물권법 제227조는 위 금전 등은 반드시 질권자에 대한 채무 변제 또는 변제공탁에 이용되어야 한다고 규정하고 있다.

1) 물권법 제229조, 제216조 및 담보법 제81조, 제71조 참조.

Ⅴ. 저작재산권의 소멸

저작재산권의 소멸 사유를 정리하면 다음과 같다.

1. 보호기간의 만료

저작재산권은 보호기간의 만료로 소멸하게 된다. 그 때부터 저작재산권은 공중의 영역에 속하게 되어 누구든지 자유롭게 이용할 수 있다. 저작자가 개인인 경우 저작재산권의 보호기간은 저작자의 생존하는 동안과 사망 후 50년이며, 저작자가 사망한 후 50년이 되는 해의 12월 31일에 종료한다. 한편 저작자가 법인 또는 기타 단체인 경우 저작재산권의 보호기간은 50년이며, 저작물이 맨 처음 공표된 때로부터 50년이 되는 해의 12월 31일에 종료한다. 또한 영상저작물 및 사진저작물의 경우에도 저작재산권의 보호기간은 50년이며, 저작물이 맨 처음 공표된 때로부터 50년이 되는 해의 12월 31일에 종료한다(저작권법 제21조 참조).

2. 저작재산권의 포기

비록 저작권법에는 명문 규정이 없지만 저작자는 저작재산권의 전부 또는 일부를 포기할 수 있다. 포기는 저작재산권자의 의사표시만으로 가능하며, 특별한 방식은 요구되지 않는다. 그러나 포기의 의사표시는 저작재산권을 포기한다는 '적극적 의사표시'여야 하며, 단순히 저작권을 행사하지 않겠다는 취지의 소극적인 의사표시만으로는 저작재산권의 포기로 볼 수 없다.[1] 저작재산권을 목적으로 한 질권이 설정되어 있거나 저작재산권자가 출판권을 설정한 경우 저작자가 저작재산권을 포기하려면 반드시 질권자 또는 출판권자의 동의를 구하여야 하고 이들의 동의 없이 행해진 포기는 효력이 없다.[2]

저작재산권의 포기는 저작물이 담겨져 있는 매개물에 대한 소유권 포기와 구별된다. 예컨대 소설가 甲이 자신의 소설이 마음에 들지 않는다는 이유로 소설의 원고(原稿)를 쓰레기통에 버린 경우 이는 문자저작물이 표현된 원고(매개물)의 소

1) 李雨峰 等, 『著作权法』, 厦门大学出版社(2006), 제149쪽 참조.
2) 李雨峰 等, 『著作权法』, 厦门大学出版社(2006), 제149쪽 참조.

유권을 포기한 것일 뿐 소설의 저작재산권 자체를 포기한 것은 아니다. 만약 乙이 위 원고를 주워 자신의 이름으로 소설을 출판·배포한 때에는 甲의 저작재산권을 침해한 것이 된다.

한편, 저작재산권의 지분권을 양수받은 자가 그 권리를 포기한 경우 그 지분권은 공중의 영역에 속하게 되어 누구든지 이용할 수 있게 되는가 아니면 지분권의 양도인에게로 복귀하게 되는가.

이에 대해서는 복귀설과 소멸설이 서로 대립하고 있다. 복귀설은 지분권의 포기는 일반사회에 대한 객관적인 소멸이 아니라고 하면서 포기된 지분권은 자연스럽게 양도인에게로 복귀한다고 주장한다. 이에 반해 소멸설은 지분권의 포기는 민법상의 용익권 포기와는 다르다고 하면서 양수인이 지분권을 포기하면 그 지분권은 영구적으로 소멸하게 된다고 주장한다. 그러나 소멸설은 출판권 포기의 경우에는 예외적으로 양도인한테로 복귀한다고 본다.1)

3. 매개물의 멸실

저작물과 그것이 표현되어 있는 매개물(예컨대 소설의 원고, 그림이 담겨져 있는 화폭)은 서로 구별된다. 따라서 일반적으로 매개물이 화재로 소실되었다고 해서 저작물 자체가 소멸되는 것은 아니다.

그러나 극히 예외적인 경우에는 매개물의 소실로 저작물 자체가 소멸될 수도 있다. 가령 소설가 甲이 자신의 소설을 완성한 후 부주의로 소설의 원고를 태워버렸다고 하자. 이 때 만약 甲이 원고 이외에는 어떠한 복제물도 가지고 있지 않았다고 가정한다면 화재로 원고가 소실됨과 동시에 거기에 담겨져 있는 甲의 문자적 표현도 동시에 소멸하게 되어 甲의 저작물은 영원히 소멸하게 되는 것이다.2)

4. 저작재산권의 시효소멸 및 시효취득

가. 시효소멸의 문제

저작재산권은 소멸시효의 대상이 되는가.

먼저 한국에서의 논의를 살펴보자. 한국 민법 제162조 제2항은 「채권 및 소유

---

1) 李雨峰 等, 『著作权法』, 厦门大学出版社(2006), 제149쪽 참조.
2) 李雨峰 等, 『著作权法』, 厦门大学出版社(2006), 제149쪽 참조.

권 이외의 재산권은 20년간 행사하지 아니하면 소멸시효가 완성한다」고 규정하고 있다. 이에 대해 저작재산권은 보호기간이 따로 존재하고 있으므로 그 기간이 경과하기 전까지는 권리의 행사여부와 관계없이 저작재산권의 시효소멸을 인정하지 않는다는 것에 의견이 일치하고 있다.

그렇다면 중국저작권법의 경우에는 어떤가. 중국 민법통칙은 제135조에서 「인민법원에 민사권리의 보호를 청구하는 소송시효 기간은 2년이며 법률에서 달리 규정한 것은 제외로 한다」고 규정하고, 제137조에서 「소송시효 기간은 권리가 침해받은 사실을 알거나 마땅히 알았어야 하는 날로부터 계산한다. 그러나 권리를 침해받은 날로부터 20년이 지난 것은 법원에서 보호하지 않는다. 특수한 정황이 있는 것은 인민법원에서 소송시효 기간을 연장할 수 있다」고 규정하고 있다. 즉, 권리침해자는 권리가 침해되었다는 사실을 알았거나 마땅히 알았어야 하는 날로부터 2년 이내에 소로써 권리침해 중단을 요구하거나 권리침해를 이유로 한 손해배상을 청구하여야 하며 만약 그 기간을 도과한 때에는 소를 제기하더라도 인민법원은 소송의 시효기간 만료를 이유로 제소를 각하할 수 있다. 권리를 침해받은 날로부터 20년이 지난 후에야 비로소 그러한 사실을 안 경우에도 마찬가지이다. 소송시효란 권리자가 법정기간 내에 권리를 행사하지 않으면 그 권리보호를 인민법원에 청구할 권리를 상실하는 것을 가리키는데, 이는 한국법상의 소멸시효와는 전혀 다른 개념이다. 엄밀히 말하면, 중국 민법에는 소멸시효라는 개념은 존재하지 않고 소송시효만이 존재한다고 할 수 있다. 중국은 사회주의 국가이므로 원칙적으로 모든 재산이 국유에 해당한다. 따라서 사유재산권 제도를 전제로 불성실한 재산권 행사에 대한 제재조치인 소멸시효 제도는 사회주의 국가에서는 존재할 수 없는 것이다. 어쨌든 중국에서도 제도는 서로 다르지만 소송시효 규정이 저작재산권에 적용되는지 여부가 논의되고 있다. 이에 대해서는 소송시효는 원칙적으로 청구권에만 적용되는데 저작재산권은 그 성질상 청구권이 아니므로 소송시효의 대상이 될 수 없다는 데에 의견이 일치하고 있다.[1)]

나. 시효취득의 문제

저작재산권이 취득시효의 대상이 되는지 여부도 문제된다.

1) 李雨峰 等,『著作权法』, 厦门大学出版社(2006), 제150쪽 참조; 孙伟, "著作权案件诉讼时效之我见" 논문 참조, 이 논문의 출처는 http://www.zh09.com/Article/flws/200701/176266.html; 邱永清, "试论知识产权请求权" 논문 참조, 이 논문의 출처는 http://www.gdcourts.gov.cn/zscq/zscq_tcyj/t20060726_11527.htm

먼저 한국과 일본에서의 논의를 살펴보자. 한국 민법은 제245조 제1항에서 「20년간 소유의 의사로 평온·공연하게 부동산을 점유하는 자는 등기함으로써 그 소유권을 취득한다」고 규정하고, 제248조에서 「취득시효에 관한 민법 제245조 내지 제247조의 규정은 소유권 이외의 재산권의 취득에 준용한다」고 규정하고 있다. 얼핏 보면 저작재산권은 소유권 이외의 재산권이므로 취득시효에 관한 규정이 적용되어야 할 것 같다. 일본 통설도 그러한 입장을 취하고 있다고 한다.[1] 물론 반대설도 있다. 반대설은 저작재산권에 관하여는 보호기간을 둠으로써 그 기간 동안은 저작재산권자의 배타적 권리를 보장하고 있다는 점 등에 비추어 볼 때 저작재산권의 경우에는 원칙적으로 취득시효가 인정되지 않는 것으로 보는 것이 타당하다고 주장한다.[2]

그렇다면 중국저작권법의 경우에는 어떤가. 한국과는 달리 중국에는 민법 통칙이나 물권법 어디에도 취득시효 제도는 없다. 따라서 현행 중국법률 하에서 저작재산권에 대한 취득시효 적용여부는 애당초 문제되지 않는다. 그러나 최근 중국은 2007년 3월 16일 제10회 전국인민대표대회 제5차 회의에서 개정 물권법을 통과시켰고 이를 2007년 10월 1일부터 시행하였는데, 당시 물권법 개정과정에서 취득시효의 도입 여부 및 저작재산권을 취득시효의 객체로 인정할 것인지에 대해서 상당한 논의가 있었다고 한다.

당시 개정 논의 과정에서 취득시효 제도를 인정하자는 견해와 인정할 수 없다는 견해가 팽팽하게 맞섰고, 취득시효 제도를 인정하자는 견해 내에서도 그 인정범위를 저작재산권에까지 확대할 것인지 여부에 대해서 첨예한 의견 대립이 있었다고 한다. 저작재산권에 취득시효 제도를 인정할 수 없다는 견해는 저작재산권의 객체인 저작물은 유체물과는 달리 무제한으로 복제될 수 있기 때문에 특정인이 저작물을 독점적으로 점유한다는 것은 생각하기 어렵다는 점을 내세웠던 반면, 저작재산권도 취득시효의 대상이 될 수 있다는 견해는 저작재산권에 대한 취득시효를 인정하여야 할 사회적 필요성을 크게 강조하였다고 한다.[3] 결론적으로는 개정 물권법은 취득시효 제도를 도입하지 않았다.

---

1) 이해완, 『저작권법』, 박영사(2007), 제349쪽.

2) 오승종, 『저작권법』, 박영사(2007), 제546쪽.

3) 丁亮华, "取得时效制度研究－兼评我国民法典应否建立取得时效制度" 논문 참조, 이 논문의 출처는 http://www.civillaw.com.cn/article/default.asp?id=2055.

제6장 저작재산권의 제한

Ⅰ. 개 설

Ⅱ. 저작물의 자유이용

Ⅲ. 저작물 이용의 법정허락

Ⅰ. 개 설

저작권은 독점적이고 배타적인 권리이다. 따라서 원칙적으로 저작권자의 동의 없이 임의로 저작물을 이용하는 행위는 저작권침해이다. 그러나 저작권에 대한 과도한 보호는 저작물의 창작을 저해하여 전체적으로 문화 및 과학발전이라는 저작권법의 목적에 어긋나는 결과를 초래할 수 있다. 만일 저작권자의 권리행사가 공익적인 목적과 상충되는 경우에는 일정한 한도에서 저작권자의 권리를 제한할 필요가 있다. 이러한 점을 고려하여 저작권법은 저작권보호규정(제9조 내지 제19조)을 두면서도 일정한 경우 저작재산권을 제한하는 규정을 함께 두고 있다.

저작재산권의 제한내용은 크게 두 가지가 있다. 하나는 저작물의 자유이용(제22조)이고, 다른 하나는 법정허락(제23조 제1항, 제32조 제2항, 제39조 제3항, 제42조 제2항, 제43조)이다. 한국에서는 저작재산권의 제한규정으로 저작물의 자유이용만이 논의되고 법정허락은 별도의 장에서 설명되는 것이 일반적이나, 중국에서는 양자 모두를 저작재산권의 제한으로 이해하고 있다. 이하에서 해당부분을 상술하기로 한다.

Ⅱ. 저작물의 자유이용

1. 자유이용의 의의

저작물의 자유이용이란 저작권 보호의 대상이 되는 타인의 저작물을 저작권자의 허락 없이 무상으로 이용하는 것을 말한다. 자유이용은 학자에 따라서 합리사용(合理使用)으로도 불린다. 저작권법 제22조는 자유이용이 가능한 경우로 12가지 사유를 제한적으로 열거하고 있다.

한편, 한국저작권법에서는 '저작물의 자유이용'에 대한 개념은 최광의, 광의, 협의로 나누어 설명되고 있다. 즉, 저작물의 자유이용은 ① 최광의로는 보호되는 저작물인지 여부를 불문하고 타인의 저작물을 자유로이 이용할 수 있는 모든 경우를, ② 광의로는 저작권 보호의 대상이 되는 타인의 저작물을 저작권자의 허락 없이 이용할 수 있는 모든 경우를, ③ 협의로는 광의의 자유이용 중 법정허락에 의한 이용을 제외한 것, 즉 저작재산권의 제한으로서 한국저작권법 제23조 내지 제35조에서 규정한 경우를 말한다. 통상적으로 한국저작권법상 자유이용이라고 하면 협의의 개념으로 이해되고 있다고 한다.[1)]

그렇다면 중국저작권법상 자유이용 개념은 한국에서의 협의의 개념과 유사하다고 볼 수 있다. 그러나 양자는 다음과 같은 점에서 차이가 있다. 즉, 중국저작권법상 자유이용이라고 하면 저작권 보호의 대상이 되는 타인의 저작물을 저작권자의 허락 없이 '무상'으로 이용하는 것을 말하지만, 한국의 경우에는 무상이용이 원칙이면서도 경우에 따라서는 보상금을 지급하여야 하는 경우(제25조, 제31조)도 있다.

2. 자유이용 규정에 대한 일반론

가. 입법례

저작물의 자유이용과 관련한 입법태도에는 크게 자유이용이 허용되는 사유를 제한적으로 열거하여 두는 방식과 포괄적이고 일반적인 규정만을 두는 방식이 있다. 전자의 예로는 한국, 일본, 중국, 독일 등이 있고, 후자의 예로는 미국저작권법 등이 있다.

한국저작권법은 제23조 내지 제35조에서 저작물의 자유이용에 관한 상세한 규정을 두고 있다. 구체적으로 살펴보면 재판절차에서의 복제(제23조), 정치적 연설 등의 이용(제24조), 학교교육목적 등에의 이용(제25조), 시사보도를 위한 이용(제26조), 시사적인 기사 및 논설의 복제(제27조), 공표된 저작물의 인용(제28조), 영리를 목적으로 하지 아니하는 공연·방송(제29조), 사적이용을 위한 복제(제30조), 도서관 등에서의 복제(제31조), 시험문제로서의 복제(제32조), 도서관 등에서의 복제(제33조), 방송사업자의 일시적 녹음·녹화(제34조), 미술저작물 등의 전시 또는 복제(제35조) 등이 있다.

이에 비해 미국은 '공정이용'이라는 이름으로 저작재산권 제한에 대한 포괄적이고 일반적인 규정을 두고 있다. '공정이용'은 판례이론을 통해 확립된 것인데 1976년 개정된 미국저작권법에 처음으로 명문화되었다. 현행 미국저작권법 제107조는 '배타적 권리에 대한 제한 : 공정이용'(Limitations on exclusive rights: Fair use)이

1) 이형하, "저작권법상의 자유이용", 지적소유권에 관한 제문제(하), 재판자료 제57집, 법원행정처(1992), 제339-340쪽 참조.

라는 제목으로 「… 저작권으로 보호되는 저작물을 … 공정이용하는 행위는 저작권 침해가 되지 아니 한다」고 규정하면서, 구체적인 경우에 저작물의 이용이 공정이용에 해당하는지 여부를 판단하는 기준으로서 「① 저작물의 이용이 상업적 성질을 가지는 것인지 아니면 비영리적 교육목적을 위한 것인지(저작물 이용의 목적과 성격), ② 저작권으로 보호되는 저작물의 성질, ③ 이용된 부분이 저작권으로 보호되는 저작물 전체에서 차지하는 양과 상당성, ④ 저작물 이용이 저작물의 잠재적 시장 또는 가격에 미치는 영향」 등 4가지를 규정하고 있다.

나. 중국 저작권법의 조항 개관

중국저작권법은 제22조에서 저작권자의 허락 없이 무상으로 저작물을 이용할 수 있는 경우로 12가지를 제한적으로 열거하고 있다. 이를 구체적으로 살펴보면 다음과 같다.

제1호 개인 학습, 연구 또는 감상을 위하여 타인이 이미 공표한 저작물을 이용하는 것

제2호 어떤 저작물을 소개 또는 평론하거나 어떤 문제를 설명하기 위하여 저작물에 타인이 이미 공표한 저작물을 적당하게 인용(适当引用)하는 것

제3호 시사 뉴스(时事新闻)를 보도하기 위하여 이미 공표된 저작물을 신문, 정기간행물(期刊), 라디오방송국(广播电台), TV 방송국(电视台) 등의 언론매체에 불가피하게 재현(再现) 혹은 인용하는 것

제4호 신문, 정기간행물, 라디오 방송국, TV 방송국 등의 언론매체가 다른 언론매체에서 이미 공표(发表)한 정치, 경제, 종교 문제에 관한 시사성 기사(时事性文章)를 게재 또는 방송하는 경우. 단, 저작자가 게재, 방송을 허락하지 않는다고 표명한 경우는 제외

제5호 신문, 정기간행물, 라디오 방송국, TV 방송국 등의 언론매체가 대중 집회에서 공표(发表)한 연설을 게재 또는 방송하는 경우. 제작자가 게재·방송을 허락하지 아니하는 경우는 제외.

제6호 학교 수업 또는 과학 연구를 위하여 이미 공표(发表)된 저작물을 번역 또는 소량 복제하여 수업에 이용하거나 과학연구원에게 제공하는 경우. 단, 이를 출판(出版) 또는 배포(发行)할 수 없다.

제7호 국가기관이 공무를 집행하기 위해 합리적인 범위 내에서 이미 공표(发表)

된 저작물을 이용한 경우.

제8호 도서관·문서보관소(档案馆)·기념관·박물관·미술관 등에서 저작물(版本)을 진열하거나 보존하기 위하여 각자 보관하고 있는 저작물을 복제하는 경우

제9호 이미 공표(发表)된 저작물을 무상으로 실연(表演)하는 경우. 여기서 말하는 실연은 공중(公众)으로부터 비용을 받지 않고 실연자에게도 보수를 지불하지 않는 경우를 말한다.

제10호 실외 공공장소에 설치 또는 진열된 예술저작물(艺术作品)을 모사(临摹), 회화, 촬영(摄影), 녹화(录像)하는 경우.

제11호 중국인(中国公民), 법인 혹은 기타 단체가 이미 공표(发表)한 중국어로 된 저작물을 소수민족의 언어로 번역하여 국내에서 출판(出版), 배포(发行)하는 경우

제12호 이미 공표(发表)된 저작물을 시각장애인용 점자로 바꾸어 출판하는 경우

한편, 저작권법 제22조는 저작물의 자유이용이 허용되는 경우라도 「이용자는 반드시 저작자의 성명과 저작물의 명칭을 표기하여야 하며, 저작권자가 가지는 권리를 침해하여서는 아니 된다」고 하면서 저작물의 자유이용은 저작권자의 권리 이외에도 「출판자, 실연자, 음반·영상제작자, 라디오·TV 방송국 권리 제한에도 적용된다」고 밝히고 있다

중국저작권법상의 자유이용은 개괄적으로 볼 때 다음 3가지 조건을 충족하여야 한다. 첫째, 이용된 저작물은 반드시 이미 공표된 것이어야 한다. 미공표 저작물은 애당초 자유이용의 대상으로 될 수 없다. 이는 미국법의 공정이용과 차이가 나는 부분이다. 미국저작권법 제107조는 「저작물이 미공표되었다는 사실 자체는 공정이용의 결정을 방해하지 못한다」고 함으로써 미공표 저작물도 공정이용의 대상으로 될 수 있음을 밝히고 있다. 둘째, 이용목적은 개인학습, 연구, 감상, 학교수업, 과학연구, 종교, 자선사업 및 공공문화이익의 수요에 부합하여야 한다. 셋째, 저작물의 자유이용이 허용되는 경우에도 이용자는 반드시 저작자의 성명과 저작물의 명칭을 표기하여야 하며, 저작권자의 정당한 이익을 침해하여서는 아니 된다.[1)]

앞에서 본 것처럼 중국저작권법은 한국과 마찬가지로 저작물의 자유이용에 관하여 상세한 개별 규정만 두고 있을 뿐 미국처럼 공정이용에 관한 일반조항을 두

1) 张革新, 『现代著作权法』, 中国法制出版社(2006), 제160쪽 참조.

고 있지 않는데, 그렇다면 중국저작권법의 해석상 공정이용의 법리를 일반원리로 적용할 수 있는가. 즉, 법에서 정한 개별적인 허용사유에 해당하지 않더라도 공정이용의 법리에 비추어 저작물의 자유이용이 가능하다는 항변이 허용되는가.

적용긍정설은 자유이용에 관한 중국저작권법의 규정은 비교법적으로 볼 때 너무 간단하거나 인정범위도 좁아 저작재산권자의 경제적 이익과 자유이용에 따른 공중의 이익을 합리적으로 조절하기에는 부족함이 많다고 하면서 비록 제한규정에 명확하게 규정되어 있지 않은 경우라 하더라도 제한규정의 입법취지, 공정이용의 법리에 관한 미국저작권법 제107조 및 미국판례의 태도 등을 고려하여 저작물의 자유이용이 가능한 경우도 있을 수 있다고 주장한다.[1]

이에 반해 적용부정설은 자유이용이란 저작재산권에 대한 제한을 의미하므로 반드시 법률에 근거하여야 한다면서 저작권법은 제22조에서 12개의 자유이용만을 한정적으로 허용하고 있고 저작재산권을 일반적으로 제한하는 조항을 두지 않고 있는 이상 해석론으로서 일반 원리인 공정이용의 항변을 인정하는 것은 곤란하다고 주장한다.[2] 이 견해는 중국은 개발도상국으로서 저작권 및 그 보호 수준이 높지 않기 때문에 자유이용에 관한 규정의 미비점도 입법을 통해 개선하여야 하지 해석론으로 보완하기에는 현실적으로 무리가 있음을 지적한다.

한편, 적용긍정설의 입장에서 판결한 북경시 제1중급인민법원의 판례가 있다. 현재까지 중국에서는 어떤 견해가 다수설에 해당하는지 여부를 가늠하기 어렵다.

생각건대, 중국저작권법은 저작물의 자유이용이 허용되는 경우로 12가지를 제한적으로 열거하고 있으므로 해석론으로서 일반 원리인 공정이용의 항변을 인정하는 것은 곤란하다고 본다. 비록 북경시 제1중급인민법원이 적용긍정설의 입장에서 판결을 내린 예가 있으나, 이는 매우 예외적인 판결인데다 여러 학자들로부터 비판을 받고 있으며 중국최고인민법원의 판결도 아니라는 점에서 위 북경시 제1중급인민법원의 판결 입장이 대세론이라고까지는 말하기 어렵다.

---

1) 吴汉东, 『知识产权法学』, 北京大学出版社(2005) , 제107-108쪽 참조; 邓社民, “数字环境下著作权合理使用与侵权的法律边界-由《馒头》引起的思考” (发表于‘法学论坛2006年 第6期) 논문 참조. 위 논문의 출처는 http://blog.163.com/sm-deng@126/blog/static/3495302720076105539983.

2) 韩松, 『知识产权法』, 中国人民大学出版社(2006) , 제129쪽 참조; 党跃臣, 曹树人 编著, 『网络出版知识产权导论』, 北京理工大学出版社(2006), 제123-125쪽 참조; 深圳知识产权律师网, “著作权合理使用” 논문 참조, 위 논문의 출처는 http://www.rongzuo.cn/zhishi44/chanquan135.

[북경시 제1중급인민법원의 판결 검토]

① 사실관계[1)]

소설가 A는 영화제작사인 B 회사와의 사이에서 자신의 소설『受戒』를 시나리오로 각색하여 영화 또는 TV 드라마로 제작할 수 있는 개편권 및 영상물제작권을 B 회사에 양도하는 저작권양도계약을 체결하였다. 그 후 B 회사는 영화 제작을 위한 작업에 착수하였는데, 그 과정에서 북경영화학원(北京电影学院)이 졸업예정인 학생들을 조직하여 B의 허락 없이 A의 소설을 영화로 제작하도록 한 후 그 중 선정된 단편영화 1편을 프랑스 학생영화제에 출품하여 입상한 사실을 확인하게 되었다. 북경영화학원은 졸업 시즌에 즈음하여 학생들에게 졸업작품을 위한 소재로 A의 소설『受戒』을 선정해 주었고, 이에 따라 졸업예정자인 C 학생은 A의 소설『受戒』을 각색하여 새로운 영화시나리오를 창작한 뒤 이를 토대로 30분짜리 단편영화를 만들었고 수업관람과 평점을 위해 이를 북경영화학원 내에서 상영한 적이 있었다. C 학생의 작품은 북경영화학원에 의해 최우수작으로 선정되어 프랑스 학생영화제에 출품되었는데, 당시 C 학생의 작품은 비록 1회에 한하여 상영되었지만 영화제조직위원회는 관중들로부터 소정의 관람료를 지급받았으며, 당해 영화제를 관람할 수 있는 자격에 특별한 제한이 없어 학생, 교사는 물론 일반인도 관중에 포함되어 있었다. B 회사는 A의 소설『受戒』을 영상물로 제작할 수 있는 권리는 B 회사에만 있으므로 북경영화학원이 B의 허락도 없이 졸업작품을 위한 소재로 A의 소설을 선정하여 학생들로 하여금 이를 각색하여 영화로 제작하도록 한 행위는 B가 가지는 영상물제작권 및 개편권을 침해한 것이라고 주장하면서 북경영화학원을 상대로 법원에 저작권 침해를 원인으로 한 손해배상청구소송을 제기하였다. 이에 대하여 피고 북경영화학원은 자신의 행위는 저작권법 제22조 제6호에 의한 자유이용에 해당한다고 항변하였고, 이에 추가하여 만약 제6호에 의한 자유이용이 인정되지 않더라도 자신의 행위는 일반적인 공정이용의 법리에 비추어 허용되는 것이라고 항변하면서 법원에 원고 청구 기각을 구하였다.

② 판결 내용

이 사건 제1심 법원은 저작권법 제22조 제6호는「학교수업 또는 과학연구를 위하여 이미 공표된 저작물을 번역하거나 또는 소량 복제하여 수업에 이용하거나

1) 위 사실관계의 출처는 张革新,『现代著作权法』, 中国法制出版社(2006), 제166-167쪽.

과학연구원에게 제공하는 경우」 저작물을 저작재산권자의 허락 없이 무상으로 이용할 수 있다고 규정하고 있으므로 피고가 수업관람과 평점을 위해 A의 소설을 졸업예정인 학생들에게 졸업작품의 소재로 선정해 주고 학생들로 하여금 A의 소설을 각색하여 영화로 제작한 뒤 교내에 상영하도록 한 행위는 본호에 의하여 허용되나, 그 범위를 넘어 프랑스 학생영화제에 학생의 작품을 출품하도록 한 행위는 허용되지 않는 것으로 B의 저작재산권을 침해한 것이라고 판시하였다.

원고 A 회사는 원심의 판결에 불복하여 북경시 제1중급인민법원에 항소하였는데, 항소요지는 다음과 같다. 즉, 저작권법 제22조 제6호는 자유이용의 방식으로 『번역』과 『소량 복제』만을 인정하고 있는데, 이 사건에 있어 피고가 한 행위는 학생들로 하여금 A의 소설을 각색하여 영화로 제작하도록 한 것이므로 본호에 의한 자유이용으로서 허용될 수 없으며, 또한 저작권법은 자유이용으로 12개의 유형만을 인정하고 있으므로 그 외의 행위에 대해서는 자유이용이 인정될 수 없다고 주장하였다.

이에 대해 항소심인 북경시 제1중급인민법원은 "저작권법 제22조 제6호는 학교수업을 위한 일정한 범위 내에서 타인의 저작물을 무상으로 이용하게 함으로써 교육활동이 순조롭게 이루어지는 것을 보장하는 데에 그 목적이 있다"라고 전제한 뒤, "피고는 영화인재를 육성하는 예술학교로 그 교육방식 또한 일반 학교에 비해 특수성을 지닐 수밖에 없으므로 피고가 졸업작품의 소재로 A의 소설을 선정한 뒤 학생들로 하여금 이를 각색하여 영화로 제작하도록 한 행위는 학교 수업을 위한 부득이한 것이다. 따라서 비록 저작권법 제22조 제6호의 전형적인 예에 해당하지는 않더라도 본호의 취지에 비추어 피고의 행위는 적법하게 허용되는 것으로 보아야 한다"고 판시하여 피고의 손을 들어 주었다. 또한, 북경시 제1중급인민법원은 위와 같은 피고의 행위는 예외적인 경우에 한하여 허용되는 것이라는 점을 강조하는 취지에서 "소설을 각색하여 영화로 제작하는 방식에 의한 자유이용은 피고처럼 영화교육을 담당하는 예술학교에서만 허용되는 것으로 엄격하게 해석하여야 하며, 또 그러한 행위는 반드시 학교수업에 필요한 범위 내에서만 행해져야 한다"고 판시하였다.[1)]

1) 위 항소심 판결에 대한 자세한 평석은 程永顺, 『著作权纠纷案件法官点评』, 知识产权出版社(2004), 제320-333쪽 참조; 刘春田, 『新版以案说法 知识产权法篇』, 中国人民大学出版社(2006), 제70쪽은 위 항소심 판결은 성문 규정에 반한다고 적고 있다.

다. 자유이용의 한계

(1) 저작권법실시조례 제21조의 의의 및 적용범위

저작권법실시조례 제21조는 「저작권법의 관련 규정에 따라 공표된 저작물을 저작권자의 허락 없이도 이용할 수 있는 경우 저작물에 대한 저작권자의 정상적인 이용에 영향을 미쳐서는 아니 되며, 불합리하게 저작권자의 권익에 손해를 입혀서도 아니 된다」고 규정하고 있다. 이는 각종 국제조약에서 인정되고 있는 이른바 3단계 테스트(three-step test)를 명문화한 것으로 자유이용의 한계를 규정한 것이다.

저작물의 자유이용은 문화의 향상발전이라는 저작권법의 궁극적인 목적에 이바지하기 위해 인정되는 것이나 자칫 그것이 남용되게 되면 저작권자가 가지는 정당한 권익을 부당하게 침해하게 되는 결과를 야기할 수 있으므로 베른협약을 비롯한 각종 국제조약은 회원국이 저작권자의 권리에 제한 또는 예외를 설정함에 있어 재량권을 남용하지 않도록 일정한 한계(3단계 테스트)를 설정하고 있다.

베른협약 제9조 제2항은 「특별한 경우에 있어서 그러한 저작물의 복제를 허용하는 것은 동맹국의 입법에 맡긴다. 다만 그러한 복제는 저작물의 통상적인 이용과 충돌되지 아니하여야 하며, 저작자의 합법적인 이익을 부당하게 해치지 아니하여야 한다」고 하여 3단계 테스트를 명문화하고 있다. 3단계 테스트는 베른협약에서는 복제권에 대해서만 적용되는 것으로 규정되어 있으나, TRIPs 협정에 와서는 복제권뿐만 아니라 모든 배타적 권리에 적용되게 되었고, WIPO 저작권조약(WCT) 및 WIPO 실연·음반조약(WPPT)에 와서는 저작인격권에까지 적용될 수 있는 것으로 적용범위가 확대되었다. 또한, TRIPs 협정은 3단계 테스트가 저작인접권에도 적용됨을 간접적으로 시사하고 있고 WIPO 실연·음반조약(WPPT)은 이를 명시적으로 인정하고 있다.[1)]

중국은 베른협약 및 TRIPs 협정 등에 가입한 이후 조약회원국으로서 국제적인 의무를 다하기 위해 2002년에 저작권법실시조례를 개정하면서 제21조에 3단계 테스트를 명문화하였다. 따라서 3단계 테스트는 이미 중국 국내 입법으로 전환되어 저작권제한의 한계를 정하는 기준으로 작용하고 있다고 볼 수 있다.[2)] 중국저작권법은 저작물의 자유이용의 범위를 저작재산권은 물론 저작인접권에까지 확대하고

---

1) 정찬모, "국제저작권협정상 3단계 테스트의 변천", 계간저작권 제65호(2004. 3.), 저작권심의조정위원회, 제57쪽 참조.

2) 李雨峰 等, 『著作权法』, 厦门大学出版社(2006), 제114쪽 참조

있으므로 중국저작권법상 3단계 테스트는 저작재산권과 저작인접권 모두에 적용된다고 볼 수 있다.

(2) 저작권법실시조례 제21조의 적용기준

저작권법실시조례 제21조에 따르면 저작물의 자유이용이 허용되는 경우라 하더라도 그것이 저작물에 대한 저작권자의 정상적인 이용에 영향을 미치거나 불합리하게 저작권자의 권익에 손해를 입히는 때에는 저작권 침해 문제가 발생하게 된다. 이하에서 각각의 경우를 살펴보자.

첫째, 저작물의 자유이용이 허용되는 특별한 경우일 것. 이는 3단계 테스트를 규정한 베른협약상 당연히 인정되는 요건이며, 저작권법실시조례 제21조도 「저작권법의 관련 규정에 따라 공표된 저작물을 저작권자의 허락없이도 이용할 수 있는 경우」라고 하고 있다. 베른협약 제9조 제2항 전문은 「특별한 경우에 있어서 그러한 저작물의 복제를 허용하는 것은 동맹국의 입법에 맡긴다」고 규정하고 있는데, 중국저작권법은 베른협약의 위임에 따라 제22조에서 자유이용이 허용되는 12개의 사유를 규정해 놓고 있다. 결국 저작권법실시조례 제21조는 저작권법 제22조가 문제되는 경우에 한하여 적용되는 것이다.

둘째, 저작물의 자유이용이 저작물에 대한 저작권자의 정상적인 이용에 영향을 미치지 않을 것. 이는 자유이용이 저작물의 통상적인 이용과 저촉하지 않아야 한다는 의미이다. 여기서 '저작물에 대한 저작권자의 정상적인 이용'이란 저작권자가 그 저작물이 일반적으로 지향하고 있는 시장[1]에서 저작물에 대한 배타적 권리로부터 통상적인 경제적 가치를 획득하는 행위를 말한다. 또한 저작권자의 정상적인 이용에 '영향을 미친다'는 것은 자유이용이 저작권자의 정상적인 이용과 경제적인 경쟁관계에 있는 것을 의미한다. 결론적으로 저작물의 자유이용이 예외적으로 허용되기 위해서는 자유이용이 허용되지 않는 부문과 경쟁관계에 있지 않아야 하고 그 저작물을 통해 경제적 가치를 얻고자 하는 원저작자의 이익을 해하지 않아야 한다.[2]

---

1) 예를 들면 학교 수업시간에 활용될 것을 예상하고 만들어진 학습 보조교재의 경우라면 이러한 저작물의 저작권은 비록 학교 교육목적을 위해서라도 제한하여서는 안 된다. 이해완, 『저작권법』, 박영사(2007), 제353쪽.

2) 미국저작권법 제110조 (5)가 TRIPs 협정의 3단계 테스트를 규정한 관련 규정을 위반하였다는 유럽연합의 제소가 있었는데, 이 때 위 제소에 대한 패널보고서는 스위스 정부와 지적재산권의 보호를 위한 국제적인 기구의 대표자로 구성된 전문가 집단의 의견을 제시하였는바, 당해 전문가 집단은 「배타적 권리의 예외로 인정되기 위해서는 면제되지 않는 부문과 경쟁관계에 있지 않아야 하고, 그 저작물을 통해 경제적 가치를 얻고자 하는 원 저작자의 이익을 해하지

셋째, 불합리하게 저작권자의 권익에 손해를 입히지 않을 것. 저작물의 자유이용이 저작물에 대한 저작권자의 정상적인 이용과 경제적인 경쟁관계에 있지 않더라도 불합리하게 저작권자의 권익에 손해를 가한 때에는 앞의 경우와 마찬가지로 저작권 침해 문제가 발생한다. 여기서 저작권자의 '권익'이라 함은 주로 경제적 이해관계를 말하지만 반드시 경제적인 요소에만 국한되는 것은 아니며 비경제적 요소도 포함한다. 경제적 이해관계에는 현재의 이익은 물론 향후 예상 가능한 장래 이익도 포함된다. 문제는 과연 어느 정도가 '불합리'하게 저작권자의 권익을 저해하는 것으로 볼 수 있느냐이다. 3단계 테스트는 저작권자와 이용자 간의 이익을 형량하는 과정이므로 '불합리'라는 기준도 이익형량 및 비례성의 원칙에 따라 판단되어야 할 것이다.

(3) 저작권법실시조례 제21조의 적용효과

저작물의 자유이용을 허용하는 개별 예외 규정이 있는 경우에 이에 추가하여 3단계 테스트를 통과하여야만 비로소 적법한 자유이용으로 인정되는가.

저작권법실시조례 제21조에 비추어 볼 때 그와 같이 보아야 할 것이다. 따라서 저작권법 제22조에서 규정하는 개별 예외 규정에 해당함에 의문의 여지가 없는 경우에도 자유이용으로 말미암아 저작자의 이익이 불합리하게 침해되는 경우에는 자유이용은 더 이상 허용되지 않는다. 다만, 소송법적으로 보면 저작물 이용자는 자신의 이용행위가 저작권법 제22조에 부합한다는 점만 주장·입증하면 될 것이다. 저작물의 자유이용이 저작권법실시조례 제21조에 위배된다는 점은 저작권자가 주장·입증하여야 할 항변에 해당한다.

3. 자유이용 규정의 개별적 검토

가. 『개인학습, 연구 또는 감상을 위하여 타인이 이미 공표한 저작물을 이용하는 것』(제1호)

(1) 의 의

제3자는 저작권자의 동의 없이도 개인학습, 연구 또는 감상을 목적으로 하는

않아야 한다」는 의견을 밝힌 바 있다. 정찬모, "국제저작권협정상 3단계 테스트의 변천", 계간저작권 제65호(2004. 3.), 저작권심의조정위원회, 제56쪽 참조.

범위 내에서 저작권자의 공표된 저작물을 자유로이 이용할 수 있다(저작권법 제22조 제1호 참조). 이는 타인의 저작물을 개인학습, 연구 또는 감상을 목적으로 이용하는 것은 저작물 이용시장에 대한 저작권자의 경제적 이해관계에 미치는 영향이 적고, 비영리적 목적으로 저작물을 이용하는 것까지 규제하는 것은 지나치다는 취지이다.[1)]

본호는 저작물 이용의 수단과 방법을 묻지 아니한다. 본호는 제22조 제2호의 '인용'이나 제8호의 '복제' 등과는 달리 저작물을 '이용'한다고 규정하고 있다. 따라서 위 제22조 제1호에 따른 저적물의 자유이용은 저작물의 복제는 물론 필요한 범위 내에서 저작물을 번역하거나 편집 또는 개편하는 것 등도 포함한다.

문제는 학습, 연구 또는 감상과 같은 개인적 목적에 의한 저작물 이용이라 하더라도 복제기술, 특히 무한복제가 가능한 디지털 복제기술에 편승하여 저작물 이용시장에 대한 저작권자의 경제적 이익에 심각한 타격을 줄 수 있다는 것이다. 이는 결과적으로 저작자의 창작 의지를 저하시키고 이로써 저작물 창작을 장려하는 저작권법의 궁극적인 취지도 퇴색되게 된다. 따라서 본호에 따른 자유이용의 허용여부를 판단함에 있어서는 저작권법실시조례 제21조의 3단계 테스트를 탄력적으로 적용하여 본호가 지나치게 확대 적용되지 않도록 하여야 한다.

(2) 요 건

(가) 공표된 저작물일 것

제22조 제1호는 반드시 공표된 저작물에 한해서 적용된다. 저작권자는 공표권이 있고 저작권자가 아직 공표를 하지 않았다는 것은 저작권자 스스로가 저작물에 대한 타인의 이용을 원하지 않는다는 뜻이기 때문이다.

(나) 개인적인 학습, 연구 또는 감상을 위한 것일 것

학습, 연구 또는 감상은 개인적인 목적에서 이루어져야 한다. 이는 결국 비영리적인 목적을 의미하는 것이다. 비영리성이라 함은 단순히 구입비용을 면하거나 절감하는 의미를 뜻하는 것이 아니라 저작물을 타인에게 유상으로 판매하는 등과 같은 상업적 이용을 허용하지 않는다는 의미이다. 따라서 개인적으로 감상하기 위한 목적에서 타인의 미술저작물을 사진으로 복제하는 것은 허용되나 그 복제물을 대량으로 복사하여 제3자에게 유상 양도하는 행위는 허용되지 않는다.

---

1) 张革新,『现代著作权法』, 中国法制出版社(2006), 제160쪽 참조.

한편, 법문은 '개인'적인 학습, 연구 또는 감상을 위한 것일 것이라고 규정하고 있어 이에 의하면 마치 자유이용의 인적범위가 개인에만 국한되는 것처럼 해석될 수 있다. 인적범위와 관련하여 학자에 따라서는 가정까지도 포함된다거나[1] 가정을 넘어 기업 등 단체가 내부적으로 업무상 이용하는 경우도 포함된다고[2] 보는 견해가 있다. 비교법적으로 볼 때 한국저작권법은 제30조에서 사적이용을 위한 복제를 정하고 있고 이 때 당해 복제가 허용되는 인적 범위는 '개인 또는 가정 및 이에 준하는 한정된 범위'이다. 여기서 '이에 준하는 한정된 범위 안'이라고 하기 위해서는 복제하는 자가 속하는 소수의 집단 구성원들 상호간에 강한 인적 결합이 있을 것을 필요로 한다. 예를 들어 동호회나 서클 중에서 10인 정도 이내의 사람들이 하나의 취미 내지 활동을 목적으로 하여 모여 있는 한정된 극소수의 그룹이 이에 해당한다.[3] 현재 한국의 통설은 회사나 기업 등에서 내부적인 이용을 위하여 하는 복제에는 사적이용을 위한 복제가 인정되지 않는다고 본다.

생각건대, 사적 이용의 인적 범위를 기업으로까지 확대하는 것은 문제가 있고, 개인 또는 가정 내지는 이에 준하는 범위로 한정하여야 할 것이다.

(3) 이용방법 및 한계

저작권법 제22조 제1호에 의하여 저작물을 자유이용하는 경우 이용자는 반드시 저작자의 성명 및 저작물의 명칭을 표시하여야 한다. 이에 반해 한국저작권법 제37조 제1항은 사적이용을 위한 복제의 경우 출처의 명시의무가 면제된다고 규정하고 있다.[4]

저작물의 자유이용이 위에서 본 요건들을 모두 충족하였더라도 저작물에 대한 저작권자의 정상적인 이용에 영향을 가하거나 저작권자의 정당한 권익을 불합리하게 침해하는 것은 법의 취지에 비추어 허용되지 않는다(저작권법실시조례 제21조 참조). 예컨대 개인 감상을 목적으로 하면서도 필요 이상으로 서적의 전체를 복제

---

1) 张革新, 『现代著作权法』, 中国法制出版社(2006), 제160쪽 참조; 吴汉东, 『知识产权法学』, 北京大学出版社(2005), 제108쪽은 제22조 제1호의 '개인'은 가정으로 확대해석할 수 있으며, 가정범위를 초과하여 이용하는 경우에는 타인의 저작권을 침해하는 행위에 속한다고 적고 있다.

2) 李雨峰 等, 『著作权法』, 厦门大学出版社(2006), 제115쪽.

3) 이해완, 『저작권법』, 박영사(2007), 제415쪽.

4) 출처명시의무를 면제하는 것은 사적이용을 위한 복제가 개인적 또는 가정과 같은 한정된 범위에서만 이루어지는 것을 요건으로 하고 있고 대외적인 이용을 전제로 하는 것이 아니기 때문에 출처명시를 할 필요성이 없고, 또한 현실적으로도 출처명시의무를 부과하는 것이 타당성이 없다고 보아서 그렇게 한 것이라고 한다.

하거나, 음악테이프나 음악 CD를 대량으로 복제하는 것은 허용되지 않는다.[1] 본호 적용과 관련하여 가장 문제되고 있는 것은 가정에서 방송전파를 통해 TV로 수신되는 영상저작물을 비디오 기기로 녹화한 다음 이를 비치·수집하는 행위 및 인터넷상에서 P2P 프로그램 등을 이용하여 개인적으로 타인의 저작물을 다운로드 받는 행위 등이 있다. 이하에서 이를 상술하기로 한다.

(가) TV 프로그램을 비디오 기기로 녹화하는 행위

이와 관련하여 중요한 사건으로는 Sony Corp. v. Universal City Studios, Inc.사건이 있다.[2]

이 사건의 개요는 다음과 같다. 원고 유니버설 스튜디오는 영화제작자로서 TV 프로그램의 저작권자이고, 피고 Sony 사는 Betamax라는 VTR의 제조판매업체이다. 당해 VTR은 TV를 통해 시청중인 TV 프로그램을 녹화할 수 있을 뿐만 아니라 시청자가 A 채널을 시청하고 있으면서 바로 그 시간에 B 채널의 프로그램까지도 녹화할 수 있는 기능을 가지고 있다. 뿐만 아니라 위 VTR은 타이머 기능을 가지고 있어 시청자들은 외출 시에도 특정 시간대의 TV 프로그램을 녹화할 수 있으며 일시정지 및 빠른 재생 기능도 포함하고 있다.[3] 원고는 수많은 시청자들이 Betamax VTR을 이용하여 TV 프로그램을 녹화함에 따라 실시간 시청률이 왜곡되고 광고 수입이 줄어드는 등의 손해를 입게 되었다고 주장하면서 VTR을 제조·판매한 피고 Sony 사는 시청자들의 복제권 침해행위에 대한 불법도구의 제공자로서 기여책임을 진다고 주장하였다. 위 사건에서는 미국법상의 '공정이용(Fair use)' 문제와 피고 Sony 사의 기여책임이 중요한 쟁점으로 부각되었는데, 여기서는 공정이용 부분에 대해서만 살펴보기로 한다.

미국저작권법 제107조는 「… 저작권으로 보호되는 저작물을 … 공정이용하는 행위는 저작권 침해가 되지 아니 한다」고 규정하면서 구체적인 경우에 저작물의 이용이 공정이용에 해당하는지 여부를 판단하는 기준으로서 「① 저작물의 이용이 상업적 성질을 가지는 것인지 아니면 비영리적 교육목적을 위한 것인지(저작물 이용의 목적과 성격), ② 저작권으로 보호되는 저작물의 성질, ③ 이용된 부분이 저작권으로 보호되는 저작물 전체에서 차지하는 양과 상당성, ④ 저작물 이용이 저작물의 잠재적 시장 또는 가격에 미치는 영향」 등 4가지를 규정하고 있다. 공정이

1) 李雨峰 等, 『著作权法』, 厦门大学出版社(2006), 제115쪽.
2) 이하 판례의 출처 및 내용은 李雨峰 等, 『著作权法』, 厦门大学出版社(2006), 제121-124쪽 참조.
3) 이러한 기능을 전문용어로는 타임 쉬프팅(Time-Shifting)이라 한다.

용에 대한 판단에서 1심 지방법원은 공정이용을 인정하는 판결을, 항소심은 부정하는 판결을 내려 서로 엇갈리는 판결을 내렸으나 연방대법원은 최종적으로 피고 Sony 사의 손을 들어 주어 공정이용을 인정하였다. 당시 연방대법원은 공정이용 인정여부와 관련하여 다수의견과 소수의견 간의 치열한 견해 대립[1]을 겪었는데, 특히 위 공정이용의 요건 중 ①과 ④에 대해 치열한 논쟁이 있었다고 한다.

먼저 대법원 소수의견은 공정이용의 목적은 학문과 과학의 진보를 촉진하는 것에 있다면서 일반 공중에 어떠한 이익도 주지 못하는 이용은 공정이용이 될 수 없다고 보았다. 이에 따라 소수의견은 가정에서 개인 감상용으로 TV 프로그램을 녹화하는 행위는 사회를 위한 생산적인 이용행위(Productive use)가 아니므로 위 ①의 요건을 충족하지 않는다고 판단하였다.

이에 반해 대법원 다수의견은 저작물 이용의 목적을 Productive use에 국한시키는 소수의견의 입장에 반대하면서 작품 사용이 새로운 가치를 창조할 수 있는지 여부가 공정이용 판단에 있어 결정적인 기준이 될 수 없다고 주장하였다. 다수의견은 교사가 수업준비를 위해 타인 작품을 복제하는 것이 사회를 위한 생산적인 이용행위에 해당한다는 것에는 의문의 여지가 없으나 단순히 자신의 전문적 시야를 넓히기 위해 타인 작품을 이용하는 것 또한 비영리적인 목적에서 이루어진 것이라면 공정이용에 해당한다면서 그와 같은 취지에서 가정에서 개인 감상용으로 TV 프로그램을 녹화하는 행위도 공정이용에 해당한다고 판단하였다. 또한 대법원 다수의견은 공정이용에 관한 ④의 요건과 관련하여 Betamax VTR의 타임 쉬프팅이 원고 유니버설 스튜디오의 저작물의 잠재적 시장(potential market)에 적지 않은 피해를 입힐 것이라는 점에 대한 개연성도 없어 보인다고 판단하였다.

결론적으로 연방대법원은 가정에서 행해지는 타임 쉬프팅은 공정이용에 해당하여 위법성이 없고, 이처럼 1차적 책임이 성립되지 않는 경우에는 피고 Sony 사의 기여책임에 관한 문제는 더 나아가 살펴볼 필요 없이 성립될 여지가 없다고 판단한 것이다. Sony 사건에 대한 연방대법원 판결은 복제기술과 저작권의 충돌이라는 어려운 문제에 대한 중요한 기준을 제시하여 준 것으로, 매우 의미 있는 판결이며 중국 저작권법 해석에 있어서 하나의 기준으로 될 수 있는 판결이라 할 수 있다.

현재 중국저작권법 해석에 의할 때 TV 프로그램을 비디오 기기로 녹화하는 행위는 저작권법 第22조 第1호에 의한 자유이용에 해당하여 적법한 것으로 볼 수 있다.[2]

---

1) 연방대법원은 대법관 5:4의 의견 대립 끝에 공정이용을 인정하였다.

2) 吴汉东,『知识产权法学』, 北京大学出版社(2005), 第109쪽은 다수의 국가에서는 음반제품, 라디

(나) 인터넷상에서 P2P 프로그램 등을 이용하여 개인적으로 타인의 저작물을 다운로드 받는 행위

인터넷상에서 개인적인 학습, 연구 또는 감상을 위하여 타인의 저작물을 다운로드 받는 것은 저작권법 제22조 제1호에 의한 자유이용에 해당한다고 볼 수 있다. 그러나 다운로드의 수단에 따라 그러한 결론은 달라질 수 있다는 것에 주의할 필요가 있다. 최근 사회적으로 큰 문제로 되고 있는 것으로 P2P(Peer to Peer)가 있다. P2P란 네티즌들이 직접 파일을 교환·공유할 수 있도록 하는 인터넷 서비스를 말한다. 통상 P2P를 이용하여 파일을 공유할 때에는 업로드와 다운로드가 동시에 이루어진다. 또한 그러한 쌍방향 작용은 P2P 서비스를 이용하는 수많은 네티즌 사이에서 동시 다발적으로 진행된다. 저작권법 제22조 제1호의 자유이용은 개인 또는 가정 및 이에 준하는 한정된 범위에만 인정되는 것인데, 위와 같은 P2P 서비스를 통한 파일 공유행위는 개인 또는 가정 및 이에 준하는 한정된 범위 안에서의 행위라고 볼 수 없다. 따라서 P2P 서비스를 통해 파일을 다운로드 받는 행위는 복제권의 침해로 된다.[1]

[복제보상금제도(複製補償金制度)]

복제보상금제도란 가정 등에서 이루어지는 녹음·녹화·복사 등 복제행위에 의해 저작권자가 입는 손실을 보상하기 위해 녹음기·녹화기·복사기 등과 같은 복제기기를 구입하는 사람으로 하여금 저작권자에게 일정한 금액의 보상금을 지급하도록 하는 제도를 말한다. 이 경우 복제기기를 구입한 사람은 저작권자에게 직접 보상금을 지급하여야 하는 것이 아니라 복제기기의 가격에 일정비율(예컨대 1~2%)에 해당하는 금액을 추가한 가격을 제조사에게 지급하고 제조사가 이를 수령하여 저작권관리단체에 지급하면 저작권관리단체가 회원인 저작권자에게 보상금을 분배하게 된다. 이 제도는 1965년 독일에서 최초로 도입된 이래 오스트리아, 핀란드, 프랑스, 스페인, 네덜란드, 미국, 일본 등 선진 각국에 의해 광범위하게 시행되고 있다.

복제보상금제도는 복제기술 및 복제기기의 발달과 더불어 날로 위협받고 있는 저작권자의 경제적 이익을 보호한다는 측면에서는 매우 긍정적인 제도로 평가받고 있으나, 저작권을 직접적으로 침해한 자가 아닌 복제기기의 제조사에게 보상

오·TV 프로그램을 녹화하여 개인 및 가정에서 감상하는 것을 허용하고 있다고 적고 있다.

1) P2P 서비스를 통한 파일 업로드 행위는 정보네트워크전송권의 침해로 된다.

의무를 지우고 복제기기 중에는 사적복제에 이용되지 않는 것이 있음에도 이를 무시한 채 모든 복제기기의 제조사에게 일괄적으로 보상금을 부과시키고 있다는 점에서 전혀 문제가 없는 제도라고 보기도 어렵다.

현재 중국에서는 복제보상금제도가 입법적으로 도입되지는 않았으나 저작권 보호의 충실을 도모하려는 취지에서 그 도입의 필요성을 주장하는 목소리가 점점 증가하고 있다.

나. 『어떤 저작물을 소개 또는 평론하거나 어떤 문제를 설명하기 위하여 저작물에 타인이 이미 공표한 저작물을 적당하게 인용하는 것』 (제2호)

(1) 의 의

저작권법 제22조 제2호는 「어떤 저작물을 소개 또는 평론하거나 어떤 문제를 설명하기 위하여 저작물에 타인이 이미 공표한 저작물을 적당하게 인용하는 경우」 저작물을 이용함에 있어 저작권자의 허락을 받지 않아도 되며 보수를 지불하지 않아도 된다고 규정하고 있다.

인용은 타인의 논문이나 그림, 사진 등을 자신의 저작물에 옮겨 싣는 것을 말한다. 원래 인용은 타인의 저작물을 있는 그대로 복제하는 것과 다름이 없으므로 원저작물에 대한 저작권 침해가 될 것이나 새로운 저작물의 창작은 기존의 저작물을 토대로 하는 경우가 대부분이고 기존의 저작물을 비평, 연구 등의 목적으로 이용하는 것은 새로운 문화창출이라는 관점에서 오히려 장려되는 것이므로 위와 같은 저작재산권 제한 사유가 규정되게 된 것이다.

여기서 주의하여야 할 점은 인용의 대상은 원저작물의 '표현'이어야 한다는 것이다. 타인의 사상이나 감정은 표현이 아닌 아이디어에 불과하므로 저작권법의 보호를 받지 못한다. 따라서 제3자가 원저작물의 사상이나 감정을 자신의 것으로 소화하여 자신의 표현으로 바꾸는 것은 인용이 아니며 새로운 창작행위이다.

(2) 요 건

(가) 공표된 저작물일 것

제22조 제2호는 반드시 공표된 저작물에 한해서 적용된다.

(나) 소개, 평론, 설명을 위한 인용일 것

본호에 의하여 허용되는 인용은 소개, 평론, 설명을 위한 것이어야 한다. 소개, 평론, 설명을 위해 저작물을 이용하는 것은 새로운 문화창출을 위한 생산적이고 창조적인 행위에 해당한다. 이와 같은 목적으로 저작물을 이용하는 한 비록 그 행위에 영리성이 일부 개입되더라도 본호 인정에는 아무런 지장이 없다. 다만 영리성을 주된 목적으로 상업적인 광고에 타인의 저작물을 인용하거나[1] 자신의 저작물을 홍보하기 위한 목적에서 타인의 저작물을 인용하는 것은[2] 허용되지 않는다.

중국저작권법 제22조 제2호와 유사한 한국저작권법 제28조는 「공표된 저작물은 보도·비평·교육·연구 등을 위하여는 정당한 범위 안에서 공정한 관행에 합치되게 이를 인용할 수 있다」고 규정하고 있는데, 본조는 인용의 목적을 보도·비평·교육 "등"이라고 하고 있어 인용의 목적이 반드시 보도·비평·교육·연구에 한정되는 것은 아님을 밝히고 있다. 이에 반해 중국저작권법 제22조 제2호는 인용의 목적을 소개, 평론, 설명으로 제한하고 있다.[3] 따라서 제22조 제2호에 제한적으로 열거된 목적 이외의 다른 목적으로 인용하는 것은 허용되지 않는다.[4] 해석상 한국저작권법 제28조의 보도·비평·교육·연구는 중국저작권법 제22조 제2호의 「소개, 평론, 설명」에 포함될 수 있다고 본다.

(다) 적당하게 인용할 것(适当引用)

본호가 인정되기 위해서는 타인의 저작물을 적당하게 인용하여야 한다. 만약 그러한 범위를 벗어난 인용은 본호에 의하여 정당화될 수 없다.

문제는 과연 어느 정도여야지 적당한 인용으로 평가될 수 있느냐는 것이다. '적당'이라는 개념이 매우 추상적이라 그에 대한 일률적이고 구체적인 기준을 설정하는 것은 매우 어렵다. 결국 허용될 수 있는 인용인지의 여부는 그 목적이나 관행에 의하여 정당화될 수 있는 범위 내인지에 달려 있다.

우선 인용된 부분과 인용자가 작성한 부분이 서로 구별될 수 있어야 한다. 구별을 위해서 따옴표를 쓴다든가 줄을 바꾸거나 크기나 모양이 다른 활자로 표시

---

1) 韩松, 『知识产权法』, 中国人民大学出版社(2006), 제130쪽.

2) 法律教育网, "陈设于公共场所的艺术作品录像制成产品电视广告播放不属合理使用" 논문참조, 위 논문의 출처는 http://zscq.lawtime.cn/ipanli/2006092736265_2.html.

3) 李雨峰 等, 『著作权法』, 厦门大学出版社(2006), 제115쪽.

4) 王葆柯, "慧眼鉴别作品的引用与抄袭" 논문 참조, 위 논문의 출처는 知识产权报, http://www.sipo.gov.cn/sipo/xwdt/mtjj/2007/200705/t20070528_173240.htm.

하는 것이 필요하다. 인용시 그 인용부분에 대한 출처도 명시하여야 한다. 만약 인용된 부분과 인용자가 작성한 부분이 서로 구분되지 않는다면 이는 저작물 이용자가 타인의 저작물을 마치 자신의 것처럼 이용한 것과 다르지 않으므로 위법을 면할 수 없다.

또한 인용된 부분이 인용자가 작성한 인용저작물의 주요 부분이 되어서는 아니된다.[1] 이는 한국저작권법에서는 전문용어로 주종(主從)관계로 설명되고 있다. 즉 인용저작물과 피인용저작물을 비교할 때 어디까지나 인용저작물이 主이고 피인용저작물이 從이어야 한다는 것이다. 한국대법원은 주종관계에 대해 「정당한 범위에 들기 위하여서는 그 표현형식상 피인용저작물이 보족, 부연, 예증, 참고자료 등으로 이용되어 인용저작물에 대하여 부종적 성질을 가지는 관계(즉, 인용저작물이 주이고, 피인용저작물이 종인 관계)에 있다고 인정되어야 할 것이다」고 판시하였다.[2] 피인용저작물이 主가 되고 인용저작물이 從이 되는 경우에는 사실상 인용자가 피인용저작물을 자신의 것처럼 사용한 것과 다름이 없으므로 적당한 인용으로 볼 수 없는 것이다.

인용에 관하여 fair use가 문제되었던 미국 판례를 소개하면 다음과 같다.

[Folsom v. Marsh, 9 Fed Cas. 342(C.C.D. 1841)][3]

폴섬은 출판업자로서 일찍이 「워싱턴의 저작」이라는 700페이지에 달하는 서간문 전집을 발행하였다. 그 후 업햄(Upham)은 866페이지의 「워싱턴 전기(Life of Washington in the Form of an Autobiography)」를 펴내게 되었는데 그 3분의 1 이상(약 350페이지)이 이전에 발간된 폴섬의 전집물에서 베낀 것이었다. 이에 폴섬이 제소하였고, 피고는 항변으로서 "저작자는 원래 저작을 함에 있어서 다른 저작물에서 인용할, 발췌할, 간추릴 혹은 요약할 권리가 있다"고 주장하였다.

스토리 판사는 저작권 침해를 인정하면서 "어떤 저작물 사용이 공정한가 여부를 판단함에 있어서 법원은 사용된 발췌부분의 성질 및 목적, 사용된 저작물의 분량 및 그 가치, 그리고 문제의 사용이 원저작물의 판매에 해를 끼치는 정도, 원저작물을 대체하여 그 이익을 감경시키는 정도 등에 유의하여야 한다"고 판시하였다.

---

1) 张革新, 『现代著作权法』, 中国法制出版社(2006), 제161쪽.
2) 한국대법원 1990. 10. 23. 선고 90다카8845 판결 참조.
3) 판례 출처 및 내용은 송영식·이상정 공저, 『저작권법개설(제4판)』, 세창출판사(2007. 9.), 제184쪽에서 인용.

[Time Inc. v. Bernard Geis Associates, 293 F. Supp. 130(S.D.N.Y. 1968)][1)]

톰슨이라는 사람이 케네디 대통령 암살에 대한 책을 써서 Bernard Geis Associates 사를 통해서 발행 배포하고 있었다. 그 책(Six Seconds in Dallas)에는 Time사 발행 Life 잡지에 실린 암살장면 사진이 실려 있었다. 이에 Time사가 Bernard Geis Associates사를 상대로 저작권 침해소송을 제기한 것이 이 사건이다.

법원은 피고의 fair use 항변을 인정하였다. 즉, 케네디 대통령의 암살에 대하여 가능한 한 많은 정보를 얻고자 하는 공공의 관심이 있는데, 톰슨은 그 사건의 인과관계에 관해서 공공의 목적을 끌기에 충분한 추론을 하여 책을 내어놓았다. 피고는 각각의 사진을 실제로 카피한 사진이 피고의 책을 보다 이해하기 쉬운 것으로 하였고, 또 공중은 그 암살의 진면목을 볼 수 있었기 때문에 피고의 카핑은 공정이용에 해당한다. 또 톰슨의 책은 사진이 실려서 팔리는 것이 아니라 사진에 의해서 보조되는 톰슨의 추론 내지 설명 때문에 팔리며, 원고와 피고는 경쟁관계에 있는 것도 아니므로 사진의 저작권자인 원고에게 손해를 주었다고 보기도 힘들다. 즉 원고 사진의 시장성에 영향을 주었다고 보기 힘들다. 설사 앞으로 원고가 사진첩을 발행하려는 계획이 있더라도 몇 개의 사진을 카피했다고 하여 그 계획에 영향을 미칠지도 의문이며, 경우에 따라서는 톰슨의 책이 원고 사진의 가치를 높여 줄지도 모른다. 결국 피고의 카핑은 공정이용에 해당한다.

다. 『시사뉴스(时事新闻)를 보도하기 위하여 이미 공표된 저작물을 신문, 정기간행물(期刊), 라디오방송국, TV방송국 등의 언론매체에 불가피하게 재현 혹은 인용하는 것』(제3호)

(1) 의 의

저작권법 제22조 제3호는 「시사뉴스(时事新闻)를 보도하기 위하여 이미 공표된 저작물을 신문, 정기간행물(期刊), 라디오방송국, TV방송국 등의 언론매체에 불가피하게 재현 혹은 인용하는 경우」 저작물을 저작권자의 허락 없이 무상으로 이용할 수 있다고 규정하고 있다.

스포츠 게임을 뉴스로 방송하는 경우 경기장에서 연주되는 음악이 방송을 타고 우발적으로 흘러나온다거나 미술관 도난 사건을 보도하면서 사건 현장을 촬영할

---

1) 판례 출처 및 내용은 송영식·이상정 공저, 『저작권법개설(제4판)』, 세창출판사(2007. 9.), 제184-185쪽에서 인용.

때 미술관에 전시되어 있는 미술작품 등이 불가피하게 방송에 나오는 경우 당해 언론 매체에 저작권 침해의 책임을 묻는다는 것은 너무 가혹한 측면이 없지 않다. 또한 시사보도를 원활하게 하기 위해서는 필요한 경우에 한하여 타인의 저작물을 적극적으로 인용하는 것도 허용할 필요가 있다. 따라서 위와 같은 취지를 염두에 두고 위 규정을 두게 된 것이다.

위 제22조 제3호와 유사한 한국저작권법 제26조는「방송·신문 그 밖의 방법에 의하여 시사보도를 하는 경우 그 과정에서 보이거나 들리는 저작물은 보도를 위한 정당한 범위 안에서 복제·배포·공연 또는 공중송신할 수 있다」고 규정하고 있다. 한편 한국저작권법 제28조는「공표된 저작물은 보도·비평·교육·연구 등을 위하여는 정당한 범위 안에서 공정한 관행에 합치되게 이를 인용할 수 있다」고 규정하고 있다. 양자의 차이에 관하여 한국학자들은 위 제26조는 보도의 과정에서 우발적으로 저작물이 이용되는 경우에 관한 것인 반면, 제28조는 시사과정에서 보이거나 들리는 저작물이 우발적으로 이용되는 것이 아니라 보도, 비평 등을 위해 그와 관련된 저작물을 적극적으로 인용하는 행위를 자유이용으로 허용하는 것이라고 설명하고 있다.

그렇다면 한국저작권법 제28조와 유사한 중국저작권법 제22조 제2호는 같은 조 제3호와 어떻게 차이가 나는가. 중국저작권법 제22조 제3호는 한국저작권법 제26조와는 달리 저작물 이용양태로 '인용'을 인정하고 있다. 즉, 중국저작권법 제22조 제3호에 의한 자유이용의 경우에는 시사과정에서 보이거나 들리는 저작물이 우발적으로 이용되는 것뿐만 아니라 시사보도를 위해 적극적으로 저작물을 인용하는 것까지도 포함한다. 또한 시사뉴스를 보도하기 위한 목적은 저작권법 제22조 제2호의「어떤 문제를 설명하기 위한 목적」등에 포함될 수 있을 것이다. 이런 측면에서 본다면 제22조 제3호와 같은 조 제2호는 서로 중복되는 면이 없지 않다. 그러나 저작권법 제22조 제3호는 같은 조 제2호가「적당하게 인용하는 것」을 요건으로 하는 것과는 달리「불가피하게」재현 또는 인용할 것을 요건으로 하고 있다. 따라서 저작권법 제22조 제3호는 제22조 제2호와 비교하여 시사보도를 위한 인용의 측면에서 서로 중복되는 면이 있으면서도 그 인용의 허용요건에 있어서는 제22조 제2호에 비하여 훨씬 더 엄격한 요건을 요구하고 있다고 말할 수 있다.

(2) 요 건

(가) 공표된 저작물일 것

제22조 제3호는 반드시 공표된 저작물에 한해서 적용된다. 이와는 달리 제22조 제3호와 유사한 한국저작권법 제26조의 객체가 되는 저작물은 미공표된 저작물도 포함한다.

(나) 시사뉴스를 보도하기 위한 목적에서 저작물을 재현 또는 인용할 것

본호의 자유이용은 시사뉴스를 보도하기 위한 목적에 한하여 허용된다. 따라서 상업적인 목적에서 타인의 저작물을 재현하거나 인용하는 것은 본호의 적용대상이 아니다.[1]

그렇다면 시사뉴스를 보도하기 위한 목적의 유무는 어떻게 판단할 수 있는가. 이는 결국 인용저작물이 뉴스가치를 가지고 있는지 여부를 규범적으로 판단하여 결정하여야 할 것이다. 뉴스의 범위는 일반적으로는 정치, 사회, 경제, 외교 등이 주가 되겠지만 그 외에도 문화, 예술, 건축, 군사 등 다양하다. 뉴스의 범위가 이처럼 다양하고 광범위한 이상 사실상 언론기관에서 관심을 가지고 보도한 것이라면 특별한 사정이 없는 한 뉴스가치가 있는 것으로 평가될 수 있을 것이다. 이런 의미에서 본호 적용 여부를 판가름하는 것은 목적 자체보다는 “불가피하게” 인용 또는 재현을 할 수밖에 없었는지 여부일 것이다.

(다) 언론매체가 저작물을 이용할 것

본호의 자유이용은 신문, 정기간행물, 라디오·TV 방송국 등 언론매체가 저작물을 이용하는 경우에 한하여 적용된다. 따라서 언론매체가 아닌 자가 저작물을 이용하는 때에는 비록 시사뉴스를 보도하기 위한 목적이 인정되더라도 본호에 따른 자유이용은 허용되지 않는다.

(라) 타인의 저작물을「불가피하게」재현 혹은 인용한 것일 것.

본호의 자유이용이 인정되기 위해서는 저작물의 재현 혹은 인용이 불가피한 것이어야 한다. 여기서「불가피한 것」이라고 함은 보도의 목적상 저작물 이용이 필요최소한의 범위 내이어야 한다는 것이다. 저작물 이용이 그러한 범위를 초과한

---

1) 张革新,『现代著作权法』, 中国法制出版社(2006), 제161쪽.

때에는 더 이상 자유이용이 아니다.[1] 불가피한 저작물 이용의 예로는 우선 시사보도를 하는 과정에서 보이거나 들리는 저작물을 이용하는 것을 들 수 있다. 예컨대 스포츠 게임을 뉴스로 방송하는 때 경기장에서 연주되는 음악이 방송을 타고 우발적으로 흘러나오는 경우 등이다. 그 외에도 특정한 사건을 구성하는 저작물 이용도 불가피한 저작물 이용의 예가 될 수 있다. 예컨대 어떤 미술관에서 유명작가의 그림이 도난당했을 경우 그 사건을 공중에게 알리기 위해 바로 그 그림의 복제사진을 신문에 게재하거나 방송으로 내보내는 것 등을 들 수 있다.

한국저작권법에서는 '특정한 사건을 구성하는 저작물' 자체도 한국저작권법 제26조[2]의 객체로 될 수 있는지 여부에 관하여 학설상 다툼이 있다. 이에 대해 다수설은 제26조의 객체는 시사보도를 하는 과정에서 보이거나 들리는 저작물에 제한된다고 하면서 위와 같은 경우에는 제26조가 아닌 공표된 저작물에 대한 적극적인 '인용'을 허용하는 제28조가 적용되어야 한다고 보고 있다. 중국저작권법 제22조 제3호는 한국저작권법 제26조와는 달리 저작물 이용양태로 '인용'을 인정하고 있다. 중국저작권법 제22조 제3호에 의한 자유이용의 경우에는 시사과정에서 보이거나 들리는 저작물이 우발적으로 이용되는 것뿐만 아니라 시사보도를 위해 적극적으로 저작물을 인용하는 것까지도 포함한다. 따라서 중국저작권법 해석에 의할 때 특정한 사건을 구성하는 저작물도 제22조 제3호에 의하여 자유이용이 허용되는 것이다. 중국저작권법 제22조 제3호와 유사한 일본저작권법 제41조도 「사진, 영화, 방송 기타의 방법에 의하여 시사사건을 보도하는 경우에는 당해 사건을 구성하거나 또는 당해 사건의 과정에서 보이거나 들리는 저작물은 보도의 목적상 정당한 범위 내에서 복제하거나 당해 사건의 보도에 수반하여 이용할 수 있다」고 규정하여 '특정한 사건을 구성하는 저작물'의 자유이용을 명시적으로 인정하고 있다.

라. 『신문, 정기간행물, 라디오·TV 방송국 등의 언론매체가 다른 언론매체에서 이미 공표한 정치, 경제, 종교 문제에 관한 시사성 기사를 게재 또는 방송하는 경우』(제4호)

(1) 의 의

저작권법 제22조 제4호는 「신문, 정기간행물, 라디오·TV 방송국 등의 언론매체

1) 李雨峰 等, 『著作权法』, 厦门大学出版社(2006), 제116쪽.

2) 제26조 「방송·신문 그 밖의 방법에 의하여 시사보도를 하는 경우 그 과정에서 보이거나 들리는 저작물은 보도를 위한 정당한 범위 안에서 복제·배포·공연 또는 공중송신 할 수 있다」

가 다른 언론매체에서 이미 공표한 정치, 경제, 종교 문제에 관한 시사성 기사를 게재 또는 방송하는 경우(다만, 저작권자가 게재, 방송을 허락하지 않는다고 표명한 경우는 제외)」저작물을 저작권자의 허락 없이 무상으로 이용할 수 있다고 규정하고 있다. 이는 베른협약 제10조의 2 제1항을 반영하여 구법을 새롭게 개정한 것이다.1) 베른협약 제10조의 2 제1항은 「경제·정치 또는 종교적인 시사문제에 관하여 신문이나 정기간행물에 발행된 기사 및 같은 성격의 방송저작물이 언론에 의하여 복제되거나, 방송되거나, 유선으로 공중에 전달되는 것을 허용하는 것은 그 복제, 방송 또는 전달이 명시적으로 유보되지 아니한 경우에, 동맹국의 입법에 맡긴다. 다만, 출처는 항상 분명히 표시되어야 한다. 이 의무의 위반에 따른 법적 효과는 보호가 주장되는 국가의 입법에 따라 결정한다」고 규정하였다.

정치, 경제, 종교 문제에 관한 시사성 기사는 공중에 대한 여론형성에 크게 기여하는 측면이 강하다. 본호는 시사성 기사가 가지는 공공성에 주목하여 이를 다른 언론기관이 전재할 수 있도록 하여 공중의 알권리를 충족하는 한편, 중국 정부와 중국공산당의 정책을 홍보하는 것에도 기여하려는 취지이다.2)

(2) 요 건

먼저 이용의 주체 측면에서 본호는 언론기관이 이용의 주체가 된다. 즉 본호는 시사적인 기사를 널리 공중에게 배포하여 여론을 형성하고 중국 정부의 정책 등을 홍보하기 위하여 언론기관 상호간에만 시사적인 기사를 게재 또는 방송하는 것을 허용하고 있다. 따라서 언론기관이 보도한 시사성 기사를 비언론기관 또는 개인이 게재 또는 방송하는 것은 허용되지 않는다. 여기서 말하는 언론기관이란 신문, 정기간행물, 라디오·TV 방송국 등의 언론매체를 말하며, 언론 비준 수속을 정당하게 거친 단체를 지칭한다.3)

또한 본호에 의하여 이용대상이 되는 저작물은 신문, 정기간행물, 라디오·TV 방송국 등의 언론매체가 보도한 정치, 경제, 종교에 관한 시사성 기사이다. 시사

---

1) 한국저작권법도 베른협약 제10조의 2 제1항 규정을 받아들여 2006년 개정법에서 시사적인 기사 및 논설의 복제 등을 허용한 규정을 두었는데, 한국저작권법 제27조는 「정치·경제·사회·문화·종교에 관하여 신문 등의 자유와 기능보장에 관한 법률 제2조의 규정에 의한 신문 및 인터넷신문 또는 뉴스통신진흥에 관한 법률 제2조의 규정에 의한 뉴스통신에 게재된 시사적인 기사나 논설은 다른 언론기관이 복제·배포 또는 방송할 수 있다. 다만, 이용을 금지하는 표시가 있는 경우에는 그러하지 아니하다」고 규정하고 있다.

2) 张革新, 『现代著作权法』, 中国法制出版社(2006), 제161쪽 참조.

3) 张革新, 『现代著作权法』, 中国法制出版社(2006), 제162쪽.

성 기사는 신문, 잡지 등에 보도된 문자성 기사뿐만 아니라 라디오·TV 방송국에 의하여 보도된 방송도 포함한다.[1] 그러나 시사성 기사라도 그것이 정치, 경제, 종교에 관한 것이 아닌 다른 주제에 관한 것이라면 본호에 의한 자유이용의 대상이 될 수 없다.[2] 본호는 시사성 '기사'라고 제한하고 있으므로 신문의 사설 등과 같은 논설은 여기에 포함되지 않는다. 논설은 언론기관으로서의 주장을 담고 있는 것으로서 사실보도를 주된 목적으로 하는 기사와는 그 성질을 달리하기 때문이다. 비교법적으로 볼 때 한국 및 일본 모두 본호와 유사한 규정을 두고 있는데, 한국은 시사 문제에 관한 '기사' 및 '논설'을[3], 일본은 '논설'만을[4] 해당 규정의 적용대상으로 정하고 있다. 시사성이라 함은 정치, 경제, 종교에 대한 최근의 사건에 관한 것을 말한다. 그러나 과거의 것이라고 하더라도 최근의 사건과 연관되어 있다면 시사성을 인정할 수 있을 것이다.

마지막으로 이용금지의 표시가 없어야 한다. 즉 저작권자가 게재, 방송을 허락하지 않는다고 표시한 경우에는 자유이용이 허용되지 않는다. 이에 대한 일본 해석론을 소개하면 다음과 같다.[5] 해당 기사에 '전재금지(轉載禁止)'와 같은 표시가 명확히 붙어 있지 않더라도 집필자의 서명이 들어가 있는 기사의 경우에는 전재를 금지하는 취지가 있는 것으로 해석운용하여 온 것이 종래의 관행이라는 점에 비추어 사회적 관행으로서 집필자의 서명은 전재를 금지하는 취지의 표시로 취급하는 것이 타당하다고 보는 해석이 있다. 또한 단순히 '전재금지(轉載禁止)'라고만 표시되어 있는 경우에도 이를 엄격히 해석하여 '전재(轉載)'만을 금지하고 방송까지 금지하는 것은 아니라는 뜻으로 볼 것이 아니라 방송의 경우에도 금지의 표시가 있는 것으로 해석함이 상당하다고 한다. 한편 금지의 표시가 저작물의 어느 부분에 되어 있어야 하는가의 문제에 관하여, 일본에서는 신문의 1면 첫머리나

---

1) 이와 관련하여 중국저작권법 제22조 제4호와 유사한 한국저작권법 제27조는 본조에 의한 이용대상으로 신문, 인터넷신문 또는 뉴스통신에 게재된 것만 포함하고 잡지에 게재된 것과 방송된 것은 제외하고 있다. 이에 대해 "잡지는 재산권성이 강하다는 이유, 방송은 이용금지의 표시가 어렵다는 이유가 들어지고 있으나, 이 두 가지의 중요한 언론매체가 포함되지 않은 점은 규정의 취지를 크게 약화시키는 부분"이라는 비판의 목소리가 있다. 이해완, 『저작권법』, 박영사(2007), 제368-369쪽.

2) 张革新, 『现代著作权法』, 中国法制出版社(2006), 제161쪽 참조.

3) 한국저작권법 제27조.

4) 일본저작권법 제39조 제1항 「신문 또는 잡지에 게재하여 발행된 정치적, 경제적, 또는 사회적인 시사문제에 관한 논설(학술적인 성질을 가지는 것은 제외한다)은 다른 신문 혹은 잡지에 전재하거나, 방송 또는 유선방송할 수 있다. 다만, 이들의 이용을 금지하는 취지의 표시가 있는 경우에는 그러하지 아니하다」

5) 이하 일본에서의 논의 내용은 오승종, 『저작권법』, 박영사(2007), 제589쪽에서 재인용.

잡지의 권말에 일괄하여 전재금지의 표시를 하는 것만으로는 그러한 표시가 신문이나 잡지 전체에 대한 저작권을 주장하고 있는 취지인지 아니면 그 신문이나 잡지 전체에 실린 기사의 전재를 금지하는 표시인지가 불명확하므로 그러한 표시만으로는 이용금지의 표시라고 보기 어렵고, 각각의 기사마다 이용금지의 표시를 하는 것이 필요하다는 견해가 있다.[1)]

(3) 이용행위 및 출처명시 등

본호에 따라 허용되는 자유이용의 양태는 게재 및 방송이다. 게재는 어느 신문에 실린 기사를 다른 신문에 옮겨 싣는 행위를 말한다. 이는 기본적으로 복제와 배포를 수반한다. 방송은 저작권법 제10조 제1항 제11호(방송권)의 적용대상이 되는 행위이다. 본호에 의하여 허용되는 행위는 게재(복제, 배포)와 방송이므로 그 외의 행위 예컨대 기사를 인터넷 상에서 전송하는 행위는 여기서 제외된다.

본호에 따라 외국의 신문 등에 게재된 시사적인 신문을 번역하여 전재할 수 있는가. 한국저작권법 제36조 제2항은 「제27조의 규정에 따라 저작물을 이용하는 경우에는 그 저작물을 번역하여 이용할 수 있다」고 규정하여 이를 명시적으로 허용하고 있다. 그러나 중국저작권법에는 그와 같은 명문규정이 존재하지 않는다. 따라서 중국저작권법에 따르면 외국의 신문에 게재된 시사적인 신문을 번역하여 전재하기 위해서는 반드시 저작권자로부터 번역에 대한 동의를 구하여야 한다고 보아야 한다.

본호에 따라 저작물을 이용하는 때에는 저작권자의 허락 없이 무보수로 저작물을 이용할 수 있다. 그러나 이 경우 이용자는 반드시 저작자의 성명 및 저작물의 명칭을 표기하여야 하며, 저작권자가 가지는 정당한 권리를 침해하여서는 아니된다(저작권법 제22조 참조).

마. 『대중 집회에서 공표한 연설을 신문, 정기간행물, 라디오·TV 방송국 등의 언론매체가 게재 또는 방송하는 경우』(제5호)

(1) 의 의

저작권법 제22조 제5호는 「대중 집회에서 공표한 연설을 신문, 정기간행물, 라디오·TV 방송국 등의 언론매체가 게재 또는 방송하는 경우(다만, 저작권자가 게재,

---

1) 일본 견해의 내용은 오승종, 『저작권법』, 박영사(2007), 제589쪽에서 재인용.

방송을 허락하지 않는다고 표명한 경우는 제외)」 저작물을 저작권자의 허락 없이 무상으로 이용할 수 있다고 규정하고 있다.

원래 연설도 저작권법상 구술저작물로 보호되는 것이지만 공개적으로 행한 정치적 연설 등을 널리 이용할 수 있도록 함으로써 공중의 알권리를 충족시키고 자유로운 토론 문화를 장려하기 위한 취지이다.

본호는 베른협약 제2조의 2를 반영하여 구법을 개정한 것이다. 베른협약 제2조의 2 제1항은 재판절차에서의 진술 및 정치적 연설의 저작재산권 제한에 대해서는 동맹국의 입법적 재량에 맡기고 있다. 베른협약과 비교할 때 중국저작권법은 재판절차에서의 진술에 관한 저작재산권 제한규정을 입법화하지 않았고 연설에 관한 저작재산권 제한도 그 범위를 넓혀 대중집회에서의 연설이기만 하면 그 내용을 불문하고 있다는 데에 그 특징이 있다. 한편, 한국저작권법 제24조는 「공개적으로 행한 정치적 연설 및 법정·국회 또는 지방의회에서 공개적으로 행한 진술은 어떠한 방법으로도 이용할 수 있다. 다만, 동일한 저작자의 연설이나 진술을 편집하여 이용하는 경우에는 그러하지 아니하다」고 규정하여 자유이용의 대상을 정치적 연설 및 법정, 국회 또는 지방의회에서의 진술만으로 제한하였다.

(2) 요 건

본호의 적용을 받는 저작물은 대중 집회에서 공표된 연설이다. 대중 집회에서 공표된 것일 것을 요구하므로 비밀연설회에서 행해진 연설이나 비공개 회의에서 이루어진 연설 등은 본호의 적용 대상이 아니다. 대중 집회에서 공표된 연설이면 족하므로 반드시 연설이 시사성을 가질 필요는 없다. 비시사적인 내용을 가진 연설도 본호의 연설에 포함된다. 이는 베른협약이나 한국저작권법과 비교할 때 매우 특이한 점이다. 이에 대해 베른협약과 비교할 때 본호의 적용범위가 지나치게 넓다고 하면서 본호의 적용범위를 정치, 경제, 종교에 관한 시사성 연설로 제한하여야 한다는 비판론이 있다.[1] 한편, 법정에서의 변론은 대중 집회에서 행해진 것이 아니므로 본호의 적용대상이 아니다.[2] 마지막으로 본호에 따른 자유이용의 주체는 언론기관에 한정된다. 따라서 비언론기관이나 개인이 연설을 이용하는 것은 허용되지 않는다.

---

1) 李雨峰 等, 『著作权法』, 厦门大学出版社(2006), 제117쪽.
2) 张革新, 『现代著作权法』, 中国法制出版社(2006), 제162쪽.

⑶ 이용방법 및 제한 등

신문, 정기간행물, 라디오·TV 방송국 등의 언론매체는 대중 집회에서 공표된 연설을 게재 또는 방송할 수 있다.

그렇다면, 동일한 저작자의 연설을 편집하여 편집물을 발행하는 것도 가능한가. 이에 대해 한국저작권법 제24조 단서는 「동일한 저작자의 것을 편집하여 이용하는 경우에는 본조에 의한 허용대상이 아니다」고 규정하고 있다. 중국저작권법 제22조 제5호는 자유이용의 양태를 게재와 방송으로 제한하고 있으므로 동일한 저작자의 연설을 편집하여 편집물을 발행하는 것은 허용되지 않는다.[1] 여러 명의 연설을 모아서 편집하는 경우도 마찬가지이다.[2]

본호의 자유이용은 저작권자가 게재나 방송을 허락하지 않는 경우에는 허용되지 않는다(저작권법 제22조 제5호 단서). 즉 대중 집회에서 공표된 연설이어도 연설자가 자신의 연설문을 게재하거나 방송하는 것을 허락하지 않는다는 의사표시를 하였다면 당해 연설은 더 이상 이용할 수 없다는 것이다. 한국저작권법은 정치적 연설 및 법정·국회 또는 지방의회에서의 연설에 대해 이러한 제한을 두지 않고 있다. 이와 같은 단서규정에 대해 정치적 연설의 경우 연설자 개인의 의사보다는 공중의 알권리가 더 중요하다는 이유로 연설의 이용을 불허하는 연설자의 유보의사는 허용되지 않는다고 보는 견해가 있다.[3]

바. 『학교수업 또는 과학연구를 위하여 이미 공표한 저작물을 번역하거나 또는 소량 복제하여 수업에 이용하거나 과학연구원에게 제공하는 경우』(제6호)

⑴ 의 의

저작권법 제22조 제6호는 「학교수업 또는 과학연구를 위하여 이미 공표한 저작물을 번역하거나 또는 소량 복제하여 수업에 이용하거나 과학연구원에게 제공하는 경우」 저작물을 저작권자의 허락 없이 무상으로 이용할 수 있다고 규정하고 있다. 학교수업이나 과학 연구 과정에서는 참고서적이나 연구서적 등 수많은 자

---

1) 李雨峰 等, 『著作权法』, 厦门大学出版社(2006), 제117쪽.
2) 이에 대해 한국저작권법 제24조 단서는 동일한 저작자의 연설을 편집하는 경우로 한정하고 있으므로 '역대 대통령 연설문집'과 같이 여러 명의 연설을 모아서 편집하는 것은 허용된다.
3) 李雨峰 等, 『著作权法』, 厦门大学出版社(2006), 제117쪽.

료들이 필요한데, 그와 같은 경우 제한된 범위 내에서 저작물의 자유이용을 허락함으로써 교육 및 과학 발전이라는 목적을 달성하고자 하는 취지에서 위와 같은 규정을 둔 것이다.

(2) 요 건

(가) 공표된 저작물일 것

본호의 객체가 되는 저작물은 공표된 저작물일 것을 요한다. 공표된 저작물이기만 하면 그 종류는 불문한다.

(나) 학교수업 또는 과학연구를 위한 목적일 것

학교수업 또는 과학연구를 위한 목적이어야 한다. 예컨대 대학교수가 학교 수업을 위해 외국 문헌의 일부분을 번역·복사하여 그 번역·복제물을 수업시간에 참고용으로 사용한다거나 과학기술원에서 과학연구를 위해 참고 논문을 복사하여 연구원들에게 연구자료로 제공하는 경우가 여기에 해당한다. 여기서 「학교수업」이라 함은 직접 학생을 상대로 하는 수업을 말한다. 따라서 인터넷, 위성방송 등을 이용한 이른바 '원격수업'은 제외된다.1)

(다) 이용의 주체

이용의 주체는 교육기관(또는 교사)이나 과학연구기관(또는 연구원 개인)이다. 교육을 받는 자가 수업목적상 필요하다고 해서 공표된 저작물을 번역하거나 복제하는 것은 허용되지 않는다. 이에 반해 한국저작권법 제25조 제3항은 「제2항의 규정에 따른 교육기관에서 교육을 받는 자는 수업목적상 필요하다고 인정되는 경우에는 제2항의 범위 내에서 공표된 저작물을 복제하거나 전송할 수 있다」고 규정하여 학생 등 교육을 받는 자도 공표된 저작물을 자유이용 할 수 있도록 하였다.

(라) 이용양태

번역 또는 소량 복제만이 허용되고 그 외의 방식에 의한 자유이용은 허용되지

---

1) 张革新, 『现代著作权法』, 中国法制出版社(2006), 제162쪽. 한편, 한국저작권법 제25조 제2항 본문은 「특별법에 의하여 설립되었거나 초·중등교육법 또는 고등교육법에 의한 교육기관 또는 국가나 지방자치단체가 운영하는 교육기관은 그 수업목적상 필요하다고 인정되는 경우에는 공표된 저작물의 일부분을 복제, 공연, 방송 또는 전송할 수 있다」고 규정하여 인터넷 등을 통한 원격교육이 가능하도록 하였다.

않는다.[1] 예컨대, 교사가 수업에 사용할 자료를 인터넷 등을 통해 학생들이 다운로드 받을 수 있도록 전송하거나 저작물을 전시, 방송 또는 배포하는 것 등은 허용되지 않는다.

특히 본호 단서는 저작물을 출판하거나 배포하는 것을 명시적으로 금지하고 있다. 출판 및 배포의 경우 저작물에 대한 저작권자의 정상적인 이용에 미치는 영향이 크고 저작권자의 정당한 이익을 침해할 여지가 매우 크기 때문이다(저작권법실시조례 제21조 참조).

복제의 경우 어느 정도가 「소량」 인지가 문제된다. 이는 매우 불명확한 개념이라 구체적인 기준을 제시하기란 사실상 불가능하고 소위 3단계 테스트(three-step test)를 명문화한 저작권법실시조례 제21조에 비추어 개별적인 사안에 따라 판단되어야 할 것이다.

(마) 피인용저작물의 출처를 밝혀야 하고, 저작권자가 가지는 권리를 침해하여서는 아니 된다.

저작물 이용자는 반드시 저작자의 성명, 저작물의 명칭을 표기하여 피인용저작물의 출처를 밝혀야 한다. 또한 저작물 이용자는 저작물을 이용함에 있어 저작권자가 가지는 정당한 권리를 침해하여서는 아니 된다. 이들은 본호의 특수한 요건이라기보다는 자유이용의 일반적 요건에 불과하다.

사. 『국가기관이 공무를 집행하기 위해 합리적인 범위 내에서 이미 공표된 저작물을 이용하는 경우』(제7호)

(1) 의 의

저작권법 제22조 제7호는 「국가기관이 공무를 집행하기 위해 합리적인 범위 내에서 이미 공표된 저작물을 이용하는 경우」 저작물을 저작권자의 허락 없이 무상으로 이용할 수 있다고 규정하고 있다. 입법, 사법 및 행정 등 국가기능은 국가와 사회의 존립에 있어 필수불가결한 것인데, 이러한 국가 기능의 효율적인 수행을 위해 필요한 범위 내에서 저작물의 자유이용을 인정하는 취지이다. 본호와 유사한 한국저작권법 제23조는 「재판절차를 위하여 필요한 경우이거나 입법, 행정의 목적

1) 이에 대해 비교법적으로 볼 때 본호의 자유이용 범위는 지나치게 좁다고 하면서 번역 또는 소량 복제 이외의 방식에 의한 자유이용도 허용하여야 한다는 비판론이 있다. 李雨峰 等, 『著作权法』, 厦门大学出版社(2006), 제117쪽.

을 위한 내부자료로서 필요한 경우에는 그 한도 안에서 저작물을 복제할 수 있다. 다만, 그 저작물의 종류와 복제의 부수 및 형태 등에 비추어 당해 저작재산권자의 이익을 부당하게 침해하는 경우에는 그러하지 아니하다」고 규정하고 있다.

(2) 요 건

(가) 공표된 저작물일 것

본호의 객체가 되는 저작물은 공표된 저작물일 것을 요한다. 공표된 저작물이기만 하면 그 종류에는 아무런 제한이 없다.

(나) 국가기관이 공무를 집행하기 위한 목적에서 저작물을 이용할 것

본호의 이용주체는 국가기관이다. 여기서 국가기관이라 함은 입법기관, 사법기관, 행정기관, 군사기관 등을 말한다. 중앙기관뿐만 아니라 지방기관도 포함된다. 본호에 의한 자유이용은 공무집행을 하기 위한 목적에서 허용되는 것이므로 국가기관이라 하여도 공무집행과 무관한 목적에서 저작물을 이용하는 것은 허용되지 않는다. 예컨대 국가기관이 예산 절감을 이유로 소프트웨어를 복제하여 사용하는 것은 허용되지 않는다. 이 때 공무집행이라 함은 입법·행정·사법과 같은 국가기능을 수행하기 위한 업무집행을 말한다.[1)]

법문상 본호는 저작물을 이용할 수 있다고 규정하고 있을 뿐 자유이용의 양태를 제한하고 있지 않다. 이는 복제만을 허용하는 한국저작권법 제23조와 차이가 나는 부분이다. 본호에 의한 저작물의 이용방식은 다양하다. 복제는 물론, 배포, 방송, 상영, 번역, 편집 등도 가능하다.

(다) 합리적인 범위 내에서 저작물을 이용할 것

본호에 의한 자유이용은 합리적인 범위 내에서 이루어져야 한다.[2)] 합리적인 범위 내인지 여부는 이른바 3단계 테스트(three-step test)를 명문화한 저작권법실시조례 제21조에 근거하여 구체적으로 판단하여야 한다.[3)] 저작물의 일부만이 필요한데도 저작물 전체를 복제하거나 필요한 한도를 초과하여 복제하는 것은 허용되지 않는다. 또한 저작물의 종류와 복제 등 이용양태 등에 비추어 저작권자의 권익을

---

1) 张革新, 『现代著作权法』, 中国法制出版社(2006), 제163쪽.
2) 이러한 요건은 3단계 테스트(three-step test)를 명문화한 저작권법실시조례 제21조의 취지가 반영된 것으로 볼 수 있다. 따라서 이는 자유이용의 요건이면서도 한계를 설정하는 것이다.
3) 李雨峰 等, 『著作权法』, 厦门大学出版社(2006), 제118쪽 참조.

침해하여서도 아니 된다. 예컨대 행정기관이 공무집행에 필요한 소프트웨어를 대량으로 복제하여 이를 전체 공무원에게 배포하는 행위는 저작물의 경제적 이익이나 잠재적 시장에 부당한 영향을 미치는 것으로서 허용되지 않는다.

아. 『도서관, 문서보관소, 기념관, 박물관, 미술관 등에서 저작물을 진열하거나 보존하기 위하여 각자 보관하고 있는 저작물을 복제하는 경우』 (제8호)

(1) 의 의

저작권법 제22조 제8호는 「도서관, 문서보관소, 기념관, 박물관, 미술관 등에서 저작물을 진열하거나 보존하기 위하여 각자 보관하고 있는 저작물을 복제하는 경우」 저작물을 저작권자의 허락 없이 무상으로 이용할 수 있다고 규정하고 있다.

도서관, 박물관, 미술관 등에 보관된 자료는 많은 사람들에 의해 이용되거나 여러 장소를 옮기며 진열되므로 언제든지 파손되거나 멸실될 수 있는 위험에 처해있다. 따라서 도서관 등은 자료의 진열 및 보존을 위해 저작물을 복제할 수 있도록 할 필요가 있다. 본호는 이러한 취지에서 규정된 것이다. 한국저작권법 제31조 제1항도 본호와 유사한 규정을 두고 있다.[1)]

(2) 요 건

(가) 공표된 저작물일 것

본호의 객체가 되는 저작물은 공표된 저작물이다.

(나) 도서관 등이 저작물을 진열하거나 보존하기 위하여 저작물을 복제하는 것일 것

본호의 적용은 도서관, 문서보관소, 기념관, 박물관, 미술관 등이 복제의 주체로

---

1) 한국저작권법 제31조 제1항 「도서관법에 따른 도서관과 도서, 문서, 기록 그 밖의 자료(이하 "도서 등"이라 한다)를 공중의 이용에 제공하는 시설 중 대통령령이 정하는 시설(당해 시설의 장을 포함한다. 이하 "도서관등"이라 한다)은 다음 각 호의 어느 하나에 해당하는 경우에는 그 도서관 등에 보관된 도서 등(제1호의 경우에는 제3항의 규정에 따라 당해 도서관등이 복제, 전송받은 도서 등을 포함한다)을 사용하여 저작물을 복제할 수 있다. 다만, 제1호 및 제3호의 경우에는 디지털 형태로 복제할 수 없다. 1. 조사·연구를 목적으로 하는 이용자의 요구에 따라 공표된 도서등의 일부분의 복제물을 1인 1부에 한하여 제공하는 경우 2. 도서등의 자체보존을 위하여 필요한 경우 3. 다른 도서관등의 요구에 따라 절판 그 밖에 이에 준하는 사유로 구하기 어려운 도서등의 복제물을 보존용으로 제공하는 경우」

되는 경우에 한한다. 또한 복제의 목적은 저작물의 진열 및 보존을 위한 것이어야 한다. 저작물의 진열 및 보존을 위한 것이어야 하므로 예컨대 도서관 이용자가 개인적인 학습, 연구 등을 목적으로 도서관에 보관된 자료의 일부를 복제하는 것은 허용되지 않는다. 따라서 도서관이 관내에 복사기를 설치하여 도서관 직원의 지시감독 하에 이용자가 복제를 하도록 조치한 경우라도 본호에 의한 자유이용은 인정되지 않는다. 이러한 저작물 이용은 저작권법 제22조 제1호의 사적이용을 위한 복제에 해당할 수는 있을 것이다. 다만 이때의 이용주체는 도서관이 아니라 이용자 개인이다.

도서관, 미술관 등은 저작물을 '복제'할 수 있으므로 인쇄에 한정되지 않고 복사, 사진촬영, 녹음, 녹화 등 다양한 방식으로 복제할 수 있다. 또한 아날로그 자료를 디지털 형태로 복제하여 이를 보관하는 것도 가능하다. 다만 여기서 주의하여야 할 점은 도서관, 미술관 등은 디지털 자료를 보관만 할 수 있을 뿐 이를 이용자가 컴퓨터 화면으로 열람할 수 있게 하거나 다운로드 받을 수 있도록 하는 것은 본호의 적용범위 밖이라는 것이다.[1] 한국저작권법 제31조 제2항 및 제3항은 도서관이 컴퓨터 등을 이용하여 이용자가 그 도서관 또는 다른 도서관 안에서 열람할 수 있도록 보관된 도서를 복제하거나 전송할 수 있도록 하였으나, 중국저작권법은 이와 같은 명문규정을 두고 있지 않다.[2]

(다) 도서관, 미술관 등에 보관된 저작물일 것

본호에 의한 복제가 가능한 저작물은 도서관, 문서보관소, 기념관, 박물관, 미술관 등에 보관된 자료이어야 한다. 도서관 등에 보관된 저작물이면 족하므로 반드시 도서관 등이 보관된 저작물에 대한 소유권을 가지고 있을 필요는 없다. 저작물의 종류에는 아무런 제한이 없다.

---

1) 李雨峰 等, 『著作权法』, 厦门大学出版社(2006), 제118쪽은 이 경우 정보네트워크전송권 침해가 된다고 적고 있다.

2) 한국저작권법 제31조 제2항 「도서관 등은 컴퓨터 등을 이용하여 이용자가 그 도서관등의 안에서 열람할 수 있도록 보관된 도서 등을 복제하거나 전송할 수 있다. 이 경우 동시에 열람할 수 있는 이용자의 수는 그 도서관 등에서 보관하고 있거나 저작권 그 밖에 이 법에 따라 보호되는 권리를 가진 자로부터 이용허락을 받은 그 도서 등의 부수를 초과할 수 없다」 같은 조 제3항 「도서관 등은 컴퓨터 등을 이용하여 이용자가 다른 도서관 등의 안에서 열람할 수 있도록 보관된 도서 등을 복제하거나 전송할 수 있다. 다만, 그 전부 또는 일부가 판매용으로 발행된 도서 등은 그 발행일로부터 5년이 경과하지 아니한 경우에는 그러하지 아니하다」

(3) 복제의 한계

도서관 등이 자료의 진열 및 보존을 위해 저작물을 복제하는 경우라도 저작물에 대한 저작권자의 정상적인 이용에 영향을 미치거나 저작권자의 정당한 권리에 손해를 가해서는 아니 된다.

이와 관련하여 먼저 복제의 범위가 문제된다. 도서관이나 미술관 등에서 진열 및 보존의 필요성에서 저작물 전체를 복제하는 것은 허용될 것이나 복제물의 개수를 일정 한도로 제한할 필요는 있다. 한국에서는 도서관에서의 복제의 경우 복제 부수는 통상 1부로 한정되고 열람용과 보존용을 따로 소장하기 위하여 복제를 하는 것은 일반적으로 허용되지 않는다고 보고 있다.1)

또한 저작물이 이미 디지털 형태로 판매되고 있는 경우 이때에도 도서관, 미술관 등에서 보존을 이유로 저작물을 디지털 형태로 복제할 수 있는지 여부가 문제된다. 이에 대해서는 복제를 허용하지 않는다고 보아야 할 것이다. 이 경우 도서관 등에서는 디지털 형태의 저작물을 새로 구입하면 될 것이기 때문이다. 한국저작권법 제31조 제4항도 같은 취지의 규정을 두고 있다.2)

자. 『이미 공표된 저작물을 무상으로 실연하는 경우』(제9호)

(1) 의 의

저작권법 제22조 제9호는「이미 공표된 저작물을 무상으로 실연하는 경우」저작물을 저작권자의 허락 없이 무상으로 이용할 수 있다고 규정하고 있다. 여기서 실연이라 함은 공중으로부터 비용을 받지 않고 실연자에게도 보수를 지급하지 않은 경우를 말한다(본호 단서 참조). 저작권법은 실연이 저작물을 바탕으로 하면서도 실연자의 창작적인 노력과 표현에 의해 현출되는 것이라는 점을 고려하여 영리를 목적으로 하지 않는 범위 내에서 저작물의 자유이용을 허용한 것이다.

---

1) 오승종, 『저작권법』, 박영사(2007), 제660쪽.

2) 한국저작권법 제31조 제4항 「도서관 등은 제1항 제2호의 규정에 따른 도서 등의 복제 및 제2항과 제3항의 규정에 따른 도서 등의 복제의 경우에 그 도서 등이 디지털 형태로 판매되고 있는 때에는 그 도서 등을 디지털 형태로 복제할 수 없다」.

(2) 요 건

(가) 공표된 저작물일 것

본호의 객체가 되는 저작물은 공표된 저작물이다. 공표된 저작물이기만 하면 그 종류에는 아무런 제한이 없다.

(나) 영리를 목적으로 하지 않을 것

영리성을 목적으로 한 자유이용은 허용되지 않는다. 이때의 영리성은 직접적인 것은 물론 간접적인 것도 포함한다. 따라서 청중 또는 관중으로부터 입장료를 받는 경우는 물론, 입장료 등이 면제되는 경우라도 실연을 통하여 간접적으로라도 영업적 이익을 얻는 경우에는 모두 영리를 목적으로 하는 경우에 해당한다. 예컨대 술집에서 손님을 유인하거나 분위기를 위하여 유행가요를 연주하거나 부르는 경우가 이에 해당한다.[1] 비영리 목적의 실연에 해당하는 예로는 자선공연, 위문공연 등이 있다.

(다) 공중으로부터 비용을 받지 않아야 하며 실연자에게 보수를 지급하지 않을 것

본호의 자유이용이 인정되기 위해서는 먼저 저작물 이용자가 공중으로부터 비용을 받지 않아야 한다.

여기서 공중이란 청중, 관중은 물론 광고업자, 스폰서 등과 같은 제3자까지도 포함한다. 비용은 명목 여하를 묻지 않고 공중으로부터 지급 받는 일체의 경제적 이익을 말한다. 반드시 저작물의 실연에 대한 대가로 받아야 하는 것은 아니므로 그러한 대가성이 없는 금품수령도 여기에서의 비용에 해당한다.[2] 예컨대 공연장의 경우에 회장정리비 또는 청소비 등 명목으로 금품을 받는 경우가 종종 있는데 그것이 실제로 회장정리비 또는 청소비의 성격을 가진다고 하더라도 일단 공중으로부터 돈을 수령한 이상 그 명목이나 액수 여하를 불문하고 본호에 의한 자유이용은 더 이상 인정되지 않는다. 이에 반해 일본저작권법 제38조 제1항은 「공표된 저작물은 영리를 목적으로 하지 아니하고 또한 청중 또는 관중으로부터 요금을

---

1) 李雨峰 等,『著作权法』, 厦门大学出版社(2006), 제119쪽 참조.

2) 李雨峰 等,『著作权法』, 厦门大学出版社(2006), 제119쪽은 관중으로부터 받은 식대비, 장소비용, 회원비 등은 모두 비용에 해당한다고 보고 있다.

받지 아니하는 경우에 공중에게 상연, 연주, 구술, 또는 상영할 수 있다」고 하면서 이때의 요금이란 「어떠한 명목으로 하는가를 불문하고 저작물의 제공 또는 제시에 대하여 받는 대가를 말한다」고 규정하고 있는데, 이에 따르면 위와 같은 사례에서 지급받은 금품이 실제 회장정리비나 청소비의 성격인지 아니면 사실상 수익이나 실연에 대한 대가인지를 따져 전자에 해당하는 경우에만 무상 실연이 인정된다.1)

또한, 실연자에게 보수를 지급하여서는 아니 된다.

보수란 명목 여하를 불문하고 실연에 대한 대가로 실연자에게 지급되는 일체의 경제적 이익을 말한다. 실연에 대한 대가성이 인정되어야 하므로 그러한 대가성이 없는 단순 실비 변상은 보수가 아니다. 따라서 실연자에게 교통비와 식비를 지급하는 것은 상관없다.2) 그러나 교통비와 식비 등의 실비 변상 명목으로 지급하였으나 그 액수가 실제로 소요되는 정도를 초과하는 경우라면 이는 보수를 지급한 것으로 보아야 한다. 법문은 실연자에게 보수를 지급하는 것을 금지하고 있을 뿐이므로 실연자가 아닌 공연 안내원이나 공연 사회자 등에게 보수를 지급하는 것은 상관없다.

(라) 저작물을 실연하는 것일 것

저작물을 실연하는 것이어야 한다. 저작권법 제10조 제1항 제9호는 실연권이란 「저작물을 공개적으로 실연하고 각종 수단을 이용하여 저작물의 실연을 공개적으로 전달하는 권리」를 말한다고 규정하고 있는데, 여기서의 「실연」은 저작물을 무대 위에서 직접 실현하는 「현장실연」은 물론, 저작물의 실연을 기계적 또는 전자적으로 재생하여 공중에게 공개적으로 전달하는 「기계실연」도 포함하는 개념이다. 저작권법 제22조 제9호의 「실연」이 현장실연만을 의미하는 것인지 아니면 기계실연까지도 포함하는 것인지에 대해서는 법문상 명확하지 않지만, 이에 대하여 본호의 실연은 현장실연만 의미하는 것으로 보아야 한다는 견해가 있다.3) 이 견해는 그 근거로 본호는 「실연자에게 보수를 지급하지 않을 것」이라고 규정하고

1) 오승종, 『저작권법』, 박영사(2007), 제626-627쪽 참조.

2) 이처럼 실연자에게 보수가 아닌 실비를 지급한 경우 본호의 자유이용은 항상 허용되는가. 이는 개별적인 사안에 따라 영리성 유무와 함께 판단하여야 한다. 실연자에게 실비만 주고 어떠한 보수도 지급하지 않았더라도 앞서 살펴본 바와 같이 술집에서 손님을 유인하거나 분위기를 위하여 유행가요를 연주하거나 가창하는 경우에는 영리성이 인정되어 본호의 자유이용이 허용되지 않을 수도 있다.

3) 李雨峰 等, 『著作权法』, 厦门大学出版社(2006), 제119쪽.

있는데, 이는 현장실연을 전제로 한 것이라고 하면서 노래방 등에서 판매용 음반이나 비디오테이프 등을 기계적으로 재생하는 기계실연에는 보수를 지급 받는 실연자가 애당초 존재할 수 없다는 점을 들고 있다. 타당한 견해라고 생각한다. 기계실연에 의한 자유이용은 현장실연에 의한 것에 비해 훨씬 광범위하게 저작재산권자의 이익을 침해할 소지가 있다는 점에서 본호에 의한 자유이용의 범위를 제한할 필요가 있다. 한편, 한국저작권법은 제29조 제1항에서 현장실연에 의한 저작물의 자유이용을 허용하면서도 같은 조 제2항에서 기계실연에 의한 저작물의 자유이용을 함께 규정하고 있다.[1)]

차. 『실외 공공장소에 설치 또는 진열된 예술저작물을 모사(临摹), 회화, 촬영, 녹화하는 경우』(제10호)

(1) 의 의

저작권법 제22조 제10호는 「실외 공공장소에 설치 또는 진열된 예술저작물을 모사, 회화, 촬영, 녹화하는 경우」 저작물을 저작권자의 허락 없이 무상으로 이용할 수 있다고 규정하고 있다. 저작물이 개방된 장소에 공개적으로 전시되어 있는 경우 일반 이용자들의 복제 이용을 허용해 주더라도 저작재산권자의 이익을 침해할 소지가 적고, 사진 촬영 등 복제행위를 할 때마다 저작재산권자의 동의를 구하여야 한다는 것도 사회통념에 맞지 않다는 점을 고려한 규정이다.

(2) 요 건

(가) 공개된 예술저작물일 것

본호에 의하여 자유이용을 할 수 있는 저작물은 실외 공공장소에 설치 또는 진열된 예술저작물이다. 예술저작물은 주로 조각, 회화 등과 같은 미술저작물과 사진저작물을 의미하나, 심미적 의미를 가지는 건축저작물도 포함한다.[2)] 이러한 예

---

1) 한국저작권법 제29조 「① 영리를 목적으로 하지 아니하고 청중이나 관중 또는 제3자로부터 어떤 명목으로든지 반대급부를 받지 아니하는 경우에는 공표된 저작물을 공연 또는 방송할 수 있다. 다만, 실연자에게 통상의 보수를 지급하는 경우에는 그러하지 아니하다. ② 청중이나 관중으로부터 당해 공연에 대한 반대급부를 받지 아니하는 경우에는 판매용 음반 또는 판매용 영상저작물을 재생하여 공중에게 공연할 수 있다. 다만, 대통령령이 정하는 경우에는 그러하지 아니하다」

2) 저작권법실시조례 제4조 제9호는 건축저작물이란 건축물 또는 구조물 형식으로 표현된 것으로서 심미적 의미를 가지는 저작물을 말한다고 규정하고 있고, 같은 조 제10호는 사진저작물

술저작물은 반드시 실외에 전시된 것이어야 한다. 만약 전시된 장소가 실내라면 비록 그 장소가 개방된 곳이라 하더라도 본호는 적용될 수 없다. 실외라도 개방된 곳이어야 한다. 개방된 곳인 이상 장소의 크기, 형태 등은 불문한다. 따라서 가로, 공원은 물론, 건축물의 외벽도 실외 공공장소에 해당한다.

(나) 모사, 회화, 촬영, 녹화

이용자는 본호에 의하여 예술저작물을 모사, 회화, 촬영, 녹화할 수 있다. 법문은 수많은 복제 방식 중 모사, 회화, 촬영, 녹화만을 인정하고 있으므로 이용자는 다른 복제 방식으로는 예술저작물을 이용할 수 없다고 보아야 한다.[1] 이에 비해 한국저작권법 제35조 제2항은 공중에게 개방된 장소에 항시 전시되어 있는 미술저작물 등은 어떠한 방법으로든지 이를 복제하여 이용할 수 있다고 규정하여 복제 방식을 다양하게 인정하고 있다.[2]

본호는「예술저작물을 모사, 회화, 촬영, 녹화할 수 있다」라고만 규정하고 있어서 개방된 장소의 전시물을 단순히 녹화 등의 방식으로 복제하는 것만이 허용되는 것처럼 되어 있는데, 그렇다면 그 복제물을 이용하는 것도 허용되는지 여부가 해석상 문제된다. 앞서 본 한국저작권법 제35조 제2항은 미술저작물 등을「복제하여 이용할 수 있다」고 규정함으로써 이를 명시적으로 인정하고 있다.

이에 대해 저작권분쟁에 관한 2002년도 사법해석 제18조 제2항은[3]「전항의 예술저작물을 모사, 회화, 촬영, 녹화하는 자는 복제물을 합리적인 범위 내에서 합리적인 방식에 따라 재사용할 수 있으며 이 경우 권리침해는 성립하지 않는다」고 규정하여 예술저작물의 복제물을 이용할 수 있음을 밝힌 바 있다. 따라서 이용자는 광장에 전시된 조각상을 사진촬영한 후 그 사진을 집안 벽에 장식으로 걸어놓거나 친구에게 선물로 줄 수 있다.[4]

은 예술저작물임을 명시적으로 밝히고 있다.

1) 그러나 입법론적으로 본다면 복제 방식을 굳이 위 4가지로 제한할 필요는 없다고 생각한다.

2) 따라서 한국저작권법 해석에 의하면 회화와 같은 예술저작물을 디지털 형태로 복제한 후 이를 인터넷으로 전송하거나 방송하는 것이 허용된다. 그러나 중국저작권법에 의하면 복제의 방식은 전통적인 아날로그 복제 방식인 모사, 회화, 촬영, 녹화에 국한되므로 디지털 형태의 복제물을 인터넷으로 전송하거나 방송하는 것은 허용되지 않는다.

3) 最高人民法院关于审理著作权民事纠纷案件适用法律若干问题的解释(2002) 第十八条「① 著作权法第二十二条第(十) 项规定的室外公共场所的艺术作品, 是指设置或者陈列在室外社会公众活动处所的雕塑、绘画、书法等艺术作品。② 对前款规定艺术作品的临摹、绘画、摄影、录像人, 可以对其成果以合理的方式和范围再行使用, 不构成侵权」

4) 이 경우 원칙적으로는 집안 벽에 사진복제물을 걸어놓는 행위에는 전시권의 효력이 미치고, 사진복제물을 친구에게 증여하는 행위에는 배포권의 효력이 미치게 된다. 따라서 만약 본호에 의

문제는 어느 정도의 이용이어야지 합리적인 방식과 범위에 해당하느냐라는 것이다. 이에 관하여 학자들은 영리적인 목적으로 예술저작물을 복제한 후 그 복제물을 공중에 판매하거나[1] 조각, 건축물 등 3차원 예술저작물을 사진촬영 등의 방식으로 평면으로 복제한 후 이를 다시 조각, 건축물 등과 같은 3차원으로 재복제하거나[2] 또는 회화를 같은 형태로 복제하는 행위[3] 등은 허용되지 않는다고 설명한다. 한국저작권법 제35조 제2항도 「1. 건축물을 건축물로 복제하는 경우, 2. 조각 또는 회화를 조각 또는 회화로 복제하는 경우, 3. 개방된 장소 등에 항시 전시하기 위하여 복제하는 경우, 4. 판매의 목적으로 복제하는 경우」는 허용되지 않는다고 규정하고 있다.

카. 『중국인, 중국 내의 법인 혹은 기타 단체가 이미 공표한 중국어로 된 저작물을 소수민족의 언어로 번역하여 국내에서 출판, 배포하는 경우』(제11호)

저작권법 제22조 제11호는 「중국인, 중국 내의 법인 혹은 기타 단체가 이미 공표한 중국어로 된 저작물을 소수민족의 언어로 번역하여 국내에서 출판, 배포하는 경우」 저작물을 저작권자의 허락 없이 무상으로 이용할 수 있다고 규정하고 있다. 이는 소수민족에게 정보 및 배움의 기회를 제공하여 소수민족사회의 발전을 도모하고자 하는 취지에서 저작재산권자의 경제적 이익보다는 국가적 이익을 우선시한 규정이라 할 수 있다.

법문은 중국인, 중국 내의 법인 혹은 기타 단체가 공표한 중국어로 된 저작물이라고 하고 있으므로 중국인이나 중국 내의 법인, 기타 단체가 공표한 한자로 된 저작물만이 자유이용의 대상이 되며, 외국인이나 외국국적의 법인 등이 공표한 저작물은 비록 그것이 한자로 되어 있더라도 본호에 의한 자유이용의 대상은 아니다. 국제저작권조약실시규정 제10조도 「외국인이 중국어로 창작하여 공표한 저작물을 소수민족문자로 번역하여 중국에서 출판, 배포하려는 경우에는 반드시

한 자유이용의 경우 예술저작물을 복제하는 것만이 허용되고 그 복제물을 이용하는 것은 허용되지 않는다고 해석한다면 앞서 본 전시행위나 증여행위는 모두 저작재산권자의 전시권 및 배포권을 침해하는 행위가 된다.

1) 张革新, 『现代著作权法』, 中国法制出版社(2006), 제164쪽.

2) 李雨峰 等, 『著作权法』, 厦门大学出版社(2006), 제119쪽.

3) 李雨峰 等, 『著作权法』, 厦门大学出版社(2006), 제119쪽.

저작권자의 동의를 얻어야 한다」고 규정하고 있다.[1)]

타.『이미 공표된 저작물을 시각장애인용 점자로 바꾸어 출판하는 경우』(第12號)

저작권법 제22조 제12호는「이미 공표된 저작물을 시각장애인용 점자로 바꾸어 출판하는 경우」저작물을 저작권자의 허락 없이 무상으로 이용할 수 있다고 규정하고 있다. 이는 시각장애인에 대한 복지정책의 필요성을 감안한 것으로서 제11호와 마찬가지로 저작재산권자의 경제적 이익보다는 공공의 이익을 더 우선시한 규정이다.

이용의 대상이 되는 저작물은 공표된 저작물이며 공표된 이상 그 종류는 불문한다. 제11호에 의한 자유이용의 대상이 되는 저작물은 중국인이나 중국 내의 법인, 기타 단체가 공표한 한자로 된 저작물로 제한되지만 본호에 의한 자유이용의 대상에는 그와 같은 제한이 없다. 따라서 외국인이 창작한 외국어 또는 중국어로 된 저작물도 점자로 복제할 수 있다.

본호에 의한 저작물 이용은 비영리성을 요건으로 하지 않으므로 영리적인 목적으로 저작물을 점자로 바꾸어 출판하더라도 본호는 여전히 적용된다. 법문은 저작물을 시각장애인용 점자로 바꾸어 출판하는 것만을 허용하고 있으므로 점자와 함께 정상인도 읽을 수 있는 형태를 부가하여 복제하는 것은 허용되지 않는다.

한국저작권법은 시각장애인을 위해서 점자를 복제하는 것 뿐만 아니라 시각장애인 등의 이용에 제공하기 위해 저작물을 녹음하거나 시각장애인 등 전용기록방식으로 복제·배포 또는 전송하는 것도 허용하고 있다.[2)]

---

1) 实施国际著作权条约的规定(1992) 第十条「将外国人已经发表的以汉族文字创作的作品, 翻译成少数民族文字出版发行的, 应当事先取得著作权人的授权」

2) 한국저작권법 제33조(시각장애인 등을 위한 복제 등)「① 공표된 저작물은 시각장애인 등을 위하여 점자로 복제·배포할 수 있다. ② 시각장애인 등의 복리증진을 목적으로 하는 시설 중 대통령령이 정하는 시설(당해 시설의 장을 포함한다)은 영리를 목적으로 하지 아니하고 시각장애인 등의 이용에 제공하기 위하여 공표된 어문저작물을 녹음하거나 시각장애인 등 전용기록방식으로 복제·배포 또는 전송할 수 있다.」

Ⅲ. 저작물 이용의 법정허락

1. 서 설

저작물을 이용하려는 자가 합법적으로 저작물을 이용하기 위해서는 저작물의 자유이용을 제외하고는 반드시 저작권자로부터 동의를 얻어야 한다. 그런데 저작권자의 소재를 파악하기 어렵다거나 저작권자가 누구인지를 모르는 경우처럼 저작권자의 동의를 얻기 어려운 경우가 있을 수 있는데, 이러한 경우 저작물을 이용하기 위해서는 어떻게 해야만 하는가.

이처럼 저작권자의 동의를 얻기 어려운 부득이한 경우를 대비하여 저작권자에게 적정한 보상금을 지급하고 저작물을 이용할 수 있도록 한 제도가 바로 법정허락 또는 강제허락제도이다. 강제허락이란 보상금 지급에 앞서 먼저 저작재산권자와 협의를 하도록 하고 그 협의가 성립하지 않으면 그 때 가서 저작권자에게 보상금을 지급하고 저작물을 이용하도록 하는 제도이고, 법정허락은 법에서 정한 사유가 있으면 저작권자와 협의를 하지 않고 곧바로 보상금을 지급하고 저작물을 이용하도록 하는 제도이다.[1] 중국저작권법에는 법정허락제도만 인정되고 강제허락제도는 존재하지 않는다.

법정허락제도는 가치 있는 저작물이 死藏되는 것을 방지하고 저작권자의 경제적 이익도 함께 실현할 수 있는 제도로 평가받고 있어 세계 각국의 저작권법과 각종 국제조약에서 광범위하게 채택되고 있다. 예컨대, 베른협약은 제11조의 2 제2항에서 방송권에 관한 법정허락을, 제13조 제1항에서 음악저작물의 녹음권에 관한 법정허락제도를 규정하고 있고, 미국저작권법은 케이블 TV에 의한 방송의 재방송(제111조), 비연극적 음악저작물의 음반제작 및 배포(제115조), 비연극적 음악저작물의 쥬크박스에의 이용(제116조), 비상업적 방송자의 비연극적 음악저작물 및 공개된 미술저작물의 이용(제118조) 등에 관한 법정허락제도를 인정하고 있다.[2]

법정허락에도 일정한 제한이 있는데, 저작재산권자가 사전에 이용을 허락하지 않는다고 표명한 경우에는 법정허락은 인정되지 않는다. 중국저작권법은 제23조

1) 강제허락 및 법정허락은 서로 구별되는 개념이나, 한국저작권법에서는 두 가지 모두 '법정허락'이라는 용어로 칭하고 있다.

2) 비교법적 태도에 관하여는 오승종, 『저작권법』, 박영사(2007), 제729-730쪽.

제1항, 제32조 제2항, 제39조 제3항, 제42조 제2항, 제43조에서 법정허락제도를 규정하고, 각각의 경우에 저작재산권자가 사전에 이용을 허락하지 않는다는 의사를 표시한 때에는 법정허락이 허용되지 않음을 명시하고 있다.

2. 법정허락의 유형

가. 교과서의 편집, 출판을 위한 법정허락(제23조 제1항)

저작권법 제23조 제1항은 「9년제 의무교육 및 국가의 교육정책을 시행하기 위해 교과서를 편집·출판하는 때에는, 저작자가 사전에 이용을 허락하지 않는다고 표명한 경우를 제외하고는, 저작자의 허락을 받지 아니하고 이미 공표(发表)된 저작물의 일부분, 문자저작물이나 음악저작물의 일부분 또는 한 폭의 미술저작물이나 사진저작물을 교과서 내에 편집(汇编)할 수 있다. 단, 규정에 따라 보상하여야 하고, 저작자의 성명, 저작물의 명칭을 표시하여야 하며, 저작자가 이 법에 따라 가지는 기타 권리를 침해하여서는 아니 된다」고 규정하여 교과서의 편집, 출판을 위한 법정허락제도를 인정하고 있다. 같은 조 제2항은 「전항의 규정은 출판자, 실연자, 음반·영상제작자, 라디오·TV 방송국의 권리제한에도 적용된다」고 규정하고 있다. 교과서의 편집, 출판을 위한 법정허락제도는 2001년 개정 저작권법에 새로 추가된 것으로서 9년제 의무교육과 국가의 교육정책을 효율적으로 실현하고자 하는 취지에서 도입된 것이다.

본조에 의한 법정허락은 9년제 의무교육과 국가의 교육정책을 시행하기 위한 목적에서 교과서를 편집하거나 출판할 때에만 인정된다. 따라서 9년제 의무교육이 아닌 대학교육이나 기타 직업교육을 위한 목적에서 교과서를 편집·출판하거나 국가의 교육정책과는 무관한 정책을 시행하기 위한 목적에서 참고서적을 편집·출판하는 것은 허용되지 않는다.

이용의 대상이 되는 저작물은 이미 공표된 것이어야 한다. 저작권법 제23조 제1항은 이용 대상이 되는 저작물의 종류와 관련하여 「공표된 저작물의 일부분, 문자저작물이나 음악저작물의 일부분 또는 한 폭의 미술저작물이나 사진저작물」이라고 적고 있는데, 법문상 문자저작물, 음악저작물, 미술저작물 그리고 사진저작물만이 법정허락의 대상으로 되는 것인지 아니면 그 외의 저작물도 대상이 되는지 여부가 애매모호하다. 법문은 공표된 「저작물」의 일부분이라고 적고 있으므로 공표된 저작물인 이상 그 종류를 불문하고 모두 법정허락의 대상으로 될 수 있다고 본다. 그럼에도 법문이 저작물이라고만 적지 않고 별도로 「문자저작물이나 음악저작물의 일부분 또는 한 폭의 미술저작물이나 사진저작물」이라고 적고 있는 것은 본조에 의한 저작물 이용은 저작물의 일부분에 한해서만 허용된다는 점을 주지시켜 주기 위한 의도라고 보인다.

이처럼 본호에 의한 저작물의 이용은 저작물의 일부분에 대해서만 한정되므로 예컨대 소설의 전체나 상당한 분량을 교과서에 인용하는 것은 허용되지 않는다. 인용 분량의 적정성에 대해서는 개별 사안에 따라 인용의 목적 및 필요성, 교과서의 내용, 인용된 부분만으로 인용자의 인용의도가 충분히 드러날 수 있는지 여부 등 종합적인 사정을 고려하여 결정하여야 할 것이다.

여기서 미술저작물이나 사진저작물의 이용범위가 문제된다. 법문은 저작물 이용의 범위에 대해 저작물의 「일부분」이라고 적고 있으면서도 미술저작물이나 사진저작물에 대해서는 「한 폭」이라고 규정하고 있으므로 이러한 규정 내용은 서로 상치되는 것이 아니냐라는 의문이 들 수 있다. 생각건대, 사진저작물이나 미술저작물의 경우 그 성질상 일부분만 이용한다는 것은 상상하기 어렵다. 예컨대 레오나르도 다빈치의 '모나리자' 그림을 교과서에 삽입하는 경우 모나리자 신체의 특정 부위(입이나 코 등)만을 따로 떼어 그 부분만을 교과서에 삽입하여야 한다는 것은 왠지 어색하다. 따라서 사진저작물이나 미술저작물은 한 폭 전체가 이용대상이라고 보아야 한다. 다만 레오나르도 다빈치의 모든 또는 상당수의 미술저작물을 필요이상으로 교과서에 삽입하는 것은 허용되지 않는다. 이러한 의미에서 사진저작물이나 미술저작물의 경우에는 동일 저작권자의 일부 작품에 대해서만 그 이용이 허락되며 동일 저작권자의 모든 또는 상당수의 작품을 필요이상으로 교과서에 삽입하는 것은 비록 교육정책상의 목적에 의한 것이라도 허용되지 않는다고 보아야 한다.

이용자는 저작물의 일부분을 교과서에 편집할 수 있다. 이 경우 저작물의 일부분을 교과서에 게재하거나 인용하는 것만이 허용되고 교과서 편찬을 위해 저작물을 각색하거나 임의적으로 변경하는 것은 허용되지 않는다. 또한, 이용자는 저작물을 이용함에 있어 반드시 저작물의 출처를 명시하여야 하고 저작재산권자가 저작권법에 따라 가지는 기타 권리를 침해하여서도 아니 된다. 법정허락은 자유이용제도와 달리 저작재산권자에게 정당한 보상금을 지급하여야 하므로 이용자는 저작물을 이용한 날로부터 2 개월 이내에 저작권자에게 보상금을 지급하여야 한다(저작권법실시조례 제32조). 마지막으로 저작재산권자가 사전에 저작물 이용을 허락하지 않는다는 의사를 표명하지 않았어야 한다. 만약 저작재산권자가 그러한 의사를 사전에 표명한 때에는 법정허락은 인정되지 않는다. 그러나 이용불허의 의사는 사전에 표명되어져야 하므로 법정허락이 있은 뒤에 이루어진 것은 아무런 효력이 없다.

나. 신문 또는 잡지의 전재 등에 대한 법정허락(제32조 제2항)

저작권법 제32조 제2항은 「저작물이 신문이나 잡지에 게재된 후 다른 신문사나 정기간행물사는 이를 전재하거나 요약게재 또는 자료로 게재할 수 있다」고 규정하고 있다. 다만 저작권자가 전재 또는 편집을 허용하지 않는다고 표명한 경우에는 그러하지 아니하다.

본조는 신문이나 잡지 등 언론사의 공익적 기능을 원활하게 수행할 수 있도록 저작재산권자의 권리행사를 제한한 규정이다. 다만 본조에 의한 법정허가에는 신문사와 신문사, 잡지사와 잡지사 그리고 신문사와 잡지사 간의 상호 전재 또는 게재 행위만이 허용되고, 신문 또는 잡지에 게재된 기사 등을 라디오·TV 방송국이 게재·전재하거나 그 반대로 라디오·TV 방송국에 보도된 내용을 신문 또는 잡지에 게재·전재하는 행위 또는 일반 서적에 실려져 있는 내용을 신문이나 잡지에 게재·전재하는 행위 등은 허용되지 않는다.

한편, 인터넷저작권 분쟁에 관한 2003년도 사법해석 제3조는[1] 「이미 신문·잡지에 게재되었거나 인터넷상에 전송된 저작물을 인터넷상에 전재하거나 편집하는 경우 관련 규정에 따라 보상금을 지급하고 출처를 명시하면 권리침해를 구성하지 않는다. 다만, 신문사, 잡지사 또는 인터넷서버제공자가 저작권자의 위탁에 의해 전재 또는 편집을 허락하지 않는다고 표명한 경우에는 그러하지 아니하다. 저작물을 전재하거나 편집할 때 신문·잡지의 전재에 관한 관련 규정의 범위를 초과한 때에는 권리침해를 구성한다」고 규정하고 있는데, 이로써 블로그(Blog), 홈페이지, 인터넷신문 등과 같은 인터넷 환경에서도 오프라인상에서 보도된 신문이나 잡지의 기사 또는 온라인상에서 보도된 각종 인터넷 기사 따위를 저작권자의 허락 없이 전재하거나 편집할 수 있게 되었다. 이 경우에도 저작권자에게 적정한 보상금을 지급하여야 함은 물론이다.

---

1) 最高人民法院关于审理涉及计算机网络著作权纠纷案件适用法律若干问题的解释(2003) 第三条「已在报刊上刊登或者网络上传播的作品, 除著作权人声明或者报刊、期刊社、网络服务提供者受著作权人委托声明不得转载、摘编的以外, 在网络进行转载、摘编并按有关规定支付报酬、注明出处的, 不构成侵权。但转载、摘编作品超过有关报刊转载作品范围的, 应当认定为侵权.」

이용자는 본조에 의하여 저작물을 전재하거나 요약게재 또는 자료로 게재할 수 있다. 전재란 신문이나 잡지에 공표되었던 기사 등을 그대로 옮겨 싣는 것을 말한다. 게재도 전재와 비슷한 의미로 다른 곳에 공표되었던 글을 그대로 인용하는 것을 말한다. 문제는 요약게재다. 이는 피인용저작물을 그대로 인용하지 않고 그 내용을 요약하여 인용하는 것으로 실제로 신문이나 잡지의 기사를 작성할 때 널리 이용되는 인용방법이다. 요약게재시 문장 가운데서 불필요한 부분은 생략되고 때로는 표현도 변형될 수 있으므로 수정권, 저작물의 완전성보호권 또는 개편권 등의 권리침해 문제가 대두될 수 있다. 불필요한 부분을 생략하고 핵심적이고 필요한 부분의 표현을 동일성을 유지하면서 인용하는 경우에는 아무런 문제가 없을 것이나, 원문의 취지를 왜곡하거나 원작자의 관점을 곡해하여 원작자의 명성에 해를 가하는 인용은 허용되지 않는다고 보아야 한다.[1]

본조에 의하여 저작물을 이용하는 자는 반드시 저작물의 출처를 밝혀야 하며, 저작물을 이용한 때로부터 2개월 이내에 저작재산권자에게 적정한 보상금을 지급하여야 한다(저작권법실시조례 제19조 및 제32조 참조). 또한 저작재산권자가 저작권법에 따라 가지는 기타 권리를 침해하여서도 아니 된다.

본조에 의한 법정허가는 저작재산권자가 전재 또는 편집을 허용하지 않는다고 표명한 경우에는 허용되지 않는다. 이와 관련하여 저작권법실시조례 제30조는「저작권자가 저작권법 제32조 제2항에 의하여 그 저작물을 전재 또는 편집하여서는 아니 된다고 표명하고자 하는 경우에는 그 저작물을 신문이나 정기간행물에 게재할 때 그러한 뜻을 명시하여야 한다」고 규정하고 있다. 따라서 자신의 저작물이 다른 신문·잡지사에 의해 전재 또는 편집되는 것을 원하지 않는 저작자는 자신의 글을 신문·잡지에 게재할 때 그러한 뜻이 저작물이 게재되는 신문·잡지에 부가하여 명기되도록 하여야 한다. 기사를 예로 들면 보통의 경우 기사의 하단면에 기자 및 소속신문사의 명칭을 기재한 뒤「무단 전재·편집 및 재배포 금지」라는 문구를 삽입하게 된다.

다. 음반 제작을 위한 법정허락(제39조 제3항)

저작권법 제39조 제3항은「음반제작자가 타인이 이미 합법적으로 녹음·제작한 음반제품의 음악저작물을 이용하여 음반제품을 제작하는 경우 저작권자의 허락을 받지 아니하여도 된다. 단, 규정에 따라 보상하여야 한다. 만약 저작권자가 이용

1) 李雨峰 等,『著作权法』, 厦门大学出版社(2006), 제127쪽 참조.

을 허락하지 않는다고 표명한 경우에는 저작물을 이용하여서는 아니 된다」고 규정하고 있다.

이는 음반제작자가 작사가나 작곡가와 장기간에 걸친 독점계약을 체결하여 녹음권을 독점하는 것을 방지하여 음악의 유통을 촉진하고 음악문화의 향상을 도모하기 위한 취지이다. 한국저작권법 제52조도 「판매용 음반이 우리나라에서 처음으로 판매되어 3년이 경과한 경우 그 음반에 녹음된 저작물을 녹음하여 다른 판매용 음반을 제작하고자 하는 자가 그 저작재산권자와 협의하였으나 협의가 성립되지 아니하는 때에는 대통령령이 정하는 바에 따라 문화관광부장관의 승인을 얻은 후 문화관광부장관이 정하는 기준에 의한 보상금을 당해 저작재산권자에게 지급하거나 공탁하고 다른 판매용 음반을 제작할 수 있다」고 규정하여 음반 제작을 위한 법정허락제도를 인정하고 있다. 다만 위 한국저작권법 제52조는 엄밀한 의미에서 강제허락제도에 해당한다고 볼 수 있다.

음반제품이란 실연된 음성과 기타 음성을 녹음한 제품을 말한다(저작권법실시조례 제5조 제2호). 음반제품은 음이 유형물에 고정된 것을 말하고 음이 영상과 함께 고정된 것[1]을 제외하므로 영상이 함께 수록되어 있는 '악극적 저작물'(예컨대, 오페라나 뮤지컬 등)을 녹음하여 CD 등을 제작하는 것은 본조에 의한 법정허가의 대상이 아니다.[2] 법문은 한국저작권법과는 달리 '판매용' 음반이라고 규정하지 않고 단지 '음반제품'이라고만 하고 있으므로 음반제품이 판매용인지 여부는 중요하지 않다. 따라서 비매품인 선전용 CD나 녹음테이프도 본조의 음반제품에 해당한다고 본다. 음반제작자는 타인이 이미 「합법적으로」 녹음·제작한 음반제품의 음악저작물을 이용하여야 하므로 비합법적인 절차와 방법에 따라 녹음·제작한 음반제품의 음악저작물을 이용하는 것은 허용되지 않는다.

음반제작자는 본조에 따라 타인이 녹음·제작한 음반제품의 음악저작물을 이용하여 새로운 음반제품을 제작할 수 있다. 문제는 「타인이 녹음·제작한 음반제품의 음악저작물을 이용」한다는 것이 과연 무엇을 의미하는가이다. 예컨대 음반제작자 B가 작곡자 C의 작곡, 작사가 D의 작사 그리고 가수 E의 실연을 토대로 녹음·제작한 음반제품 자체를 음반제작자 A가 repress 등의 방법에 의하여 증제하

1) 이는 영상제품에 해당한다(저작권법실시조례 제5조 제3호 참조).

2) 李雨峰 等, 『著作权法』, 厦门大学出版社(2006), 제128쪽 참조. 한편, 이와 관련하여 한국에서는 서곡, 아리아 또는 간주곡과 같이 그 일부분에만 착목하여 일반 음악저작물과 동일하게 볼 수 있는 것에 대하여 그 일부분씩만 이용하는 경우에는 판매용 음반 제작을 위한 법정허락의 대상이 될 수 있다고 보고 있다(이해완, 『저작권법』, 박영사(2007), 제454쪽). 이는 중국저작권법 해석에 있어서도 참고가 될 수 있다고 보인다.

거나 그 음반제품에 수록되어 있는 음을 다른 고정물에 녹음하여 새로운 음반제품을 만들어 판매한 경우 본조에 의한 법정허락이 인정되는가. 결론적으로 말하면 음반제작자 A의 행위는 실연자(가수 E) 및 음반제작자 B가 가지는 복제권 및 배포권을 침해하는 위법행위이다. 음반 제작을 위한 법정허락을 규정한 저작권법 제39조 제3항은 특정 음반회사에 의해 녹음권이 독점되는 것을 방지하는 것에 불과할 뿐이지 음반회사나 실연자가 음반제품 또는 음반제품에 수록된 실연에 대해 가지는 복제권이나 배포권을 제한하는 것은 아니다. 엄격히 말하면 「타인이 녹음·제작한 음반제품의 음악저작물을 이용」한다는 법문의 표현에서 「음악저작물」이란 가사와 악곡을 의미하는 것이며, 본조에 의한 저작물 이용의 대상도 가사와 악곡에 제한되는 것이다. 따라서 위 예에서 음반제작자 A는 다른 가수와 밴드를 초빙하여 이들로 하여금 작곡자 C와 작사가 D가 창작한 악곡과 가사를 토대로 연주와 가창을 하도록 한 뒤 그 실연을 녹음하여 이를 음반에 수록한 음반제품을 만들어야 하는 것이다.[1)]

이용자는 저작물을 이용한 때로부터 2개월 이내에 저작재산권자에게 보상금을 지급하여야 한다. 중국에서는 음악저작권자를 대표하여 음악저작권을 관리하는 단체로 「중국음악저작권협회」(中国音乐著作权协会)라는 단체가 조직되어 있는데, 이용자가 위 협회에 보상금을 지급하면 위 협회는 이를 회원에게 전달하게 된다. 위 협회가 공표한 보상금 기준에는 「음반 제작을 위한 법정허락에 따른 보상금은 음반제품도매가의 3.5%에 제작수량을 곱한 금액으로 하되, 매 저작물의 저작권비는 200위엔보다 적어서는 아니 된다. 음악저작물이 5분을 초과하는 경우 5분을 초과할 때마다 한 개의 음악저작물이 추가된 것으로 간주하여 보상금을 계산한다」고 규정되어 있다.[2)]

법문은 「만약 저작권자가 이용을 허락하지 않는다고 표명한 경우에는 저작물을 이용하여서는 아니 된다」고 규정하고 있는데, 이는 음반제작을 위한 법정허락 제도를 인정하고 있는 다른 입법례와 비교할 때 매우 이례적인 내용이다. 음반제작을 위한 법정허락 제도는 앞서 살펴본 바와 같이 특정 음반회사에 의해 녹음권이 독점되는 것을 방지하기 위해 인정된 것인데, 저작권자의 의사만으로 법정허락에 의한 저작물 이용 여부가 좌지우지된다고 한다면 필시 시장독점을 희망하는 음반회사는 저작권자와 독점계약을 체결할 때 저작권자로 하여금 저작물 이용을 불허

---

1) 李雨峰 等, 『著作权法』, 厦门大学出版社(2006), 제129쪽 참조.

2) 李雨峰 等, 『著作权法』, 厦门大学出版社(2006), 제129쪽.

한다는 의사를 표명하도록 요구할 것이 명백하고 이러한 경우 본조의 입법취지는 몰각된다는 점에서 위와 같은 법규정은 입법론적으로 문제가 있다. 저작권법실시조례 제31조는「저작권자가 저작권법 제39조 제3항에 의하여 그 저작물을 음반제품으로 제작하여서는 아니 된다는 뜻을 표명하려고 할 때에는 당해 저작물을 합법적인 음반제품으로 제작하는 때 그러한 뜻을 명시하여야 한다」고 규정하고 있다.

라. 공표된 저작물의 방송을 위한 법정허락(제42조 제2항, 제43조)

저작권법은 제42조 제2항에서「라디오·TV 방송국이 이미 공표된 타인의 저작물을 방송하는 경우 저작권자의 허락을 얻지 아니하여도 된다. 다만, 보상금을 지급하여야 한다」고 규정하고 있고, 제43조에서「라디오·TV 방송국이 이미 출판된 음반제품을 방송하는 경우 저작권자의 허락을 얻지 아니하여도 된다. 다만 이용자는 저작권자에게 보상금을 지급하여야 한다. 보상금 지급에 관하여 당사자 간에 별도의 약정이 있는 경우에는 그러하지 아니하다. 보상금의 액수와 지급 방법 등에 관한 자세한 내용은 국무원이 정한다」고 규정하고 있다. 이는 저작권자의 방송권을 제한하는 것으로서 방송을 통해 저작물의 전파를 촉진하고자 하는 취지에서 인정된 규정이다.

한국저작권법도 제51조에서「공표된 저작물을 공익상 필요에 의하여 방송하고자 하는 방송사업자가 그 저작재산권자와 협의하였으나 협의가 성립되지 아니하는 경우에는 대통령령이 정하는 바에 따라 문화관광부장관의 승인을 얻은 후 문화관광부장관이 정하는 기준에 의한 보상금을 당해 저작재산권자에게 지급하거나 공탁하고 이를 방송할 수 있다」고 하여 본조와 유사한 취지의 규정을 두고 있다. 그러나 한국저작권법 제51조는 저작재산권자와의 협의를 우선적으로 요구하고 있다는 점에서 엄밀하게 말하면 강제허락에 해당하고, 중국저작권법과 달리「공익상 필요」에 의하여 방송할 것을 요구하고 있다. 구 저작권법 제43조도[1] 한국저작권법과 유사하게「비상업적 목적」으로 방송할 것을 요구하였으나 현행 저작권법은 이러한 요건을 삭제하였다. 따라서 현행 저작권법 제42조 제2항이나 제43조에 의한 법정허락의 경우 반드시 공익상 필요나 비상업적 목적으로 방송을 하여야 할 필요는 없으며 상업적인 이유에서 방송하는 것도 허용된다고 할 것이다.

1) 구 저작권법 제43조「라디오·TV 방송국이 비상업적인 목적으로 이미 출판된 음반제품을 방송하고자 하는 경우 저작권자, 실연자, 음반제작자의 허락을 얻지 않아도 되고 그에 대한 보상금을 지급하지 않아도 된다」中华人民共和国著作权法(1990) 第四十三条「广播电台、电视台非营业性播放已出版的录音制品, 可以不经著作权人、表演者、录音制作者许可, 不向其支付报酬」

저작권법 제42조 제2항은 「라디오·TV 방송국이 이미 공표된 타인의 저작물을 방송하는 경우 저작권자의 허락을 얻지 아니하여도 된다」고 규정하고 있으므로 법문상 마치 라디오·TV 방송국은 저작물의 종류를 불문하고 모든 저작물을 방송할 수 있는 것인 양 되어 있으나, 「타인의 저작물」에는 영상저작물과 영상제품은 포함되지 않는다는 것에 주의할 필요가 있다. 저작권법 제45조는 「TV 방송국이 타인의 영화저작물, 영화제작과 유사한 방법으로 제작한 저작물 및 영상제품(录像制品)을 방송하는 경우 제작자 또는 영상제작자의 허락을 얻어야 하며 보상하여야 한다. 타인의 영상제품(录像制品)을 방송하는 경우 저작권자의 허락을 얻어야 하며 보상하여야 한다」고 규정하고 있기 때문이다.

저작권법 제43조는 「라디오·TV 방송국이 이미 출판된 음반제품을 방송하는 경우 저작권자의 허락을 얻지 아니하여도 된다」고 규정하고 있는데, 그렇다면 실연자 또는 음반제작자의 허락도 필요 없는가. 구저작권법 제43조는 「라디오·TV 방송국이 비상업적인 목적으로 이미 출판된 음반제품을 방송하고자 하는 경우 저작권자, 실연자, 음반제작자의 허락을 얻지 않아도 되고 그에 대한 보상금을 지급하지 않아도 된다」고 규정하여 실연자나 음반제작자의 허락이 필요 없음을 명시적으로 밝혔으나, 현행 저작권법 제43조에는 실연자나 음반제작자의 허락이 필요 없다는 부분이 생략되었기 때문에 위와 같은 의문이 제기되는 것이다.

생각건대, 현행 저작권법상 실연자와 음반제작자에게는 실연 및 녹음제품에 대한 방송권이 인정되지 않으므로 라디오·TV 방송국은 실연자 또는 음반제작자로부터 이용허락을 받을 필요가 없다고 보아야 한다.[1] 즉, 현행 저작권법 제43조가 구저작권법 제43조의 내용 중 「실연자, 음반제작자의 허락을 얻지 않아도 된다」는 부분을 삭제한 것은 구 저작권법의 입장을 변경하여 실연자 또는 음반제작자의 허락을 받아야 한다는 입법적 결단을 표현한 것이 아니라 실연자나 음반제작자의 방송권이 인정되지 않는 상황에서 굳이 그들의 허락을 받을 필요가 없다는 점을 고려하여 불필요한 내용을 삭제한 것에 불과하다.

라디오·TV 방송국은 제42조 제2항 및 제43조에 의하여 타인의 저작물 또는 음반제품을 방송할 수 있다. 이때의 방송은 타인의 저작물 등을 있는 그대로 내보는 것을 전제로 하는 것이나 필요에 따라서는 저작물의 본질적인 내용을 침해하지 않는 범위에서 기존 저작물에 일부 수정을 가하여 방송하는 것도 허용된다고 본다.

---

1) 李雨峰 等, 『著作权法』, 厦门大学出版社(2006), 제130쪽 참조.

제 7 장 저작재산권의 보호기간

Ⅰ. 개 설

Ⅱ. 보호기간의 원칙(사망시 기산주의)

Ⅲ. 공표시(公表時)를 기준으로 하는 저작물

Ⅳ. 보호기간의 계산

Ⅰ. 개 설

1. 보호기간 제도의 취지

저작권법은 제21조에서 저작재산권에 대한 시적한계로서 저작재산권의 보호기간을 규정하고 있다. 저작재산권의 보호기간 제도는 궁극적으로 저작권자의 이익과 공공의 이익을 조화시키는 데에 그 목적이 있다. 즉, 저작재산권에 시적 한계를 설정함으로써 독점적·배타적인 저작재산권 행사로 얻게 되는 저작권자의 경제적 이익과 이른바 '공중의 영역'(Public domain)에서 누구라도 저작물을 자유롭게 이용할 수 있도록 하여 얻게 되는 공공의 이익을 조화시키려는 것이다. 저작권자는 보호기간 내에서만 저작재산권을 독점적이고 배타적으로 행사할 수 있고 그 보호기간이 도과하게 되면 당해 저작재산권은 소멸하고 저작물은 이른바 '공중의 영역'(Public domain)에 놓이게 되어 누구라도 이를 자유롭게 이용할 수 있게 되는 것이다.

보호기간의 장단은 각국의 입법정책에 따라 서로 다르게 결정되고 있다. 보호기간이 지나치게 짧으면 저작물을 창작한 창작자의 노력에 대한 보답이 적어 사람들의 창작의욕이 저하되는 문제점이 있는 반면, 보호기간이 지나치게 길면 공중이 저작물을 자유롭게 이용하는 것을 방해하여 그 만큼 선인의 문화유산을 바탕으로 한 창작활동이 줄어들 수 있다는 문제점이 있다. 이처럼 보호기간의 장단을 결정하는 것은 저작권자의 이익과 공공의 이익을 적절하게 조화시켜야 하는 매우 어려운 문제에 속한다. 오늘날에는 저작재산권을 저작자의 생존기간 및 사후 50년까지 보호하는 것이 일반적인 추세라고 할 수 있다. 이러한 입법례로는 베른협약[1), 일본[2), 한국[3), 캐나다, 뉴질랜드 등 무려 54개국 정도로 파악되고 있다고 한다.[4) 중국저작권법도 이러한 국제적 추세에 따르고 있다. 이에 반해 세계

1) 베른협약 제7조 제1항 「이 협약이 부여하는 보호기간은 저작자의 생존기간과 그의 사망 후 50년이다.」

2) 일본저작권법 제51조 (보호기간의 원칙) 「① 저작권의 존속기간은 저작물을 창작한 때에 시작된다. ② 저작권은 이 절에 별도로 정하는 경우를 제외하고 저작자의 사후(공동저작물에 있어서는 최후로 사망한 저작자의 사후) 50년을 경과할 때까지의 기간 동안 존속한다.」

3) 한국저작권법 제39조 제1항 본문 「저작재산권은 다른 특별한 규정이 있는 경우를 제외하고는 저작자의 생존하는 동안과 사망 후 50년간 존속한다.」

4) 최경수, "해외 사례 및 국제 협약", 저작권심의조정위원회 제2기 저작권아카데미 제11차 변호

저작권협약은 저작재산권의 보호기간을 저작자의 생존기간 및 사후 25년 이상으로 정하고 있다.[1)]

2. 보호기간의 산정방식

보호기간의 산정방식에는 사망시 기산주의(死亡時起算主義)와 공표시 기산주의(公表時起算主義)가 있다.

'사망시 기산주의'는 저작자의 사망을 기준으로 보호기간을 산정하는 입법주의이다. 그런데 저작권의 발생에 아무런 방식이나 절차를 요하지 아니하는 무방식주의 하에서는 사망시 기산주의란 엄격한 의미에서 보호기간의 기산점을 사망시로 본다는 의미가 아니라 보호기간의 종기를 결정함에 있어 저작자의 사망시를 기준으로 하여 그로부터 일정한 기간 이후로 보는 것을 의미하는 것이다.[2)] 이에 반해 '공표시 기산주의'란 저작물의 공표시를 기준으로 보호기간을 산정하는 원칙을 말한다.

일반적으로 사망시 기산주의가 원칙이나 저작자의 사망을 기준으로 하여 저작물의 보호기간을 기산할 수 없는 경우에는 공표시 기산주의를 채택하여 사망시 기산주의를 보완하게 된다. 중국저작권법도 제21조 제1항에서 「저작재산권의 보호기간은 저작자의 생존하는 동안과 사망 후 50년으로 하며, 저작자가 사망 후 50년이 되는 해의 12월 31일에 종료한다」고 규정하여 사망시 기산주의를 원칙으로 하면서도,[3)] 무명 또는 가명 저작물로서 누가 저작자인지 확실히 모르는 경우, 법인 또는 기타 단체의 저작물, 법인 또는 기타 단체가 저작권을 갖고 있는 업무상 저작물 그리고 일부 특수한 저작물의 경우에는 공표시 기산주의를 채택하고 있다(같은 조 제2항, 제3항, 저작권법실시조례 제18조 참조).

사 과정 자료집(2006), 제126쪽 참조.

1) 세계저작권협약 제4조 제2항 a 「저작재산권의 보호기간은 저작자의 생존기간 및 사후 25년 이상이어야 하며, 보호기간을 최초 발행일로부터 기산하는 방식을 취할 경우에는 그 발행일로부터 25년 이상 보호하여야 한다.」

2) 이해완, 『저작권법』, 박영사(2007), 제456쪽.

3) 한국저작권법도 사망시 기산주의를 채택하고 있다.

Ⅱ. 보호기간의 원칙(사망시 기산주의)

저작자가 개인인 경우 저작재산권의 보호기간은 저작자의 생존하는 동안과 사망 후 50년으로 하며, 저작자가 사망한 후 50년이 되는 해의 12월 31일에 종료한다(저작권법 제21조 제1항). 저작권법은 저작권의 종기만을 규정하고 있으나, 저작권의 발생시기에 관하여는 저작권법실시조례 제6조가 「저작권은 저작물이 창작된 날로부터 발생한다」고 규정하고 있다. 즉, 저작권은 창작행위로터 바로 발생하며 어떠한 절차나 형식의 이행도 불필요하다(무방식주의).

저작권자가 수인인 합작저작물의 저작재산권은 맨 마지막으로 사망한 저작자의 사망 후 50년이 되는 해의 12월 31일까지 존속한다(저작권법 제21조 제1항). 합작저작물이란 한국저작권법의 공동저작물과 결합저작물을 포괄하는 개념이다. 한국저작권법에서는 공동저작자의 각 기여부분을 분리하여 개별적으로 이용하는 것이 불가능한 공동저작물의 저작재산권은 맨 마지막으로 사망한 저작자의 사망 후 50년간 존속하지만(같은 법 제39조 제2항 참조), 분리이용이 가능한 결합저작물은 단독저작물의 결합에 불과하므로 해석상 각자의 저작부분을 분리하여 산정하게 된다. 이에 반해 중국저작권법에서는 보호기간과 관련하여 양자의 차이는 없다. 즉 공동저작물, 합작저작물의 저작재산권 모두 동일하게 맨 마지막으로 사망한 저작자의 사망 후 50년이 되는 해의 12월 31일까지 존속하게 된다(저작권법 제21조 제1항).

한편, 저작자가 사망 후 40년이 경과하고 50년이 되기 전에 저작물이 공표된 경우 저작재산권의 보호기간은 어떻게 되는가. 저작권법 제21조 제1항을 원칙대로 적용하게 되면 저작재산권은 사망 후 50년간 보호되므로 공표된 시점부터 사망 후 50년이 되는 해의 12월 31일까지의 잔존기간만 보호받게 된다. 그러나 이 경우 10년에 못 미치는 짧은 기간 동안만 저작권 보호가 주어지고 더욱이 50년이 다 되어갈 무렵에는 거의 잔존보호기간이 없어 '공표'에 따른 경제적 보상이 거의 없게 되는 문제가 있다. 이러한 문제를 감안하여 한국저작권법 제39조 제1항 단서는 「다만, 저작자가 사망 후 40년이 경과하고 50년이 되기 전에 공표된 저작물의 저작재산권은 공표된 때부터 10년간 존속한다」고 규정하여 위 사례와 같은 경우 최소한 공표일로부터 10년간은 저작권보호를 부여하여 공표에 대한 보상을 가능하게 하고 있다. 이 규정에 의하면 예를 들어 저작자 사후 49년이 지난 상태에서 공표한 저작물의 저작권은 사후 59년까지 존속하는 결과가 된다.[1] 그러나, 중국저작권법에는 한국저작권법 제39조 제1항 단서와 같은 예외규정이 존재하지 않으므로 위 사례의 경우 원칙대로 처리된다.

Ⅲ. 공표시(公表時)를 기준으로 하는 저작물

1. 저작자의 신분이 분명하지 않은 저작물

저작자의 신분이 분명하지 않은 저작물의 저작재산권은 저작물을 맨 처음 공표한 후 50년이 되는 해의 12월 31일까지로 한다(저작권법실시조례 제18조 본문). 저작자의 신분이 분명하지 않은 저작물로는 무명 또는 널리 알려지지 아니한 이명이 표시된 저작물 등이 있다. 이러한 저작물은 저작자의 사망 시기를 확정하기 어려우므로 사망시 기산주의에 따라 저작재산권의 보호기간을 산정하는 것이 불가능하므로 부득이 공표시를 기준으로 한 것이다. 다만, 이 기간 내에 저작자가 사망한지 50년이 경과하였다고 인정할만한 사유가 발생한 경우에는 그 저작재산권은 저작자 사망 후 50년이 경과하였다고 인정되는 때에 소멸한 것으로 보아야 한다.[2]

저작자의 신분이 분명하지 않은 저작물이라 하더라도 저작자의 신분이 확인된 경우에는 저작권법실시조례 제18조 본문의 규정은 적용되지 아니하고, 이때에는 원칙으로 돌아가 신분이 확인된 저작자의 사후 50년이 되는 해의 12월 31일까지 존속하게 된다(저작권법실시조례 제18조 단서 참조).

2. 법인저작물 및 업무상저작물

법인 또는 기타 단체의 저작물과 업무상저작물의 저작재산권은 저작물이 맨 처음 공표된 때로부터 50년이 되는 해의 12월 31일까지 존속한다. 다만, 저작물이 완성된 후 50년 이내에 공표되지 않은 경우에는 저작권법의 보호를 받지 못한다(저작권법 제21조 제2항 본문 참조).[3] 여기서 「법인 또는 기타 단체의 저작물」이란

---

1) 이해완, 『저작권법』, 박영사(2007), 제460쪽.

2) 李雨峰 等, 『著作权法』, 厦门大学出版社(2006), 제107쪽. 한국저작권법 제40조 제1항은 이를 명문으로 규정하고 있다.

3) 한국저작권법 제41조도 「업무상저작물의 저작재산권은 공표한 때로부터 50년간 존속한다. 다만, 창작한 때로부터 50년 이내에 공표되지 아니한 경우에는 창작한 때부터 50년간 존속한다」고 규정하고 있다.

저작권법 제11조 제3항의 법인저작물을, 「업무상 저작물」이란 저작권법 제16조 제2항의 업무상저작물[1]을 각 가리킨다. 「저작물이 완성된 후 50년 이내에 공표되지 아니한 경우 저작권법의 보호를 받지 못한다는 것」은 당해 저작물이 저작권법의 보호범위 밖에 있다는 의미가 아니라 저작물의 저작재산권이 창작한 때로부터 50년간 존속하게 된다는 의미이다.

법인저작물과 업무상저작물의 저작재산권에 대해 사망시 기산주의가 아닌 공표시 기산주의를 채택한 것은 법인 또는 단체의 사망을 생각할 수 없기 때문이다. 물론, 자연인의 사망에 해당하는 단체의 해산 또는 소멸을 기준으로 보호기간을 정하는 것도 생각해 볼 수 있으나, 그렇게 할 경우 만약 법인이나 단체가 영원히 소멸하지 않고 존속하게 되면 자연인의 저작재산권과 비교할 때 그 보호기간이 지나치게 길어진다는 불합리가 발생하므로 위와 같은 규정을 두게 된 것이다.

3. 영상저작물과 사진저작물

영상저작물의 저작재산권은 공표한 때로부터 50년이 되는 해의 12월 31일까지 존속한다(저작권법 제21조 제3항 본문). 영상저작물이란 영화 또는 영화 제작과 유사한 방법으로 창작한 저작물을 말한다. 영상저작물은 그 제작과정에서 여러 사람들이 관여하므로 사망시 기산주의를 채택할 경우 누구의 사망을 기준으로 할 것인가를 특정하여야 하는 어려움이 있다. 따라서 저작권법은 보호기간 산정의 어려움을 해소하고 영상저작물의 원활한 이용을 도모하려는 취지에서 영상저작물의 보호기간의 산정기준을 공표시로 통일한 것이다.

한편, 영상저작물의 제작에 사용된 각본, 음악 등 단독으로 사용할 수 있는 저작물의 저작자는 그 저작권을 단독으로 행사할 수 있는 권리를 가지므로(저작권법 제15조 제2항), 영상저작물의 바탕이 된 문자저작물이나 음악저작물 등의 저작재산권은 별도로 저작권법 제21조 제1항의 원칙규정이 적용되어 저작자의 생존하는 동안과 저작자 사망 후 50년이 되는 해의 12월 31일까지 존속한다. 여기서 주의하여야 할 점은 미술저작물의 경우 비록 영상저작물의 제작에 이용되었더라도 그 저작재산권은 공표한 때로부터 50년이 되는 해의 12월 31일까지 존속한다는 것이

---

1) 즉, 업무상 저작물 중에서 「법인 또는 기타 단체의 물질적·기술적 조건을 이용하여 창작하고 법인 또는 기타 단체가 책임을 지는 공사설계도·제품설계도·지도·컴퓨터 소프트웨어 등」의 업무상 저작물이나 「법률·행정법규 또는 계약서의 약정에 따라 법인 또는 기타 단체가 저작권을 가지는」 업무상 저작물을 말한다. 이 경우 자연인인 저작자는 성명표시권만을 가지고 성명표시권을 제외한 나머지 저작권은 법인 또는 기타 단체가 가진다(저작권법 제16조 제2항).

다. 왜냐하면 저작권법 제21조 제3항 본문은 미술저작물은 영상저작물과 마찬가지로 공표시 기산주의에 따른다고 명시하고 있기 때문이다.

영상저작물이나 사진저작물 모두 위에서 본 법인저작물, 업무상저작물과 마찬가지로 저작물이 완성된 후 50년 이내에 공표되지 않은 경우에는 저작권법의 보호를 받지 못한다(저작권법 제21조 제3항 단서). 즉, 저작물이 완성된 후 50년 이내에 공표되지 아니한 경우 당해 저작물의 저작재산권은 창작시로부터 50년 간 존속한다.

4. 계속적 저작물의 공표시기

저작물을 계속성 유무를 기준으로 분류하면 1회적 저작물과 계속적 저작물로 나눌 수 있다. 1회적 저작물은 단행본 또는 그림, 조각 등과 같이 1회의 출판이나 공표에 의하여 종료되는 저작물이며, 계속적 저작물은 신문이나 잡지 등과 같이 계속적으로 출판 또는 공표되는 저작물이다.

계속적 저작물에는 책(冊), 호(號) 또는 회(回) 등으로 공표하는 축차(逐次)간행물[1]과 일부분씩 순차적으로 공표하여 전부를 완성하는 순차(順次)저작물[2]이 있는데, 각각의 경우에 저작권의 보호기간을 어떻게 산정하여야 하는지가 문제된다. 이에 대하여 중국저작권법에는 명문 규정이 없지만, 중국학자들은 축차간행물의 경우는 매책, 매호 또는 매회 등의 공표시를 기산점으로 하고, 순차저작물의 경우는 최종 부분의 공표시를 기산점으로 하되, 순차저작물의 계속되어야 할 부분이 최근의 공표시기로부터 3년이 경과되어도 공표되지 아니하는 경우에는 이미 공표된 맨 뒤의 부분을 최종부분으로 본다고 해석하고 있다[3]. 한국저작권법 제43조도 위 해석론과 동일한 내용의 규정을 두고 있다.[4]

---

1) 예를 들면 일간, 주간, 월간 등의 신문이나 잡지 등

2) 예를 들면 신문의 연재소설 등

3) 李雨峰 等, 『著作权法』, 厦门大学出版社(2006) , 제107쪽. 이러한 해석론은 일본저작권법 제56조에 기초한 것이다. 일본저작권법 제56조는 「① 제52조 제1항, 제53조 제1항 및 제54조 제1항 공표시점은 책, 호, 또는 회에 따라 공표하는 저작물에 대해서는 매책, 매호, 또는 매회의 공표시에 따르는 것으로 하고, 일부분씩을 차례로 공표하여 완성하는 저작물에 대해서는 최종 부분을 공표한 때에 따르는 것으로 한다. ② 일부분씩을 차례로 공표하여 완성하는 저작물에 대해서는 계속되어야 할 부분이 가장 가까운 공표의 시점으로부터 3년을 경과하여도 공표되지 아니할 때에는 이미 공표된 것 중의 최종 부분을 전항의 최종 부분으로 본다.」고 규정하고 있다.

4) 한국저작권법 제43조 (계속적간행물 등의 공표시기) 「① 제39조제1항 단서·제40조 제1항 또는 제41조의 규정에 따른 공표시기는 책·호 또는 회 등으로 공표하는 저작물의 경우에는 매책·매호 또는 매회 등의 공표 시로 하고, 일부분씩 순차적으로 공표하여 완성하는 저작물의 경우에는 최종부분의 공표시로 한다. ② 일부분씩 순차적으로 공표하여 전부를 완성하는 저

Ⅳ. 보호기간의 계산

앞에서 살펴본 바와 같이 저작재산권의 보호기간은 저작자의 사망시를 기준으로 정하는 것이 원칙이나 예외적으로 저작물의 공표시를 기준으로 정하는 경우도 있다.

여기서 저작재산권의 보호기간을 계산하는 경우에 저작자가 사망한 특정일 또는 저작물을 공표한 특정일을 기준으로 하여야 하는지 아니면 저작자가 사망하거나 저작물을 공표한 다음 해의 1월 1일을 기준으로 하여야 하는지가 해석상 문제된다. 저작자가 사망한 날이나 저작물을 공표한 날을 기준으로 하는 것이 가장 명확한 방법이겠지만, 세월이 흘러 사망일이나 공표일을 정확하게 모르는 경우에는 오히려 보호기간 계산에 혼란을 줄 수 있다는 문제점이 있으므로 위와 같은 의문이 제기되는 것이다.

이에 대해 베른협약 제7조 제5항은 「저작자 사망 후의 보호기간과 제2항, 제3항 및 제4항에서 규정한 기간은 사망일 또는 각 항에서 언급한 사건 발생일로부터 기산한다. 다만, 그러한 기간은 언제나 그 사망이나 사건의 익년 1월 1일에 시작하는 것으로 본다」고 규정하고 있고, 한국저작권법 제44조도 「저작재산권의 보호기간을 계산하는 경우에는 저작자가 사망하거나 저작물을 창작 또는 공표한 다음 해부터 기산한다」고 규정하여 이를 입법적으로 해결하였다. 이를 보호기간 계산에 있어 "익년주의(翌年主義)"라고 한다.

중국저작권법에는 위와 같은 명문규정이 존재하지 않지만 입법자료에 의할 때 중국저작권법도 익년주의를 채택한 것으로 해석할 수 있다고 한다.[1] 따라서 중국저작권법 해석에 의하더라도 저작재산권의 보호기간을 계산하는 경우 저작자가 사망하거나 저작물을 공표한 다음 해의 1월 1일부터 기산하여야 한다. 예컨대 저작자가 1950년 8월 31일 사망하였다면 저작물의 저작재산권은 1951년 1월 1일부터 기산하여 50년이 되는 2000년 12월 31일에 저작재산권이 소멸하게 된다.

작물의 계속되어야 할 부분이 최근의 공표시기부터 3년이 경과되어도 공표되지 아니하는 경우에는 이미 공표된 맨 뒤의 부분을 제1항의 규정에 따른 최종부분으로 본다.」

1) 李雨峰 等, 『著作权法』, 厦门大学出版社(2006), 제111쪽.

제 8 장 저작인접권(著作隣接權)

Ⅰ. 서 설

1. 저작인접권의 개념

일반적으로 저작인접권(neighboring rights)이란 실연자, 음반·영상제작자 및 방송사업자에게 부여되는 저작권에 인접한 권리를 말한다. 실연자가 갖는 복제·배포권이나 음반·영상제작자가 음반·영상제품을 제작하여 이를 공중에게 배포하는 권리 또는 방송사업자의 동시중계방송권 등이 바로 그것이다. 중국저작권법은 제4장에서 저작인접권에 관한 상세한 규정을 두어 저작권과 더불어 저작인접권도 두텁게 보호하고 있다. 중국저작권법에 있어 특징적인 것은 출판자의 권리도 저작인접권에 포함시키고 있다는 점이다. 중국저작권법은 저작인접권이란 용어 대신 「저작권관련권리」(与著作权有关的权益)라는 용어를 사용하고 있으나, 저작권관련권리가 바로 저작인접권을 의미한다.

원래 저작권법은 저작자의 창작적 성과물인 저작물과 그에 대한 저작권을 보호하는 것을 주된 목적으로 하나, 실연자, 음반·영상제작자 및 방송사업자 등이 저작물의 전파자 내지 해설자로서 저작물의 보급과 발전에 크게 기여하는 점을 감안하여 저작권과는 별도로 저작인접권을 보호하는 것이다.

현재 저작인접권을 보호하는 것은 세계적으로 보편화된 현상이나, 그것을 인정하는 방법과 대상은 나라마다 서로 다르다. 일반적으로 대륙법계 국가에서는 저작인접권을 저작권과 구별하여 별도로 규정하고 있으나, 영미법계 국가에서는 저작인접권자에게 저작자와 동일한 저작권을 부여하고 있기 때문에 저작권과 저작인접권이 별도로 구분되어 있지 않다고 한다.[1] 중국저작권법은 저작인접권을 저작권과 구분하여 별도로 규정하고 있으므로 대륙법계의 입법례를 취하고 있다고 말할 수 있다. 그러나 중국저작권법은 다른 대륙법계의 입법례와는 달리 출판자의 권리까지도 저작인접권에 포함시키고 있다. 즉, 통상적으로는 실연자, 음반·영상제작자 및 방송사업자의 권리를 저작인접권으로 인정하고 출판권은 별도의 권리로 보호하는 것이 일반적이나,[2] 중국저작권법은 제4장에서 「출판·실연·음반·

1) 张革新, 『现代著作权法』, 中国法制出版社(2006), 제137쪽.

2) 한국저작권법은 제4장에서 실연자의 권리, 음반제작자의 권리 그리고 방송사업자의 권리만을 저작인접권으로 보고, 출판자의 권리는 별도의 장에서 규정하고 있다.

영상·방송」이란 제목 하에 출판자의 권리도 저작인접권에 포함시키고 있다. 출판권의 권리 성격에 대해서는 현재 중국 내에서 견해 대립이 있는데,[1] 법규정의 방식과 체계를 이유로 출판권을 저작인접권으로 보는 견해와 저작인접권의 연혁에 비추어 출판권은 저작인접권이 아니라고 보는 견해가 있다. 후자가 다수설이다. 본서도 다수설의 입장에 따라 출판권을 별도의 장에서 서술하기로 한다.

2. 저작인접권의 연혁

원래 저작권법에는 저작인접권이라는 개념이 존재하지 않았다. 저작인접권은 과학기술의 발달과 더불어 형성된 개념이라 해도 과언이 아니다. 복제기술이 발달하기 전에는 사람들은 직접 극장에 가서 배우들의 공연을 보고 음악회에서 가수의 노래를 감상해야만 했다. 그러나 녹음이나 녹화 등 복제기술이 발달하기 시작하면서 굳이 공연장이나 음악회를 찾지 않고도 배우의 공연과 가수의 노래가 고정된 음악테이프나 비디오테이프 등을 통해 실연자의 실연을 감상할 수 있게 되었고 이에 따라 실연자의 실연기회는 점차 감소되면서 실연자의 경제적 지위도 크게 약화되어 가기 시작했다. 이와 같은 변화의 흐름 속에서 실연자의 경제적 이익을 저작권과 유사한 권리로 보호하려는 입법의 필요성이 점차 대두되게 되었는데, 그 결과 1910년 독일저작권법이 최초로 실연자의 권리를 보호하기에 이르렀고, 뒤이어 1925년 영국이 「연극·음악 실연자보호법」을 반포함으로써 바야흐로 실연자의 권리가 성문법으로 보호되기에 이르렀다.[2]

음반·영상제작자 및 방송사업자의 권리 또한 복제기술의 발달과 더불어 보호받게 된 경우에 해당한다. 즉, 음반·영상제작자와 방송사업자가 음반·영상 또는 방송 제작을 위해 막대한 돈과 시설을 투자하였으나 불법복제물의 유통으로 엄청난 재산상 손해를 입는 경우가 속출하게 됨에 따라 이들의 경제적 이익을 보호하여야 할 필요성이 대두되었던 것이다.

이와 같이 실연자 등의 권리 보호의 필요성이 계속 대두되다가 1961년 이탈리아 로마에서 「실연자, 음반제작자 및 방송사업자의 보호를 위한 국제협약」(이른바 "로마협약")[3]이 체결되어 실연자, 음반제작자 및 방송사업자의 권리를 포괄하는

1) 견해 대립의 자세한 내용은 출판권 부분을 참고하길 바란다.

2) 张革新, 『现代著作权法』, 中国法制出版社(2006), 제138쪽.

3) International Convention for the Protection Performers Producers of Phonograms and Broadcasting Organizations.

저작인접권의 개념이 본격적으로 수립되기에 이르렀다. 로마협약은 저작인접권자의 보호를 위한 가장 대표적인 국제협약이라는 점에서는 큰 의의가 있으나, 가입국이 많지 않아 보편성을 갖추고 있지 못하다는 한계 또한 있다. 중국도 아직 로마협약에는 가입하지 않았다.

그 후 세계무역기구(WTO)의 부속서류인 TRIPs 협정[1]이 1994년에 체결되어 기존의 로마협약과는 별도로 저작인접권에 관한 새로운 보호체계를 구축하게 되었다. TRIPs 협정은 그 내용면에서 로마협약과 다소 차이가 있으나 기본적으로는 로마협약의 내용을 승계하였다고 볼 수 있다. 이런 의미에서 중국은 아직 로마협약에 가입하지 않았지만 세계무역기구의 구성원으로서[2] 이미 로마협약을 준수하고 있다고 평가할 수 있다.

1971년에는 로마협약에 대한 응급조치로서 「음반의 불법복제로부터 음반제작자를 보호하기 위한 협약」(이른바 "제네바협약")[3]이 체결되었다. 제네바협약은 음반의 무단 수입이나 배포행위를 금지할 것을 가맹국의 의무사항으로 규정하지 않은 로마협약의 미비점을 보완하여 가맹국에게 해적음반으로부터 음반제작자의 경제적 이익을 보호하여야 할 의무를 부담시켰다(중국은 1993. 4. 30. 제네바협약에 가입).

나아가 1996년 12월에 세계지적재산권기구(WIPO)의 주도 하에 각국의 정부대표는 「실연·음반조약」(WPPT)을[4] 체결하였다. 로마협약이 비록 저작인접권 보호에 지도적인 역할을 수행하여 왔으나, 인터넷의 출현 및 디지털 기술의 발달이라는 새로운 환경변화를 제대로 반영하지 못하는 한계를 보임에 따라, WIPO가 실연·음반조약을 통해 로마협약의 미비점을 보완하여 디지털과 인터넷 환경에서의 실연자와 음반제작자의 권리 보호에 관한 내용을 규정하게 된 것이다. 중국은 2006. 12. 29. 위 조약에 가입하였다.

3. 저작권과 저작인접권의 관계

저작인접권은 저작권에 인접하면서도 저작권과는 엄연히 구별되는 권리이다. 저작권이 저작물을 제작한 저작자의 창작적 노력에 대한 대가로 인정되는 권리라

---

1) 「무역 관련 지적재산권에 관한 협정」(Agreement on Trade-Related Aspects of Intellectual Property Rights. 일명 TRIPs 협정).

2) 중국은 2001. 12. 11. TRIPs 협정에 가입하였다.

3) Convention for the Protection of Producers of Phonograms Against Unauthorized Duplication of Their Phonograms.

4) WIPO Performances and Phonograms Treaty(WPPT).

고 한다면, 저작인접권은 그 저작물을 새롭게 해석하고 공중에게 널리 전파한 저작인접권자의 노고를 치하하고 그 과정에서 저작인접권자가 보인 창의에 보답하는 권리라고 할 수 있다. 이와 같은 의미에서 저작인접권은 저작물 없이는 존재할 수 없는 권리이며, 저작권은 저작인접권 생성의 전제이자 기초라 할 수 있다.

저작인접권은 권리의 주체, 보호대상 그리고 내용면에서 저작권과 차이가 있다. 먼저 권리의 주체 면에서 저작권은 저작물을 창작한 저작자가 주체인 반면, 저작인접권의 주체는 저작인접권자이다. 법은 저작인접권자로 실연자, 음반·영상제작자 그리고 라디오·TV 방송국을 규정하고 있다.[1] 다음으로 보호대상도 서로 다르다. 저작권은 창작적 성과물인 저작물을 보호대상으로 한다. 이에 반해 저작인접권은 저작물이 아닌 그것을 토대로 파생된 저작인접물, 즉, 구체적으로는 실연자의 실연, 음반·영상제작자가 제작한 음반·영상제품 그리고 방송사업자가 제작한 라디오·TV 프로그램 등을 보호대상으로 한다. 마지막으로 내용면에서도 차이를 보인다. 저작인접권은 저작권을 전제로 파생된 권리이므로 인정되는 권리의 종류나 범위가 저작권에 비해 제한적이다. 저작권의 권리내용은 풍부하고 다양하나, 저작인접권의 권리 내용은 상대적으로 그렇지 못하다.

저작권법은 저작권과 저작인접권의 관계에 대해 저작인접권에 대한 보호가 저작권에 영향을 미치지 못한다는 점을 분명히 밝히고 있다. 즉, 저작권법 제36조는 「타인의 저작물을 이용하여 실연하는 경우 실연자는 저작권자의 허락을 얻어야 하며 보상하여야 한다. 기존의 저작물을 개편, 번역, 주석, 정리하여 제작한 저작물을 이용하여 실연하는 경우 실연자는 저작물을 개편, 번역, 주석, 정리한 저작권자 및 원저작물의 저작권자의 허락을 얻어야 하며 보상하여야 한다」라고 규정하여 저작인접권자인 실연자가 저작물을 이용하는 경우 저작권자로부터 동의를 구하여야 한다는 점을 분명히 하고 있다. 그 결과 제3자가 실연자의 실연을 이용하는 경우 실연자뿐만 아니라 저작권자로부터도 허락을 얻어야 한다. 저작권법은 출판자, 음반·영상제작자 및 방송사업자의 저작인접권에 대해서도 위와 동일한 취지의 규정을 두고 있다(저작권법 제29조, 제34조, 제39조 및 제42조 제1항).[2]

---

1) 중국저작권법은 이하에서 볼 출판자도 저작인접권자에 포함시키고 있다.

2) 제29조 「도서 출판자가 도서를 출판하는 경우에는 저작권자와 출판계약을 체결하고 보상하여야 한다」. 제34조 「기존의 저작물을 개편, 번역, 주석, 정리, 편집하여 제작한 저작물을 출판하는 때에는 저작물을 개편, 번역, 주석, 정리, 편집한 저작권자와 원저작물의 저작권자의 허락을 얻어야 하며, 보상하여야 한다」. 제39조 「음반·영상제작자가 타인의 저작물을 이용하여 음반·영상제품을 제작하는 경우에는 저작권자의 허락을 받아야 하며 보상하여야 한다. 음반·영상제작자가 기존의 저작물을 개편, 번역, 주석, 정리하여 제작한 저작물을 이용하는 경우 저작물을 개편, 번역, 주석, 정리한 저작권자 및 원저작권자의 허락을 얻어야 하며 보상

한편, 저작인접권자가 저작권자의 동의 없이 저작물을 이용하여 저작인접물을 창작한 경우 저작인접권이 성립한다고 보아야 하는가. 이 경우에도 저작인접권은 성립한다고 보아야 한다. 저작권자의 동의가 저작인접권의 성립요건은 아니기 때문이다. 그러나 저작인접권자는 저작권자에 대한 관계에서 저작권 침해에 대한 책임을 져야 한다.

Ⅱ. 실연자의 권리

1. 실연 및 실연자의 의의

가. 실연의 의의

먼저 「실연」이란 무엇을 말하는가. 비록 저작권법에는 그에 대한 정의 규정이 존재하지 않지만, 통상적으로 저작인접물인 실연은 「저작물(보호기간이 도과된 것을 포함)을 상연·연주·가창·낭독·구연 등의 방식으로 표현하는 것」으로 정의되고 있다. 상연이란 각본, 무보 기타 연극적 저작물을 무대 위에서 표현하는 것을, 연주는 음악저작물을 악기로 표현하는 것을, 가창은 음악저작물을 음성으로써 표현하는 것을, 구연은 동화, 만담 등을 흥미롭게 말로 표현하는 것을 말한다. 낭독은 시, 수필 등을 소리 내어 읽는 것이다.

저작인접권인 실연자의 권리나 저작권인 실연권 모두 실연을 대상으로 하나, 그 의미는 서로 다르다는 점에 주의하여야 한다. 실연권에서의 실연이란 「저작물을 상연·연주·가창·낭독·구연 등의 방식으로 재현하여 공중에게 공개하거나 그 재현이 고정된 녹음·녹화물의 원본 또는 복제물을 기계적 또는 전자적으로 재생하여 공중에게 공개적으로 전달하는 것」으로 말한다. 이러한 정의에 비추어 실연권의 실연과 저작인접권의 실연은 다음과 같이 3가지 측면에서 서로 다르다. 첫째, 전자의 실연은 공중에의 공개를 요건으로 하나, 후자의 실연은 그렇지 않다. 둘째, 전자의 실연이 저작권법의 보호를 받는 저작물만을 대상으로 하는 데 반해,

---

하여야 한다」. 제42조 제1항 「라디오·TV 방송국이 타인의 미공표저작물을 방송하는 경우 저작권자의 허락을 얻어야 하며 보상하여야 한다」
한편, 라디오·TV 방송국이 타인의 공표저작물을 방송하는 것은 법정허락의 대상이 되어 저작권자의 허락을 받을 필요가 없다는 점에 주의할 필요가 있다(저작권법 제42조 제2항 참조). 다만, 이 때 저작권자에게 적당한 보상금을 지급하여야 한다.

후자의 실연은 보호기간을 도과하여 이미 공중의 영역에 속한 저작물까지도 대상으로 한다.[1] 마지막으로 전자의 실연은 녹음·녹화물의 재생에 의한 기계실연도 포함하나 후자의 실연에는 기계실연이 포함되지 않는다는 점에서 차이가 있다.

한편, 저작물이 아닌 것도 실연의 대상으로 될 수 있는지 여부가 문제된다.

이에 대해서 한국저작권법 제2조 제4호는 「실연자는 저작물을 연기·무용·연주·가창·구연·낭독 그 밖의 예능적 방법으로 표현하거나 저작물이 아닌 것을 이와 유사한 방법으로 표현하는 실연을 하는 자를 말하며, 실연을 지휘, 연출 또는 감독하는 자를 포함한다」고 규정하여 저작물이 아닌 것을 예능적 방법으로 표현하는 것도 저작권법이 보호하는 실연에 해당한다는 점을 명시적으로 밝히고 있다.[2]

그렇다면 중국저작권법은 어떠한가. 현재 중국저작권법에는 위와 같은 명문규정이 없다. 따라서 위 문제에 대해서는 견해가 대립한다.

긍정설은[3] 저작물이 아닌 것도 예능적인 방법으로 표현하면 실연에 해당한다고 주장한다. 먼저, 이 견해는 근래에 와서 실연에 대한 인정기준이 점차 완화되어 가고 있는 추세를 지적한다. 즉, 세계지적재산권기구나 유네스코의 일부 전문가들은 아직 저작물로 구성되지 않은 민간문학을 표현하는 것도 실연으로 보호하여야 한다고 주장하고 있고, 심지어 브라질저작권법은 축구경기나 육상경기마저도 실연이 된다고 규정하고 있다는 것이다.[4] 또한, 긍정설은 실연자의 실연에는 실연자만의 독특한 창의가 숨어 있다는 점도 함께 지적한다. 즉, 저작인접권의 실연이 저작권법으로 보호되는 이유는 실연자의 실연에 저작물과 구별되는 실연자만의 독창적인 창의가 숨어 있기 때문인데 이런 점을 고려할 때 굳이 실연의 대상을 저작물로 한정할 필요가 없다는 것이다.

부정설은[5] 법조문을 근거로 저작물이 아닌 것은 실연의 대상이 아니라고 한다.

---

1) 张革新, 『现代著作权法』, 中国法制出版社(2006), 제140쪽; 李雨峰 等, 『著作权法』, 厦门大学出版社(2006), 제52쪽.

2) 그 결과 한국에서는 프로야구, 단순한 체조 등의 스포츠는 실연에 포함되지 아니하나, 체조도 쇼프로의 일부로 되는 곡예에 해당할 정도라면 실연이 될 수 있고, 피겨스케이팅도 아이스쇼로 행하여지면 실연이 된다고 해석하고 있다(김정술, "저작권과 저작인접권의 내용", 재판자료 57집 (92.12) : 지적소유권에 관한 제문제 (하), 법원도서관, 제320쪽). 여기서 예능적이라는 것은 반드시 예술적인 것만을 의미하는 것이 아니며 단순한 스포츠가 아니라면 오락적인 성격이 주가 되는 경우에도 실연에 해당한다고 한다(이해완, 『저작권법』, 박영사(2007), 제519쪽 참조).

3) 李雨峰 等, 『著作权法』, 厦门大学出版社(2006) , 제52쪽은 저작인접권의 실연에는 저작물을 실연하지 아니한 기예도 포함된다고 적고 있다.

4) 李雨峰 等, 『著作权法』, 厦门大学出版社(2006) , 제52쪽.

5) 刘春田, 『知识产权法』, 高等教育出版社(2003), 제93쪽; 张革新, 『现代著作权法』, 中国法制出版

즉, 저작권법실시조례 제5조 제6호는 「실연자란 …… 문학, 예술저작물을 실연하는 자를 말한다」고 규정함으로써 실연의 대상은 문학·예술저작물로 제한된다는 점을 명시하고 있다는 것이다.

생각건대, 부정설이 타당하다. 저작권법실시조례 제5조 제6호가 명문으로 실연의 대상을 저작물로 제한하고 있기 때문이다. 따라서 저작물이 아닌 것을 예능적인 방법으로 표현한 것은 저작권법이 보호하는 실연에 해당하지 않는다고 할 것이다.

나. 실연자의 의의

실연자란 실연을 하는 자, 연출단체(演出单位) 또는 기타 문학·예술저작물을 실연하는 자를 말한다(저작권법실시조례 제5조 제6호). 실연을 하는 자의 대표적인 예로는 배우, 가수, 연주가, 무용가, 요술사, 곡예사 등을 들 수 있다. 실연자인지 여부는 그의 직업이 무엇이냐에 따라 결정되는 것이 아니라 그의 행위가 실연에 해당하는지 여부에 따라 결정되는 것이다. 그러므로 배우의 행위라 하더라도 그 행위가 실연이 아닌 경우에는 저작인접권은 발생하지 않는다. 법문은 문학·예술저작물을 실연한 자만을 실연자로 보고 있으므로 저작물이 아닌 것을 예능적 방법으로 실연한 자는 실연자가 아니다.

그렇다면 교향악단의 지휘자, 무대의 연출가, 영화나 연극의 감독, TV 드라마의 PD 등과 같이 실연을 지휘, 연출 또는 감독하는 자는 어떤가. 이에 대해 한국저작권법은 이들도 실연자에 해당한다고 보고 있다(같은 법 제2조 제4호). 그 외에 일본저작권법과 독일저작권법도 그와 비슷한 규정을 두고 있다.[1] 이러한 입법례는 실연을 지휘, 연출 또는 감독하는 행위는 사실상 실연 그 자체를 행하는 것과 동일한 평가를 받을 수 있다는 점을 고려한 것이다. 중국저작권법에는 위와 같은 규정이 없으나, 해석상 실연을 지휘, 연출 또는 감독하는 자도 실연자에 포함된다고 보는 견해가 있다.[2] 참고로 프랑스저작권법 제212조의 1은 직업상의 관례에 따라 실연자의 보조자로 간주되는 자는 실연자에서 제외하고 있는데, 중국저작권

社(2006), 제140쪽 각 참조.

1) 일본저작권법 제2조 제4호는 「실연자란 배우, 무용가, 연주가, 가수 기타 실연을 행하는 자 및 실연을 지휘하거나 연출하는 자를 말한다」고 규정하고 있고, 독일저작권법 제73조는 「실연자란 저작물 혹은 민속예술의 표현형태를 상연, 가창, 연기 혹은 기타 방식으로 표현하는 자 또는 그러한 표현에 있어서 예술적으로 협력하는 자를 말한다」고 규정하고 있다.

2) 李雨峰 等, 『著作权法』, 厦门大学出版社(2006), 제98쪽 참조.

법의 해석에 있어서도 참고가 될 수 있다고 생각한다.

한편, 저작권법은 자연인이 아닌 연출단체(演出单位)도 실연자에 해당하는 것으로 규정하고 있는데, 이는 비교법적으로 볼 때 매우 이례적인 것이다. 대다수의 입법례는 자연인만이 실연자가 될 수 있다고 규정하고 있다. 그 이유는 실연은 저작물을 해석하고 전달하는 구체적인 행위에 의해 표현되는 것으로서 자연인의 행위능력을 전제로 하는 개념이기 때문이다. 그럼에도 불구하고 중국저작권법이 단체에 실연자가 될 수 있는 자격을 부여한 취지는 실연 과정에서 단체의 기획력과 자금력이 크게 작용하는 현실을 감안하여 실연을 조직·기획한 단체의 경제적 이익까지도 보호하기 위한 것이다.[1] 단체에 실연자가 될 수 있는 자격을 부여한 입법례로는 중국 이외에 브라질도 있는데, 브라질저작권법은 축구경기나 육상경기도 저작인접권의 실연이 될 수 있다고 규정하면서 당해 경기의 실연자를 운동선수 개인이 아닌 그가 속한 클럽(CLUB)으로 규정하고 있다고 한다.[2]

다. 저작권법에 의해 보호되는 실연

위에서 언급한 실연 중에서 저작권법이 보호하는 실연은 무엇인가.

첫째, 중국 공민(중국 법률에 따라 설립된 법인 및 기타 단체 포함)이 행하는 실연은 저작권법에 따라 보호된다. 이는 국적주의(國籍主義)에 따른 것으로 저작권법에 명문규정이 없어도 당연히 인정되는 것이다. 한국저작권법도 대한민국 국민(대한민국 법률에 따라 설립된 법인 및 대한민국 내에 주된 사무소가 있는 외국법인을 포함한다)이 행하는 실연은 한국저작권법에 따라 보호된다고 밝히고 있다.[3] 여기서 흥미로운 것은 대한민국 내에 주된 사무소가 있는 외국법인이 행한 실연도 보호대상으로 본다는 점이다. 그러나 이는 중국에서는 허용될 수 없다. 중국저작권법 해석에 의하면 중국 내에 주된 사무소가 있는 외국법인이 행한 실연은 원칙적으로 보호대상이 아니다. 다만, 뒤에서 언급할 실연지주의(實演地主義)나 상호주의에 해당하는 때에는 예외다.

둘째, 외국인이나 무국적자가 중국 내에서 실연한 때에는 저작권법의 보호를 받는다(저작권법실시조례 제33조 제1항). 이는 실연지주의(實演地主義)에 따른 것이다. 외국인이나 무국적자의 실연은 저작물과 달리 중국 내에서 행해지는 것만으로 충

---

1) 张革新,『现代著作权法』, 中国法制出版社(2006), 제140쪽 참조.
2) 李雨峰 等,『著作权法』, 厦门大学出版社(2006), 제52쪽.
3) 한국저작권법 제64조 제1호 가목.

분하고 중국에서 최초로 행해질 필요는 없다.[1)]

셋째, 중국이 가입 또는 체결한 조약에 따라 보호되는 실연은 저작권법에 따라 보호를 받게 된다. 저작권법실시조례 제33조 제2항은 「외국인, 무국적자가 중국이 가입한 국제조약에 따라 그 실연에 대하여 가지는 권리는 저작권법의 보호를 받는다」고 규정하여 이를 명시적으로 밝히고 있다. 즉, 비록 외국인이나 무국적자의 실연이 중국 내에서 행해 진 것이 아니라 하더라도 외국인의 본국이나 무국적자가 상주하는 국가가 중국이 가입 또는 체결한 조약에 가입한 때에는 그 실연은 중국저작권법에 따라 보호를 받게 되는 것이다. 다만, 이 경우 만약 그 외국이나 상주국가가 중국 공민의 실연을 보호하지 아니하는 경우에는 그에 상응하여 외국인이나 무국적자의 실연에 대한 보호가 제한될 수 있다. 이는 상호주의(相互主義) 원칙에 따른 것이다. 법문이 「저작권법에 따라 저작인접권을 갖는다」라고 규정하지 않고 「저작권법의 보호를 받는다」고 표현하고 있는 것도 바로 상호주의를 전제로 하고 있기 때문이다.

넷째, 저작인접권의 보호를 받는 음반·영상제품에 고정된 실연도 저작권법에 따라 보호를 받는다. 저작권법은 이에 대한 명문 규정을 두고 있지 않지만, 간접적으로 이를 시사하고 있다. 즉, 저작권법은 실연자가 녹음·녹화물에 수록된 본인의 실연을 직접 복제·배포하거나 타인에게 이를 허락 내지 금지할 수 있는 배타적인 권리를 가지며(저작권법 제37조 제1항 제5호 참조), 음반·영상 제품을 복제, 배포 또는 정보네트워크를 통해 공중에게 전송하는 것을 허락 받은 자는 저작권자 이외에 실연자의 허락도 얻어야 한다(같은 법 제41조 제2항 참조)고 명시적으로 밝히고 있다.

마지막으로, 저작인접권의 보호를 받는 방송에 의하여 송신되는 현장실연도 저작권법에 따라 보호를 받는다. 여기서 주의하여야 할 점은 이에 의하여 보호되는 실연이란 현재 실연행위 중인 것을 직접 생방송하는 것을 의미한다는 것이다. 그 이유는 다음과 같다. 첫째, 저작권법은 제37조 제1항 제3호 전문에서 실연자는 「타인이 현장실연을 생방송하는 것을 허락하고 보상을 받을 권리」를 가진다고 명시하고 있고, 둘째, 송신 전에 이미 녹음 또는 녹화되어 있는 실연을 방송하는 경우 저작권법은 방송사업자의 저작권자에 대한 보상의무만 인정하고 방송사업자의 실연

---

1) 외국인이나 무국적자의 저작물에 대해서 저작권법 제2조 제3항은 「외국인, 무국적자의 저작물이라도 맨 처음 중국 내에서 출판(出版)된 것은 이 법에 따라 저작권을 갖는다」고 규정하여 중국저작권법의 보호를 받기 위한 요건으로 중국 내에서 '맨 처음' 발행될 것을 요구하고 있다.

자에 대한 보상의무는 인정하지 않고 않으며(저작권법 제43조 및 제45조 참조[1]), 실연자에게도 그에 대한 배타적인 권리를 부여하지 않고 있기 때문이다.

이상의 내용을 종합하면 실연의 개념에 포섭되는 것 중에 저작권법이 보호하는 실연은 ① 중국 공민(중국 법률에 따라 설립된 법인 및 기타 단체 포함)이 행하는 실연, ② 외국인이나 무국적자가 중국 내에서 행한 실연, ③ 중국이 가입 또는 체결한 조약에 따라 보호되는 실연, ④ 저작인접권의 보호를 받는 음반·영상제품에 고정된 실연, ⑤ 저작인접권의 보호를 받는 방송에 의하여 송신되는 현장실연 등이다.[2][3]

2. 실연자의 인격권

가. 의 의

저작권법은 제37조 제1항에서 실연자에게 인격권으로서 성명표시권(제1호)과 실연의 완전성보호권(제2호)을 인정하고 있다.

이처럼 저작권법이 실연자에게 인격권을 부여한 이유는 실연 자체가 실연자의 인격을 반영한 것이기 때문이다. 실연자는 자신의 실연이 제3자에 의하여 모용(冒

---

1) 저작권법 제43조 「라디오·TV 방송국이 이미 출판된 음반제품을 방송하는 경우 저작권자의 허락을 얻지 아니하여도 되나 보상하여야 한다. 당사자 간에 별도로 약정한 경우는 제외한다. 구체적인 방법은 국무원이 정한다.」 같은 법 제45조 「TV 방송국이 타인의 영화저작물, 영화제작과 유사한 방법으로 제작한 저작물 및 영상제품(录像制品)을 방송하는 경우 제작자 또는 영상제작자의 허락을 얻어야 하며 보상하여야 한다. 타인의 영상제품(录像制品)을 방송하는 경우 저작권자의 허락을 얻어야 하며 보상하여야 한다.」

2) 중국의 교과서에서는 일반적으로 ①, ②, ③ 만을 언급하고 있으나, 본서는 한국저작권법과 중국저작권법의 규정 내용을 서로 비교하기 위한 목적에서 중국저작권법의 관련 규정에 비추어 ④와 ⑤까지도 법에 따라 보호되는 실연에 해당하는지 여부를 고찰한 것이다.

3) 참고로, 한국저작권법 제64조는 "보호받는 실연·음반·방송"이라는 제목 하에 제1호에서 「① 대한민국 국민(대한민국 법률에 따라 설립된 법인 및 대한민국 내에 주된 사무소가 있는 외국법인을 포함한다)이 행하는 실연, ② 대한민국이 가입 또는 체결한 조약에 따라 보호되는 실연, ③ 제2호 각 목의 음반에 고정된 실연, ④ 제3호 각 목의 방송에 의하여 송신되는 실연(송신 전에 녹음 또는 녹화되어 있는 실연을 제외한다)」고 규정하고 있다. 위 ③에서 저작인접권의 보호를 받는 음반이라 함은 한국이 보호하는 음반이라는 의미이며 따라서 한국이 보호할 의무가 있는 외국음반에 수록된 외국인의 실연은 위 ③에 의하여 보호를 받게 되는 것이라고 한다. 또한, 위 ④에서 송신 전에 녹음 또는 녹화되어 있는 실연을 제외하고 있음에 주의하여야 하는데, 송신 전의 녹음은 음반에 해당되므로 이를 방송하는 것은 한국저작권법 제75조에 의한 보상금청구권으로 보호를 받게 되고, 송신 전의 녹화는 영상저작물에 해당되어 이를 방송하는 것에 대하여는 영상저작물에 관한 특례규정인 한국저작권법 제100조 제3항이 적용되게 되어 각각 그 보호의 방법과 정도에 있어서 차이가 나게 되므로 ④의 방송에 의하여 송신되는 실연으로서 보호되는 것은 이른바 생실연, 즉 현재 실연행위 중인 것을 직접 생방송하는 경우만이라고 한다. 오승종, 『저작권법』, 박영사(2007), 제759쪽.

用)되거나 명예를 침해하는 방법으로 왜곡, 삭제 또는 변형될 때 심한 정신적 고통을 느끼게 된다. 따라서 실연자에게도 그의 실연을 사용함에 있어 관례적인 방법으로 자신의 성명을 표시하도록 하는 권리와 자신의 명예를 침해할 수 있는 실연의 왜곡, 삭제 기타 변형 행위에 이의를 제기할 수 있는 권리를 부여할 필요가 있다.

실연자의 인격권은 로마협약에서는 인정되지 않다가 WIPO 실연·음반조약(WPPT)에 와서 비로소 인정되었다. 그러나 WPPT도 모든 실연자에게 인격권을 부여한 것은 아니며 청각 실연자에 한하여 성명표시권과 실연의 완전성보호권을 인정하였다.[1] 중국은 1990년에 반포된 구 저작권법과 현행 개정저작권법에서 이미 시청각을 불문하고 실연자에게 인격권을 부여해 왔다. 한국저작권법도 중국과 마찬가지로 제66조에서 실연자의 성명표시권을, 제67조에서 완전성보호권에 해당하는 동일성 유지권을 인정하는 규정을 두고 있다.[2]

한편, 실연자의 인격권은 저작권자의 인격권과 비교할 때 공표권과 수정권이 인정되지 않는다는 점에서 차이가 있다. 독일이나 프랑스, 일본, 한국과 같은 외국의 입법례도 실연자의 인격권에 공표권을 인정하지 않고 있는데, 그 이유는 대부분의 실연이 공표를 전제로 이루어지거나 또는 공표 그 자체를 겸하고 있는 경우가 많고 실연자의 공표권은 저작물의 공표와 직결되어 저작권의 행사를 심각하게 제한할 우려가 있기 때문이라고 한다.[3] 또한, 법이 실연자의 인격권에 수정권을 인정하지 않은 이유는 수정권의 경우 그 내용이나 성질에 있어 완전성보호권과 별반 차이가 없으므로 굳이 이를 인정할 필요가 없다는 점을 감안하였기 때문이다. 저작물에 있어서 수정권과 완전성보호권은 동전의 앞뒷면과 같다. 즉, 수정권이 저작자가 저작물을 수정하거나 타인에게 그에 대한 권한을 부여하는 적극적

---

1) WPPT 제5조 제1항 「실연자는 자신의 재산권과 독립하여 그리고 그 권리의 이전 후에도, 실연의 이용 방법상 생략이 요구되는 경우를 제외하고는, 자신의 청각적 생실연 또는 음반에 고정된 실연에 관하여 그 실연의 실연자라고 주장하고, 자신의 명성을 해칠 수 있는 실연의 왜곡, 훼손, 기타 변경에 대하여 이의를 제기할 권리를 가진다.」

2) 한국저작권법 제66조 (성명표시권) 「① 실연자는 그의 실연 또는 실연의 복제물에 그의 실명 또는 이명을 표시할 권리를 가진다. ② 실연을 이용하는 자는 그 실연자의 특별한 의사표시가 없는 때에는 실연자가 그의 실명 또는 이명을 표시한 바에 따라 이를 표시하여야 한다. 다만, 실연의 성질이나 그 이용의 목적 및 형태 등에 비추어 부득이하다고 인정되는 경우에는 그러하지 아니하다.」
제67조 (동일성유지권) 「실연자는 그의 실연의 내용과 형식의 동일성을 유지할 권리를 가진다. 다만, 실연의 성질이나 그 이용의 목적 및 형태 등에 비추어 부득이하다고 인정되는 경우에는 그러하지 아니한다.」

3) 이해완, 『저작권법』, 박영사(2007), 제521-522쪽.

인 측면을 강조한 것이라면, 저작물의 완전성보호권은 타인이 무단으로 저작물을 수정하는 것을 금지하는 소극적인 측면을 보다 더 강조한 것이다. 이런 의미에서 실연자에게 완전성보호권만을 인정하고 있는 저작권법은 실연자의 적극적인 행위로 스스로의 인격적 이익을 실현하는 측면보다는 타인의 훼손으로부터 실연자의 인격적 이익을 보호하는 측면을 더 강조하고 있다고 말할 수 있다.

나. 권리의 내용

(1) 성명표시권

실연자는 그의 실연이나 복제물에 자신의 신분을 표시할 수 있는 권리를 가진다(저작권법 제37조 제1항 제1호 참조). 신분은 반드시 실명일 필요는 없고 이명(異名)도 무관하다. 또한 성명표시권에는 성명을 표시하지 않을 권리, 즉 무명(無名)으로 할 권리도 포함된다. 실연이나 그 복제물에 실연자의 성명을 표시하는 것은 실연자가 그 실연에 대해 책임을 진다는 뜻과 그에 대한 사회적인 평가를 감수하겠다는 의지를 표현한 것이므로 실연자의 인격적 이익과 관련하여 중요한 의미를 가진다.

성명을 표시하는 방식은 실연형식에 따라 다양하다. 현장실연의 경우에는 사회자나 프로그램 MC가 실연의 시작 전이나 종료 후 실연자의 실명이나 이명을 말로 알리거나 프로그램 편성표에 주요 실연자의 성명을 게재하는 방법을 생각해 볼 수 있다. 가수의 노래를 음악 CD로 제작하여 판매하거나 극장용 영화를 제작하여 상영하는 경우에는 CD 표지나 이면, 영화 자막 등에 실연자의 성명을 표시하는 것도 가능하다.

실연자의 실연을 이용하는 자는 실연자가 그의 실명 또는 이명을 표시한 바에 따라 이를 표시하면 된다. 그러므로 그 이용자는 실연자가 표시한 바에 따라 실연자의 성명을 표시하면 족하고 일일이 실연자에게 그 성명을 어떻게 표시하여야 할 지를 확인할 필요는 없다.

한편, 실연자와 이용자 간에 특별한 약정이 있거나 실연을 이용하는 방식의 특성으로 인하여 실연자의 성명을 표시하기 힘든 경우에는 실연자의 성명을 표시하지 않아도 무방하다(저작권법실시조례 제19조 유추적용). 여기서 실연을 이용하는 방식의 특성으로 인하여 성명을 표시하기 힘든 경우란 실연의 성질이나 그 이용의 목적 및 형태 등에 비추어 실연자의 성명을 부득이하게 생략할 수밖에 없는 경우를 말한다. 예컨대, 영화나 TV 드라마의 배경음악으로 삽입된 가요가 영화 상영 중에 장면에 따라 수 회 흘러나오는 경우 그 때마다 가수의 성명을 표시하는 것은 왠지 자연스럽지 못하다. 이때에는 가수의 성명 표시를 생략할 수 있다. 그러나 실연자의 성명을 생략하는 것도 공정한 관행에 따라야 한다. 실연자의 성명 등을 부득이 생략하는 경우에도 적당한 방법과 방식으로 성명 표시가 가능하다면 그에 따라야 할 것이다. 위의 예에서 비록 가수의 성명을 가요가 흘러나올 때 마다 표시하는 것은 어렵겠지만, 영화나 드라마가 시작하기 전 또는 끝난 후 자막을 통해 실연자의 성명 등을 표시하는 것은 가능하다.

(2) 실연의 완전성보호권

실연자는 자신이 행한 실연의 이미지를 왜곡(歪曲)당하지 아니하고 보호받을 권리를 가진다(저작권법 제37조 제1항 제2호). 이는 저작물의 완전성보호권과 유사하다.

실연은 저작물을 단순히 전달하는 행위가 아니라 저작물을 실연자의 관점에서 재해석하여 저작물의 가치를 재발견하는 일종의 창조행위이다. 그런 의미에서 실연은 실연자의 인격을 반영한 것이라 할 수 있다. 그런데 최근에는 디지털 복제기술과 합성기술이 발달하여 배우의 얼굴 표정을 피에로처럼 우스꽝스럽게 변형하거나 예술성 높은 무용의 한 장면을 복제하여 이를 상업용 광고의 한 장면으로 이용하거나 또는 '도널드 덕' 효과[1]를 구사하여 가수의 아름다운 목소리를 기이하게 표현하는 것과 같이 실연을 왜곡하고 변형하는 것이 보다 용이해지고 다양한 형태로 발전해 가고 있다. 실연의 완전성보호권은 이러한 개변행위로부터 실연의 이미지가 훼손되는 것을 방지하기 위한 권리라 할 수 있다.

여기서 왜곡이란 저작물의 완전성보호권에 대한 해석과 마찬가지로 실연의 내용이나 형식 등을 변경하거나 실연 자체를 변경하지는 않지만 실연자의 명예와 성망을 해하는 방식으로 실연을 이용하는 행위[2]를 의미한다고 해석할 수 있다. 배우의 표정이나 가수의 목소리를 변형하는 것은 전자에 해당하고, 예술성 높은 무용의 한 장면을 복제하여 상업용 광고로 이용하거나 연주자의 라이브 연주에 코믹한

---

1) 헬륨가스를 마신 후 목소리가 이상하게 변하는 현상을 말한다.

2) 실연 자체를 변경하지는 않지만 실연자의 명예와 성망을 해하는 방식으로 실연을 이용하는 행위도 '왜곡'에 포함될 수 있다는 결론은 저작물의 완전성보호권과는 달리 실연의 완전성보호권에 있어서는 법문으로부터 직접 도출할 수 있다. 즉, 법문은 「"실연"을 왜곡당하지 않고」라고 표현하지 않고 「실연의 "이미지"를 왜곡당하지 않고」라고 표현하고 있는데, 실연행위를 통해 구체화된 느낌이나 인상을 의미하는 실연의 이미지는 실연 자체를 변경하지 않는 행위에 의해서도 얼마든지 훼손될 수 있기 때문이다.

패러디 그림을 붙여서 방송하는 것 등은 후자에 해당한다. 전자의 예는 연기행위나 가창행위와 같은 실연행위 자체에 변형을 가한 것인 반면, 후자의 예는 무용행위나 연주행위 자체에 변형을 가하지는 않았지만 실연의 배경이나 용도를 변형하여 전체적으로 실연의 이미지를 훼손한 것이다.

왜곡의 의미를 이와 같이 해석하게 되면 실연의 완전성보호권의 보호범위에 관하여 중국저작권법과 한국저작권법은 서로 결론을 달리한다고 할 수 있다. 즉, 한국저작권법 해석에 따르면 중국의 완전성보호권에 해당하는 동일성유지권을 침해하는 행위는 반드시 실연 자체에 대한 변경을 수반하여야 하고, 실연 자체에 대한 변경 없이 단순히 실연자의 명예와 성망을 해하는 방식으로 실연을 이용하는 행위에는 동일성유지권의 효력이 미치지 않는다.[1] 한국저작권법은 실연의 동일성유지권에 관하여 제67조에서 「실연자는 그의 실연의 내용과 형식의 동일성을 유지할 권리를 가진다」고 규정하고 있을 뿐, 「저작자의 명예를 훼손하는 방법으로 그 저작물을 이용하는 행위는 저작인격권의 침해로 본다」라고 규정한 한국저작권법 제124조 제4항을 준용하는 규정을 두고 있지 않기 때문이다.

한편, 명문의 규정은 없으나 저작물의 완전성보호권에 대한 해석과 마찬가지로 실연의 성질이나 그 이용의 목적 및 형태 등에 비추어 부득이하다고 인정되는 범위 안에서의 변경에 대해서는 실연의 완전성보호권이 제한될 수 있다고 본다. 예를 들면 녹화나 녹음기술의 제약으로 말미암아 색채나 음질 등을 실연 그대로 재현할 수 없어서 그 실연자가 요구하는 수준의 예술성을 유지할 수 없는 경우나 시사보도나 기타 방송프로그램 등에서 작품의 소개를 위하여 부분적 이용을 하는 경우라든가, 방송시간의 제약으로 인하여 재편집하거나 해외 방송을 위하여 더빙을 하는 경우 등을 들 수 있다.[2]

다. 실연자가 다수인 경우의 인격권 행사 문제

실연자가 다수인 공동실연의 경우 당해 실연의 인격권은 어떻게 행사하여야 하는가.

이에 대해 한국저작권법은 「① 공동실연자의 인격권은 실연자 전원의 합의에

---

1) 이해완, 『저작권법』, 박영사(2007), 제524쪽은 「共演한 사람의 실연의 개변, 연주자의 연주에 패러디 그림을 붙여 방송하는 것, 실연자의 배경화면의 개변 등의 행위는 당해 실연 자체에 개변을 가하는 것이라고 할 수 없기 때문에 당해 실연자의 동일성유지권이 미치지 아니한다」라고 적고 있다.

2) 오승종, 『저작권법』, 박영사(2007), 제779쪽.

의하지 아니하고는 이를 행사할 수 없다. 이 경우 각 실연자는 신의에 반하여 합의의 성립을 방해할 수 없다. ② 공동실연자는 그들 중에서 저작인격권을 대표하여 행사할 수 있는 자를 정할 수 있다. ③ 제2항의 규정에 따라 권리를 대표하여 행사하는 자의 대표권에 가하여진 제한이 있을 때에 그 제한은 선의의 제3자에게 대항할 수 없다」(같은 법 제77조 제3항, 제15조)라고 규정하여 이 문제를 입법적으로 해결하고 있다.

현재 공동실연자의 인격권 행사에 관하여는 중국저작권법에 아무런 규정도 없으므로 해석론으로 해결할 수밖에 없다. 개념적으로 볼 때 합작저작물과 마찬가지로 공동실연도 각자의 실연을 분리하여 이용할 수 있는 경우와 분리하여 이용할 수 없는 경우로 나눌 수 있을 것이다. 뮤지컬에서 주연과 조연이 시간을 달리하여 개별적으로 가창한 경우 각각의 가창행위는 서로 분리하여 이용할 수 있을 것이나, 대규모 오케스트라 단원의 연주행위나 아카펠라 그룹의 가창행위와 같은 경우에는 각 구성원의 기여분을 분리하여 이용한다는 것은 생각하기 어렵다. 그렇다면 공동실연자의 인격권도 전자와 후자의 경우로 구별하여 전자에 있어서는 개별적인 행사가 가능하나, 후자의 경우에는 실연자 전원의 합의에 따라 행사하여야 한다[1]고 보아야 할 것이다. 다만, 어느 경우에나 실연자 전원의 합의로 그들 중에서 공동실연자의 인격권을 대표하여 행사할 수 있는 자를 정할 수 있음은 물론이다.[2]

라. 실연자 인격권의 일신전속성

실연자의 인격권은 저작인격권과 마찬가지로 일신전속성을 가진다. 따라서 실연자의 인격권은 양도하거나 상속할 수 없으며 그에 대한 질권이나 기타 담보권 설정도 불가능하다.

권리가 권리자의 일신에 전속하는 경우 권리자의 사망과 더불어 소멸하는 것이 원칙이나, 저작권법은 저작인격권의 경우 예외적으로 저작자 사후에도 일정한 범위에 있는 친족 등에 의하여 보호될 수 있다고 규정하고 있다(저작권법실시조례 제

1) 이 때 실연자 전원의 합의가 성립되지 않으면 어떻게 되는가. 이 경우에도 공동실연의 인격권 행사 자체가 불가능한 것은 아니다. 개별적 이용이 불가능한 공동실연에 있어 실연자 일방은 정당한 이유 없이 다른 실연자가 인격권을 행사하는 것을 방해하여서는 아니 된다(저작권법실시조례 제9조 유추적용). 따라서 만약 제3자가 공동실연의 동일성을 침해하고 있는 상황에서 유독 공동실연자 중 1인만이 정당한 이유 없이 그 침해방지를 위한 조치에 반대하고 있다면 이때에는 1인의 반대에도 불구하고 나머지 공동실연자들은 제3자에 대해 완전성보호권 침해 금지를 주장할 수 있다고 본다.

2) 李雨峰 等, 『著作权法』, 厦门大学出版社(2006), 제66쪽 참조.

15조 참조). 그렇다면 실연자의 인격권은 어떤가. 실연자 사후의 인격적 이익의 보호에 관하여 저작권법은 저작인격권과는 달리 아무런 보호 규정도 두고 있지 않다. 따라서 그에 대한 특별규정이 신설되지 않는 이상 실연자의 인격권은 그의 사망과 더불어 소멸하게 되고 실연자 사망 후 인격권에 대한 보호는 인정되지 않는다고 해석할 수밖에 없다.

한편, 위와 같은 저작권법의 태도는 WIPO 실연·음반조약(WPPT)에 위반되는 것이 아닌가라는 의문이 있을 수 있다. WPPT 제5조 제2항 본문은 체약국에게 실연자의 사망 후 적어도 실연재산권이 존속하는 동안까지는 실연자의 인격권을 보호하도록 하는 입법마련을 요구하고 있는데, 2006. 12. 29. 위 조약에 가입하여 이미 WPPT의 체약국인 된 중국은 현재까지 WPPT의 요구를 수용하지 않고 있기 때문이다. 그러나 위 WPPT 제5조 제2항 단서는 본문의 내용에도 불구하고 체약당사자가 이 조약을 비준하거나 이 조약에 가입할 당시 실연자의 인격권을 그의 사망 후에는 보호하지 아니하는 경우 그 체약당사자는 실연자의 인격권 중 일부가 그의 사망 후에는 존속하지 아니한다고 규정할 수 있다고 밝히고 있으므로 중국저작권법의 태도가 WPPT에 위반된다고 볼 수는 없다.

3. 실연자의 재산권

가. 의 의

저작권법 제37조 제1항은 실연자에게 ① 제3자가 실연자의 현장실연을 생방송(直播)하거나 공개전송(公开传送)하는 것을 허락하고 보상받을 권리(제3호), ② 제3자가 실연자의 실연을 녹음, 녹화하는 것을 허락하고 보상받을 권리(제4호), ③ 실연자의 실연이 고정된 녹음·녹화물을 복제, 배포할 것을 제3자에게 허락하고 보상받을 권리(제5호), ④ 제3자가 정보네트워크를 통해 실연자의 실연을 공중에게 전송(传播)하는 것을 허락하고 보상받을 권리(제6호)를 각 인정하고 있다.

이러한 실연자의 권리는 재산권으로서 일신에 전속하는 인격권과는 달리 양도나 상속할 수 있으며 질권을 설정할 수도 있다. 이로써 실연자는 자신의 재산권을 침해하는 제3자에게 침해 금지 또는 손해배상을 청구하거나 제3자에게 유상으로 재산권을 양도 또는 이용허락을 하여 자신의 경제적 지위를 적극적으로 보호할 수 있다.

한국저작권법은 중국저작권법과는 달리 실연자에게 8종류의 재산권을 인정하고 있는데, 이를 열거하면 다음과 같다. ① 그의 실연을 복제할 권리(복제권, 제63조), ② 그의 실연의 복제물을 배포할 권리(배포권, 제70조), ③ 그의 실연이 녹음된 판매용 음반을 영리를 목적으로 대여할 권리(대여권, 제71조), ④ 그의 고정되지 아니한 실연을 공연할 권리(공연권, 제72조), ⑤ 그의 실연을 방송할 권리(방송권, 제73조), ⑥ 그의 실연을 전송할 권리(전송권, 제74조), ⑦ 판매용 음반의 방송사용에 대한 보상금청구권(제75조 제1항)[1], ⑧ 디지털음성송신보상청구권(제76조 제1항).[2]

나. 권리의 내용

(1) 현장실연을 생방송하거나 공개적으로 전송할 수 있는 권리(제3호)

실연자는 자신의 현장실연을 생방송하거나 공개적으로 전송할 수 있는 배타적인 권리를 가진다(저작권법 제37조 제1항 제3호 참조). 이를 현장실연의 생방송권 및 공개전송권이라고 불러도 좋을 것 같다. 현장실연의 생방송권과 공개전송권은 현장실연, 즉 녹음·녹화물에 고정되지 아니한 생(生)실연만을 대상으로 한다. 따라서 음반·영상제품에 고정된 실연을 재생하는 기계실연은 본호의 대상이 아니다.

그렇다면 생방송과 공개전송은 과연 무엇을 의미하는가. 저작권법에는 이에 대한 정의규정이 존재하지 않으므로 본호의 연원(淵源) 등을 고려하여 그 의미를 고찰할 수밖에 없다. 본호는 WPPT 제14조 제1호 후단에서 유래한 것이라고 한다.[3] 즉, 본호는「실연자는 자신의 생실연을 무선 수단에 의한 방송과 공중에게 전달하는 행위가 자신의 허락 없이 실시될 경우 이를 금지할 수 있다」라고 규정한 WPPT 제14조 제1호 후단을 기초로 개정된 것이라고 한다. 위 WPPT 규정은 생실연의 무선방송을 기초로 여기에 공중전달권을 추가하고 있는데, 이 때「공중에게 전달하는 행위」란 무선방송 이외의 기타 매체에 의하여 생실연의 소리를 공중에게 송신하는 행위, 예컨대 확성기 등을 이용하여 실연장에서의 생실연을 실연 장소 이외의 지역에 있는 공중에게 실시간으로 제공하는 행위를 말한다고 한다.[4]

위 WPPT 규정을 토대로 본호를 해석하면 다음과 같다.

---

1) 방송사업자가 실연이 녹음된 판매용 음반을 사용하여 방송하는 경우에는 상당한 보상금을 그 실연자에게 지급하여야 한다. 다만, 실연자가 외국인인 경우에 그 외국에서 대한민국 국민인 실연자에게 이 항의 규정에 따른 보상금을 인정하지 아니하는 때에는 그러하지 아니하다.

2) 디지털음성송신사업자가 실연이 녹음된 음반을 사용하여 송신하는 경우에는 상당한 보상금을 그 실연자에게 지급하여야 한다.

3) 李雨峰 等,『著作权法』, 厦门大学出版社(2006) , 제81쪽 참조.

4) 姚红,『中华人民共和国著作权法解』, 释群众出版社(2001), 제229쪽 참조.

우선 본호에서 말하는 「생방송」이란 '무선' 방식에 의한 '생'방송만을 의미한다. 즉, 현장실연을 실시간으로 무선방송하는 것이다(同時的 무선방송). 따라서 유선방송 또는 현장실연의 방송을 수신하여 행하는 재방송(異時的 무선방송)은 여기에 해당하지 않는다. 이처럼 재방송이 배제되는 이유는 본호는 WPPT 규정과는 달리 생방송(直播)이라고 명시하고 있기 때문이다. 이에 대해 명문 규정에도 불구하고 본호의 생방송에 실시간 무선방송뿐만 아니라 현장실연의 방송을 수신하여 행하는 재방송도 포함시켜야 한다면서 다만 이 경우 재방송의 횟수는 1회로 제한하여야 한다는 견해가 있다.[1] 이는 실연자에게 자신의 실연이 시청률이 가장 높은 소위 황금시간대에 방송될 수 있도록 하는 선택권을 부여하자는 취지이다.

다음으로 「현장실연을 공개적으로 전송한다」는 것은 WPPT 제14조 제1호에 대한 해석과 마찬가지로 무선방송 이외의 기타 매체의 의하여 생실연의 소리를 공중에게 실시간으로 송신하는 행위(同時的 전송)를 의미한다. 이런 의미에서 공개전송은 유선방송이 主가 될 것이다.

(2) 실연을 녹음·녹화할 수 있는 권리(제4호)

실연자는 그의 실연을 녹음·녹화할 배타적인 복제권을 가진다. 따라서 제3자가 실연자의 실연을 녹음·녹화하기 위해서는 실연자로부터 허락을 구하여야 하며 그에게 보상금을 지급하여야 한다(저작권법 제37조 제1항 제4호 참조).

본호는 실연자에게 자신의 실연을 녹음·녹화할 수 있는 권리만을 인정하고 있기 때문에 본호의 효력은 실연을 최초로 녹음·녹화하는 것에만 미치고, 실연의 고정물, 즉 음반, 녹음테이프, 영화필름 등을 다시 복제하거나, 실연의 고정물을 사용하는 방송 등의 음이나 영상을 녹음·녹화하는 것에는 미치지 아니한다.[2] 그러나 실연의 고정물을 복제하거나 이를 이용한 방송을 복제하는 행위가 아무런 제한 없이 가능한 것은 아니며 다음에서 언급할 제5호의 권리에 의하여 규제될 수 있다.

실연자의 복제권에 관하여 한국에서는 『실제로 실연자가 행한 실연 자체를 복

---

1) 李雨峰 等, 『著作权法』, 厦门大学出版社(2006), 제81쪽 참조.

2) 1986년 구 한국저작권법도 중국저작권법과 유사하게 실연자에게 자신의 실연을 녹음·녹화하거나 또는 사진으로 촬영할 권리만을 인정하였다. 그러나, 1995년 법 개정 이후 현행 한국저작권법은 실연자는 그의 실연을 복제할 권리를 가진다라고 규정하여 실연자에게 포괄적이고 온전한 복제권을 부여하고 있다. 따라서 한국저작권법 해석에 의하면 위에서 언급한 경우 모두에 대해 실연자의 복제권이 미치게 된다.

제하는 데에만 권리가 미치고, 그 실연과 유사한 다른 실연을 녹음·녹화하는 것에는 권리가 미치지 아니한다. 즉, 유명가수의 실연행위를 모창하는 행위에 대하여는 실연자의 권리가 미치지 아니한다. 이 때 그 가수의 퍼블리시티권이 미치는지 여부는 별개의 문제이다. 이와 같이 '모방'이 복제에 해당하지 않는 것은 저작물의 경우와 구별되는 중요한 차이점이라고 할 수 있다. 이는 음반제작자의 복제권, 방송사업자의 복제권 등의 경우에도 마찬가지이다. 즉, 이들 경우에는 '복제'의 개념에 '모방'은 포함되지 아니한다』라는 해석론이 존재하는데[1], 이는 중국저작권법에서도 그대로 유효하다고 본다.

(3) 실연이 고정된 녹음·녹화물을 복제·배포할 수 있는 권리(제5호)

실연자는 자신의 실연이 고정된 녹음·녹화물을 복제하거나 배포할 배타적 권리를 가진다(저작권법 제37조 제1항 제5호 참조). 결국 이는 실연의 고정물에 대한 복제권과 배포권을 의미한다. 이하 이를 분설하여 살펴본다.

(가) 복제권

실연자는 자신의 실연이 고정된 녹음·녹화물을 복제할 권리를 가진다. 제4호에 의한 복제권이 실연을 최초로 녹음·녹화하는 것을 그 내용으로 하는 것이라면, 제5호의 복제권은 실연이 고정된 녹음·녹화물을 다시 복제하는 것을 내용으로 한다. 따라서 실연의 고정물, 즉 음반, 녹음테이프, 영화필름 등을 다시 복제하거나, 실연의 고정물을 사용하는 방송 등의 음이나 영상을 녹음·녹화하는 것에는 제5호에 의한 복제권이 미친다. 한국저작권법 제69조는 「실연자는 그의 실연을 복제할 권리를 갖는다」라고 규정하고 있는데, 이는 위 제4호와 제5호의 권리 내용을 합친 것이라 할 수 있다.

로마협약은 제7조 제1항에서 이른바 "one chance" 주의를 채택하여 일단 실연자의 허락을 얻어 실연이 녹음·녹화되면 그 녹음·녹화물을 다시 복제하는 것에 대하여는 실연자의 권리가 미치지 않도록 규정하고 있음에 반해, 중국저작권법상으로는 실연자의 복제권이 실연의 고정물을 복제하는 것에도 미치므로 이러한 점에서 중국저작권법은 로마협약보다 실연자를 보다 두텁게 보호하고 있다고 평가할 수 있다.

한편, 한국저작권법 제100조 제3항은 실연자가 일단 영상저작물에 출연하여 그

---

1) 이해완, 『저작권법』, 박영사(2007), 제525-526쪽.

의 실연이 당해 영상저작물 중에 녹음 또는 녹화되어 버린 경우에는 그 영상저작물의 이용에 대해서는 특약이 없는 한 복제권, 배포권, 방송권 및 전송권은 제작자에게 양도된 것으로 추정된다는 취지로 규정하여 실연자의 복제권이 영상저작물과의 관계에서 제약을 받을 수 있다는 점을 명시하고 있는데, 이를 중국저작권법 해석에 유추적용할 수 있는가.

생각건대 중국저작권법상 저작권과 저작인접권은 서로 개별적으로 보호되고 있으므로 위와 같은 명문 규정이 없는 상태에서 일방적으로 실연자의 복제권이 제작자에게 양도되는 것으로 추정하기는 어렵다. 따라서 영상저작물의 유통을 원활하게 하기 위해서는 제작자가 영상저작물의 제작과 관련하여 실연자와 계약을 체결할 때 위와 같은 점을 유의하여 실연자의 복제권이 제작자에게 양도된다는 점을 계약서에 명시할 필요가 있다. 이 경우 실연자 입장에서도 양도의 범위와 용도 등 조건을 명확하게 할 필요가 있다. 양도 범위와 관련하여 한국대법원은[1] 『… 제작자에게 양도된 것으로 추정되는 '그 영상저작물의 이용에 관한 실연자의 녹음·녹화권'이란 그 영상저작물을 본래의 창작물로서 이용하는 데 필요한 녹음·녹화권을 말한다고 보아야 할 것이다. 따라서 영화상영을 목적으로 제작된 영상저작물 중에서 특정 배우들의 실연장면만을 모아 가라오케용 LD음반을 제작하는 것은, 그 영상제작물을 본래의 창작물로서 이용하는 것이 아니라 별개의 새로운 영상저작물을 제작하는 데 이용하는 것에 해당하므로, 영화배우들의 실연을 이와 같은 방법으로 엘디음반에 녹화하는 권리는 … 제작자에게 양도되는 권리의 범위에 속하지 아니한다 할 것이다』라고 판시하였는데, 중국저작권법 해석에 있어서도 하나의 참고가 될 수 있을 것이다.

(나) 배포권

실연자는 그의 실연이 고정된 녹음·녹화물을 배포할 권리를 가진다. 한국저작권법도 이와 동일한 규정을 두고 있다.[2] 여기서 배포란 저작자의 배포권과 마찬가지로 판매 또는 증여의 방법으로 공중에게 실연이 고정된 복제물의 원본 또는 복제물을 제공하는 행위를 의미한다(저작권법 제10조 제1항 제6호 참조). 그 외 대여 행위도 배포에 포함된다고 본다. 배포권의 본질은 공중의 수요를 만족시키기 위

1) 한국대법원 1997. 6. 10. 선고 96도2856 판결.

2) 한국저작권법 제70조 「실연자는 그의 실연의 복제물을 배포할 권리를 가진다. 다만, 실연의 복제물이 실연자의 허락을 받아 판매 등의 방법으로 거래에 제공된 경우에는 그러하지 아니하다.」

해 실연의 고정물을 공중에 제공하는 데에 있으므로 배포의 방법을 반드시 판매와 증여로 제한할 필요는 없기 때문이다.

한편, 비록 명문 규정은 없으나 실연자의 배포권은 저작자의 그것과 마찬가지로 권리소진의 원칙에 의해 제한된다. 따라서 실연의 복제물이 실연자의 허락을 받아 판매 등의 방법으로 제공된 경우에는 그 후 그와 같이 배포된 실연의 복제물을 다시 배포하고자 하는 자는 권리소진의 원칙에 의해 실연자의 동의 없이도 그 복제물을 다시 배포할 수 있다.

한국저작권법은 권리소진의 원칙에 대한 예외로서 실연자와 음반제작자에게 판매용 음반의 영리를 목적으로 하는 대여를 허락할 권리를 부여하여 그들의 권리보호를 도모하고 있다. 즉, 판매용 음반이 판매되더라도 음반대여점이 이를 구입하여 무단으로 일반 고객에게 대여하는 행위는 허용되지 않는다. 그러나 중국저작권법은 위와 같은 대여권을 음반제작자에게만 부여(제41조)하고 실연자에게는 인정하고 있지 않다. 따라서 중국저작권법에 의하면 일단 판매용 음반이 판매된 이상 음반대여점이 이를 구입하여 무단으로 일반 고객에게 대여하더라도 실연자의 권리 침해는 인정되지 않는다. 이 경우 음반제작자의 권리 침해가 인정됨은 물론이다.

(4) 실연을 정보네트워크를 통해 공중에게 전송할 수 있는 권리(제6호)

실연자는 자신의 실연을 정보네트워크를 통해 공중에게 전송할 배타적인 권리를 가진다(저작권법 제37조 제1항 제6호). 이는 사실상 저작자의 정보네트워크전송권과 동일한 권리로서 2001년 개정 저작권법에 와서 처음으로 신설된 것이다. 본호가 신설되기 전에도 실연자의 허락 없이 온라인상에서 영화파일이나 음악파일을 업로드하는 행위에 대해서는 업로드와 다운로드 되는 과정에서 파일이 복제되는 점을 내세워 실연자의 복제권 침해를 주장할 수 있었으나 개정저작권법은 실연자가 전송행위 자체에 대하여 권리를 행사할 수 있도록 하여 실연자의 권리를 보다 철저히 보호하고자 본호를 신설한 것이다.[1)]

여기서 정보네트워크를 통한 전송은 공중이 개별적으로 선택한 시간과 장소에서 취득할 수 있도록 실연을 무선 또는 유선 통신의 방법에 의해 제공하는 것을 말한다. 여기서 "무선 또는 유선 통신의 방법"이란 공중에게 실연을 제공하는 일체의 유·무선 통신수단을 말하며 반드시 인터넷에 국한되는 것은 아니다. 이동통

1) 李雨峰 等, 『著作权法』, 厦门大学出版社(2006), 제82쪽.

신망, 고정통신망, 극초단파통신망, 유선TV망, 위성통신 등 다양한 유·무선 통신이 포함된다.[1] 그러나 비전자적 방식에 의한 송신 수단은 여기에 포함되지 않음을 주의하여야 한다.[2]

(5) 기타 권리

(가) 판매용 음반의 방송사용에 대한 보상금청구권

방송사업자가 실연이 녹음된 판매용 음반을 사용하여 방송하는 경우 실연자에게 보상금을 지급하여야 하는가.

한국저작권법 제75조 제1항은 「방송사업자가 실연이 녹음된 판매용 음반을 사용하여 방송하는 경우에는 상당한 보상금을 그 실연자에게 지급하여야 한다. 다만, 실연자가 외국인 경우에 그 외국에서 대한민국 국민인 실연자에게 이 항의 규정에 의한 보상금을 인정하지 아니한 때에는 그러하지 아니하다」라고 규정하여 판매용 음반의 방송사용에 대한 보상금청구권을 실연자에게 부여하였다. 국제관례상 판매용 음반을 방송이나 기타 영리적인 접객업소에서 사용하는 것을 이차적 사용(secondary uses)이라고 하고 그에 대한 보상금을 이차적 사용료(secondary use fees)라고 한다. 판매용음반은 통상 개인용이나 가정용으로 사용될 것을 예상하고 판매되고 있으므로 이를 방송용으로 사용하는 것은 그 전제를 뛰어 넘는 이차적 사용이라 할 것이고, 음반에 실린 음악 등을 방송할 경우 실연자의 직접연주나 출연의 기회가 상대적으로 감소하여 실연자가 기술적 실업(technological unemployment)에 처하게 되므로 이로 인한 실연자의 손실을 전보하기 위하여 실연자에게 위와 같은 채권적 청구권을 인정한 것이라고 한다.[3]

중국저작권법은 제43조에서 「라디오·TV 방송국이 이미 출판된 음반제품을 방송하는 경우 저작권자의 허락을 얻지 아니하여도 되나 보상하여야 한다」고 규정하고 있을 뿐, 실연자에게 판매용 음반의 방송사용에 대한 보상금청구권을 인정한 규정은 별도로 두고 있지 않다. 따라서 현행 중국저작권법 해석상 방송사업자는 실연이 녹음된 판매용 음반을 사용하여 방송하는 경우 저작권자에게만 보상금을 지급하면 족하고 실연자에게 보상금을 지급할 필요는 없다. 그러나 이러한 결

---

1) 任自力, 曹文泽 编著, 『著作权法 原理、规则、案例』, 清华大学出版社(2006), 제169쪽.

2) 李雨峰 等, 『著作权法』, 厦门大学出版社(2006), 제73쪽.

3) 김정술, "저작권과 저작인접권의 내용", 재판자료 57집 (92.12) : 지적소유권에 관한 제문제(하), 법원도서관, 제323쪽.

론은 실연자의 입장에서 볼 때 매우 부당하다고 할 수 있다. 그래서 현재 중국의 많은 학자들은 법률개정을 통해 판매용 음반의 방송사용에 대한 보상금청구권을 실연자에게도 부여하여야 한다고 주장하고 있다.

(나) 디지털음성송신보상청구권

한국저작권법 제76조 제1항은 「디지털음성송신사업자가 실연이 녹음된 음반을 사용하여 송신하는 경우에는 상당한 보상금을 그 실연자에게 지급하여야 한다」고 규정하여 디지털음성송신사업자의 실연자에 대한 보상을 인정하고 있다. 여기서 '디지털음성송신'이란 「공중송신[1] 중 공중으로 하여금 동시에 수신하게 할 목적으로 공중의 구성원의 요청에 의하여 개시되는 디지털 방식의 음의 송신(전송[2]을 제외)」을 의미한다(같은 법 제2조 제11호). 디지털음성송신은 개인 인터넷 방송(Winamp 방송), 지상파방송 동시 웹캐스팅(Simulcast) 등을 말하며 송신의 동시성과 서버와 클라이언트간의 쌍방향성을 그 특징으로 한다.

현재 중국저작권법에는 디지털음성송신과 그 상위개념인 공중송신이라는 개념 자체가 존재하지 않으므로 한국저작권법상의 디지털음성송신보상청구권이 중국저작권법에서 어떤 형태로 인정되는지를 살펴보는 것은 쉬운 일이 아니다. 디지털음성송신은 송신의 동시성을 특징으로 한다는 점에서 중국저작권법상 방송[3]의 개념에 해당한다고 볼 수 있다. 그렇다면 실연자의 권리 중 「현장실연을 생방송하거나 전송할 수 있는 권리」(제37조 제1항 제3호)를 우선 생각해 볼 수 있다. 그런데 상기 권리는 현장실연만을 대상으로 한다는 점에서 실연이 녹음된 음반, 즉 실연의 고정물을 대상으로 하는 디지털음성송신은 애당초 실연자의 권리 대상에서 제외된다고 볼 수 있다. 결국 현행 중국저작권법 해석에 의할 때 한국저작권법상의 디지털음성송신에 대해서는 실연자의 권리가 미치지 않는다고 할 수 있다. 개인 인터넷 방송(Winamp 방송)이나 지상파방송 동시 웹캐스팅(Simulcast) 등에서 실연이 녹음된 음반을 사용하여 송신하더라도 실연자에게 보상금을 지급할 필

---

1) 이 때 "공중송신"은 저작물, 실연·음반·방송 또는 데이터베이스를 공중이 수신하거나 접근하게 할 목적으로 무선 또는 유선통신의 방법에 의하여 송신하거나 이용에 제공하는 것을 말한다(한국저작권법 제2조 제7호).

2) 이 때 "전송"이란 공중송신 중 공중의 구성원이 개별적으로 선택한 시간과 장소에서 접근할 수 있도록 저작물등을 이용에 제공하는 것을 말하며, 그에 따라 이루어지는 송신을 포함한다(한국저작권법 제2조 10호).

3) 중국저작권법상 방송이란 일반 공중으로 하여금 동시에 수신하게 할 목적으로 유선 또는 무선에 의하여 신호, 소리 또는 영상을 송신하는 행위를 말한다.

요가 없는 것이 중국저작권법의 현실이다.

다. 실연자가 다수인 경우의 재산권 행사 문제

공동실연의 경우 당해 실연의 재산권은 어떻게 행사하여야 하는가.

이에 대해 한국저작권법은 「① 2인 이상이 공동으로 합창·합주 또는 연극 등을 실연하는 경우에 실연자의 권리(실연자의 인격권은 제외한다)는 공동으로 실연하는 자가 선출하는 대표자가 이를 행사한다. 다만, 대표자의 선출이 없는 경우에는 지휘자 또는 연출자 등이 이를 행사한다. ② 제1항의 규정에 따라 실연자의 권리를 행사하는 경우에 독창 또는 독주가 함께 실연된 때에는 독창자 또는 독주자의 동의를 얻어야 한다」(같은 법 제77조 제1항, 제2항)라고 규정하여 이 문제를 입법적으로 해결하고 있다. 한국저작권법상 공동저작물[1]의 저작재산권은 저작재산권자 전원의 합의에 의하여 행하여야 하지만, 실연을 공동으로 하는 경우 그 실연행위를 이용하고자 하는 자가 실연자 전원의 허락을 얻어야 한다면 매우 불편하므로 한국저작권법은 공동실연자의 경우 반드시 선출된 대표자가 실연자의 권리를 행사하는 것으로 규정하였고, 독창이나 독주는 일반적인 공동실연보다 그 실연에서 차지하는 비중이 훨씬 크기 때문에 2항과 같은 규정을 두게 되었다고 한다.[2]

실연자가 다수인 경우의 재산권 행사에 관하여는 중국저작권법에 아무런 규정도 없으므로 해석론으로 해결할 수밖에 없다. 개념적으로 볼 때 합작저작물과 마찬가지로 공동실연도 각자의 실연을 분리하여 이용할 수 있는 경우와 분리하여 이용할 수 없는 경우로 나눌 수 있을 것이다. 뮤지컬에서 주연과 조연이 시간을 달리하여 개별적으로 가창한 경우 각각의 가창행위는 서로 분리하여 이용할 수 있을 것이나, 대규모 오케스트라 단원의 연주행위나 아카펠라 그룹의 가창행위와 같은 경우에는 각 구성원의 기여분을 분리하여 이용한다는 것은 생각하기 어렵다. 그렇다면 공동실연의 재산권도 전자와 후자의 경우로 구별하여 전자에 있어서는 개별적인 행사가 가능하나, 후자의 경우에는 실연자 전원의 합의에 의하여 행사하여야 한다[3]고 보아야 할 것이다. 다만, 어느 경우에나 실연자 전원의 합의

1) 이는 중국저작권법의 합작저작물 중 분리하여 이용할 수 없는 저작물에 해당한다.

2) 오승종,『저작권법』, 박영사(2007), 제770-771쪽.

3) 이 때 실연자 전원의 합의가 성립되지 않으면 어떻게 되는가. 이 경우에도 공동실연의 재산권 행사 자체가 불가능한 것은 아니다. 개별적 이용이 불가능한 공동실연에 있어 실연자 일방은 정당한 이유 없이 다른 실연자가 재산권을 행사하는 것을 방해하여서는 아니 된다(저작권법실시조례 제9조 유추적용). 따라서 만약 제3자가 공동실연의 복제권을 침해하고 있는 상황에서 유독 공동실연자 중 1인만이 정당한 이유 없이 그 침해방지를 위한 조치에 반대하고

로 그들 중에서 공동실연의 재산권을 대표하여 행사할 수 있는 자를 정할 수 있음은 물론이다.

Ⅲ. 음반·영상제작자의 권리

1. 음반·영상제품 및 음반·영상제작자의 의의

가. 음반·영상제품의 의의

(1) 음반제품

음반제품이란 실연된 음성 및 기타 음성을 녹음한 제품을 말한다(저작권법실시조례 제5조 제2호). 이는 결국 음이 유형물에 고정된 것을 말하며, 여기서 "고정"이란 어떤 장치를 통하여 지각, 복제 또는 전달될 수 있는 소리 또는 소리의 표현을 수록하는 것을 의미한다.[1] 음반제품에는 컴팩트디스크(Compact disk), 녹음테이프, 전축용 디스크, 쥬크박스 등이 포함되며, 이 때 녹음된 내용은 반드시 실연의 음이나 음악에 한하지 아니하고 새소리, 물소리와 같은 자연음, 기계음, 문자저작물 등이라도 상관없다.[2] 한국에서는 가요반주기의 컴퓨터 칩에 내장되어 있는 음도 음반에 해당한다고 본 하급심 판례[3]가 있는데 중국저작권법 해석에서도 참고할 만하다. 음반제품은 음만이 고정된 것을 말하므로 음이 영상과 함께 고정된 것은 제외된다.[4] 따라서 영화필름의 사운드 트랙이나 비디오테이프의 배경음악과 같이 음이 영상과 함께 고정되어 재생되는 것은 음반제품에서 제외된다. 음반제품의 본질과 관련하여 유의하여야 할 점은 법문이 음반「제품」이라고 표현하고 있으므로 마치 녹음테이프나 전축용 디스크와 같은 유형적 녹음매체가 음반제품

있다면 이 때에는 1인의 반대에도 불구하고 나머지 공동실연자들은 제3자에 대해 복제권 침해 금지를 주장할 수 있다고 본다.

1) WIPO 실연·음반조약(WPPT) 제2조 (c) 참조.

2) 张革新,『现代著作权法』, 中国法制出版社(2006), 제145쪽 참조.

3) 서울고등법원 1996. 6. 27, 선고 95나30774 판결은「가요반주기의 메모리 칩은 불휘발성 롬으로서 음이 컴퓨터 수치화되어 그에 입력되어 있다가 중앙연산장치가 작동하면 음원모듈장치를 통하여 원음으로 재생되어 나오게 되어 있으므로, 위 메모리 칩은 음이 고정된 유형물이라 할 것이고 따라서 이는 저작권법 소정의 음반에 해당한다」고 판시하였다.

4) 李雨峰 等,『著作权法』, 厦门大学出版社(2006), 제99쪽.

인 것처럼 생각할 수도 있으나, 실제로는 유형적 매체에 고정되어 있는 무형물로서의 음의 존재가 음반제품이라는 것이다.[1)]

(2) 영상제품

중국저작권법은 영상제품 및 영상제작자의 권리를 저작인접물 및 저작인접권으로 보호하고 있는데, 이는 다른 입법례와 비교할 때 매우 이례적이다. 로마협약, WPPT, 한국, 일본 등에서는 음반제품 및 음반제작자의 권리만을 인정하고 있으며 영상제품에 대한 별도의 보호규정은 두고 있지 않다. 이들 국가나 조약에서는 영상제품을 영상저작물로, 영상제작자의 권리는 저작권으로 따로 보호하고 있는 듯하다. 중국저작권법은 영상물의 비중이 점차 커져가는 점을 감안하여 영상제작자의 경제적 이익을 보다 두텁게 보호하려는 취지에서 영상제작자에게 저작인접권을 부여하였다고 한다.[2)]

영상제품(录像制品)이란 영상저작물[3)] 이외의 연속적인 형상과 그림(음의 수반 여부를 불문한다)을 녹화한 제품을 말한다(저작권법실시조례 제5조 제3호). 이는 영상이 유형물에 고정된 것을 말하며, 여기서 "고정"이란 음반제품에서의 의미와 동일하다. 영상제품에는 영화필름, 비디오디스크(video disc), 비디오테이프(video tape), 영상이 나오는 레이저 디스크나 CD 또는 DVD 등이 있다. 이 때 녹화된 내용은 영화나 TV 드라마와 같은 영상저작물에 한하지 않고 저작물에 해당할 만큼의 창작성을 갖추지 못한 단순 영상[4)]이라도 상관없다.[5)] 법문이 「영상저작물 이외」라고 적고 있으나, 이는 영상저작물이 고정된 것은 영상제품에서 제외된다는 의미가 아니라 영상저작물이 곧 영상제품을 의미하는 것은 아님을 표현한 것에 불과하다. 영상은 음의 수반을 불문하므로 영상이 음과 함께 고정되어 있는 것도 영상제품에 해당한다. 이러한 의미에서 영화필름의 배경음악은 음반제품이 아니라 영상제품이다. 녹음된 영상은 반드시 연속적이어야 하므로 단지 그림파일 모음을 고정한 것에 불과한 CD는 연속적인 영상을 수록한 것이 아니므로 영상제품에 해당하지 않는다. 여기서 연속적이란 영상이 영화처럼 고정된 순서에 따라 순차적

1) 이해완, 『저작권법』, 박영사(2007), 제537쪽.
2) 张革新, 『现代著作权法』, 中国法制出版社(2006), 제144쪽 참조.
3) 영화저작물 및 영화제작과 유사한 방법으로 창작한 저작물을 말한다.
4) 예컨대, 가정용 캠코더를 이용하여 자연경관이나 프로야구 장면 등을 아무런 특색 없이 있는 그대로 촬영한 것 등이 이에 해당한다.
5) 张革新, 『现代著作权法』, 中国法制出版社(2006), 제145쪽 참조.

으로 나타나는 것을 의미한다. 음반제품과 마찬가지로 비디오테이프와 같은 유형적 복제매체가 영상제품이 아니라 유형적 매체에 고정되어 있는 무형물로서의 영상의 존재가 영상제품인 것에 주의를 하여야 한다.

나. 음반·영상제작자의 의의

(1) 음반제작자의 의의

음반제작자는 음반제품을 맨 처음 제작한 자를 말한다(저작권법실시조례 제5조 제4호). 여기서 「제작」이란 음을 음반제품에 맨 처음 고정하는 것을 의미한다. 즉, 음반제작자란 음을 음반제품에 맨 처음 고정한 자인 것이다.[1] 여기서 「맨 처음」이란 「독립적」이라는 의미로 이해하면 된다.[2] 따라서 이미 유형물에 고정되어 있는 음을 다시 복제하지 않는 이상 동일한 실연자의 가창 또는 연주를 동시에 녹음하는 경우에는 동일한 음에 관하여 수인의 음반제작자가 생길 수 있다.

여기서 고정한 자란 녹음장치의 조작과 같이 물리적으로 고정작업을 행한 자를 의미하는 것인지 아니면 고정행위의 법률적 주체로서 고정행위에 대해 전체적으로 기획하고 책임을 지는 자를 말하는 것인지 여부가 해석상 문제된다. 고정한 자를 전자와 같이 실제로 고정행위를 한 자로 이해하면 고정행위를 한 기술자가 음반제작자로 되고 레코드회사는 음반제작자가 될 수 없게 된다. 이는 거래 관념에 반하는 것으로서 매우 부당한 결론이다. 현행 한국저작권법은 이러한 점을 고려하여 음반제작자의 개념을 기존의 「음을 음반에 맨 처음 고정한 자」에서 「음을 음반에 고정하는데 있어 전체적으로 기획하고 책임지는 자」로 개정하였다. WPPT 제2조 (d)도 한국저작권법과 동일한 취지로 「'음반제작자'란 실연의 소리 또는 기타의 소리, 또는 소리의 표현을 최초로 고정하기 위하여 발의하고 이에 책임을 지는 자연인이나 법인을 말한다」라고 규정하고 있다. 현재 중국에서는 '고정한 자'를 고정행위에 대해 전체적으로 기획하고 책임지는 자로 해석하는 것이 일반적이다. 그 결과 자연인은 물론 법인이나 기타 단체도 음반제작자가 될 수 있다.[3]

음반제작자는 음을 음반제품에 맨 처음 고정한 자를 말하므로 이미 유형물에 고정되어 있는 음을 다시 복제한 자는 음반제작자가 아니다.[4] 한국에서는 음반제

1) 李雨峰 等, 『著作权法』, 厦门大学出版社(2006), 제99쪽.
2) 李雨峰 等, 『著作权法』, 厦门大学出版社(2006), 제53쪽.
3) 韩松, 『知识产权法』, 中国人民大学出版社(2006), 제104쪽; 吴汉东, 『知识产权法学』, 北京大学出版社(2005), 제95쪽.
4) 韩松, 『知识产权法』, 中国人民大学出版社(2006), 제104쪽.

작자가 누구인지는 음반 제작과 동시에 원시적으로 결정할 것으로서 당사자간의 계약에 의해 후발적으로 음반제작자를 변경하는 것은 허용되지 않는다면서 실무상 후발적으로 원반제작비를 보상해 주는 대신 '음반제작자'가 된다고 하는 계약을 체결하는 경우가 있지만, 이 경우에도 법률적으로는 역시 원반 제작자가 음반제작자이고 원반제작비를 보상한 자는 음반제작자의 권리를 양도받은 것으로 해석하여야 한다는 견해가 있는데[1], 중국저작권법 해석에서도 원용할 수 있는 견해라고 생각한다.

(2) 영상제작자의 의의

영상제작자란 영상제품을 맨 처음 제작한 자를 말한다(저작권법실시조례 제5조 제5호). 여기서 「제작」이란 연속적인 영상을 영상제품에 맨 처음 고정하는 것을 의미한다. 즉, 영상제작자란 연속적인 영상을 영상제품에 맨 처음 고정한 자인 것이다. 여기서 고정한 자란 녹화장치의 조작과 같이 물리적인 고정작업을 행한 자를 가리키는 것이 아니라 고정행위의 법률적 주체로서 고정행위에 대해 전체적으로 기획하고 책임을 지는 자를 말한다. 따라서 자연인이 아닌 법인 또는 단체도 영상제작자가 될 수 있다. 그 외 영상제작자에 관한 기타 내용은 음반제작자 부분에서 설명한 것과 동일하다.

한편, 저작권법상 영상제작자(录像制作者)와 제작자(制片者)는 서로 구별되는 개념이라는 점에 주의하여야 한다. 영상제작자란 연속적인 영상을 영상제품에 맨 처음 고정한 자를 의미하는 반면, 제작자란 영상저작물의 저작자를 의미한다.

다. 저작권법에 의해 보호되는 음반·영상제품

(1) 저작권법에 의해 보호되는 음반제품

위에서 언급한 음반제품 중에서 저작권법이 보호하는 음반제품은 무엇인가.

첫째, 중국 공민(중국 법률에 따라 설립된 법인 및 기타 단체 포함)을 음반제작자로 하는 음반제품은 저작권법에 따라 보호된다. 이는 국적주의(國籍主義)에 따른 것으로 저작권법에 명문규정이 없어도 당연히 인정되는 것이다.

둘째, 외국인이나 무국적자가 중국 내에서 제작, 배포한 음반제품은 저작권법의 보호를 받는다(저작권법실시조례 제34조 제1항). 여기서 「제작」이란 음을 음반제품에

1) 이해완, 『저작권법』, 박영사(2007), 제539-540쪽.

맨 처음 고정하는 것을 의미한다. 법문은 제작뿐만 아니라 배포까지도 중국 내에서 이루어질 것을 요구하고 있으므로 음이 맨 처음 중국 내에서 고정된 음반제품이어도 중국 내에서 배포된 것이 아니면 저작권법의 보호를 받을 수 없다.

셋째, 외국인이나 무국적자를 음반제작자로 하는 음반제품 중 중국이 가입 또는 체약한 국제조약에 따라 보호되는 음반제품은 저작권법에 따라 보호를 받게 된다. 저작권법실시조례 제34조 제2항은 「외국인이나 무국적자가 중국이 가입한 국제조약에 따라 제작, 배포한 음반제품에 대하여 가지는 권리는 저작권법의 보호를 받는다」라고 규정하여 이를 명시적으로 밝히고 있다. 즉, 외국인이나 무국적자를 음반제작자로 하는 음반제품이 비록 중국 내에서 제작, 배포된 것이 아니더라도 외국인의 본국이나 무국적자가 상주하는 국가가 중국이 가입 또는 체결한 조약에 가입한 때에는 그 음반제품은 중국저작권법에 따라 보호를 받게 되는 것이다. 다만, 이 경우 만약 그 외국이나 상주국가가 중국 공민을 음반제작자로 하는 음반제품을 보호하지 아니하는 경우에는 그에 상응하여 외국인이나 무국적자를 음반제작자로 하는 음반제품에 대한 보호가 제한될 수 있다. 이는 상호주의(相互主義) 원칙에 따른 것이다. 법문이 「저작권법에 따라 저작인접권을 갖는다」라고 규정하지 않고 「저작권법의 보호를 받는다」고 표현하고 있는 것도 바로 상호주의를 전제로 하고 있기 때문이다.

이상의 내용을 종합하면 음반제품의 개념에 포섭되는 것 중에서 저작권법이 보호하는 음반제품은 ① 중국 공민(중국 법률에 따라 설립된 법인 및 기타 단체 포함)을 음반제작자로 하는 음반제품, ② 외국인이나 무국적자가 중국 내에서 제작, 배포한 음반제품, ③ 외국인이나 무국적자를 음반제작자로 하는 음반제품 중 중국이 가입 또는 체약한 국제조약에 따라 보호되는 음반제품 등이다.[1]

---

1) 참고로, 한국저작권법은 보호받는 음반제품으로 「① 대한민국 국민을 음반제작자로 하는 음반, ② 음이 맨 처음 대한민국 내에서 고정된 음반, ③ 대한민국이 가입 또는 체결한 조약에 따라 보호되는 음반으로서 체약국 내에서 최초로 고정된 음반, ④ 대한민국이 가입 또는 체결한 조약에 따라 보호되는 음반으로서 체약국의 국민(당해 체약국의 법률에 따라 설립된 법인 및 당해 체약국 내에 주된 사무소가 있는 법인을 포함한다)을 음반제작자로 하는 음반」을 들고 있다. 위 ③은 한국이 가입 또는 체결한 조약에 따라 보호되는 음반을 보호한다는 것인데, 예컨대 저작권관련조약 체약국인 A국 국민의 음반이 한국에서 보호를 받으려면 한국에 와서 음반을 고정하거나 A국을 포함한 조약 체약국에서 고정하여야 한다고 한다. 또한 위 ④는 체약국의 국민을 음반제작자로 하는 음반으로서 체약국 이외의 지역에서 최초로 고정된 음반도 한국 저작권법상 보호받는 음반으로 된다고 한다. 따라서 앞의 예에서 A국민이 체약국이 아닌 다른 나라에 가서 음반을 고정하더라도 이를 보호하게 된다고 한다. 오승종,『저작권법』, 박영사(2007), 제776쪽.

(2) 저작권법에 의해 보호되는 영상제품

위에서 언급한 영상제품 중에서 저작권법이 보호하는 영상제품은 무엇인가. 음반제품과는 달리 저작권법은 그에 관한 규정을 두고 있지 않다. 이는 입법의 불비(不備)로 보여 진다. 그러나 음반제품에 관한 규정은 그 성질상 영상제품에 유추 적용될 수 있다고 본다.

따라서 영상제품의 개념에 포섭되는 것 중에서 저작권법이 보호하는 영상제품은 ① 중국 공민(중국 법률에 따라 설립된 법인 및 기타 단체 포함)을 영상제작자로 하는 영상제품, ② 외국인이나 무국적자가 중국 내에서 제작, 배포한 영상제품, ③ 외국인이나 무국적자를 영상제작자로 하는 영상제품 중 중국이 가입 또는 체약한 국제조약에 따라 보호되는 영상제품 등으로 볼 수 있다.

2. 음반·영상제작자의 인격권

중국저작권법은 음반·영상제작자에게 인격권을 부여하고 있지 않다. 비단 중국저작권법뿐만 아니라, 로마협약, WIPO 실연·음반조약(WPPT), 한국저작권법도 마찬가지이다.

이처럼 음반·영상제작자에게 인격권이 부여되지 않는 이유는 무엇인가. 이는 실연자의 실연과는 달리 음이나 영상을 유체물에 고정하는 행위에는 저작물의 독창성에 준하는 새로운 창의보다는 음반·영상제작자가 가진 기술적인 숙련이나 자금력 등과 같은 비예술적인 요인이 더 크게 요구된다는 점이 고려되었기 때문이다.[1] 이에 따라 저작권법은 저작물의 전파에 기여한 음반·영상제작자에게 그 전파를 위해 투자한 투자자금을 회수할 수 있는 배타적 재산권만을 인정하고 있을 뿐, 저작물을 재해석하여 저작물의 가치를 재발견하는 데에는 음반·영상제작자의 기여도가 상대적으로 낮다고 평가하여 음반·영상제품에 대한 인격권은 인정하지 않았다.

3. 음반·영상제작자의 재산권

가. 의 의

저작권법은 음반·영상제작자에게 음반·영상제품에 대한 복제권, 배포권, 대여

---

1) 张革新,『现代著作权法』, 中国法制出版社(2006), 제144쪽 참조.

권 및 정보네트워크전송권을 부여하고(제41조), 영상제작자에게는 영상제품에 대한 방송권을 추가로 부여하고 있다(제45조). 이러한 권리는 재산권으로서 일신에 전속하는 인격권과는 달리 양도나 상속할 수 있으며 질권을 설정할 수도 있다. 이로써 음반·영상제작자는 자신의 재산권을 침해하는 제3자에게 침해 금지 또는 손해배상을 청구하거나 제3자에게 유상으로 재산권을 양도 또는 이용허락을 하여 자신의 경제적 지위를 적극적으로 보호할 수 있다.

한국저작권법은 중국저작권법과는 달리 음반제작자에 대해서만 6종류의 재산권을 인정하고 있는데, 이를 열거하면 다음과 같다. ① 그의 음반을 복제할 권리(복제권, 제78조), ② 그의 음반을 배포할 권리(배포권, 제79조 본문), ③ 판매용 음반을 영리를 목적으로 대여할 권리(대여권, 제80조), ④ 그의 음반을 전송할 권리(전송권, 제81조), ⑤ 음반의 방송사용에 대한 보상금청구권(제82조 제1항 본문)[1], ⑥ 디지털음성송신보상청구권(제83조 제1항).[2]

나. 권리의 내용

(1) 복제권

음반·영상제작자는 그의 음반·영상제품을 복제할 배타적 권리를 가진다. 따라서 음반·영상제품을 복제하려는 자는 음반·영상제작자의 허락을 받아야 한다. 음반·영상제품의 복제에는 원반 자체를 repress 등의 방법에 의하여 복제하는 직접 복제와 음반·영상제품에 수록되어 있는 음과 영상을 다른 고정물에 녹음·녹화하는 행위가 모두 포함된다.[3] 따라서 음반·영상제품을 재생한 음과 영상을 녹음·녹화하거나 음반·영상제품을 재생하여 방송으로 송신한 음과 영상을 수신하여 녹음·녹화하는 것도 모두 복제에 해당하여 음반·영상제작자의 복제권이 미친다. 실연자의 복제권과 마찬가지로 음반·영상제작자의 복제권의 경우에도 '복제'의 개념에 '모방'은 포함되지 않는다. 그러므로 기존 음반의 음 자체를 이용하지 않

---

1) 한국저작권법 제82조 (방송사업자의 음반제작자에 대한 보상) 「① 방송사업자가 판매용 음반을 사용하여 방송하는 경우에는 상당한 보상금을 그 음반제작자에게 지급하여야 한다. 다만, 음반제작자가 외국인인 경우에 그 외국에서 대한민국 국민인 음반제작자에게 이 항의 규정에 따른 보상금을 인정하지 아니하는 때에는 그러하지 아니하다.」

2) 한국저작권법 제83조 (디지털음성송신사업자의 음반제작자에 대한 보상) 「① 디지털음성송신사업자가 음반을 사용하여 송신하는 경우에는 상당한 보상금을 그 음반제작자에게 지급하여야 한다.」

3) 李雨峰 等, 『著作权法』, 厦门大学出版社(2006), 제83쪽 참조.

고 새로 음을 생성하는 경우에는 매우 흡사한 음반제품을 제작하더라도 음반제품의 복제에 해당하지 않는다.1)

음반·영상제작자의 복제권은 음반·영상제품, 즉 유형적 매체에 고정되어 있는 무형물로서의 음이나 영상의 존재에만 미치며 유형적 매체에 고정되어 있는 가사나 악곡, 영화와 같은 저작물이나 가창, 연기와 같은 실연자의 실연에는 미치지 않는다. 따라서 음반·영상제품을 복제하려는 자는 음반·영상제작자로부터 동의를 받았더라도 저작자나 실연자의 허락을 별도로 받아야 한다. 저작권법 제41조 제2항은 「음반·영상제품을 복제하는 것을 허락 받은 자는 저작권자 및 실연자의 허락을 얻어야 하며 보상하여야 한다」고 규정하여 이점을 분명히 하고 있다.

(2) 배포권

음반·영상제작자는 그의 음반·영상제품을 배포할 배타적 권리를 가진다. 따라서 음반·영상제작자는 그의 음반·영상제품을 스스로 배포하거나 타인에게 이를 허락하거나 금지시킬 수 있다. '배포'는 실연자의 배포권과 마찬가지로 판매, 증여 또는 대여 등의 방법으로 공중에게 음반·영상제품의 원본 또는 복제물을 제공하는 행위를 말한다. 여기서 배포란 유형적인 배포만을 의미할 뿐 무선 또는 유선 통신에 의한 무형적인 배포는 제외된다.

한편, 비록 명문 규정은 없으나 음반·영상제작자의 배포권은 저작자의 그것과 마찬가지로 권리소진의 원칙에 의해 제한된다. 따라서 음반·영상제품의 복제물이 음반·영상제작자의 허락을 받아 판매 등의 방법으로 제공된 경우에는 그 후 그와 같이 배포된 음반·영상제품의 복제물을 다시 배포하고자 하는 자는 권리소진의 원칙에 의해 음반·영상제작자의 동의 없이도 그 복제물을 다시 배포할 수 있다.

(3) 대여권

음반·영상제작자는 그의 음반·영상제품을 대여할 배타적 권리를 가진다. 이는 앞서 본 권리소진의 원칙에 대한 예외로서 현행 저작권법에 이르러 새로 신설된 권리이다. 음반·영상제품은 통상 개인용이나 가정용으로 사용될 것을 예상하고 판매되고 있으므로 이를 대여하는 것은 원래의 취지를 넘어서서 음반·영상제작자에게 판매수익의 감소라는 경제적 불이익을 초래하게 된다. 따라서 대여행위로

---

1) 이해완, 『저작권법』, 박영사(2007), 제543쪽.

인한 음반·영상제작자의 손실을 전보하기 위해 음반·영상제작자에게 위와 같은 배타적 권리를 인정한 것이다.

대여권의 효력이 미치는 음반·영상제품은 반드시 판매용에 한하지 않으며, 대여도 영리적 목적에 의한 것인지 여부를 묻지 않는다. 한국저작권법은 판매용 음반의 영리적 목적의 대여에 대하여 대여권이 미치는 것으로 정하고 있으나[1] 중국저작권법은 그와 같은 제한을 두지 않고 있다. 따라서 비판매용 음반·영상제품을 대여하는 경우나 비영리적 목적에 의한 대여의 경우에도 음반·영상제작자의 대여권이 미친다. 다만, 가족이나 가까운 친지 또는 친구간에 음반·영상제품을 빌리거나 빌려주는 것까지 대여권이 미치는 것은 아니다. 또한, 중국저작권법은 대여권을 영상제작자에게도 부여하고 있는데, 이는 다른 입법례와 비교할 때 매우 이례적인 것이다.

(4) 정보네트워크전송권

음반·영상제작자는 그의 음반·영상제품을 정보네트워크를 통해 공중에게 전송할 배타적인 권리를 가진다. 이는 저작자의 정보네트워크전송권과 동일한 권리로 2001년 개정 저작권법에 와서 처음으로 신설된 것이다. 여기서 정보네트워크를 통한 전송은 공중이 개별적으로 선택한 시간과 장소에서 취득할 수 있도록 음반·영상제품을 무선 또는 유선 통신의 방법에 의해 제공하는 것을 말한다. 권리의 내용 등은 저작자나 실연자의 정보네트워크전송권 부분에서 살펴본 바와 같다.

(5) 영상제작자의 방송권

영상제작자는 그의 영상제품을 방송할 권리를 가진다. 따라서 방송사업자가 영상제품을 방송하는 경우 그 영상제작자로부터 동의를 얻어야 하며 그에게 보상금을 지급하여야 한다. 저작권법은 영상제작자의 방송권을 제4장 제3절「음반·영상」에서 규정하지 않고, 같은 장 제4절「TV·라디오 방송국의 방송」에서 규정하고 있다. 즉, 저작권법 제45조 전문은「TV 방송국이 … 영상제품(录像制品)을 방송하는 경우 … 영상제작자의 허락을 얻어야 하며 보상하여야 한다」라고 규정하고 있다. 비록 저작권법 제45조 전문이 방송사업자의 의무차원에서 TV 방송국이 영상제품을 방송하고자 하는 경우 영상제작자의 허락과 그에 대한 보상이 필요하다고

---

1) 한국저작권법 제80조는「음반제작자는 제79조의 단서의 규정에 불구하고 판매용 음반을 영리를 목적으로 대여할 권리를 가진다」라고 규정하고 있다.

정하고 있으나, 그 실질은 영상제작자에게 적극적인 권리를 부여한 것이라 할 수 있다. 따라서 영상제작자의 방송권은 영상제품의 방송사용에 대한 2차적 사용료청구권의 성질을 넘어선 배타적 권리로서의 성질을 가지는 것이다. 그렇다면 영상제작자는 그의 영상제품을 스스로 방송하거나 타인에게 이를 허락하거나 금지시킬 수 있다. 여기서 방송의 의미나 권리의 내용은 저작자의 방송권에서 살펴본 바와 같다.

영상제작자의 방송권은 영상제품, 즉 유형적 매체에 고정되어 있는 무형물로서의 영상의 존재에만 미치며 유형적 매체에 고정되어 있는 영화와 같은 영상저작물에는 미치지 않는다. 따라서 영상제품을 방송하려는 자는 영상제작자로부터 동의를 받았더라도 저작자의 허락을 별도로 받아야 한다. 저작권법 제45조 후문은 「타인의 영상제품을 방송하는 경우 저작권자의 허락을 얻어야 하며 그에게 보상하여야 한다」고 규정하여 이점을 분명히 하고 있다. 여기서 주의하여야 할 점은 실연자에게는 유체물에 고정된 실연에 대한 방송권[1]이나 영상제품의 방송사용에 대한 2차적 사용료청구권이 인정되지 않으므로 영상제품을 방송하려는 자는 실연자로부터 동의를 구하거나 그에게 보상금을 지급할 필요는 없다는 것이다.

(6) 기타 권리

(가) 음반제품의 방송사용에 대한 보상금청구권

방송사업자가 판매용 음반제품을 사용하여 방송하는 경우 그 음반제작자에게 보상금을 지급하여야 하는가. 영상제품의 경우 방송사업자가 영상제작자에게 보상금을 지급하여야 한다는 것은 이미 언급한 바 있다(저작권법 제45조 전문 참조).

한국저작권법 제82조 제1항 본문은 「방송사업자가 판매용 음반을 사용하여 방송하는 경우에는 상당한 보상금을 그 음반제작자에게 지급하여야 한다」고 규정하여 판매용 음반의 방송사용에 대한 보상금청구권을 음반제작자에게 부여하였다. 음반제작자는 많은 노력과 시간, 경비를 들여 음반을 제작·판매하는 것인데 방송에서 이를 사용함에 따라 어느 정도는 그 판매량이 향상되는 면도 있으나 일반적인 사용의 범위를 초과할 경우 그 매상고가 줄어들 우려가 있고, 방송사업자는 음반을 사용하여 이익을 얻고 있기 때문에 음반제작자에게 이와 같은 채권적인 청구권을 인정함으로써 음반제작자와 판매용 음반의 사용자 사이에 이익의 균형

---

1) 실연자에게는 현장실연에 대한 생방송권만 인정된다(저작권법 제37조 제1항 제3호 참조).

을 도모하고 있는 것이라고 한다.[1] 이러한 음반제작자의 방송사용에 대한 보상금청구권은 2차적 사용료청구권의 성질을 갖는다.

중국저작권법은 제43조에서 「라디오·TV 방송국이 이미 출판된 음반제품을 방송하는 경우 저작권자의 허락을 얻지 아니하여도 되나 보상하여야 한다」고 규정하고 있을 뿐, 음반제작자에게 판매용 음반의 방송사용에 대한 보상금청구권을 별도로 인정해 주지 않았다. 따라서 현행 중국저작권법 해석상 방송사업자는 판매용 음반을 사용하여 방송하는 경우 저작권자에게만 보상금을 지급하면 족하고 음반제작자에게 보상금을 지급할 필요는 없다. 그러나 이러한 결론은 영상제품과 비교할 때 매우 부당하다고 할 수 있다. 저작권법은 영상제작자에게는 영상제품에 대한 방송권을 부여하고 있지만 음반제작자에게는 음반제품의 방송사용에 대한 보상금청구권조차도 인정하고 있지 않다. 음반제품을 영상제품에 비해 차별적으로 취급할 합리적인 이유가 없다는 점에서 현재 중국의 많은 학자들은 법률개정을 통해 판매용 음반의 방송사용에 대한 보상금청구권을 음반제작자에게도 부여하여야 한다고 주장하고 있다.[2]

(나) 디지털음성송신보상청구권

한국저작권법 제83조 제1항은 「디지털음성송신사업자가 음반을 사용하여 송신하는 경우에는 상당한 보상금을 그 음반제작자에게 지급하여야 한다」고 규정하여 디지털음성송신사업자의 음반제작자에 대한 보상을 인정하고 있다. 여기서 '디지털음성송신'이란 「공중송신[3] 중 공중으로 하여금 동시에 수신하게 할 목적으로 공중의 구성원의 요청에 의하여 개시되는 디지털 방식의 음의 송신(전송[4]을 제외)」을 의미한다(같은 법 제2조 제11호). 디지털음성송신은 개인 인터넷 방송(Winamp 방송), 지상파방송 동시 웹캐스팅(Simulcast) 등을 말하며 송신의 동시성과 서버와 클라이언트간의 쌍방향성을 그 특징으로 한다.

현재 중국저작권법에는 디지털음성송신과 그 상위개념인 공중송신이라는 개념

---

1) 김정술, "저작권과 저작인접권의 내용", 재판자료 57집 (92.12) : 지적소유권에 관한 제문제(하), 법원도서관, 제327쪽.

2) 张革新, 『现代著作权法』, 中国法制出版社(2006), 제146쪽 참조.

3) 이 때 "공중송신"은 저작물, 실연·음반·방송 또는 데이터베이스를 공중이 수신하거나 접근하게 할 목적으로 무선 또는 유선통신의 방법에 의하여 송신하거나 이용에 제공하는 것을 말한다(한국저작권법 제2조 제7호).

4) 이 때 "전송"이란 공중송신 중 공중의 구성원이 개별적으로 선택한 시간과 장소에서 접근할 수 있도록 저작물등을 이용에 제공하는 것을 말하며, 그에 따라 이루어지는 송신을 포함한다(한국저작권법 제2조 10호).

자체가 존재하지 않으므로 한국저작권법상의 디지털음성송신보상청구권이 중국저작권법에서 어떤 형태로 인정되는지를 살펴보는 것은 쉬운 일이 아니다. 디지털음성송신은 송신의 동시성을 특징으로 한다는 점에서 중국저작권법상 방송[1]의 개념에 해당한다고 볼 수 있다. 그런데 음반제작자에게는 영상제작자와는 달리 방송권이 인정되지 않으므로 한국저작권법상의 디지털음성송신에 대해서는 음반제작자의 권리가 미치지 않는다고 할 수 있다. 음반제작자의 배포권을 생각해 볼 수 있으나, 여기서 배포란 유형적인 배포만을 의미할 뿐 무선 또는 유선 통신에 의한 무형적인 배포는 제외되므로 디지털음성송신행위에 음반제작자의 배포권이 미칠 가능성은 존재하지 않는다. 따라서 개인 인터넷 방송(Winamp 방송)이나 지상파방송 동시 웹캐스팅(Simulcast) 등에서 음반제품을 사용하여 송신하더라도 음반제작자에게 보상금을 지급할 필요가 없는 것이 중국저작권법의 현실이다.

4. 음반·영상제작자 등의 의무

저작권법은 제39조 내지 제41조에서 음반·영상제작자 등에게 일정한 의무를 부여하고 있는데, 이를 정리하면 다음과 같다.

① 음반·영상제작자가 타인의 저작물을 이용하여 음반·영상제품을 제작하는 경우 저작권자의 허락을 받아야 하며 그에게 보상금을 지급하여야 한다(제39조 제1항). ② 음반·영상제작자가 원저작물을 개편·번역·주석·정리하여 제작한 연역저작물을 이용하여 음반·영상제품을 제작하는 경우 원저작물의 저작자는 물론, 연역저작물의 저작자에게서도 동의를 얻어야 하며, 각자에게 보상금을 지급하여야 한다(제39조 제2항). ③ 음반제작자가 타인이 이미 합법적으로 녹음·제작한 음반제품의 저작물을 이용하여 음반제품을 제작하는 경우 저작권자의 허락을 받지 않아도 되나, 저작권자에게 보상금을 지급하여야 한다. 다만, 저작권자가 이용을 허락하지 않는다고 표명한 경우에는 저작물을 이용하여서는 아니 된다(제39조 제3항). 이는 음반 제작을 위한 법정허락제도이다. ④ 음반·영상제작자가 음반·영상제품을 제작하고자 하는 경우 실연자의 실연을 이용할 필요가 있는 때에는 실연자와 계약을 체결하여야 하며 그에게 보상금을 지급하여야 한다(제40조 참조). ⑤ 음반·영상제품을 복제·배포하거나 정보네트워크를 통해 공중에게 전송하는 것을

1) 중국저작권법상 방송이란 일반 공중으로 하여금 동시에 수신하게 할 목적으로 유선 또는 무선에 의하여 신호, 소리 또는 영상을 송신하는 행위로 정의될 수 있음은 이미 저작자의 방송권 부분에서 언급한 바 있다.

음반·영상제작자로부터 허락을 얻은 자는 저작권자 및 실연자의 허락도 별도로 얻어야 하며, 각자에게 별도로 보상금을 지급하여야 한다(제41조 제2항 참조).

Ⅳ. 방송사업자의 권리

1. 방송 및 방송사업자의 의의

가. 방송의 의의

저작권법은 제4장 제4절에서 방송사업자에게 저작인접권을 부여하여 방송사업자의 경제적 지위를 보호하고 있다. 저작인접권에서 말하는 방송이란 일반 공중으로 하여금 동시에 수신하게 할 목적으로 유선 또는 무선에 의하여 신호, 소리 또는 영상을 송신하는 행위를 말하며, 이는 저작재산권인 방송권에서 본 방송의 개념과 동일하다. 따라서 무선방송과 유선방송 그리고 확성기 등을 이용한 전달행위 모두 방송에 포함된다.[1] 방송의 객체는 라디오·TV 프로그램이다. 이는 반드시 저작물일 필요는 없으며 일기예보나 뉴스 등과 같은 사실적인 정보도 포함된다.[2]

나. 방송사업자의 의의

방송사업자는 라디오방송국과 TV방송국을 의미한다.[3] 공중파방송국은 물론 케이블방송과 같은 유선방송국도 이에 포함된다. 저작권법에서는 라디오·TV 방송국의 자격요건에 대해 어떠한 규정도 두고 있지 않으나, 라디오·TV 방송국은 관련법령에서 요구하는 방송사업자로서의 요건을 충족하여야 하고 공상행정(工商行政)부문에서 등기를 마쳐야 한다.[4]

다. 저작권법에 의해 보호되는 방송

위에서 언급한 방송 중에서 저작권법의 보호를 받는 방송은 무엇인가.

---

1) 李雨峰 等,『著作权法』, 厦门大学出版社(2006), 제54쪽.

2) 张革新,『现代著作权法』, 中国法制出版社(2006), 제147쪽 참조.

3) 한국저작권법 제2조 제9호는「방송사업자란 방송을 업으로 하는 자를 말한다」고 규정하고 있다.

4) 李雨峰 等,『著作权法』, 厦门大学出版社(2006), 제100쪽.

첫째, 중국 공민인 방송사업자의 방송은 저작권법에 따라 보호된다. 이는 국적주의(國籍主義)에 따른 것으로 저작권법에 명문규정이 없어도 당연히 인정되는 것이다.

둘째, 중국 내에 있는 방송설비로부터 행하여지는 방송도 저작권법에 따라 보호된다. 이에 대하여 중국저작권법에는 명문규정이 없으나, 외국인의 실연에 관한 저작권법실시조례 제33조 제1항이나 외국인의 음반제품에 관한 제34조 제1항의 규정취지에 비추어 볼 때 해석상 당연히 인정된다고 본다.

셋째, 외국인을 방송사업자로 하는 방송 중 중국이 가입 또는 체약한 국제조약에 따라 보호되는 방송은 저작권법의 보호를 받게 된다. 저작권법실시조례 제35조는 「외국의 라디오·TV 방송국이 중국이 가입한 국제조약에 따라 그 방송한 라디오·TV 프로그램에 대하여 가지는 권리는 저작권법의 보호를 받는다」라고 규정하여 이를 명시적으로 밝히고 있다. 즉, 외국인을 방송사업자로 하는 방송이 비록 중국 내에 있는 방송설비로부터 행해진 것이 아니어도 그 외국인의 본국이 중국이 가입 또는 체결한 조약에 가입한 때에는 그 방송은 중국저작권법에 따라 보호를 받게 되는 것이다. 다만, 이 경우 만약 그 외국인의 본국이 중국 공민을 방송사업자로 하는 방송을 보호하지 아니하는 경우에는 그에 상응하여 그 외국인을 방송사업자로 하는 방송에 대한 보호가 제한될 수 있다. 이는 상호주의(相互主義) 원칙에 따른 것이다. 법문이 「저작권법에 따라 저작인접권을 갖는다」라고 규정하지 않고 「저작권법의 보호를 받는다」고 표현하고 있는 것도 바로 상호주의를 전제로 하고 있기 때문이다.

이상의 내용을 종합하면 방송의 개념에 포섭되는 것 중에서 저작권법이 보호하는 방송은 ① 중국 공민인 방송사업자의 방송, ② 중국 내에 있는 방송설비로부터 행하여지는 방송, ③ 외국인을 방송사업자로 하는 방송 중 중국이 가입 또는 체약한 국제조약에 따라 보호되는 방송 등이다.[1]

2. 방송사업자의 인격권

저작권법은 음반·영상제작자의 경우와 마찬가지로 방송사업자에게 인격권을

1) 참고로, 한국저작권법은 저작권법의 보호를 받는 방송으로 「① 대한민국 국민인 방송사업자의 방송, ② 대한민국 내에 있는 방송설비로부터 행하여지는 방송, ③ 대한민국이 가입 또는 체약한 조약에 따라 보호되는 방송으로서 체약국의 국민인 방송사업자가 당해 체약국 내에 있는 방송설비로부터 행하는 방송」을 들고 있다. 위 ①은 이른바 국적주의 원칙을 천명한 것이고, 위 ②는 발신주의(發信主義)에 입각한 것으로 이에 해당하는 것으로서 미8군 방송인 AFKN이 있다고 한다. 오승종, 『저작권법』, 박영사(2007), 제783쪽.

부여하고 있지 않다. 그 취지는 음반·영상제작자의 경우와 같다.

3. 방송사업자의 재산권

가. 의 의

저작권법은 방송사업자에게 방송에 대한 복제권과 동시중계방송권을 부여하고 있다(제44조). 이러한 권리는 재산권으로서 일신에 전속하는 인격권과는 달리 양도할 수 있으며 질권을 설정할 수 있다. 이로써 방송사업자는 자신의 재산권을 침해하는 제3자에게 침해 금지 또는 손해배상을 청구하거나 제3자에게 유상으로 재산권을 양도 또는 이용허락을 하여 자신의 경제적 지위를 적극적으로 보호할 수 있다.

한국저작권법도 중국저작권법과 마찬가지로 방송사업자에게 ① 그의 방송을 복제할 권리(복제권, 제84조)와 ② 그의 방송을 동시중계방송할 권리(동시중계방송권, 제85조)를 인정하고 있다.

나. 권리의 내용

(1) 동시중계방송권

방송사업자는 그의 방송을 동시중계방송할 권리를 가진다. 저작권법 제44조 제1항 제1호는 「방송사업자는 그가 방송한 라디오·TV 프로그램을 제3자가 중계방송(转播)하는 것을 금지할 권리를 가진다」고 규정하고 있다. 중계방송에는 다른 방송사업자의 방송을 수신과 동시에 재방송하는 "동시적 재방송"(同時的 再放送, simultaneous broadcasting)과 방송을 녹음·녹화하여 고정하였다가 나중에 재방송하는 "이시적 재방송"(異時的 再放送, deferred broadcasting)이 있는데, 본호에서 말하는 중계방송(转播)이란 "동시적 재방송"(同時的 再放送, simultaneous broadcasting)만을 의미한다.[1)2)] 여기서 라디오·TV 프로그램이란 저작물인지 여부를 불문하고 생방송인지 녹음·녹화된 것인지 여부도 불문한다.

방송사업자가 가지는 동시중계방송권에는 제3자가 무단으로 방송을 동시중계방

---

1) 韩松, 『知识产权法』, 中国人民大学出版社(2006), 제109쪽; 李雨峰 等, 『著作权法』, 厦门大学出版社(2006), 제85쪽.

2) 로마협약도 제13조 (a)항에서 방송사업자의 방송물에 대한 재방송권을 규정하면서 제3조 (g)항에서 재방송이란 어느 방송사업자가 다른 방송사업자의 방송을 동시에 방송하는 것을 말한다고 정의하고 있다.

송하는 것을 금지할 수 있는 금지권만 인정되고 제3자에게 동시중계방송을 허락할 권리는 포함되지 않는다는 견해가 있다.1) 이 견해는 법문이 동시중계방송권을 규정하면서 다른 저작인접권에 관한 규정처럼 「… 을 허락하고 보상받을 권리」라고 하지 않고 「방송사업자는 … 금지할 권리를 가진다」라고 하고 있다는 점, 예컨대 방송사업자가 미공표 저작물을 방송하는 경우 다른 방송사업자에게 그 방송에 대한 동시중계방송을 허락하더라도 다른 방송사업자는 그 방송을 동시중계방송하기 위해서는 여전히 저작권자의 허락을 얻어야 한다는 점 등을 근거로 들고 있다. 생각건대 법문의 표현에도 불구하고 동시중계방송권의 권리내용을 제한적으로 해석할 필요는 없다고 본다. 앞의 견해는 저작권자와의 관계에서 방송사업자의 이용허락이 불완전하다는 점을 근거로 하고 있으나, 이는 비단 동시중계방송권뿐만 아니라 다른 저작인접권에도 공통적으로 해당되는 것이기 때문이다. 따라서 방송사업자는 그의 방송을 제3자가 동시중계방송 하는 것을 금지하거나 허락할 배타적인 권리를 가진다고 보아야 한다.

(2) 복제권

방송사업자는 그의 방송을 복제할 권리를 가진다. 저작권법 제44조 제1항 제2호는 「방송사업자는 그가 방송한 라디오·TV 프로그램을 제3자가 음악·영상매개체(音像载体)에 녹음·녹화하거나 그 음악·영상매개체(音像载体)를 복제하는 것을 금지할 권리를 가진다」라고 규정하여 방송사업자에게 방송의 고정 및 그 고정물의 복제에 관한 권리를 부여하고 있다.

방송사업자의 복제권도 동시중계방송권과 마찬가지로 금지권과 허락권을 포함하는 배타적인 권리이다. 여기서 라디오·TV 프로그램이란 저작물인지 여부를 불문하고 생방송인지 녹음·녹화된 것인지 여부도 불문한다. 「라디오·TV 프로그램을 음악·영상개체(音像载体)에 녹음·녹화하는 것」은 녹음·녹화·촬영 등의 방법으로 방송을 직접적으로 유형적 매체에 고정하는 것을 의미한다. 방송은 생방송인지 재방송인지를 불문하므로 재방송을 무단 복제하여 방송하는 것도 방송사업자의 복제권의 침해가 된다.2) 이러한 의미에서 앞에서 본 동시중계방송권의 효력이 미치지

1) 韩松, 『知识产权法』, 中国人民大学出版社(2006), 제109쪽.

2) 예를 들어 A 방송사의 방송을 B 방송사가 녹음, 녹화(즉 복제)해 두었다가 뒤에 재방송하였는데, 이 재방송을 C가 녹음, 녹화하였다 할 때 C의 그 녹음, 녹화는 B 방송의 복제가 될 뿐 아니라 동시에 A 방송도 복제한 것으로 된다. A 방송사의 무선방송을 B 방송사가 유선방송으로 동시중계 하였는데, 이 동시중계방송을 C가 녹음, 녹화하였다면 그것은 B의 유선방송을 복제한 것인 동시에 A의 무선방송도 복제한 것으로 된다. 이해완, 『저작권법』, 박영사(2007), 제553쪽.

않는 "이시적 재방송"(異時的 再放送, deferred broadcasting)은 본호의 복제권에 의해서 규율될 수 있다고 할 수 있다. 「그 음악·영상매개체(音像載体)를 복제하는 것」이란 방송이 고정된 복제물 자체를 복제하는 것을 말한다. 예컨대 TV 토크쇼나 연속극을 녹음한 비디오테이프나 CD 등을 복제하는 것이 이에 해당한다.

4. 방송사업자 등의 의무

저작권법은 제42조, 제43조 및 제45조에서 방송사업자에게 일정한 의무를 부여하고 있는데, 이를 정리하면 다음과 같다.

① 방송사업자는 타인의 미공표저작물을 방송하는 경우 저작권자의 허락을 얻어야 하며 그에게 보상금을 지급하여야 한다(제42조 제1항). ② 방송사업자는 이미 공표된 타인의 저작물을 방송하는 경우 저작권자로부터 허락을 받을 필요는 없으나 반드시 그에게 보상금을 지급하여야 한다(제42조 제2항). 이는 공표된 저작물의 방송을 위한 법정허락제도로서 방송을 통해 저작물의 전파를 촉진하고자 하는 취지이다. ③ 방송사업자는 이미 출판된 음반제품을 방송하는 경우 저작권자로부터 허락을 얻을 필요는 없으나 반드시 그에게 보상금을 지급하여야 한다(제43조 본문). 이 또한 음반 방송을 위한 법정허락제도이다. ④ TV 방송국이 타인의 영상저작물이나 영상제품을 방송하는 경우 제작자나 영상제작자의 허락을 얻어야 하며 각자에게 보상금을 지급하여야 한다(제45조 전문). ⑤ TV 방송국이 영상저작물을 내용으로 하는 영상제품을 방송하는 경우 영상제작자로부터 동의를 받았더라도 영상저작물의 저작자의 허락을 별도로 얻어야 하며 그 저작자에게 보상금을 지급하여야 한다(제45조 후문 참조).

Ⅴ. 기 타

1. 저작인접권의 발생 및 보호기간

저작인접권은 실연의 경우에는 그 실연을 한 때(제38조 제2항), 음반·영상제품의 경우에는 그 음 또는 영상을 맨 처음 고정한 때(제41조 후문)[1], 방송의 경우에는

1) 법문은 음반·영상제품이 맨 처음 제작, 완성한 후라고 하고 있는데, 여기서 '제작, 완성'이란 음이나 영상을 유형물에 고정하는 것을 의미한다는 것은 앞서 언급한 바 있다.

방송사업자가 그 방송을 맨 처음 방송을 한 날(제44조 제2항)로부터 발생한다.

저작인접권의 보호기간은 각 50년으로 하며, 실연의 경우에는 그 실연을 한 때, 음반·영상제품의 경우에는 그 음 또는 영상을 맨 처음 고정한 때, 방송의 경우에는 방송사업자가 그 방송을 맨 처음 방송을 한 때로부터 50년이 되는 해의 12월 31일에 종료한다(저작권법 제38조 제2항, 제41조 후문, 제44조 제2항 참조).

여기서 보호기간의 기산점과 관련하여 '실연을 한 날', '그 음 또는 영상을 맨 처음 고정한 날', '맨 처음 방송을 한 날'을 실제 실연 등을 한 날로 보아야 하는가 아니면 실제 실연을 한 때의 다음해 1월 1일로 보아야 하는가에 대한 해석상의 문제가 있다. 이에 대해 저작권법에는 명문의 규정이 없으나 학설은 대체로 보호기간의 기산점을 실연 등을 한 때의 다음해 1월 1일로 보고 있다.[1] 한편, 실연자의 인격권은 보호기간의 제한을 받지 않는다(저작권법 제38조 제1항).

2. 저작인접권의 제한

저작권법은 저작재산권과 마찬가지로 저작인접권과 공익적 목적이 서로 충돌하는 경우 일정한 한도에서 저작인접권을 제한하는 규정을 두고 있다. 즉, 저작권법은 저작재산권의 자유이용에 관한 규정(제22조 제1항) 및 교과서의 편집·출판을 위한 법정허락 규정(제23조 제1항)은 저작인접권의 제한에도 적용된다고 규정하고 있다(제22조 제2항 및 제23조 제2항).

저작인접권이 제한되는 경우는 다음과 같다. ① 개인적인 학습, 연구 또는 감상을 위하여 타인이 이미 공표한 저작물을 이용하는 경우(제22조 제1항 제1호), ② 어떤 저작물을 소개 또는 평론하거나 어떤 문제를 설명하기 위하여 저작물에 타인이 이미 공표한 저작물을 적당하게 인용하는 경우(같은 항 제2호), ③ 시사 뉴스(时事新闻)를 보도하기 위하여 이미 공표된 저작물을 신문, 정기간행물(期刊), 라디오 방송국(广播电台), TV 방송국(电视台) 등의 언론매체에 불가피하게 재현(再现) 혹은 인용하는 경우(같은 항 제3호), ④ 신문, 정기간행물, 라디오 방송국, TV 방송국 등의 언론매체가 다른 언론매체에서 이미 공표(发表)한 정치, 경제, 종교 문제에 관한 시사성 기사(时事性文章)를 게재 또는 방송하는 경우(단, 저작자가 게재, 방송을 허락하지 않는다고 표명한 경우는 제외로 함)(같은 항 제4호), ⑤ 대중 집회에서 공표(发表)한 연설을 신문, 정기간행물, 라디오 방송국, TV 방송국 등의 언론매체가 게

1) 李雨峰 等, 『著作权法』, 厦门大学出版社(2006), 제107-108쪽 참조.

재 또는 방송하는 경우(단, 제작자가 게재·방송을 허락하지 아니하는 경우는 제외로 함)(같은 항 제5호), ⑥ 학교수업 또는 과학 연구를 위하여 이미 공표(发表)된 저작물을 번역하거나 또는 소량 복제하여 수업에 이용하거나 과학연구원에게 제공하는 경우[단, 이를 출판(出版) 또는 배포(发行)할 수 없음](같은 항 제6호), ⑦ 국가기관이 공무를 집행하기 위해 합리적인 범위 내에서 이미 공표(发表)된 저작물을 이용한 경우(같은 항 제7호), ⑧ 도서관, 문서보관소(档案馆), 기념관, 박물관, 미술관 등에서 저작물(版本)을 진열하거나 보존하기 위하여 각자 보관하고 있는 저작물을 복제하는 경우(같은 항 제8호), ⑨ 이미 공표(发表)된 저작물을 무상으로 실연(表演)하는 경우[여기서 말하는 실연은 공중(公众)으로부터 비용을 받지 않고 실연자에게도 보수를 지불하지 않는 경우를 말함](같은 항 제9호), ⑩ 실외 공공장소에 설치 또는 진열된 예술저작물(艺术作品)을 모사(临摹), 회화, 촬영(摄影), 녹화(录像)하는 경우(같은 항 제10호), ⑪ 중국인(中国公民), 중국 내의 법인 혹은 기타 단체가 이미 공표(发表)한 중국어로 된 저작물을 소수민족의 언어로 번역하여 국내에서 출판(出版), 배포(发行)하는 경우(같은 항 제11호), ⑫ 이미 공표(发表)된 저작물을 시각장애인용 점자로 바꾸어 출판하는 경우(같은 항 제12호), ⑬ 9년제 의무교육 및 국가의 교육정책을 시행하기 위해 교과서를 편집, 출판하는 경우(제23조 제1항).

3. 저작인접권의 양도·소멸 등

저작인접권의 양도·소멸, 저작인접권에 대한 질권설정, 저작인접물의 이용허락 등에 관하여는 저작재산권에 관한 해당부분의 내용을 준용하면 된다. 한국저작권법은 저작인접권의 양도·행사·소멸에 저작재산권의 관련 규정이 준용된다고 명시적으로 규정하고 있다(같은 법 제45조 제1항, 제46조, 제47조, 제49조, 제88조).

4. 저작인접권의 등록

저작인접권자는 자신의 저작인접권을 저작권행정관리부에 등록할 수 있다. 비록 저작권법실시조례 제25조는 저작물에 대한 독점적 이용허락계약 및 양도계약에 대해서만 저작권행정관리부에 등록할 수 있다고 규정하고 있으나, 저작인접권도 등록의 대상이 된다는 점에는 이견이 없다.

저작인접권은 실연을 하거나 음 또는 영상을 유체물에 고정하거나 또는 방송을 한 때로부터 즉시 발생하는 권리이므로(무방식주의) 등록은 저작인접권의 성립요건이 아니다. 다만 저작인접권자는 자신의 저작인접권을 등록함으로써 본인이 적법한 저작인접권자임을 쉽게 증명할 수 있다. 요컨대 중국저작권법에서 저작인접권의 등록은 입증자료로서의 가치 밖에 없다고 할 수 있다. 이에 반해 한국저작권법은 ① 저작인접권의 양도 또는 처분제한과 ② 저작인접권을 목적으로 하는 질권의 설정, 이전, 변경, 소멸 또는 처분제한은 등록을 하지 않으면 제3자에게 대항할 수 없다고 하고 있다.

제 9 장 출 판 권

Ⅰ. 개 설

1. 출판과 출판권의 의의

저작권법은 출판에 대한 별도의 정의규정을 두고 있지 않으나, 제57조에서 「출판이란 저작물의 복제 및 배포를 가리킨다」라고 함으로써 복제와 배포가 출판의 중요한 개념요소임을 밝히고 있다. 따라서 출판이란 인쇄술 기타 이와 유사한 방법에 의하여 저작물을 있는 그대로 문서 또는 도화로 복제·배포하는 것을 뜻하는 것으로 볼 수 있다. 그렇다면 출판권이란 인쇄술 기타 이와 유사한 방법에 의하여 저작물을 있는 그대로 문서 또는 도화로 복제, 배포할 권리를 의미한다고 볼 수 있다. 이러한 출판은 저작물에 대한 전형적인 이용형태 중의 하나라는 점에서 저작물의 보급과 전파에 미치는 영향이 매우 크다.

저작물의 유통은 저작자 자신에 의해 이루어지기보다는 출판자를 통해 이루어지는 경우가 보통이다. 이 때 출판자는 저작자와 출판계약을 체결하여 출판권을 취득하게 된다. 이러한 출판계약은 통상적으로 복제권 및 배포권에 대한 이용허락의 성격을 가지게 된다. 저작재산권의 이용허락에는 독점적 이용허락과 비독점적 이용허락(일반이용허락 및 배타적 이용허락)이 있는데, 그 중 일반이용허락의 경우 저작자 본인이 출판사와 중첩하여 출판하거나 제3자에게 출판권을 이중으로 허락하더라도 출판자는 저작자에 대해 채무불이행책임을 추궁할 수 없고 제3자가 출판자의 이용권을 침해하는 행위를 하더라도 출판자는 제3자에게 침해금지나 불법행위에 기한 손해배상을 청구할 수 없으며, 독점적 이용허락이나 배타적 이용허락의 경우에도 제3자가 출판자의 이용권을 침해하는 행위를 하는 때에 출판자가 제3자에게 침해금지나 손해배상을 청구할 수 있는지 여부에 관하여 견해대립이 있다는 점에서, 이용허락에 의한 출판자의 이용권은 출판자의 권익보호 측면에서 다소 불완전하다. 따라서 출판자의 권익을 보호하고 그들로 하여금 그들의 경제적 지위를 안전하게 보호하도록 하기 위해서는 출판자에게 준물권적 권리를 부여할 필요가 있다.

이에 저작권법은 제30조에서 「저작권자가 출판용으로 교부한 저작물에 대하여 도서출판권자가 계약의 약정에 따라 독점적 출판권(专有出版权)을 가지는 경우 이

법의 보호를 받으며, 타인은 그 저작물을 출판하여서는 아니 된다」고 하여 저작권자가 출판자에게 독점적·대세적 성격을 가지는 준물권으로서의 출판권을 설정할 수 있도록 하였다. 다만 여기서 주의하여야 할 점은 이러한 준물권으로서의 출판권은 이용허락계약과 마찬가지로 저작권자와 출판자 사이의 계약에 의해 설정되는 것이므로 출판권이 준물권으로서의 성질을 가지는 것인지 아니면 이용허락계약에 의한 출판권인지 여부는 전적으로 계약의 내용을 살펴 판단할 수밖에 없다는 것이다.[1] 따라서 출판계약에 준물권에 해당하는 '독점적 출판권'이라는 용어가 사용되고 있더라도 계약의 전체 취지로부터 출판계약이 이용허락계약인 것이 명백하다면 출판자가 가지는 출판권은 준물권으로서의 출판권이 아니라고 보아야 할 것이다. 본서에서는 준물권으로서의 출판권을 이용허락계약에 의한 이용권과 구별하여 "설정출판권"이라고 부르기로 한다.

2. 출판권설정계약[2]과 구별되는 개념

가. 저작재산권 양도계약

이는 저작재산권 전부를 양도하는 계약을 말한다. 출판을 위한 복제권과 배포권뿐만 아니라 기타 저작재산권 모두가 양도되므로 출판자는 출판뿐만 아니라 방송, 영상물제작 등 다른 형태의 이용행위를 할 수 있다. 이 경우 출판자는 배타적 권리인 저작재산권을 양수한 자이므로 출판을 위한 복제권 및 배포권을 침해하는 제3자에 대해 침해금지나 불법행위에 기한 손해배상을 청구할 수 있다는 점에서 출판권설정계약에 의해 출판권을 설정 받은 출판자와 유사한 지위를 가진다. 그러나 저작재산권 양도계약은 저작재산권의 영구적 양도를 수반한다는 점에서 설정기간의 도과로 출판자가 출판권을 상실하게 되는 출판권설정계약과는 다르다.

나. 복제권 및 배포권 양도계약

이는 저작재산권 중에서 복제권과 배포권만을 양도하는 계약을 말한다. 복제권 및 배포권 양도계약은 위에서 본 저작재산권 양도계약과 마찬가지로 출판자가 제3자의 복제·배포 등 침해행위로부터 직접 구제를 받을 수 있다는 점에서는 출판

1) 张革新,『现代著作权法』, 中国法制出版社(2006), 제149쪽 참조.
2) 설정출판권에 관한 출판계약을 말한다.

권설정계약과 유사하나, 복제권 및 배포권의 영구적 양도를 수반한다는 점에서 출판권설정계약과 다르다.

다. 출판허락계약

출판허락계약이란 저작권자가 출판자에 대해 출판을 허락하는 계약을 말한다. 이는 저작권법 제24조에서 인정되는 저작권의 이용허락에 해당하는 것으로서 저작권법 제30조에 의한 출판설정계약과는 다른 것이다. 출판허락계약에 의해 취득하는 출판자의 이용권은 이용허락의 종류에 따라 서로 다르기는 하나 기본적으로 채권적 성질을 가진다는 점에서 준물권으로서의 성질을 가지는 설정출판권과 다르다.

(1) 독점출판허락계약

저작권자와 독점출판허락계약을 체결한 출판자는 제3자는 물론 저작권자와의 관계에서도 계약에서 정한 기한과 범위 내에서 저작물을 독점적으로 이용하여 출판할 수 있다. 이 경우 저작권자는 제3자에게 저작물을 중첩적으로 이용허락할 수 없고 저작권자 본인도 이용허락계약과 중첩되는 범위에서 저작물을 이용하여 출판해서는 안 된다. 만약 저작권자가 이러한 의무를 위반하는 경우 출판자는 저작권자에게 채무불이행책임을 추궁할 수 있다. 또한, 다수설은 독점출판허락계약에 의해 취득하는 출판자의 이용권을 일종의 용익물권과 비슷한 준물권으로 파악하여 제3자의 출판행위가 있을 경우 출판자는 제3자를 상대로 출판금지나 불법행위에 기한 손해배상을 직접 청구할 수 있다고 보고 있다. 이에 반해 소수설은 독점출판허락계약은 저작권자와 출판자 사이의 관계에 불과하므로 대세효가 없다고 보고 제3자를 상대로 한 출판금지나 손해배상청구는 허용되지 않는다고 본다. 사실상 다수설에 의할 경우 독점출판허락계약과 출판권설정계약은 출판자의 권리보호 측면에서 별 차이가 없게 된다.

(2) 비독점출판허락계약

비독점출판허락계약에는 일반출판허락계약과 배타적출판허락계약이 있다.

단순히 저작물을 이용하여 출판할 수 있도록 허락을 얻은 일반출판허락계약은 독점성과 배타성이 없으므로 저작권자는 본인이 출판허락계약과 중복하여 저작물을 이용하거나 제3자에게 저작물을 이중으로 이용하게 하여도 무방하다. 이 경우 출판자는 저작권자에게 채무불이행 책임을 추궁할 수 없다. 또한, 일반출판허락계약은 채권적 성질을 가지는 것으로 대세효가 인정되지 않으므로 제3자의 출판행위가 있을 경우 출판자는 제3자를 상대로 출판금지나 손해배상을 청구할 수 없다. 이 부분에 대해서는 견해가 일치하고 있다.

배타적출판허락계약은 비독점성과 배타성을 본질로 한다. 즉 저작권자는 출판자와의 관계에서는 출판허락계약과 중첩하여 저작물을 이용하여 출판할 수 있으나, 출판자 이외의 제3자에게 저작물을 이중으로 이용할 수 있도록 허락해서는 아니 된다. 만약 저작권자가 제3자에게 저작물을 이중으로 이용할 수 있도록 허락하였다면 출판자는 저작권자에게 채무불이행책임을 추궁할 수 있다. 문제는 제3자의 출판행위가 있을 경우 출판자의 제3자에 대한 금지청구 또는 손해배상청구가 허용되는지 여부다. 이에 대해 견해 대립이 있으나, 긍정설이 다수설인 것으로 보인다. 다만 긍정설은 저작권자도 출판자와 중복하여 저작물을 이용할 수 있다는 점을 고려하여 출판자는 반드시 저작권자와 공동으로 소송을 제기하여야 하고, 만약 저작권자가 소권을 포기하는 때에는 출판자 단독으로 소송을 제기할 수 있다고 한다. 법리적인 관점에서 본다면 배타적출판허락계약에 의하여 취득한 출판자의 권리는 채권적 성질을 가지고 있으므로 출판자가 제3자를 상대로 손해배상청구나 출판금지청구를 할 수 없다고 보아야 하는 것이 원칙일 것이나, 다수설은 법리적인 문제보다는 출판자의 권리 보호라는 실질적인 측면을 더 중시하였다고 볼 수 있다.

Ⅱ. 설정출판권

1. 의의 및 성질

설정출판권이란 출판자가 저작물을 복제·배포할 권리를 가진 자와의 출판설정계약에 의하여 설정 받은 권리를 말한다. 이로써 출판자는 인쇄술 기타 이와 유사한 방법에 의하여 저작물을 있는 그대로 문서 또는 도화로 복제, 배포할 권리를 가지는데, 이러한 출판권은 준물권으로서의 성질을 가진다. 따라서 저작권자는 스스로 저작물을 이중으로 출판하거나 제3자에게 출판을 허락하여서도 안 된다. 만약 저작권자가 이를 위반하는 경우 출판설정계약에 반하는 채무불이행을 구성할 뿐만 아니라 설정출판권 자체를 침해한 것으로 된다. 또한 출판자는 제3자의 출판행위가 있을 경우 직접 제3자를 상대로 출판행위의 금지와 불법행위에 기한 손해배상을 청구할 수 있다.

이러한 설정출판권은 저작권자와 출판자 사이의 계약에 의해 설정되는 것이다. 그럼에도 불구하고 설정출판권이 준물권으로서의 성질을 가지는 것은 저작권법 제30조가 「저작권자가 출판용으로 교부한 저작물에 대하여 도서출판권자가 계약의 약정에 따라 독점적 출판권(专有出版权)을 가지는 경우에는 이 법의 보호를 받으며, 타인은 그 저작물을 출판하여서는 아니 된다」라고 규정함으로써 설정출판권에 준물권적 성질을 부여하고 있기 때문이다.

설정출판권은 저작재산권의 양도와 같이 출판권이 저작권자로부터 출판자에게 양도된 것이 아니라 저작권자의 저작재산권을 기초로 그 위에 설정된 권리에 불과하다. 따라서 설정기간이 도과하거나 권리의 기초가 되는 저작재산권이 어떤 이유로 소멸하는 경우 설정출판권도 함께 소멸하게 된다.[1)]

---

1) 이 때 출판권의 존속기간이 남아있는 상태에서 저작권자가 상속인이나 수증인 없이 사망한 경우 설정출판권은 소멸한다고 보아야 하는가라는 의문이 제기된다. 이는 일차적으로 저작권자가 상속인이나 수증인 없이 사망한 경우 저작권자의 저작재산권은 어떻게 처리되는가라는 문제와 연결된다. 이에 대해 한국저작권법은 제49조에서 「저작재산권자가 상속인 없이 사망한 경우에는 그 권리가 민법 기타 법률의 규정에 의하여 국가에 귀속되는 경우에 저작재산권이 소멸하는 것」으로 규정하여 이를 입법적으로 해결하였으나, 중국저작권법은 이와 같은 명문규정을 두고 있지 않다. 이 문제에 대해서는 현재 두 가지 견해가 대립하고 있다. 첫 번째 견해는 한국저작권법과 마찬가지로 저작권자가 상속인이나 수증인 없이 사망한 경우 그 저작재산권은 소멸한 것으로 보아야 한다고 주장한다. 이에 따르면 저작재산권은 저작권자의 사망으로 공중의 영역에 속하게 되어 누구든지 자유롭게 이용할 수 있게 된다. 두 번째 견해는 상속법 제32조(피상속인이 상속인이나 수증인 없이 사망한 경우 상속재산은 국가로 귀속된다)와 저작권법 제19조 제2항 단서(저작재산권자인 법인 또는 기타 단체가 저작재산권을 승계할 다른 법인 또는 기타 단체 없이 해산된 경우 그 저작재산권은 국가에 귀속된다)를 유추 적용하여 저작재산권자인 개인이 상속인이나 수증인 없이 사망한 경우 그 저작재산권은 국가에 귀속되는 것으로 보아야 한다고 주장한다.* 현재 후설이 다수설인 것으로 보인다. 後說에 의할 경우 출판권의 존속기간이 남아 있는 상태에서 저작권자가 상속인 없이 사망하더라도 그 저작재산권은 국가에 귀속되므로 출판자는 여전히 설정출판권을 보유하게 되어 큰 문제는 없다. 문제는 前說을 따르는 경우이다. 이 경우 저작재산권은 공중의 영역으로 소멸하게 되므로 설정출판권도 따라서 소멸하는 것이 원칙일 것이다. 그러나 이러한 결론은 아무래도 불합리한 측면이 없지 않다. 따라서 한국에서는 이와 같은 경우 저작재산권의 소멸에도 불구하고 출판권이 그 존속기간 동안 그대로 존속하는 것으로 보아야 한다는 견해가 있다. 이 견해는 저작권자가 상속인 없이 사망한 경우 출판권도 따라서 소멸한다고 하면 출판자가 예상치 못한 사유에 의하여 출판자의 지위를 불안정하게 하는 불합리한 측면이 있고, 상속인이 없는 경우 저작권을 公有로 하는 것은 이해관계인이 없어 더 이상 보호할 필요가 없기 때문이라는 점을 감안하고 있는데, 중국저작권법 해석에서도 참고가 될 수 있다. 이해완, 『저작권법』, 박영사(2007), 제496쪽.

* 李雨峰 等, 『著作权法』, 厦门大学出版社(2006), 제147쪽 참조.

2. 설정출판권이 저작인접권인지 여부

중국저작권법은 다른 입법례와는 달리 설정출판권을 저작인접권에 포함시키고 있다는 점이 특색이다. 즉, 대부분의 입법례는 실연자, 음반제작자 및 방송사업자의 권리만을 저작인접권으로 보고 설정출판권은 별도의 권리로 보호하고 있으나, 중국저작권법은 제4장에서 「출판·실연·음반·영상·방송」이란 제목 하에 설정출판권을 저작인접권에 포함시키고 있다.

설정출판권의 권리 성격에 대해서는 현재 중국 내에서 견해대립이 치열하다. 법규정의 방식 및 체계를 이유로 설정출판권을 저작인접권으로 보아야 한다는 견해가 있는 반면, 저작인접권의 연혁을 근거로 설정출판권은 저작인접권이 아니라는 견해도 있다. 생각건대 설정출판권의 성질 여하는 저작권법이 저작인접권제도를 인정하는 취지에서 그 해답을 찾아야 할 것이다. 저작권이 저작물을 제작한 저작자의 창작적 노력에 대한 대가로 인정되는 권리라고 한다면, 저작인접권은 그 저작물을 새롭게 해석하고 공중에게 널리 전파한 저작인접권자의 노고를 치하하고 그 과정에서 저작인접권자가 보인 창의에 대한 보답으로 인정되는 권리이다. 즉, 저작권법이 저작권과 구별하여 저작인접권을 별도로 보호하는 것은 바로 저작인접물에 저작물의 독창성에 준하는 새로운 창의가 있기 때문이다. 출판은 저작물에 대한 전형적인 이용형태 중의 하나라는 점에서 출판이 저작물의 보급과 전파에 미치는 영향이 매우 크다는 것은 부인하기 어렵다. 그러나 출판은 저작물을 있는 그대로 복제하여 배포하는 것이므로 출판과정에서 출판자가 새로운 창의성을 발휘한다는 것은 상상하기 어렵다. 그런 의미에서 설정출판권은 저작인접권과 거리가 멀다.

따라서 이론적으로는 설정출판권을 저작인접권과 구별되는 별도의 권리로 파악하는 것이 옳다. 현재 중국에서는 법규정에도 불구하고 설정출판권을 저작인접권으로 보지 않는 견해가 다수설이라고 한다.[1)]

3. 내 용

설정출판권이란 인쇄술 기타 이와 유사한 방법에 의하여 저작물을 있는 그대로 문서 또는 도화로 복제, 배포할 권리를 의미한다. 설정출판권의 내용을 분설하면

1) 张革新, 『现代著作权法』, 中国法制出版社(2006), 제149쪽.

다음과 같다.

가. 권리의 주체

설정출판권은 도서출판자가 가지는 권리이다. 저작권법은 제29조에서 「도서 출판자가 도서를 출판하는 경우에는 저작권자와 출판계약을 체결하고 보상하여야 한다」, 제30조에서 「저작권자가 출판용으로 교부한 저작물에 대하여 도서출판권자가 계약의 약정에 따라 독점적 출판권(专有出版权)을 가지는 경우에는 이 법의 보호를 받으며, 타인은 그 저작물을 출판하여서는 아니 된다」라고 규정하여 설정출판권은 도서출판자가 가지는 권리임을 명문으로 밝히고 있다. 따라서 도서출판자가 아닌 신문·잡지사는 설정출판권의 주체가 될 수 없다.[1] 이처럼 저작권법이 신문·잡지사에게 설정출판권의 주체자격을 부여하지 않은 것은 신문기사나 잡지기사 또는 칼럼 등이 신문이나 잡지에 게재된 것을 출판이라고 보기 어렵고 만약 이를 출판으로 본다면 저작물에 대한 저작자의 이용을 차단하게 되어 저작자에게 지나치게 불리하다는 점을 고려하였기 때문인 것으로 보인다. 그러므로 신문·잡지사라도 소설이나 경영서적 등과 같은 서적을 직접 출판하는 때에는 설정출판권자로 될 수 있다. 결국 설정출판권의 권리주체인 도서출판자는 형식적 개념이 아닌 실질적 개념으로 파악하여야 한다.

나. 독점성, 배타성 그리고 대세효

설정출판권은 독점성, 배타성 그리고 대세효를 가진다. 출판자는 제3자는 물론 저작자와의 관계에서도 저작물을 출판할 수 있는 유일한 권리자이다.[2] 저작자는 스스로 저작물을 이중으로 출판하거나 제3자에게 출판을 허락해서는 안 된다. 이 경우 출판자는 저작자를 상대로 채무불이행책임을 추궁하거나 설정출판권의 대세효에 근거하여 저작자를 상대로 직접 출판행위의 금지나 불법행위에 기한 손해배상을 청구할 수 있다. 또한 출판자는 제3자의 출판행위가 있는 경우 제3자를 상대로 출판행위의 금지나 손해배상을 청구할 수 있다.

---

1) 李雨峰 等, 『著作权法』, 厦门大学出版社(2006), 제78쪽.

2) 李雨峰 等, 『著作权法』, 厦门大学出版社(2006), 제79쪽.

다. 인쇄술 기타 유사한 방법에 의하여 저작물을 있는 그대로 출판할 것

출판자는 인쇄술 기타 이와 유사한 방법에 의하여 그 출판권의 목적인 저작물을 있는 그대로 출판하여야 한다.

(1) 「있는 그대로」의 의미

저작권법은 제28조에서 「출판자 … 등이 이 법의 관련규정에 따라 타인의 저작물을 이용하는 경우에는 저작자의 … 수정권, 저작물의 완전성보호권 …을 침해하여서는 아니 된다」고 규정하고, 제33조 전문에서 「도서출판자는 저작권자의 허락을 얻어 저작물을 수정(修改)하거나 첨삭(删节)할 수 있다」고 규정하여 출판자라 하더라도 저작물의 내용을 임의로 변경할 수 없으며 저작물을 있는 그대로 출판하여야 함을 밝히고 있다. 그렇다면 출판자는 어떠한 경우에도 저작물의 내용을 변경할 수 없는가. 저작물을 '있는 그대로' 출판한다는 것은 원작을 개편하거나 번역 등의 방법으로 변경하여서는 아니 된다는 의미일 뿐 원작의 오탈자나 맞춤법 등을 바로잡는 것까지 금지하는 의미는 아니다.

설정출판권 침해에 관한 판단기준에 대하여 한국대법원은 「저작권법 제57조[1] 소정의 출판권은 저작물을 복제·배포할 권리를 가진 자와의 설정행위에서 정하는 바에 따라 저작물을 원작 그대로 출판하는 것을 그 내용으로 하는 권리인 바, 제3자가 출판권자의 허락 없이 원작의 전부 또는 상당 부분과 동일성 있는 작품을 출판하는 때에는 출판권 침해가 성립된다 할 것이지만, 원작과의 동일성을 손상하는 정도로 원작을 변경하여 출판하는 때에는 저작자의 2차적 저작물작성권 침해에 해당할지언정 출판권자의 출판권 침해는 성립되지 않는다 할 것이다」[2], 「위 규정 중 '원작 그대로'라고 함은 원작을 개작하거나 번역하는 등의 방법으로 변경하지 않고 출판하는 것을 의미할 뿐 원작의 전부를 출판하는 것만을 의미하는 것은 아니며, 달리 원작의 전부를 복제·배포하는 것만을 출판으로 볼 이유는 없는 것이므로, 침해자가 출판된 저작물을 전부 복제하지 않았다 하더라도 그 중 상당한

---

1) 한국저작권법 제57조 제2항은 「출판권자는 그 설정행위에서 정하는 바에 따라 그 출판권의 목적인 저작물을 있는 그대로 출판할 권리를 가진다」고 규정하고 있다.

2) 한국대법원 2005. 9. 9. 선고 2003다47782 판결. 따라서 일반적인 저작권 침해가 성립하기 위해서는 원작과 '실질적 유사성'(substantial similarity)이 있으면 족하지만 출판권의 침해가 인정되기 위해서는 원작과의 사이에 '실질적 동일성'(substantial sameness)이 있어야 한다고 한다. 오승종,『저작권법』, 박영사(2007), 제796쪽.

양을 복제한 경우에는 출판권자의 출판권을 침해하는 것이라 할 것이고, 또 저작물을 복제함에 있어 저자의 표시를 달리 하였다 하여 출판권 침해가 되지 않는다고 볼 이유는 없다」1)고 판시하였는데, 이는 중국저작권법 해석에서도 참고가 될 수 있다고 본다.

(2) 전자출판(e-book)

온라인상에서 전송되는 전자출판(e-book)도 설정출판권의 대상이 될 수 있는가. 이는 전자책의 출판도 저작권법의 출판에 해당하는가의 문제이다.

현행 저작권법에는 전자출판에 관한 정의규정이 존재하지 않지만, 출판관리조례(出版管理条例)2) 제2조 제3항은 「본 조례에서 말하는 출판물은 … 도서·음반제품, 전자출판물 등을 가리킨다」고 규정하고 있고, 전자출판물관리규정(电子出版物管理规定)3) 제2조는 「본 규정에서 말하는 전자출판물이란 그림, 문자, 소리, 영상 등의 정보를 디지털코드방식으로 편집, 가공한 후 자기 디스크, CD 등에 저장한 후 컴퓨터나 유사한 기능을 가진 설비로 열람, 사용하며 … 복제, 발행할 수 있는 대중전송매체를 말한다. …」고 규정하고 있다. 위 출판관리조례나 전자출판물관리규정에 의하면 전자출판도 출판에 해당한다고 볼 수 있으나, 위 규정들은 출판물에 관한 행정법적 규율을 정하고 있는 법령이라는 점에서 저작권법의 설정출판권에까지 직접적으로 적용될 수는 없을 것으로 보인다. 결국 전자출판도 설정출판권의 대상이 될 수 있는지 여부는 저작권법의 법리에 따라 해결할 수밖에 없다.

출판은 인쇄술 기타 이와 유사한 방법에 의하여 저작물을 있는 그대로 문서 또는 도화로 복제, 배포하는 것을 말한다. 여기서 전자책은 디지털화된 전자적 형태의 문서라는 점에서 전자책을 유체물에 해당하는 문서나 도화로 볼 수 있는가에 대한 의문이 있을 수 있다. 또한, 출판은 복제와 배포를 가리키는데(저작권법 제57조), 과연 온라인상에서 전자책을 전송하는 것을 저작권법의 배포로 볼 수 있는가에 대하여도 논란이 있을 수 있다. 왜냐하면 배포권 부분에서 언급한 바와 같이 배포권의 배포는 유형물을 전제로 하는 것이기 때문이다. 그렇다면 전자출판은 설정출판권의 대상이 될 수 없다고 보아야 한다.

현재까지 중국에서는 전자출판이 설정출판권의 대상이 되는지 여부에 관하여

---

1) 한국대법원 2003. 2. 28. 선고 2001도3115 판결.
2) 2002. 2. 1.부터 시행된 것.
3) 1998. 1. 1.부터 시행된 것.

그다지 논의가 활발한 것 같지 않다. 다만 실무적으로는 출판자가 전자출판을 하기 위해서는 저작자로부터 별도의 허락을 얻어야 한다고 보고 있다. 따라서 특별히 계약서에 그와 같은 수권 내용이 기재되어 있지 않음에도 출판자가 임의로 전자문서를 출판하는 것은 저작자의 저작권(복제권이나 정보네트워크전송권 등)을 침해한 것이라고 한다.[1] 문제는 이처럼 계약서에 전자출판에 관한 특별 수권이 표기되어 있을 때 전자출판에 관한 출판권의 성질을 어떻게 보아야 하는지 여부이다. 생각건대 이 경우 저작자가 출판자에게 저작권법 제30조가 정하고 있는 설정출판권을 설정해 준 것으로 보아서는 안 되며 단지 저작물을 전자출판의 방식으로 이용하도록 허락한 것으로 보아야 할 것이다.[2]

라. 설정행위에서 정하는 바에 따라 권리를 행사할 것

설정출판권이 저작권법 제30조에 근거하여 준물권으로서의 성질을 가지게 되나, 이는 기본적으로 저작권자와 출판자 사이의 계약에 의해 설정된 권리이므로 출판자는 설정행위에서 정하는 바에 따라 설정출판권을 행사하여야 할 의무를 부담하게 된다.

출판자는 설정행위에서 정한 존속기간의 범위 내에서 설정출판권을 행사할 수 있다. 구 저작권법(1990년) 제30조는 설정출판권의 존속기간이 10년을 초과하여서는 아니 된다고 규정하였으나 개정저작권법은 위 규정을 삭제하였다. 따라서 현행 저작권법에 의하면 저작자는 기간의 제한 없이 출판자에게 설정출판권을 부여할 수 있게 되었다. 설정출판권의 존속기간에 관하여 특별한 약정이 없는 경우 한국저작권법 제60조 제1항은 「출판권은 그 설정행위에 특약이 없는 때에는 맨 처음 출판한 날로부터 3년간 존속한다」고 규정하고 있으나, 중국저작권법에는 이러한 규정이 없다. 출판자가 출판권의 존속기간이 도과된 후에도 계속적으로 출판을 하는 경우에는 저작권자의 복제권 및 배포권 등의 침해가 된다.

---

1) 孙继斌, "数字图书业困惑—个人与数字图书馆的20起诉讼" 논문 참조. 위 논문의 출처는 档案界, http://www.danganj.net/Article/ArticleShow.asp?ArticleID=2912.

2) 만약 저작자가 출판자와 전자출판에 관한 독점출판허락계약을 체결한 것으로 해석된다면 독점출판허락계약의 성질에 관한 다수설에 의할 때 이 경우 출판자가 가지는 출판권은 저작권법 제30조에 따른 설정출판권과 동일한 효력을 가지게 된다. 따라서 이러한 예에서는 전자출판에 관한 출판권의 성질을 논할 실익이 없게 된다. 전자책의 출판이 설정출판권의 내용에 포함될 수 있는가에 대해 한국에서는 「전자책은 저작권법상의 문서 또는 도화의 개념에 해당하지 않는 것이므로 전자책의 출판을 허락하는 조항이 있다 하더라도 그것은 당사자 사이의 채권계약으로서의 의미를 가질 뿐이고, 전자책에 관한 출판권을 준물권적 성격으로 설정하는 것은 아니다.」라고 보는 견해가 있다. 이해완, 『저작권법』, 박영사(2007), 제502쪽.

출판자는 설정행위에서 정한 지역 범위 내에서 설정출판권을 행사할 수 있다. 저작자는 출판권을 행사할 수 있는 지역적 범위를 국가단위나 성단위, 시단위로 제한할 수 있다. 그러나 북경 조양구(朝阳区) 또는 북경 서성구(西城区) 등과 같은 극단적인 지역 제한은 무효로 될 가능성이 있으므로 주의할 필요가 있다. 출판자가 설정행위에서 정한 지역 범위를 벗어나 출판을 하는 경우 저작권자의 복제권이나 배포권 등의 침해가 된다.

계약에서 저작자가 출판에 따른 위험(손해와 이익)을 부담한다고 약정한 경우 출판자가 가지는 출판권은 준물권적 성질을 가지는 설정출판권이 아니다. 위와 같은 출판계약은 통상 자비출판계약이라고 하는데, 출판비용은 저작자 자신이 부담하고 출판자는 계약에서 정한 양식과 형식으로 출판물을 제작하고 일정 기간 내에 출판물을 발행하는 것에 대한 의무를 부담하게 된다. 프랑스저작권법은 이를 고용계약의 일종으로 정하고 있다.[1)]

출판자는 설정행위에서 정한 문자언어로 출판물을 출판할 수 있다. 저작권법실시조례 제28조는 「도서출판 계약에 도서출판자가 독점적 출판권(专有出版权)을 가지는 것으로 정하였으나 그 구체적인 내용을 정하지 않은 경우 도서출판자는 계약에서 정한 유효기간 및 지역범위 내에서 저작자가 인도한 작품원고에서 사용된 문자와 동종의 것으로 원판(原版) 또는 개정판(修订版)을 출판할 수 있는 독점적 권리를 가지는 것으로 본다」고 규정하여 설정행위로 출판물의 출판언어를 제한할 수 있음을 밝히고 있다. 따라서 저작자는 A 출판자에게 중문으로 출판물을 출판할 수 있는 설정출판권을 부여하고 B 출판자에게는 영문번역본으로 출판할 수 있는 설정출판권을 부여할 수 있다.[2)]

출판권설정계약에서 판형, 인쇄활자, 제본방법, 장정 등의 복제방법 또는 부수를 1만부로 한다든가 하는 인쇄부수 등까지 설정출판권의 내용으로 정할 수 있는가. 이에 대해 중국에서는 특별한 논의가 없는 것으로 보이나 한국이나 일본에서는 비교적 구체적인 논의가 진행되고 있는 것 같다. 한국에서는 「만약 이러한 사항들을 설정행위에서 설정출판권의 내용으로 정할 수 있다고 한다면, 그와 같이 정해진 것과 다른 판형, 인쇄활자, 제본방법, 장정 등을 사용하여 제3자가 출판을 한 경우에는 동일한 저작물이라 하더라도 출판권의 침해를 구성하지 않게 되고, 계약에서 정한 1만부를 출판권자가 모두 출판한 후 다른 제3자가 1000부를 출판하였다고 가

1) 姚红, 『中华人民共和国著作权法解释』, 群众出版社(2001), 제203쪽.
2) 李雨峰 等, 『著作权法』, 厦门大学出版社(2006), 제79쪽.

정하면 그것도 출판권의 침해를 구성하지는 않게 될 것인데, 그것은 받아들이기 어려운 기이한 결론이 될 것이다. 그렇다고 하여 출판권설정계약에서 그러한 사항들을 전혀 규정할 수 없다고 제한할 근거도 없다. 결국 이 문제는 계약의 내용을 '출판권의 설정행위'자체와 '복제권자와 출판자 사이의 채권, 채무 사항을 정하는 부분'으로 구분하여 파악함으로써 해결하여야 할 것이다. 즉, 그러한 판형, 인쇄활자 등의 사항을 계약에서 규정할 수는 있지만, 그것은 복제권자와 출판자 사이의 채권, 채무 사항을 별도로 규정한 것에 그치는 것이고 출판권의 설정행위 자체에 그러한 구체적 제약조건이 담긴 것은 아닌 것으로 보아야 한다. 그렇게 보면 출판자가 그러한 계약상의 사항을 준수하지 않았을 경우 복제권자와의 관계에서 채무불이행을 구성하는 것은 별론으로 하고, 제3자가 다른 판형 등으로 출판한 경우에도 출판권의 침해를 구성하는 것으로 보는 데는 아무 문제가 없는 것이다」는 견해가 있는데,[1] 중국저작권법 해석에서도 참고가 될 수 있다고 본다.

4. 설정출판권의 존속기간

설정출판권의 존속기간은 설정행위에 의하여 정해진다. 현행 저작권법은 구 저작권법과는 달리 존속기간에 대한 제한 규정을 두고 있지 않으므로 무기한의 계약기간을 정하는 것도 가능하다. 이에 반해 한국저작권법 제60조 제1항은 「출판권은 그 설정행위에 특약이 없는 때에는 맨 처음 출판한 날로부터 3년간 존속한다」고 규정하고 있으므로 무기한의 계약기간을 정하는 경우는 '설정행위에 정함이 없는' 경우에 해당하는 것으로 보아 맨처음 출판한 날로부터 3년간만 존속하는 것으로 보게 된다.[2]

설정출판권이 그 존속기간의 만료로 소멸하는 경우 출판자는 더 이상 그 출판권의 존속기간 중 만들어진 출판물을 배포할 수 없다. 저작권법 제31조 제1항 후문은 「도서출판자는 계약에서 정한 출판물의 … 기한에 따라 도서를 출판하여야 한다」고 규정하여 이점을 분명히 밝히고 있다. 다만 출판권설정행위에 특약이 있는 경우나 출판권의 존속기간 중 복제권자에게 그 저작물의 출판에 따른 대가를 지급하고 그 대가에 상응하는 부수(部數)의 출판물을 배포하는 경우에는 설정출판권이 그 존속기간의 만료로 소멸하더라도 출판자는 출판권의 존속기간 중 만들어

1) 이해완, 『저작권법』, 박영사(2007), 제497-498쪽.
2) 이해완, 『저작권법』, 박영사(2007), 제503쪽.

진 출판물 중 잔존물을 계속적으로 배포할 수 있다고 할 것이다(한국저작권법 제62조 참조).[1] 따라서 출판자는 설정출판권의 존속기간 만료에 따른 불이익을 방지하기 위해서는 저작자와 출판권설정계약을 체결함에 있어 위와 같은 특약사항을 계약서에 명시할 필요가 있다.

5. 설정출판권의 양도 등

출판자는 설정출판권을 양도하거나 이에 질권을 설정할 수 있는가.

설정출판권도 준물권으로서의 재산권인 이상 원칙적으로 양도 또는 질권설정이 가능하다고 보아야 한다. 다만 출판권설정계약은 출판자의 사회적 지명도나 신용도, 전문적 지식, 경험 등에 대한 저작자의 신뢰를 바탕으로 이루어지는 경우가 대부분이라는 점에서 설정출판권의 양도나 질권설정에 있어 저작자의 동의가 필요한지 여부가 문제된다.

이에 대해 한국저작권법 제62조는「출판권은 복제권자의 동의 없이 이를 양도 또는 질권의 목적으로 할 수 없다」고 규정하고 있다. 중국저작권법은 이용허락에 따른 이용권의 양도에 대해서는 저작자와 이용권자와의 인적 신뢰관계를 감안하여「계약에 특약이 있는 경우를 제외하고는 저작물의 이용허락을 받은 자가 제3자에게 동일한 권리를 행사할 수 있도록 허락하고자 하는 때에는 반드시 저작권자의 허락을 얻어야 한다」고 규정하고 있으나(저작권법실시조례 제24조), 설정출판권의 양도나 질권 설정에 대해서는 위와 같은 제한 규정을 두고 있지 않다.

생각건대 이용허락계약이나 출판권설정계약 모두 저작자와의 인적 신뢰관계를 바탕으로 하는 계약이라는 점에서 위 저작권법실시조례 제24조를 설정출판권의 양도나 질권 설정에 유추적용할 수 있다고 본다. 따라서 출판자는 저작자의 동의 없이는 설정출판권을 양도 또는 입질(入質) 할 수 없다고 본다.[2]

---

1) 한국저작권법 제62조 (출판권 소멸 후의 출판물의 배포)「출판권이 그 존속기간의 만료 그 밖의 사유로 소멸된 경우에는 그 출판권을 가지고 있던 자는 다음 각 호의 어느 하나에 해당하는 경우를 제외하고는 그 출판권의 존속기간 중 만들어진 출판물을 배포할 수 없다. 1. 출판권 설정행위에 특약이 있는 경우 2. 출판권의 존속기간 중 복제권자에게 그 저작물의 출판에 따른 대가를 지급하고 그 대가에 상응하는 부수의 출판물을 배포하는 경우」

2) 광동성고급인민법원은 이용허락계약에 따른 이용권자가 저작자의 동의 없이 이용권을 양도한 경우 당해 이용권 양도계약의 효력은 무효라는 취지의 판결을 내린 바 있는데, 위 판결을 설정출판권의 양도 등에도 적용할 수 있는지 여부에 대해서는 좀 더 연구가 필요할 것으로 보인다.

6. 설정출판권의 제한

설정출판권은 대세적 효력을 가지는 준물권에 해당한다. 이는 출판자가 제3자에 대해 출판권을 직접 주장할 수 있고 만약 제3자의 출판권침해행위가 있는 경우 제3자에 대해 직접적으로 침해행위의 금지나 불법행위에 기한 손해배상을 청구할 수 있음을 의미한다. 이로써 제3자가 출판자의 동의 없이 출판물을 이용하는 경우 이용행위의 양적·질적 범위를 묻지 않고 언제든지 설정출판권의 침해로 되어 출판자에 대해 손해배상책임을 부담하게 된다는 결론에 이르게 되는데, 이는 아무래도 지나친 면이 없지 않다. 비록 저작권법이 출판자가 출판에 따르는 위험을 부담하고 그의 전문적 지식과 사회적 지명도, 재력, 유통인프라 등을 토대로 저작물의 출판에 막대한 재력과 인력을 투입한다는 점을 감안하여 출판자의 설정출판권에 준물권으로서의 효력을 인정하여 출판자의 경제적 이익을 보호하고 있으나, 출판 또한 저작물에 대한 전형적인 이용형태 중의 하나로 저작물 이용에 따른 문화의 향상발전이라는 저작권법의 궁극적인 목적을 달성하기 위한 수단 중의 하나라는 점에서 출판자의 재산권 행사가 공익적인 목적과 상충되는 경우에는 일정한 한도에서 출판자의 권리를 제한할 필요가 있기 때문이다.

저작권법은 그러한 점을 감안하여 저작재산권과 마찬가지로 공공의 이익과 저작물의 원활한 이용을 위하여 일정한 경우에 설정출판권을 제한하는 규정을 두고 있다. 즉, 저작권법은 저작재산권의 자유이용에 관한 규정(제22조 제1항) 및 교과서의 편집·출판을 위한 법정허락 규정(제23조 제1항)은 설정출판권의 제한에도 적용된다고 규정하고 있다(제22조 제2항 및 제23조 제2항).

설정출판권이 제한되는 경우는 다음과 같다. ① 개인적인 학습, 연구 또는 감상을 위하여 타인이 이미 공표한 저작물을 이용하는 경우(제22조 제1항 제1호), ② 어떤 저작물을 소개 또는 평론하거나 어떤 문제를 설명하기 위하여 저작물에 타인이 이미 공표한 저작물을 적당하게 인용하는 경우(같은 항 제2호), ③ 시사 뉴스(时事新闻)를 보도하기 위하여 이미 공표된 저작물을 신문, 정기간행물(期刊), 라디오 방송국(广播电台), TV 방송국(电视台) 등의 언론매체에 불가피하게 재현(再现) 혹은 인용하는 경우(같은 항 제3호), ④ 신문, 정기간행물, 라디오 방송국, TV 방송국 등의 언론매체가 다른 언론매체에서 이미 공표(发表)한 정치, 경제, 종교 문제에 관한 시사성 기사(时事性文章)를 게재 또는 방송하는 경우(단, 저작자가 게재, 방송을 허락하지 않는다고 표명한 경우는 제외로 함)(같은 항 제4호), ⑤ 대중 집회에서 공표

(发表)한 연설을 신문, 정기간행물, 라디오 방송국, TV 방송국 등의 언론매체가 게재 또는 방송하는 경우(단, 제작자가 게재·방송을 허락하지 아니하는 경우는 제외로 함)(같은 항 제5호), ⑥ 학교수업 또는 과학 연구를 위하여 이미 공표(发表)된 저작물을 번역하거나 또는 소량 복제하여 수업에 이용하거나 과학연구원에게 제공하는 경우(단, 이를 출판(出版) 또는 배포(发行)할 수 없음)(같은 항 제6호), ⑦ 국가기관이 공무를 집행하기 위해 합리적인 범위 내에서 이미 공표(发表)된 저작물을 이용한 경우(같은 항 제7호), ⑧ 도서관, 문서보관소(档案馆), 기념관, 박물관, 미술관 등에서 저작물(版本)을 진열하거나 보존하기 위하여 각자 보관하고 있는 저작물을 복제하는 경우(같은 항 제8호), ⑨ 이미 공표(发表)된 저작물을 무상으로 실연(表演)하는 경우[여기서 말하는 실연은 공중(公众)으로부터 비용을 받지 않고 실연자에게도 보수를 지불하지 않는 경우를 말함](같은 항 제9호), ⑩ 실외 공공장소에 설치 또는 진열된 예술저작물(艺术作品)을 모사(临摹), 회화, 촬영(摄影), 녹화(录像)하는 경우(같은 항 제10호), ⑪ 중국인(中国公民), 중국 내의 법인 혹은 기타 단체가 이미 공표(发表)한 중국어로 된 저작물을 소수민족의 언어로 번역하여 국내에서 출판(出版), 배포(发行)하는 경우(같은 항 제11호), ⑫ 이미 공표(发表)된 저작물을 시각장애인용 점자로 바꾸어 출판하는 경우(같은 항 제12호), ⑬ 9년제 의무교육 및 국가의 교육정책을 시행하기 위해 교과서를 편집, 출판하는 경우(제23조 제1항).

7. 설정출판권의 등록

출판자는 저작자로부터 설정 받은 출판권을 저작권행정관리부에 등록할 수 있다. 비록 저작권법실시조례 제25조는 저작물에 대한 독점적 이용허락계약 및 양도계약에 대해서만 저작권행정관리부에 등록할 수 있다고 규정하고 있으나, 설정출판권도 등록의 대상이 된다는 점에는 이견이 없다.

설정출판권은 저작자의 설정행위로부터 즉시 발생하는 권리이므로 등록은 설정출판권의 성립요건이 아니다. 다만 출판자는 설정출판권을 등록함으로서 본인이 적법한 출판권자임을 쉽게 증명할 수 있다. 요컨대 중국저작권법에서 설정출판권의 등록은 입증자료로서의 가치 밖에 없다고 할 수 있다. 이에 반해 한국저작권법은 출판권의 설정에 대하여 등록에 의한 공시를 대항요건으로 규정하고 있다.[1] 따라서 한국저작권법에 따르면 출판자는 설정출판권을 출판권 등록부에 등록하여야만 제3자에게 대항할 수 있다.

1) 한국저작권법 제63조 제3항 참조.

Ⅲ. 출판자의 의무

1. 원작을 있는 그대로 출판할 의무

출판자는 원작인 저작물을 있는 그대로 출판하여야 한다. 이와 같은 출판자의 의무는 저작권법 제28조 및 제33조 전문에서 도출될 수 있음은 이미 언급한 바 있다. 여기서 '있는 그대로' 출판한다는 것은 원작을 개편하거나 번역 등의 방법으로 변경하여서는 아니 된다는 의미일 뿐 원작의 오탈자나 맞춤법 등을 바로잡는 것까지 금지하는 의미는 아니다.

2. 설정행위에서 정한 기한 내에 출판할 의무

저작자는 출판권설정계약에서 정한 기한 내에 저작물을 출판자에게 교부하여야 하며 출판자는 그 계약에서 정한 기한 내에 저작물을 출판하여야 한다(저작권법 제31조 제1항 참조). 만약 출판자가 계약에서 정한 기한 내에 출판을 하지 않은 경우 저작자에 대해 민사책임을 부담하게 된다(같은 조 제2항 참조).

만약 설정행위에 출판시한에 대한 특약이 없는 경우에는 출판자가 저작자로부터 저작물을 교부받고도 그로부터 6개월 이내에 출판을 하지 않으면 저작자는 출판권설정계약을 해지할 수 있다(저작권법실시조례 제29조 및 저작권법 제31조 제3항 참조).[1][2]

3. 중판(重版), 재판(再版)시 통지의무

출판자는 저작물을 중판(重版) 또는 재판(再版)하는 경우 반드시 저작권자에게

1) 한국저작권법은 제58조 제1항에서 「출판권자는 그 설정행위에 특약이 없는 때에는 출판권의 목적인 저작물을 복제하기 위하여 필요한 원고 또는 이에 상당하는 물건을 받은 날로부터 9월 이내에 이를 출판하여야 한다」고 규정하고, 제61조 제1항에서 「출판권자가 이를 이행하지 아니하는 경우에는 복제권자는 6월 이상의 기간을 정하여 그 이행을 최고하고 그 기간 내에 이행하지 아니하는 때에는 출판권의 소멸을 통고할 수 있다」고 규정하고 있다.

2) 저작권법실시조례 제29조는 「저작권자가 도서출판자에게 2부의 주문서를 발송하였으나 6개월 이내에 그 주문사항이 이행되지 아니하였을 때에는 저작권법 제31조에서 말하는 "도서가 매진(脱销)된 경우"로 본다」고 규정하고, 저작권법 제31조 제3항은 「도서출판자가 저작물을 중판(重版) 또는 재판(再版)하는 경우에는 저작권자에게 통지하고 보상하여야 한다. 도서가 매진(脱销)되고 난 후 도서출판자가 중판(重版) 또는 재판(再版)을 거부하는 경우에는 저작권자는 계약을 해지할 권리가 있다」고 규정하고 있다.

그 사실을 통지하여야 하고 보상하여야 한다(저작권법 제31조 제3항 전문). 도서가 매진되고 난 후 출판자가 중판 또는 재판을 거부하는 경우에는 저작자는 출판권 설정계약을 해지할 수 있다(같은 항 후문). 한국저작권법 제59조 제2항도 「출판권자는 출판권의 목적인 저작물을 다시 출판하고자 하는 경우에 특약이 없는 때에는 그때마다 미리 저작자에게 그 사실을 알려야 한다」고 규정하고 있다.[1] 이는 저작자의 수정증감권[2]을 확보하기 위한 것인데, 저작자가 수정증감권을 행사하기 위해서는 재판(再版)을 출판한다는 사실을 알고 있어야 하기 때문이라고 한다.[3]

4. 저작권자 표지의무

출판자는 출판물에 저작권자의 표지를 하여야 한다. 이는 비록 저작권법에 명문 규정은 없지만 저작권자는 성명표시권을 가진다는 점(제10조 제1항 제2호)과 출판자는 저작권자의 권리에 손해를 입혀서는 아니 된다는 규정[4]에 비추어 당연히 인정되는 것이다. 다만 출판자가 저작권자의 허락 하에 저작권자의 표지를 생략하는 것은 무방하다.

저작권자의 표지방법은 저작권법에 명문규정이 존재하지 않으므로 기본적으로 출판권설정계약에 의해 정해진다. 이에 반해 한국저작권법은 저작권자의 표지방법을 법정화하고 있다. 한국저작권법 제58조 제3항은 「출판권자는 특약이 없는 때에는 각 출판물에 대통령이 정하는 바에 따라 복제권자의 표지를 하여야 한다」고 규정하고, 저작권법시행령 제22조는 복제권자의 표지방법으로 「① 복제의 대상이 외국인의 저작물일 경우에는 복제권자의 성명 및 맨 처음의 발행연도의 표지. ② 복제의 대상이 대한민국 국민의 저작물일 경우에는 제1호의 규정에 의한 표지 및 복제권자의 검인, ③ 출판권자가 복제권의 양도를 받은 경우에는 그 취지의 표시」를 정하고 있다.

---

1) 서울지방법원 1992. 12. 24. 선고 91가합47869 판결은 재판(再版) 통지의무를 위반하여도 손해배상청구는 별론으로 하고 출판권설정계약을 해지할 수는 없다고 판시하였다.

2) 한국저작권법 제59조 제1항은 「출판권자가 출판권의 목적인 저작물을 다시 출판하는 경우에 저작자는 정당한 범위 안에서 그 저작물의 내용을 수정하거나 증감할 수 있다」고 규정하고 있다. 중국저작권법에는 이와 같은 명문규정이 존재하지 않지만 저작자가 그러한 권리를 가질 수 있음은 해석상 당연히 인정된다.

3) 오승종, 『저작권법』, 박영사(2007), 제804쪽.

4) 저작권법실시조례 제27조는 「출판자 … 등이 그 권리를 행사하는 경우 이용되는 저작물과 저작권자의 권리에 손해를 입혀서는 아니 된다」고 규정하고 있다.

5. 원고(原稿)반환의무

독일출판권법 제27조는 「저작자가 복제 이전에 원고(原稿)의 반환청구권을 유보하였다면 출판자는 원고가 복제된 후 그 원고를 반환할 의무를 부담한다」고 규정하고 있다. 현재 중국저작권법에는 위와 같은 명문규정이 없으므로 저작자가 출판자에게 원고를 인도한 후 필요할 경우 원고의 반환을 청구할 수 있는지 여부가 해석상 문제된다.

구 저작권법실시조례(1991년) 제40조는[1] 「저작자가 출판자에게 원고를 인도한 경우 출판자는 6개월 이내에 원고에 대한 채택 여부를 결정하여야 한다. 출판자는 원고를 채택하는 경우 저작자와 계약을 체결하여야 하고, 원고를 채택하지 않은 경우에는 즉시 그 뜻을 저작자에게 통지하여야 한다. 출판자가 저작자로부터 원고를 인도 받은 때로부터 6개월 이내에 계약도 체결하지 않고 원고를 채택하지 않는다는 뜻을 저작자에게 통지하지 않은 경우에는 저작자는 출판자에게 원고의 반환 및 손해배상을 청구할 수 있다」고 규정하여 출판자의 원고반환의무를 일부 인정하고 있었다. 그러나 위 규정은 출판권설정계약이 체결되지 않은 경우에 한하여 예외적으로 저작자에게 원고에 대한 반환청구권을 인정한 것에 불과하고 출판권설정계약이 체결된 이후에도 여전히 저작자가 출판자에 대해 원고의 반환을 청구할 수 있다는 의미는 아니다.

위 규정은 현행 개정저작권법에서는 삭제되었으나, 그 취지는 여전히 유효하다고 본다. 따라서 저작자가 출판자에게 출판계약의 체결여부를 문의하면서 원고를 인도하였으나 출판자가 원고를 수령한 때로부터 6개월 이내에 저작자에게 계약체결여부에 관한 통지를 하지 않은 때에는 저작자는 출판자를 상대로 원고의 반환 및 손해배상을 청구할 수 있다고 본다. 문제는 출판권설정계약이 체결된 이후에도 여전히 저작자가 출판자에 대해 원고의 반환을 청구할 수 있는지 여부이다. 이에 대해 한국에서는 「무체물로서 저작권의 보호객체가 되는 저작물과 그 저작물을 유형적 매체에 고정한 결과인 유체물로서 소유권의 대상이 되는 원고는 전혀 별개의 것이며, 출판권설정계약은 전자의 이용을 목적으로 하는 것이어서 후자의 귀속과는 아무런 관계가 없기 때문에 원고의 소유권은 출판자에게 이전하는

---

1) 구 저작권법실시조례 제40조 「作者主动投给图书出版者的稿件, 出版者应在六个月内决定是否采用。采用的, 应签订合同; 不采用的, 应及时通知作者。既不通知作者, 又不签订合同的, 六个月后作者可以要求出版者退还原稿和给予经济补偿。六个月期限, 从出版者收到稿件之日起计算」

것이 아니고 여전히 저작자에게 있다고 볼 것이다. 따라서 저작자의 청구가 있으면 출판자는 원고를 반환할 의무가 있다」는 견해[1]가 있는데, 이는 중국저작권법 해석에 있어서도 참고가 될 수 있다고 본다.

6. 계속 출판할 의무

한국저작권법 제58조 제2항은 「출판권자는 그 설정행위에 특약이 없는 때에는 관행에 따라 그 저작물을 계속하여 출판하여야 한다」고 규정하고 있다. 여기서 '계속하여 출판한다'는 것은 복제·배포행위를 끊임없이 계속하는 것을 의미하는 것은 아니며,[2] 저작물의 복제물이 늘 시장유통과정에 있을 수 있도록 재고부수를 감안하여 출판행위를 반복하는 것을 의미하는 것으로서 시장수요가 있는데도 품절이나 절판의 상태로 방치하여서는 안 된다는 취지라고 한다.[3]

현재 중국저작권법에는 위와 같은 명문규정이 없다. 따라서 저작권자는 출판권자와 출판권설정계약을 체결함에 있어 출판권자의 계속출판의무를 계약에 명시하여 시장수요가 있는데도 출판권자가 품절이나 절판의 상태로 방치하지 못하도록 할 필요가 있다.

7. 기타 의무

출판자는 저작권법에 따라 타인의 저작물을 이용하는 경우 저작자의 성명표시권, 수정권, 저작물의 완전성보호권을 침해하여서는 아니 된다(저작권법 제28조). 또한, 출판자는 기존의 저작물을 개편(改编)·번역·주석(注释)·정리·편집(汇编)하여 제작한 저작물을 출판하는 때에는 저작물을 개편·번역·주석·정리·편집한 저작권자와 원저작물의 저작권자의 허락을 얻어야 하며, 이들에게 보상금을 지급하여야 한다(저작권법 제34조).

---

1) 오승종, 『저작권법』, 박영사(2007), 제805쪽.
2) 오승종, 『저작권법』, 박영사(2007), 제802쪽.
3) 이해완, 『저작권법』, 박영사(2007), 제509쪽.

Ⅳ. 저작자·복제권자의 권리

1. 저작자 사후의 권리

한국저작권법 제60조 제2항은 「복제권자는 출판권 존속기간 중 그 출판권의 목적인 저작물의 저작자가 사망한 때에는 출판권의 존속에도 불구하고 저작자를 위하여 저작물을 전집 그 밖의 편집물에 수록하거나 전집 그 밖의 편집물의 일부인 저작물을 분리하여 이를 따로 출판할 수 있다」고 규정하고 있다. 출판권을 설정한 경우에는 그 배타적 성격에 의하여 복제권자도 출판권의 목적인 저작물을 출판할 수 없는 것이 원칙인데, 위 규정은 저작자의 사망에 수반하여 그 유족에 의한 기념출판이나 사망한지 일정 기간 경과 후 저작자의 작품을 집대성하여 전집 등을 출판하는 것에 관한 일반국민의 수요가 있다는 것을 감안하여 예외적으로 저작자가 사망한 후 복제권자가 저작자를 위하여 저작물을 출판할 수 있도록 한 것이라고 한다.[1] 또한 위 규정은 특약에 의하여 배제할 수 없는 강행규정의 성격을 가지고 있다고 한다.[2]

현재 중국저작권법에는 위와 같은 명문규정이 없으므로 복제권자와 출판권자 사이에 특약이 없는 이상 저작자가 사망하더라도 복제권자는 출판권의 목적인 저작물을 출판할 수 없다고 해석할 수밖에 없다. 따라서 복제권자는 출판권자와 출판권설정계약을 함에 있어 이러한 점을 유의하여 저작자 사망 후 그의 업적을 기리기 위한 기념출판이 필요하다고 예상되는 경우에는 반드시 출판권설정계약에 '복제권자는 저작자 사망 후 출판권설정계약에도 불구하고 예외적으로 저작자를 위한 기념출판을 할 수 있다'는 유보조항을 명기하여야 할 것이다.

2. 출판권 소멸통고권

한국저작권법 제61조는 「① 복제권자는 출판권자가 제58조제1항(9월 이내의 출판의무) 또는 제2항(계속출판의무)의 규정을 위반한 경우에는 6월 이상의 기간을 정하여 그 이행을 최고하고 그 기간 내에 이행하지 아니하는 때에는 출판권의 소멸을 통고할 수 있다. ② 복제권자는 출판권자가 출판이 불가능하거나 출판할 의

1) 이해완, 『저작권법』, 박영사(2007), 제513쪽 참조.
2) 이해완, 『저작권법』, 박영사(2007), 제513쪽.

사가 없음이 명백한 경우에는 제1항의 규정에 불구하고 즉시 출판권의 소멸을 통고할 수 있다. ③ 제1항 또는 제2항의 규정에 따라 출판권의 소멸을 통고한 경우에는 출판권자가 통고를 받은 때에 출판권이 소멸한 것으로 본다. ④ 제3항의 경우에 복제권자는 출판권자에 대하여 언제든지 원상회복을 청구하거나 출판을 중지함으로 인한 손해의 배상을 청구할 수 있다」고 규정하고 있다. 이는 출판권자의 의무이행을 확보하기 위한 규정이라고 한다.[1]

현재 중국저작권법에는 위와 같은 명문규정이 없다. 복제권자는 출판권설정계약에 위와 같은 내용을 명시하여 출판권자의 의무이행을 확보할 필요가 있음에 유의하여야 한다.

3. 수정증감권

한국저작권법 제59조 제1항은「출판권자가 출판권의 목적인 저작물을 다시 출판하는 경우에 저작자는 정당한 범위 안에서 그 저작물의 내용을 수정하거나 증감할 수 있다」고 규정하여 저작자에게 수정증감권을 인정하고 있다. 이러한 수정증감권은 저작자의 인격적 이익을 보호하기 위한 것이므로 '복제권자'가 아니라 '저작자'가 그 주체라고 한다.[2] 따라서 저작재산권을 타인에게 양도한 경우에도 여전히 저작자에게 수정증감권이 인정된다. 다만 저작자의 수정증감권은 출판권자가 저작물을 다시 출판하는 경우에 한하여 허용되며, 수정증감권을 행사할 수 있는 한도는 정당한 범위 내라야 한다.

현재 중국저작권법에는 위와 같은 규정은 존재하지 않는다. 다만 이와 비슷한 권리로서 저작자 스스로 또는 타인으로 하여금 저작물을 수정하도록 하는 수정권(제10조 제1항 제3호)이 인정되고 있을 뿐이다. 여기서 수정권의 내용에 위 저작물의 수정증감권의 내용이 포함되는 것으로 볼 수 있는지가 문제다.

현재 이 문제에 대해 중국학자들 사이에서 통설적인 견해는 없는 것으로 보인다. 다만 사견으로는 저작물의 수정증감권은 수정권에 포함되어 보호될 수 있다고 생각한다. 다만 저작물의 수정증감권을 행사할 수 있는 시기는 출판자가 저작물을 다시 출판하는 경우로 제한되며 수정증감은 정당한 범위 내에서만 허용된다고 보아야 한다. 이때의 정당한 범위 내라 함은 결국 출판 기술과 관행에 비추어 신의

---

1) 오승종,『저작권법』, 박영사(2007), 제807쪽.

2) 이해완,『저작권법』, 박영사(2007), 제512쪽.

칙에 의하여 결정될 문제이다. 예컨대 출판자에게 과도한 출판경비를 추가로 부담시키거나 예정된 출판시기를 과도하게 지연시키는 경우와 같이 출판자의 이익을 부당하게 침해하는 정도의 수정증감은 허용되지 않을 것이다. 한편 수정증감권도 저작인격권의 일종이므로 저작자만이 행사할 수 있다고 보아야 할 것이다.

Ⅴ. 판면권(版面權)

출판자는 그 출판한 도서 및 정기간행물의 판식설계(版式设计)를 타인으로 하여금 이용하는 것을 허락하거나 금지할 수 있는 권리가 있다(저작권법 제35조 제1항). 이를 판면권(版面權) 또는 판식설계권(版式設計權)이라고 한다. 이러한 판면권은 발행된 판의 인쇄면상의 조판체제의 무단복제를 막는 권리이다. 여기서 판식설계란 원고(原稿)의 정리, 활자, 그림, 사진 등의 선택 및 배열, 판면의 크기와 레이아웃 등을 포함한 판면구성에 관한 설계를 말한다. 이러한 판식설계는 출판자의 창의와 노력의 결과라는 점에서 이를 별도로 보호할 필요성은 크다.

이에 저작권법은 판식설계에 대한 출판자의 경제적 이익을 보호하기 위해 제35조에서 판면권을 신설하였다. 판면권은 출판자가 갖는 독점·배타적 권리로서 출판되는 작품이 저작권법의 보호를 받는 저작물인지 여부와는 상관없이 인정되는 권리이다. 판면권이 저작인접권에 해당하는지 여부에 관하여 견해 대립이 있으나, 판면권 자체는 저작물의 보급이나 전파와는 직접적인 연관이 없으므로 저작인접권에 해당하지 않는다고 보는 견해가 다수설인 것 같다.[1] 판면권의 보호기간은 10년이며, 당해 판식설계를 이용한 도서 및 정기간행물이 최초로 출판된 후 10년이 되는 해의 12월 31일에 종료한다(저작권법 제35조 제2항).

판면권은 설정출판권과 비교할 때 다음과 같은 차이점이 있다. 첫째, 판면권은 법정권리이지만 설정출판권은 출판권설정계약에 의해 설정되는 권리이다. 둘째, 판면권의 주체는 도서출판자와 신문·정기간행물사이나 설정출판권의 주체는 도서출판자에 한한다. 마지막으로 판면권의 객체는 저작물이 아닌 것도 무방하나 설정출판권의 객체는 반드시 저작물이어야 한다.[2]

---

1) 李雨峰 等, 『著作权法』, 厦门大学出版社(2006), 제51쪽.

2) 李雨峰 等, 『著作权法』, 厦门大学出版社(2006), 제80쪽.

부 록

◈ 중화인민공화국 저작권법

◈ 중화인민공화국 저작권법 실시조례

◈ 컴퓨터 소프트웨어 보호조례

중화인민공화국 저작권법

(1990년 9월 7일 제7기 전국인민대표대회 상무위원회 제15차 회의 통과, 2001년 10월 27일 개정, 시행)

제1장 총 칙

제1조 문학, 예술 및 과학 저작물(作品) 저작자의 저작권과 이와 관련된 권익을 보호하고 사회주의의 정신·물질문명건설에 유익한 저작물의 창작과 보급을 장려하며 사회주의 문화와 과학사업의 번영발전을 촉진하기 위하여 헌법에 근거하여 이 법을 제정한다.

제2조 중국인(中国 公民), 법인 또는 기타 단체(组织)의 저작물은 공표여부와 상관없이 이 법에 따라 저작권을 갖는다.

외국인, 무국적자의 저작물인 경우에는 그 저작자가 속한 국가또는 상시 거주하는 거주국이 중국과 체결한 협약 또는 공동으로 가입한 국제조약에 근거하여 가지는 저작권은 이 법의 보호를 받는다.

외국인, 무국적자의 저작물이라도 맨 처음 중국 내에서 출판(出版)된 것은 이 법에 따라 저작권을 갖는다.

아직 중국과 협약이 체결되어 있지 않거나 공동으로 국제조약에 가입하지 아니한 국가의 저작자 및 무국적자의 저작물이 중국이 가입한 국제조약의 회원국에서 맨 처음 출판된 경우 또는 회원국과 비회원국에서 동시에 출판된 경우에는 이 법의 보호를 받는다.

제3조 이 법에서 말하는 저작물은 아래의 형식으로 창작된 문학, 예술, 자연과학, 사회과학, 공정(工程)기술 등의 저작물을 포함한다.

1. 문자저작물(文字作品)
2. 구술저작물(口述作品)
3. 음악저작물, 연극저작물(戏剧作品), 구연저작물(曲艺作品), 무용저작물(舞蹈作品), 곡예예술저작물(杂技艺术作品)[1]

1) 줄타기, 마술, 자전거 곡예, 접시 돌리기 등 각종 기예를 총칭하는 것임.

4. 미술저작물, 건축저작물
5. 사진저작물(摄影作品)
6. 영화저작물(电影作品) 및 영화제작과 유사한 방법으로 창작된 저작물
7. 공사 설계도, 상품 설계도, 지도, 설명안내도(示意图) 등 도형 및 모형저작물
8. 컴퓨터 소프트웨어(计算机软件)
9. 그 외 법률, 행정법규가 규정하는 기타 저작물

제4조 법에 따라 출판·전송(传播)이 금지된 저작물은 이 법의 보호를 받지 못한다.

저작권자가 저작권을 행사할 경우 헌법, 법률을 위하여서는 아니 되며 공공의 이익을 침해하여서는 아니된다.

제5조 다음 각 항의 어느 하나에 해당하는 것은 이 법에 의한 보호를 받지 못한다.

1. 법률, 법규 및 국가기관의 결의(决议), 결정, 명령, 기타 입법, 행정, 사법의 성질을 가진 문서 그리고 정부당국의 공식 번역물(官方正式译文)
2. 시사 뉴스(时事新闻)
3. 역법, 통용되는 수학적 도표(通用数表)[1], 통용되는 서식(通用表格)과 공식

제6조 민간 문학예술 저작물의 저작권 보호에 관하여는 국무원(国务院)이 별도로 규정한다.

제7조 국무원 저작권 행정관리부(国务院著作权行政管理部门)는 전국의 저작권을 관리하는 업무를 주관하며, 각 성(省), 자치구, 직할시(直辖市)의 인민정부 저작권 행정관리부서는 행정구역내의 저작권 관리업무를 주관한다.

제8조 저작권자와 저작권 관련 권리를 가진 자는 저작권관리단체(著作权集体管理组织)에 권리를 부여하여 저작권 또는 저작권 관련 권리를 행사하도록 할 수 있다. 저작권관리단체가 권리를 부여 받은 때에는 자신의 명의로 저작권자와 저작권 관련 권리를 가진 자를 위하여 권리를 주장할 수 있고, 당사자의 자격으로 저작권 또는 저작권과 관련된 권리에 대한 소송 및 중재를 수행할 수 있다.

저작권관리단체는 비영리조직이며 설립방식, 권리의무, 저작권 사용료(著作权许可使用费)의 징수, 분배 및 그 관리감독 등에 대해서는 국무원이 별도로 규정한다.

1) 사물의 양이나 성질 따위를 나타낸 수치를 목적에 따라 이용하기 쉽도록 만든 표. 삼각 함수표, 로그표, 그래프 따위.

제2장 저 작 권

제1절 저작권자 및 권리

제9조 저작권자는 아래의 자를 포함한다.

1. 저작자(作者)
2. 기타 이 법에 따라 저작권을 가지는 개인(公民), 법인 또는 기타 단체

제10조 저작권은 아래와 같은 저작인격권(著作人身权)과 저작재산권(著作财产权)을 포함한다.

1. 공표권(发表权) : 저작물을 공표하거나 공표하지 아니할 것을 결정할 수 있는 권리
2. 성명표시권(署名权) : 저작자의 신분을 표시하고 저작물에 서명할 수 있는 권리
3. 수정권(修改权) : 저작물을 수정하거나 타인에게 이를 하도록 허락할수 있는 권리
4. 저작물의 완전성보호권(保护作品完整权) : 타인의 왜곡(歪曲)이나 훼손(篡改)으로부터 저작물을 보호할 수 있는 권리
5. 복제권(复制权) : 인쇄, 복사, 탁본(拓印), 녹음, 녹화, 음반영상물로의 복제(翻录), 사진으로의 복제(翻拍) 등의 방법으로 저작물을 1부 또는 여러 부로 제작할 수 있는 권리
6. 배포권(发行权) : 판매 또는 증여의 방법으로 공중(公众)에게 저작물의 원본 또는 복제물을 제공할 수 있는 권리
7. 대여권(出租权) : 영화저작물 및영화제작과 유사한 방법으로 창작한 저작물 또는 컴퓨터 소프트웨어를 유상으로 타인이 임시로 사용할 수 있도록 허락할 수 있는 권리. 단, 컴퓨터 소프트웨어가 대여의 본질적 대상이 아닌 경우에는 제외로 한다.
8. 전시권(展览权) : 미술저작물, 사진저작물의 원본 또는 복제물을 전시(公开阵列)할 수 있는 권리
9. 실연권(表演权) : 저작물을 공개적으로 실연(公开表演)하고, 각종 수단을 이용해 저작물의 실연을 공개적으로 전달(公开播送)할 수 있는 권리
10. 상영권(放映权) : 영상기(放映机) 또는 슬라이드 영사기(幻灯机) 등의 기계장치를 이용하여 미술저작물이나 사진저작물 또는 영화 및 영화 제작과 유사

한 방법으로 창작한 저작물을 공개적으로 재현할 수 있는 권리

11. 방송권(广播权) : 방송권이란 다음과 같은 행위를 할 수 있는 권리를 말한다. (1) 저작물을 무선방식에 의하여 공중에게 방송(广播)하거나 전달하는 것, (2) 방송한 저작물을 유선방식에 의하여 공중에게 전달하거나 중계(转播)하는 것, (3) 방송한 저작물을 확성기 또는 기타 신호, 소리, 영상 등을 전하는 도구를 이용하여 공중에게 전달하는 것.
12. 정보네트워크전송권(信息网络传播权) : 저작물을 무선 또는 유선통신의 방법에 의해 공중에게 제공하고 공중이 개별적으로 선택한 시간과 장소에서 저작물을 취득하도록 할 수 있는 권리
13. 영상물 제작권(摄制权) : 저작물을 영화 또는 영화와 유사한 영상물로 제작하여 이를 매개물(载体)에 고정시킬 수 있는 권리
14. 개편권(改编权) : 저작물을 변경(改变)하여 독창성을 갖는 새로운 저작물을 창작할 수 있는 권리
15. 번역권(翻译权) : 저작물을 한 언어에서 다른 언어로 번역하는 저작물을 작성할 수 있는 권리
16. 편집저작권(汇编权) : 저작물의 전부 또는 그 일부분을 선택 또는 편성·배열하여 새로운 저작물로 편집할 수 있는 권리
17. 그 외 저작권자가 당연히 가지는 기타 권리

저작권자는 타인에게 위 제5호 내지 제17호에서 정한 권리의 행사를 허락할 수 있으며, 이 경우 약정 또는 이 법의 관련규정에 따라 보상 받을 수 있다.
저작권자는 위 제5호 내지 제17호에서 정한 권리의 전부 또는 일부를 양도할 수 있으며, 이 경우 약정 또는 이 법의 관련규정에 따라 보상 받을 수 있다.

제 2 절 저작권의 귀속

제11조 이 법에 별도로 규정한 경우를 제외하고는 저작권은 저작자에 귀속된다.
저작물을 창작한 사람을 저작자라 한다.
법인 또는 기타 단체가 주관(主持)하고, 법인 또는 기타 단체의 의사(意志)를 대표하여 창작했으며, 법인 또는 기타 단체가 책임을 지는 저작물은 법인 또는 기타 단체를 저작자로 본다.
다른 증거가 없는 한, 저작물에 서명한 개인, 법인 또는 기타 단체가 저작자로 된다.

제12조 기존의 저작물을 개편(改编), 번역, 주석(注释), 정리(整理)하여 만든 저작

물의 저작권은 개편, 번역, 주석, 정리한 자가 가진다. 단 저작권을 행사할 때에는 원 저작물의 저작권을 침해하여서는 아니 된다.

제13조 2인 이상이 합작으로 창작한 저작물(合作作品)의 저작권은 합작저작자가 공동으로 가진다. 창작에 참가하지 아니한 자는 합작저작자가 될 수 없다.
합작저작물 중 분리하여 이용할 수 있는 것은 저작자가 각자 창작한 부분에 대하여 단독으로 저작권을 가진다. 단, 저작권을 행사할 때에는 합작저작물 전체의 저작권을 침해하여서는 아니된다.

제14조 저작물 또는 저작물의 일부, 저작물을 구성하지 않는 데이터(数据)나 기타 자료를 편집(汇编)하여 그 내용의 선택 또는 배열(编排)에 독창성이 있는 저작물은 편집저작물(汇编作品)로서 편집자가 그 저작권을 가진다. 단, 편집저작권을 행사할 때에는 원저작물의 저작권을 침해하여서는 아니 된다.

제15조 영화저작물(电影作品)이나 영화 제작(摄制)과 유사한 방법으로 창작한 저작물의 저작권은 제작자(制片者)가 갖는다. 단, 각본(编剧), 감독, 촬영(摄影), 작사, 작곡 등은 그에 해당하는 각 저작자가 성명표시권(署名权)을 가지며 제작자와 체결한 계약에 따라 보수를 받을 수 있는 권리를 가진다.
영화저작물이나 영화 제작과 유사한 방법으로 창작된 저작물의 제작에 사용되는 각본, 음악 등 단독으로 사용할 수 있는 저작물의 저작자는 그 저작권을 단독으로 행사할 수 있는 권리를 갖는다.

제16조 개인이 법인 또는 기타 단체의 업무상 임무(工作任务)를 완수하기 위하여 창작한 저작물을 업무상 저작물(职务作品)이라 한다. 제2항에서 규정한 저작물을 제외하고는 업무상 저작물의 저작권은 저작자가 가진다. 단, 법인 또는 기타 단체는 그 업무 범위 내에서 우선 사용할 수 있는 권리가 있다. 저작물을 완성한지 2년 이내에 한하여 저작자는 소속 법인 또는 단체의 동의 없이 제3자에게 법인 또는 기타 단체가 사용하는 동일한 방식으로 그 저작물을 사용할 수 있도록 허락하여서는 아니 된다.
다음 각 호 중 어느 하나에 해당하는 업무상 저작물의 경우에는 저작자는 성명표시권만을 가지며, 저작권의 기타권리는 법인 또는 기타 단체가 가진다. 법인 또는 기타 단체는 저작자에게 보상금(奖励金)을 지급할 수 있다.

1. 주로 법인 또는 기타 단체의 물질적, 기술적 조건을 이용하여 창작하고 법인 또는 기타 단체가 책임을 지는 공사설계도·제품설계도·지도·컴퓨터 소프트웨어 등의 업무상 저작물

2. 법률·행정법규 또는 계약서의 약정에 따라 법인 또는 기타 단체가 저작권을 가지는 업무상 저작물

第17조 위탁을 받아 창작한 저작물의 저작권 귀속은 위탁자와 수탁자 사이의 계약에 의한다. 계약서에 명시되어 있지 않거나 계약을 체결하지 않은 경우에는 저작권은 수탁자에게 귀속된다.

第18조 미술 등 저작물 원본의 소유권 이전은 저작물의 저작권 이전으로 보지 않는다. 단, 미술 저작물의 원본에 대한 전시권(展览权)은 원본 소유자가 가진다.

第19조 저작권이 개인에게 속하는 경우, 개인이 사망한 뒤에는 이 법 제10조 제5호 내지 제17호에서 정한 권리는 이 법에서 정한 보호기간 내에 상속법의 규정에 따라 상속인에게 이전한다.

저작권이 법인 또는 기타 단체에 속하는 경우, 법인 또는 기타 단체가 변경 또는 해산(终止)한 뒤에는 이 법 제10조 제5호 내지 제17호에서 정한 권리는 이 법에서 정한 보호기간 내에 권리의무를 승계한 법인 또는 기타 단체가 가진다. 권리의무를 승계하는 법인 또는 기타 단체가 없는 경우 국가에 귀속된다.

제 3 절 권리의 보호 기간

第20조 저작자의 성명표시권(署名权)·수정권(修改权)·저작물의 완전성보호권(保护作品完整权)의 보호기간은 제한을 받지 않는다.

第21조 개인이 저작자인 경우, 공표권(发表权) 및 이 법 제10조 제5호 내지 제17호에서 정한 권리의 보호기간은 저작자의 생존하는 동안과 사망 후 50년으로 하며, 저작자가 사망 후 50년이 되는 해의 12월 31일에 종료한다. 합작저작물인 경우, 맨 마지막으로 사망한 저작자의 사망 후 50년이 되는 해의 12월 31일까지로 한다.

법인 또는 기타 단체의 저작물과 법인 또는 기타 단체가 저작권(성명표시권은 제외)을 갖고 있는 업무상 저작물의 경우, 공표권(发表权) 및 이 법 제10조 제5호 내지 제17호에서 정한 권리의 보호기간은 50년으로 하며, 저작물이 맨 처음 공표된 때부터 50년이 되는 해의 12월 31일에 종료한다. 다만, 저작물이 완성된 후 50년 이내에 공표되지 않은 경우에는 이 법의 보호를 받지 못한다.

영화저작물(电影作品) 및 영화 제작과 유사한 방법으로 창작한 저작물 그리고 사진저작물(摄影作品)의 경우, 공표권(发表权) 및 이 법 제10조 제5호 내지 제17호에서 정한 권리의 보호기간은 50년으로 하며, 저작물이 맨 처음 공표된 때

부터 50년이 되는 해의 12월 31일에 종료한다. 단, 저작물이 완성된 후 50년 이내에 공표되지 않은 경우에는 이 법의 보호를 받지 않는다.

제 4 절 권리의 제한

제22조 다음 각호 중 어느 하나에 해당하는 경우 저작물을 이용함에 있어 저작권자의 허락을 받지 않아도 되며 보수를 지불하지 않아도 된다. 다만, 저작자의 성명·저작물의 명칭을 표기하여야 하며 저작권자가 이법에 따라 가지는 기타 권리를 침해하여서는 아니 된다

1. 개인적인 학습, 연구 또는 감상을 위하여 타인이 이미 공표한 저작물을 이용하는 것
2. 어떤 저작물을 소개 또는 평론하거나 어떤 문제를 설명하기 위하여 저작물에 타인이 이미 공표한 저작물을 적당하게 인용(适当引用)하는 것
3. 시사 뉴스(时事新闻)를 보도하기 위하여 이미 공표된 저작물을 신문, 정기간행물(期刊), 라디오 방송국(广播电台), TV 방송국(电视台) 등의 언론매체에 불가피하게 재현(再现) 혹은 인용하는 것
4. 신문, 정기간행물, 라디오 방송국, TV 방송국 등의 언론매체가 다른 언론매체에서 이미 공표(发表)한 정치, 경제, 종교 문제에 관한 시사성 기사(时事性文章)를 게재 또는 방송하는 경우. 단, 저작자가 게재, 방송을 허락하지 않는다고 표명한 경우는 제외
5. 대중 집회에서 공표(发表)한 연설을 신문, 정기간행물, 라디오 방송국, TV 방송국 등의 언론매체가 게재 또는 방송하는 경우. 저작자가 게재·방송을 허락하지 않는다고 표명한 경우는 제외.
6. 학교수업 또는 과학 연구를 위하여 이미 공표(发表)된 저작물을 번역하거나 또는 소량 복제하여 수업에 이용하거나 과학연구원에게 제공하는 경우. 단, 이를 출판(出版) 또는 배포(发行)할 수 없다.
7. 국가기관이 공무를 집행하기 위해 합리적인 범위 내에서 이미 공표(发表)된 저작물을 이용한 경우.
8. 도서관, 문서보관소(档案馆), 기념관, 박물관, 미술관 등에서 저작물(版本)을 진열하거나 보존하기 위하여 각자 보관하고 있는 저작물을 복제하는 경우
9. 이미 공표(发表)된 저작물을 무상으로 실연(表演)하는 경우. 여기서 말하는 실연은 공중(公众)으로부터 비용을 받지 않고 실연자에게도 보수를 지불하지 않는 경우를 말한다.

10. 실외 공공장소에 설치 또는 진열된 예술저작물(艺术作品)을 모사(临摹), 회화, 촬영(摄影), 녹화(录像)하는 경우.
11. 중국인(中国公民), 중국 내의 법인 혹은 기타 단체가 이미 공표(发表)한 중국어로 된 저작물을 소수민족의 언어로 번역하여 국내에서 출판(出版), 배포(发行)하는 경우
12. 이미 공표(发表)된 저작물을 시각장애인용 점자로 바꾸어 출판하는 경우

전항의 각호 규정은 출판자(出版者), 실연자(表演者), 음반·영상 제작자(录音录像制作者), 라디오 방송국(广播电台)·TV 방송국(电视台)의 권리 제한에도 적용된다.

제23조 9년제 의무교육 및 국가의 교육정책을 시행하기 위해 교과서를 편집, 출판하는 때에는, 저작자가 사전에 이용을 허락하지 않는다고 표명한 경우를 제외하고는, 저작권자의 허락을 받지 아니하고 이미 공표(发表)된 저작물의 일부분, 문자저작물이나 음악저작물의 일부분 또는 한 폭의 미술저작물이나 사진저작물을 교과서 내에 편집(汇编)할 수 있다. 단, 규정에 따라 보상하여야 하고, 저작자의 성명, 저작물의 명칭을 표시하여야 하며, 저작자가 이 법에 따라 가지는 기타 권리를 침해하여서는 아니 된다.

전항의 규정은 출판자, 실연자, 음반·영상제작자, 라디오 방송국, TV 방송국의 권리제한에도 적용된다.

제 3 장 저작권의 이용허락 및 양도계약

제24조 타인의 저작물을 이용하려면 저작권자와 이용허락계약을 체결해야 한다. 이 법 규정에 따라 허락을 요구하지 않는 경우는 제외로 한다.

이용허락계약의 주요내용은 다음과 같다.

1. 이용을 허락하는 권리의 종류
2. 이용을 허락한 권리가 독점적 이용권(专有使用权)인지, 비독점적 이용권(非专有使用权)인지의 여부
3. 이용을 허락한 지역범위 및 기간
4. 보상 기준 및 방법
5. 위약책임
6. 계약 당사자가 필요로 하는 기타 내용

第25조 이 법 제10조 제5호 내지 제17호에서 정한 권리를 양도하는 경우 반드시 서면 계약을 체결해야 한다.
권리양도계약의 주요내용은 다음과 같다.
1. 저작물의 명칭
2. 양도하는 권리의 종류 및 장소적 범위
3. 양도가액
4. 양도금의 지급일과 지급방법
5. 위약 책임
6. 계약 당사자가 필요로 하는 기타 내용

第26조 이용허락 계약 및 양도계약에 저작권자가 이용허락 또는 양도하는 권리를 명시하지 않은 경우에는 다른 당사자 일방은 저작권자의 동의를 받지 아니하고서는 그 권리를 행사할 수 없다.

第27조 저작물 이용에 관한 보상금 지급 기준은 당사자가 약정할 수 있으며, 국무원 저작권 행정관리부(国务院著作权行政管理部门)가 관련기관과 협의하여 정한 보상금 지급 기준에 따라 보상금을 지급할 수도 있다. 당사자간의 약정이 명확하지 아니한 경우에는 국무원 저작권 행정관리부(国务院著作权行政管理部门)가 관련기관과 협의하여 정한 보상금 지급 기준에 따라 지급한다.

第28조 출판자, 실연자, 음반·영상 제작자, 라디오 방송국·TV 방송국 등이 이 법의 관련규정에 따라 타인의 저작물을 이용하는 경우에는 저작자의 성명표시권, 수정권, 저작물의 완전성보호권 및 보상받을 수 있는 권리를 침해하여서는 아니 된다.

제 4 장 출판·실연·음반영상(录音录像)·방송

제 1 절 도서, 정기간행물(报刊)의 출판

第29조 도서 출판자가 도서를 출판하는 경우에는 저작권자와 출판계약을 체결하고 보상하여야 한다.

第30조 저작권자가 출판용으로 교부한 저작물에 대하여 도서출판권자가 계약의 약정에 따라 독점적 출판권(专有出版权)을 가지는 경우에는 이 법의 보호를 받으며, 타인은 그 저작물을 출판하여서는 아니 된다.

제31조 저작권자는 계약에서 정한 기한 내에 저작물을 교부하여야 한다. 도서출판자는 계약에서 정한 출판물의 품질 및 기한에 따라 도서를 출판하여야 한다. 도서출판자가 계약에서 정한 기한 내에 출판을 하지 않은 경우에는 이 법 제53조의 규정에 따라 민사책임을 부담한다.

도서출판자가 저작물을 중판(重版) 또는 재판(再版)하는 경우 저작권자에게 그 사실을 통지하여야 하고 보상하여야 한다. 도서가 매진(脱销)되고 난 후 도서출판자가 중판(重版) 또는 재판(再版)을 거부하는 경우에는 저작권자는 계약을 해지할 권리가 있다.

제32조 저작권자가 신문사·정기간행물사(期刊社)에 투고(投稿)한 경우 원고 발송일로부터 15일 이내에 신문사로부터 게재결정 통지를 받지 못하였거나 원고 발송 일로부터 30일 이내에 정기간행물사로부터 게재결정 통지를 받지 못한 때에는 동일 저작물을 다른 신문사나 정기간행물사에 투고할 수 있다. 다만, 쌍방간에 다른 약정이 있는 경우에는 예외로 한다.

저작물이 게재된 후 저작권자가 전재(转载) 또는 편집(摘编)해서는 안 된다고 표명한 경우를 제외하고는 다른 신문사나 정기간행물사는 이를 전재 또는 요약게재 및 자료로 게재할 수 있다. 단, 규정에 따라 저작권자에게 보상하여야 한다.

제33조 도서출판자는 저작권자의 허락을 얻어 저작물을 수정(修改)하거나 첨삭(删节)할 수 있다. 신문사·정기간행물사는 저작물의 문자를 수정하거나 첨삭할 수 있다. 다만, 신문사·정기간행물사가 저작물의 내용을 변경하고자 하는 경우에는 저작권자의 허락을 얻어야 한다.

제34조 기존의 저작물을 개편(改编)·번역·주석(注释)·정리·편집(汇编)하여 제작한 저작물을 출판하는 때에는 저작물을 개편·번역·주석·정리·편집한 저작권자와 원저작물의 저작권자의 허락을 얻어야 하며, 보상하여야 한다.

제35조 출판자는 그 출판한 도서 및 정기간행물의 판식설계(版式设计)를 타인으로 하여금 이용하는 것을 허락하거나 금지할 수 있는 권리가 있다.

전항에서 정한 권리보호기간은 10년으로 하며, 당해 판식설계를 이용한 도서 및 정기간행물이 최초로 출판된 후 10년이 되는 해의 12월 31일에 종료한다.

제2절 실 연

第36条 타인의 저작물을 이용해 실연하는 경우 실연자[연기자, 연출단체(演出单位)]는 저작권자의 허락을 얻어야 하며 보상하여야 한다. 연출기획자(演出组织)가 연출을 기획(组织)하는 경우 당해 연출기획자는 저작권자의 허락을 얻어야 하며 보상하여야 한다.

기존의 저작물을 개편·번역·주석·정리하여 제작한 저작물을 이용하여 실연하는 경우 실연자는 저작물을 개편·번역·주석·정리한 저작권자 및 원저작물의 저작권자의 허락을 얻어야 하며 보상하여야 한다.

第37条 실연자는 그 실연에 대하여 다음 각호의 권리를 가진다.

1. 실연자의 신분을 표시할 수 있는 권리
2. 실연의 이미지를 왜곡(歪曲)당하지 아니하고 보호받을 권리
3. 타인이 현장실연을 생방송(直播)하거나 공개전송(公开传送)하는 것을 허락하고 보상받을 권리
4. 타인이 녹음, 녹화하는 것을 허락하고 보상받을 권리
5. 실연이 고정된 녹음이나 녹화물을 복제, 배포할 것을 타인에게 허락하고 보상받을 권리.
6. 타인이 정보네트워크를 통해 실연을 공중에게 전송(传播)하는 것을 허락하고 보상받을 권리

위 제3호 내지 제6호에서 정한 방식에 따라 저작물의 이용을 허락 받은 자는 저작권자의 허락을 얻어야 하며 보수를 지불해야 한다.

第38条 이 법 제37조 제1호, 제2호에서 정한 권리의 보호기간은 제한을 받지 아니한다.

이 법 제37조 제3호 내지 제6호에서 정한 권리의 보호기간은 50년으로 하며, 당해 실연이 발생한 날로부터 50년이 되는 해의 12월 31일에 종료한다.

제 3 절 음반·영상(录音录像)

第39条 음반·영상 제작자(录音录像制作者)가 타인의 저작물을 이용하여 음반·영상제품을 제작하는 경우에는 저작권자의 허락을 받아야 하며 그에게 보상금을 지급하여야 한다.

음반·영상제작자가 기존의 저작물을 개편·번역·주석·정리해 제작한 저작물

을 이용하는 경우 저작물을 개편·번역·주석·정리한 저작권자 및 원저작물의 저작권자의 허락을 받아야 하며 각자에게 보상금을 지급하여야 한다.

음반제작자(录音制作者)가 타인이 이미 합법적으로 녹음, 제작한 음반제품의 음악저작물을 이용하여 음반제품을 제작하는 경우 저작권자의 허락을 받지 아니하여도 된다. 단, 규정에 따라 저작권자에게 보상금을 지급하여야 한다. 저작권자가 이용을 허락하지 않는다고 표명한 경우에는 저작물을 이용하여서는 아니 된다.

第40条 음반·영상제작자가 음반·영상 제품을 제작하고자 하는 경우에는 실연자와 계약을 체결하여야 하며 그에게 보상금을 지급하여야 한다.

第41条 음반·영상제작자는 그가 제작한 음반·영상 제품에 대하여 타인이 복제·배포·대여·정보네트워크를 통해 공중에게 전송하는 것을 허락하고 보상받을 수 있는 권리를 가진다. 그 권리의 보호기한은 50년으로 하며, 음반·영상 제품이 맨 처음 제작, 완성한 후 50년이 되는 해의 12월 31일에 종료한다.

음반·영상 제품을 복제, 배포, 정보네트워크를 통해 공중에게 전송하는 것을 허락 받은 자는 저작권자 및 실연자의 허락을 얻어야 하며 각자에게 보상금을 지급하여야 한다.

제 4 절 TV·라디오 방송국의 방송

第42条 라디오·TV 방송국이 타인의 미공표 저작물을 방송하는 경우 저작권자의 허락을 얻어야 하며 보상하여야 한다.

라디오·TV 방송국이 이미 공표된 타인의 저작물을 방송하는 경우 저작권자의 허락을 얻지 아니하여도 된다. 단, 보상하여야 한다.

第43条 라디오·TV 방송국이 이미 출판된 음반제품을 방송하는 경우 저작권자의 허락을 얻지 아니하여도 되나 보상하여야 한다. 당사자간에 별도로 약정한 경우는 제외한다. 구체적인 방법은 국무원이 정한다.

第44条 라디오·TV 방송국은 그 허락 없이 다음 각 호의 행위를 하는 것을 금지할 수 있는 권리를 가진다.

1. 라디오·TV 방송국이 방송한 라디오·TV 프로그램을 중계방송(转播)하는 행위
2. 라디오·TV 방송국이 방송한 라디오·TV 프로그램을 음악·영상 매개체(音

像載体)에 녹음, 녹화하는 행위 및 그 음악·영상 매개체(音像載体)를 복제하는 행위.

전호에서 규정한 권리보호기간은 50년으로 하며, 동 라디오·TV방송국이 맨 처음 방송한 날로부터 50년이 되는 해의 12월 31일에 종료한다.

第45조 TV 방송국이 타인의 영화저작물, 영화제작과 유사한 방법으로 제작한 저작물 및 영상제품(录像制品)을 방송하는 경우 제작자 또는 영상제작자의 허락을 얻어야 하며 보상하여야 한다. 타인의 영상제품(录像制品)을 방송하는 경우 저작권자의 허락을 얻어야 하며 저작권자에게 보상하여야 한다.

제 5 장 법률 책임 및 집행조치

第46조 다음 각호와 같은 권리침해 행위를 한 때에는 정황에 따라 침해의 중지(停止侵害), 영향의 제거(消除影响), 사과(赔礼道歉), 손해의 배상(赔偿损失) 등 민사책임을 져야 한다.

1. 저작권자의 허락 없이 그 저작물을 공표하는 행위
2. 합작저작자의 허락 없이 타인과 합작으로 창작한 저작물을 자신이 단독으로 창작한 것처럼 공표하는 행위
3. 창작에 참여하지 아니하고 개인의 명예와 이익을 위하여 타인의 저작물에 서명하는 행위
4. 타인의 저작물을 왜곡(歪曲)하거나 훼손(篡改)하는 행위
5. 타인의 저작물을 표절하는 행위
6. 저작권자의 허락 없이 영화 또는 영화제작과 유사한 방식으로 촬영, 제작하거나 전시하는 방식으로 저작물을 이용하는 행위 또는 개편·번역·주석 등의 방식으로 저작물을 이용하는 행위. 이 법에 별도의 규정이 있는 경우는 제외한다.
7. 타인의 저작물을 이용하고 응당 지급하여야 하는 보상금을 지급하지 아니한 행위
8. 영화저작물 및 영화제작과 유사한 방법으로 창작된 저작물, 컴퓨터 소프트웨어, 음반·영상제품의 저작권자 또는 저작권 관련 권리자(与著作权有关的权利人)의 허락을 얻지 아니하고 그 저작물 또는 음반·영상제품을 대여하는 행위. 단, 이 법에 별도의 규정이 있는 경우는 제외한다.
9. 출판자의 허락 없이 출판자가 출판한 도서 및 정기간행물의 판식설계를 이

용하는 행위

10. 실연자의 허락 없이 현장의 실연을 생방송 또는 공개 전송(公开传送)하는 행위 또는 그 실연을 녹음, 녹화(录制)하는 행위
11. 저작권 및 저작권 관련 권익(与著作权有关的权益)을 침해하는 기타 행위

第47条 다음 각호와 같은 권리침해 행위를 한 때에는 정황에 따라 침해의 중지(停止侵害), 미친 영향의 제거(消除影响), 사과(赔礼道歉), 손해의 배상(赔偿损失) 등 민사책임을 져야 한다. 동시에 공공이익을 침해한 때에는 저작권행정관리부(著作权行政管理部门)는 권리침해 행위의 정지를 명할 수 있고, 위법소득을 몰수할 수 있다. 또한, 권리침해 복제물(侵权复制品)을 몰수, 파기(销毁)하며, 벌금을 부과할 수 있다. 사건의 내용이 중한 경우(情节严重)에는 저작권행정관리부는 권리침해 복제물 제작에 주로 사용된 자재, 공구, 설비 등을 몰수할 수 있다. 형사범죄가 성립하는 때에는 법에 따라 형사책임을 추궁한다.

1. 저작권자의 허락 없이 저작물을 복제, 배포, 실연, 상영(放映), 방송, 편집하거나 정보 네트워크를 통해 공중에게 전송(传播)하는 행위. 단, 이 법에 별도의 규정이 있는 경우는 제외한다.
2. 타인이 독점적 출판권(专有出版权)을 가지는 도서를 출판하는 행위.
3. 실연자의 허락 없이 그 실연이 수록된 음반·영상제품을 복제·배포하거나 정보 네트워크를 통해 공중에게 그 실연을 전송하는 행위. 단, 이 법에 별도의 규정이 있는 경우는 제외한다.
4. 음반·영상 제작자의 허락 없이 그 음반·영상제품을 복제·배포하거나 정보 네트워크를 통해 공중에게 전송하는 행위. 단, 이 법에 별도의 규정이 있는 경우는 제외한다.
5. 라디오·TV 방송국의 허락 없이 그 라디오·TV 프로그램을 방송 또는 복제하는 행위. 단, 이 법에 별도의 규정이 있는 경우는 제외한다.
6. 저작권자 또는 저작권 관련 권리자의 허락 없이 권리자가 그 저작물이나 음반·영상제품 등의 저작권 또는 저작권 관련 권리를 보호하기 위하여 채택한 기술적 보호조치(技术措施)를 고의로 회피하거나 파괴하는 행위. 단, 법률 또는 행정법규에 별도의 규정이 있는 경우는 제외한다.
7. 저작권자 또는 저작권 관련 권리자의 허락 없이 저작물이나 음반·영상제품 등의 권리를 관리하기 위한 전자적 형태의 권리관리정보(权利管理电子信息)를 고의로 삭제 또는 변경하는 행위. 단, 법률, 행정법규에 별도의 규정이 있는 경우는 제외한다.
8. 타인의 서명을 사칭하여 저작물을 제작판매하는 행위.

第48条 저작권 또는 저작권 관련 권리를 침해하는 경우 권리를 침해한 자는 권리자가 실제로 입은 손해를 배상하여야 한다. 실제 입은 손해를 산출하기 곤란한 때에는 권리를 침해한 자의 위법 소득에 따라 손해를 배상할 수 있다. 배상금액에는 권리자가 권리침해 행위를 제지하기 위해 지출한 합리적인 범위내의 비용도 포함한다.

권리자가 실제로 입은 손해 또는 권리를 침해한 자의 위법 소득을 확정할 수 없는 때에는 인민법원이 침해행위의 정도에 따라 RMB 50만 위엔 이하의 손해배상금 지급을 판결한다.

第49条 저작권자 또는 저작권 관련 권리자가 그의 권리를 타인이 현재 침해 중이거나 또는 가까운 장래에 침해하려고 함을 입증할 수 있고, 이를 즉시 제지하지 않으면 회복이 어려울 정도의 손해가 발생하여 그 합법적인 권익을 보전하기 어렵다고 판단되는 경우에는 소송 제기 전이라도 인민법원에 관련 행위의 중지와 재산보전조치(财产保全的措施)를 신청할 수 있다.

인민법원이 전항의 신청을 처리하는 경우 《중화인민공화국 민사소송법》 제93조 내지 제96조와 제99조의 규정에 따른다.

第50条 저작권자 또는 저작권 관련 권리자는 증거인멸의 우려가 있거나 이후 증거확보가 어려운 사정이 있는 경우에 한하여 권리침해행위를 제지하기 위하여 소송 제기 전이더라도 인민법원에 증거보전(保全证据)을 신청할 수 있다.

인민법원은 신청을 접수한 후 48시간 이내에 결정을 내려야 한다. 보전조치의 결정이 있는 때에는 즉시 집행해야 한다.

인민법원은 신청인에게 담보제공을 요구할 수 있다. 신청인이 담보를 제공하지 않을 경우 신청을 기각한다.

신청인이 인민법원의 보전조치 결정이 있은 날로부터 15일 이내에 소송을 제기하지 않을 경우 인민법원은 보전조치를 해제하여야 한다.

第51条 인민법원은 사건심리를 하는 경우 저작권 또는 저작권 관련 권리 침해와 관련된 위법소득·권리침해 복제물·위법활동에 제공된 재물을 몰수할 수 있다.

第52条 복제물의 출판자·제작자가 그 출판 또는 제작이 합법적인 권원에 의한 것임을 증명하지 못하거나 복제물의 배포자 또는 영화저작물 및 영화제작과 유사한 방법으로 창작된 저작물·컴퓨터소프트웨어·음반영상제품의 각 복제물의 대여자가 그 배포, 대여한 복제물이 합법적인 권원에 의한 것임을 증명하지 못하는 경우에는 법적 책임을 져야 한다.

第53条 당사자가 계약상의 의무를 이행하지 않거나 이를 이행하더라도 계약 조건과 부합하지 않은 경우에는《중화인민공화국 민법통칙》,《중화인민공화국 계약법》등 관련 법률 규정에 따라 민사책임을 져야 한다.

第54条 저작권 분쟁은 조정(调解)할 수 있다. 당사자간에 서면으로 체결한 중재(仲裁)합의나 저작권 계약의 중재조항에 따라 중재기구에 중재를 신청할 수 있다. 당사자가 서면으로 중재합의를 체결하지 않고 저작권 계약에 중재조항을 정하지 않은 경우에는 직접 인민법원에 소송을 제기할 수 있다.

第55条 당사자가 행정처벌 결정에 불복하는 경우 행정처벌에 관한 결정서를 수령한 날로부터 3개월 이내에 인민법원에 소송을 제기할 수 있다. 기한 내에 제소하지 아니하거나 또는 이행하지 아니한 경우에는 저작권행정관리부는 인민법원에 집행을 신청할 수 있다.

제6장 부 칙

第56条 이 법에서 말하는 저작권은 판권(版权)을 가리킨다.

第57条 이 법 제2조에서 말하는 출판은 저작물의 복제(复制) 및 배포(发行)를 가리킨다.

第58条 컴퓨터소프트웨어(计算机软件), 정보네트워크 전송권(信息网络传播权)에 대한 보호방법은 국무원이 별도로 규정한다.

第59条 이 법에서 규정한 저작권자와 출판자, 실연자, 음반·영상제작자, 라디오·TV 방송국의 권리가 이 법 시행일에 아직 이 법에서 규정한 보호기간을 초과하지 아니한 경우에는 이 법에 따라 보호를 받는다.

이 법 시행 전에 발생한 권리침해 또는 위약행위는 권리침해 또는 위약행위 발생 당시의 관련 규정 및 정책에 따라 처리된다.

第60条 이 법은 1991년 6월 1일부터 시행한다.

중화인민공화국 저작권법 실시조례

(2002년 8월 2일 중화인민공화국 국무원령 제359호공포, 2002년 9월 15일 시행)

제1조 《중화인민공화국 저작권법》(이하 “저작권법”이라 함)에 따라 이 조례를 제정한다.

제2조 저작권법에서 저작물(作品)이라 함은 어떠한 유형적인 형태로 복제할 수 있는 독창성을 가진 문학, 예술 및 과학의 범위에 속하는 지적 성과(智力成果)를 말한다.

제3조 저작권법에서 창작(创作)이라 함은 직접 문학, 예술 및 과학저작물을 만들어 내는 지적 활동을 말한다.

타인의 창작을 위하여 조직을 구성(进行组织工作)하거나 자문(咨询)이나 물질적 조건을 제공하거나 기타 보조적인 작업을 수행하는 것은 창작으로 보지 아니한다.

제4조 저작권법과 이 조례에서 사용하는 저작물의 정의는 다음 각호와 같다.

1. 문자저작물(文字作品)이란 소설·시·산문·논문 등 문자형식으로 표현된 저작물을 말한다.
2. 구술저작물(口述作品)이란 즉흥 연설(即兴的演说)·강의(授课)·법정변론 등 구두로 표현된 저작물을 말한다.
3. 음악저작물(音乐作品)이란 가곡(歌曲)·교향악 등 가사의 수반 여부를 불문하고 가창(演唱) 또는 연주할 수 있는 저작물을 말한다.
4. 연극저작물(戏剧作品)이란 연극(话剧)·가극(歌剧)·지방극(地方剧) 등 무대공연에 제공하는 저작물을 말한다.
5. 구연저작물(曲艺作品)이란 샹성[1](相声)·콰이슈[2](快書)·따구[3](大鼓)·핑슈[4](评

---

1) 재담 또는 만담이라고 하며, 혼자서 하는 경우, 둘 또는 여러 사람이 하는 만담이 있음.

2) 죽판(竹板, 2개의 대쪽으로 된 리듬악기)과 절자판[節子板, 5개의 작은 대쪽 사이에 2개의 동판(銅板)을 끼운 리듬악기]을 치며 간혹 대사를 섞어 노래하는 중국 민간 예능의 한 가지. 山东快书, 竹板快书 등이 있음.

3) 고사(鼓詞)에 속하는 중국 민간 노래 이야기의 하나. 7자구·10자구·13자구 혹은 더 긴 구를 섞은 이야기를 보통 2인 1조로 연창함. 한 사람은 삼현금(三弦)으로 반주를 맡고, 또 한 사람은 왼손에 박자판(拍板)을, 오른손에 북채를 들고 평평하게 받쳐 놓은 작은 북을 치며 박자판(拍板)으로 박자를 맞추며 노래함.

4) 민간 문예의 한 가지로, 장편의 이야기를 쥘부채, 손수건, 딱딱이 등의 도구를 사용해 가며

书) 등 설창(说唱)을 주요 형식으로 표현하는 저작물을 말한다.

6. 무용저작물(舞蹈作品)이란 연속적인 동작·자세·표정 등을 통하여 사상, 감정을 표현하는 저작물을 말한다.
7. 곡예예술저작물(杂技艺术作品)이란 곡예(杂技)·마술(魔术)·곡마(马戏) 등 형체동작과 기교를 통하여 표현하는 저작물을 말한다.
8. 미술저작물이란 회화(绘画)·서예(书法)·조각(雕塑) 등 선, 색채 또는 기타 방식으로 구성된 평면 또는 입체적 조형예술물(造型艺术作品)로서 심미적 의미(审美意义)를 가지는 저작물을 말한다.
9. 건축저작물이란 건축물 또는 구조물 형식으로 표현된 것으로서 심미적 의미를 가지는 저작물을 말한다.
10. 사진저작물(摄影作品)이란 기계기구를 이용하여 감광재료 또는 기타매개물에 객관물체의 형상(客观物体形象)을 기록한 예술저작물을 말한다.
11. 영화저작물 및 영화제작과 유사한 방법으로 창작한 저작물이란 음의 수반 여부를 불문하고 일정한 매개물에 연속적인 영상을 수록하여 그 영상을 적당한 장치에 의해 상영(放映)하거나 기타 방식으로 전송(传播)하는 저작물을 말한다.
12. 도형저작물(图形作品)이란 시공 및 생산을 위하여 제작한 공사설계도, 제품설계도 및 지리현상을 반영하거나 사물의 원리 또는 구조를 설명하는 지도, 설명안내도(示意图) 등의 저작물을 말한다.
13. 모형저작물(模型作品)이란 전시(展示), 시험(试验) 또는 관측 등의 용도를 위하여 물체의 형상과 구조(结构)에 따라 일정한 비율로 제작한 입체저작물을 말한다.

제5조 저작권법과 이 조례에서 사용하는 용어의 정의는 다음 각호와 같다.

1. 시사뉴스(时事新闻)란 신문·정기간행물·라디오·TV 방송국 등 매체를 통하여 보도된 단순한 사실적 뉴스를 말한다.
2. 음반제품(录音制品)이란 실연된 음성과 기타 음성을 녹음한 제품을 말한다.
3. 영상제품(录像制品)이란 영화저작물 및 영화제작과 유사한 방법으로 창작한 저작물 이외의 음의 수반 여부를 불문하고 연속적인 형상(形象) 및 도상(图像)을 녹화한 제품을 말한다.
4. 음반제작자(录音制作者)란 음반제품을 맨 처음 제작한 자를 말한다.
5. 영상제작자(录像制作者)란 영상제품을 맨 처음 제작한 자를 말한다.
6. 실연자란 실연을 하는 자, 연출단체(演出单位) 또는 기타 문학, 예술저작물을 실연하는 자를 말한다.

말하는 것. 때로는 그 지방의 사투리로 옛 이야기를 풀어내는데 창(唱)은 하지 않음.

第6조 저작권은 저작물이 창작된 날로부터 발생한다.

第7조 저작권법 제2조 제3항에서 규정한 맨 처음으로 중국 내에 저작물을 출판한 외국인, 무국적자의 저작권은 맨 처음 출판된 날로부터 보호를 받는다.

第8조 외국인, 무국적자의 저작물이 중국 외에서 맨 처음 출판된 후 30일 이내에 중국 내에서 출판된 경우에는 당해 저작물은 중국 내에서 동시에 출판된 것으로 본다.

第9조 분리하여 이용할 수 없는 합작저작물의 저작권은 합작저작자가 공동으로 가지며 합작저작자의 협의 하에 권리를 행사한다. 협의가 이루어지지 아니한 때에는 정당한 이유 없이 다른 합작저작자가 양도권을 제외한 기타의 권리를 행사하는 것을 방해하여서는 아니 된다. 단, 얻은 수익은 모든 합작저작권자에게 합리적으로 분배되어야 한다.

第10조 저작권자가 타인에게 그 저작물을 영화저작물 및 영화제작과 유사한 방법으로 창작되는 저작물로 제작하도록 허락한 때에는 그 저작물에 대한 필요적 변경을 이미 동의한 것으로 본다. 단 변경 시에 원저작물을 왜곡하거나 훼손(篡改)하여서는 아니 된다.

第11조 저작권법 제16조 제1항의 업무상 저작물(职务作品) 관련 규정 중 "업무상 임무(工作任务)"라 함은 개인이 소속 법인 또는 소속 단체에서 마땅히 수행하여야 하는 직무를 말한다.

저작권법 제16조 제2항의 업무상 저작물(职务作品) 관련 규정 중 "물질적, 기술적 조건"이라 함은 소속 법인 또는 소속 단체가 개인에게 오로지 저작물의 창작, 완성을 위해 제공한 자금, 설비 또는 재료를 말한다.

第12조 업무상 저작물을 완성한 후 2년 이내에 한하여 저작자가 소속 법인 또는 소속 단체의 동의를 얻어 소속 법인 등과 동일한 방식으로 저작물을 이용하도록 제3자에게 허락하고 보상을 받은 때에는 소속 법인 등과 저작자가 약정한 비율에 따라 배분한다.

"저작물을 완성한 후 2년"이라 함은 저작자가 그 저작물을 소속 법인 등에 교부한 날로부터 기산한다.

第13조 저작자 신분이 분명하지 않은 저작물은 저작물 원본의 소유자가 성명표시권 이외의 저작권을 행사한다. 저작자 신분이 확인된 후에는 저작자 또는 그 상속인이 저작권을 행사한다.

제14조 합작저작자중 1명이 상속인이나 유증을 받은 자가 없이 사망한 때에는 그가 합작저작물에 대하여 가지는 저작권법 제10조 제1항 제5호 내지 제17호의 각 권리는 다른 합작저작자가 가진다.

제15조 저작자가 사망한 후에는 저작권 중 성명표시권과 수정권, 저작물의 완전성보호권은 저작자의 상속인 또는 유증을 받은 자에 의하여 보호된다.
저작자의 상속인 또는 유증을 받은 자가 없는 경우에는 그 성명표시권과 수정권, 저작물의 완전성보호권은 저작권행정관리부에 의하여 보호된다.

제16조 국가에서 저작권을 가지고 있는 저작물의 이용은 국무원 저작권행정관리부에서 관리한다.

제17조 저작자가 생전에 공표하지 아니한 저작물의 경우에는 저작자가 사망한 후 50년 이내에 상속인 또는 유증을 받은 자가 그 공표권을 행사할 수 있다. 단, 저작자가 생전에 공표하지 아니할 의사를 표시한 경우에는 제외로 한다.
상속인이나 유증을 받은 자가 없는 경우에는 저작물의 원본을 소유한 자가 그 공표권을 행사한다.

제18조 저작자의 신분이 분명하지 않은 저작물의 경우에는, 저작권법 제10조 제1항 제5호 내지 제17호에서 정한 권리 보호기간은 저작물을 맨 처음 공표한 후 50년이 되는 해의 12월 31일까지로 한다. 저작자의 신분이 확인된 후에는 저작권법 제21조의 규정을 준용한다.

제19조 타인의 저작물을 이용하는 경우, 저작자의 성명, 저작물의 명칭을 반드시 표기하여야 한다. 단, 당사자간에 특약이 있거나 저작물이용방식의 특성으로 인하여 표기하기 힘든 경우에는 제외로 한다.

제20조 저작권법에서 말하는 "공표된 저작물"이라 함은 저작권자가 스스로 또는 타인에게 허락하여 공중에 공표한 저작물을 말한다.

제21조 저작권법의 관련 규정에 따라 공표된 저작물을 저작권자의 허락 없이도 이용할 수 있는 경우, 저작물에 대한 저작권자의 정상적인 이용에 영향을 미쳐서는 아니 되며, 불합리하게 저작권자의 권익에 손해를 입혀서도 아니 된다.

제22조 저작권법 제23조, 제32조 제2항, 제39조 제3항의 규정에 따른 저작물 이용의 보상기준은 국무원 저작권행정관리부가 국무원 물가주관기관과 협의하여 제정, 공포한다.

第23조 타인의 저작물을 이용하는 경우에는 반드시 저작권자와 이용허락계약을 체결하여야하며, 이용을 허락한 권리가 독점적 이용권(专有使用权)인 경우에는 서면형식을 취하여야 한다. 단, 신문사 또는 정기간행물사가 저작물을 게재하는 경우는 제외로 한다.

第24조 저작권법 제24조에서 정한 독점적 이용권(专有使用权)의 내용은 계약 내용에 따르되, 계약에 정함이 없거나 그 내용이 불분명한 경우에는 허락을 받은 자는 저작권자를 포함한 그 누구라도 저작물을 동일한 방식으로 이용하는 것을 배제할 수 있는 권리를 가지는 것으로 본다. 계약에 특약이 있는 경우를 제외하고는, 허락을 받은 자가 제3자에게 동일한 권리를 행사할 수 있도록 허락하고자 하는 때에는 반드시 저작권자의 허락을 얻어야 한다.

第25조 저작권자와 독점적 이용허락계약, 양도계약을 체결한 경우에는 저작권 행정관리부에 등록할 수 있다.

第26조 저작권법 및 이 조례에서 말하는 "저작권 관련 권리(与著作权有关的权益)"라 함은 출판자가 그 출판한 도서와 정기간행물의 판식설계에 대하여 가지는 권리, 실연자가 그 실연에 대하여 가지는 권리, 음반·영상제작자가 그 제작한 음반·영상제품에 대하여 가지는 권리 및 라디오·TV 방송국이 그 방송한 라디오·TV 프로그램에 대하여 가지는 권리를 말한다.

第27조 출판자, 실연자, 음반·영상제작자, 라디오·TV 방송국이 그 권리를 행사하는 경우에는 이용되는 저작물과 저작권자의 권리에 손해를 입혀서는 아니 된다.

第28조 도서출판 계약에 도서출판자가 독점적출판권(专有出版权)을 가지는 것으로 정하였으나 그 구체적인 내용을 정하지 않은 경우에는 도서출판자는 계약에서 정한 유효기간 및 지역범위 내에서 (저작자가 인도한 작품원고에서 사용된 문자와) 동종의 것으로 원판(原版) 또는 개정판(修订版)을 출판할 수 있는 독점적 권리를 가지는 것으로 본다.

第29조 저작권자가 도서출판자에게 2부의 주문서를 발송하였으나 6개월 이내에 그 주문사항이 이행되지 아니하였을 때에는 저작권법 제31조에서 말하는 "도서가 매진(脱销)된 경우"로 본다.

第30조 저작권자가 저작권법 제32조 제2항에 의하여 그 저작물을 전재(转载) 또는 편집하여서는 아니 된다고 표명하고자 하는 경우에는 그 저작물을 신문이나 정기간행물에 게재할 때 그러한 뜻을 명시하여야 한다.

第31조 저작권자가 저작권법 제39조 제3항에 의하여 그 저작물을 음반제품으로 제작하여서는 아니 된다는 뜻을 표명하려고 할 때에는 당해 저작물을 합법적인 음반제품으로 제작하는 때 그러한 뜻을 명시하여야 한다.

第32조 저작권법 제23조, 제32조 제2항, 제39조 제3항의 규정에 따라 타인의 저작물을 이용하는 경우에는 당해 저작물을 이용한 날로부터 2개월 이내에 저작권자에게 보상금을 지급하여야 한다.

第33조 외국인, 무국적자가 중국 내에서 실연하는 때에는 저작권법의 보호를 받는다.

외국인, 무국적자가 중국이 가입한 국제조약에 따라 그 실연에 대하여 가지는 권리는 저작권법의 보호를 받는다.

第34조 외국인, 무국적자가 중국 내에서 제작, 배포한 음반제품은 저작권법의 보호를 받는다.

외국인, 무국적자가 중국이 가입한 국제조약에 따라 그 제작, 배포한 음반제품에 대하여 가지는 권리는 저작권법의 보호를 받는다.

第35조 외국의 라디오·TV방송국이 중국이 가입한 국제조약에 따라 그 방송한 라디오·TV 프로그램에 대하여 가지는 권리는 저작권법의 보호를 받는다.

第36조 저작권법 제47조에서 열거한 권리침해 행위가 있으며, 동시에 사회 공공이익에 손해를 입힌 경우에는 저작권행정관리부는 불법소득 금액(非法经营额)의 3배 이하에 해당하는 벌금을 부과할 수 있다. 불법소득 금액을 계산하기 어려운 경우에는 RMB 10만 위엔 이하의 벌금을 부과할 수 있다.

第37조 저작권법 제47조에서 열거한 권리침해 행위가 있으며, 동시에 사회 공공이익에 손해를 입힌 경우에는 지방인민정부 저작권행정관리부가 조사, 처리할 책임을 부담한다.

국무원 저작권행정관리부는 전국에 중대한 영향을 미친 권리침해 행위를 조사, 처리할 수 있다.

第38조 이 조례는 2002년 9월 15일부터 시행한다. 1991년 5월 24일 국무원의 비준 하에 1991년 5월 30일 국가판권국(国家版权局)에서 공포한《중화인민공화국 저작권법 실시조례》는 동 일자로 폐지한다.

컴퓨터 소프트웨어 보호조례(计算机软件保护条例)

(2001년 12월 20일 국무원령 제339호)

제1장 총 칙

제1조 컴퓨터 소프트웨어(计算机软件) 저작권자의 권익을 보호하고, 컴퓨터 소프트웨어의 개발·보급 및 사용 중에 발생하는 이해관계를 조정하며, 컴퓨터 소프트웨어의 개발과 응용을 권장하고 소프트웨어 산업과 국민경제의 정보화 발전을 촉진하기 위하여 《중화인민공화국 저작권법》에 따라 이 조례를 제정한다.

제2조 이 조례에서 컴퓨터 소프트웨어[이하 "소프트웨어(软件)"라 함]라 함은 컴퓨터 프로그램(计算机程序) 및 그 관련 파일(其有关文档)을 말한다.

제3조 이 조례에서 사용하는 용어의 정의는 다음 각호와 같다.

1. 컴퓨터 프로그램이라 함은 특정한 결과를 얻기 위하여 컴퓨터 등 정보처리 능력을 가진 장치로 집행하는 코드화된 지시·명령의 배열(代码化指令序列), 또는 코드화된 지시명령의 배열로 자동 전환될 수 있는 기호화된 지시명령의 배열(符号化指令序列) 또는 기호화된 언어의 배열(符号化语句序列)을 말한다. 동일한 컴퓨터 프로그램의 원시코드(源程序)와 목적코드(目标程序)는 동일 저작물이다.
2. 파일(文档)이라 함은 프로그램의 내용, 구성, 설계, 기능규격, 개발상황, 테스트결과 및 사용방법을 설명하는 문자자료 및 도면 등을 말하며, 예컨대, 프로그램 설계설명서(程序设计说明书), 흐름도(流程图), 사용자 메뉴얼(用户手册) 등이 포함된다.
3. 소프트웨어 개발자라 함은 소프트웨어 개발을 실제로 주관하고(实际组织开发) 직접 개발에 참여하며 개발한 소프트웨어에 대하여 책임을 지는 법인 또는 기타 단체를 말하며, 또한, 자신이 구비한 조건에 의거하여 독자적으로 소프트웨어 개발을 완성하고 그 소프트웨어에 대하여 책임을 부담하는 자연인을 말한다.
4. 소프트웨어 저작권자라 함은 이 조례의 규정에 따라 소프트웨어에 대하여

저작권을 가지는 자연인, 법인 또는 기타 단체를 말한다.

제4조 이 조례의 보호를 받는 소프트웨어는 반드시 개발자가 독자적으로 개발하고 특정한 유형물에 고정된 것이어야 한다.

제5조 중국인(中国公民), 법인 또는 기타 단체가 개발한 소프트웨어는 그 공표(发表) 여부와 상관없이 이 조례에 따라 저작권을 가진다.

외국인, 무국적자의 소프트웨어는 맨 처음 중국 내에서 배포(发行)된 경우에 이 조례에 따라 저작권을 가진다.

외국인, 무국적자의 소프트웨어인 경우에는 그 개발자가 속한 국가 또는 상시 거주하는 거주국이 중국과 체결한 협약 또는 중국이 가입한 국제조약에 따라 가지는 저작권은 이 조례의 보호를 받는다.

제6조 소프트웨어 저작권에 대한 이 조례의 보호는 소프트웨어 개발 사상(开发软件所用的思想), 처리과정(处理过程), 조작방법(操作方法) 또는 수학적 개념(数学概念) 등에는 미치지 아니한다.

제7조 소프트웨어 저작권자는 국무원 저작권행정관리부(国务院著作权行政管理部门)가 인정하는 소프트웨어 등록기관에 등록할 수 있다. 소프트웨어 등록기관에서 발급하는 등록증명서류는 등록사항의 초보적인 증명(初步证明)이다.

소프트웨어 등록시에는 수수료를 납부하여야 한다. 소프트웨어의 등록 수수료 기준은 국무원 저작권행정관리부가 국무원 물가 주관기관과 협의하여 정한다.

제 2 장 소프트웨어 저작권

제8조 소프트웨어 저작권자가 가지는 권리는 다음 각호와 같다.

1. 공표권(发表权) : 공중에 소프트웨어의 공개 여부를 결정할 수 있는 권리.
2. 성명표시권(署名权) : 개발자의 신분을 표시하고 소프트웨어에 서명할 수 있는 권리.
3. 수정권(修改权) : 소프트웨어에 대한 보완(增补), 삭제 또는 지시명령이나 언어의 배열(指令, 语句顺序)을 변경할 수 있는 권리.
4. 복제권(复制权) : 소프트웨어를 1부 또는 여러 부로 제작할 수 있는 권리.
5. 배포권(发行权) : 판매 또는 증여의 방법으로 소프트웨어의 원본 또는 복제물을 공중에 제공할 수 있는 권리.

6. 대여권(出租权) : 타인에게 유상으로 소프트웨어를 임시적으로 사용하게 할 수 있는 권리. 다만 소프트웨어가 대여의 본질적인 대상이 아닌 경우에는 제외로 한다.
7. 정보네트워크전송권(信息网络传播权) : 유선 또는 무선방식으로 공중에게 소프트웨어를 제공하고 공중이 스스로 선택한 시간, 장소에서 소프트웨어를 취득하도록 할 수 있는 권리
8. 번역권(翻译权) : 원본 소프트웨어를 하나의 자연언어문자(自然语言文字)로부터 다른 종류의 자연언어문자로 전환할 수 있는 권리
9. 그 외 저작권자가 당연히 가지는 기타 권리

소프트웨어 저작권자는 타인에게 그 소프트웨어에 대한 저작권 행사를 허락할 수 있으며, 이 경우 보상받을 권리를 가진다.
소프트웨어 저작권자는 그 소프트웨어 저작권의 전부 혹은 일부를 양도할 수 있으며, 이 경우 보상받을 권리를 가진다.

제9조 소프트웨어 저작권은 소프트웨어 개발자에게 귀속된다. 이 조례에 별도의 규정이 있는 때에는 그러하지 아니하다.
다른 증거가 없는 한, 소프트웨어에 서명한 자연인, 법인 또는 기타 단체가 개발자가 된다.

제10조 둘 이상의 자연인, 법인 또는 기타 단체가 공동으로 개발한 소프트웨어 저작권의 귀속은 합작개발자(合作开发者)가 서면 계약으로 정한다. 서면 계약을 체결하지 아니하였거나 계약의 내용이 분명하지 아니한 경우, 공동 개발한 소프트웨어를 분리하여 이용할 수 있는 때에는 개발자가 각자 개발한 부분에 대하여 독자적으로 저작권을 가진다. 단, 저작권을 행사할 때에 공동 개발한 소프트웨어 저작권 전부에까지 확대하여 행사하여서는 아니 된다. 공동 개발한 소프트웨어를 분리하여 이용할 수 없는 때에는 그 저작권은 합작개발자가 공동으로 가지며 전원의 합의에 의하지 아니하고는 이를 행사할 수 없다. 전원의 합의가 이루어지지 아니한 때에는 정당한 이유 없이 다른 합작개발자가 양도권을 제외한 기타의 권리를 행사하는 것을 방해하여서는 아니 된다. 단, 얻은 수익은 모든 합작개발자에게 합리적으로 분배되어야 한다.

제11조 타인의 위탁을 받고 개발한 소프트웨어의 저작권 귀속은 위탁자와 수탁자가 서면 계약으로 정한다. 서면 계약을 체결하지 아니하였거나 계약의 내용이 분명하지 아니한 경우에는 그 저작권은 수탁자가 가진다.

第12조 국가기관의 명령에 따라 개발한 소프트웨어의 저작권 귀속 및 그 행사는 업무위임서(项目任务书) 또는 계약에서 정한다. 업무위임서 또는 계약의 내용이 분명하지 아니한 때에는 소프트웨어 저작권은 임무를 수행한 법인 또는 기타 단체가 가진다.

第13조 자연인이 법인 또는 기타 단체에서 직무수행 기간 중에 개발한 소프트웨어가 다음 사항 중의 하나에 해당하는 경우, 그 소프트웨어의 저작권은 법인 또는 기타 단체가 가지며, 법인 또는 기타 단체는 소프트웨어를 개발한 자에게 보상할 수 있다.

1. 직무상 명확히 지정된 개발목표에 따라 개발한 소프트웨어
2. 직무수행상 예견된 결과 또는 자연적 결과로 개발된 소프트웨어
3. 법인 또는 기타 단체의 자금, 전용설비, 공개되지 아니한 전문적인 정보 등 물질적 또는 기술적 조건을 주로 사용하여 개발하고 법인 또는 기타 단체가 책임을 지는 소프트웨어

第14조 소프트웨어 저작권은 소프트웨어를 개발 완성한 날로부터 발생한다.

자연인의 소프트웨어 저작권 보호기간은 자연인의 생존하는 동안과 사망 후 50년으로 하며, 자연인이 사망한 후 50년이 되는 해의 12월 31일에 종료한다. 공동 개발한 소프트웨어의 경우에는 맨 마지막으로 사망한 자연인의 사망 후 50년이 되는 해의 12월 31일까지로 한다.

법인 또는 기타 단체의 소프트웨어 저작권 보호기간은 50년으로 하며, 소프트웨어가 맨 처음공표(发表)된 때로부터 50년이 되는 해의 12월 31일에 종료한다. 단, 소프트웨어가 개발완성된 날로부터 50년 이내에 공표되지 아니한 경우에는 이 조례의 보호를 받지 못한다.

第15조 소프트웨어 저작권이 자연인에게 속하는 경우, 그 자연인이 사망한 때에는 소프트웨어 저작권의 상속인은 소프트웨어 저작권의 보호기간 내에서《중화인민공화국 상속법》의 관련 규정에 따라 이 조례 제8조에서 규정한 성명표시권을 제외한 나머지 권리를 상속받을 수 있다.

소프트웨어 저작권이 법인 또는 기타 단체에 속하는 경우, 그 법인 또는 기타 단체가 변경 또는 해산(终止)되었을 때에는 그 저작권은 이 조례에서 규정하는 보호기간 내에서 그 권리와 의무를 승계하는 법인 또는 기타 단체가 가진다. 그 권리와 의무를 승계하는 법인 또는 기타 단체가 없는 때에는 국가가 가진다.

第16조 소프트웨어의 합법적인 복제물을 소유한 자는 다음 각호의 행위를 할 수

있다.

1. 사용의 필요에 따라 당해 소프트웨어를 컴퓨터 등 정보처리능력을 갖춘 장치 내에 설치하는 행위.
2. 복제물의 멸실, 훼손(损坏)에 대비하기 위하여 백업용 복제물(备份复制品)을 제작하는 행위. 백업용 복제물은 어떠한 방식으로든지 타인의 사용을 위하여 제공되어서는 아니 되며, 소유자가 당해 합법적인 복제물에 대한 소유권을 상실한 때에는 백업 복제물을 폐기하여야 한다.
3. 당해 소프트웨어를 실제의 컴퓨터에 사용하기 위하여 응용환경 또는 그 기능, 성능을 개선하거나 필요한 변경을 하는 행위. 단, 계약에 다른 약정이 있는 경우를 제외하고는 당해 소프트웨어 저작권자의 허락 없이는 어떠한 제3자에게도 변경된 소프트웨어를 제공하여서는 아니 된다.

제17조 소프트웨어에 내재되어 있는 설계 아이디어(设计思想) 또는 원리(原理)를 학습하고 연구하기 위하여 소프트웨어를 설치(安装), 디스플레이(显示), 전송(传输) 또는 저장(存储) 등을 하는 행위. 이 경우 저작권자의 허락을 얻을 필요가 없으며 보상금을 지급하지 않아도 된다.

제 3 장 소프트웨어 저작권의 이용허락 및 양도

제18조 타인에게 소프트웨어 저작권을 이용하도록 허락하는 경우 반드시 이용허락 계약을 체결하여야 한다.
이용허락 계약상 소프트웨어 저작권자가 이용을 허락하는 권리가 명확하지 아니한 경우에는 그 타인은 저작권을 행사하지 못한다.

제19조 타인에게 소프트웨어 저작권을 독점적으로 이용(专有行使)하도록 허락한 경우, 당사자들은 반드시 서면 계약을 체결하여야 한다.
서면 계약을 체결하지 아니하였거나 계약 내용상 독점적 이용권(专有使用权)을 부여하였는지 여부가 분명하지 아니한 경우에는 비독점적 단순이용권(非专有使用权)을 부여한 것으로 본다.

제20조 소프트웨어 저작권을 양도하는 경우 당사자들은 반드시 서면 계약을 체결하여야 한다.

제21조 타인에게 소프트웨어 저작권을 독점적으로 이용(专有行使)하도록 허락하

는 계약을 체결하거나 소프트웨어 저작권을 양도하는 계약을 체결하는 경우 국무원 저작권행정관리부가 인정한 소프트웨어 등록기관에 등록할 수 있다.

第22条 중국인, 법인 또는 기타 단체가 외국인에게 소프트웨어 저작권의 이용을 허락하거나 양도하는 경우에는《중화인민공화국 기술 수출입 관리조례(中华人民共和国技术进出口管理条例)》의 관련 규정을 준수하여야 한다.

제 4 장 법적 책임

第23条 다음 각호와 같은 권리침해 행위가 있는 때에는 정황에 따라 침해의 중지(停止侵害), 영향의 제거(消除影响), 사과(赔礼道歉), 손해의 배상(赔偿损失) 등 민사책임을 져야 한다. 단,《중화인민공화국 저작권법》또는 이 조례에 별도의 규정이 있는 경우는 예외로 한다.

1. 소프트웨어 저작권자의 허락 없이 그 소프트웨어를 공표하거나 등록하는 행위
2. 타인의 소프트웨어를 자기 소프트웨어로 공표하거나 등록하는 행위
3. 합작창작자의 허락 없이 타인과 공동 개발한 소프트웨어를 자신이 독자적으로 완성한 소프트웨어로 공표하거나 등록하는 행위
4. 타인의 소프트웨어에 서명하거나 타인의 소프트웨어의 서명을 변경하는 행위
5. 소프트웨어 저작권자의 허락 없이 그 소프트웨어를 수정(修改)하거나 번역하는 행위
6. 기타 소프트웨어 저작권을 침해하는 행위

第24条 《중화인민공화국 저작권법》, 이 조례 또는 기타 법률, 행정법규에 별도의 규정이 있는 경우를 제외하고는 소프트웨어 저작권자의 허락 없이 다음 각호와같은 권리침해 행위를 한 때에는 정황에 따라 침해의 중지(停止侵害), 영향의 제거(消除影响), 사과(赔礼道歉), 손해의 배상(赔偿损失) 등 민사책임을 져야 한다. 동시에 공공이익을 침해한 때에는 저작권행정관리부(著作权行政管理部门)는 권리침해 행위의 정지를 명할 수 있고, 위법소득을 몰수할 수 있다. 또한, 권리침해 복제물(侵权复制品)을 몰수, 파기(销毁)하며, 벌금을 부과할 수 있다. 사건의 내용이 중한 경우(情节严重)에는 저작권행정관리부는 권리침해 복제물 제작에 주로 사용된 자재, 공구, 설비 등을 몰수할 수 있다. 형법에 저촉되는 때에는 저작권 침해죄(侵犯著作权罪), 권리침해 복제물 판매죄(销售侵权复制品罪)와 관련된 형법규정에 따라 형사책임을 추궁한다.

1. 저작권자의 소프트웨어를 전부 또는 일부 복제하는 행위
2. 저작권자의 소프트웨어를 공중에 배포, 대여하거나 정보네트워크를 통하여 전송하는 행위
3. 저작권자가 소프트웨어 저작권을 보호하기 위하여 채택한 기술적 보호조치(技术措施)를 고의로 회피하거나 파괴하는 행위
4. 소프트웨어의 전자적 형태의 권리관리정보(权利管理电子信息)를 고의로 삭제하거나 변경하는 행위
5. (정당한 권한 없이) 타인에게 저작권자의 소프트웨어 저작권을 양도하거나 그 이용을 허락하는 행위

전항 제1호 또는 제2호의 행위를 한 때에는 매 건당 100 위엔 또는 화폐가치로 환산한 금액의 5배 이하의 벌금을 병과할 수 있다. 전항 제3호, 제4호 또는 제5호의 행위를 한 경우에는 5만위엔 이하의 벌금을 병과할 수 있다.

第25조 소프트웨어 저작권의 침해에 따른 배상액은《중화인민공화국 저작권법》제48조 규정에 따라 확정한다.

第26조 소프트웨어 저작권자가 그의 권리를 타인이 현재 침해 중이거나 또는 가까운 장래에 침해하려고 함을 입증할 수 있고, 이를 즉시 제지하지 않으면 회복이 어려울 정도의 손해가 발생하여 그 합법적인 권익을 보전하기 어렵다고 판단되는 경우에는《중화인민공화국 저작권법》제49조 규정에 따라 소송 제기 전이라도 인민법원에 관련 행위의 중지와 재산보전조치(财产保全的措施)를 신청할 수 있다.

第27조 소프트웨어 저작권자는 증거인멸의 우려가 있거나 이후 증거확보가 어려운 사정이 있는 경우에 한하여 권리침해 행위를 제지하기 위하여《중화인민공화국 저작권법》제50조 규정에 따라 소송 제기 전이더라도 인민법원에 증거보전(保全证据)을 신청할 수 있다.

第28조 소프트웨어 복제물의 출판자, 제작자가 그 출판 또는 제작이 합법적인 권원에 의한 것임을 증명하지 못하거나 소프트웨어 복제물의 배포자, 대여자가 그 배포, 대여한 복제물이 합법적인 권원에 의한 것임을 증명하지 못하는 때에는 법적 책임을 져야 한다.

第29조 소프트웨어 개발자가 개발한 소프트웨어가 표현방식에 대한 선택상의 한계로 인하여(由于可供选用的表达方式有限) 기존의 소프트웨어와 유사한 경우에는 기존의 소프트웨어에 대한 저작권 침해를 구성하지 아니한다.

第30조 소프트웨어 복제물을 소지한 자가 당해 소프트웨어가 권리침해 복제물인 사실을 모르고 있었거나 당연히 알고 있었어야 할 합리적인 이유가 없는 때에는 배상책임을 지지 아니한다. 단, 당해 권리침해 복제물의 사용을 중지하고 폐기하여야 한다. 만일 당해 권리침해 복제물을 중지하거나 폐기할 때 복제물을 사용하고 있는 자에게 중대한 손실을 초래하게 되는 경우에는 복제물을 사용하고 있는 자는 소프트웨어 저작권자에게 합리적인 비용을 지급한 후 계속 사용할 수 있다.

第31조 소프트웨어 저작권 권리침해 분쟁은 조정(调解)할 수 있다.

소프트웨어 저작권 계약 분쟁은 계약서 내의 중재 조항 또는 사후의 서면 중재합의에 따라 중재기구에 중재를 신청할 수 있다.

당사자가 계약서에 중재조항을 정하지 아니하였거나 사후에도 서면 중재합의를 하지 아니한 경우에는 직접 인민법원에 소를 제기할 수 있다.

제5장 부 칙

第32조 이 조례의 시행 전에 발생한 권리침해 행위에 대해서는 권리침해 행위가 발생한 당시의 관련 국가 규정에 따라 처리한다.

第33조 이 조례는 2002년 1월 1일부터 시행한다. 1991년 6월 4일 국무원이 공표한《컴퓨터 소프트웨어 보호조례》는 동시에 폐지한다.

[저자 소개]

김정헌

〈학력 및 경력〉

부산중앙고등학교, 고려대학교 법학과 졸업
경북대학교 대학원 법학과 수료
사법시험 합격, 사법연수원 수료
대한변호사협회 특별연수과정(특허법) 수료
현 법무법인 충정 변호사

〈저 서〉

중국저작권법 (상) 공저

한매화

〈학력 및 경력〉

중국 길림대학 법학원 경제법률학과 졸업
중국변호사 자격 취득
한·중 국제법률연구소 책임연구원
한국무역협회주최 중국시장비즈니스 실무전문과정 제8기 수료
현 법무법인 충정 중국변호사

〈저 서〉

중국저작권법 (상) 공저

중국저작권법(상)

2008년 5월 20일 초판인쇄
2008년 5월 25일 초판발행

저 자 김정헌 · 한매화
발 행 인 고 준 영
발 행 처 **법 영 사**

저저와의 협의하에 인지첩부를 생략함

135-835 서울시 강남구 대치동 611
전화 (501)8898(대) Fax (501)8895
등록 1987. 5. 11. 제3-125호(윤)
Homepage : www.bubyoungsa.co.kr
E-mail : bypuco@chol.com

※ 파본은 교환해 드립니다. **정가 38,000원**

ISBN 978-89-7032-246-9